全国高等学校物联网技术应用系列教材

物联网基础技术

主　编　任宗伟
副主编　庞　明

中国物资出版社

图书在版编目（CIP）数据

物联网基础技术/任宗伟主编 .—北京：中国物资出版社，2011.4
（全国高等学校物联网技术应用系列教材）
ISBN 978-7-5047-3505-8

Ⅰ.①物…　Ⅱ.①任…　Ⅲ.①计算机网络—应用—物流—高等学校—教材　Ⅳ.①F253.9

中国版本图书馆CIP数据核字（2010）第159017号

策划编辑　秦理曼
责任编辑　秦理曼
责任印制　何崇杭
责任校对　孙会香　杨小静

中国物资出版社出版发行
网址：http://www.clph.cn
社址：北京市西城区月坛北街25号
电话：（010）68589540　邮政编码：100834
全国新华书店经销
三河市西华印务有限公司印刷

开本：787mm×1092mm　1/16　印张：25.25　字数：646千字
2011年4月第1版　2011年4月第1次印刷
书号：ISBN 978-7-5047-3505-8/F·1390
印数：0001—3000册
定价：42.00元

的干预。物联网利用射频自动识别（RFID）技术，通过计算机互联网实现物品（商品）的自动识别和信息的互联与共享。可以说，物联网描绘的是充满智能化的世界。在物联网的世界里，物物相连、天罗地网。

物联网产业链可以细分为标识、感知、处理和信息传送四个环节。EPOSS 在《Internet of Things in 2020》报告中分析预测，未来物联网的发展将经历四个阶段，2010 年之前 RFID 被广泛应用于物流、零售和制药领域，2010—2015 年物体互联，2015—2020 年物体进入半智能化，2020 年之后物体进入全智能化。

作为物联网发展的排头兵，RFID 成为了市场最为关注的技术。数据显示，2008 年全球 RFID 市场规模已从 2007 年的 49.3 亿美元上升到 52.9 亿美元，这个数字覆盖了 RFID 市场的方方面面，包括标签、阅读器、其他基础设施、软件和服务等。RFID 卡和卡相关基础设施将占市场的 57.3%，达 30.3 亿美元。来自金融、安防行业的应用将推动 RFID 卡类市场的增长。易观国际预测，2009 年中国 RFID 市场规模将达到 50 亿元，年复合增长率为 33%，其中，电子标签超过 38 亿元、读写器接近 7 亿元、软件和服务达到 5 亿元的市场格局。

MEMS 是微机电系统的缩写，MEMS 技术是建立在微米/纳米基础之上的，市场前景广阔。MEMS 传感器的主要优势在于体积小、大规模量产后成本下降快，目前主要应用在汽车和消费电子两大领域。根据 ICInsight 最新报告，预计 2007—2012，全球基于 MEMS 的半导体传感器和制动器的销售额将达到 19%的年均复合增长率（CAGR），与 2007 年的 41 亿美元相比，五年后将实现 97 亿美元的年销售额。

二、物联网的原理

物联网是在计算机互联网的基础上，利用 RFID、无线数据通信等技术，构造一个覆盖世界上万事万物的“Internet of Things”。在这个网络中，物品（商品）能够彼此进行“交流”，而无须人的干预。其实质是利用射频自动识别（RFID）技术，通过计算机互联网实现物品（商品）的自动识别和信息的互联与共享。

而 RFID，正是能够让物品“开口说话”的一种技术。在“物联网”的构想中，RFID 标签中存储着规范而具有互用性的信息，通过无线数据通信网络把它们自动采集到中央信息系统，实现物品（商品）的识别，进而通过开放性的计算机网络实现信息交换和共享，实现对物品的“透明”管理。

“物联网”概念的问世，打破了之前的传统思维。过去的思路一直是将物理基础设施和 IT 基础设施分开：一方面是机场、公路、建筑物；另一方面是数据中心，个人电脑、宽带等。而在“物联网”时代，钢筋混凝土、电缆将与芯片、宽带整合为统一的基础设施，在此意义上，基础设施更像是一块新的地球工地，世界的运转就在它上面进行，其中包括经济管理、生产运行、社会管理乃至个人生活。

物联网可分为五层：末梢节点（信息采集）、接入层、承载网络层、应用控制层和用户层。如图 1-1 物联网网络组成示意图。

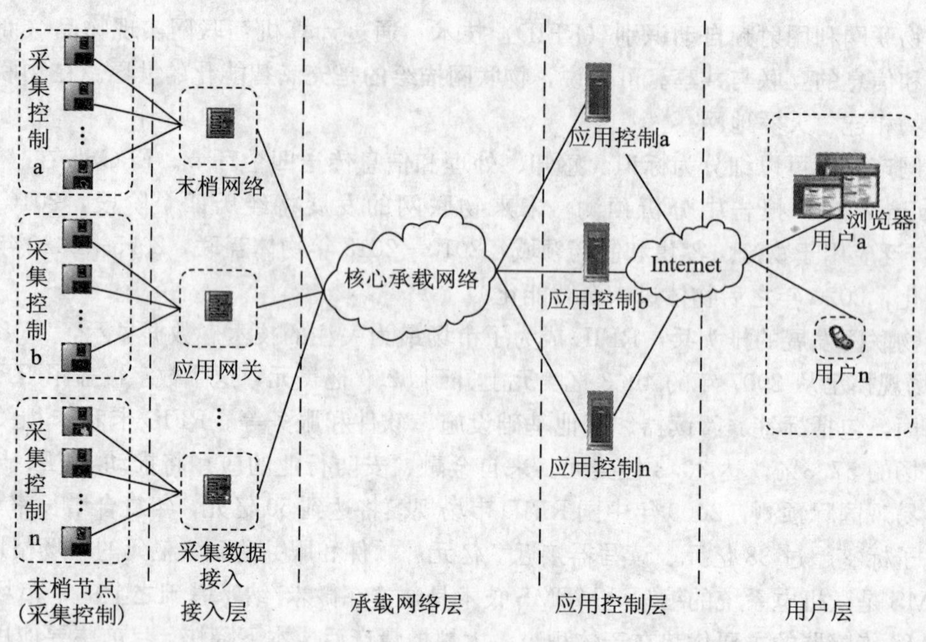

图 1-1　物联网网络组成示意图

末梢节点层是物联网的皮肤和五官识别物体，采集信息。末梢节点层包括二维码标签和识读器、RFID 标签和读写器、摄像头、GPS、传感器、终端、传感器网络等，主要是识别物体，采集信息，与人体结构中皮肤和五官的作用相似。

对于目前关注和应用较多的 RFID 网络来说，张贴安装在设备上的 RFID 标签和用来识别 RFID 信息的扫描仪、感应器属于物联网的末梢节点层。在这一类物联网中被检测的信息是 RFID 标签内容，高速公路不停车收费系统、超市仓库管理系统等都是基于这一类结构的物联网。如图 1-2 所示。

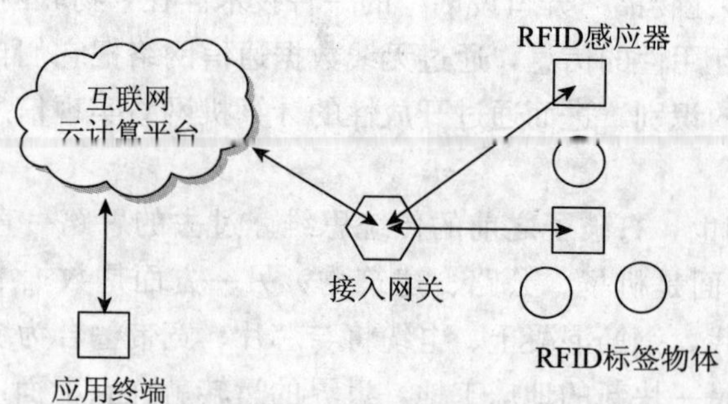

图 1-2　物联网末梢节点层结构——RFID 感应方式

用于战场环境信息收集的智能微尘网络，末梢节点层由智能传感器节点和接入网关组成，智能节点感知信息（温度、湿度、图像等），并自行组网传递到上层网关接入点，由网关将收集到的感应信息通过网络层提交到后台处理。环境监控、污染监控等应用时基于这一

类结构的物联网。如图 1－3 所示。

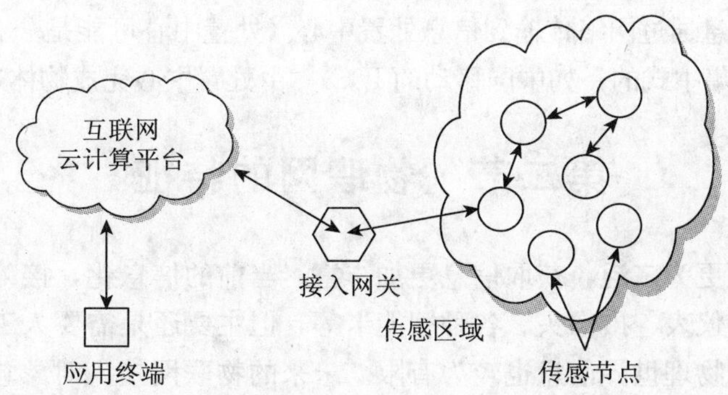

图 1－3　物联网末梢节点层结构——自组网多跳方式

接入层由基站节点（Sink 节点）和接入网关（Access Gateway）组成，完成应用末梢各节点信息的组网控制和信息汇集，或完成向末梢节点下发信息的转发等功能。也就是末梢节点之间完成组网后，如果末梢节点需要上传数据，则将数据发送给基站节点，基站节点收到数据后，通过接入网关完成和承载网络的连接，而应用控制层需要下发控制数据时，接入网关接收到承载网络的数据后，由基站节点将数据发送给末梢节点，从而完成末梢节点与承载网络之间的信息转发和交互的功能。

末梢节点与接入层构成了物联网的信息采集和控制，其按照接入网络的复杂性不同可分为简单接入方式和多跳接入方式。简单接入就是在采集设备获取信息后直接通过有线或无线方式将信息直接发送至承载网络，如目前 RFID 读写设备主要采用简单接入方式；简单接入方式可用于终端设备分散、数据量的业务应用。而多跳接入是利用无线传感器（WSN）技术，将具有无线通信与计算能力的微小传感器节点通过自组织方式，各节点能根据环境的变化，自主地完成网络自适应组织和信息的传递；由于节点间距离较短，一般采用多跳方式进行通信。而后传感器网络最终将信息通过接入网关传递到承载网络。典型的无线传感器设备有 ZigBee、UWB 等。多跳接入方式适用于终端设备分别集中、终端与网络间传递数据量较小的应用。通过采用多跳接入方式可以降低末梢节点、接入层和承载网络的建设投资和应用成本，以及方便建设实施工作和提升接入网络的健壮性。

网络层是物联网的神经中枢和大脑信息传递和处理。网络层包括通信与互联网的融合网络、网络管理中心、信息中心和智能处理中心等。网络层将感知层获取的信息进行传递和处理，类似于人体结构中的神经中枢和大脑。

应用控制层是物联网的“社会分工”与行业需求结合，实现广泛智能化。应用控制层是物联网与行业专业技术的深度融合，与行业需求结合，实现行业智能化，这类似于人的社会分工，最终构成人类社会。

用户层为用户提供物联网应用 UI 接口，包括用户设备（如 PC、手机）、客户端等。

三、物联网的实施步骤

（1）对物体属性停止标识，属性包括静态和动态的属性。静态属性可以直接存储在标签中，动态属性需要先由传感器实时探测。

(2) 需要识别设备完成对物体属性的读取，并将信息转换为适宜网络传输的数据格式。

(3) 将物体的信息通过网络传输到信息处置中心（处置中心可能是分布式的，如家里的电脑或手机，也可能是集中式的，如中国移动的 IDC），由处置中心完成物体通信的相关计算。

第二节　物联网的特征

第一，接入对象更为广泛，获取信息更加丰富。当前的信息化，接入对象虽也包括 PC、手机、传感器、仪器仪表、摄像头、各种智能卡等，但主要还是需要人工操作的 PC、手机、智能卡等，所接入的物理世界信息也较为有限。未来的物联网接入对象包含了更丰富的物理世界，不但包括了现在的 PC、手机、智能卡，而且传感器、仪器仪表、摄像头等更为普及应用，轮胎、牙刷、手表、工业原材料、工业中间产品等物体也因嵌入微型感知设备而被纳入，所获取的信息不仅包括人类社会的信息，也包括更为丰富的物理世界信息，包括压力、温度、湿度、体积、重量、密度等。

第二，网络可获得性更高，互联互通更为广泛。当前的信息化，虽然网络基础设施已日益完善，但离“任何人、任务时候、任何地点”都能接入网络的目标还有一定的距离，并且，即使是已接入网络的信息系统很多也并未达到互通，信息孤岛现象较为严重。未来的物联网，不仅基础设施非常完善，网络的随时、随地可获得性大为增强，接入网络的关于人的信息系统互联互通性也更高，并且人与物、物与物的信息系统也达到了广泛的互联互通，信息共享和互操作性达到了很高的水平。

第三，信息处理能力更强大，人类与周围世界的相处更为智慧化。当前的信息化，由于数据、计算能力、存储、模型等的限制，大部分信息处理工具和系统还停留在提高效率的数字化阶段，一部分能起到改善人类生产、生活流程的作用，但是能够为人类决策提供有效支持的系统还很少。未来的物联网，不仅能提高人类的工作效率，改善工作流程，并且能够通过运用云计算等思想，借助科学模型，广泛采用数据挖掘等知识发现技术整合和深入分析收集到的海量数据，以获取更加新颖、系统且全面的观点和方法来看待和解决特定问题，使人类能更加智慧地与周围世界相处。

第三节　物联网主要的应用

一、智能家居

智能家居产品融合自动化控制系统、计算机网络系统和网络通信技术于一体，将各种家庭设备（如音视频设备、照明系统、窗帘控制、空调控制、安防系统、数字影院系统、网络家电等）通过智能家庭网络联网实现自动化，通过中国电信的宽带、固话和 3G 无线网络，可以实现对家庭设备的远程操控。与普通家居相比，智能家居不仅能提供舒适宜人且高品位的家庭生活空间，实现更智能的家庭安防系统，还将家居环境由原来的被动静止结构转变为具有能动智慧的工具，提供全方位的信息交互功能。

二、智能医疗

智能医疗系统借助简易实用的家庭医疗传感设备，对家中病人或老人的生理指标进行自测，并将生成的生理指标数据通过中国电信的固定网络或3G无线网络传送到护理人或有关医疗单位。根据客户需求，中国电信还提供相关增值业务，如紧急呼叫救助服务、专家咨询服务、终生健康档案管理服务等。智能医疗系统真正解决了现代社会子女们因工作忙碌无暇照顾家中老人的无奈，可以随时表达孝子情怀。

三、智能城市

智能城市产品包括对城市的数字化管理和城市安全的统一监控。前者利用“数字城市”理论，基于3S（地理信息系统GIS、全球定位系统GPS、遥感系统RS）等关键技术，深入开发和应用空间信息资源，建设服务于城市规划、城市建设和管理，服务于政府、企业、公众，服务于人口、资源环境、经济社会的可持续发展的信息基础设施和信息系统。后者基于宽带互联网的实时远程监控、传输、存储、管理的业务，利用中国电信无处不达的宽带和3G网络，将分散、独立的图像采集点进行联网，实现对城市安全的统一监控、统一存储和统一管理，为城市管理和建设者提供一种全新、直观、视听觉范围延伸的管理工具。

四、智能环保

智能环保产品通过对实施地表水水质的自动监测，可以实现水质的实时连续监测和远程监控，及时掌握主要流域重点断面水体的水质状况，预警预报重大或流域性水质污染事故，解决跨行政区域的水污染事故纠纷，监督总量控制制度落实情况。太湖环境监控项目，通过安装在环太湖地区的各个监控的环保和监控传感器，将太湖的水文、水质等环境状态提供给环保部门，实时监控太湖流域水质等情况，并通过互联网将监测点的数据报送至相关管理部门。

五、智能交通

智能交通系统包括公交行业无线视频监控平台、智能公交站台、电子票务、车管专家和公交手机一卡通五种业务。

公交行业无线视频监控平台利用车载设备的无线视频监控和GPS定位功能，对公交运行状态进行实时监控。

智能公交站台通过媒体发布中心与电子站牌的数据交互，实现公交调度信息数据的发布和多媒体数据的发布功能，还可以利用电子站牌实现广告发布等功能。

电子票务是二维码应用于手机凭证业务的典型应用，从技术实现的角度，手机凭证业务就是手机凭证，是以手机为平台、以手机身后的移动网络为媒介，通过特定的技术实现完成凭证功能。

车管专家通过将车辆测速系统、高清电子警察系统的车辆信息实时接入车辆管控平台，同时结合交警业务需求，基于GIS地理信息系统通过3G无线通信模块实现报警信息的智能、无线发布，从而快速处置违法、违规车辆。

公交手机一卡通将手机终端作为城市公交一卡通的介质，除完成公交刷卡功能外，还可以实现小额支付、空中充值等功能。

六、智能司法

智能司法是一个集监控、管理、定位、矫正于一身的管理系统。能够帮助各地各级司法机构降低刑罚成本、提高刑罚效率。目前，中国电信已实现通过CDMA独具优势的GPSONE手机定位技术对矫正对象进行位置监管，同时具备完善的矫正对象电子档案、查询统计功能，并包含对矫正对象的管理考核，给矫正工作人员的日常工作带来信息化、智能化的高效管理平台。

七、智能农业

智能农业产品通过实时采集温室内温度、湿度信号以及光照、土壤温度、CO_2浓度、叶面湿度、露点温度等环境参数，自动开启或者关闭指定设备。可以根据用户需求，随时进行处理，为实施农业综合生态信息自动监测、对环境进行自动控制和智能化管理提供科学依据。通过模块采集温度传感器等信号，经由无线信号收发模块传输数据，实现对大棚温湿度的远程控制。智能农业产品还包括智能粮库系统，该系统通过将粮库内温湿度变化的感知与计算机或手机的连接进行实时观察，记录现场情况以保证粮库内的温湿度平衡。

八、智能物流

智能物流打造了集信息展现、电子商务、物流配载、仓储管理、金融质押、园区安保、海关保税等功能为一体的物流园区综合信息服务平台。信息服务平台以功能集成、效能综合为主要开发理念，以电子商务、网上交易为主要交易形式，建设了高标准、高品位的综合信息服务平台，并为金融质押、园区安保、海关保税等功能预留了接口，可以为园区客户及管理人员提供一站式综合信息服务。

九、智能校园

中国电信的校园手机一卡通和金色校园业务，促进了校园的信息化和智能化。

校园手机一卡通主要实现功能包括：电子钱包、身份识别和银行圈存。电子钱包即通过手机刷卡实现主要校内消费；身份识别包括门禁、考勤、图书借阅、会议签到等；银行圈存即实现银行卡到手机的转账充值、余额查询。目前校园手机一卡通的建设，除了满足普通一卡通功能外，还实现了借助手机终端实现空中圈存、短信互动等应用。

中国电信实施的“金色校园”方案，帮助中小学行业用户实现学生管理电子化，老师排课办公无纸化和学校管理的系统化，使学生、家长、学校三方可以时刻保持沟通，方便家长及时了解学生学习和生活情况，通过一张薄薄的“学籍卡”，真正达到了对未成年人日常行为的精细管理，最终达到学生开心、家长放心、学校省心的效果。

十、智能文博

智能文博系统是基于RFID和中国电信的无线网络，运行在移动终端的导览系统。该系统在服务器端建立相关导览场景的文字、图片、语音以及视频介绍数据库，以网站形式提供

专门面向移动设备的访问服务。移动设备终端通过其附带的RFID读写器，得到相关展品的EPC编码后，可以根据用户需要，访问服务器网站并得到该展品的文字、图片语音或者视频介绍等相关数据。该产品主要应用于文博行业，实现智能导览及呼叫中心等应用拓展。

十一、M2M平台

中国电信M2M平台是物联网应用的基础支撑设施平台。秉承发展壮大民族产业的理念与责任，凭借对通信、传感、网络技术发展的深刻理解与长期的运营经验，中国电信M2M协议规范引领着M2M终端、中间件和应用接口的标准统一，为跨越传感网络和承载网络的物联信息交互提供表达和交流规范。在电信级M2M平台上驱动着遍布各行各业的物联网应用逻辑，倡导基于物联网络的泛在网络时空，让广大消费者尽情享受物联网带来的个性化、智慧化、创新化的信息新生活。

十二、油田智能监控

油田环境特殊，区域广，油井分布分散，野外环境恶劣，对于无线应用有急切的需求：无线视频监控——对油田各重要区域、油井生产作业情况进行实时视频监控，并将各监控点监控画面传送回信息中心实现统一监控与管理。无线数据信息传输——将每口油井实时检测到的采油数据信息及时传送到每个集中采油点的管理监控中心，实现生产信息化管理。无线射频识别标签——采用RFID技术采集设备信息，然后通过无线MESH网络传输到中心，实现实时跟踪、管理及防止设备被盗。如图1－4所示。

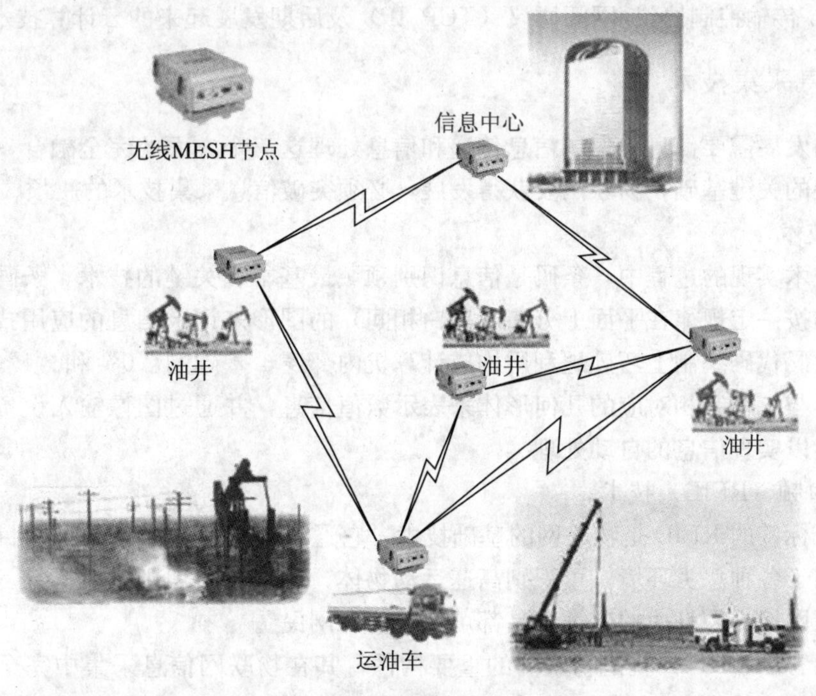

图1－4　基于物联网的油田智能监控

第四节　实现物联网的基础技术

一、互联网技术

物联网是互联网的延伸和扩展，因此互联网技术是物联网发展的核心技术。

全球互联网自 20 世纪 90 年代进入商用以来迅速拓展，目前已经成为当今世界推动经济发展和社会进步的重要信息基础设施。经过短短十几年的发展，截至 2007 年 1 月，全球互联网已经覆盖五大洲的 233 个国家和地区，网民达到 10.93 亿，用户普及率为 16.6%，宽带接入已成为主要的上网方式。同时，互联网迅速渗透到经济与社会活动的各个领域，推动了全球信息化进程。全球互联网内容和服务市场发展活跃，众多的 ISP 参与到国际互联网服务的产业链中。由此带来了互联网服务的产业发展活跃，推动形成了一批 ISP，如 Google、Yahoo、eBAY 等，成为具有全球影响力的互联网企业。2006 年 10 月 Google 公司的市值已达 1450 亿美元，成为全球第三大 IT 公司。

中国的互联网发展虽然起步比国际互联网发展晚，但是进入新世纪以来，同样快速发展。据 CNNIC 公布的最新互联网发展调查报告显示，截至 2006 年 12 月，中国互联网网民数达到 1.37 亿，同 1997 年 10 月第一次调查的 62 万网民人数相比，现在的网民人数已是当初的 221 倍。宽带上网人数达到 9070 万，位居全球第二位，手机上网网民数 1700 万。中国网站数为 843000 个，全国网页数为 44.7 亿个。

在互联网发展的过程中，主要包含如下几方面的技术：局域网技术、广域网技术、Internet技术、传输控制协议/网间协议（TCP/IP）及后期发展起来的云计算技术。

二、信息采集技术

物联网的发展需要信息采集、信息传递和信息处理这三个方面的完全融合，而信息采集是物联网发展的关键基础，物联网要获得发展，必须突破信息采集技术的瓶颈。

1. 条码技术

物联网技术实现的过程中，条码是信息识别领域最基本和关键的技术。条码是用某种特定的几何形体按一定规律在平面上分布（黑白相间）的图形来记录信息的应用技术。从技术原理来看，条码代码编制上巧妙地利用构成计算机内部逻辑基础的“0”和“1”比特流的概念，使用若干与二进制相对应的几何形体来表示数值信息，并通过图像输入设备或光电扫描设备自动识读以实现信息的自动处理。

2. 无线射频（RFID）技术

俗称电子标签的 RFID 是物联网的基础技术，它通过射频信号，自动识别目标对象并获取数据，适用于各种恶劣环境，可识别高速运动物体，亦可同时识别多个标签。借助电子标签，基于互联网，人们身边的各类物品都可升级为“网民”。

由此可以看出，RFID 就是物联网的重要构件，其在物联网信息采集中完全可以担当重任。而目前其他可替代 RFID 的技术发展还不成熟，因此，RFID 技术的成熟与应用的普及对物联网的快速发展至关重要。

3. 全球定位系统（GPS）技术

为了实现物与物之间的精确“沟通”，需要获知物品的位置信息，而这一信息可以通过GPS获得。GPS是英文Global Positioning System（全球定位系统）的简称。GPS是20世纪70年代由美国陆海空三军联合研制的新一代空间卫星导航定位系统。其主要目的是为陆、海、空三大领域提供实时、全天候和全球性的导航服务，并用于情报收集、核爆监测和应急通信等一些军事目的，是美国独霸全球战略的重要组成。经过20余年的研究实验，耗资300亿美元。

4. 地理信息系统（GIS）

GIS即地理信息系统（Geographic Information System），经过了40年的发展，到今天已经逐渐成为一门相当成熟的技术，并且得到了极广泛的应用。尤其是近些年，GIS更以其强大的地理信息空间分析功能，在GPS及路径优化中发挥着越来越重要的作用。GIS地理信息系统是以地理空间数据库为基础，在计算机软硬件的支持下，运用系统工程和信息科学的理论，科学管理和综合分析具有空间内涵的地理数据，以提供管理、决策等所需信息的技术系统。简单地说，地理信息系统就是综合处理和分析地理空间数据的一种技术系统。

经过多年的发展，中国GIS产业已逐步走向成熟，参与GIS建设的企业数量越来越多，应用领域、范围拓展也非常迅速，虽然受到2008年金融危机的影响，中国GIS软件市场2008年实现销售额52.46亿元，同比增长20.8%，高于软件整体市场16%的增长率，拉动内需的4万亿资金也促进了GIS产业的发展，成为软件市场中一个值得期待的新领域，每个领域都成为尚未开发的金矿。目前为止，GIS已在各行各业得到了很好的应用，可能360行都跟GIS有关。

可以预见，地理信息系统（GIS）的发展，以及网络共享带来的实时信息交互将对未来“物联网”的广泛应用提供强大的动力和支撑。

5. 电子数据交换（EDI）

EDI是英文Electronic Data Interchange的缩写，中文可译为“电子数据交换”。它是一种在公司之间传输订单、发票等作业文件的电子化手段。它通过计算机通信网络将贸易、运输、保险、银行和海关等行业信息，用一种国际公认的标准格式，实现各有关部门或公司与企业之间的数据交换与处理，并完成以贸易为中心的全部过程，它是20世纪80年代发展起来的一种新颖的电子化贸易工具，是计算机、通信和现代管理技术相结合的产物。国际标准化组织（ISO）将EDI描述成“将贸易（商业）或行政事务处理按照一个公认的标准变成结构化的事务处理或信息数据格式，从计算机到计算机的电子传输”。而ITU—T（原CCITT）将EDI定义为“从计算机到计算机之间的结构化的事务数据互换”。又由于使用EDI可以减少甚至消除贸易过程中的纸面文件，因此，EDI又被人们通俗地称为“无纸贸易”。

在物的流通的过程中，企业之间信息的交互将直接影响物的流通速度。而EDI的应用能够提高商业文件传递速度，降低文件成本，减少由于错漏造成的商业损失，提高竞争能力。

三、网络通信技术

剥去物联网的神秘外衣，其实物联网实质上就是在诸多行业和领域已有应用的无线传感网（Wireless Sensor Networks，WSN）。无线传感网按其功能抽象可以分为五个层次：基础层（传感器集合）、网络层（通信网络）、中间件层、数据处理和管理层以及应用开发层。其中，基础层以研究新型传感器和传感系统为核心，包括应用新的传感原理、使用新的材料以及采用新的结构设计等，以降低能耗、提高敏感性、选择性、响应速度、动态范围、准确度、稳定性以及在恶劣环境条件下工作的能力。

无线传感网通过节点中内置的不同传感器检出被测环境中的温度、湿度、噪声、光强度、压力、土壤成分、移动物体的速度和方向等信息，并通过内置的数据处理及通信单元完成相关处理与通信任务。

微电子机械加工（MEMS）技术的发展为传感器的微型化提供了可能，微处理技术的发展促进了传感器的智能化，通过 MEMS 技术和射频（RF）通信技术的融合促进了无线传感器及其网络的诞生。传统的传感器正逐步实现微型化、智能化、信息化、网络化，正经历着一个从传统传感器（Dumb Sensor）→智能传感器（Smart Sensor）→嵌入式 Web 传感器（Embedded Web Sensor）的内涵不断丰富的发展过程。正是这种变化，加速了物联网的普及，让人们对物联网的前景充满期待。

四、物品编码技术

物品编码是物联网的基石，是物联网信息交换内容的核心和关键字，是物品、设备、地点、属性等的数字化名称。

1. 条码编码

条码种类很多，常见的大概有二十多种码制，其中包括：Code39 码（标准 39 码）、Codebar 码（库德巴码）、Code25 码（标准 25 码）、ITF25 码（交叉 25 码）、Matrix25 码（矩阵 25 码）、UPC-A 码、UPC-E 码、EAN－13 码（EAN－13 国际商品条码）、EAN－8 码（EAN－8 国际商品条码）、中国邮政码（矩阵 25 码的一种变体）、Code-B 码、MSI 码、Code11 码、Code93 码、ISBN 码、ISSN 码、Code128 码（Code128 码，包括 EAN128 码）、Code39EMS（EMS 专用的 39 码）等一维条码和 PDF417 等二维条码。

目前，国际上广泛使用的条码种类有 EAN、UPC 码（商品条码，用于在世界范围内唯一标识一种商品。我们在超市中最常见的就是这种条码）、Code39 码（可表示数字和字母，在管理领域应用最广）、ITF25 码（在物流管理中应用较多）、Codebar 码（多用于医疗、图书领域）、Code93 码、Code128 码等。其中，EAN 码是当今世界上广为使用的商品条码，已成为电子数据交换（EDI）的基础；UPC 码主要为美国和加拿大使用；在各类条码应用系统中，Code39 码因其可采用数字与字母共同组成的方式而在各行业内部管理上被广泛使用；在血库、图书馆和照相馆的业务中，Codebar 码也被广泛使用。

除以上列举的一维条码外，二维条码也已经在迅速发展，并在许多领域找到了应用。目前二维条码主要有 PDF417 码、Code49 码、Code 16K 码、Data Matrix 码、MaxiCode 码等，主要分为堆积或层排式和棋盘或矩阵式两大类。

二维条码作为一种新的信息存储和传递技术，从诞生之时就受到了国际社会的广泛关注。经过几年的努力，现已应用在国防、公共安全、交通运输、医疗保健、工业、商业、金融、海关及政府管理等多个领域。

二维条码依靠其庞大的信息携带量，能够把过去使用一维条码时存储于后台数据库中的信息包含在条码中，可以直接通过阅读条码得到相应的信息，并且二维条码还有错误修正技术及防伪功能，增加了数据的安全性。

二维条码可把照片、指纹编制于其中，可有效地解决证件的可机读和防伪问题。因此，可广泛应用于护照、身份证、行车证、军人证、健康证、保险卡等。

2. 产品电子代码（EPC）编码

全球统一标识系统是由国际物品编码协会开发，是以对贸易项目、物流单元、贸易方位置、资产、服务关系等进行编码，服务于物流供应链的开放的标准体系，是全球统一标识和通用商业语言。

EPC 编码是 EPC 系统的重要组成部分，它是对实体及实体的相关信息进行代码化，通过统一并规范化的编码建立全球通用的信息交换语言。EPC 编码是在原有全球统一编码体系基础上提出的，它是新一代的全球统一标识的编码体系，是对现行编码体系的一个补充。

3. Ubiquitous ID（UID）编码

UID 编码体系是一种日本 UID（Ubiquitous ID）中心提出的编码方式。是日本自行推出的一套 RFID 方面的标准化系统，目前，中文普遍翻译成“泛在”，我国也有其开发分支机构。其与 EPCGlobal 的最大的区别是，EPC 只是使用 RFID 设备来对物品的个体进行识别，而 UID 技术面向的是人、物体、环境三个要素，它通过综合使用 RFID 技术、红外线、无限 LAN 等，可以对进入某个特定环境的人员，发出特定的指示。从理念上，UID 似乎比 EPC 想得更远。目前，其在日本进行了多次实证试验，包括在日本的某个城市地面盲人道上埋设 RFID，让盲人使用特殊的拐杖，引导其行走。在日本的浅草寺和上野动物园放置 RFID，用来给旅客做多国语言的介绍。在西洋美术馆的罗丹雕塑前放置 RFID 设备，用来做作品的介绍。其另一个特点是，可以判断持手持设备者在建筑物内的垂直方位，而传统的 GPS 精度不高，也无法知道垂直方位。但是，代价就是高成本。目前，UID 项目是受到日本政府扶持的，并且其也具备了比较完整的一条生产链，包括开源的手持机硬件设计，T-Engine 操作系统，以及多个面向不同使用的系统集成商，总称为 TRON。日立的 uChip（2.4GHz）是其主要使用的 RFID 芯片。每年的 Tron-Show 就是各大厂家展示的时机。但是，一方面目前 RFID 由于价格等因素，真正的使用还未大范围开始，UID 的生产和系统集成厂商只集中在日本，因此，成本高就是一个很严重的问题；另一方面，这个技术只是日本自己的标准，在国际上响应者较少。

五、数据库技术

在物联网时代，作为代表物品的标签数量是万亿数量级。如此大量的数据需要通过数据库管理。数据存储在当地数据库中，标签阅读器与当地数据库相连接。经过授权，数据库可以经由网络存取。针对物联网的特征，用于存储物品信息的数据库应具备如下功能：

1. 数据校对

处在网络边缘的数据库系统，直接与标签阅读器进行信息交流，它们会进行数据校对。并非每个标签每次都会被读到，而且有时一个标签的信息可能被误读，为此，系统能够利用算法校正这些错误。

2. 解读器协调

如果从两个有重叠区域的阅读器读取信号，它们可能读取了同一个标签的信息，产生了相同且多余的产品电子码。数据库管理系统的一个任务就是分析已读取的信息并且删掉这些冗余的产品编码。

3. 数据传送

在每一层次上，数据库管理系统必须要决定什么样的信息需要在供应链上向上传递或向下传递。例如，在冷藏工厂的数据库管理系统可能只需要传送它所储存的商品的温度信息就可以了。

4. 数据存储

现有的数据库不具备在一秒钟内处理超过几百条事务的能力，因此，新型数据库管理系统的另一个任务就是维护实时存储事件数据库（RIED）。本质上来讲，系统取得实时产生的产品电子码并且智能地将数据存储，以便其他企业管理的应用程序有权访问这些信息，并保证数据库不会超负荷运转。

5. 任务管理

无论新型数据库管理系统在层次结构中所处的等级是什么，所有的新型数据库管理系统都有一套独具特色的任务管理系统（TMS），这个系统使得他们可以通过实现用户自定义的任务来进行数据管理和数据监控。例如，一个商店中的新型数据库管理系统可以通过编写程序实现一些功能，当货架上的产品降低到一定水平时，会给储藏室管理员发出警报。

六、网络安全技术

物联网和互联网的关系是密不可分、相辅相成的。但是物联网和互联网在网络的组织形态、网络功能以及性能上的要求都是不一样的。互联网基于优先级管理的典型特征使得其对于安全、可信、可控、可管都没有要求，但是，物联网对于实时性、安全可信性、资源保证性等方面却有很高的要求。

根据物联网自身的特点，物联网除了面对移动通信网络的传统网络安全问题之外，还存在着一些与已有移动网络安全不同的特殊安全问题。这是由于物联网是由大量的机器构成，缺少人对设备的有效监控，并且数量庞大，设备集群等相关特点造成的，这些特殊的安全问题主要有以下几个方面：

1. 物联网机器/感知节点的本地安全问题

由于物联网的应用可以取代人来完成一些复杂、危险和机械的工作。所以物联网机器/感知节点多数部署在无人监控的场景中。那么攻击者就可以轻易地接触到这些设备，从而对他们造成破坏，甚至通过本地操作更换机器的软、硬件。

2. 感知网络的传输与信息安全问题

感知节点通常情况下功能简单（如自动温度计）、携带能量少（使用电池），这使得它们无法拥有复杂的安全保护能力，而感知网络多种多样，从温度测量到水文监控，从道路导航到自动控制，它们的数据传输和消息也没有特定的标准，所以没法提供统一的安全保护体系。

3. 核心网络的传输与信息安全问题

核心网络具有相对完整的安全保护能力，但是由于物联网中节点数量庞大，且以集群方

式存在，因此会导致在数据传播时，由于大量机器的数据发送使网络拥塞，产生拒绝服务攻击。此外，现有通信网络的安全架构都是从人通信的角度设计的，并不适用于机器的通信。使用现有安全机制会割裂物联网机器间的逻辑关系。

4. 物联网业务的安全问题

由于物联网设备可能是先部署后连接网络，而物联网节点又无人看守，所以，如何对物联网设备进行远程签约信息和业务信息配置就成了难题。另外，庞大且多样化的物联网平台必然需要一个强大而统一的安全管理平台，否则独立的平台会被各式各样的物联网应用所淹没，但如此一来，如何对物联网机器的日志等安全信息进行管理成为新的问题，并且可能割裂网络与业务平台之间的信任关系，导致新一轮安全问题的产生。

传统的网络中，网络层的安全和业务层的安全是相互独立的，就如同领导间的交流方式与秘书间的交流方式是不同的。而物联网的特殊安全问题很大一部分是由于物联网是在现有移动网络基础上集成了感知网络和应用平台带来的，也就是说，领导与秘书合二为一了。因此，移动网络中的大部分机制仍然可以适用于物联网并能够提供一定的安全性，如认证机制、加密机制等。但还是需要根据物联网的特征对安全机制进行调整和补充。

（1）物联网中的业务认证机制

传统的认证是区分不同层次的，网络层的认证就负责网络层的身份鉴别，业务层的认证就负责业务层的身份鉴别，两者独立存在。但是在物联网中，大多数情况下，机器都是拥有专门的用途，因此其业务应用与网络通信紧紧地绑在一起。由于网络层的认证是不可缺少的，那么其业务层的认证机制就不再是必需的，而是可以根据业务由谁来提供和业务的安全敏感程度来设计。

（2）物联网中的加密机制

传统的网络层加密机制是逐跳加密，即信息在发送过程中，虽然在传输过程中是加密的，但是需要不断地在每个经过的节点上解密和加密，即在每个节点上都是明文的。而传统的业务层加密机制则是端到端的，即信息只在发送端和接收端才是明文，而在传输的过程和转发节点上都是密文。由于物联网中网络连接和业务使用紧密结合，那么就面临到底使用逐跳加密还是端到端加密的选择。

由于物联网的发展已经开始加速，对物联网安全的需求日益迫切，需要明确物联网中的特殊安全需求，考虑如何为物联网提供端到端的安全保护，这些安全保护功能又应该怎么样用现有机制来解决？此外，随着物联网的发展，机器间集群概念的引入，还需要重点考虑如何用群组概念解决群组认证的问题。

七、物联网管理系统开发技术

物联网软件和中间件处于物联网三层架构的中上层和顶层，如果把物联网系统和一个人体做比较，感知层好比人体的四肢，传输层好比人的身体，那么应用层就好比人的大脑。软件和中间件是物联网系统的灵魂和中枢神经。这也是为什么泛在计算、智慧地球等概念是由作为一个软件和 IT 服务商的 IBM 提出的原因。软件巨头微软老板比尔·盖茨早在 1995 年在其《未来之路》一书中已提到和看到了物联网的潜力。Google 也推出了 PowerMeter 等物联网计划。按物联网的定义，任何末端设备和智能物件只要嵌入了芯片和软件都是物联网的连接对象，所以，所有嵌入式软件都是为物联网服务的。

在物联网概念被大众理解和接受以后，大家早已发现，物联网并不是什么全新的东西，上万亿的末端“智能物件”和各种应用子系统早已经存在于工业和日常生活中。笔者认为，物联网产业发展的关键在于把现有的智能物件和子系统链接起来，实现应用的大集成(Grand Integration）和“管控营一体化”，为实现“高效、节能、安全、环保”的和谐社会服务，要做到这一点，软件（包括嵌入式软件）和中间件将作为核心和灵魂起至关重要的作用。在大集成工程中，系统变得更加智能化和网络化，反过来会对末端设备和传感器提出更高的要求，如此循环螺旋上升推动整个产业链的发展。因此，要占领物联网制高点，软件和中间件的作用至关重要，应该得到国家层面决策和扶持政策的高度重视。

第五节　物联网发展战略和进展

一、美国：“智慧地球”（Smart Earth）战略

IBM 提出的“智慧地球”概念（建议政府投资新一代的智慧型基础设施）已上升至美国的国家战略。该战略认为 IT 产业下一阶段的任务是把新一代信息技术充分运用在各行各业之中，具体地说，就是把感应器嵌入和装备到电网、铁路、桥梁、隧道、公路、建筑、供水系统、大坝、油气管道等各种物体中，并且被普遍连接，形成“物联网”。

二、日本：u-Japan 战略

2004 年，日本信息通信产业的主管机关总务省（MIC）提出 2006—2010 年 IT 发展任务——u-Japan 战略。该战略的理念是以人为本，实现所有人与人、物与物、人与物之间的连接，即所谓 4U＝ForYou（Ubiquitous，Universal，User-oriented，Unique)，希望在 2010 年将日本建设成一个“实现随时、随地、任何物体、任何人（anytime，anywhere，anything，anyone）均可连接的泛在网络社会”。此战略将以基础设施建设和利用为核心在三个方面展开：一是泛在社会网络的基础建设。希望实现从有线到无线、从网络到终端、包括认证、数据交换在内的无缝链接泛在网络环境，100％的国民可以利用高速或超高速网络。二是 ICT 的高度化应用（日本把 IT 扩展为 ICT，即信息通信技术：Information and Communications Technology)。希望通过 ICT 的高度有效应用，促进社会系统的改革，解决高龄少子化社会的医疗福利、环境能源、防灾治安、教育人才、劳动就业等 21 世纪的问题。三是与泛在社会网络基础建设、ICT 应用高度化相关联的安心、安全的利用环境。此外，贯穿在三方面之中的横向战略措施还有其国际战略和技术标准战略。

三、韩国：u-Korea 战略

继日本提出 u-Japan 战略后，韩国也在 2006 年确立了 u-Korea 战略。u-Korea 旨在建立无所不在的社会（ubiquitous society)，也就是在民众的生活环境里，布建智能型网络（如 IPv6、BcN、USN)、最新的技术应用（如 DMB、Telematics、RFID）等先进的信息基础建设，让民众可以随时随地享有科技智慧服务。其最终目的，除运用 IT 科技为民众创造衣食

住行育乐各方面无所不在的便利生活服务，亦希望扶植IT产业发展新兴应用技术，强化产业优势与国家竞争力。为实现上述目标，u-Korea提出了以“The FIRST u-society on the BEST u-Infrastructure”为核心的发展策略，内容包括四项关键基础环境建设（平衡全球领导地位、生态工业建设、现代化社会建设、透明化技术建设）以及五大应用领域（亲民政府、智慧科技园区、再生经济、安全社会环境、u生活定制化服务）开发。u-Korea主要分为发展期与成熟期两个执行阶段。发展期（2006—2010年）的重点任务是基础环境的建设、技术的应用以及u社会制度的建立；成熟期（2011—2015年）的重点任务为推广u化服务。为配合u-Korea战略，韩国信息通信产业部（MIC）还推出了u-City计划、Telematics示范应用发展计划、u-IT产业集群计划和u-Home计划。2009年10月，韩通信委员会通过了《物联网基础设施构建基本规划》，将物联网市场确定为新增长动力。该规划树立了到2012年“通过构建世界最先进的物联网基础设施，打造未来广播通信融合领域超一流ICT强国”的目标，并为实现这一目标，确定了构建物联网基础设施、发展物联网服务、研发物联网技术、营造物联网扩散环境4大领域、12项详细课题。

四、欧盟：物联网行动计划

2009年6月，欧盟委员会向欧盟议会、理事会、欧洲经济和社会委员会及地区委员会递交了《欧盟物联网行动计划》（Internet of Things-An action plan for Europe），以确保欧洲在建构物联网的过程中起主导作用。行动计划共包括14项内容，主要有管理、隐私及数据保护、“芯片沉默”的权利、潜在危险、关键资源、标准化、研究、公私合作、创新、管理机制、国际对话、环境问题、统计数据和进展监督等一系列工作。

2009年10月，欧盟委员会以政策文件的形式对外发布了物联网战略，提出要让欧洲在基于互联网的智能基础设施发展上领先全球，除了通过ICT研发计划投资4亿欧元，启动90多个研发项目提高网络智能化水平外，欧盟委员会还将于2011—2013年每年新增2亿欧元进一步加强研发力度，同时拿出3亿欧元专款，支持物联网相关公私合作短期项目建设。

五、中国：重点研究领域

与国外相比，我国物联网发展也在最近几年取得了重大进展。《国家中长期科学与技术发展规划（2006—2020年）》和“新一代宽带移动无线通信网”重大专项中均将传感网列入重点研究领域。

目前我国传感网标准体系已形成初步框架，向国际标准化组织提交的多项标准提案被采纳，传感网标准化工作已经取得积极进展。而9月11日，经国家标准化管理委员会批准，全国信息技术标准化技术委员会组建了传感器网络标准工作组。标准工作组聚集了中国科学院、中国移动等国内传感网主要的技术研究和应用单位，将积极开展传感网标准制订工作，深度参与国际标准化活动，旨在通过标准化为产业发展奠定坚实的技术基础。

2009年11月1日，中关村物联网产业联盟正式成立，成员包括了北京移动、清华同方股份有限公司、北京邮电大学、中科院软件所、北京交通委信息中心等十二家单位，囊括了政府、院校和企业。

本章小结

本章介绍了物联网的发展历程及相关概念，同时指出物联网在智能城市、智能家居、智能医疗等领域的应用。物联网作为一个新型的研究领域，它的发展需要相关专业技术的支撑：互联网技术、信息采集技术、通信技术、编码技术、数据库管理技术、网络安全技术、管理系统开发技术等。

第二章　互联网技术

教学目标

通过本章的学习，要掌握计算机网络基础知识；了解计算机网络体系结构，TCP/IP 协议基本概念；了解局域网的定义与特点，掌握局域网的组成及体系结构；了解广域网概念及结构体系；熟练掌握 Internet 基本知识及应用；了解云计算与物联网的关系，学习云计算方法。

第一节　计算机网络基础知识

一、计算机网络的定义

在物联网技术中计算机网络知识应用非常广泛，计算机网络的定义随网络技术的更新可从不同的角度给予描述，目前人们已公认的有关计算机网络的定义如下。

计算机网络是将地理位置不同，具有独立功能的多个计算机系统利用通信设备和线路互相连接起来，且以功能完善的网络软件（包括网络通信协议、网络操作系统等）实现网络资源共享的系统。

在上述的定义中，有以下几个关键点。

(1) 计算机的数量是“多个”，而不是单一的。

(2) 计算机是能够独立工作的系统。任何一台计算机都不能干预其他计算机的工作，如启动、停止等。任意两台计算机之间没有主从关系。

(3) 计算机可以处在异地。每台计算机所处的地理位置对所有的用户是完全透明的。

(4) 处在异地的多台计算机由通信设备和线路进行连接，从而使各自具备独立功能的计算机系统成为一个整体。

(5) 在连接起来的系统中必须有完善的通信协议、信息交换技术和网络操作系统等软件对这个连接在一起的硬件系统进行统一的管理，从而使其具备数据通信、远程信息处理、资源共享功能。

定义中涉及的“资源”应该包括硬件资源（CPU、大容量的磁盘、光盘以及打印机等）和软件资源（各种软件工具、应用程序等）。

计算机网络组成包括如下内容。

(1) 传输介质。连接两台或两台以上的计算机需要传输介质。介质可以是双绞线、同轴电缆或光纤等“有线”介质，也可以是微波、红外线、激光和通信卫星等“无线”介质。

(2) 通信协议。计算机之间要交换信息，实现通信，彼此就需要有某些约定和规则——网络协议。目前有很多网络协议，有一些是各计算机网络产品厂商自己制定的，也有许多是由国际组织制定的，它们已构成了庞大的协议集。

(3) 网络连接设备。异地的计算机系统要实现数据通信、资源共享还必须有各种网络连接设备给予保障，如中继器、网桥、交换机和路由器等。

(4) 用户端设备。如主机、服务器等。

二、计算机网络的分类

计算机网络的类型，可根据不同的划分标准来分类。

1. 按网络的地理区域分

按照网络的地理区域可分为 LAN（局域网）、MAN（城域网）、WAN（广域网）和 Internt（因特网）。

(1) 局域网。局域计算机网通常简称为局域网，联网的计算机分布在一个较小的地域范围内（约 10 米至十几公里），它能进行高速的数据通信。局域网在企业办公自动化、企业管理、工业自动化和计算机辅助教学等方面得到广泛的使用。

(2) 城域网。联网的计算机之间最远通信距离约几十公里内的网络称为城域网，例如，在一个城市范围内建立起来的计算机网络。

(3) 广域网。广域计算机网简称广域网。广域网在地理上可以跨越很大的距离，连网的计算机之间的距离一般在几十公里以上，跨省、跨国甚至跨洲，网络之间也可通过特定方式进行互联，实现局域资源共享与广域资源共享相结合，形成地域广大的远程处理和局域处理相结合的网际网系统。世界上第一个国家级的广域网是 ARPANET，它利用交换技术互联分布在美国各地的不同型号的计算机和网络。

(4) 因特网。因特网可以传输上千公里，它是全世界各种网络互连得到的“网间网”。

2. 按使用范围分

按照使用范围分为公用网和专用网。

(1) 公用网。如 CHINANET 等。

(2) 专用网。如 CRPAC（铁路分组数据网）。

3. 按信息交换方式分

按照信息交换方式分为电路交换网、报文交换网、分组交换网、混合交换网和信元交换网。

(1) 电路交换网。如电话网。

(2) 报文交换网。如电报网。

(3) 分组交换网。如 X. 25 网。

(4) 混合交换网（同时采用电路和分组交换）。如帧中继网。

(5) 信元交换网。如 ATM 网。

4. 按传输技术分

按照传输技术分为广播型网络和点到点网络。

(1) 广播型网络。如传统以太网（广播、组播）。

(2) 点到点网络。如分组交换网。

5. 按拓扑结构分

按照拓扑结构分为总线型网、星型网、环型网和网状网等。

三、计算机网络的拓扑结构

无论 Internet 网络结构如何复杂，但是组成复杂网络的基本单元的结构具有一定的规律。计算机网络拓扑的研究可以帮助我们了解网络基本单元的结构类型与特点。

1. 计算机网络拓扑的定义

拓扑学是几何学的一个分支，它是从图论演变过来的。拓扑学首先把实体抽象成与其大小、形状无关的点，将连接实体的线路抽象成线，进而研究点、线、面之间的关系。计算机网络拓扑是通过网中节点与通信线路之间的几何关系表示网络结构，反映出网络中各实体间的结构关系。拓扑设计是建设计算机网络的第一步，也是实现各种网络协议的基础，它对网络性能、系统可靠性与通信费用都有重大影响。计算机网络拓扑主要是指通信子网的拓扑构型。

2. 计算机网络拓扑的分类与特点

基本的网络拓扑可以分为 5 种：星状、环状、总线、树状与网状，其结构如图 2－1 所示。

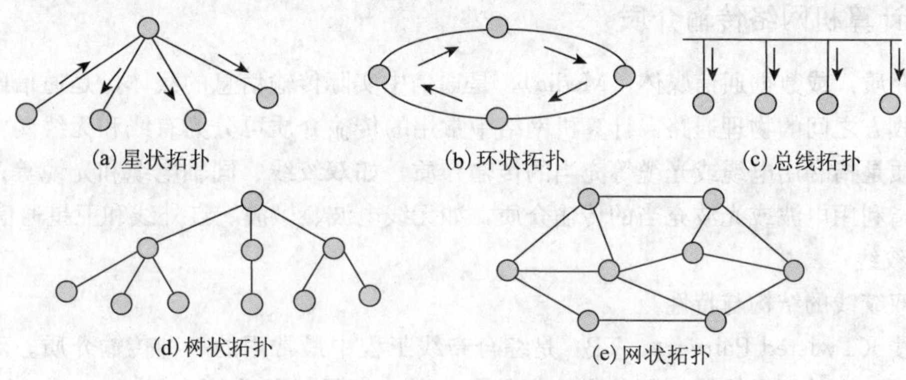

图 2－1 基本的网络拓扑构型

(1) 星状拓扑

图 2－1 (a) 给出了星状拓扑的结构示意图。在星状拓扑构型中，节点通过点对点通信线路与中心节点连接。中心节点控制全网的通信，任何两节点之间的通信都要通过中心节点。星状拓扑结构简单，易于实现，便于管理。但是，网络的中心节点是全网可靠性的瓶颈，中心节点的故障可能造成全网瘫痪。

(2) 环状拓扑

图 2－1 (b) 给出了环状拓扑的结构示意图。在环状拓扑构型中，节点通过点对点通信线路连接成闭合环路。环中数据将沿一个方向逐站传送。环状拓扑结构简单，传输延时确定，但是环中每个节点与连接节点之间的通信线路都会成为网络可靠性的瓶颈。环中任何一个节点出现线路故障，都可能造成网络瘫痪。为了保证环的正常工作，需要进行比较复杂的环维护处理。环节点的加入和撤出过程都比较复杂。

（3）总线拓扑

图 2-1（c）给出了总线拓扑的结构示意图。在总线拓扑结构中，所有的节点都连接在一条作为公共传输介质的总线上。所有节点都通过总线以广播方式发送和接收数据。当一个节点利用总线发送数据时，其他节点只能接受数据。如果有两个或两个以上的节点同时打算利用公共总线发送数据时，就会出现冲突，造成传输失败。总线拓扑结构的优点是结构简单，缺点是必须解决多节点访问总线的介质访问控制策略问题。

（4）树状拓扑

图 2-1（d）给出了树状拓扑的结构示意图。在树状拓扑构型中，节点按层次进行连接，信息交换主要在上、下节点之间进行，相邻及同层节点之间一般不进行数据交换或数据交换量小。树状拓扑可以看成是星状拓扑的一种扩展，树状拓扑网络适用于汇集信息的商用要求。

（5）网状拓扑

图 2-1（e）给出了网状拓扑的结构示意图。网状拓扑构型又称为无规则型。在网状拓扑构型中，节点之间的连接是任意的，没有规律。网状拓扑的主要优点是系统可靠性高。但是，网状拓扑的结构复杂，必须采用路由选择算法与流量控制方法。目前实际存在与使用的广域网结构，基本上都采用网状拓扑构型。

四、计算机网络传输介质

传输介质，或数据通信媒体（Media），是通信中实际传输信息的载体，是通信网络中发送方和接收方之间的物理通路。计算机网络中常用的传输介质可分为有线和无线两大类。有线传输介质是指利用电缆或光缆等充当的传输介质，如双绞线、同轴电缆和光缆等；无线传输介质是指利用电波或光波充当的传输介质，如无线电波、微波、红外线和卫星通信等。

1. 双绞线

（1）双绞线的结构与特性

双绞线（Twisted Pairwire，TP）是综合布线工程中最常用的一种传输介质。双绞线是由两根相互绝缘的铜导线用规则的方法扭绞起来的，铜导线的典型直径为 1mm，如图 2-2 所示。将两根绝缘的铜导线按一定规则互相绞在一起，可降低信号的干扰程度，每一根导线在传输中辐射的电波会被另一根线上发出的电波抵消。电话系统中使用双绞线较多，几乎所有的电话都是使用双绞线连接到电话交换机。通常将一对或多对双绞线捆在一起，并将其放在一个绝缘套管中便成了双绞线电缆。

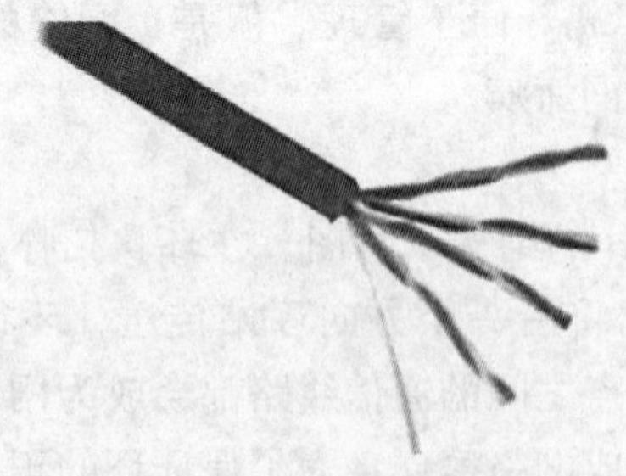

图 2-2　双绞线

（2）双绞线的分类

双绞线按其是否有屏蔽，可分为屏蔽双绞线（Shielded Twisted Pair，STP）和非屏蔽双绞线（Unshielded Twisted Pair，UTP），也称无屏蔽双绞线。屏蔽双绞线是在一对双绞线外层包有一层金属箔，以提高其抗干扰性，有的还在几对双绞线的外层用铜编制网包上，最外层再包上一层具有保护性的聚乙烯塑料。与非屏蔽双绞线相比，其误码率明显下降，为 10^{-8}～10^{-6}，但价格较贵。非屏蔽双绞线除少了屏蔽层外，其余均与屏蔽双绞线相同，抗干扰能力较差，误码率高达 10^{-6}～10^{-5}，但因其价格便宜而且安装方便，故广泛用于电话系统和局域网中。

（3）双绞线连接器

非屏蔽双绞线连接器，即水晶头，主要用于双绞线与网络设备的连接，为模块式插孔结构。如图 2－3 所示，RJ－45 接口前端有 8 个凹槽，简称 8P（position），凹槽内有 8 个金属接点，简称 8C（contact），因此也称之为 8P8C。

图 2－3　RJ－45 接口实物图

EIA/TIA 的布线标准中规定了两种双绞线的线序 EIA/TIA568A 和 EIA/TIA568B，对双绞线的色标和排列方式做了严格的规定。

EIA/TIA568A 描述的线序从左至右依次为：绿白、绿色、橙白、蓝色、蓝白、橙色、棕白、棕色。

EIA/TIA568B 描述的线序从左至右依次为：橙白、橙色、绿白、蓝色、蓝白、绿色、棕白、棕色。

（4）双绞线的接法

双绞线与网络设备连接时，根据不同的需要可分为直通线、交叉线和全反线 3 种连接方式。

①直通线的接法

直通线（straight-through）又叫正线或标准线，一般用来连接两个不同性质的接口，如主机和交换机/集线器，路由器和交换机/集线器。直通线两端的水晶头都应遵循 EIA/TIA568A 或 EIA/TIA 568B 标准，双绞线的每组线在两端是一一对应的，即两端水晶头的线序应保持一致。以连接主机和交换机/集线器为例，如直通线两端均采用 EIA/TIA 568A 标准，则其线序如表 2－1 所示。

②交叉线的接法

交叉线（cross-over）也叫反线，一般用来连接两个性质相同的端口，如交换机和交换机，交换机和集线器，集线器和集线器，主机和主机，主机和路由器。交叉线两端的水晶头一端遵循 EIA/TIA 568A 标准，而另一端采用 EIA/TIA 568B 标准，即 A 端水晶头的 1.2 与 B 端水晶头的 3.6 相对应，而 A 端水晶头的 3.6 与 B 端水晶头的 1.2 相对应。以连接交换机和交换机为例，交叉线两端的线序如表 2-1 所示。

表 2-1　　交叉线两端的线序

交换机		交换机	
针编号	线颜色	针编号	线颜色
1	绿白	3	绿白
2	绿色	6	绿色
3	橙白	1	橙白
6	橙色	2	橙色

③全反线的接法

全反线（rolled），不用于以太网的连接，主要用于主机的串口和路由器（或交换机）的控制端口之间的连接。全反线两端的水晶头一端的线序是针编号从 1 到 8，另一端则是从 8 到 1 的顺序。以连接主机和交换机为例，如全反线的主机端采用 EIA/TIA 568A 标准，则两端线序如表 2-2 所示。

表 2-2　　全反线两端的线序

交换机		交换机	
针编号	线颜色	针编号	线颜色
1	绿白	8	棕色
2	绿色	7	棕白
3	橙白	6	橙色
4	蓝色	5	蓝白
5	蓝白	4	蓝色
6	橙色	3	橙白
7	棕白	2	绿色
8	棕色	1	绿白

2. 同轴电缆

(1) 同轴电缆的结构

同轴电缆（coaxial cable）也是局域网中常用的一种传输介质，电缆由内导体铜质芯线、绝缘层、网状编织的外导体屏蔽层以及保护塑料外层组成，如图 2-4 所示。这种结构中的金属屏蔽网可防止中心导体向外辐射电磁场，也可用来防止外界电磁场干扰中心导体的信号，因而具有很好的抗干扰特性，被广泛用于较高速度的数据传输。

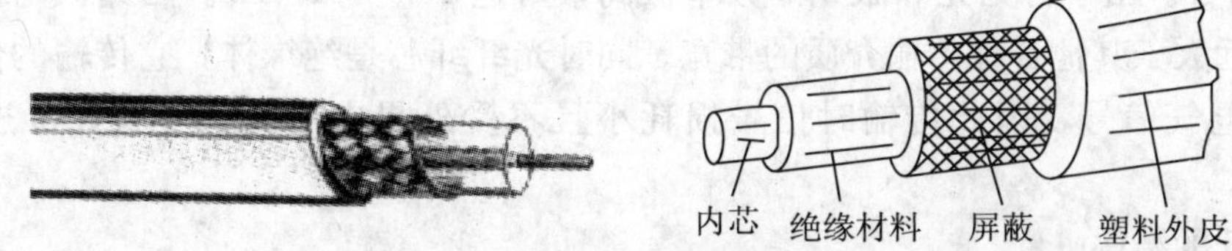

图 2-4 同轴电缆

(2) 同轴电缆的类型

按特性阻抗数值的不同，可将同轴电缆分为基带同轴电缆（50Ω 同轴电缆）和宽带同轴电缆（75Ω 同轴电缆）。

①基带同轴电缆

通常将数字方波信号所固有的频带称为基带（base band），所以把网络中用于传输数字信号、阻抗为 50Ω，并使用曼彻斯特编码和基带传输方式的同轴电缆称为基带同轴电缆（base band coaxial cable）。基带系统的优点是安装简单而且价格便宜，但基带数字方波信号在传输过程中容易发生畸变和衰减，所以传输距离不能太长，一般在 1km 以内，典型的数据传输速率可达 10Mbps。基带同轴电缆又有粗缆和细缆之分。粗缆抗干扰性能好，传输距离较远。细缆便宜，传输距离较近。在局域网中，一般选用 RG-8 和 RG-11 型号的粗缆或 RG-58 型号的细缆。

②宽带同轴电缆

宽带同轴电缆（broadband coaxial cable）的特性阻抗为 75Ω，带宽可达 300～500MHz，用于传输模拟信号。它是公用天线电视系统 CATV 中的标准传输电缆。宽带在电话行业中，是指带宽比一个标准话路即 4kHz 更宽的频带。然而在计算机网络中，宽带电缆泛指采用了模拟传输技术和频分多路复用技术的同轴电缆网络。

宽带同轴电缆传输模拟信号时，其频率高达 300～500MHz，传输距离达 100km。但在传输数字信号时，必须将其调制转换为模拟信号，在接收端则将收到的模拟信号解调再转换为数字信号。通常，每传送 1b 的信号需要 1～4Hz 的带宽。一条带宽为 300MHz 的电缆可以支持 150Mbps 的数据速率。

宽带同轴电缆由于其频带较宽，故常将它划分为若干个子频带，分别对应于若干个独立的信道。如每 6MHz 的带宽可传输一路模拟彩色电视信号，则一条 500MHz 带宽的同轴电缆可同时传输 80 路彩色电视信号。当利用一个电视信道来传输音频信号时，可采用频分多路复用技术在一条宽带同轴电缆上传输多路音频信号。如利用宽带同轴电缆构成宽带局域网，则采用频分多路复用技术可以实现数字信号、语音信号、视频图像等综合信息的同时传输，其地理覆盖距离可达几十千米。

3. 光缆

光导纤维电缆（optical fiber cable），简称光缆，是网络传输介质中性能最好、应用最广泛的一种。光缆由多根光纤单体制成，光缆传输具有抗干扰性好、保密性好、使用安全、重量轻以及便于铺设等特点。以金属导体为核心的传输介质，其所能传输的数字信号或模拟信号都是电信号，而光纤则只能用光脉冲形成的数字信号进行通信。有光脉冲相当于 1，没有

光脉冲相当于 0。由于可见光和激光的频率极高，可达 10^{14}～10^{15} Hz。因此，光纤传输系统的传输带宽远大于其他各种传输介质的带宽。同时光纤纤芯是绝缘体，它传输的信号是光束信号而不是电气信号，因此传输时信号损耗小且不受外界电磁波的干扰，可进行长距离传输。

（1）光纤的结构

光纤通常由极透明的石英玻璃拉成细丝作为纤芯，外面分别有外包层、吸收外壳和防护层等构成，图 2－5 是光纤结构示意图（只画了一根纤芯）。纤芯较外包层有较高的折射率，当光线从高折射率的媒体射向低折射率的媒体时，其折射角将大于入射角，如图 2－6（a）所示。因此，如果入射角足够大，就会出现全反射，即光线碰到外包层时就会折射回纤芯。这个过程不断重复，光也就沿着光纤向前传输。图 2－6（b）画出了光波在纤芯中传输的示意图，该图中只画了一条光线。实际上，只要射到光纤表面光线的入射角大于某一临界角度，就可以产生全反射。所以，可以存在许多条不同角度入射的光线在一条光纤中传输，这种光纤称多膜光纤。然而，若光纤的直径减小到只有一个光的波长时，则光纤就像一根波导那样，它可使光线一直向前传播，而不会像图 2－6（b）画的那样多次反射，这种光纤称单膜光纤。单膜光纤的光源要使用半导体激光器，而不能使用较便宜的发光二极管。它的衰耗较小，在 2.5Gbps 的高速率下可传输数十千米而不必加光放大器。由于光纤非常细，连外包层一起，其直径也不到 0.2mm。故常将一至数百根纤芯，再加上加强芯和填充物等构成一条光缆，就可大大提高其机械强度，必要时还可放入远供电源线。最后加上包带层和外护套，即可满足工程施工的强度要求。

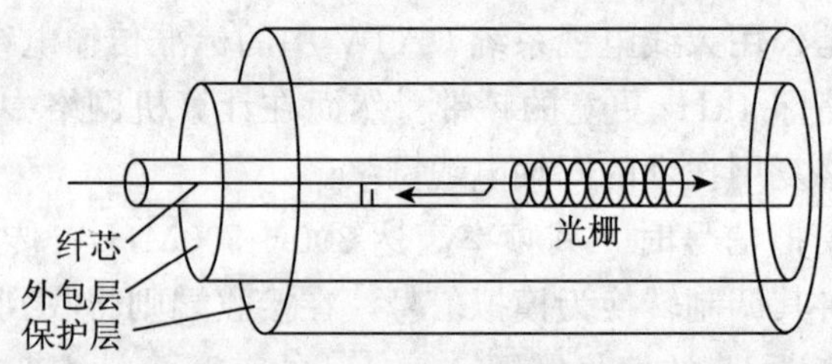

图 2－5　光纤结构示意图

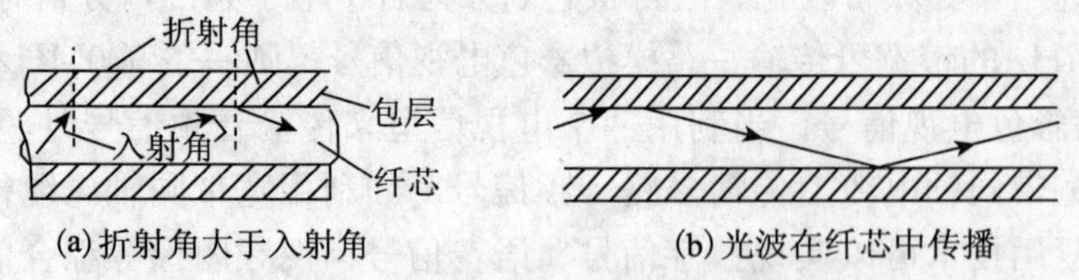

(a) 折射角大于入射角　　(b) 光波在纤芯中传播

图 2－6　光线射入到光纤和外包层界面时的情况

（2）光纤通信系统

光纤通信系统是以光纤为传输媒介，光波为载波的通信系统。典型的光纤传输系统结构如图 2－7 所示。光纤发送端采用发光二极管（Light Emitting Diode，LED）或注入型激光二极管（Injection Laser Diode，ILD）两种光源。在接收端将光信号转换成电信号时使用光

电二极管 PIN（Positive Intrinsic-Negative）检波器或 APD（Avalanche Photon Diode）检波器，这样即构成了一个单向传输系统。光载波调制方法采用振幅键控 ASK 调制方法，即亮度调制(intensity modulation)。光纤数据速率可达几千兆比特，目前投入使用的光纤在几千米范围内速率可达 1000Mbps 或更高，大功率的激光器可以驱动 100km 长的光纤而不带光放大器。

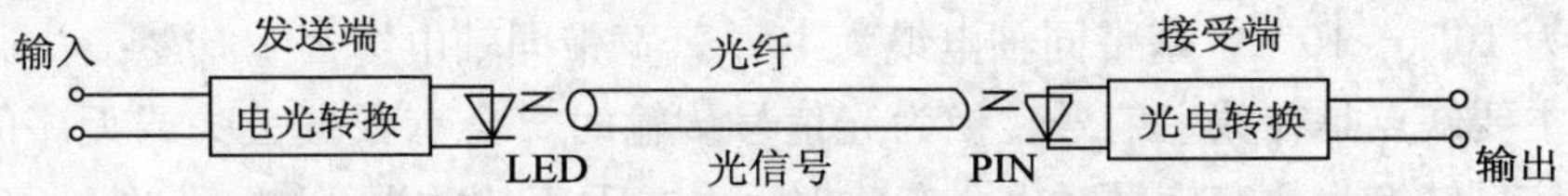

图 2－7　典型的光纤传输系统结构示意图

光纤最普遍的连接方法是点到点方式，在某些实验系统中也采用多点连接方式。

(3) 光纤的分类

目前光纤的种类繁多，但就其分类方法而言大致有 4 种，即按传播模式分类、按光纤剖面折射率分布分类、按工作波长分类以及按套塑类型分类。此外还可以按光纤的组成成分分类，除目前最常应用的石英光纤之外，还有含氟光纤与塑料光纤等。为简化起见，现仅对按传播模式分类进行简要介绍。

光纤按传播模式，一般可分为多模光纤和单模光纤。

①多模光纤

多模光纤（Multi Mode Fiber，MMF）即是在给定的工作波长上，能以多种模式同时传输的光纤，如图 2－8 所示。多模光纤传播模式数量的经典计算公式为 $N=V^2/4$，其中 V 为归一化频率。例如当 V＝38 时，多模光纤中会存在 300 多种传播模式。模式色散会使多模光纤的带宽变窄，降低其传输容量，因此多模光纤仅适用于较小容量的光纤通信。多模光纤的折射率分布大都为抛物线分布，即渐变折射率分布，其纤芯直径为 50μm 左右。

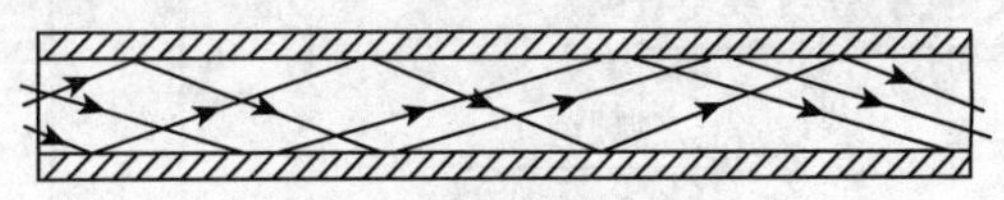

图 2－8　多模光纤

②单模光纤

根据电磁场理论与求解麦氏方程组发现，当光纤的径可以与光波长相比拟时，如芯径 5～10μm范围时，光纤只以一种模式（基模 HE_{11}）在其中传播，其余的高次模全部截止，这样的光纤叫做单模光纤（single Mode Fiber，SMF）。

由于它只允许一种模式在其中传播，从而避免了模式色散和延时的问题，故单模光纤具有极宽的带宽，特别适用于大容量的光纤通信。实际上，要实现单模传输，必须使光纤的各参数满足一定的条件，即其归一化频率 V≤2.4084。

(4) 光纤的优缺点

光纤有许多优点，由于光纤的直径可小到 10～100μm，故体积小、质量轻，1km 长的一根光纤（纤芯）也只有几克；光纤的传输频带非常宽，在1km内的频带可达1GHz以上，在30km内的频带仍大于25MHz，故通信容量大；光纤传输损耗小，通常在6～8km的距离内不使用光放大器而可实现高速率数据传输，基本上没有什么衰耗，这一点也正是光纤通信得到飞速发展的关键原因；不受雷电和电磁干扰，这在有大电流脉冲干扰的环境下尤为重要；无串音干扰，保密性好，也不容易被窃听或截取数据；误码率很低，可低于10^{-10}。而双绞线的误码率为10^{-6}～10^{-5}，基带同轴电缆为10^{-7}，宽带同轴电缆为10^{-9}。

光纤的主要缺点是在数字信号转换为光信号传输时，会有数据丢失或无序的数据添加。同样，当光信号转换为数字信号时也会有数据丢失或无序的数据添加。此外，光纤信号线与接收器之间理论上应该是百分之百的平行对接，这样才可保证光信号无散射，然而实际上是不可能做到的。

4. 自由空间

无线传输介质指利用大气和外层空间作为传播电磁波的通路，但由于信号频谱和传输介质技术的不同，因而其主要包括无线电、微波、卫星通信、红外线以及射频等。各种通信介质对应的电磁波谱范围如图2-9所示。

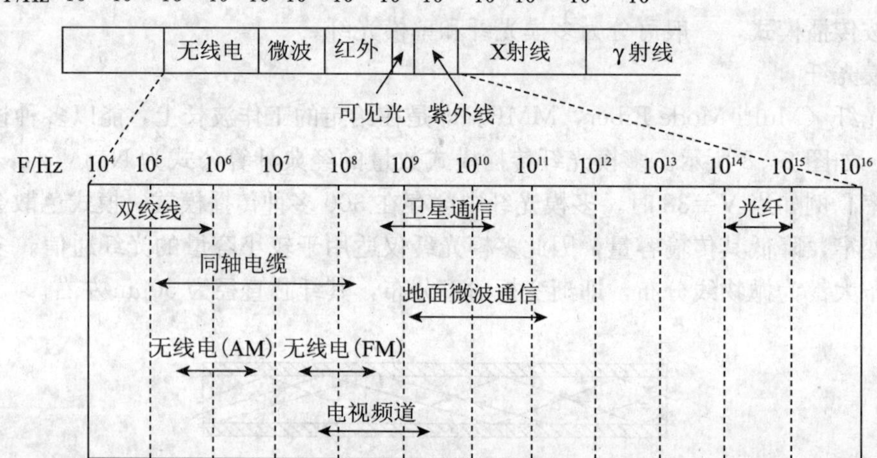

图2-9 各种通信介质对应的电磁波谱范围

电磁波的传播有两种方式：一种是在自由空间中传播，即通过无线方式传播；另一种是在有限制的空间区域内传播，即通过有线方式传播。有线传播方式在本节的前3小节中已进行了详细的介绍，这里仅对无线传播进行介绍。

(1) 无线电传输

无线电波是指在自由空间（包括空气和真空）传播的射频频段的电磁波，它在电磁波谱中的频率低于微波，其频率范围为10^4～10^8Hz。无线电技术是通过无线电波传播声音或其他信号的技术。无线电技术的原理在于，导体中电流强弱的改变会产生无线电波。利用这一现象，通过调制可将信息加载于无线电波之上。当电波通过空间传播到达收信端，电波引起的电磁场变化又会在导体中产生电流。通过解调将信息从电流变化中提取出来，就达到了信息

传递的目的。无线电波传输的距离较远，很适于移动工作站或野外工作站之间的连网，但是保密性差，信号很容易被窃听。无线电波的传输需要使用不同种类的发送天线和接收天线。无线电波可以通过多种传输方式从发射天线到接收天线。主要有地波、天波和空间波三种形式。无线电波的传播特性如图 2－10 所示。

①地波传播，就是电波沿着地球表面到达接收点的传播方式，如图 2－10 中 a 所示。电波在地球表面上传播，以绕射方式可以到达视线范围以外。地面对地波有吸收作用，吸收的强弱与带电波的频率、地面的性质等因素有关。

②天波传播，就是自发射天线发出的电磁波，在高空被电离层反射回来到达接收点的传播方式，如图 2－10 中 b 所示。电离层对电磁波除了具有反射作用以外，还有吸收能量与引起信号畸变等作用，其作用强弱与电磁波的频率和电离层的变化有关。

③散射传播，就是利用大气对流层和电离层的不均匀性来散射电波，使电波到达视线以外的地方，如图 2－10 中 c 所示。对流层在地球上方约 16km 处，是异类介质，反射指数随着高度的增加而减小。

④内层空间传播，就是无线电波由发射点直接到达接收点或经地面反射到接收点的传播方式，如图 2－10 中 d 所示。

⑤外层空间传播，就是无线电在对流层、电离层以外的外层空间中的传播方式，如图 2－10中的 e 所示。这种传播方式主要用于卫星或以星际为对象的通信中，以及空间飞行器的搜索、定位、跟踪等。

无线电波能够穿过墙壁和其他建筑物，因此，不需要在发射端和接收端之间清除障碍。无线电发射器和接收器的价格较低，安装简便，在任何方向都可以接收到无线电波的信号。传输距离可以根据发射器功率的大小进行调节，信号接收方的移动性较强。无线电波很容易被截获，受电磁干扰的影响大，而且其传输距离受发射器发射功率的限制。

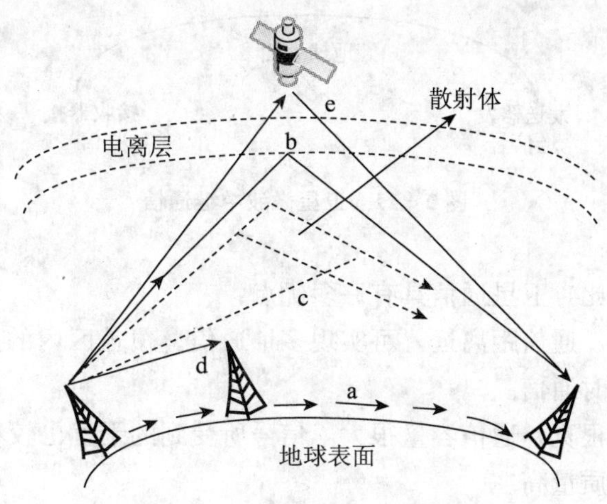

图 2－10　无线电波的传输特性

(2) 微波通信

微波通信（microwave communication），指使用微波进行通信，微波指波长在 0.1mm～

1m 的电磁波。当两点间直线距离内无障碍时就可以使用微波传送，所用微波的频率范围为 1～20GHz，既可传输模拟信号又可传输数字信号。但在实际的微波通信系统中，由于传输信号是以空间辐射的方式传输的，因此，必须考虑发送/接收传输信号的天线的接收能力。根据天线理论可知，只有当辐射天线的尺寸大于信号波长的 1/10 时，信号才能有效地辐射。传输信号在以模拟通信或数字通信方式进行传输前，必须首先经过调制，将其频谱搬移到合适的频谱范围内，再以微波的形式辐射出去。

微波通信可传输电话、电报、图像、数据等信息。其主要特点是：微波波段频率很高，其频段范围也很宽，因此其通信信道的容量很大；微波传输质量较高，可靠性也较高；微波接力通信与相同容量和长度的电缆载波通信相比，建设投资少、见效快。

(3) 卫星通信

为了增加微波的传输距离，应提高微波收发器或中继站的高度。当将微波中继站放在人造卫星上时，便形成了卫星通信系统，例如，可利用位于 36000km 高的人造同步地球卫星作为中继器进行微波通信，如图 2－11 所示。通信卫星则是在太空的无人值守的微波通信的中继站。卫星上的中继站接收从地面发来的信号后，加以放大整形再发回地面。一个位于 36000km高的同步卫星可以覆盖地球 1/3 以上的地表。这样利用 3 个相距 120°的同步卫星便可覆盖全球的全部通信区域，通过卫星地面站可以实现地球上任意两点间的通信。卫星通信属于广播式通信，通信距离远，且通信费用与通信距离无关。这是卫星通信的最大特点。

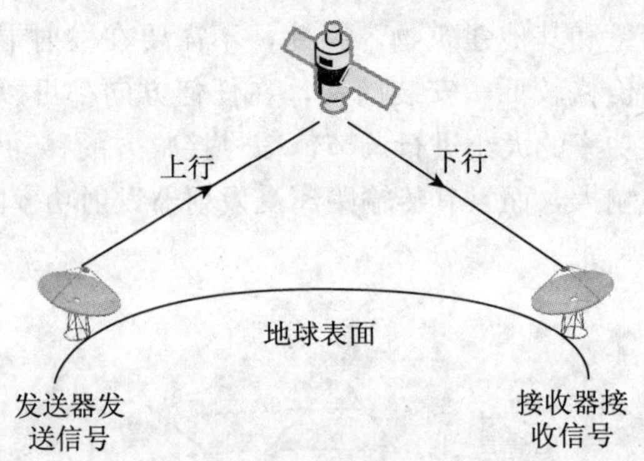

图 2－11　卫星微波中继通信

与其他通信手段相比，卫星通信具有许多优点：

①电波覆盖面积大，通信距离远，可实现多址通信。覆盖区内的用户都可通过通信卫星实现多址连接，进行即时通信。

②卫星通信的频带很宽，通信容量很大，信号所受到的干扰也较小，通信比较稳定。

③通信稳定性好、质量高。

卫星通信的主要缺点是传输时延大。由于各地面站的天线仰角并不相同，因此，不管两个地面站之间的地面距离是多少（相隔一条街或上万千米），若卫星离地面 36000km 高时，则从一个地面站经卫星到另一个地面站的传播时延为 250～300ms，一般取 270ms。这一点和其他的通信有较大的差别。卫星通信的主要发展趋势是：充分利用卫星轨道和频率资源，

开辟新的工作频段，各种数字业务综合传输，并发展移动卫星通信系统。卫星星体向多功能、大容量发展，卫星通信地球站将日益小型化，卫星通信系统的保密性能和抗毁能力将进一步提高。

当然，通信卫星本身和发射卫星的火箭造价都较高。受电源和元器件寿命的限制，同步卫星的寿命一般只有 7～8 年。卫星地面站的技术复杂，价格也较贵，这些都是选择传输介质时应全面考虑的。

(4) 红外传输

红外传输就是利用红外线作为传输介质进行通信。红外线是波长在 750nm～1mm 的电磁波，它的频率高于微波而低于可见光，是一种人眼看不到的光线。红外传输一般采用红外波段内的近红外线，波长为 0.75～25μm。红外数据协会（Infrared Data Association，IrDA）成立后，为了保证不同厂商的红外产品能够获得最佳的通信效果，该协会制定的红外通信协议就将红外数据通信所采用的光波波长限定在 850～900nm 范围内。

红外传输主要有点对点和广播式两种方式。最常用的是点对点方式，如我们日常生活中经常使用的遥控器，它是使用高度聚焦的红外线光束通过红外线发射器和接收器来实现一点到另一点的传输。红外点对点传输方式要求发射方和接收方彼此处在视线以内，这种限制不利于红外传输在现代网络环境中的广泛应用。目前，点对点的红外传输方式主要用于在同一房间中设备间的通信。如计算机与无线打印机之间的连接，或是在笔记本电脑之间的通信连接。红外广播系统传输的信号不像点对点的传输方式那样高度聚焦，它是向一个区域传送信号，多个红外接收器可以同时接收到信号。与点对点传输方式相比，红外广播传输方式接收器的移动性较强。信号主要通过墙壁、天花板或任何其他物体的反射来传输数据。红外传输的防窃听能力较强，但红外线容易受到强光的干扰，导致信号被破坏。

(5) 激光

在空间传播的激光束可以调制成光脉冲以传输数据，和地面微波或红外线一样，可以在视野范围内安装两个彼此相对的激光发射器和接收器进行通信，如图 2－12 所示。激光通信与红外线通信一样是全数字的，不能传输模拟信号；激光也具有高度的方向性，从而难于窃听、插入数据及干扰；激光同样受环境的影响，特别当空气污染、下雨下雾、能见度很差时，可能使通信中断。通常激光束的传播距离不会很远，故只在短距离通信中使用。它与红外线通信不同之处在于，激光硬件会因发出少量射线而污染环境，故只有经过特许后方可安装，而红外线系统的安装则不必经过特许。

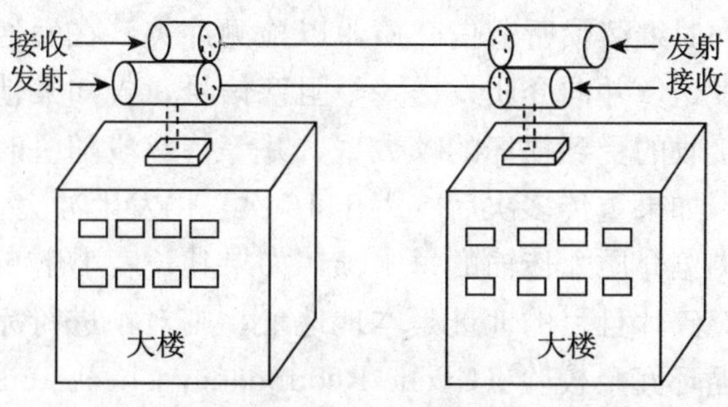

图 2－12　激光通信

(6) 射频传输

射频（Radio Frequency，RF）就是射频电流，它是一种高频交变电磁波的简称。一般每秒变化小于1000次的交流电称为低频电流，大于1000次而小于10000次的称为中频电流，大于10000次的称为高频电流，而射频就是一种高频电流。电视广播即采用射频传输方式。

射频传输是指信号通过特定的频率点传输，传输方式与广播电台或电视台类似。某些射频点的信号能穿透墙壁或绕过墙、天花板和其他障碍物传输数据，这使得大部分类型的RF传输容易被窃听。因此，射频不适于在数据保密性要求高的环境中使用。

由于射频之间存在相互干扰，因此所使用的频点必须获得许可，所确定的频率以及使用的地理场所经注册后不能擅自变更。通过许可机制可以保证相邻系统不会工作在相同的频点上，从而避免它们之间产生信号干扰。

五、网络互联设备

1. 网络接口卡

网络接口卡（Network Interface Card，NIC）也称Ethernet网络适配器，简称网卡，是局域网中最基本的部件之一，是用于连接计算机与网络的硬件设备。无论是双绞线连接、同轴电缆连接还是光纤连接，都必须借助于网卡才能实现数据通信。

(1) 网卡上的MAC地址

网卡虽有许多类型，但每块网卡都有一个全世界唯一的ID（Identifier）号，也就是介质访问控制（Media Access Control，MAC）地址。MAC地址被固化于网卡的ROM（Read only Memmory）中，即使在全世界范围内也绝不会重复。MAC地址用6组十六进制数来表示，每组由两个十六进制数组成，各组之间用“-”分隔，它的地址长度是48位，前6个十六进制数代表网卡生产厂商的标识符信息，后6个十六进制数代表生产厂商分配的网卡序号。如00-d0-f8-a5-eb-c7即为某个网卡的ID号，亦即MAC地址。

MAC地址的主要作用是以太网传输数据时，在所传输的数据包中包含源节点和目的节点的MAC地址，网络中每台节点设备的网卡会检查所传输的数据中MAC地址是否与自己的MAC地址相匹配，如果MAC地址不匹配，则网卡将丢弃该数据包。

(2) 网卡的工作原理

发送数据时，网卡首先侦听介质上是否有载波。如果有，则认为其他站点正在传送信息，并继续侦听介质。一旦通信介质在一定时间段内是安静的，即没有被其他站点占用，则开始进行帧数据发送，同时继续侦听通信介质，以检测冲突。在发送数据期间，如果检测到冲突，则立即停止该次发送，并向介质发送一个阻塞信号，告知其他站点已经发生冲突，从而丢弃那些可能一直在接收的受到损坏的帧数据，并等待一段随机时间。在等待一段随机时间后，再进行新的发送。如果重传多次后（大于16次）仍发生冲突，则放弃发送。

接收数据时，网卡浏览介质上传输的每个帧，如果其长度小于64b，则认为是冲突碎片。如果接收到的帧不是冲突碎片且目的地址是本地地址，则对帧进行完整性校验。如果帧长度大于1518b或未能通过循环冗余校验（Cyclic Redundancy Checksum，CRC），则认为该帧发生了畸变。通过校验的帧被认为是有效的，网卡将它接收下来进行本地处理。

（3）网卡的功能

网卡是一种外设卡，其安装非常简单，一端插入计算机相应的插槽中，另一端与网络线缆相连。网卡作为局域网中最基本和最重要的连接设备，可以直接连接到局域网中的每一台网络资源设备，如服务器、PC和打印机等，它们在其扩展槽中安装网卡并通过传输介质与网络相连。网卡配合网络操作系统来控制网络信息的交流，具有双重作用，一方面负责接收网络上传来的数据，另一方面将本机要发送的数据按一定的协议打包后通过网络线缆发送出去。

（4）网卡的分类

局域网有多种类型，不同的网络类型要求有不同的网卡相适应。网卡可按不同的分类方法分类。

①按总线分类

按网卡的总线接口类型，可将网卡分为ISA（Industry Standard Architecture）总线网卡、PCI（Peripheral Component Interconnect）总线网卡、PCI-X总线网卡、PCMCIA（Personal Computer Memory Card International Association）总线网卡以及USB接口网卡。目前PCI-X总线接口类型的网卡在服务器上也开始得到应用，PCMCIA接口类型的网卡一般用在笔记本电脑上。

②按网络接口分类

不同的网络接口适用于不同的网络类型，目前常见的接口主要有以太网的RJ-45接口、细同轴电缆的BNC接口和粗同轴电缆的AUI接口、FDDI接口、ATM接口等。有的网卡为了适用更广泛的应用环境，提供了两种或多种类型的接口，如有的网卡同时提供RJ-45、BNC接口或AUI接口。因此，按网络接口，可将网卡分为RJ-45接口网卡、BNC接口网卡、AUI接口网卡、FDDI接口网卡以及ATM接口网卡5种。

③按带宽分类

目前主流的网卡主要有10Mbps网卡、100Mbps以太网卡、10Mbps/100Mbps自适应网卡、1000Mbps以太网卡4种。

④按应用领域分类

按网卡所应用的计算机类型来分，可以将网卡分为应用于工作站的网卡和应用于服务器的网卡。上面所介绍的基本上都是工作站网卡，其实通常也用于普通的服务器上。但是在大型网络中，服务器通常采用专门的网卡。它相对于工作站所用的普通网卡来说，在带宽、接口数量、稳定性、纠错等方面都有显著提高，特别是有的服务器网卡还支持冗余备份、热插拔等服务器专用功能。

2. 调制解调器

调制解调器（Modem），由调制器（modulator）和解调器（demodulator）组合而成，它是计算机通过电话拨号接入Internet的必要硬件设备之一。由于电话线中传输的是模拟信号，而计算机中使用的是数字信号，所以电话线与计算机不能直接相连。通过调制解调器可将计算机输出的数字信号转换成模拟信号，以便在电话线路或微波线路上进行数据传输，传到目的端再进行相反的转换。将计算机输出的数字信号转换成适应模拟信道传输的信号，这个过程叫做调制，完成这一功能的设备就叫调制器（modulator）。将模拟信号恢复成相应数字信号的过程叫做解调，完成这一功能的设备就叫解调器（demodulator）。通常将两者合二为一，并在通信的两端均安装调制解调器，以满足双向通信的要求。

（1）调制解调器的工作原理

计算机内的信息是由“0”和“1”组成数字信号，而在电话线上传递的却只能是模拟电信号。于是，当两台计算机要通过电话线进行数据传输时，就需要一个设备负责数模的转换，这个数模转换器就是：Modem。计算机在发送数据时，先由 Modem 把数字信号转换为相应的模拟信号，即为调制过程。经过调制的信号通过电话载波传送到另一台计算机之前，也要经由接收方的 Modem 负责把模拟信号还原为计算机能识别的数字信号，即为解调过程。正是通过这样一个调制与解调的数模转换过程，从而实现了两台计算机之间的远程通信。

（2）调制解调器的功能

调制解调器的基本功能是使计算机之间能够进行数据通信，而目前市场上的 Modem 除了完成这一基本的功能以外，大部分还具有以下功能：

①语音功能。具备语音功能的 Modem，可以在同一电话线上传输数据和声音，从而实现个人语音信箱与电话答录等功能。

②传真功能。目前市场上的高速 Modem 一般都具备内部传真功能，但是用户需要安装专门的传真软件。带传真功能的 Modem 有两个速度：一个是传真的传输速度；另一个是数据发送速度。需要指出的是，传真功能必须能够以与 Modem 一样的工作速度发送传真。

③纠错与压缩。纠错是指侦测出数据错误时通知对方重新发送数据。压缩是指传输时先将数据进行压缩，这样可增加传输量，提高传输速度。

④语音数据同传功能（Simultaneous Voice and Data，SVD）。该功能允许用户在发送数据的同时，还可以使用该线路进行自由通话，当然，在通话的时候数据的传输速率会受到些影响。

⑤全双工免提电话功能（Full Duplex Service Phone，FDSP）。使用带有 FDSP 功能的 Modem，可以在对方打电话的同时做其他事情。与普通电话机免提功能不同的是 FDSP 功能允许通话双方同时通话，相互之间不受影响，而普通电话机的免提却做不到这点。

（3）调制解调器的分类

调制解调器可以根据应用环境、传输速率、功能先进性和调制方式等进行分类。

①按应用环境分类

a. 音频 Modem。它将数字信号调制成频率为 0.3～3.4kHz 的音频模拟信号。当这种模拟信号经过电话系统传到对方后，再由解调器将它还原为数字信号。因此，用电话信道传输数字信号时应采用音频调制解调器。

b. 基带 Modem。一般音频调制解调器，功能较齐全，多在进行远距离传输时使用。当距离较近，比如只需使用市话线传输数据，可使用基带调制解调器，其数据传输速率较高，可达到 64kbps～2Mbps，它主要用于网络用户接入高速线路中。

c. 无线 Modem。在短波及卫星通信中，应使用与信道特点相适应的无线调制解调器。这类调制解调器对差错的检测和纠错能力较强，以克服无线信道差错率较高的缺点。

②按调制方式分类

按调制方式可分为频移键控 Modem、相移键控 Modem 和相位幅度调制 Modem。后者

是为了尽量提高传输速率又不提高调制速率，于是采用相位调制与幅度调制相结合的方法，使一次调制能产生更多不同的相位和幅度，从而提高传输速率。

③按使用线路分类

按使用线路可分为拨号线 Modem、专线 Modem 和 Cable Modem。拨号线 Modem 使用电话线拨号上网，速度一般为 56kbps；专线 Modem，如 ADSL Modem，也使用电话线。和拨号上网不同的是，它使用传统电话没有使用到的频率区域作为传送和接收数据的信道，速度较快，下载速度可达到 9Mbps；而 Cable Modem 使用同轴电缆执行数据下载，速度较 ADSL 更快，可达 36Mbps。

3. 中继器

中继器（Repeater，RP）又称重发器，是连接网络线路的一种数字装置。中继器可以延长网络的距离，在网络数据传输中起到放大信号、整形和传输的作用。例如，在用同轴电缆组建总线局域网时，虽然 MAC 协议允许粗缆长达 2.5km，但由于受传输线路噪声的影响，而且收发器提供的驱动能力有限，因此，单段电缆的最大长度受到限制。一般单段粗缆的最大长度为 500m，细缆为 185m。这样，在粗缆中每隔 500m 的网段之间就要利用中继器来连接。如果在线路中间只是简单地插入放大器，则伴随着信号的噪声也同时被放大了，所以这种方法不可取。而用中继器连接两个网段则可在延长传输距离的同时避免噪声的影响。中继器实物如图 2-13 所示。

图 2-13　中继器

中继器是最简单的网络互联设备，主要完成物理层的功能，互联两个相同类型的网段，例如，两个以太网段。它接收从一个网段传来的所有信号，进行放大整形后发送到下一个网段。

要强调的是，中继器对信号的处理只是一种简单的物理再生与放大。它从接收信号中分离出数字数据，存储起来，然后重新构造并转发出去。它既不解释也不改变信息，因此，不具备查错和纠错的功能，错误的数据经中继器后仍被复制到另一网段。

在使用中继器时应注意两点：①不能形成环路；②考虑到网络的传输延迟和负载情况，不能无限制的使用中继器。例如，在 10Base-5 中最多使用 4 个中继器，即最多由 5 个网段组成。

4. 集线器

集线器即 hub。hub 是中心的意思，像树的主干一样，它是各分支的汇集点。在计算机网络中，hub 是基于星状拓扑结构的网络传输介质间的中央节点，是计算机网络中连接多个计算机或其他设备的连接设备，是对网络进行集中管理的最小单元。

在各种类型的局域网中，集线器最广泛地应用于以太网技术中。集线器在以太网中是多路双绞线的集汇点，处于网络布线中心，每个工作站都是用双绞线连接到集线器上的，由集线器对工作站进行集中处理。

（1）集线器的工作原理

以太网是非常典型的广播式共享局域网，所以以太网集线器的基本工作原理是广播（broadcast）技术，也就是说集线器从任何一个端口收到一个以太网数据包时，都将此数据包广播到集线器中的所有其他端口。由于集线器不具有寻址功能，所以它并不记忆哪一个 MAC 地址挂在哪一个端口。

当集线器将数据包以广播方式分发后，接在集线器端口上的网卡则判断这个数据包是否是发给自己的，如果是，则根据以太网数据包所要求的功能执行相应的动作，如果不是则丢掉。集线器对这些内容并不进行处理，它只是把从一个端口上收到的以太网数据包广播到其他端口。这就好像邮递员，他是根据信封上的地址来发信，如果没有回信而导致发信人着急，与邮递员无关，不同的是邮递员在找不到该地址时还会将信退回，而集线器不管退信，只负责转发。

（2）集线器的特点

①集线器在OSI模型中属于第一层物理层设备，从OSI模型可以看出，它只是对数据的传输起到同步、放大和整形的作用，对数据传输中的短帧、碎片等无法进行有效的处理，不能保证数据传输的完整性和正确性。

②所有端口都是共享一条带宽，在同一时刻只能有两个端口传送数据，其他端口只能等待，所以只能工作在半双工模式下，传输效率低。如果是个8口的hub，那么每个端口得到的带宽就只有1/8的总带宽了。现在市场上的hub多为10/100Mbps带宽自适应型。

③集线器是一种广播工作模式，也就是说集线器的某个端口工作的时候，其他所有端口都能够收听到信息，容易产生广播风暴。另外，它的安全性较差，所有的网卡都能接收到所发数据，只是网卡自动丢弃了这个不是发给它的信息包。

（3）集线器的分类

集线器的产生早于交换机，所以它属于一种传统的基础网络设备。集线器技术发展至今，经历了许多不同主流应用的历史发展时期，出现了许多不同类型的集线器产品。为了适应不同网络结构的需要，各种类型的集线器具有多种不同的功能，提供不同等级的服务。集线器一般可进行如下分类：

①按端口数目分类

这是最基本的分类标准之一。如果按照集线器能提供的端口数来分，目前主流集线器有8口、16口和24口等大类，但也有少数品牌提供非标准端口数，如4口和12口的集线器，还有5口、9口、18口的集线器产品。

②按带宽分类

集线器也有带宽之分，如果按照集线器所支持的带宽分类，通常可分为10Mbps、100Mbps、10/100Mbps自适应三种。

a. 10Mbps带宽型。这种集线器属于低档集线器产品，它的所有端口共享10Mbps带宽。

b. 100Mbps带宽型。这种集线器在目前仍比较先进，它的所有端口共享100Mbps带宽，一般适用于中型网络。这种网络传输量较大，但要求上联设备支持IEEE 802.3U（快速以太网协议），在实际中应用较多。

c. 10/100Mbps自适应型。10/100Mbps自适应集线器也称为双速集线器，是一种内部具有10Mbps和100Mbps两个网段的集线器，它可以在10Mbps和100Mbps之间进行切换，并且可以使它们之间通信。这种带宽类型的集线器是目前应用较为广泛的一种，它克服了以单纯10Mbps或者100Mbps带宽集线器兼容性不良的缺点。它既能照顾到老设备的应用，又能与目前主流新技术设备保持高性能连接。在切换方式上，这种双速集线器目前有手动和自动切换10/100Mbps带宽的两种方式。

③按配置形式分类

按配置形式的不同，集线器可分为独立型集线器、模块化集线器和堆叠式集线器 3 种。

a. 独立型集线器。独立型集线器是指那些带有许多端口的单个盒子式的产品。独立型集线器之间可以用一段粗同轴电缆将它们连接在一起，以实现扩展级联。独立型 hub 具有价格低、容易查找故障、网络管理方便等优点，在小型的局域网中被广泛使用。但这类 hub 的工作性能较差，尤其是在速度上缺乏优势。

b. 模块化集线器。模块化集线器一般都配有机架，带有多个卡槽，每个槽可放一块通信卡。每块卡的作用就相当于一个独立型集线器，多块卡可通过安装在机架上的通信底板进行互联并进行相互间的通信。现在常使用的模块化 hub 一般有 4～14 个插槽。模块化集线器各个端口都有专用的带宽，但只在各个网段内共享带宽，网段之间采用交换技术，从而减少冲突，提高通信效率。因此，模块化集线器又称为端口交换机模块化 hub。事实上，这类 hub 已经采用交换机的部分技术，不再是单纯意义上的 hub，它在较大的网络中便于实施对用户的集中管理，因而得到了广泛应用。

c. 堆叠式集线器。堆叠式集线器可以将多个集线器堆叠使用，当它们连接在一起时，其作用就像一个模块化集线器，堆叠在一起的集线器可以当做一个单元设备来进行管理。一般情况下，当有多个 hub 堆叠时，其中存在一个可管理 hub，利用可管理 hub 可对此堆叠中的其他独立型 hub 进行管理。

④按工作方式分类

依据工作方式可划分为被动式集线器、主动式集线器、智能集线器和交换集线器 4 种。

a. 被动式集线器。被动式集线器只把多段网络介质连接在一起，允许信号通过，不对信号做任何处理，它不能提高网络性能，也不能帮助检测硬件错误或性能瓶颈，只是简单地从一个端口接收数据并向所有端口转发。

b. 主动式集线器。主动式集线器拥有被动式集线器的所有性能，此外还能监视数据。在以太网实现存储转发功能中，主动式集线器在转发之前检查数据，纠正损坏的分组并调整时序，但不区分优先次序。如果信号比较弱但仍然可读，主动式集线器在转发前将其恢复到较强的状态，这使得一些性能不是特别理想的设备也可正常使用。如果某设备发出的信号不够强，那么主动式集线器的信号放大器可以使该设备继续正常使用。此外，主动式集线器还可以报告哪些设备失效，从而提供了一定的诊断能力。

c. 智能集线器。智能集线器能比被动式和主动式集线器提供更多的功能，可以使用户更有效地共享资源。除了具备主动式集线器的特性外，智能集线器还提供了集中管理功能。

d. 交换集线器。交换集线器是在一般智能集线器的基础上又提供了线路交换能力和网络分段能力的一种智能集线器。

⑤按局域网的类型分类

从局域网角度来区分，集线器可分为 5 种不同类型。

a. 单中继网段集线器。在硬件平台中，此类集线器是一类用于最简单的中继式 LAN 网段的集线器，与堆叠式以太网集线器或令牌环网多站访问部件（Multistation Access Unit，MAU）等类似。

b. 多网段集线器。这种集线器采用集线器背板，它带有多个中继网段，通常是有多个接口卡槽位的机箱系统，是从单中继网段集线器直接派生而来。其主要特点是可以将用户分布于多个中继网段上，以减少每个网段的信息流量负载，一般要求用独立的网桥或路由器来控制网段之间的信息流量。

c. 端口交换集线器。这种集成器是在多网段集线器的基础上，将用户端口和多个背板网段之间的连接过程自动化，并通过增加端口交换矩阵（Programmable Switch Matrix，PSM）来实现的集线器。PSM 可提供一种自动工具，用于将任何外来用户端口连接到集线器背板上的任何中继网段上。端口交换集线器的主要优点是可实现移动、增加和修改的自动化。

d. 网络互联集线器。端口交换集线器注重端口交换，而网络互联集线器在背板的多个网段之间可提供集成连接，该功能通过一台综合网桥、路由器或 LAN 交换机来完成。目前，这类集线器通常都采用机箱形式。

e. 交换集线器。随着网络技术的发展，集线器和交换机之间已经开始相互渗透。交换集线器有一个核心交换背板，采用一个纯粹的交换系统代替传统的共享介质中继网段。应该指出，这类集线器和交换机几乎没有什么区别。

5. 网桥

网桥用于连接两个或两个以上具有相同通信协议、传输介质及寻址结构的局域网。它能实现网段间或局域网与局域网之间的互联，互联后成为一个逻辑网络。它也支持局域网与广域网之间的互联。网桥实物如图 2-14 所示。

图 2-14　网桥

(1) 网桥的工作原理

图 2-15 说明了网桥的工作过程。如果 LAN2 中地址为 201 的计算机与同一局域网的 202 计算机通信，网桥接收到发送帧，在检查帧的源地址和目标地址后，就不转发帧并将它丢弃；如果一台计算机要与不同局域网的计算机，例如，LAN2 中的 201 要与 LAN1 中的 105 通信，网桥在进行帧过滤时，发现目的地址和源地址不在同一个网段上，就把帧转发到另一个网段上，这样计算机 105 就能接收到信息。网桥对数据帧的转发或过滤是根据其内部的一个转发表（过滤数据库）来实现的。当节点通过网桥传输数据帧时，网桥就会分析其 MAC 地址，并和它们所接的网桥端口号建立映射关系，即转发表。网桥的帧过滤特性十分有用，当一个网络由于负载很重而性能下降的时候，网桥可以最大限度地缓解网络通信繁忙的程度，提高通信效率。同时由于网桥的隔离作用，一个网段上的故障不会影响到另一个网段，从而提高了网络的可靠性。

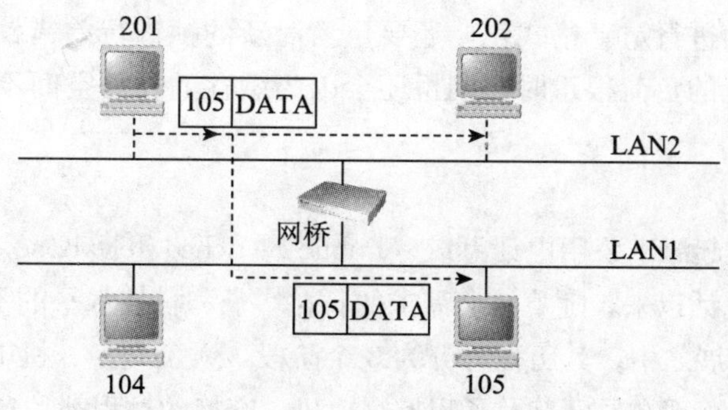

图 2-15　网桥的工作过程

(2) 网桥的功能

上面介绍了网桥的帧转发和过滤功能。除此之外，网桥的功能还包括：

①源地址跟踪。网桥收到一个帧以后，将帧中的源地址记录到它的转发表中。转发表包括了网桥所能见到的所有连接站点的地址，它指出了被接收帧的方向。有些厂商提供的网桥允许用户编辑转发地址表，这样有助于网络的管理。

②生成树的演绎。以太局域网的逻辑拓扑结构必须是无回路的，所有连接站点之间都只能有一个唯一的通路，因为回路会使网络发生故障。网桥可使用生成树（spanning tree）算法屏蔽掉网络中的回路。

③透明性。网桥工作于 MAC 子层，对于它以上的协议都是透明的。换言之，只要两个网络 MAC 子层以上的协议相同，都可以用网桥互联。因此，网桥所连接的网络可以具有不同类型的网卡、介质和拓扑结构。例如，可实现同轴电缆以太网与双绞线以太网，或是以太网与令牌网之间的互联。

④存储转发。网桥的存储转发功能可用来解决穿越网桥的信息量临时超载问题，即网桥可以解决数据传输不匹配的子网之间的互联问题。

⑤管理监控。网桥可对扩展网络的状态进行监控，其目的在于更好地调整逻辑结构。有些网桥还可对转发和丢失的帧进行统计，以便进行系统维护。同时，它还可以间接地监视和修改转发地址表，允许网络管理模块确定网络用户站点的位置，以此来管理更大规模的网络。

(3) 网桥存在的问题

根据网桥的工作原理，网桥最主要的功能是决定一个数据帧是否转发，从哪个端口转发。网桥要实现这一功能，必须要保存一张“端口—节点地址表”。在实际应用中，随着网络规模的扩大和用户节点数的增加，实际“端口—节点地址表”的存储能力有限，会不断出现“端口—节点地址表”中没有的节点地址信息。当带有这一类目的地址的数据帧出现时，网桥就按扩散法转发，即将该数据帧从其他所有端口广播出去。这种盲目发送数据帧的做法，造成网络中重复、无目的的数据帧传输数量急剧增加，从而给网络带来很大的通信负荷，也就造成了广播风暴，严重的广播风暴将导致整个网络瘫痪。当两个局域网通过网桥连接到一起时，任意一个局域网中的广播风暴都会使得两个局域网同时瘫痪。

除了广播风暴以外，使用网桥还会增加网络时延。网桥对接收的帧要先存储和查找转发地址表，然后才转发，而且不同的局域网有不同的帧格式。因此，网桥在互联不同的局域网时，需要对接收到的帧进行重新格式化，还要重新对新的帧进行差错校验计算，这都会增加时延。另外，当网络上的负荷很重时，网桥还会因为缓存的存储空间不够而发生溢出，产生帧丢失的现象。

6. 交换机

交换和交换机最早起源于公用电话系统（Public Switched Telephone Network，PSTN）。自1876年美国贝尔发明电话以来，随着社会需求的日益增长和科技水平的不断提高，电话交换技术处于迅速的变革和发展之中。其历程可分为3个阶段：人工交换、机电交换和电子交换。随着网络技术的不断发展，现在早已普及了程控交换机，交换的过程都是自动完成的。

交换（switching）作为交换机的主要工作过程，是指按照通信两端传输信息的需要，用人工或设备自动完成的方法，把要传输的信息送到符合要求的相应路由上的技术统称。广义的交换机（switch）就是一种在通信系统中完成信息交换功能的设备。

交换机拥有一条带宽很宽的背部总线和内部交换矩阵，交换机的所有的端口都挂接在这条背部总线上。控制电路收到数据包以后，处理端口会查找内存中的MAC地址对照表以确定目的节点MAC地址的网卡挂接在哪个端口上，通过内部交换矩阵直接将数据迅速传送到目的节点，而不是所有节点，目的MAC地址若不存在则广播到所有的端口。可以看出，这种方式一方面效率高，不会浪费网络资源，只是对目的地址发送数据，一般来说不易产生网络堵塞；另一方面数据传输安全，因为它不是对所有节点都同时发送，发送数据时其他节点很难侦听到所发送的信息。

（1）交换机的工作原理

下面介绍第二层交换机和第三层交换机的工作原理。

①第二层交换机工作原理

第二层交换技术发展已较成熟，第二层交换机属数据链路层设备，可以识别数据包中的MAC地址信息，根据MAC地址进行转发，并将这些MAC地址与对应的端口记录在自己内部的一个地址表中。第二层交换机的结构与工作过程如图2-16所示。

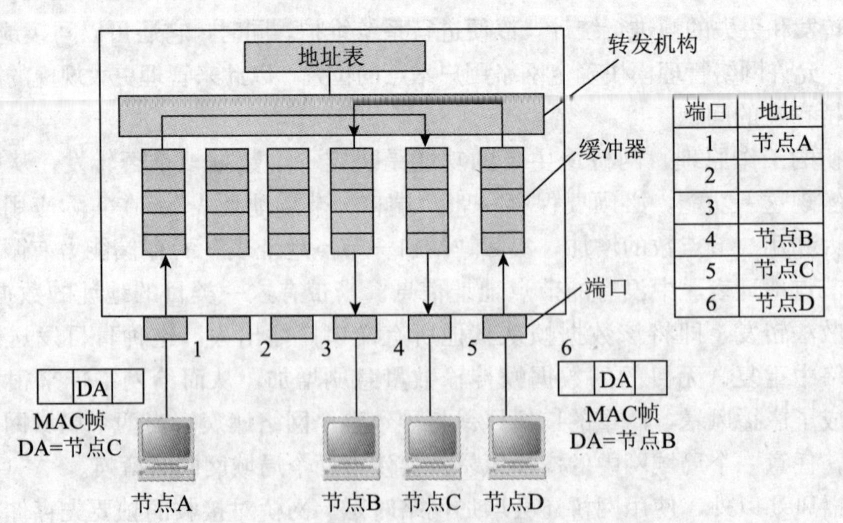

端口	地址
1	节点A
2	
3	
4	节点B
5	节点C
6	节点D

图2-16　第二层交换机的结构与工作过程

图中的交换机有6个端口，其中端口1、4、5、6分别连接了节点A、节点B、节点C与节点D。那么交换机的“端口号/MAC地址映射表”就可以根据以上端口号与节点MAC地址的对应关系建立起来。如果节点A与节点D同时要发送数据，那么它们可以分别在Ethernet帧的目的地址字段（Destination Address，DA）中添上该帧的目的地址。

例如，节点A要向节点C发送帧，那么该帧的目的地址DA=节点C；节点D要向节点B发送帧，那么该帧的目的地址DA=节点B。当节点A、节点D同时通过交换机传送帧时，交换机的交换控制中心根据“端口号/MAC地址映射表”的对应关系找出帧的目的地址的输出端口号，那么它就可以为节点A到节点C建立端口1到端口5的连接，同时为节点D到节点B建立端口6到端口4的连接。这种端口之间的连接可以根据需要同时建立多条，也就是说可以在多个端口之间建立多个并发连接。

②第三层交换机的工作原理

一个具有第三层交换功能的设备，是一个带有第三层路由功能的第二层交换机，但它是两者的有机结合，而不是简单地把路由器设备的硬件及软件叠加在局域网交换机上。

第三层交换机的工作原理如下：假设两个使用IP协议的站点A、B通过第三层交换机进行通信，发送站点A在开始发送时，把自己的IP地址与B站的IP地址进行比较，判断B站是否与自己在同一子网内，若目的站B与发送站A在同一子网内，则进行第二层的转发。若两个站点不在同一子网内，如发送站A要与目的站B通信，发送站A要向“默认网关”发出地址解析协议（Address Resolution Protocol，ARP）封包，而“默认网关”的IP地址其实是第三层交换机的第三层交换模块。当发送站A对“默认网关”的IP地址广播出一个ARP请求时，如果第三层交换模块在以前的通信过程中已经知道B站的MAC地址，则向发送站A回复B的MAC地址。否则第三层交换模块根据路由信息向B站广播一个ARP请求，B站得到此ARP请求后向第三层交换模块回复其MAC地址，第三层交换模块保存此地址并回复给发送站A，同时将B站的MAC地址发送到第二层交换引擎的MAC地址表中。从这以后，A向B发送的数据包便全部交给第二层交换处理，信息得以高速交换。由于仅仅在路由过程中才需要第三层处理，绝大部分数据都通过第二层交换转发，因此第三层交换机的速度很快，接近第二层交换机的速度，同时比路由器的价格低很多。

（2）交换机的功能

交换机是网络中最重要的设备，它在网络产品系统集成和方案设计中起着核心作用。交换机主要完成OSI参考模型中物理层和数据链路层的功能，工作在OSI/RM参考模型的第二层，即数据链路层。主要功能如下：

①物理编址。它定义了设备在数据链路层的编址方式。

②网络拓扑结构。它包括数据链路层的说明，定义了设备的物理连接方式，如星状拓扑结构等。

③错误校验。它向发生传输错误的上层协议提出警告。

④数据帧序列。它重新整理并传输除序列以外的帧。

⑤流量控制。它可以延缓数据的传输能力，以使接收设备不会因为在某一时刻收到了超过其处理能力的信息流而崩溃。

第三层交换也称为多层交换技术或IP交换技术，是相对于传统交换概念提出的。传统的交换技术是在OSI模型中的第二层进行操作的，而第三层交换技术是在OSI模型中的第三层实现了分组的高速转发。简言之，第三层交换技术就是“第二层交换技术＋第三层转发”。第三层交换技术的出现，解决了局域网中网段划分之后网段中的子网必须依赖路由器进行管理的局面，解决了传统路由器低速、复杂所造成的网络瓶颈问题。

(3) 交换机的分类

交换机有如下多种分类方式：

①按网络覆盖范围划分

a. 广域网交换机。广域网交换机主要用于电信城域网互联、互联网接入等领域的广域网中，提供通信用的基础平台。

b. 局域网交换机。局域网交换机用于局域网，用于连接服务器、工作站、网络打印机、集线器、交换机和路由器等设备，提供高速独立信道。

②按传输介质和传输速度划分

按传输介质和传输速度可将交换机划分为以太网交换机、快速以太网交换机、千兆（G位）以太网交换机、10千兆（10G位）以太网交换机、FDDI交换机、ATM交换机以及令牌环交换器。

③按应用层级划分

按应用层级可将交换机划分为企业级交换机、校园网交换机、部门级交换机、工作组交换机以及桌面交换机。

④按交换机的结构划分

按交换机的端口结构来分，可分为固定端口交换机和模块化交换机两种不同的结构。其实还有一种是两者兼顾，那就是在提供基本固定端口的基础之上再配备一定的扩展插槽或模块。

a. 固定端口交换机。固定端口即它所带有的端口是固定的。

b. 模块化交换机。模块化交换机虽然在价格上要贵很多，但拥有更大的灵活性和可扩充性，用户可任意选择不同数量、不同速率和不同接口类型的模块，以适应千变万化的网络需求。

⑤按交换机工作的协议层划分

随着交换技术的发展，交换机有原来工作在OSI/RM的第二层，而现在有工作在第四层的交换机，所以根据工作的协议层，交换机可分为第二层交换机、第三层交换机和第四层交换机。

a. 第二层交换机。目前桌面交换机一般都属于这种类型，因为桌面交换机一般来说所承担的工作不十分复杂，又处于网络的最基层，所以也就只需要提供最基本的数据链接功能即可。目前第二层交换机应用最为普遍，一般应用于小型企业或大中型企业网络的桌面层次。

b. 第三层交换机。第三层交换机比第二层交换机功能更加强，由于它工作于OSI/RM模型的网络层，所以具有路由功能。它是将IP地址信息提供给网络路径选择，并实现不同网段间数据的快速交换。当网络规模较大时，可以根据特殊应用需求划分为小型独立的虚拟局域网网段，以减小网络广播风暴所造成的影响。通常这类交换机采用模块化结构，以适应灵活配置的需要。

c. 第四层交换机。第四层交换机是采用第四层交换技术而开发出来的交换机产品，工作

于 OSI/RM 模型的第四层，即传输层，直接面对具体应用。第四层交换机支持多种协议，如 HTTP，FTP、Telnet、SSL 等。由于该交换技术尚未真正成熟且价格昂贵，所以，目前第四层交换机在实际应用中还较少见。

⑥按是否支持网管功能划分

按是否支持网管功能可将交换机划分为网络管理型和非网络管理型两大类。其中，网络管理型交换机的任务就是使所有的网络资源处于良好的状态。网络管理型交换机支持简单网络管理协议（Simple Network Management Protocol，SNMP），SNMP 由一整套简单的网络通信规范组成，可以完成所有基本的网络管理任务，对网络资源的需求量少，具备一些安全机制。网络管理型交换机采用嵌入式远程监视（Remote Monitoring，RMON）标准用于跟踪流量和会话，对决定网络中的瓶颈和阻塞点十分有效。

7. 路由器

路由器工作在网络层，用于连接多个逻辑上分开的网络。它的实物如图 2－17 所示。

图 2－17　路由器

（1）路由器的工作原理

通常把网络层地址信息叫做网络逻辑地址，把数据链路层地址信息叫做网络物理地址。物理地址通常是由硬件制造商规定的，例如，每块以太网卡都有一个 48 位的站地址，这种地址由 IEEE 管理（给每个网卡制造商指定唯一的前 3 个字节值），任意两个网卡不会有相同的地址。逻辑地址是由网络管理员在组网设置时指定的，这种地址可以按照网络的组织结构以及每个工作站的用途灵活设置，而且可以根据需要变更。逻辑地址也称作软件地址，用于网络层寻址。如图 2－18 所示，以太网 C 中硬件地址为 105 的站的软件地址为 C·05，这种用“·”记号表示地址的方法既标识了工作站所在的网络段，也标识了网络中唯一的工作站。

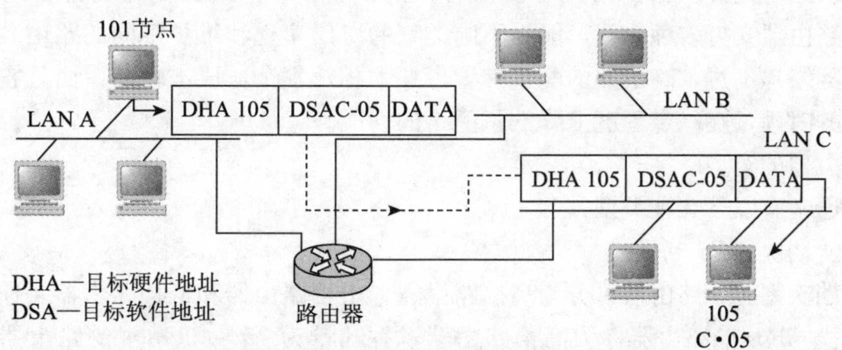

图 2－18　路由器的工作过程

路由器根据网络逻辑地址在互联的子网之间传递分组。一个子网可能对应于一个物理网段，也可能对应于几个物理网段。因此，逻辑地址实际上是由子网标识和工作站硬件地址两部分组成的。

图 2－18 说明了路由器的工作过程。LAN A 中的源节点 101 生成了多个分组，这些分组带有源地址与目的地址。如果 LAN A 中的 101 节点要向 LAN C 中的目的节点 105 发送数据，那么它只按正常工作方式将带有源地址与目的地址的分组装配成帧发送出去。连接在 LAN A 的路由器接收到来自源节点 101 的帧后，由路由器的网络层检查分组后，根据分组的目的地址查询路由表，确定该分组的输出路径。如图中路由器确定该分组的目的节点在 LAN C，它就将该分组发送到目的节点所在的局域网中。若目的地址不在路由表中，路由器则认为这是个“错误分组”，将它丢弃，不再转发。

（2）路由器的功能

①路由选择。路由器可为不同网络之间的用户提供最佳的通信路径。路由器中配有路由表，路由表中列出了整个互联网络中包含的各个节点，以及节点间的路径情况和与它们相关的传输参数。当连接的一个网络上的数据分组到达路由器后，路由器根据数据分组中的目的地址，使用最小时间算法或最优路径算法进行信息传输路径的调节，从最佳路径把分组转发出去。如果某一网络路径发生了故障或阻塞，路由器可以为其选择另一条冗余路径，以保证网络的畅通。路由器还具有路由表维护能力，可根据网络拓扑结构的变化，自动调节路由表。

②协议转换。路由器可对网络层及以下各层进行协议转换。

③实现网络层的一些功能。路由器可以进行数据包格式的转换，实现不同协议、不同系统结构网络的互联。因为不同网络的分组大小可能不同，所以路由器要对数据包进行分段、组装，重新调整分组大小，使之适合于下一个网络的要求。

④流量控制。路由器具有很强的流量控制能力，可以采用优化的路由算法来均衡网络负载，从而有效地控制拥塞，避免因拥塞而使网络性能下降。

⑤网络管理与安全。路由器是多个网络的交汇点，网间的信息流都要经过路由器，在路由器上可以进行信息流的监控和管理。它还可以进行地址过滤，阻止错误的数据进入，起到防火墙的作用。路由器还能有效抑制广播风暴，起到安全壁垒的作用。如果局域网间是用路由器连接的，则广播风暴将限制在发生的那个局域网中，不会扩散。

⑥多协议路由选择。路由器是与协议有关的设备，不同的路由器支持不同的网络层协议。多协议路由器支持多种协议，能为不同类型的协议建立和维护不同的路由表，连接运行不同协议的网络。不过，路由器的配置和管理技术相对复杂，成本较高，而且它的接入增加了数据传输的时延，在一定程度上降低了网络的性能。

（3）路由器的类型

路由器通常有以下几种类型：

①按性能档次划分

按性能档次划分，路由器可分为高档路由器、中档路由器和低档路由器。通常将路由器吞吐量大于 40Gbps 的路由器称为高档路由器，吞吐量为 25～40Gbps 的路由器称为中档路由器，而将低于 25Gbps 的称为低档路由器。

②按结构划分

按结构划分，路由器可分为模块化路由器和非模块化路由器。模块化结构可以灵活地配置路由器，以适应企业不断增长的业务需求，非模块化的就只能提供固定的端口。通常中高端路由器为模块化结构，低端路由器为非模块化结构。

③按功能划分

按功能划分，路由器可分为骨干级路由器、企业级路由器和接入级路由器。

a. 骨干级路由器是实现企业级网络互联的关键设备，它数据吞吐量较大。对骨干级路由器的基本性能要求是高速度和高可靠性。为此，骨干级路由器普遍采用诸如热备份、双电源、双数据通路等传统冗余技术，从而使得骨干级路由器的可靠性得到大大提高。

b. 企业级路由器连接许多终端系统，连接对象较多，但系统相对简单，因此对这类路由器的要求，是以尽量便宜的方法实现尽可能多的端点互联，同时还要求能够支持不同的服务质量。

c. 接入级路由器主要用于连接家庭或小型企业客户群体。

④按所处网络位置划分

按所处网络位置划分，路由器可分为边界路由器和中间节点路由器。边界路由器处于网络的边缘，用于不同网络路由器的连接；而中间节点路由器则处于网络的中间，通常用于连接不同网络，起到一个数据转发的桥梁作用。由于各自所处的网络位置不同，其主要性能即有相应的侧重。如中间节点路由器因为要面对各种各样的网络，要识别这些网络中的各节点，依靠的是这些中间节点路由器的 MAC 地址的记忆功能。因此，选择中间节点路由器时就需要更加注重 MAC 地址记忆功能，也就是要求选择缓存更大、MAC 地址记忆能力较强的路由器。但是边界路由器由于它可能要同时接受来自许多不同网络路由器发来的数据，所以这种边界路由器的背板要有足够的带宽。

⑤按性能划分

按性能划分，路由器可分为线速路由器和非线速路由器。所谓线速路由器就是完全可以按传输介质带宽进行通畅传输，基本上没有间断和延时。通常线速路由器是高端路由器，具有较宽的端口带宽和数据转发能力，能以介质速率转发数据包，而非线速路由器多为中低端路由器，但目前一些新的宽带接入路由器也有线速转发能力。

（4）路由器与第三层交换机的比较

传统的路由器通过软件来实现路由选择功能，而第三层交换的路由器是通过专用集成电路（Application Specific Integrated Circuit，ASIC）芯片来实现路由选择功能。第三层交换设备的数据包处理时间将由传统路由器的几千微秒量级减少到几十微秒量级，甚至可以更短，因此，大大缩短了数据包在交换设备中的传输延迟时间。

路由器通过软件来实现路由选择功能，因此它对不同的网络层协议类型的限制比较少。通过硬件来实现第三层交换的路由器，在网络层协议类型上受到一定的限制。目前，第三层交换主要是提供 IP 协议与 IPX 协议的路由选择服务。

第三层交换是基于硬件的路由选择。数据包的转发是由专业化的硬件来处理的。第三层交换机对数据包的处理程序与路由器相同，可实现如下功能：

①根据第三层信息决定转发路径。

②通过校验和验证第三层包头的完整性。

③验证数据包的有效期并进行相应的更新。

④处理并响应任何选项信息。

⑤在管理信息库中更新转发统计数据。

⑥必要的话，实施安全控制。

可见，随着计算机网络的发展，特别是多层交换技术的出现，现在的交换机已经具备了路由器的功能。

8. 网关

网关是一种充当转换重任的计算机系统或设备。在使用不同的通信协议、数据格式或语言，甚至体系结构完全不同的两种系统之间，网关是一个翻译器。与网桥只是简单地传达信息不同，网关对收到的信息要重新打包，以适应目的系统的需求。同时，网关也可以提供过滤和安全功能。

（1）网关的工作原理

网关又称协议转换器，工作在 ISO 7 层协议的传输层或更高层。它的作用是使处于通信网上、采用高层协议的主机相互合作，完成各种分布式应用。网关提供从运输层到应用层的全方位的转换服务，实现起来非常复杂，因此一般的网关只能提供一对一或少数几种特定应用协议的转换。

图 2－19 说明了网关的工作原理。如果一个 NetWare 节点要与另一局域网中的一台 TCP/IP 主机通信，由于两者的高层网络协议不同，所以局域网中的 NetWare 节点不能直接访问 TCP/IP 的主机，它们之间的通信必须由网关来完成。网关的作用是为 NetWare 产生的报文加上必要的控制信息，将它转换成 TCP/IP 主机支持的报文格式。当需要反方向通信时，网关同样要完成 TCP/IP 报文格式到 NetWare 报文格式的转换。

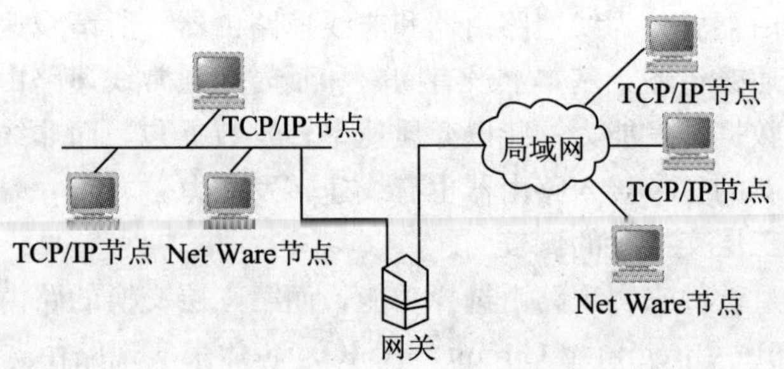

图 2－19　网关的工作过程

网关的主要转换项目包括信息格式变换、地址变换、协议变换等。格式变换是将数据包的最大长度、文字代码、数据的表现形式等变换成适用于对方网络的格式。地址变换是由于每个网络地址构造不同，因而在跨网络传输时，需要变换成对方网络所需要的地址格式。协议变换则是把各层使用的控制信息变换成对方网络所需的控制信息，因此要进行信息的分割/组合，数据流量控制、错误检测等。

(2) 网关的分类

网关按其功能可以分为协议网关、应用网关和安全网关3种类型。

①协议网关。协议网关通常在使用不同协议的网络区域之间进行协议转换。这一转换过程可以发生在OSI参考模型的第二层、第三层或第二、第三层之间。协议网关是网关中最常见的一种，协议转换必须考虑两个协议之间特定的相似性和差异性，所以它的功能十分复杂。

②应用网关。应用网关是在应用层连接两部分应用程序的网关，是在不同数据格式间翻译数据的系统。它接收一种格式的分组，将之翻译，然后以新的格式发送出去。这类网关一般只适合于某种特定的应用系统的协议转换。

③安全网关。安全网关就是防火墙。

9. 无线接入点

无线接入点（Access Point，AP）的作用相当于局域网集线器。它在无线局域网和有线网络之间接收、缓冲存储和传输数据，以支持一组无线用户设备。AP通常是通过标准以太网线连接到有线网络上，并通过天线与无线设备进行通信。在有多个接入点时，用户可以在接入点之间漫游。接入点的有效范围是20～500m。根据技术、配置和使用情况，一个接入点可以支持15～250个用户，通过添加更多的接入点，可以比较轻松地扩充无线局域网，从而减少网络拥塞并扩大网络的覆盖范围。

对于单纯型AP和无线路由器可以从以下几个方面加以区分：

①从功能上区分

单纯型AP主要提供无线工作站对有线局域网和有线局域网对无线工作站的访问，在访问接入点覆盖范围内的无线工作站可以通过它进行相互通信。通俗地讲，单纯型AP是无线网和有线网之间沟通的桥梁。由于单纯型AP的覆盖范围是一个向外扩散的圆形区域，因此，应当尽量把单纯型AP放置在无线网络的中心位置，以避免因信号衰减而导致通信失败。

②从应用上区分

单纯型AP在需要大量AP来连网的公司用得较多，所有AP通过以太网连接并连到独立的无线局域网防火墙。

10. 网闸

网闸（Gatekeeperr，GAP）的全称为安全隔离与信息交换系统，也叫安全隔离网闸。网闸一般指链路层的断开，即物理隔离。基于物理隔离技术的代表产品主要为物理隔离卡/隔离集线器等。网闸在安全性的实现上，也采用了物理隔离卡的思想，即实现了任一时刻链路层的断开，这与串口隔离、防火墙等软隔离是不同的。

与物理隔离卡/集线器相比，网闸最主要的区别是：它能够实现网络间安全适度的信息交换，而物理隔离卡不提供这样的功能。显然，网络间适度信息交换是实现一体化业务办公系统的重要基础，然而，这必须在确保网络安全的前提下来实现。

网闸是使用带有多种控制功能的固态开关读写介质连接两个独立主机系统的信息安全设备。由于物理隔离网闸所连接的两个独立主机系统之间，不存在通信的物理连接、逻辑连接、信息传输命令以及信息传输协议，不存在依据协议的信息包转发，只有数据文件的无协议“摆渡”，且对固态存储介质只有“读”和“写”两个命令。所以，物理隔离网闸从物理上隔离、阻断了具有潜在攻击可能的一切连接，使黑客无法入侵、无法攻击和无法破坏，实现了真正的安全。

(1) 网闸的工作原理

网闸的工作原理是：切断网络之间的通用协议连接，将数据包进行分解或重组为静态数据，对静态数据进行安全审查，包括网络协议检查和代码扫描等，确认后的安全数据流入内网单元，内部用户通过严格的身份认证机制获取所需数据。

安全隔离与信息交换系统一般由三部分构成：内网处理单元、外网处理单元和专用隔离硬件交换单元。系统中的内网处理单元连接内网，外网处理单元连接外网，专用隔离硬件交换单元在任一时刻仅连接内网处理单元或外网处理单元，与两者间的连接受硬件电路控制高速切换。这种独特设计保证了专用隔离硬件交换单元在任一时刻仅连通内网或者外网，既满足了内网与外网网络物理隔离的要求，又能实现数据的动态交换。安全隔离与信息交换系统的嵌入式软件系统里内置了协议分析引擎、内容安全引擎和病毒查杀引擎等多种安全机制，可以根据用户需求实现复杂的安全策略。安全隔离与信息交换系统可以广泛应用于银行、政府等部门的内网访问外网，也可用于内网的不同信任域间的信息交互。

(2) 网闸的功能

网闸不仅提供基于网络隔离的安全保障，支持 Web 浏览、安全邮件、数据库、批量数据传输和安全文件交换、满足特定应用环境中的信息交换要求，还提供高速度、高稳定性的数据交换能力，可以方便地集成到现有的网络和应用环境中。网闸的功能主要体现在以下几个方面：

①网闸的应用支持

网闸通过增加应用交换模块支持常见的应用数据交换，通常包括文件数据交换、HTTP 访问、WWW 服务、收发电子邮件、数据库应用，支持 ORACLE、SYBASE、MSSQL、MYSQL、ODBC 及对数据库的访问、数据库的同步，常见的行业应用如 TCP/UDP 的定制等。

②网闸专用安全操作系统

网闸的专用安全操作系统，是把操作系统裁剪为最小化的嵌入式内核。即将操作系统安全级别设置为最高级，加固操作系统；提供具有最高强度的抗拒绝服务/分布式拒绝服务 (Denial of Service and Distributed Denial of Service，DoS/DDoS) 攻击特性；支持防扫描的功能和嵌入式的入侵检测防御功能；支持强制访问控制、基于时间的访问控制、安全审计和认证等多种安全机制；具有比防火墙系统更高的安全性、可靠性和可用性。

③用户身份认证管理

用户身份认证管理用来实现访问控制，用于管理员和用户访问或使用网闸服务端口的鉴别、授权和审计。

④访问控制

基于时间的访问控制，支持定义网闸准许交换数据的时间；基于 IP 的访问控制，支持定义可以使用网闸的 IP 范围；基于端口的访问控制，支持定义开放端口范围，有些应用采用多端口，还必须提供基于应用的白名单访问控制；网闸管理的访问控制，支持定义管理员

管理网闸的 IP。

⑤安全审计

安全审计包括审计数据产生、审计分析、审计查阅、审计事件选择、审计事件存储和审计报告等。为了提高审计效率，一般采用 Windows 平台的安全审计软件来独立作业。每个审计记录中至少包括日期、时间、事件类型、主体身份、事件的结果和事件的相关信息等。安全审计应该由安全审计员来完成。

⑥安全管理

网闸的管理员划分为系统管理员、配置管理员和审计管理员，实行三权分立，相互制约。系统管理员负责操作系统的配置和管理，可以进行系统维护，但不能对网闸的日志信息进行更改；配置管理员拥有对网闸的安全策略进行管理、配置和修改的权利；审计管理员负责对系统日志进行审计管理。

⑦其他可选功能

防病毒功能：将外网的文件和数据交换到内网时，对文件进行病毒检查，确保没有病毒，才允许这些文件转发到内网指定的主机或服务器。

防泄密功能：预防内网用户访问外网网站泄密。主要措施包括禁止使用 post 等命令，禁止 URL 的路径和文件名，禁止同时或连续交叉使用两个或两个以上的网站等。

(3) 网闸的主流技术

目前网络隔离的断开技术有两大类。一是动态断开技术，如基于 SCSI 的开关技术和基于内存总线的开关技术。动态断开技术主要是通过开关技术来实现的。一般由两个开关和一个固态存储介质组成。另一类是固定断开技术，如单向传输技术。

①基于 SCSI 的网闸技术

基于 SCSI 的网闸技术是目前主流的网闸技术。SCSI 是一个外设读写协议，而不是一个通信协议。外设协议是一个主从的单向协议，外部设备仅仅是一个介质目标，不具备任何逻辑执行能力，主机写入数据，但并不知道是否正确。需要读出写入的数据，通过比较来确认写入的数据是否正确。因此，SCSI 本身已经断开了 OSI 模型中的数据链路，没有通信协议。但 SCSI 本身有一套外设读写机制，这些读写机制保证读写数据的正确性和可靠性。该网闸技术的工作示意如图 2-20 所示。需要注意的是，在任何时候 K_1 和 K_2 都不能同时连通。

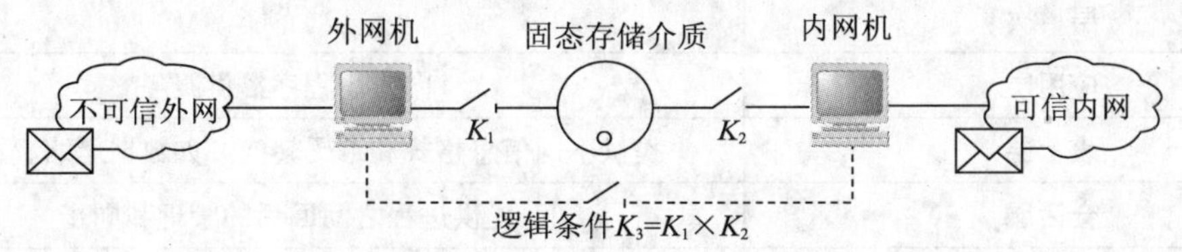

图 2-20　基于 SCSI 的网闸技术

②基于总线的网闸技术

基于总线的网闸技术也是目前成熟的技术之一。这种技术采用一种叫双端口的静态存储器 (dual port SRAM)，配合基于独立的复杂可编程逻辑器件 (Complex Programmable

Logic Device，CPLD）控制电路，以实现在两个端口上的开关，双端口各自通过开关连接到独立的计算机主机上。CPLD 作为独立的控制电路，确保双端口静态存储器的每一个端口上存在一个开关，两个开关不能同时闭合。当交换的内容是文件数据时，它确实给出了一种隔离断开的实现，但当交换的内容是 IP 包，则不是。

因为双端口 RAM 可以进行 IP 包的存储和转发，这是一种结构缺陷。采用这种技术的产品，应该严格检查是否实现了 TCP/IP 协议的剥离，是否实现了应用协议的剥离，确保是应用输出或输入的文件数据被转发，而不是 IP 包。除此之外，还必须有机制来保证双端口 RAM 不会被黑客用来转发 IP 包。如果设计不当，TCP/IP 协议没有剥离，IP 包会直接被写入内存存储介质，并且被转发。在这种情况下，尽管 OSI 模型的物理层是断开的，链路层也是断开的，但由于 TCP/IP 协议的第三层和第四层没有断开，也不是网络隔离。

③基于单向传输的网闸技术

固定断开技术采用的是单向传输，不需要开关。单向传输必须保证单向。如果硬件上是双向的，仅从数据链路传输的方向上来控制，还是可能被攻击，因此不是严格意义上的网络隔离。单向传输，从本质上改变了通信的概念，不再是双方交互通信，而变成了单向广播。广播者有主控权，接收者完全是被动的。

第二节　计算机网络体系结构及 TCP/IP 协议

一、计算机网络体系结构

在 20 世纪 70 年代末，国际标准化组织提出了开放系统互联参考模型。该模型描述了通过网络传输介质信息是如何从一台计算机的一个应用程序到达网络中的另一台计算机的一个应用程序。当信息在一个 OSI 参考模型中逐层传送时，它越来越不像人类的语言而变为只有计算机才能明白的数字 0 和 1。协议分层大大地简化了网络协议的复杂性，网络协议按功能组成一系列层，每一层建筑在它的下层之上，每一层的目的都是为上层提供一定的服务，屏蔽低层的细节。表 2-3 为 OSI 层次对应功能的说明。

表 2-3　OSI 层次对应功能说明

层　次	功　能
应用层	向应用程序提供服务
表示层	提供不同信息格式和编码转换，如数据压缩、加密等
会话层	提供进程之间回话的管理和同步
传输层	提供端到端的可靠连接
网络层	路由选择
数据链路层	可靠数据传输，差错控制，流量控制
物理层	提供位传送的物理通道，包括机械、电气等特性

二、OSI 参考模型

（1）物理层（physical layer）。作用：承担设备之间比特流的正确传输；对电压、线路速度和线缆类型进行定义。

（2）物理层设备：集线器、中继器。

（3）数据链路层（data link layer）。作用：将物理层比特流数据封装成数据；采用 MAC 地址对介质访问层进行控制；发现错误，改正错误或通知上层进行更改。

（4）数据链路层设备：交换机和网桥。

（5）网络层（network layer）。检查网络拓扑，以决定传输报文的最佳路由，其关键问题是确定数据包从源端到目的端如何选择路由。

（6）网络层设备：路由器和三层交换机。

（7）传输层（transport layer）。传输层也称为运输层。从会话层接收数据，并且在必要的时候把它分成较小的单元，传输给网络层，并确保到达对方各段的信息准确无误。

（8）会话层（session layer）。会话层的主要功能是对话管理、数据流同步和重新同步。

（9）表示层（presentation layer）。将数据转换成计算机应用程序相互理解的格式，如数据压缩、加密和表示等。

（10）应用层（application layer）。应用层包含大量人们普遍需要的协议，并且具有文件传输功能，其任务是显示接收到的信息，把用户的新数据发送到低层。如发送电子邮件、网络管理都是在应用层进行。

三、TCP/IP 协议

1. 基本概念

（1）TCP/IP 协议的特点

TCP/IP 协议是 Internet 中计算机之间的通信规则。它规定了每台计算机信息表示的格式与含义，规定了计算机之间通信所要使用的控制信息，以及在接到控制信息后应该作出的反应。TCP/IP 协议是 Internet 中计算机之间通信所必须共同遵循的一种通信规定。

TCP/IP 协议具有以下几个主要的特点：

①开放的协议标准。

②独立于特定的计算机硬件与操作系统。

③独立于特定的网络硬件，可以运行在局域网、广域网，适用于网络的互联。

④统一的网络地址分配方案，使得所有的 TCP/IP 设备在网中都具有唯一的地址。

⑤标准化的应用层协议，可以提供多种可靠的网络服务。

（2）TCP/IP 参考模型的层次结构

TCP/IP 参考模型可以分为 4 个层次：

①应用层（application layer）。

②传输层（transport layer）。

③互联层（internet layer）。

④主机—网络层（host to network layer）。

其中，TCP/IP 参考模型的应用层与 OSI 参考模型的应用层、表示层、会话层相对应；TCP/IP 参考模型的传输层与 OSI 参考模型的传输层相对应；TCP/IP 参考模型的互联层与 OSI 参考模型的网络层相对应；TCP/IP 参考模型的主机—网络层与 OSI 参考模型的数据链路层、物理层相对应。TCP/IP 模型与 OSI 模型的对应关系如图 2－21 所示。

OSI 参考模型	TCP/IP 参考模型
应用层	应用层
表示层	
会话层	
传输层	传输层
网络层	互联层
数据链路层	主机—网络层
物理层	

图 2－21　TCP/IP 模型与 OSI 模型的对应关系

(3) TCP/IP 参考模型各层的功能

①主机—网络层

在 TCP/IP 参考模型中，主机—网络层是参考模型的最低层，它负责通过网络发送和接收 IP 数据包。TCP/IP 的主机—网络层并没有规定使用哪种协议。它采取了开放的策略，允许使用广域网、局域网与城域网的各种协议。任何一种现有的和流行的低层传输协议都可以与网络层 IP 协议接口。这点体现了 TCP/IP 协议体系的开放性、兼容性，它也是 TCP/IP 协议能够成功的基础。

②互联层

TCP/IP 参考模型中的互联层相当于 OSI 参考模型网络层的无连接网络服务。TCP/IP 参考模型中互联层的 IP 协议能够提供“尽力而为（best effort）”的网络数据包传输服务。

互联层的主要功能包括以下几点：

a. 处理来自传输层的数据发送请求。在收到分组发送请求之后，将传输层报文段封装成 IP 数据包，启动路由选择算法，选择发送路径，然后将数据包发送到下一个节点。

b. 处理接收的数据包。在接收到其他主机发送的数据包之后，检查目的 IP 地址，如需要转发，则选择发送路径，转发出去；如目的地址为本节点 IP 地址，则除去报头，将分组交送传输层处理。

c. 处理互联的路径选择、流量控制与拥塞。

d. 目前使用的 IP 协议是版本 4，即 IPv4 协议。下一代的 IP 协议是 IPv6 协议。IPv6 协议在地址空间、数据完整性、安全性与保证服务质量等方面都有很大改进。

③传输层

TCP/IP 参考模型传输层负责在会话的对等实体的应用进程之间建立和维护端—端通信，以实现分布式进程通信的目的。TCP/IP 参考模型的传输层定义了以下这两种协议：传输控

制协议与用户数据包协议。

传输控制协议（Transport Control Protocol，TCP）是一种可靠的面向连接的协议，它允许将一台主机的字节流（byte stream）无差错的传送到目的主机。TCP 协议同时要完成流量控制功能，协调收发双方的发送与接收速度，达到正确传输的目的。

用户数据包协议（User Datagram Protocol，UDP）是一种不可靠的无连接协议。它主要用于不要求分组顺序到达的传输中，分组传输顺序检查与排序由应用层完成。

④应用层

TCP/IP 参考模型的应用层协议有很多。表 2-4 给出了主要的应用层协议。这些应用层协议可以分为 3 种类型：依赖于面向连接的 TCP 协议，例如，远程登录协议（TELNET）、电子邮件协议（SMTP）、文件传输协议（FTP）等；依赖于面向连接的 UDP 协议，例如，简单网络管理协议（SNMP）、简单文件传输协议（TFTP）等；可以依赖于 TCP 协议或 UDP 协议，例如，域名系统（DNS）。

表 2-4　主要应用协议

协议名称	基本功能
远程登录协议（TELNET）	实现远程登录功能
文件传输协议（File Transfer Protocol，FTP）	实现交互式文件传输功能
简单邮件传输协议（Simple Mail Transfer Protocol，SMTP）	实现电子邮件传输功能
域名系统（Domain Name System，DNS）	实现网络设备名字到 IP 地址映射
简单网络管理协议（Simple Network Management Protocol，SNMP）	实现网络设备的监视与管理
超文本传输协议（Hyber Text Transfer Protocol，HTTP）	实现 Web 服务

2. IP 协议

IP 是建立 TCP/IP 网络的基本协议，因为它向其他运行在网络层中或网络层之上的协议提供了数据传送服务。TCP/IP 网络中的 IP 就如同邮政服务中的“标准信封”，在这个基本的、有效的传送机制中，任何种类的数据都能插入到该“标准信封”中，如图 2-22 所示。

网络接口层协议头	IP头	IP有效负载（TCP、UDP、ICMP）	网络接口层协议尾

图 2-22　IP 数据包传送上层传来的数据

因为 IP 需要用于传送大量不同类型的数据，所以在设计中，IP 只向上层提供所需的最小服务，而把诸如分组确认、流量控制之类的实现留给了 TCP 之类的上层协议。形象地说，IP 是个廉价的初级邮件服务，在此基础上如果需要提供特殊保障的话，可以再在 IP 头中增加附加选项，就像邮寄一个挂号邮件或其他特殊邮件一样。

(1) IP 的服务质量

IP 所提供的服务通常被认为是无连接的（connectionless）和不可靠的（unreliable）。事实上，在网络性能良好的情况下，IP 传送的数据能够完好无损地到达目的地。所谓无连接的传输，是指没有确定目标系统在已做好接收数据准备之前就发送数据。与此相对应的就是面向连接的（connection）传输（例如 TCP 就可以提供这类传输），在该类传输中，源系统与目的系统在应用层数据传送之前需要进行三次握手。至于不可靠的服务，是指目的系统不对成功接收的分组进行确认，IP 只是尽可能地使数据传输成功。但是只要需要，上层协议必须实现用于保证分组成功提供的附加服务。

IP 报头中的“服务类型”字段（如图 2－23 所示）对服务质量进行划分，当前人们对如何在基于 TCP/IP 的 Internet 中提供保证服务质量的研究十分关注，而分等级服务的技术基础则依赖于网络 IP 数据包的传输质量保证上。

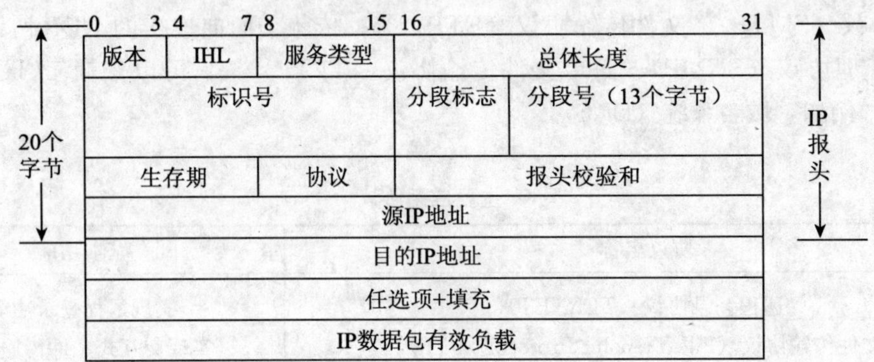

图 2－23　数据包格式

IP 只提供无连接、不可靠的服务，而把诸如差错检测和流量控制之类的服务授权给了其他的各层协议，这正是 TCP/IP 能够高效率工作的一个重要保证。

（2）IP 的功能

尽管 IP 传输缺少面向连接的服务和可靠的质量保证，但是 IP 仍然承担了大量的责任。实际上，IP 涉及了 TCP/IP 传输中的一些最复杂的操作，归纳起来，IP 协议所定义的主要功能包括以下内容：

①将上层数据（如 TCP、UDP 数据）或同层的其他数据（如 ICMP 数据）封装到 IP 数据包中。

②将 IP 数据包传送到最终目的地。

③为了使数据能够在链路层上进行传输，对数据进行分段。

④确定数据包到达其他网络中的目的地的路径。

总的说来，IP 需要定义一系列的功能，决定如何创建数据包，如何使数据包通过一个物理网络。当计算机数据发送时，IP 协议软件执行一组任务；当从另一台计算机接收数据时，IP 协议软件执行另一组任务。

当发送数据时，源计算机上的 IP 协议软件必须确定目的地是在同一个网络（本地）上，还是在另一个网络上。IP 通过执行这两项计算并对结果进行比较，才能确定数据到达的目的地。

当数据抵达目的计算机时，网络访问层首先接收该数据。网络访问层要检查数据帧有无

错误，并将数据帧送往正确的物理地址。假如数据帧到达目的地时正确无误，网络访问层便从数据帧的其余部分中提取数据有效负载（Payload），然后将它一直传送到数据帧层次类型字段指定的协议。

（3）IP 数据包格式

图 2－23 给出了 IP 数据包的格式，在网络运行中，每个协议层或每个协议都包含一些供它自己使用的信息。这些信息通常置于数据的前面，通常把它叫做报头。报头中含若干特定的信息单元，称为字段。一个字段可以包含数据包要发往的地址，或者用来描述数据到达目的地时应该对数据进行何种操作。

在网际层间，数据以 IP 数据包的格式相互进行传递。其中 IP 数据包格式中的前面部分就是 IP 报头，紧接着的才是 IP 数据包数据的有效负载。源计算机上的 IP 协议软件负责创建 IP 报头（即打包），而目的地计算机的 IP 软件则要查看 IP 报头信息中的指令（即解包），以确定应对数据报中的数据有效负载执行什么操作。IP 报头中存在着大量的信息，包括源主机和目的主机的 IP 地址，甚至包含对路由器的指令。IP 数据包从源计算机经过的每个路由器都要查看甚至更新 IP 报头中的某个部分。

3. IP 地址

（1）IP 地址方案与层次

IP 标准规定每台主机分配一个 32 位二进制数作为该主机的因特网协议地址（Internet Protocol Address，IP 地址或因特网地址）。在因特网上发送的每个包中含有这种 32 位的发送方（源）IP 地址和想要送达的接收方（目的）IP 地址。这样，为了在使用 TCP/IP 的因特网上发送信息，一台计算机必须知道接收信息的远程计算机的 IP 地址。

概念上，每个 32 位 IP 地址被分割成两部分：前缀和后缀。地址前缀部分确定了计算机从属的物理网络，后缀部分确定了该网络上的一台计算机。也就是说，因特网中的每一物理网络分配了唯一的值作为网络号（network number）。网络号在从属于该网络的每台计算机地址中作为前缀出现。更进一步说，同一物理网络上每台计算机分配了唯一的地址后缀。虽然没有两个网络能分配同一个网络号，同一网络上也没有两台计算机分配同一个后缀，但是一个后缀值可在多个网络上使用。例如，一个因特网包含三个网络，它们可分配的网络号为 1，2，3。从属于网络 1 的三台计算机可分配后缀为 1，3 和 5，同时，从属于网络 2 的三台计算机也可分配后缀为 1，2 和 3。

IP 地址层次保证了两个重要性质：

①每台计算机分配一个唯一地址（即一个地址从不分配给多台计算机）。

②网络号的分配必须全球一致，但后缀可本地分配，不需全球一致。

（2）IP 地址分类

IP 地址的前缀部分需要足够的位数以允许分配唯一的网络号给因特网上的每一个物理网络，后缀部分也需要足够位数以允许从属于一个网络的每一台计算机都分配一个唯一的后缀。选择大的前缀可容纳大量网络，但限制了每个网络的大小；选择大的后缀意味着每个物理网络能包含大量计算机，但限制了网络的总数。

A、B 和 C 类称为基本类（primary classes），因为它们用于主机地址。D 类用于组播传输，允许发送到一类计算机（IP 组播传输是硬件组播传输的模拟，组播地址在这两者中都是可选的，并且即使参与组播传输，计算机也仍然保留它自己的个别地址）。为使用 IP 组播传输，一组主机必须共享一个组播地址。一旦建立起组播传输组，任何发送到组播地址的包将传送副本到该组中每一台主机。

分配给主机的地址不是 A 类、B 类就是 C 类。前缀部分决定网络，后缀唯一对应于该网的主机，如表 2-5 所示，基本类以八位一组为单位将地址划分为前缀和后缀。A 类在第一组和第二组间设置界限，B 类在第二组和第三组间设置界限，C 类在第三组和第四组间设置界限。

虽然 IP 地址是 32 位二进制数，但用户很少以二进制方式输入或读其值。相反，当与用户交互时，软件使用一种更易于理解的表示法，称为点分十进制表示法（dotted decimal notation）。其做法是将 32 位二进制数中的每 8 位为一组，用十进制表示，利用句点分割各个部分，如表 2-5 所示。

点分十进制表示法把每一组作为无符号整数处理：如同图 2-5 中最后一例所示，当组内所有位都为 0 时，最小可能值为 0；当组内所有位都为 1 时，最大可能值为 255。这样，点分十进制地址范围为 0.0.0.0 到 255.255.255.255。

点分十进制表示法是一种语法格式，用来与人交互，IP 软件会把它转换为 32 位二进制数值。点分十进制表示法将 32 位数中的每八位作为一组，以十进制数表示，并用英语中的句点分隔每一组。点分十进制非常适合于 IP 地址，因为 IP 以八位位组为界，把地址分为前缀和后缀。在 A 类地址中，后三组对应于主机后缀。类似地，B 类地址有两组主机后缀，C 类地址有一组主机后缀。

表 2-5　　点分十进制表示方法

32 位二进制数	等价的点分十进制
10000001 00110100 00000110 00000000	129.52.6.0
11000000 00000101 00110000 00000011	192.5.48.3
00001010 00000010 00000000 00100101	10.2.0.37
10000000 00001010 00000010 00000011	128.10.2.3
10000000 10000000 11111111 00000000	128.128.255.0

（3）IP 地址空间划分

IP 分类方案并不把 32 位地址空间划分为相同大小的类，各类包含网络的数目并不相同。例如，A 类只能包含 128 个网络，因为 A 类地址首位必须为 0 并且前缀占据一个八位组，这样，仅剩下七位用来标识 A 类网络。如表 2-6 所示，分配给前缀和后缀的位数决定了能分配多少个不同的数。例如，n 位前缀允许 2^n 个不同的网络，n 位后缀允许在给定的网络上分配 2^n 台主机。

表 2-6 地址空间大小

地址类	前缀为数	最大网络数	后缀为数	每个网络最大主机数
A	7	126	24	16777214
B	14	16384	16	65534
C	21	2097152	8	254

（4）特殊 IP 地址

除了给每台计算机分配一个地址外，让地址用于表示整个网络或一组计算机也很方便。IP 定义了一套特殊地址格式，称为保留地址（reserved）。也就是说，特殊地址从不分配给主机。

①网络地址。IP 保留主机地址为 0 的地址，并用它来表示一个网络。因此，地址 128.211.0.0 表示一个分配了 B 类前缀 128.211 网络。网络地址是指网络本身而非连到该网络上的主机。因此，网络地址不应作为目标地址在包中出现。

②直接广播地址。有时候，发送一个包的副本给在一个物理网络上所有的主机是很有用的。为了使广播更容易，IP 为每个物理网络定义了一个直接广播地址（directed broadcast address）。在网络前缀后面增加一个所有位全为 1 的后缀，便形成了网络的直接广播地址。如果一个数据包属于直接广播包，则该包通过因特网到达所在网络，然后送达该网络上的每一台主机。

③有限广播地址。有限广播（limited broadcast）这一术语是指在一个本地物理网络的一次广播。有限广播一般用于一台尚不知道网络号，但已由计算机启动的系统。IP 保留所有位都是 1 的地址来表示有限广播。

④本机地址。计算机需要知道它的 IP 地址来发送或接收因特网包，因为每个包包含了源地址和目的地址。TCP/IP 协议系列包含了这样的协议，当计算机启动时能自动获得它的 IP 地址。有趣的是，启动协议也使用 IP 来通信。当使用这个启动协议时，计算机不可能支持一个正确的 IP 源地址。为了处理这一情况，IP 保留全 0 的地址指本计算机（this computer）。

⑤回送地址。IP 定义一个回送地址（loopback address）用于测试网络应用程序。在生成一个网络应用程序后，程序员经常使用回送测试进行预调试。要实现一个回送测试，程序员必须有两个打算通过网络进行通信的应用程序。每个应用程序包含了同 TCP/IP 协议软件进行交互所需要的代码。程序员不是在不同的计算机上执行每个程序，而是在同一台计算机上运行两个程序并指示它们在通信时使用回送 IP 地址。当一个应用程序发送数据给另一个应用程序时，数据向下穿过协议栈到达 IP 软件，IP 软件把数据向上通过协议栈返回第二个程序。因此，程序员可很快地测试程序逻辑而无须两台计算机，也无须通过网络发送包。IP 保留 A 类网络前缀 127 供回送时使用。和 127 一起使用的主机地址是无关紧要的，所有的主机地址都一样处理。根据习惯，程序员经常使用主机号 1，形成最普遍的回送格式 127.0.0.1。在回送测试时，数据包并没有离开计算机，IP 软件将包从一个应用程序转发到另一个应用程序。因此，回送地址永远不会出现于一个在网络中传输的包中。

特殊地址是被保留的，不应分配给计算机，如表 2-7 所示。而且，每个特殊地址只限于某种用途。例如，广播地址永远不能作为源地址出现，全 0 地址在主机完成了启动程序并获得 IP 地址后也不能使用。

表 2-7 特殊的 IP 地址

前　缀	后　缀	地址类型	用　途
全 0	全 0	本机	启动时使用
网络	全 0	网络	标识一个网络
网络	全 1	直接广播	在特定网上广播
全 1	全 1	有限广播	在本地网上广播
127	任意	回送	测试

4. TCP 协议

(1) TCP 的特性

①面向数据流的处理方式。TCP 采用连续方式对数据进行处理，即 TCP 能够以每次接收一个字节的方式来接收数据，而不是按预先格式化的数据块的方式来接收。TCP 将数据格式化成可变长的数据流，然后传送给网际层。

②完全的可靠性。TCP 通过面向连接的传输方式，以及一些差错控制、流量控制的手段，确保了数据不会丢失。同时，TCP 还能对接收到的 IP 数据包进行重新排序，解决了数据乱序的问题。所有的这些，都保证了 TCP 传输的完全可靠性。

③全双工通信。TCP 连接允许数据在任何一个方向流动，并允许任何一个应用程序在任何时刻发送数据。TCP 能够在两个方向上缓冲输入和输出的数据，这使得一个应用在发送数据以后，可以在数据传输的同时进行别的工作。

④流量控制。TCP 的流量控制特性确保数据传输的速度不会超过或低于目的计算机接收数据的能力。

(2) TCP 数据格式

TCP 数据包格式如图 2-24 所示。该数据格式展示了 TCP 的复杂性和它的功能的多样性。TCP 数据格式各个字段域的意义简述如下。

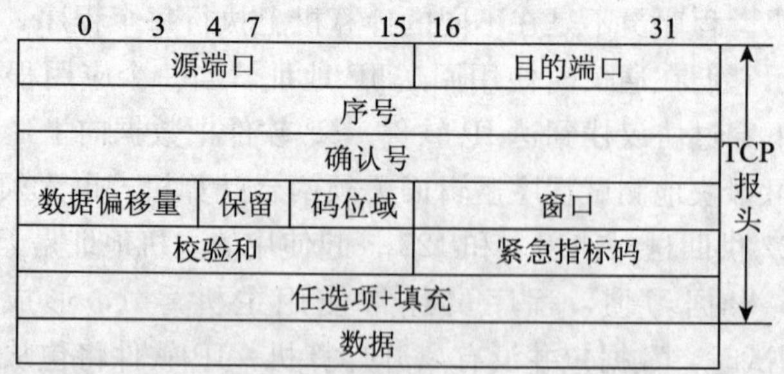

图 2-24 TCP 数据包格式

①源端口：16 位，分配给源计算机上的应用程序的端口号。

②目的端口：16 位，分配给目的计算机上的应用程序的端口号。

③序号：32 位，指出该数据帧在发送端数据流中的次序，这个字段在 TCP/IP 三次握手方式期间也用于同步序列号。

④确认号：32 位，该字段给发送主机指出目的主机希望接收的下一个帧的顺序号。TCP 采用捎带技术，在发送数据的数据流中捎带对对方数据的确认，这样可以大大节省所传送的报文数。

⑤数据偏移量：4 位，指出以 32 位为单位的报头的长度。使用数据偏移量，可以确定在 TCP 报文中数据的起始位置。

⑥保留：6 位，留作将来使用的字段域。该字段域必须全部置为 0。

⑦码位域：6 位，用来指出数据的作用与内容。这 6 位的作用分别如下：

a. 第 1 位 URG（紧急控制位）：如果这位为 1，“紧急指示码”字段将被阅读，并根据其内容进行相应的处理。

b. 第 2 位 ACK（确认控制位）：如果这位为 1，则“确认号”字段的值减 1 后所代表的分组被确认。

c. 第 3 位 PSH（重新启动控制位）：如果这位为 1，即告诉 TCP 软件，将迄今为止发送的所有数据通过管道推送到接收端的应用程序。

d. 第 4 位 RST（重新启动控制位）：如果这位为 1，则 TCP 包请求连接重新启动。

e. 第 5 位 SYN（同步控制位）：如果这位为 1，则指出该数据包中的顺序号应进行同步。

f. 第 6 位 FIN（结束控制位）：如果这位为 1，则表示主机数据发送完毕，要求关闭连接。

⑧窗口：16 位，用来通告接收端接收缓冲区的大小。即该字段指定发送主机一次最多可以传输的报文的个数，也即传送窗口的大小。

⑨校验和：16 位，用来检验数据的正确性，通过校验和可以保证 TCP 报头和负载在传输中不被破坏。

⑩紧急指示码：16 位，用于标明任何紧急信息的开始。

⑪任选项：可变长度，用来设定一小组选项设置中的一个。

⑫填充：可变长度，保证 IP 报头以 32 位为边界对齐。

⑬数据：可变长度，IP 数据包有效负载（但不能超过最大传输单位）。

(3) TCP 常用端口

TCP 常用端口如表 2－8 所示。

表 2－8　　TCP 端口号举例

端　口	服务名	别　名	描　述
110	POP3	POSTOFFICE	POP3 协议
111	SUNRPC		Sun RPC 端口映射
113	AUTH	AUTHENTICATION	鉴别服务

续 表

端　口	服务名	别　名	描　述
117	UUCP-PATH		UUCP 路径服务
119	NNTP	USENET	网络新闻传输协议
139	NBSESSION	NETBIOS-SSN	NETBIOS 会话服务
143	IMAP		因特网邮件访问协议
389	LDAP		转型目录访问协议
540	UUCP	UUCPD	UUCP 守护神

第三节　局域网技术

一、局域网的定义与特点

局域网标准委员会对局域网的定义为："局域网络中的通信被限制在中等规模的地理范围内，例如一幢办公楼、一座工厂或一所学校；能够使用具有中等或较高数据速率的物理信道，且具有较低的误码率；局域网络是专用的，由单一组织机构所使用。"或者也可以更加简练地这样来描述：局域网是一种地理范围有限、互连设备有限的计算机网络。

局域网的特点如下。

(1) 局域网覆盖有限的地理范围，适用于有限范围（一间办公室，一幢办公楼等）内计算机的连网需求。

(2) 局域网具有高的数据传输速率（10Mbps～10Gbps）、低的误码率。

(3) 局域网的所有权和经营权属于一个单位所有。

二、局域网的组成

局域网由以下部分组成。

(1) 计算机终端。主机、工作站和服务器等。

(2) 传输介质。双绞线、光纤等。

(3) 网络适配器（又称网卡）。

(4) 网络连接设备。集线器、交换机、网桥和路由器等。

(5) 网络操作系统。Win NT、Win Server 2000 和 UNIX 等。

三、局域网的体系结构

局域网的体系结构包括物理层和数据链路层。其中，数据链路层也由两个子层组成：介质访问控制（Medium Access Control，MAC）子层和逻辑链路控制（Logical Link Control，LLC）子层，如图 2-25 所示。

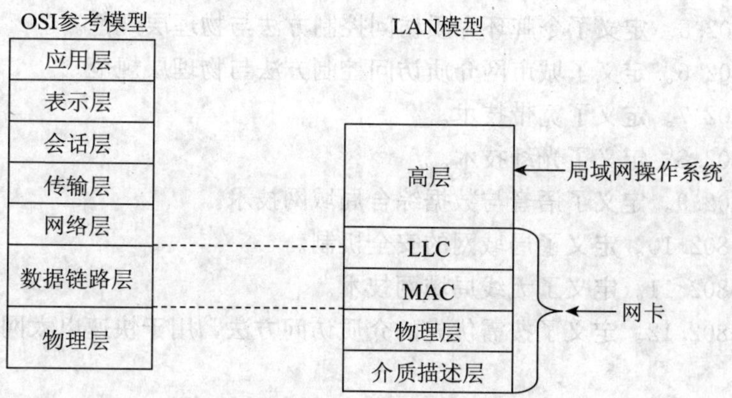

图 2－25　LAN 的体系结构

逻辑链路控制子层的主要功能是保证帧传送的完整性与无误性。例如，进行流量控制，以保证快速与慢速设备之间帧无误传输。

四、IEEE 802 标准

IEEE 是通信领域的一个国际标准化组织，这个标准化组织有一个 802 委员会，专门研究和制定有关局域网的各种标准，目前常见的有 12 个标准，如图 2－26 所示。

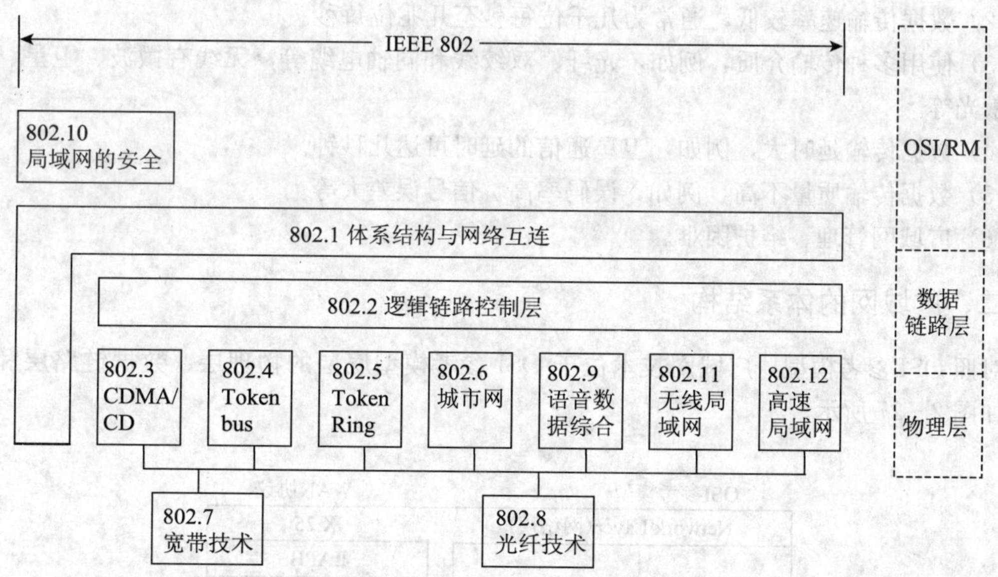

图 2－26　局域网的体系结构

（1）IEEE 802.1。包括局域网体系结构、网络互连以及网络管理。

（2）IEEE 802.2。逻辑链路控制。

（3）IEEE 802.3。定义 CSMA/CD 总线介质访问控制方法与物理层规范。

（4）IEEE 802.4。定义了令牌总线介质访问控制方法与物理层规范。

（5）IEEE 802.5。定义了令牌环介质访问控制方法与物理层规范。

（6）IEEE 802.6。定义了城市网介质访问控制方法与物理层规范。

（7）IEEE 802.7。定义了宽带技术。

（8）IEEE 802.8。定义了光纤技术。

（9）IEEE 802.9。定义了语音与数据综合局域网技术。

（10）IEEE 802.10。定义了局域网的安全机制。

（11）IEEE 802.11。定义了无线局域网技术。

（12）IEEE 802.12。定义了按需优先的介质访问方法，用于快速以太网。

第四节　广域网技术

一、广域网概述

广域网有时也称为远程网，是覆盖地理范围相对较广的数据通信网络。它常利用公共网络系统（如电话公司）提供的便利条件进行传输，可以分布在一个城市、国家，甚至跨过许多国家分布到各洲。如国内的中国教育科研网（CERnet）就属于广域网。

覆盖范围较小的局域网相比，广域网具有以下特点。

（1）覆盖范围广，可达数千、甚至数万公里。

（2）数据传输速率较低，通常为几千位每秒至几兆位每秒。

（3）使用多种传输介质，例如，光纤、双绞线和同轴电缆等，无线有微波、卫星、红外线和激光等。

（4）数据传输延时大，例如，卫星通信的延时可达几秒钟。

（5）数据传输质量不高，例如，误码率高、信号误差大等。

（6）广域网管理、维护困难。

二、广域网的体系结构

对照 OSI 参考模型，广域网技术位于 OSI 参考模型底层的物理层、数据链路层和网络层，如图 2－27 所示。

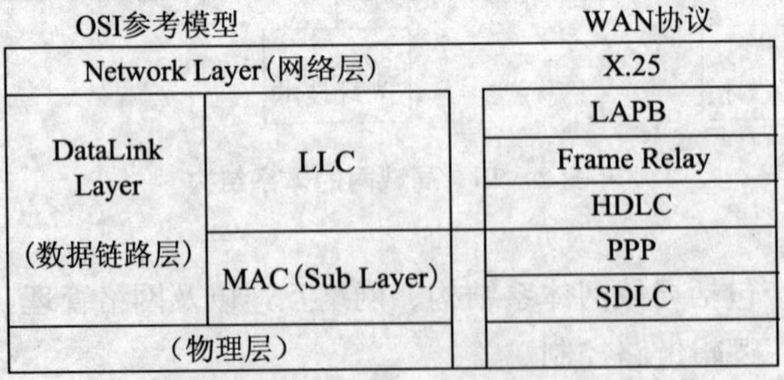

OSI参考模型		WAN协议
Network Layer(网络层)		X.25
DataLink Layer（数据链路层）	LLC	LAPB Frame Relay HDLC
	MAC(Sub Layer)	PPP SDLC
（物理层）		

图 2－27　广域网的结构示意

其中各参数的含义如下。

(1) X. 25：分组交换协议，定义了终端和分组交换网络的连接规程。

(2) LAPB：平衡型链路访问规程，增强了错误检验和更正能力。

(3) Frame Relay：帧中继，在 X. 25 的基础上发展起来的简洁高效的分组交换协议。

(4) HDLC：高级数据链路控制，ISO 标准的链路层协议。

(5) PPP：点到点协议，有丰富功能的同异步链路层协议。

(6) SDLC：同步数据链路控制协议，在 IBM 大型机领域使用。

三、典型广域网技术

广域网分为宽带广域网和窄带广域网，两者的区别如下。

(1) 宽带是指 2Mbps 以上的带宽，宽带采用了基于 ATM、IP、光纤以太网和 MPLS 等分组技术；而窄带是基于电路交换技术。

(2) 宽带 IP 城域网一般具有层次结构，可以分为骨干层、汇聚层、接入层和用户层等。

(3) 拨号上网、ISDN 和 DDN 提供了基于窄带网络接入的数据应用。

(4) 宽带接入通过 ADSL/VDSL、LAN、HFC 和无线接入等方式接入宽带网络。

目前，常见的窄带广域网有公用电话交换网（Public Switched Telephone Network，PSTN）、公用分组交换网（X. 25）、公用数字数据网（Digital Data Network，DDN）、综合业务数字网（Integrated Service Digital Network，ISDN）和帧中继网。宽带广域网有 ATM、SONET/SDH 等。

1. 公用电话交换网

公用电话交换网即我们日常生活中常用的电话网。

PSTN 技术是利用 PSTN 通过调制解调器拨号实现用户接入的方式。这是一种大家非常熟悉的接入方式，目前最高的传输速率为 56kbps，这种速率远远不能够满足宽带多媒体信息的传输需求。由于电话网非常普及，用户终端设备 Modem 很便宜，而且不用申请就可开户，只要家里有计算机，把电话线接入 Modem 就可以直接上网，因此很多用户使用这种接入方式。但随着宽带的发展和普及，这种接入方式将被淘汰。

2. 公用数字数据网

DDN 是随着数据通信业务发展而迅速发展起来的一种新型网络。DDN 的主干网传输媒介有光纤、数字微波和卫星信道等，用户端多使用普通电缆和双绞线。DDN 将数字通信技术、计算机技术、光纤通信技术以及数字交叉连接技术有机地结合在一起，提供了高速度、高质量的通信环境，可以向用户提供点对点、点对多点透明传输的数据专线出租电路，为用户传输数据、图像和声音等信息。

DDN 具有传输质量高、速度快、带宽利用率高等一系列优点。

3. 公用分组交换网

X. 25 建议书是 CCITT 在 1976 年，针对分组交换网制定的著名标准，它对推动分组交换的发展作出了很大的贡献。其全称是：在公用数据网上，以分组方式进行操作的 DTE（数据终端设备）和 DCE（数据电路端接设备）之间的接口。即 X. 25 只是对公用分组交换网络的接口规范说明，并不涉及网络内部实现，它是面向连接的，支持交换式虚电路和永久虚电路。X. 25 常用于公共载波分组交换网，可以满足不同设备及系统间的网络通信。其主要特点是在一条电路上可以同时开放多条虚电路，网络具有动态路由及先进的差错检验功能，网络性能稳定，但速度较慢。

X. 25 提供如下两种虚电路服务。

(1) 交换虚电路 (SVC)。类似于电话交换，即双方通信前要临时建立一条虚电路供数据传输，通信完毕后要拆除该虚电路，供其他用户使用。

(2) 永久虚电路 (PVC)。可在两个用户之间建立永久的虚连接，用户间需要通信时无须建立连接，可直接进行数据传输，如使用专线一样。

4. 帧中继网

帧中继是由分组交换技术演变而来的，它是在数据链路层用简化的方法传送和交换数据单元的一种技术。仅完成 OSI 物理层和链路层的功能，将流量控制、差错处理等功能提交给智能终端去完成，大大简化了节点机之间的协议，以此减少网络时延，降低通信费用。

帧中继的优点如下。

(1) 降低网络互连费用。在广域网环境中，专用帧中继网能够为用户节省大量的线路和带宽费用，又因为帧中继在一条物理连接上能够提供多个逻辑连接，从而降低了接入费用和设备费用。

(2) 简化网络功能，提高网络性能。由于采用了光纤数字传输系统，并简化了网络处理业务，帧中继大大地减少了网络响应时间，提高了网络处理速度，改善了网络的整体性能。

(3) 采用国际标准，各厂商产品相互兼容。由于采用了国际标准，加之帧中继协议相对简单，各厂商产品之间的兼容性和互通性较易实现。

帧中继是一种基于可变帧长的数据传输网络，在传输过程中，网络内部可以采用“帧交换”，即以帧为单位进行传送。帧中继提供一种简单的面向连接的虚电路分组服务，包括交换虚电路连接和永久虚电路连接。

在实际应用中，帧中继主要适用于以下几种情况：

①当客户的带宽需求为 64kbps～2Mbps，而参与通信的节点多于两个的时候，使用帧中继是一种较好的解决方案。

②当通信距离较长时，帧中继的高效性使用户可以享有较好的经济性。

③当客户传送的数据突发性较强时，由于帧中继具有动态带宽分配的功能，选用帧中继可以有效地处理突发性数据。

5. 综合业务数字网

ISDN 接入技术俗称“一线通”，它利用公众电话网向用户提供了端对端的数字信道连接，用来承载包括话音和非话音在内的各种电信业务。用户利用一条 ISDN 用户线路，可以在上网的同时拨打电话、收发传真，就像两条电话线一样。像普通拨号上网要使用 Modem 一样，用户使用 ISDN 也需要专用的终端设备，主要由网络终端 NTI 和 ISDN 适配器组成。

ISDN 适于个人家庭用户或 SOHO 用户接入因特网、中小企事业单位 LAN 联网、连锁店的销售联网以及在公网开放可视电话、会议电视等增值业务，或被各中小企事业单位用为 DDN、帧中继等专线电路的备用方式。

6. ADSL

ADSL（Asymmetrical Digital Subscriber Line，非对称数字用户环路）是一种能够通过普通电话线提供宽带数据业务的技术，也是目前极具发展前景的一种接入技术。它利用数字编码技术从现有铜质电话线上获取最大数据传输容量，同时又不干扰在同一条线上进行的常规话音服务。其原因是它用电话话音传输以外的频率传输数据。也就是说，用户可以在上网的同时打电话或发送传真，而这将不会影响通话质量或降低下载 Internet 内容的速度。

ADSL 能够向终端用户提供 8Mbps 的下行传输速率和 1Mbps 的上行传输速率，比传统的 28.8kbps 模拟调制解调器快将近 200 倍。这也是传输速率达 128kbps 的 ISDN 所无法比拟的。

与电缆调制解调器相比，ADSL 具有独特优势：它不需要改造信号传输线路，完全可以利用普通铜质电话线作为传输介质，配上专用的 Modem 即可实现数据高速传输，可提供针对单一电话线路用户的专线服务，而电缆调制解调器则要求一个系统内的众多用户分享同一带宽。尽管电缆调制解调器的下行速率比 ADSL 高，但考虑到将来会有越来越多的用户在同一时间上网，电缆调制解调器的性能将大大下降。

7. HFC

HFC（Hybrid Fiber Coax）即网络传输主干为光纤，到用户端为同轴电缆的用户网络接入方式。我国各城市的有线电视网按照电信网络的要求进行一定的升级改造，即可为用户提供 HFC 接入，实现普通电话、VOD 和远程医疗等窄带和宽带业务。

利用这种技术实现宽带接入，有线网的优势主要表现在如下方面。

(1) 其信号的通频带宽为 750 MHz，是市话双绞线所无法比拟的。

(2) 能充分适应信息网络的发展，易于过渡为最终的 FTTH/O 方式。

(3) 同利用 ADSL 等电信网络实现宽带接入的成本相比，它的成本费用很低。

然而，有线电视网同 ADSL 相比，也存在一些劣势。

(1) 有线电视网的带宽为所有用户所共享。

(2) 每一用户所占的带宽并不固定，它取决于某一时刻对带宽进行共享的用户数。随着用户的增加，每个用户分得的实际带宽将明显降低，甚至低于用户独享的 ADSL 带宽。

(3) 由于其现为共享型网络，数据传送基于广播机制，通信的安全性不够高。

(4) 它主要用在住宅小区，显然不及市话双绞线覆盖的范围广泛。

第五节　Internet 及应用

一、Internet 概述

Internet 是在美国较早的军用计算机网 ARPANET 的基础上经过不断发展变化而形成的。Internet 的起源主要可分为以下几个阶段。

(1) 1969 年，美国国防部研究计划管理局开始建立一个命名为 ARPANET 的网络，当时建立这个网络的目的只是为了将美国的几个军事及研究用计算机主机连接起来，人们普遍认为这就是 Internet 的雏形。在其后的发展过程中，Internet 沿用了 ARPANET 的技术和协议，而且在 Internet 正式形成之前，已经建立了以 ARPANET 为主的国际网，这种网络之间的连接模式，也是随后 Internet 所用的模式。

(2) 1985 年，美国国家科学基金会（NFS）开始建立 NSFNET。NSF 规划建立了 15 个超级计算中心及国家教育科研网，用于支持科研和教育的全国性规模的计算机网络 NFSNET，并以此作为基础，实现同其他网络的连接。NSFNET 成为 Internet 上主要用于科研和教育的主干部分，代替了 ARPANET 的骨干地位。

(3) 1989 年，MILNET（由 ARPANET 分离出来）实现和 NSFNET 连接后，就开始采用 Internet 这个名称。自此以后，其他部门的计算机网相继并入 Internet，ARPANET 就宣告解散。Internet 的商业化阶段开始于 20 世纪 90 年代初，商业机构开始进入 Internet，使 Internet 开始了商业化的新进程，也成为 Internet 大发展的强大推动力。

(4) 1995 年，NSFNET 停止运作，Internet 已彻底商业化了。

这种把不同网络连接在一起的技术的出现，使计算机网络的发展进入一个新的时期，形成由网络实体相互连接而构成的超级计算机网络，人们把这种网络形态称为 Internet。

二、Internet 的域名机制

网络上主机通信必须指定双方的 IP 地址。IP 地址虽然能够唯一标识网络上的计算机，但它是数字型的，对使用网络的人来说有不便记忆的缺点，因而提出了字符型的名字标识，而引入域名的概念。域名（domain name）是指接入 Internet 的主机将二进制的 IP 地址转换成具有层次结构的字符型地址，它是全网唯一的地址。

网络中命名资源（如客户机、服务器、路由器等）的管理集合即构成域（domain）。从逻辑上，所有域自上而下形成一个森林状结构，每个域都可包含多个主机和多个子域，树叶域通常对应于一台主机。每个域或子域都有其固有的域名，Internet 所采用的这种基于域的层次结构名字管理机制叫做域名系统（Domain Name System，DNS）。它一方面规定了域名语法以及域名管理特权的分派规则；另一方面，描述了关于域名—地址映射的具体实现。

1. 域名规则

域名系统将整个 Internet 视为一个由不同层次的域组成的集合体，即域名空间，并设定域名采用层次型命名法，从左到右，从小范围到大范围，表示主机所属的层次关系。不过，域名反映出的这种逻辑结构与其物理结构没有任何关系，也就是说，一台主机的完整域名和物理位置并没有直接的联系。

域名由字母、数字和连字符组成，开头和结尾必须是字母或数字，最长不超过 63 个字符，而且不区分大小写。完整的域名总长度不超过 255 个字符，所谓完整的域名即指主机域名，一般由几个域名构成，通常也将主机域名简称为域名。Internet 的主机域名的排列原则是低层的子域名在前，而它们所属的高层域名在后面，通常格式如下：

……. 三级域名 . 二级域名 . 顶层域名

例如：主机域名 yjscxy. csu. edu. cn 表示中南大学一台计算机的域名地址。

顶层域名又称最高域名，分为两类：一类通常由 3 个字母构成，一般为机构名，是国际顶级域名；另一类由两个字母组成，一般为国家或地区的地理名称。

(1) 机构名称。如 edu 为教育机构，com 为商业机构等，如表 2－9 所示。

（2）地理名称。如 cn 代表中国，us 代表美国，uk 代表英国，ca 代表加拿大，au 代表澳大利亚，jp 代表日本等。

表 2-9　国际顶级域名——机构名称

域　名	含　义	域　名	含　义
com	商业机构	net	网络组织
edu	教育机构	int	国际组织
gov	政府部门	org	其他非营利组织
mil	军事机构		

在域名系统中，每个域是由不同的组织来管理的，而这些组织又可以将其子域分给下级组织来管理。这种层次结构的优点是：各个组织在它们的内部可以自由选择域名，只要保证该组织的唯一性，而不用担心与其他组织内的域名冲突。例如，惠普是一家世界级的 IT 公司，该公司内的主机域名都包括 hp、corn 后缀。如果有一个名为 hp 的非营利组织也打算用 hp 来为它的主机命名，由于它是非营利组织，它的主机域名都带有 hp、org 的后缀。所以，hp、com 和 hp、org 两个域名在 Internet 中是相互独立的。图 2-28 所示为 Internet 域名卒间的树状层次结构图。

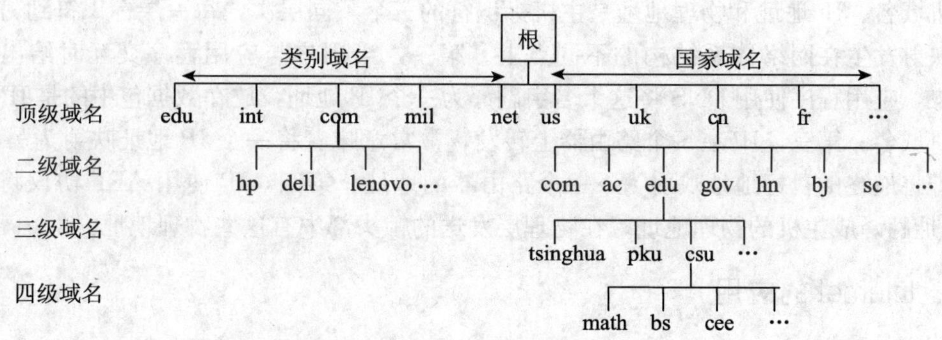

图 2-28　Internet 域名空间的树状层次结构

随着 Internet 用户的激增，域名资源十分紧张，为了缓解这种状况，加强域名管理，Internet 国际特别委员会在原来基础上增加了以下国际通用顶级域名。

. firm 公司、企业
. store 商店、销售公司和企业
. web 突出 WWW 活动的单位
. art 突出文化、娱乐活动的单位
. rec 突出消遣、娱乐活动的单位
. info 提供信息服务的单位
. nom 个人
. aero 用于航天工业
. coop 用于企业组织
. museum 用于博物馆
. biz 用于企业
. name 用于个人
. pro 用于专业人士

2. 中国的域名结构

中国的最高域名为 cn。二级域名分为类型域名和行政区域名两类。

(1) 类型域名。此类域名共设有 6 个，即 ac 表示科研机构，tom 表示工、商、金融等企业，edu 表示教育机构，gov 表示政府机构，net 表示网络服务机构，org 表示非营利性组织。

(2) 行政区域名。这类域名共 34 个，适用于中国各省、自治区、直辖市。如 bj 代表北京市，sh 代表上海市，hn 代表湖南省，hk 代表香港等。

在我国，在二级域名、edu 下申请注册三级域名由中国教育和科研计算机网网络中心负责。在二级域名、edu 之外的其他二级域名下申请三级域名的，则向中国互联网网络中心 CNNIC 申请。

3. IP 地址、主机域名和物理地址

IP 地址和主机域名相对应，主机域名是 IP 地址的字符表示，它与 IP 地址等效。当用户使用 IP 地址时，负责管理的计算机可直接与对应的主机联系，而使用主机域名时，则先将主机域名送往域名服务器，通过域名服务器上的主机域名和 IP 地址对照表翻译成相应的 IP 地址，传回负责管理的计算机后，再通过该 IP 地址与主机联系。Internet 中一台计算机可以有多个用于不同目的的主机域名，但只能有一个 IP 地址（不含内网 IP 地址）。一台主机从一个地方移到另一个地方，当它属于不同的网络时，其 IP 地址必须更换，但是可以保留原来的主机域名。

主机域名、IP 地址和物理地址是主机标识符的三个不同层次，每一层标识符到另一层标识符的映射发生在网络体系结构的不同点上。第一，当用户与应用程序交互时给出主机域名。第二，应用程序使用 DNS 将这个名字翻译为一个 IP 地址，放在数据包中的是 IP 地址而不是主机域名。第三，IP 在每个路由器上转发，常常意味着将一个 IP 地址映射为另一个 IP 地址；即将最终的目标地址映射为下一个路由器的地址。第四，IP 使用 ARP 协议将路由器的 IP 地址翻译成主机的物理地址，在物理层发送的帧头部中有这些物理地址。

三、Internet 的应用

1. Web 服务

Web 服务又称为 WWW（World Wide Web）服务，它的出现是 Internet 应用技术发展中的一个里程碑。Web 服务是 Internet 上最方便与最受用户欢迎的信息服务类型，它的影响力已远远超出了专业技术范畴，并已进入电子商务、远程教育、远程医疗与信息服务等领域。

(1) 超文本与超媒体

要想了解 Web，首先要了解超文本（hypertext）与超媒体（hypermedia）的基本概念，因为它们是 Web 的信息组织形式，也是 Web 实现的关键技术之一。

随着计算机技术的发展，人们不断推出新的信息组织方式，以方便对各种信息的访问。在 Web 系统中，信息是按超文本方式组织的。用户直接看到的是文本信息本身，在浏览文本信息的同时，随时可以选中其中的“热字”。热字往往是上下文关联的单词，通过选择热字可以跳转——链接其他文本信息。图 2－29 给出了超文本方式的工作原理。

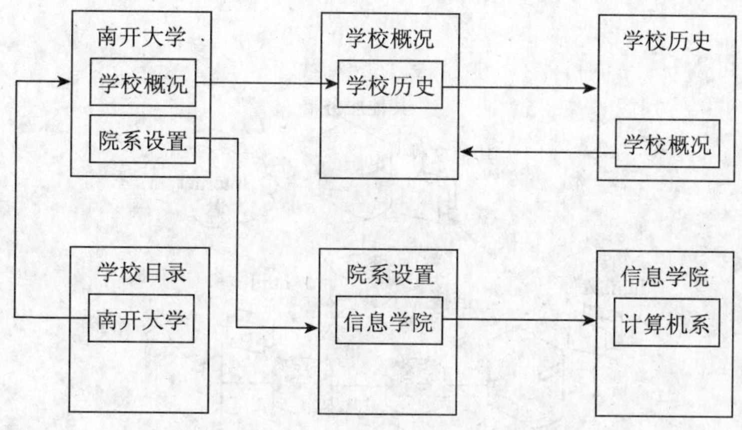

图 2－29　超文本方式的工作原理

超媒体进一步扩展了超文本所链接的信息类型。用户不仅能从一个文本跳到另一个文本，而且可以激活一段声音，显示一个图形，甚至可以播放一段动画。在目前市场上，流行的多媒体电子书籍大都采用这种方式。例如，在一本多媒体儿童读物中，当读者选中屏幕上显示的老虎图片、文字时，可以播放一段关于老虎的动画。超媒体可以通过这种集成化的方式，将多种媒体的信息联系在一起。图 2－30 给出了超媒体方式的工作原理。

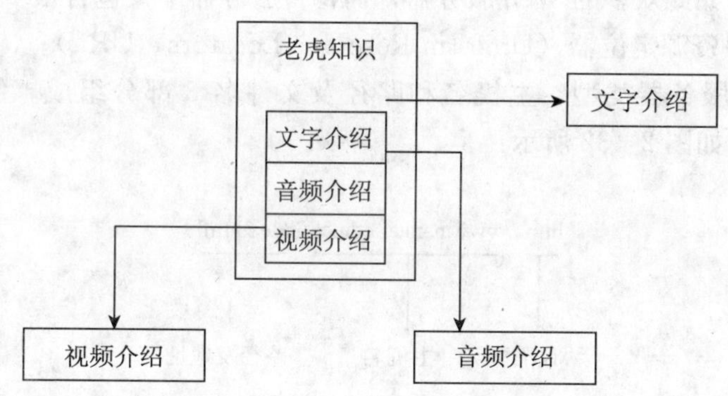

图 2－30　超媒体方式的工作原理

(2) Web 的工作方式

Web 是以超文本传输协议（Hyper Text Transfer Protocol，HTTP）与超文本标注语言（Hyper Text Markup Language，HTML）为基础，能够提供面向 Internet 服务的、一致的用户界面的信息浏览系统。

Web 系统的结构采用了客户机/服务器模式，它的工作原理如图 2－31 所示。信息资源以网页的形式存储在 Web 服务器中，用户通过 Web 客户端程序（浏览器）向 Web 服务器发出请求；Web 服务器根据客户端请求内容，将保存在 Web 服务器中的某个页面发送给客户端；浏览器在接收到该页面后对其进行解释，最终将图、文、声并茂的画面呈现给用户。可以通过页面中的链接，方便地访问位于其他 Web 服务器中的页面，或是其他类型的网络信息资源。

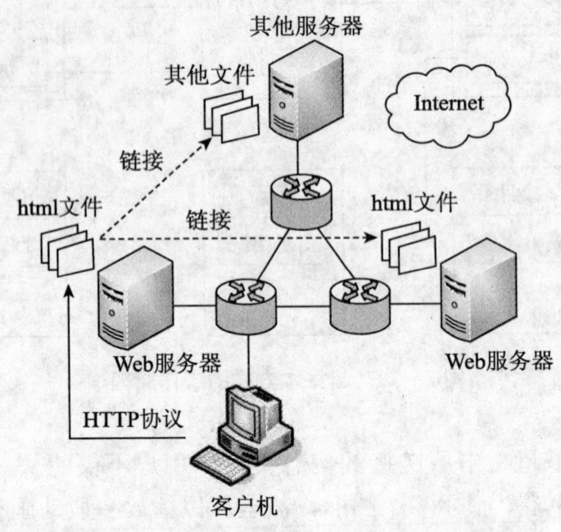

图 2-31　Web 服务工作原理示意图

(3) URL

在 Internet 中有如此众多的 Web 服务器，而每台服务器中又包含很多的网页，查找想看的网页需要使用统一资源定位器（Uniform Resource Locators，URL）。

标准的 URL 由服务器类型、主机名和路径及文件名 3 部分组成。例如，南开大学的 Web 服务器的 URL 如图 2-32 所示：

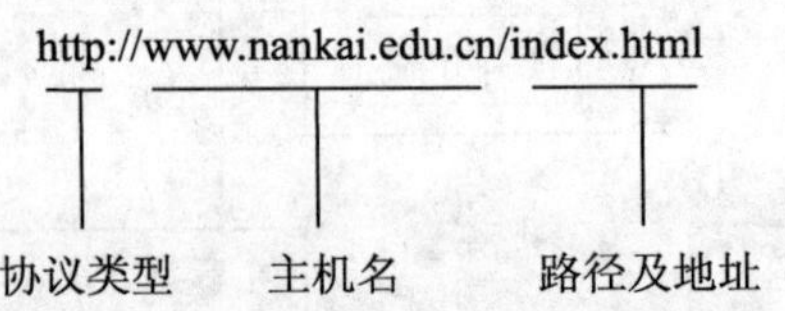

图 2-32　南开大学 Web 服务器的 URL

其中，“http:”指出要使用 HTTP 协议，“WWW. nankai. edu. cn”指出要访问的服务器的主机名，“index、html”指出要访问的主页的路径与文件名。

因此，通过使用 URL 机制，用户可以指定要访问什么服务器、哪台服务器、服务器中的哪个文件。如果用户希望访问某台 Web 服务器中的某个页面，只要在浏览器中输入该页面的 URL，便可以浏览到该页面。

(4) 什么是主页

在 Web 环境中，信息是以信息页的形式来显示与链接。信息页是由 HTML 语言来实现的，并在信息页之间建立超文本链接以便于浏览。主页（home page）是指个人或机构的基本信息页，用户通过主页可以访问有关的信息资源。

主页通常包含以下几种基本元素：文本、图形、表格和超链接。其中，文本是主页中最

基本的元素，就是我们通常所说的文字；图形也是主页中的基本元素，通常使用的图像格式是 GIF 与 JPEG 文件；表格用于将文本或图形有规律地组织起来，它的作用类似于 Word 软件中的表格；超链接用来跳转到其他主页或信息资源，通常建立在文本和图形这两种元素上，因此又分为文本和图形类型的超链接。

(5) Web 浏览器

Web 浏览器是用来浏览 Internet 上的主页的客户端软件。Web 浏览器为用户提供了寻找 Internet 上内容丰富、形式多样的信息资源的便捷途径。

目前，流行的浏览器软件主要包括：Internet Explorer（IE）、Navigator、Firefox、腾讯 TT 和 Opera 等。其中，Navigator 是由美国 Netscape 公司开发的 Web 浏览器软件，它是早期很流行的一种 Web 浏览器软件。IE 是由美国 Microsoft 公司开发的 web 浏览器软件。IE 的出现虽比 Navigator 晚一些，但由于 Microsoft 公司在操作系统领域的优势，以及它本身是一个免费软件，使得 IE 在浏览器市场的占有率逐年增长。

2. 给予 P2P 的网络应用

P2P（peer-to-peer）是一种客户节点之间以对等的方式，通过直接交换信息来达到共享计算机资源和服务的工作模式。有时，人们也将这种技术称作“对等计算”技术，将能够提供对等通信功能的网络称为“P2P 网络”。目前，P2P 技术已经广泛应用于实时通信、协同工作、内容分发与分布式计算等领域。根据统计数据表明，目前互联网的流量中 P2P 的流量超过了 60％，已经成为当前互联网应用的新的重要形式，也是当前网络技术研究的热点问题之一。

(1) P2P 与传统客户机/服务器工作模式的区别

图 2－33 给出了 P2P 与传统客户机/服务器工作模式的区别。传统的互联网中信息资源的共享是以服务器（server）为中心的客户机/服务器（client/server，C/S）工作模式。以 Web 服务器为例，Web 服务器是运行 Web Server 程序、计算能力与存储能力强的计算机系统，所有的 Web 页都存储在 Web 服务器上。服务器可以为很多 Web 浏览器客户提供服务。但是，Web 浏览器之间不能直接通信。显然，在传统的互联网中信息资源的共享关系中，服务提供者与服务使用者之间的界限是很清晰的。

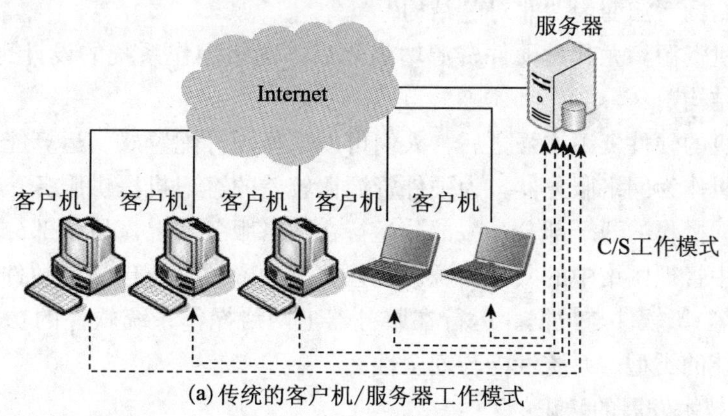

(a) 传统的客户机/服务器工作模式

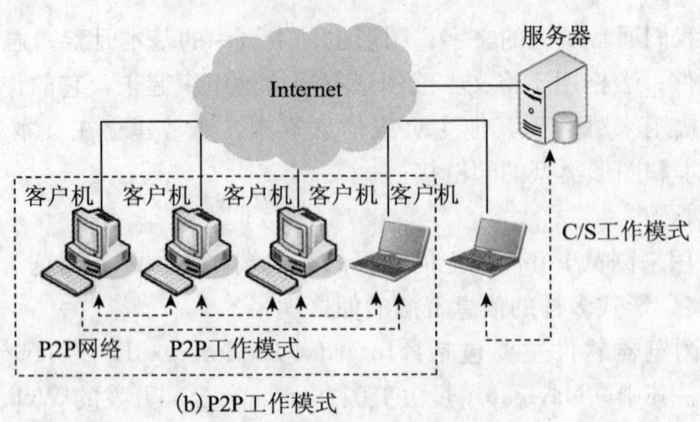

(b) P2P工作模式

图 2-33　客户机/服务器与 P2P 网络工作模式的区别

P2P 网络淡化服务提供者与服务使用者的界限，所有的客户机（client）同时身兼服务提供者与服务使用者的双重身份，以达到"进一步扩大网络资源共享范围和深度，提高网络资源利用率，使信息共享达到最大化"的目的。在 P2P 网络环境中，成千上万台计算机之间处于一种对等的地位，整个网络一般不依赖于专用的集中式服务器。P2P 网络中的每一台计算机既可以作为网络服务的使用者，也可以向其他提出服务请求的客户提供资源和服务。这些资源可以是数据资源、存储资源或计算资源等。

（2）P2P 网络发展的背景

网络操作系统的设计思想的基础是网络用户资源共享模式。我们对比网络操作系统的发展过程就会发现，网络操作系统已经经历了从"对等—不对等"发展过程，它为目前网络资源共享的 P2P 技术发展打下了基础。

①早期对等结构的网络操作系统

在 20 世纪 80 年代初出现的很多网络操作系统实际上采取的是"对等结构"。对等结构网络操作系统的特点是：网络中所有节点安装的网络软件是相同的，每个节点从资源共享的关系上是平等的。联网的每一台主机既是网络服务的提供者，也是网络服务的使用者。联网的主机前台为本地用户提供服务，后台为网络中其他用户提供服务。

②从"对等结构"演变为"非对等结构"

当联网计算机资源，尤其是硬件资源增强之后，网络操作系统的设计也从"对等结构"发展为"非对等结构"。

当联网计算机的硬件资源增强之后，人们可以选择硬件配置好、运算能力与存储能力强的高档个人计算机作为网络服务器，为硬件资源比较差的客户机提供服务。非对等结构网络操作系统分为协同操作的两个部分，一部分运行在网络服务器上，另一部分运行在网络客户机上。服务器集中管理网络中的共享资源。这些共享的资源主要包括：硬件（存储空间、打印机、通信网关等）、软件与数据。运行在服务器上网络操作系统软件的功能与性能直接决定了网络服务功能的类型、系统性能与安全性。

（3）对 P2P 技术发展的认识

对于 P2P 技术发展的必然性可以从 3 个方面去认识：

①从事物发展“螺旋式上升”规律的角度去认识 P2P 技术的发展

如果从网络操作系统设计思路的变化的角度来看“P2P”技术，可以总结出这样一个思维方式的变化过程。早期对等结构网络操作系统采取的是“我共享你，你共享我”的设计思想，非对等结构网络操作系统采取的是“能力强的为能力弱的服务”的设计思想，而 P2P 网络信息资源共享模式采取“人人为我，我为人人”的设计思想。这个过程也正好体现出“螺旋式上升”的事物发展规律。

②从信息资源存储格局变化的角度去认识 P2P 技术的发展

在所有联网的个人计算机硬件能力都很弱的初始阶段，采取对等结构是很自然的一件事。当计算机硬件能力增强，人们可以将一些高性能、高配置的计算机作为服务器，来为配置较低的个人计算机提供网络服务时，人们自然会采取“客户机/服务器”的非对等的结构。当网络应用发展到一定的阶段，作为客户机的个人计算机硬件能力已经很强，网络用户自身的信息资源（文档、音乐、语音、视频）积累已经比较丰富，很多有用的和个性化的信息都存储在客户机上，甚至某些方面的信息积累已经超过服务器的可以提供的服务。随着这种信息资源存储格局的变化，人们自然希望寻求一种可以用最快的速度、最灵活的方式获取这些信息，这就是脱离服务器的限制，采取客户机之间直接的和平等的信息获取信息和服务。在这样的背景下开展 P2P 技术的研究也就很自然。

③在不同技术发展阶段，人们对网络应用关注的重点也不相同

初期阶段重点是在共享网络硬件上。中期阶段重点是在共享软件和数据上。到了成熟阶段，重点则应该转移到共享信息资源上。这反映出用户希望自己在互联网中扮演角色的转变。用户开始不满足只能作为信息资源的享受者，希望也能同时扮演信息享受者和提供者的双重身份，这也反映出用户网络应用水平的提高和网络作用的深化。

从以上 3 个方面可以看出，在计算机硬件配置提高，网络应用水平提高，网络信息资源积累与存储格局的变化的基础上，必将导致网络资源共享模式的变化，在这种技术发展背景下出现的 P2P 网络的发展也就显得很自然。

（4）P2P 应用软件的分类

目前，研究的 P2P 网络应用大致可以分为：文件共享类应用、多媒体传输类应用、即时通信类应用、共享存储类应用、协同工作类应用、分布式计算类应用等。图 2－34 给出了 P2P 技术应用的分类。

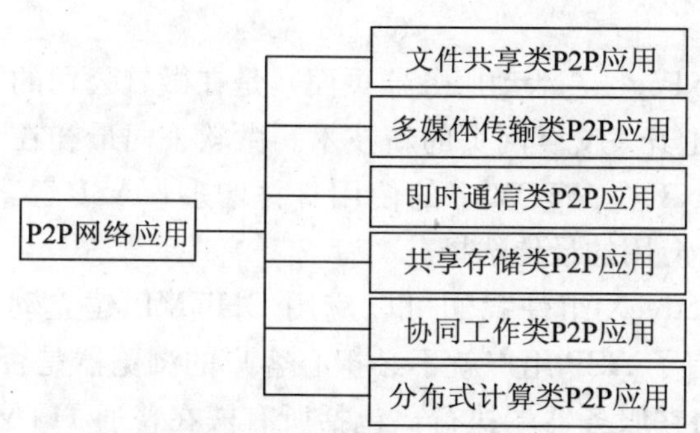

图 2－34　P2P 技术应用的分类

3. Web 开发技术

Web 开发技术种类繁多，每一种技术都涵盖了大量的内容，即使只涉及一种技术，要想全面地讲述，也需要一本书或者更多的篇幅。下面简单地介绍一下 Web 开发技术，使大家有一个初步的了解，便于以后更进一步地学习。

(1) HTML

HTML 是一种文本类、解释执行的标记语言，它也是 Internet 上用于编写 Web 页面的主要语言。用 HTML 编写的超文本文件称为 HTML 文件。

HTML 语言是一种简易的文件交换标准，有别于物理的文件结构，它旨在定义文件内的对象和描述文件的逻辑结构，而并不定义文件的显示。由于 HTML 所描述的文件具有极高的适应性，所以特别适用于 WWW 环境。

HTML 是纯文本类型的语言，使用 HTML 编写的网页文件也是标准的纯文本文件，可以用任何文本编辑器打开，以查看其中的 HTML 源代码；也可以在用浏览器打开网页时，用浏览器的查看源文件功能查看。HTML 文件可以直接由浏览器解释执行，无须编译。当用浏览器打开网页时，浏览器读取网页中的 HTML 代码，分析其语法结构，然后根据解释的结果显示网页内容。正因为如此，网页显示的速度同网页代码的质量有很大关系，保持精简而高效的 HTML 源代码是十分重要的。

通过 HTML 语言可以在普通文档中加入一些特殊的标识符（这些标识符具有一定的语法结构），使生成的文档中包含有其他的文档；或者是图像、声音和视频等，从而形成了超文本文档。其实，超文本文档本身并不包含以上多媒体数据，它仅含有指向这些多媒体数据的指针。这些指针就是我们平时所说的超链接。通过超链接方式，用户仅需用鼠标在一个图像或是文字上单击操作，就可以移动到另一份包含有更详细信息的新文档中去，而不管该文档是什么类型的，也不管它位于何处。因此，HTML 就是通过超链接功能将文档连接在一起的。

使用 HTML 语言开发的 HTML 超文本文件一般具有 .html 或 .htm 的后缀。一般来说，利用专门的工具软件就可以完成各种类型文件（如字处理文件、电子表格文件等）向HTML 文件的转换。

下面再介绍一下 HTML 的基本结构，使大家对 HTML 有个完整的认识。

超文本文档分文档头和文档体两部分，在文档头里，对这个文档进行了一些必要的定义，文档体中才是要显示的各种文档信息。

(2) ASP

ASP（Active Server Pages，活动服务器页面）是在微软公司的 Web 服务器 IIS（Internet Infomation Server）上开发交互网页的新技术。微软公司最初在 IIS3.0 版上使用它以取代 CGI。随着 Windows NT 在 WWW 上的使用日益增多，ASP 已经成为了开发动态网站、构筑 Internet 和 Intranet 应用的最佳选择。

通过 ASP 指令和 ActiveX 组件我们可以应用 DHTML 建立动态的、交互的、高效的 Web 服务器应用程序。有了 ASP 用户就不必担心客户的浏览器是否能运行用户所编写的代码，因为所有的程序都将在服务器端执行，包括所有嵌在普通 HTML 中的脚本程序。当程序执行完毕后，服务器仅将执行的结果返回给客户浏览器，这样也就减轻了客户端浏览器的

负担，大大提高了交互的速度。

ASP 程序其实是以扩展名为 .asp 的纯文本形式存在于 Web 服务器上的，用户可以用任何文本编辑器打开它，ASP 程序中可以包含纯文本、HTML 标记以及脚本命令。它的工作原理也很简单：当浏览器向 Web Server 发出 .asp 请求时，Web Server 开始运行 ASP 脚本程序，然后 Web Server 启动 ASP，ASP 将所请求的文件从头到尾进行检查，执行文件中嵌入的 ASP 脚本，最后将执行结果 HTML 网页返回给 Web Server。Web Server 再将该 HTML网页发送给客户端。这样，用户可以根据浏览器发出的请求设计 ASP 脚本，从而由不同的请求产生不同的脚本执行结果。

第六节　云计算

一、云计算概述

1. 基本概念

云计算（cloud computing），分布式计算技术的一种，其最基本的概念，是透过网络将庞大的计算处理程序自动分拆成无数个较小的子程序，再交由多部服务器所组成的庞大系统经搜寻、计算分析之后将处理结果回传给用户。透过这项技术，网络服务提供者可以在数秒之内，达成处理数以千万计甚至亿计的信息，达到和“超级计算机”同样强大效能的网络服务。

云计算是并行计算（Parallel Computing）、分布式计算（Distributed Computing）和网格计算（Grid Computing）的发展，或者说是这些计算机科学概念的商业实现。云计算是虚拟化（Virtualization）、效用计算（Utility Computing）、IaaS（基础设施即服务）、PaaS（平台即服务）、SaaS（软件即服务）等概念混合演进并跃升的结果。

最简单的云计算技术在网络服务中已经随处可见，如搜寻引擎、网络信箱等，使用者只要输入简单指令即能得到大量信息。狭义云计算是指提供资源的网络被称为“云”。“云”中的资源在使用者看来是可以无限扩展的，并且可以随时获取，按需使用，随时扩展，按使用付费。这种特性经常被称为像水电一样使用 IT 基础设施。

广义云计算是指这种服务可以是 IT 和软件、互联网相关的，也可以是任意其他的服务。这种资源池称为“云”。“云”是一些可以自我维护和管理的虚拟计算资源，通常为一些大型服务器集群，包括计算服务器、存储服务器、宽带资源等。云计算将所有的计算资源集中起来，并由软件实现自动管理，无须人为参与。这使得应用提供者无须为烦琐的细节而烦恼，能够更加专注于自己的业务，有利于创新和降低成本。

2. 云计算特点

（1）超大规模。“云”具有相当的规模，Google 云计算已经拥有 100 多万台服务器，Amazon、IBM、微软、Yahoo 等的“云”均拥有几十万台服务器。企业私有云一般拥有数百上千台服务器。“云”能赋予用户前所未有的计算能力。

（2）虚拟化。云计算支持用户在任意位置、使用各种终端获取应用服务。所请求的资源来自“云”，而不是固定的有形的实体。应用在“云”中某处运行，但实际上用户无须了解、也不用担心应用运行的具体位置。只需要一台笔记本或者一个手机，就可以通过网络服务来实现我们需要的一切，甚至包括超级计算这样的任务。

(3) 高可靠性。“云”使用了数据多副本容错、计算节点同构可互换等措施来保障服务的高可靠性，使用云计算比使用本地计算机可靠。

(4) 通用性。云计算不针对特定的应用，在“云”的支撑下可以构造出千变万化的应用，同一个“云”可以同时支撑不同的应用运行。

(5) 高可扩展性。“云”的规模可以动态伸缩，满足应用和用户规模增长的需要。

(6) 按需服务。“云”是一个庞大的资源池，你按需购买；云可以像自来水，电，煤气那样计费。

(7) 极其廉价。由于“云”的特殊容错措施可以采用极其廉价的节点来构成云，“云”的自动化集中式管理使大量企业无须负担日益高昂的数据中心管理成本，“云”的通用性使资源的利用率较之传统系统大幅提升，因此，用户可以充分享受“云”的低成本优势，经常只要花费几百美元、几天时间就能完成以前需要数万美元、数月时间才能完成的任务。

云计算可以彻底改变人们未来的生活，但同时也要重视环境问题，这样才能真正为人类进步作贡献，而不是简单的技术提升。

(8) 潜在的危险性。云计算服务除了提供计算服务外，还必然提供了存储服务。但是云计算服务当前垄断在私人机构（企业）手中，而他们仅仅能够提供商业信用。对于政府机构、商业机构（特别像银行这样持有敏感数据的商业机构）对于选择云计算服务应保持足够的警惕。一旦商业用户大规模使用私人机构提供的云计算服务，无论其技术优势有多强，都不可避免地让这些私人机构以“数据（信息）”的重要性挟制整个社会。对于信息社会而言，“信息”是至关重要的。另外，云计算中的数据对于数据所有者以外的其他用户云计算用户是保密的，但是对于提供云计算的商业机构而言确实毫无秘密可言。这就像常人不能监听别人的电话，但是在电讯公司内部，他们可以随时监听任何电话。所有这些潜在的危险是商业机构和政府机构选择云计算服务，特别是国外机构提供的云计算服务时，不得不考虑的一个重要的前提。

3. 云计算的形式

InfoWorld 网站同数十家公司、分析家和 IT 用户讨论出了云计算的几大形式：

(1) SAAS（软件即服务）

这种类型的云计算通过浏览器把程序传给成千上万的用户。在用户眼中看来，这样会省去在服务器和软件授权上的开支；从供应商角度来看，这样只需要维持一个程序就够了，这样能够减少成本。

(2) 实用计算（Utility Computing）

这个主意很早就有了，但是直到最近才在 Amazon. com、Sun、IBM 和其他提供存储服务和虚拟服务器的公司中新生。这种云计算是为 IT 行业创造虚拟的数据中心使得其能够把内存、I/O 设备、存储和计算能力集中起来成为一个虚拟的资源池来为整个网络提供服务。

(3) 网络服务

同 SAAS 关系密切，网络服务提供者们能够提供 API 让开发者能够开发更多基于互联网的应用，而不是提供单机程序。

（4）平台即服务

另一种 SAAS，这种形式的云计算把开发环境作为一种服务来提供。你可以使用中间商的设备来开发自己的程序并通过互联网和其服务器传到用户手中。

（5）MSP（管理服务提供商）

最古老的云计算运用之一。这种应用更多的是面向 IT 行业而不是终端用户，常用于邮件病毒扫描、程序监控等。

（6）商业服务平台

SAAS 和 MSP 的混合应用，该类云计算为用户和提供商之间的互动提供了一个平台。比如用户个人开支管理系统，能够根据用户的设置来管理其开支并协调其订购的各种服务。

（7）互联网整合

将互联网上提供类似服务的公司整合起来，以便用户能够更方便地比较和选择自己的服务供应商。

4. 云计算的层次

从提供服务的架构上来看，云计算可以分成 5 个层次：最底层被称为基础设施服务层，它是经过虚拟化后的硬件资源和相关管理功能的集合。厂商通过虚拟化技术对这些资源进行抽象，向外部提供动态、灵活的基础设施层服务（IaaS）。第二层是平台服务层，也被称为“云中间件”，是具有通用性和可复用性的软件资源的集合，为云计算提供开发、运行、管理和监控的环境。第三层是应用软件层，为云计算提供所需的应用软件。第四层也就是商业服务层，软件即服务（SaaS）运营商根据用户的需求，将软件或者应用通过租用的形式提供给用户使用。这种交付模式无论是在商业还是技术上都是巨大的变革：对于用户来说，他们不再需要关心软件的安装和升级，也不需要一次性购买软件许可证，而是根据租务的实际情况按需付费。例如，Google 推出的 Gmail 和 Google Docs，都是典型的 SaaS 模式。第五个层次我们将其称为 People Services，它与 Web2.0 的应用密切相关。当云计算和 Web2.0 结合之后，使用者和生产者之间的界限越来越模糊，大家通过社区型的协作，共同创造价值。

二、云计算的体系结构

1. 云计算平台模型

如图 2－35 所示，在云计算模型的基本结构当中，核心部分是由多台计算机组成的服务器“云”。它将资源聚集起来，形成一个大的数据存储和处理中心。同时由服务器中的各种配置工具来支持“云”端的软件管理、数据收集和处理。服务器根据用户客户端提交的数据请求，来处理数据、返回检索结果。按照服务的分类，来实现监控和测量，保证服务的质量，合理地分配资源，达到资源效益的最大化。最终实现海量数据的存储和超级计算能力。

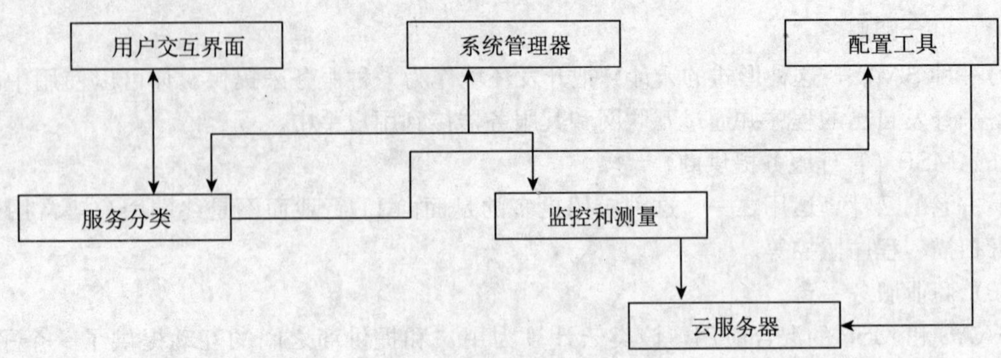

图 2-35 云计算平台模型

2. 云计算体系结构模型

“云”是一个由并行的网格所组成的巨大的服务网络，它通过虚拟化技术来扩展云端的计算能力，以使得各个设备发挥最大的效能。数据的处理及存储均通过“云”端的服务器集群来完成，这些集群由大量普通的工业标准服务器组成，并由一个大型的数据处理中心负责管理，数据中心按客户的需要分配计算资源，达到与超级计算机同等的效果。图 2-36 展示了云计算体系结构的模型，并在文中对相应的实体给出具体描述。

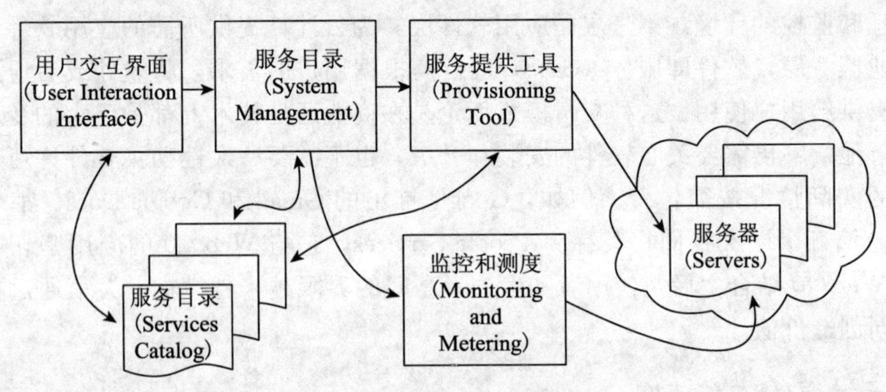

图 2-36 云计算体系结构模型

(1) 用户交互界面 (User Interaction Interface)：通过终端设备向服务云提出请求。

(2) 服务目录 (Services Catalog)：可根据自身的需求选择相应的服务。

(3) 系统管理 (System Management)：用户管理计算机资源是否可用。

(4) 服务提供工具 (Provisioning Tool)：用于处理终端请求的服务，需要部署服务配置。

(5) 监控和测度 (Monitoring and Metering)：对用户服务进行跟踪和测量，并提交给中心服务器分析和统计。

(6) 服务器 (Servers)：由系统管理和维护，可能是虚拟服务或者真实的。

在云计算体系结构模型中，前端的用户交互界面 (User Interaction Interface) 允许用户通过服务目录 (Services Catalog) 来选择所需的服务，当服务请求发送并验证通过后，由系

统管理（System Management）来找到正确的资源，接着呼叫服务提供工具（Provisioning Tool）来挖掘服务云中的资源。服务提供工具需要配置正确的服务栈或Web应用。云计算同时描述了一种平台以及构建在该平台上的一类应用，图2-37展示了用户获取“云端”资源的基本过程：“云”端为用户提供扩展的、通过互联网即可访问的、运行于大规模服务器集群的各类Web应用和服务，系统根据需要动态地提供、配置、再配置和解除提供服务器，用户只需基于实际使用的资源来支付相关的服务费用。

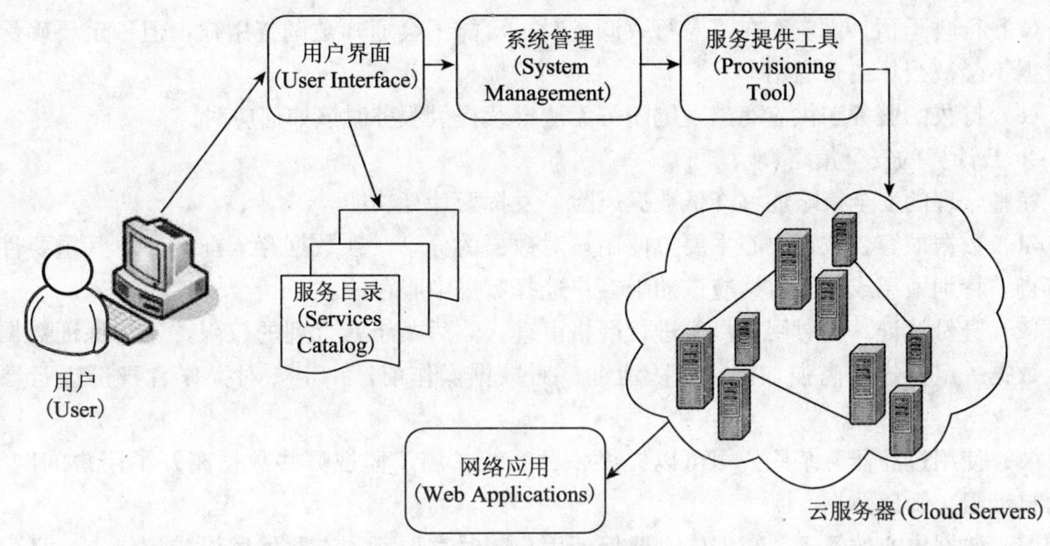

图2-37 用户获取云资源过程

三、云计算与安全

云计算的高效令IT界产生变革，但它也并非十全十美。2009年2月，Google（谷歌）公司位于欧洲的数据中心例行维护导致一个位于欧洲的数据中心过载，进而影响到其他的数据中心，导致该公司的邮箱业务Gmail经历了长达四小时的服务中断。同样在2009年3月中旬，微软的Azure停止运行约22个小时。在之前的2008年，亚马逊公司S3服务曾断网6小时。这些问题折射出云计算的缺陷，而且随着应用的深入，还会有更严重的问题浮出水面。

这些问题大致分为两类：一是云端本身的问题；二是提供服务时的安全隐患。前者主要是服务器宕机等硬件问题，后者则涉及数据位置、隔离、审计、恢复、法律等各方各面。

1. 云计算中存在的安全问题

（1）非法用户。由于数据中心提供的服务面向所有公众，允许各种各类用户进行操作。若因为某些漏洞，致使非法用户得到数据，将会使其他用户的个人隐私、商业机密等敏感数据的安全性受到致命威胁，并可能导致数据泄露。

（2）非法操作数据。由于某些未经阻止非法操作，将导致数据被删除、修改等无法恢复的灾难性损失。

(3) 数据存储的透明度。覆盖全球的互联网令数据中心可能在地球上的任意角落，不确定的数据位置很容易造成法律纠纷。

(4) 数据加密。由于数据中心面向所有公众，其中不乏涉密信息。如果数据得不到严格加密，一旦丢失，将会造成更严重的损失。

(5) 数据的高可靠性。数据中心一定要确保 7×24 安全稳定运行，必须确保良好的容错容灾以及备份能力，还要具有快速恢复的能力。

(6) 操作记录。要有详细的操作记录备查。

(7) 行政干预。供应商在面对行政调查时，可能不会通知被调查用户，但一定要确保这些数据不会被损坏或者滥用。

(8) 持久的服务。供应商出现倒闭等无法继续提供服务时该如何应对。

2. 云计算的安全策略

完整合理的安全策略能够降低数据风险，发挥云计算功能。

(1) 数据内容。数据中心主要方便用户对数据的分享，在数据存入前，要对其重要性进行审查，特别敏感或重要数据应该劝阻客户选择数据中心存放。

(2) 身份认证。要对用户身份进行严格审查，然后赋予其合理的权限，这将保证数据安全。数据一定要进行高强加密，以防泄漏。对数据操作前，一定要对操作者身份进行严格核查。

(3) 使用过滤器。某些公司可以提供一种系统，用于监视哪些数据离开了用户的网络，从而自动阻止敏感数据。

(4) 数据中心的管理。数据中心要保证用户随时存取所需，要保留操作记录。一旦出现问题，要有据可查，并保证尽早恢复。

(5) 云计算供应商的服务。供应商应权利保护数据安全，使用户确实感受到服务可靠良好。政策制定者也要从法律上权利保证用户数据、隐私不受侵犯。

本 章 小 结

本章总体介绍了现代一些先进的互联网技术。首先由计算机网络技术的基础介入，详细介绍了计算机网络的基本知识及相关必备设备的应用。后由计算机网络体系结构及 TCP/IP 协议、局域网技术、广域网技术、Internet 及应用、云计算五个方面综合介绍互联网技术的相关信息及技术支持。

(1) TCP/IP 协议是 Internet 中计算机之间通信所必须共同遵循的通信规则，它规定了每台计算机信息表示的格式与含义，规定了计算机之间通信所要使用的控制信息，以及在接到控制信息后应该作出的反应。

(2) 局域网络中的通信被限制在中等规模的地理范围内，能够使用具有中等或较高数据速率的物理信道，且具有较低的误码率；局域网络是专用的，由单一组织机构所使用。局域网是一种地理范围有限、互连设备有限的计算机网络。

广域网有时也称为远程网，是覆盖地理范围相对较广的数据通信网络。它常利用公共网络系统（如电话公司）提供的便利条件进行传输，可以分布在一个城市、国家，甚至跨过许

多国家分布到各洲。

(3) 云计算（cloud computing）是分布式计算技术的一种，其最基本的概念，是透过网络将庞大的计算处理程序自动分拆成无数个较小的子程序，再交由多部服务器所组成的庞大系统经搜寻、计算分析之后将处理结果回传给用户。通过这项技术，网络服务提供者可以在数秒之内，达成处理数以千万计甚至亿计的信息，达到和“超级计算机”同样强大效能的网络服务。

综合本章的介绍，读者可详细了解到互联网技术的工作原理及其应用。

第三章　物联网信息采集技术

教学目标

通过本章学习，应对物联网信息采集技术中的条码技术、无线射频技术、GPS技术、GIS技术和EDI技术非常熟悉。掌握这些信息采集技术的工作原理并会加以运用。

第一节　条码技术

一、条码技术概述

条码是由一组按一定编码规则排列的条、空符号，用以表示一定的字符、数字及符号组成的信息。条码系统是由条码符号设计、制作及扫描阅读组成的自动识别系统。

20世纪40年代，由美国两位工程师研究出用于表示食品项目的代码及相应的自动识别设备，并获得美国专利，这标志着条码的诞生。70年代左右，条码得到真正的应用和发展。目前，世界上各个国家和地区都已普遍使用条码技术，并逐步渗透到许多技术领域。

美国统一编码协会（UCC）于1973年，建立了UPC条码系统，实现了该码制标准化。1973年，食品杂货业把UPC码作为该行业的通用标准码制，为条码技术在商业流通销售领域里的广泛应用起到了积极的推动作用。1974年，Intermec公司的戴维·阿利尔博士研制出39码，很快被美国国防部所采纳，作为军用条码码制。39码是第一个字母、数字式相结合的条码，后来广泛应用于工业领域。1976年在美国和加拿大超级市场上，UPC码的成功应用给人们以很大的鼓舞，尤其是欧洲人对此产生了极大兴趣。1977年，欧洲共同体在UPC-A码基础上制定出欧洲物品编码EAN-13和EAN-8码，签署了“欧洲物品编码”协议备忘录，并正式成立了欧洲物品编码协会（European Article Numbering Association，EAN）。到了1981年，由于EAN已经发展成为一个国际性组织，故改名为“国际物品编码协会”（International Article Numbering Association，IAN）。但由于历史原因和习惯，至今仍称为EAN（后改为EAN—international）。

从20世纪80年代初，人们围绕提高条码符号的信息密度，开展了多项研究。128码和93码就是其中的研究成果。128码于1981年被推荐使用，而93码于1982年使用。这两种码的优点是条码符号密度比39码高出近30%。随着条码技术的发展，条码码制种类不断增加，因而标准化问题显得很突出。为此，先后制定了军用标准1189、ITF 25码、39码和条码ANSI标准MH10.8M等。同时一些行业也开始建立行业标准，以适应发展的需要。此后，戴维·阿利尔又研制出49码，这是一种非传统的条码符号，它比以往的条码符号具有

更高的密度（即二维条码的雏形）。接着特德·威廉斯推出16K码，这是一种适用于激光扫描的码制。到1990年年底为止，共有40多种条码码制，相应的自动识别设备和印刷技术也得到了长足的发展。从80年代中期开始，我国一些高等院校、科研部门及一些出口企业，把条码技术的研究和推广应用逐步提到议事日程。一些行业如图书、邮电、物资管理部门和外贸部门已开始使用条码技术。1988年12月28日，经国务院批准，原国家技术监督局成立了“中国物品编码中心”。该中心的任务是研究、推广条码技术，统一组织、开发、协调、管理我国的条码工作。

在经济全球化、信息网络化、生活国际化、文化国土化的资讯社会到来之时，起源于20世纪40年代，研究于60年代，应用于70年代，普及于80年代的条码与条码技术及各种应用系统，引起世界流通领域里的大变革，正风靡世界。条码作为一种可印制的计算机语言，未来学家称之为“计算机文化”。90年代的国际流通领域将条码誉为商品进入国际计算机市场的“身份证”，使全世界对它刮目相看。印刷在商品外包装上的条码，像一条条经济信息纽带将世界各地的生产制造商、出口商、批发商、零售商和顾客有机地联系在一起。这一条条纽带，一经与EDI系统相联，便形成多项、多元的信息网，各种商品的相关信息犹如投入了一个无形的永不停息的自动导向传送机构，流向世界各地，活跃在世界商品流通领域。

总体上讲，条码及其技术的应用有如下优越性。

（1）准确可靠。根据有关资料，键盘输入平均每300个字符一个错误，而条码输入平均每15000个字符一个错误。如果加上校验位，条码的出错率是千万分之一。

（2）数据输入速度快。键盘输入，一个每分钟打90个字的打字员1.6s可输入12个字符或字符串，而使用条码做同样的工作只需0.3s，速度提高了5倍多。

（3）经济便宜。与其他自动化识别技术相比较，推广应用条码技术，所需费用较低。

（4）灵活实用。条码符号作为一种识别手段可以单独使用，也可以和有关设备组成识别系统实现自动化识别，还可和其他控制设备联系起来实现整个系统的自动化管理。同时，在没有自动识别设备时，也可实现手工键盘输入。

（5）自由度大。识别装置与条码标签相对位置的自由度比较大。条码通常只在一维方向上表达信息，而同一条码上所表示的信息完全相同并且连续，这样即使是标签有部分欠缺，仍可以从正常部分输入正确的信息。

（6）设查简单。条码符号识别设备的结构简单，操作容易，无须专门训练。

（7）易于制作。条码可印刷，被称作“可印刷的计算机语言”。条码标签易于制作，对印刷技术设备和材料无特殊要求。

通过上面的介绍可以看出，条码技术为我们提供了一种对物流中的物品进行标识和描述的方法，借助自动识别技术、POS（Point of Sale，销售时点）系统、EDI等现代技术手段，企业可以随时了解有关产品在供应链上的位置，并即时作出反应。当今在欧美等发达国家兴起的ECR（Efficient Customer Response，有效客户反应）、QR（Quick Response，快速反应）、ACEP（Automatic Consecutive Entrance Planning，自动连续补货）等供应链管理策略，都离不开条码技术的应用。条码是实现POS系统、EDI、电子商务、供应链管理的技术基础，是物流管理现代化、提高企业管理水平和竞争能力的重要技术手段。

二、条码的分类

1. 一维条码

(1) 25 条码

25 条码是一种只有条表示信息的非连续型条码。25 条码的字符集为数字 0—9。每一个条码字符由规则排列的 5 个条组成，其中有两个条为宽单元，其余的条和空、字符间隔是窄单元，故称之为 25 条码（见图 3-1）。

图 3-1 表示“123458”的 25 条码

25 条码是最简单的条码，研制于 20 世纪 60 年代后期。当时主要用于各种类型文件处理及仓库的分类管理、标识胶卷包装及机票的连续号等。其缺点是不能有效利用空间。

(2) 交插 25 条码

交插 25 条码是一种条、空均表示信息的连续型、非定长、具有自校验功能的双向条码。交插 25 条码的字符集为数字 0—9。交插 25 条码的每一个条码字符由 5 个单元组成，其中 2 个是宽单元，3 个是窄单元。组成条码符号字符个数为偶数（见图 3-2）。

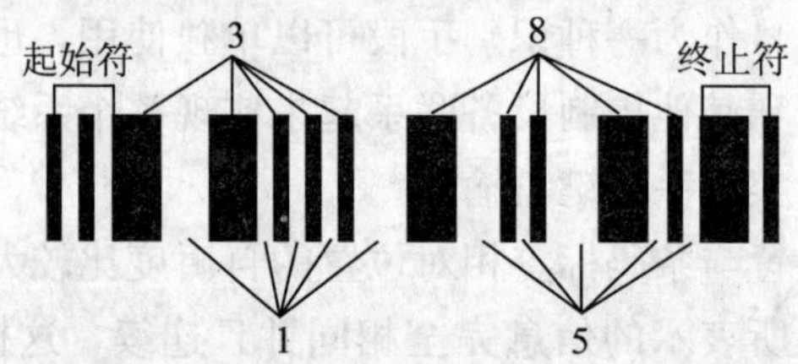

图 3-2 表示“3185”的交插 25 条码

交插 25 条码起初广泛应用于仓储及重工业领域，1987 年开始应用于运输包装领域。1987 年日本引入了交插 25 条码，用于储运单元的识别与管理。我国于 1997 年研究制定了交插 25 条码标准（GB/T 16829—1997），推荐用于运输、仓储、工业生产线、图书情报等领域的自动识别管理。

(3) 39 条码

39 条码是一种条、空均表示信息的非连续型、非定长、具有自校验功能的双向条码。39 条码的字符集为数字 0—9，字母 A—Z 及特殊字符：空格、$、%、+、-、* 等共 44 个。39 条码的每一个条码字符由 9 个单元组成，其中 3 个是宽单元，其余是窄单元，故称之为“39 条码”（见图 3-3）。

图 3－3　表示“B2C3”的 39 条码

39 条码首先在美国国防部得到应用。目前广泛应用于汽车行业、材料管理、经济管理、医疗卫生和邮政、储运单元等领域。我国于 1991 年研究制定了 39 条码标准（GB/T 12908—2002），推荐在运输、仓储、工业生产线、图书情报、医疗卫生等领域应用 39 条码。

（4）库德巴条码

库德巴条码是一种条、空均表示信息的非连续型、非定长、具有自校验功能的双向条码。库德巴条码的字符集为数字 0—9，字母 A—D 及特殊字符：$、:、+、－、.、/等共 20 个。库德巴条码的每一个条码字符由 7 个单元组成（4 个条单元和 3 个空单元），其中 2 或 3 个是宽单元，其余是窄单元（见图 3－4）。

图 3－4　表示“A12345678B”的库德巴条码

库德巴条码研制于 1972 年，目前广泛应用于医疗卫生和图书馆行业及邮政快件上。美国输血协会将其规定为血袋标识的代码，以确保操作准确。我国于 1991 年研究制定了库德巴条码国家标准（GB/T 12909—1991）。

2. 二维条码

二维条码技术是在一维条码无法满足实际应用需求的前提下产生的。一维条码通常是对物品的标识，二维条码是对物品的描述（见表 3－1）。信息容量大、安全性高、读取率高、错误纠正能力强等是二维条码的主要特点。

表 3－1　　二维条码与一维条码的比较

项目	信息密度与信息容量	错误校验及纠错能力	垂直方向携带信息	用途	对数据库和通信网络的应用	识读设备
一维条码	较小	校验字符校验无纠错能力	不携带信息	对物品的标识	多数应用场合	线性扫描器
二维条码	大	具有错误校验和纠错能力	携带信息	对产品的描述	可独立使用	图像扫描器

二维条码可分为行排式二维条码和矩阵式二维条码。

(1) 行排式二维条码

行排式二维条码（又称为堆积式二维条码或层排条码），如图 3-5 所示，其编码原理是建立在一维条码基础之上，按需要堆积成二行或多行。它在编码设计、校验原理、识读方式等方面继承了一维条码的一些特点，识读设备与条码印刷与一维条码技术兼容。

有代表性的行排式二维条码有 CODE49、CODE16K、PDF417 等。

(2) 矩阵式二维条码

矩阵二维条码（又称为棋盘式二维条码），如图 3-6 所示，它是在一个矩形空间通过黑、白像素在矩阵中的不同分布进行编码。在矩阵相应元素位置上，用点（方点、圆点或其他形状）的出现表示二进制“1”，点的不出现表示二进制的“0”，点的排列组合确定了矩阵二维条码所代表的意义。

矩阵式二维条码是建立在计算机图像处理技术、组合编码原理等基础上的一种新型图形符号自动识读处理码制。具有代表性的矩阵式二维条码有：QR Code、Data Matrix、Maxi Code、Code One、矽感 CM 码（Compact Matrix）、龙贝码等。

图 3-5 行排式二维条码

图 3-6 矩阵二维条码

3. 三维码

随着条码应用的进一步普及，人们对条码的信息容量提出了更高的要求，希望条码能够承载更多的信息。目前常见的二维码的数据容量最多为几千个字节。此时二维码的信息容量也不能满足要求。理论上，可以采用增大条码尺寸或增大条码密度来解决这个问题。但这两种解决方案都有一定的局限性。增大条码尺寸需要条码载体提供更大的印制面积，往往在实际应用的场合中，对条码的尺寸有很强的限制，例如证件、单据本身尺寸的限制，不可能给条码提供太大印制面积。而增大条码密度，需要印制设备、识读设备有更高的精度，成本高，而且增大条码密度会明显降低条码的抗干扰能力，极大地限制了条码使用的环境。

传统的条码编码方式，无论是模块组配法还是宽度调节法，都是用条和空的宽度来承载信息。二维码在几何结构上相对于一维条码有所扩展，但在编码方式上沿用了一维条码的形式，还是局限于用条和空的宽度变化来传载信息，只是通过条空纵向排列来扩展条码的信息

量。在二维平面码的基础上引入高度的概念，利用色彩或灰度（或称黑密度）表示不同的数据并进行编码，将条码的维度从二维增加到三维，从而使编码容量大幅提高，因此称之为彩色码或三维码。当前已有采用三维码技术与图像识别技术相结合，通过宽双色码的识别处理，实现奶牛个体的自动识别。三维条码如图 3－7 所示。

图 3－7　三维条码

三、条码阅读器的分类与选择

1. 条码阅读器的分类

条码阅读器是用于读取条码所包含的信息的设备。条码阅读器的结构通常包括光源、接收装置、光电转换部件、译码电路和计算机接口五个部分。它们的基本原理为：由光源发出的光线经过光学系统照射到条码符号上面，被反射回来的光经过光学系统成像在光电转换器上，使之产生电信号，信号经过电路放大后产生一模拟电压，它与照射到条码符号上被反射回来的光成正比，再经过滤波、整形，形成与模拟信号对应的方波信号，经译码器解释为计算机可以直接接受的数字信号。

普通的条码阅读器通常有三种形式：光笔、CCD 和激光枪，它们都有各自的优缺点，没有一种阅读器能够在所有方面都具有优势。下面分别讨论每一种阅读器的工作原理和优缺点。

（1）光笔的工作原理。光笔是最先出现的一种手持接触式条码阅读器，它也是最为经济的一种条码阅读器。使用时，操作者需将光笔接触到条码表面，通过光笔的镜头发出一个很小的光点，当这个光点从左到右划过条码时，在条码“空”的部分，光线被反射；“条”的部分，光线将被吸收，因此，在光笔内部产生一个变化的电压，这个电压通过放大、整形后用于译码。

（2）CCD 阅读器的工作原理。CCD 为电子耦合器件（Charge Couple Device）。CCD 阅读器使用一个或多个 LED，发出的光线能够覆盖整个条码，条码的图像被传到一排光探测器上，被每个单独的光电二极管采样，由邻近的探测器的探测结果为“黑”或“白”区分每一个“条”或“空”，从而确定条码的字符。换言之，CCD 阅读器不是注重阅读每一个“条”或“空”，而是条码的整个部分，并转换成可以译码的电信号。

CCD 的优点是价格较便宜，但阅读条码的密度广泛，容易使用。它的重量比激光枪轻而且不像光笔一样只能接触阅读。

CCD的缺点主要为：局限于其阅读景深和阅读宽度，比较适合近距离和接触阅读。在需要阅读印在弧型表面的条码（如饮料罐）时会有困难；在一些需要远距离阅读的场合，如仓库领域，也不是很适合；CCD的防摔性能较差，因此产生的故障率较高；在所要阅读的条码比较宽时，CCD也不是很好的选择，信息很长或密度很低的条码很容易超出扫描头的阅读范围，导致条码不可读；而且在采取多个LED的条码阅读器中，任意一个LED故障都会导致不能阅读；大部分CCD阅读器的首读成功率低且误码率高。

(3) 激光枪的工作原理。激光枪是各种扫描器中价格相对较高的，但它所能提供的各项功能指标最高，因此在各个行业中被广泛采用。

激光枪扫描器分为手持与固定两种形式：手持式激光枪连接方便、简单，使用灵活；固定式激光扫描器适用于阅读量大、条码较小的场合。

激光枪的基本工作原理为：手持式激光扫描器通过一个激光二极管发出一束光线，照射到一个旋转的棱镜或来回摆动的镜子上，反射后的光线穿过阅读窗照射到条码表面，光线经过“条”或“空”的反射后返回阅读器，由一个镜子进行采集、聚焦，通过光电转换器转换成电信号，该信号将通过扫描器或终端上的译码软件进行译码。

激光枪的优点是：它可以很杰出地用于非接触扫描。在通常情况下，在阅读距离超过3cm时激光枪阅读器是唯一的选择。激光枪阅读条码的密度范围广，并可以阅读不规则的条码表面或透过玻璃或透明胶纸阅读。因为是非接触阅读，因此不会损坏条码标签。因为有较先进的阅读及解码系统，首读识别成功率高，识别速度比光笔及CCD更快，而且对印刷质量不好或模糊的条码识别效果好。误码率极低（仅约为三百万分之一）。激光枪阅读器的防振防摔性能好，如Symbol LS 4000系列具有1.5m水泥地防摔性能。

激光枪的唯一缺点是它的价格相对较高。但如果从购买费用与使用费用的总和计算，它与CCD阅读器并没有太大的区别。

几种条码阅读器的对比见表3-2。

表3-2　　几种条码阅读器对比分析

阅读器类别	优点	缺点	适用范围	价格水平
光笔	最为经济	阅读范围小	接触阅读	中等
CCD	价格低 重量轻 阅读条码的密度广	防摔性能较差 故障率较高 首读识别成功率低	近距离和接触阅读	最低
激光枪	密度范围广 首读识别成功率高 识别速度最快	价格相对较高	非接触扫描 在阅读距离超过30cm时激光枪是唯一的选择	高

2. 条码阅读器的选择

选择什么样的条码阅读器需要综合判断。目前，国际上从事条码技术产品开发的厂家很多，提供给用户选择的条码阅读器种类也很多。一般来说，开发条码应用系统时，选择条码阅读器可以从如下几个方面来考虑。

(1) 适用范围。条码技术应用的场合不同，应选择不同的条码阅读器。例如，开发条码仓库管理系统时，往往需要在仓库内清点货物，相应要求条码阅读器能方便携带，并能把清点的信息暂存下来，而不局限于在计算机前使用。因此，选用硬携式条码阅读器较为合适。这种阅读器可随时将采集到的信息提供给计算机进行分析和处理。在生产线上使用条码采集信息时，一般需要在生产线的某些固定位置安装条码阅读器，而且在生产线上的零部件与条码阅读器要保持一定距离。在这种场合，选择非接触固定式条码阅读器比较合适，如固定式激光枪。在会议管理系统和企业考勤系统中，可选用卡槽式条码阅读器，需要签到登记的人员将印有条码的证件刷过阅读器卡槽，阅读器便自动扫描并给出阅读成功信号，从而实现自动签到。当然，对于一些专用场合，还可以开发专用条码阅读装置以满足需要。

(2) 译码范围。译码范围是选择条码阅读器的又一个重要指标。目前，各家生产的条码阅读器其译码范围有很大差别，有些阅读器可识别几种码制，而有些阅读器可以识别十几种码制。正如上一节中介绍的那样，开发某一条码应用系统应选择对应的码制，同时在为该系统配置条码阅读器时，要求阅读器具有正确识读码制符号的功能，比如在商品流通领域中常常采用 EAN/UPC 码。因此，开发商场管理系统时，选择的阅读器应能阅读 EAN/LIPC 码。在血源、血库管理系统中，医生工作证、献血证、血袋标签及化验试管标签上都标有条码，工作证和血袋标签上可选用 Codebar 码或 39 码，而化验试管由于直径小，应选用高密度的条码，如 ITF 25 码。这样的管理系统配置阅读器时，要求阅读器既能阅读 Codebar 码也能阅读 ITF 25 码。在邮电系统内，我国目前使用 ITF 25 码，选择阅读器时应保证阅读器能正确阅读码制的符号。一般说来，作为商品出售的条码阅读器都有一个阅读几种码制的指标，选择时应注意是否能满足要求。

(3) 接口功能。阅读器的接口能力是评价阅读器功能的一个重要指标，也是阅读器选择中重点考虑的内容之一。目前，条码技术的应用领域很多，计算机的种类也很多。开发应用系统时，一般是先确定硬件系统环境，而后选择适合该环境的条码阅读器。这就要求所选阅读器的接口方式符合该环境的整体要求。通常条码阅读器的接口方式有如下两种。

①串行通信。当使用中小型计算机系统，或者数据采集地点与计算机之间的距离较远时，可通过串行口实现条码阅读器与计算机之间的通信。由于计算机机型、系统配置的差别，串行口数据通信的协议也不同，因此所选阅读器应具有通信参数设置功能。

②键盘仿真。这是一种超过计算机的键盘口将阅读器采集到的条码信息输送给计算机的接口方式，也是一种常用的方式。计算机终端的键盘也有多种形式。因此，如果选择键盘仿真方式，应注意应用系统中计算机的类型，同时注意所选阅读器是否能与计算机相匹配。

(4) 首读率的要求。首读率是条码阅读器的一个综合性指标，它与条码符号印刷质量、译码器的设计和光电扫描器的性能均有一定关系。在某些应用领域可采用手持式条码阅读器由人来控制对条码符号的重复扫描，这时对首读率要求不太严格，它只是工作效率的量度。而在工业生产、自动化仓库等应用中，则要求有更高的首读率。条码符号载体在自动生产线或传送带上移动，并且只有一次采集数据的机会，如果首读率不能达到100%，将会发生数据丢失现象，造成严重的后果。因此，在这些应用领域中要选用高首读率的条码阅读器，如激光枪等。

(5) 条码符号长度的影响。条码符号长度是选择阅读器时应考虑的另一个因素。有些光电扫描器由于制造技术的影响，规定了最大扫描长度，如CCD扫描器、移动光束扫描器等均有此限制。有些应用系统中，条码符号的长度是随机变化的，如图书的索引、商品包装上条码符号的长度等。因此，在变长度的应用领域中，选择条码阅读器要注意条码符号长度的影响。

(6) 阅读器的价格。选择阅读器时，价格也是应关心的一个问题。阅读器由于其功能的不同，价格也不一致。因此在选择阅读器时，要注意产品的性能价格比，应从满足应用系统要求且价格较低位选择原则。

(7) 特殊功能。有些应用系统由于使用场合的特殊性，对条码阅读器的功能有特殊要求。如会议管理系统，会议代表需从几个入口处进入会场，签到时，不可能在每个入口处放一台计算机，这时就需要将几台阅读器连接到一台计算机上，使各入口处阅读器采集到的信息送给同一台计算机，因此要求阅读器具有联网功能，以保证计算机准确接受信息并及时处理。当应用系统对条码阅读器有特殊要求时，应进行特殊选择。

第二节 射频识别技术（RFID）

一、RFID概述

RFID是英文“Radio Frequency Identification”的缩写，中文名称为射频识别，它是通过射频信号识别目标对象并获取相关数据信息的一种非接触式的自动识别技术。

这项技术诞生于第二次世界大战期间，当时英国主要用来识别进机场的是否为己方的飞机。现代战争中RFID的应用更加普及，美国对伊拉克战争期间，美国国防部在军用物资箱上装置RFID标签，到前线扫描一秒钟就知道里面装了什么，大大缩短了物流时间。美国太空总署则用这种技术追踪发射到太空中的东西。在民用领域，许多欧美国家高速公路有电子收费站，只要凭着粘贴在车上的RFID辨识卡片，就可直接通过收费道自动扣款，不需停车。借助RFID技术，沃尔玛超市率先在全球范围内建立起商品供应链追溯机制，它向供应商要求，所有供应沃尔玛超市的商品包装箱上，都要有应用RFID技术的电子商品标签。

从其技术原理上讲，RFID有诸多的优势，具体表现在如下几个方面：

(1) 非接触式数据读写。通过RFID解读器（Reader），可不需接触直接读取标签信息至数据库内，且可一次处理多个标签，并可以将物流处理的状态写入标签，供下一阶段物流处理的读取判断之用。

(2) 形状容易小型化和多样化。RFID标签在读取上不受尺寸大小与形状的限制，不需要为了读取精确度而增加投入。此外，RFID标签更可往小型化与多样化方向发展，以应用于不同产品。

(3) 环境适应性强。传统条码的载体是纸张，一受到脏污就会看不到，但 RFID 标签对水、油和药品等物质却有很强的抗污性，在黑暗或脏污的环境中也可以读取 RFID 标签的数据。

(4) 可重复使用。由于 RFID 标签储存电子数据，可以反复擦写，因此可以回收标签重复使用。例如，被动式 RFID 标签不需要电池就可以使用，没有维护保养成本。

(5) 穿透性强。在被覆盖的情况下，RFID 能够穿透纸张、木材和塑料等非金属或非透明的材质，并能够进行穿透性通信。

(6) 数据的记忆容量大。一维条码的容量是 50B，二维条码最大的容量可储存2～3000字符，RFID 标签最大的容量则有数 MB。随着记忆载体的发展，数据容量也有不断扩大的趋势。

(7) 安全性高。由于 RFID 承载的是电子信息，其数据内容可经由密码保护，使其内容不易被伪造。

RFID 与条码的比较如表 3-3 所示。

表 3-3　RFID 与条码的功能比较

功能项目	RFID	条　码
读取数量	可同时读取多个标签的信息	只能一次读取一个标签信息
远距离读取	不需要光线就可以读取或更新	需要光线
信息容量	存储信息的容量大	容量小
读写能力	信息可以被反复覆盖	条码信息不可更新
读取方便性	标签形状可以随意，即使被覆盖也不影响读取信息	条码读取时需要可见并且清楚
信息正确性	可传输信息作为物品跟踪与保全的依据	需要人工读取，有人为疏失的可能性
坚固性	在严酷、恶劣、污染环境中仍可正确读取信息	条码被污染或表面破损后就无法读取信息
高速读取	可以高速移动读取	移动中读取有所限制

二、RFID 系统组成及其分类

1. RFID 系统的组成

(1) 射频标签

①射频标签的组成。射频标签是信息载体，一般由调制器、编码发生器、时钟、存储器及天线组成。通常射频标签是安装在被识别对象上，存储被识别对象的相关信息（见图 3-8）。标签存储器中的信息可由识读器进行非接触读/写。

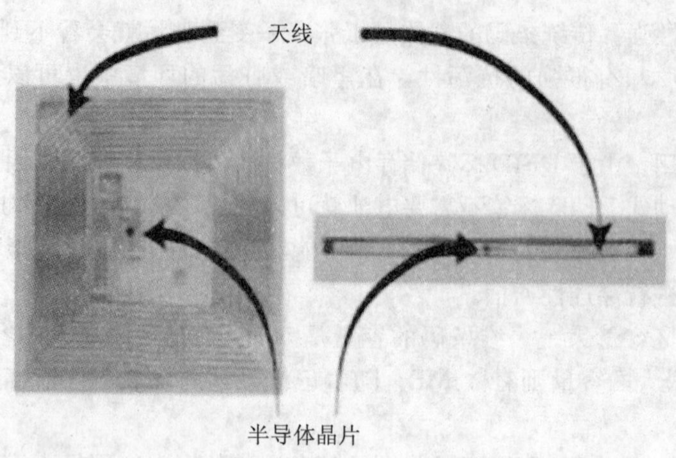

图 3-8　射频标签

②射频标签的分类。射频标签的分类有多种方式。根据射频标签有无电源可分为无源标签和有源标签两类。根据射频标签的读写方式可分为只读型标签和读写型标签两类。根据射频标签的工作方式可分为主动式、被动式和半被动式三种类型。主动式是指：含有电源，能主动发射数据给识读器的标签；被动式是指：不含有电源，被触发后才能发射数据给识读器的标签；半被动式是指：含有电源，被触发后才能发射数据给识读器的标签。根据射频标签的工作频率可分为低频标签、高频标签、超高频标签和微波标签四类（见表 3-4）。

表 3-4　　根据射频标签的工作频率分类

工作频率	标签名称
<500kHz	低频标签
500kHz～1MHz	高频标签
1MHz～1GHz	超高频标签
>1GHz	微波标签

根据封装形式的不同可分为信用卡标签、线形标签、纸状标签、玻璃管标签、圆形标签及特殊用途的异形标签等。射频标签还可根据工作距离分为远程标签、近程标签、超近程标签三类。工作距离在 100cm 以上的标签称为远程标签，工作在距离 10cm～100cm 的标签称为近程标签，工作距离在 0.2cm～10cm 的标签称为超近程标签。

（2）射频识读器

射频识读器（见图 3-9）是获取信息的装置。射频标签和射频识读器之间利用感应、无线电波或微波进行非接触双向通信，可以实现对标签识别码和内存数据的读出或写入操作。典型的识读器包含有高频模块（发送器和接收器）、控制单元以及阅读器天线。

图 3-9　射频识读器

2. RFID 的分类

一般地讲，RFID 系统有如下几种不同的分类方式。

（1）根据使用频率分类。按照使用频率，可以分为高频系统和低频系统。低频系统的工作频率一般小于 30MHz，典型的有 125kHz，225kHz，13.56MHz 等，这些频段都有相应的国际标准予以支持。它具有电子标签的成本价低、保存的数据量较少、阅读天线方向性不强、阅读距离较短等基本特点。在无源情况下，典型阅读距离为 10cm。他的标签形状有卡式、环式、纽扣式和笔式。高频系统是在高于 400MHz 的频率上工作，典型的频率为 915MHz、450MHz、5800MHz等，在这些频段上也有众多的国际标准予以支持。它具有电子标签和阅读器成本均较高、存储的数据量较大。适应物体高速运动性能好、阅读天线及电子标签天线均有较强的方向性和阅读距离较远（几米至十几米）等基本特点。它的形状为卡式。

（2）根据电子标签有无电池分类。根据电子标签有无电池为其供电，分为有源系统和无源系统。有源系统的电子标签内装有电池为其供电，一般是有较远的阅读距离，有效识别距离可达到 30m 以上，它的不足之处是电池的寿命有限，只能维持 3～10 年。无源系统的电子标签内不具有电池为其供电，它是从阅读器接收到微波信号后将部分微波能量转化为直流电供自己工作，一般可做到免维护，相比有源系统，它在阅读距离及摄影物体运动速度方面略有限制。

（3）根据读取电子标签数据的技术实现分类。依据读取电子标签数据的技术实现手段，分为广播发射式、倍频式和反射调制式。广播发射式射频识别系统最容易实现，它的电子标签必须采用有源方式，并实时将其存储的标识信息向外广播，阅读器相当于一个只收不发的接收机。这种系统的缺点是由于电子标签必须不停地向外发射信息，标签耗电量大，对环境造成电磁污染，同时系统不具备安全保密性。倍频式射频系统实现起来有一定难度。一般情况下，阅读器发出射频查询信号后，电子标签返回的信号载频是识读器发出射频的倍频，这种工作模式可以方便地处理回波信号，但其能量转换效率较低，电子标签的成本高，还需要占用两个工作频点，需要获得无线电频率管理委员会的产品应用许可。反射调制式射频系统是其反射波需要采用调制的方式来工作。

（4）根据电子标签内的信息注入方式分类。根据电子标签内保存的信息注入方式，分为集成电路固化式、现场无线改写式和现场有线改写式。集成电路固化式电子标签内的信息一般在集成电路生产时即将信息以 ROM 工艺模式注入，所保存的信息是不变的。现场无线改写式的电子标签一般适用于有源类电子标签，具有特定的改写指令，电子标签内保存的信息位于其中的 E2 存储区，一般情况下改写电子标签数据所花费的时间远大于读取电子标签所花费的时间；常规为改写所花费的时间为秒级，阅读花费的时间为毫秒级。现场有线改写式的电子标签一般是将标签保存的信息写入其内部的 E2 存储区中，改写时需要专用的编程器或写入器，在改写工程中必须为其供电。

三、RFID 工作原理及工作流程

1. 射频识别技术的工作原理

识读器在一个区域发射能量形成电磁场，射频标签经过这个区域检测到识读器的信号后发送存储的数据，识读器接收射频标签发送的信号，解码并校验数据的准确性以达到识别的目的。RFID 的工作方式可分为电磁感应方式和微波方式，如图 3－10、图 3－11 所示。

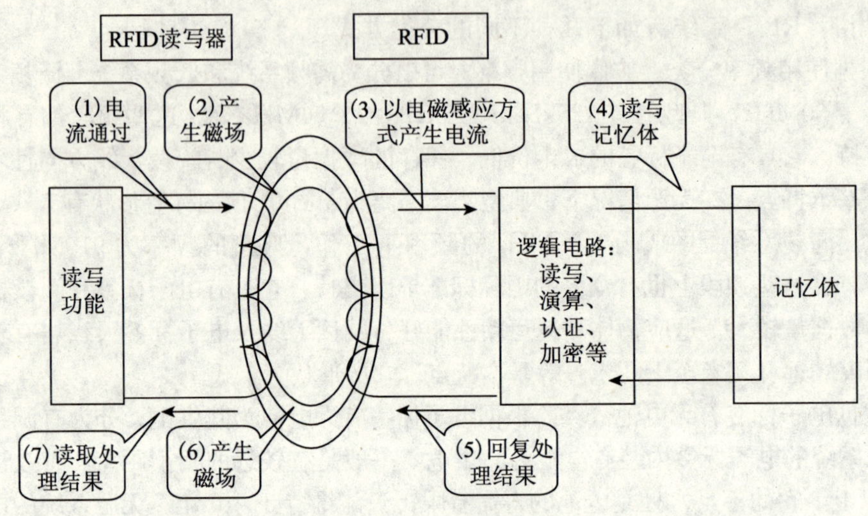

图 3－10　电磁感应方式

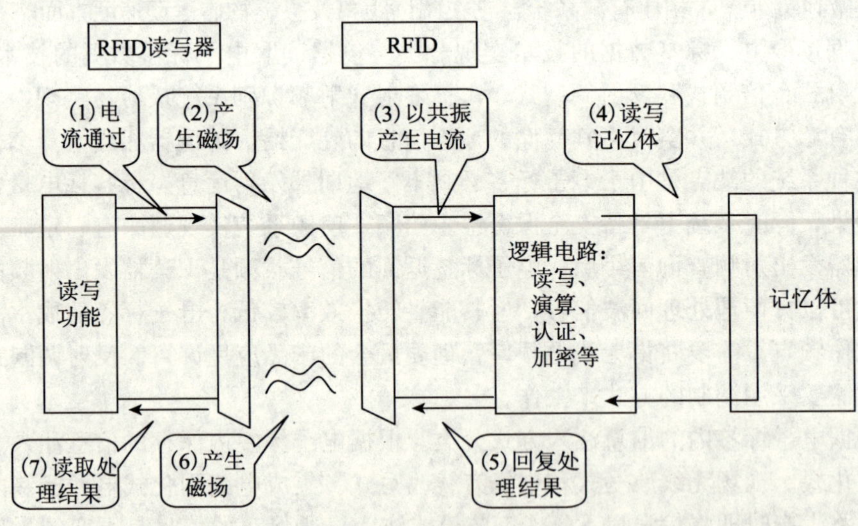

图 3－11　微波方式

2. 射频识别系统工作流程

射频识别系统工作流程（见图 3－12）：

（1）射频识读器经过天线向外发射无线电载波信号。

（2）当射频标签进入发射天线的工作区时，射频标签被激活后即将自身信息经天线发射出去。

（3）系统的接收天线接收到射频标签发出的载波信号，经天线的调节器传给识读器。射频识读器对接到的信号进行解调解码，送后台计算机控制器。

（4）计算机控制器根据逻辑运算判断射频标签的合法性，针对不同的设定做出相应的处理和控制，发出指令信号控制执行机构的动作。

（5）执行机构按计算机的指令动作。

（6）通过计算机通信网络将各个监控点连接起来，构成总控信息平台，根据不同的项目可以设计不同的软件来实现不同的功能。

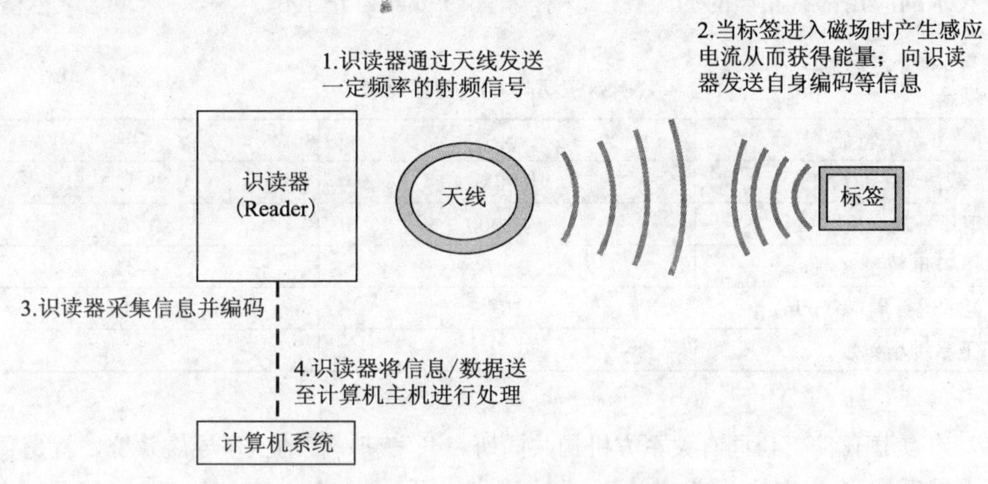

图 3－12　射频识别系统工作流程

第三节　全球定位系统（GPS）

一、GPS 概述

1. GPS 定位系统的由来

1957 年 10 月 4 日苏联发射了有史以来第一颗人造地球卫星——斯普特尼克。这是航天航空技术发展的一个里程碑，是人类想象力和创造力的体现。在它之后空间信息科学及其分支领域迅速发展并逐步影响到人们日常的生产生活。人造地球卫星技术经过近半个世纪的发展已经被成功应用于通信、气象、导航、资源勘探、环境保护、城市规划、工业建设、灾害预报、天文学、地球动力学、地球物理等许多学科领域。

1958 年 12 月，美国海军武器实验室委托美国约翰霍普金斯大学应用物理实验室研制为军用船舶提供导航服务的卫星系统，即海军导航卫星系统（Navy Navigation Satellite System，NNSS）。由于该系统中卫星轨道都经过地极，故也称子午卫星系统。研究此系统主要是为军用的运载工具（如战斗机、军舰、导弹等）和各作战单位提供全天候的导航服务。

1964 年 NNSS 建成并投入使用。1967 年 7 月美国政府宣布解密子午卫星的部分导航电文，遂使高精度卫星导航技术得以应用于民用。由于子午卫星导航技术主要是利用多普勒频移原理实现，所以又叫卫星多普勒定位技术。我国于 20 世纪 70 年代中期开始引进卫星多普勒接收机，80 年代曾进行多次大规模联测，利用此技术在西沙群岛、西北地区甚至南极乔治岛等地区施测，取得良好的定位效果。

虽然海军导航卫星系统在空间信息技术史上“具有革命性突破”，但由于卫星数量少（5～6颗）、轨道高度较低（约 1000km）、卫星间隔时间较长（平均约 1.5h）、难以提供高程数据等原因（详见表 3－5），无法连续进行三维坐标定位，而且精度也较低（单点定位精度 3m～5m、相对精度约 1m、长时间联测精度约 0.5m）。显然，无论是军事领域还是民用领域，该技术的应用都有相当的局限性。该系统于 1996 年停止工作。

表 3－5　　NNSS 卫星与 GPS 卫星比较

系统特征	NNSS	GPS
载波频率（GHz）	0.15 和 0.40	1.23 和 1.58
卫星平均高度（km）	约 1000	约 20200
卫星数量（颗）	5～6	24
卫星运行周期（min）	107	718
卫星钟精确度（ns）	10^{-11}	10^{-12}

1973 年美国国防部协同有关军方机构共同研究开发新一代的卫星导航系统，就是“授时与测距导航系统/全球定位系统（Navigation System Timing And Ranging/Global Positioning System，NAVSTAR/GPS)，简称全球定位系统（GPS)”。

1994 年 GPS 系统基本建成，成为全球共享的空间信息资源，是空间信息系统的一个重要组成部分。从 1973 年至今，美国政府还在不断地研究和更新 GPS 的软硬件设备，累计耗资超过 200 亿美元。

2. GPS 的基本特点和作用

与其他的导航和定位技术相比，GPS 定位技术主要有以下特点：

（1）全球范围内连续覆盖。由于 GPS 卫星的数目较多，其空间分布和运行周期经精心设计，可使地球上（包括水面和空中）任何地点在任何时候都能观测到至少 4 颗卫星（这是 GPS 定位系统获得解的必要条件)，从而可以保证全球范围的全天候连续三维定位。

（2）实现实时定位。GPS 定位系统可以实时确定运动载体的三维坐标和速度矢量，从而可以实时地监视和修正载体的运动方向，避开各种不利环境，选择最佳航线。这是许多导航定位技术难以企及的。

（3）定位精度高。利用 GPS 系统可以获得动态目标的高精度的坐标、速度和时间信息，在较大空间尺度上对静态目标可以获得 10^{-7}～10^{-6} 的相对定位精度。随着技术水平的提高，定位精度还将进一步提高。

（4）静态定位观测效率高。根据精度要求不同，GPS静态观测时间从数分钟到数十天不等，从数据采集到数据处理基本上都是自动完成。而使用传统的测绘技术达到相同的精度则比较困难，且往往需要几倍乃至十几倍的观测时间并耗费大量人力、物力。

（5）应用广泛。GPS以其全天候、高精度、自动化、高效益等显著特点成功地应用于测绘领域、资源勘探、环境保护、农林牧渔、运载工具导航和管制、地壳运动监测、工程变形监测、地球动力学等多门学科。

3. GPS的应用前景

最初设计GPS的主要是用于导航、收集情报等军事目的。但后来的应用开发表明，GPS不仅可以达到上述目的，而且用GPS卫星信号能够进行厘米级甚至毫米级精度的静态相对定位、米级至亚米级精度的动态定位、亚米级至厘米级精度的速度测量和纳秒级精度的时间测量。

用GPS信号可以进行海、陆、空的导航，导弹制导，大地测量和工程测量的精密定位，时间传递和速度测量等。在测绘领域，GPS定位技术已用于建立高精度的大地测量控制网，测定地球动态参数，建立陆地及海洋大地测量基准，进行高精度海陆联测及海洋测绘，监测地球板块运动状态和地壳形变；在工程测量方面，已成为建立城市与工程控制网的主要手段；在精密工程的变形监测方面，它也发挥着极其重要的作用，同时GPS定位技术也用于测定航空航天摄影瞬间相机的位置，可在无地面控制或仅有少量地面控制点的情况下进行航测快速成图，引发了地理信息系统及全球环境遥感监测的技术革命。

当前，随着GPS技术的进一步发展，GPS的应用已经进入我们的日常生活，并正在改变我们的生活方式。所有的运载工具，几乎都依赖于GPS。手表式的GPS接收机、集成GPS功能的手机等，已经成为旅游者的忠实导游。GPS就像移动电话、计算机互联网对我们的生活产生影响一样，人们已经离不开它了。

二、GPS构成

GPS系统包括三大部分：GPS卫星（空间部分）、GPS地面支撑系统（地面监控部分）、GPS接收机（用户部分），如图3-13所示。

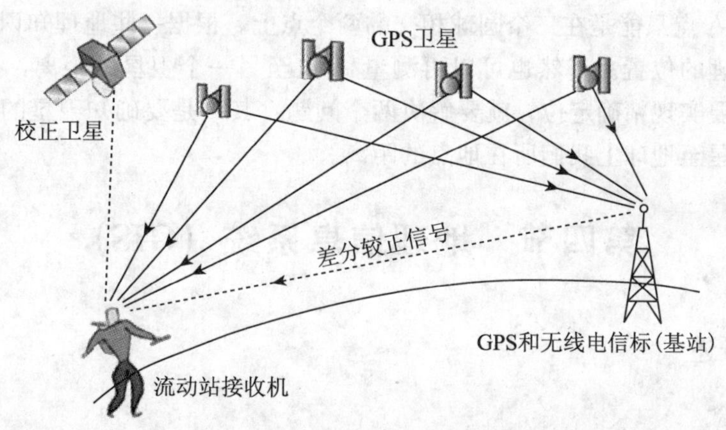

图3-13　GPS系统

(1) GPS卫星（空间部分）。GPS空间部分由分布在6个等间隔轨道上的24颗卫星组成，卫星距地球2万多千米，这种分布可以保证在任何时刻全球的任何地区都被4颗卫星覆盖。GPS的卫星可以全天候、连续地向无限多个用户提供任何覆盖区域内目标的高精度的三维，即速度、位置和时间信息。

(2) GPS地面支撑系统（地面监控部分）。地面监控部分由分布在全球的若干个跟踪站所组成的监控系统构成。根据其作用的不同，这些跟踪站又被分为主控站、注入站和监控站。GPS工作卫星的地面监控系统由1个主控站、3个注入站和5个全球监控站组成。

主控站位于美国科罗拉多的斯平士的联合空间执行中心，其任务是根据各监控站对GPS的观测数据，计算出卫星的星历和卫星钟的改正参数等，并将这些数据通过注入站注入到卫星中去。主控站还对卫星运行进行控制和管理，并负责监测整个地面监测系统的工作。3个注入站分别设在大西洋的阿森松岛、印度洋的迪戈加西亚和太平洋的卡瓦加兰，其任务是将主控站发来的导航电文注入到卫星中去，每天注入3次，每次注入14天的星历。此外，注入站能自动向主控站发射信号，每分钟报告一次自己的工作状态。5个监测站设在主控站和3个注入站点以及夏威夷岛，其任务是对每颗卫星进行观测，精确测定卫星在空间的位置，向主控站提供观测数据，并在主控站的遥控下自动采集定轨数据并进行各项改正，然后将数据发送给主控站。

(3) GPS接收机（用户部分）。GPS接收机是一种特制的无线电接收机，用来接收导航卫星发射的信号，以获得必要的导航定位信息，并据此进行导航和定位。GPS信号接收机能够捕获到按一定卫星高度截止角所选择的待测卫星的信号，并跟踪这些卫星的运行，对所接收到的GPS信号进行变换、放大和处理，以便测量出GPS信号从卫星到接收机天线的传播时间，解译出GPS卫星所发送的导航电文，实时地计算出测站的三维位置，甚至三维速度和时间。

三、GPS工作原理

GPS的工作原理，简单地来说，是利用我们熟知的几何与物理上一些基本原理。首先，我们假定卫星的位置为已知，而我们又能准确测定我们所在地点A至卫星之间的距离，那么A点一定是位于以卫星为中心、所测得距离为半径的圆球上。其次，我们又测得点A至另一卫星的距离，则A点一定处在前后两个圆球相交的圆环上。我们还可测得与第三个卫星的距离，就可以确定A点只能是在三个圆球相交的两个点上。根据一些地理知识，可以很容易排除其中一个不合理的位置。当然也可以再测量A点至另一个卫星的距离，也能精确进行定位。以上所说，要实现精确定位，就要解决两个问题：其一是要确知卫星的准确位置；其二是要准确测定卫星至地球上我们所在地点的距离。

第四节　地理信息系统（GIS）

一、GIS概述

1. GIS的概念

地理信息系统（Geographic Information System，GIS）是以地理空间数据为基础，采用

地理模型分析方法，适时地提供多种空间的和动态的地理信息，是一种为地理研究和地理决策服务的计算机技术系统。其主要特征是存储、管理、分析与位置有关的信息。

GIS是20世纪60年代开始发展起来的地理学研究新成果，到20世纪80年代开始走向成熟，在技术上和应用上已达到了一个新阶段，不但在资源和环境管理与规划中成功应用，而且是设施管理和工程建设的重要工具，同时还进入了军事战略分析、商业策划和文化教育乃至人们的日常生活领域之中。正确认识GIS的作用和把握这一技术的发展动向，是我们制定技术和产业政策，以组织技术开发和产品化的重要前提。

2. GIS的类型

GIS按内容、功能和作用可分为两类：工具型地理信息系统和应用型地理信息系统。

（1）工具型地理信息系统。工具型地理信息系统也称地理信息系统开发平台或外壳，它是具有地理信息系统基本功能，供其他系统调用或用户进行二次开发的操作平台。这类系统为地理信息系统的使用者提供一种技术支持，使用户能借助地理信息系统工具中的功能直接完成应用任务，或者利用工具型地理信息系统加上专题模型完成应用任务。目前，国外已有很多商品化的工具型地理信息系统，如ARC/INFO、GENAMAP、MAPINFO、MGE等。国内近几年已开发出MapGIS、GeoStar、CityStar等工具型地理信息系统。

（2）应用型地理信息系统。应用型地理信息系统是根据用户的需求和应用目的而设计的一种解决一类或多类实际应用问题的地理信息系统，除了具有地理信息系统基本功能外，还具有解决地理空间实体及空间信息的分布规律、分布特性及相互依赖关系的应用模型和方法。应用型地理信息系统按研究对象性质和内容又可分为专题地理信息系统和区域地理信息系统。

①专题地理信息系统（Thematic GIS）。专题地理信息系统是具有有限目标和专业特点的地理信息系统，为特定的目的服务。如土地利用信息系统、环境保护和监测系统、城市管网系统、通信网络管理系统、配电网管理系统、城市规划系统、供水管网系统等都属于应用型地理信息系统。

②区域地理信息系统（Regional GIS）。区域地理信息系统主要以区域综合研究和全面信息服务为目标。可以分为以行政区域为单位的区域信息系统，包括国家级、地区或省级、市级和县级等。也可以分为以自然分区或流域为单位的区域信息系统，如加拿大国家地理信息系统、日本国立信息系统等面向全国，属于国家级的系统；黄河流域地理信息系统、黄土高原重点产沙区信息系统等面向一个地区或一个流域，属于区域级的系统；北京水土流失信息系统、铜山县土地管理信息系统等面向地方，属于地方一级的系统。

3. GIS的功能

GIS的基本功能分为数据输入、数据编辑、数据存储与管理、空间查询与空间分析、可视化表达与输出五个方面。GIS功能框图如图3-14所示。

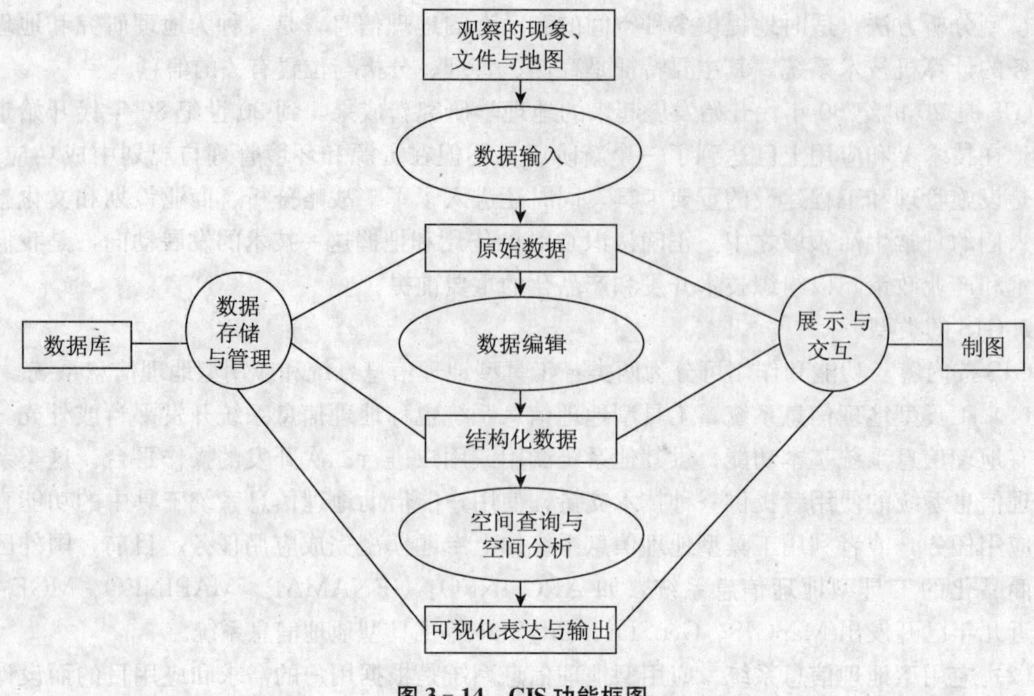

图 3-14 GIS 功能框图

（1）数据输入。数据输入主要是指将地图数据、物化数据、统计数据和文字报告等输入、转换成计算机可处理的数字形式的过程。目前可用于 GIS 数据输入的方法很多，如图形数据输入、栅格数据输入、GPS 测量数据输入、属性数据输入等。而用于 GIS 数据输入的主要技术包括使用数字化仪的手扶跟踪数字化技术和使用扫描仪的扫描技术两类。

（2）数据编辑。数据编辑主要是指图形编辑和属性编辑。属性编辑主要与数据库管理结合在一起完成，图形编辑主要包括拓扑关系建立、图形编辑、图形整修、图幅拼接、图形变换、投影变换、误差校正等功能。

（3）数据存储与管理。数据存储与管理是一个数据集成的过程，也是建立 GIS 数据库的关键步骤，主要提供空间与非空间数据的存储、查询检索、修改和更新。

（4）空间查询与空间分析。空间查询与空间分析是 GIS 的核心功能，这个功能包括三个层次的内容：

①空间检索：包括从空间位置检索空间物体及其属性，从属性条件检索空间物体。

②空间拓扑叠加分析：实现空间特征（点、线、面或图像）的相交、相减、合并等，以及特征属性在空间上的连接。

③空间模型分析：包括数字地形高程分析、BUFFER 分析、网络分析、图像分析、三维模型分析、多要素综合分析及面向专业应用的各种特殊模型分析等。

（5）可视化表达与输出。可视化表达与输出通常以人机交互方式来选择显示的对象与形式，对于图形数据，根据要素的信息密集程度，可选择放大或缩小显示。GIS 不仅可以输出全要素地图，也可以根据用户需要，分层输出各种专题图、各类统计图、图表及数据等。

二、GIS 的构成

一个实用的 GIS 要支持对空间数据的采集、管理、处理、分析、建模和显示等功能。GIS 主要由五个部分构成（见图 3－15）。

1. 系统硬件

地理信息系统的硬件配置一般包括以下几个部分。

（1）计算机主机：可以是单机，也可以组成计算机网络系统来应用。

（2）数据输入设备：用于将系统所需要的各种数据输入计算机，并将模拟数据转换成数字化数据。其他一些专门设备，如数字化仪、扫描仪等，均可以通过数字接口与计算机相连接。

（3）数据存储设备：主要指存储数据的磁盘、光盘及相应的驱动设备。

（4）数据输出设备：包括图形终端显示设备、绘图机、打印机、磁介质硬拷贝机等。它们将以图形、图像、文件、报表等不同形式显示数据的分析处理结果。

（5）数据通信传输设备：配上网络系统连线、网卡及其他网络专门设施，地理信息系统就可通过网络与服务器或其他工作站交流信息或共享数据。

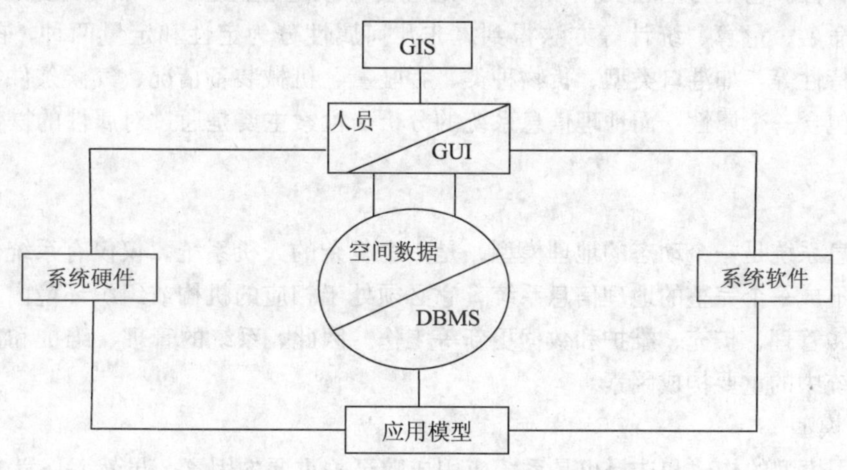

图 3－15　地理信息系统的基本构成

2. 系统软件

地理信息系统运行所必需的各种程序通常包括以下几个部分：

（1）计算机系统软件：一般是由计算机厂家提供的，为用户开发和使用计算机提供方便的基础性的程序系统，通常包括操作系统、各种汇编系统和编译程序等。

（2）地理信息系统软件和其他支持软件：可以是通过地理信息系统工具专门开发的地理信息系统软件包，也可包括数据库管理系统、CAD 系统等，用于支持对空间数据的输入、存储、转换、输出和与用户接口。

（3）应用分析程序：是系统开发人员或用户根据地理专题或区域分析模型编制的用于完成某种特定应用任务的程序，是系统功能的扩充与延伸。

3. 空间数据

空间数据是地理信息系统的操作对象与管理内容。它是指以地球表面空间位置为参照，描述自然、社会和人文经济景观的数据，这些数据可以是数字、文字、表格、图像和图形等。它们由系统建造者通过数字化仪、扫描仪、键盘或其他输入设备输入到地理信息系统中，是地理信息系统所表达的现实世界经过模型抽象的实质性内容，其相应的区域信息包括位置信息、属性信息和空间关系等。

地理信息系统中的数据主要包括两大类型：地理空间数据和非空间的属性数据。

(1) 地理空间数据。空间数据用来确定图形和制图特征的位置，是以地球表面空间位置为参照的。具体说来，它反映以下两方面信息：

①在某个已知的坐标系中的位置，也称几何坐标，主要用于标识地理景观在自然界或包含某个区域的地图的空间位置，如经纬度、平面直角坐标、极坐标等。

②实体间的空间相关性，即拓扑关系（topology），表示点、线、网、面等实体之间的空间联系，如网络结点与网络之间的枢纽关系，边界线与面实体间的构成关系，面实体与岛或内部点的包含关系等。

(2) 非空间的属性数据。非空间的属性数据用来反映与几何位置无关的属性，即通常所说的非几何属性。它是与地理实体相联系的地理变量或地理意义，一般是经过抽象的概念，通过分类、命名、量算、统计等方法得到。非几何属性分为定性和定量两种，前者包括名称、类型、特性等，如港口类型、货物种类、吞吐量、机械装备情况、气候条件等。任何地理实体至少包含一个属性，而地理信息系统的分析、检索主要是通过对属性的操作运算来实现的。

4. 人员

地理信息系统是一个动态的地理模型，是一个复杂的人机系统。仅仅有系统硬件、软件和数据还构不成一个完整的地理信息系统，它必须处于相应的机构或组织环境内，需要人进行系统组织、管理、扩充、维护和数据更新等工作。因此，系统的管理、维护和使用人员是地理信息系统中的重要构成因素。

5. 应用模型

GIS应用模型的构建和选择也是系统应用成败至关重要的因素。虽然 GIS 为解决各种现实问题提供了有效的基本工具，但对于某一专门的应用，则必须构建专门的应用模型，例如，物流中心选址模型、车辆路线模型、分配集合模型等。这些应用模型是客观世界到信息世界的映射，反映了人类对客观世界利用、改造的能动作用，并且是 GIS 技术产生社会经济效益的关键所在，也是 GIS 生命力的重要保证。

构建 GIS 应用模型，首先，必须明确用 GIS 求解问题的基本流程（见图 3－16）；其次，根据模型的研究对象和应用目的，确定模型的类别，相关的变量、参数和算法，构建模型逻辑结构框图；再次，确定 GIS 空间操作项目和空间分析方法；最后，是模型运行结果验证、修改和输出。

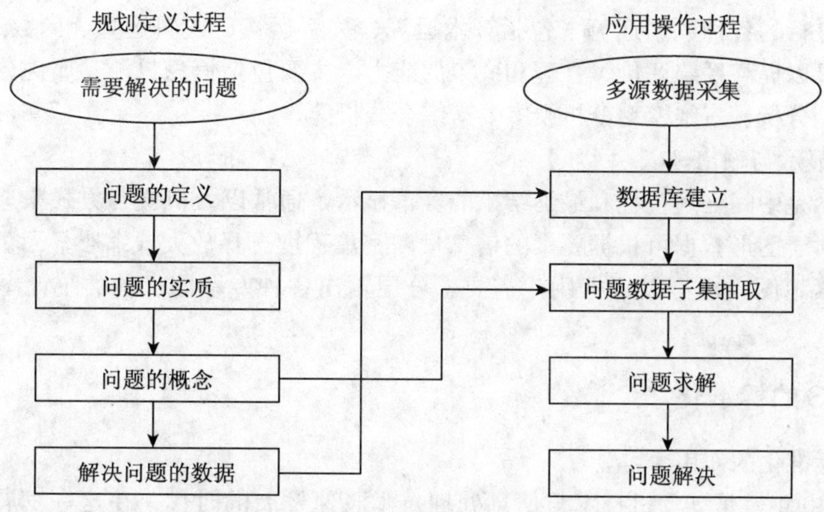

图 3-16　用 GIS 求解问题的基本流程

三、GIS 的功能

1. 数据采集与输入

数据采集与输入是指在数据处理系统中将系统外部的原始数据传输给系统内部，并将这些数据从外部格式转换为系统便于处理的内部格式。对多种形式、多种来源的信息可实现多种方式的数据输入，主要有图形数据输入（如物流设施布局图形的输入）、栅格数据输入（如遥感图像的输入）、测量数据输入（如全球定位系统 GPS 数据的输入）和属性数据输入（如数字和文字的输入）。

2. 数据编辑与更新

数据编辑主要包括图形编辑和属性编辑。属性编辑主要与数据库管理结合在一起完成。图形编辑主要包括拓扑关系建立、图形编辑、图形整饰、图幅拼接、图形变换、投影变换、误差校正等功能。数据更新即以新的数据项或记录来替换数据文件或数据库中相对应的数据项或记录，是通过删除、修改、插入等一系列操作来实现的。

3. 数据存储与管理

数据存储即将数据以某种格式记录在计算机内部或外部存储介质上。其存储方式与数据文件的组织密切相关，关键在于建立记录的逻辑顺序，即确定存储的地址，以便提高数据存取的速度。属性数据管理一般直接利用商用关系数据库软件（如 ORACLE、SQLServer 等）进行管理。空间数据管理是 GIS 数据管理的核心，各种图形或图像信息都以严密的逻辑结构存放在空间数据库或者特定格式的数据文件中。

4. 空间查询与分析

空间查询与分析是 GIS 的核心，是 GIS 最重要的和最具有魅力的功能，也是 GIS 有别于其他信息系统的本质特征。它主要包括数据操作运算、数据查询检索与数据综合分析。数据查询检索即从数据文件、数据库或存储设备中查找和选取所需的数据，是为了满足各种可能的查询条件而进行的系统内部数据操作（如数据格式转换、栅格数据叠加等操作）以及按一定模式关系进行的各种数据运算（包括算术运算、关系运算、逻辑运算、函数运算等）。综合分析功能可以提高系统评价、管理和决策的能力，主要包括信息量测、属性分析、统计分析、二维模型分析、三维模型分析及多要素综合分析等。

5. 数据显示与输出

数据显示是中间处理过程和最终结果的屏幕显示，通常以人机交互方式来选择显示的对象与形式，对于图形数据可根据要素的信息量和密集程度选择放大或缩小显示。GIS不仅可以输出全要素地图，还可以根据用户需要，分层输出各种专题图、种类统计图、图表及数据等。

四、GIS的标准化

1. GIS标准化的作用

过去的30年，是计算机技术与信息处理技术飞速发展的时代。在这一发展历程中，先后有几代计算机问世，软件技术不断更新。同样，基于计算机硬件和软件技术的GIS，也发生了巨大的变化。这种变化最重要的标志是各种软件（特别是商业化软件）的逐渐成熟以及它们在多种领域和部门的应用。然而，随着应用的推广和数据的积累，GIS又面临了新的挑战，如数据的集成与共享、GIS对社会的影响、GIS与法律等，已成为这一技术发展的所面临的新问题。而在诸多的问题中，GIS的标准化显得最为重要。

GIS的标准化问题不但涉及GIS技术本身，而且与各种相关技术，特别是与计算机和信息处理技术密切相关。它产生的影响也非常之深刻，未来这一技术的推广和应用，对整个GIS界都将产生巨大影响。

今天，在GIS应用的各个国家，对GIS标准化的呼声日益高涨，要求建立统一的GIS标准日趋迫切。然而，过去对这一问题的认识并非一致，有人认为标准只不过是为了那些技术跟随者们所制定的，它限制了人们的思想，阻碍研究与开发；甚至有人认为市场就是标准。这些观点不论是由于目光短浅或出自某种自私的考虑，与GIS是一门综合的信息技术和决策支持系统的特点是大相径庭的。从经济学的角度看，这些观点完全不利于发挥GIS的综合效益。

标准化是GIS技术开发、系统建立与运行的一种重要机制。现在对这种机制的需要比以往任何时候都更为迫切。从技术的角度看，GIS标准建立在计算机和信息处理等多种技术的标准之上，离开了这些标准，就无法开发最基本的系统；从应用的角度来看，一个GIS系统的成功，在很大程度上依赖于数据和各种模块的综合与集成。一般情况下，要达到这一目的，有两种途径，即通过大量而分散的个体工作而实现，或者通过制定和实施某种标准进行综合集成。显然，前者只能是一种短期的有限解决办法，而长期的综合性办法必须依靠标准的制定及其实施。所以，GIS标准是数据共享和系统集成的重要前提，同时也是提高综合效益的必由之路。

现在，广大用户已逐渐认识到这样一个问题，数据采集和产生是建立GIS系统的一项最大的投资。为了建立系统，人们花费大量的人力物力去采集数据，而在另一方面，大量的数据仍停留于满足某些单一的应用目的上，没有被其他用户所共享，即现有的数据资源没有得到充分利用。当然，引起这一矛盾的原因是多方面的，有的是由于技术或管理方面的原因，

而有的则是由于狭隘的地方主义所限制。然而，一个最为重要的原因是由于缺乏空间数据标准的一致性，缺少相互运行的机制。没有公认的数据标准和交换标准，自然就没有利用现存数据和产生共享网络的能力。

近 20 年来，在处理和解决空间相关问题上，计算机应用不断增加，极大地提高了生产力并降低了生产成本。大量引入和应用计算机技术，使数字自动化代替了高劳动强度和重复性的人工操作，使得更加复杂的空间分析得以进行。可是，一旦进入数字自动化，各部门在结构上的优化和综合就显得更为重要，那些由于各种原因所引起的在计算机数据、软件和硬件上不利各个系统之间综合的因素，都将影响系统的集成和运行，从而降低数字自动化的总效益。

一个可行的标准是 GIS 集成的前提。在内部，它可以增强 GIS 的内在综合能力，从而通过协调数据、软件和硬件之间的关系，使应用效率更高、更经济。在外部，可以通过数据管理、数据库管理、图形、硬件和软件的兼容性促进与其他 GIS 系统或信息系统的综合。所以，标准化可以增强 GIS 系统的功能、灵活性和效率，也使它更易于被推广应用。另外，标准化可以为其他系统提供模式或样板。

采用 GIS 标准的好处是多方面的，在经济上，可以节省费用，提高效率和方便应用。有了标准，系统可以推广到多个部门和满足不同的用户，可以达到数据的共享，从而减少数据采集的费用；有了标准可以使用户易于学习类似的系统，从而降低学习和培训费用；有了标准，可以大大缩短系统的测试周期，从而缩短了系统开发的总周期。也可以使系统开发者及早发现系统设计中的错误并减少设计中的同类错误。

总之，GIS 标准化的作用是多方面的，归纳起来主要有以下几个方面：

（1）可移植性（portability）：为了获得在硬件、软件和系统上的综合投资效益，系统必须是可移植的，使所开发的应用模块和数据库能够在各种计算机平台上移植。

（2）互操作性（interoperability）：一个大型信息系统，往往是一个由多种计算机平台组成的复杂网络系统，有了标准，可以促进用户从网络的不同节点上获取数据。即从不同硬件环境中获取数据和实现各种应用。

（3）可伸缩性（scalability）：为了适应不同的项目和应用阶段，一种优秀的软件必须以相同的用户界面在不同大小级别的计算机上运行。

（4）通用环境（common applications environment）：标准提供了一个通用的系统应用环境，如提供通用的用户界面和查询方法等。利用这个通用环境，用户可以减少在学习上的弯路和提高生产效率。

一个 GIS 标准的制定实际上是一项重大的技术进步。它为建立各种系统软件和硬件组成提供了标准界面，也为检测各部分功能的正确性提供了机会。所以标准被认为是系统开发和集成的一个最好的指南。极大地增强了数据的应用、信息共享和数据产生的能力，提高了系统的经济效益。

2. GIS 标准化的内容

GIS 标准化是一个综合而复杂的概念，它的内容非常广泛，几乎涉及所有与 GIS 有关的领域。对 GIS 标准化的内容，可以从两个层次去理解。一是狭义的标准化，其内容包括数据、数据交换、数据库转换、图形、软件、硬件等方面的标准。即主要包括空间数据标准和信息技术标准两个方面；二是广义的标准化，其内容则更为广泛，除以上两个方面外，还包括地理、算法、解译和行业标准等方面的内容。现将标准分为四类，作简单介绍。

（1）应用标准

可以说，GIS 的应用是无限的，所以影响 GIS 的标准也是多种多样的。GIS 的一些主要应用领域，如土地管理、资源管理和城市规划等，都各自有其标准和规范，数不胜数，这些标准对 GIS 均有影响；但是最重要的是来自对应用领域有深刻影响的各种专业组织和机构，具体的讲主要来自测绘部门，即与地图相关，如空间要素的表达、地图规范和算法要求等，这些是进行空间要素处理的基础，所以又可以说是一种基础性标准。

①地理标准：主要指地图和空间数据表达方面的标准，它们主要涉及地图要素的位置和位置精度等，如地图比例尺和投影均属地理标准的范畴。实际上，这类标准已有数百年的发展历史，十分完善，许多国家都建立了自己的标准。另一个重要方面是空间信息的分类编码，这一工作在近 20 年里逐渐得到发展和完善。如美国在 60 年代初就开始制定了区位编码系统，我国也制定了多种用途的区位编码系统。这类标准的绝大部分可以根据具体需要直接应用于 GIS 的数字地图之中。但是，现在仍然存在许多问题，有待进一步发展和完善。例如，在各种专题地图要素的一致性问题上，仍没有完整的标准，每建立一个系统都需要对地图要素的符号、颜色等重新设计，以满足应用的要求。

②算法标准：在进行空间分析和数据处理中，为实现某类目的，往往有多种算法，如空间插值和视景分析，就有多种算法。为了在应用上提高精度和进行数据转换，各种算法需要达到一定的基准，同时给用户提供指南。

在更深一个层次上，GIS 的处理结构也应标准化。如早期的数据库管理，各种产品联系很少，SQL 语言出现后，极大地增加了系统的联系和提高了效率。所以有人提出制定一种“GIS 标准语言（GSL）”，用以促进应用模型的发展和模型的相互转换。

至今在算法标准上还没有大的突破，许多思想仍停留在概念上。但在学术界，通用的、综合的处理机制已引起越来越多人的兴趣。

③解译标准：目前解译标准仍很少引起人们的注意。对地理现象和实体的表达，地图是一种行之有效的手段，然而，地图表达地理空间现象通常是通过某种“模型”来实现的。至今人们所强调的往往是地图的产品（结果），而没有检验最终产品结果的标准，缺乏对隐含其后逻辑的探讨，即缺少建立各种地理模型的标准。然而，要实现对空间要素的认识、解译和表达的标准化是非常困难的，即无法找到一种统一的模型。现在离解译标准相距遥远，但将是 GIS 标准化的一个重要方向。

（2）数据标准

因为数据是 GIS 的基础，所以关于数据方面的标准是非常重要的，它们主要包括数据交换、数据精度和数据文件三方面的内容。

①数据交换：数据交换是将一种数据格式转换成为另外某种数据格式的技术。简单地说，它是一种专门的中间媒介转换系统。

这类标准往往涉及环境要素的描述、分类、编码等方面的内容，美国的空间数据转换规范（SDTS）和欧洲的地理数据文件（GDF）均属这类标准。但是在具体的应用和实施过程中，由于空间数据的格式、结构、应用和软硬件的复杂多样性，制定这类标准的难度非常之

大。在目前的实际应用中，仍是以采取系统两两相互转换的方法为多。这种方法的弊端在于容易丢失信息和损害数据精度，无法转换元数据文件。

②数据精度：在应用过程中，每个用户都希望获得现时的、完整而准确的数据。每个部门对数据的精度、流通性、完整性以及其他方面的要求是不同的，即便在同一个单位，不同的应用项目对数据的精度要求也不相同。所以很难以某种数据阈值来确定统一的精度标准，现在的做法是采用“数据质量报告”的概念来描述所了解的数据精度。如SDTS就采用数据质量报告对数字空间数据的一些要素进行描述，包括空间数据精度、属性数据精度、逻辑一致性、数据完整性和层次关系等内容。

③数据文件：数据文件通常称为元数据（metadata），它是关于数据的数据，用以描述数据集或数据库的内容，数据的组织形式，数据存取方式等。元数据还包括了数据质量和转换的相关信息。

元数据有三种用途：一是作为数据的目录，提供数据集内容的摘要，类似于图书馆中的图书卡片；二是有助于数据共享，提供数据集或数据库转换和使用所需要的数据内容、形式、质量方面的信息；三是内部文件记录，用以记录数据集或数据库的内容、组织形式、维护和更新等情况。

（3）信息技术标准

信息技术（IT）标准主要来自计算机界，计算机的硬件与软件生产者早已采用了多种标准，用于通信、用户界面、图形、操作系统、数据库查询等许多方面。这类标准具有比较广泛的适用性，与GIS相关的信息标准较多，在下节中将作详细的讨论。

（4）行业标准

主要指从事这一技术的专业人员的标准与规范。随着技术的成熟和推广应用，越来越多的人员从事GIS或相关业务，所以有必要制定统一的标准和规范，以确定GIS的人员资格，保证人员的技术水平。目前仍没有这类标准，参照其他学科的做法，如我国的软件水平升级考试等，可以制定某种规定或标准，通常可以基于专业学历和技术培训，发放技术水平确认证和从业许可证等。当然在实施过程中，是非常复杂的，很难进行标准化和规范化。在美国，一些机构正在进行这方面的探索，如对GIS技术和知识的要求等作一定的规定，虽然这离行业标准差距甚远；但至少可以为GIS培训和学校制定课程及学生选择课程提供一个有益的参考。

第五节　电子数据交换（EDI）

一、EDI技术概述

随着全球经济的快速发展，社会分工日益细化，生产、贸易、运输、金融、保险等各行业之间的联系和相互依存关系越来越紧密，全球经济呈现一体化趋势。企业间频繁的交易与合作关系使企业间信息的交互与共享成为必然，地域、界限已不再是制约企业发展的因素。伴随计算机技术，尤其是互联网技术的发展，为跨地域的信息共享铺平了道路。在当今信息社会中，信息共享能够加快交易速度、简化管理程式、节约信息处理时间、提高信息交互的准确度。各方依据一定的协议、标准，通过互联网实现信息共享，这就是现代 EDI。

EDI 是英文 Electronic Data Interchange 的缩写，译为“电子数据交换”。它的定义有很多，例如：

国际标准化组织（ISO）的定义：“为商业或行政事务处理，按照一个公认的标准，形成结构化的事务处理或消息报文格式，从计算机到计算机的数据传输方法。”

国际标准化组织电工委员会在 ISO/IEC 14662 中的定义：“电子数据交换：在两个或两个以上的组织的信息系统之间，为实现业务目的而进行的预定义和结构化的数据的自动交换。”“为完成明确的共同业务目标而在多个自治组织之间，根据开放式 EDI 进行的电子数据交换。”

在 ISO 9735《用于行政、商业、运输业电子数据交换的应用级语法规则》（GB/T 14805）中对 EDI 的定义：“在计算机之间以商务的标准格式进行的商业或行政业务数据的电子传输。”

通常情况下，EDI 是商业贸易伙伴之间，将按标准、协议规范化和格式化的信息通过电子方式，在计算机之间进行自动交换和处理，完成以贸易为中心的全部过程。

传统的贸易过程一般是贸易伙伴之间通过电话、传真等方式相互磋商、签约和实施，相关的文件制作和传输也是通过人工处理完成。而且中间还要经过“一关三检”、银行、运输等环节，包含相同贸易信息的不同文件需要经过多次重复处理才能完成。这不仅增加了重复的工作量，也增加了出错的概率，甚至会给贸易的各方造成意外的损失。

EDI 就是用电子手段代替传统的纸面信息交互方式，利用计算机代替人工处理交易信息，从而大大提高信息的处理速度和准确性。然而为使交易各方的计算机能够识别和处理这些信息，各方的信息必须按照事先约定的统一标准格式化。由此可归纳出 EDI 的五个特点：

（1）EDI 的使用对象是不同的计算机系统。

（2）EDI 传送的是业务资料，是为了满足商业目的。

（3）采用共同的标准化结构数据格式，这也是与一般 E-mail 等其他以自然语言为基础的自由文件格式的区别。

（4）由收送双方的计算机系统直接传送、交换资料，无须人工干预。

（5）可以与用户计算机系统的数据库进行平滑连接，直接访问数据库或从数据生成 EDI 报文。

二、EDI 系统的组成与工作流程

1. EDI 系统的组成

EDI 系统将组织内部及贸易伙伴之间的商业文档和信息，以直接读取的、结构化的信息形式在计算机之间通过专用网络传输，这些信息的接收者可以直接处理信息而无须重新键入。在 EDI 应用中，EDI 参与者所交换的信息客体称为邮包。在交换过程中，如果接收者从发送者手中所得到的全部信息包括在所交换的邮包中，则认为语义完整，并称该邮包为完整语义单元（Complete Semantic Unit，CSU）。CSU 的生产者和消费者统称为 EDI 的终端用户。

在 EDI 工作过程中，所交换的报文都是结构化的数据，整个过程都是由 EDI 系统完成

的。EDI 的系统组成如图 3－17 所示。

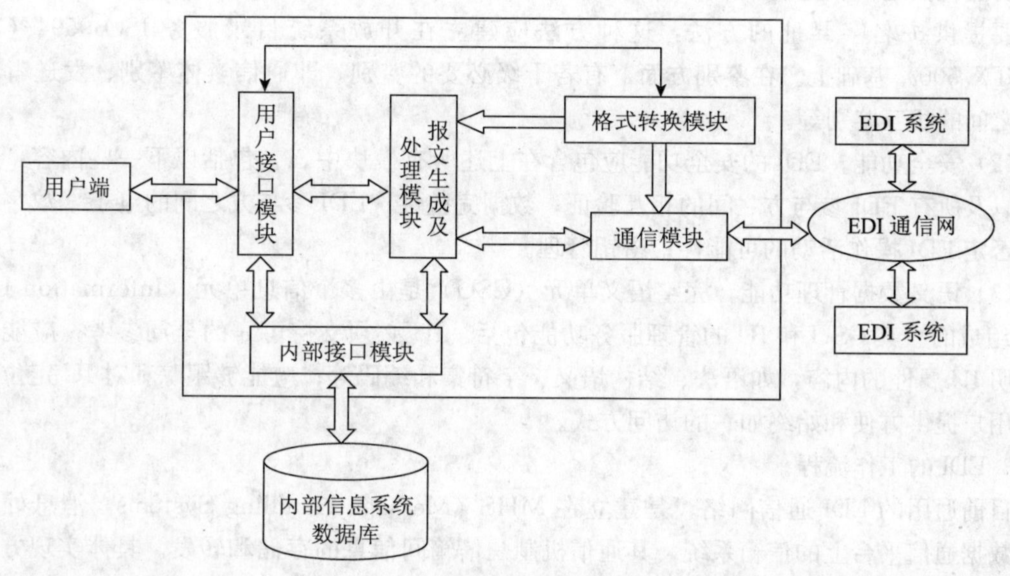

图 3－17　EDI 系统的组成

(1) 用户接口模块。业务管理人员可用此模块进行输入、查询、统计、中断和打印等，能够及时地了解市场变化，调整策略。

(2) 内部接口模块。这是 EDI 系统和本单位内部其他信息系统及数据库的接口，一份来自外部的 EDI 报文，经过 EDI 系统处理之后，大部分相关内容都需要经内部接口模块送往其他信息系统，或查询其他信息系统才能给对方 EDI 报文已确认的答复。

(3) 报文生成及处理模块。该模块有以下两个功能。

①接收来自用户接口模块和内部接口模块的命令和信息，按照 EDI 标准生成订单、发票等各种 EDI 报文和单证，经格式转换模块处理之后，由通信模块经 EDI 网络发给其他 EDI 用户。

②自动处理由其他 EDI 系统发来的报文。在处理过程中要与本单位信息系统相连，获取必要信息并给其他 EDI 系统答复，同时将有关信息送给本单位其他信息系统。

如因特殊情况不能满足对方的要求，经双方 EDI 系统多次交涉后不能妥善解决的，则把这一类事件提交用户接口模块，由人工来干预决策。

(4) 格式转换模块。所有的 EDI 单证都必须转换成标准的交换格式，转换过程包括语法上的压缩、嵌套、代码的替换以及必要的 EDI 语法控制字符。在格式转换过程中要进行语法检查，对于语法出错的 EDI 报文应拒收并通知对方重发。

(5) 通信模块。该模块是 EDI 系统与 EDI 通信网络的接口，包括执行呼叫、自动重发、合法性和完整性检查、出错报警、自动应答、通信记录、报文拼装和拆卸等功能。

2. EDI 系统具备的一些基本功能

除以上这些基本模块外，EDI 系统还必须具备一些基本功能。

（1）命名和寻址功能。EDI 的终端用户在共享的名字当中必须是唯一可标识的。命名和寻址功能包括通信和鉴别两个方面。在通信方面，EDI 是利用地址而不是名字进行通信的，因而要提供按名字寻址的方法，这种方法应建立在开放系统目录服务 ISO 9594（对应 ITU-TX. 500）基础上。在鉴别方面，有若干级必要的鉴别，即通信实体鉴别、发送者与接收者之间的相互鉴别等。

（2）安全功能。EDI 的安全功能应包含在上述所有模块中。它包括以下一些内容：终端用户以及所有 EDI 参与方之间的相互验证；数据完整性；EDI 参与方之间的电子（数字）签名；否定 EDI 操作活动的可能性；密钥管理。

（3）语义数据管理功能。完整语义单元（CSU）是由多个信息单元（Information Unit，IU）组成的。其 CSU 和 IU 的管理服务功能包括：IU 必须支持可靠的全局参考；应能够存取指明 IU 属性的内容，如语法、结构语义、字符集和编码等；应能够跟踪和对 IU 定位；对终端用户提供方便和始终如一的访问方式。

3. EDI 的工作流程

目前通用的 EDI 通信网络，是建立在 MHS（Message Handling Systems，消息处理系统）数据通信平台上的信箱系统，其通信机制是信箱间信息的存储和转发。具体实现方法是在数据通信网上加挂大容量信息处理计算机，在计算机上建立信箱系统，通信双方需申请各自的信箱，其通信过程就是把文件传到对方的信箱中。文件交换由计算机自动完成，在发送文件时，用户只需进入自己的信箱系统。EDI 的处理流程如图 3－18 所示。

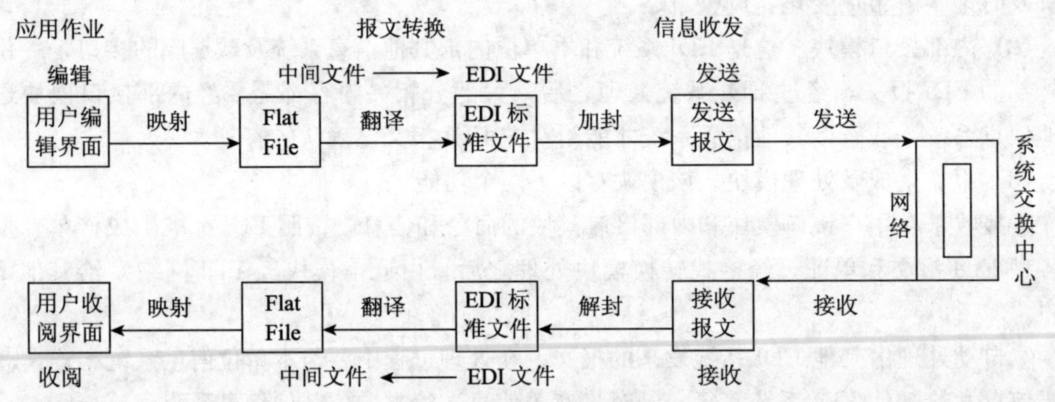

图 3－18　EDI 处理流程

（1）映射（Mapping）——生成 EDI 平面文件。通过应用系统将用户的应用文件（如单证、票据）或数据库中的数据，映射成一种标准的中间文件，这一过程称为映射。所形成的中间文件即为 EDI 平面文件（Flat File），它是用户通过应用系统直接编辑、修改和操作的单证和票据文件，可直接阅读、显示和打印输出。

（2）翻译（Translation）——生成 EDI 标准格式文件。其功能是将平面文件通过翻译软件（Translation Software）生成 EDI 标准格式文件。EDI 标准格式文件，就是所谓的 EDI 电子单证，或称电子票据。它是 EDI 用户之间进行贸易和业务往来的依据。EDI 标准格式文

件是一种只有计算机才能阅读的 ASCII 文件。它是按照 EDI 数据交换标准（即 EDI 标准）的要求，将单证文件（平面文件）中的目录项，加上特定的分割符、控制符和其他信息，生成的一种包括控制符、代码和单证信息在内的 ASCII 码文件。

（3）通信（Communication）。其功能是在文件外层加上通信交换信封，按照 X.400（或 X.435）通信协议的要求，为电子单证加上信封、信头、信尾、投送地址、安全要求及其他辅助信息。用户通过通信网络，接入 EDI 信箱系统，将 EDI 电子单证投递到对方的信箱中。EDI 信箱系统自动完成投递和转接。

（4）EDI 文件的接收和处理。接收和处理过程是发送过程的逆过程。首先需要通过通信网络接入 EDI 信箱系统，打开自己的信箱，将来函接收到自己的计算机中，然后经格式校验、翻译、映射还原成应用文件，最后对应用文件进行编辑、处理和回复。

在实际操作过程中，EDI 系统为用户提供的 EDI 应用软件包括了应用系统、映射、翻译、格式校验和通信连接等全部功能。其处理过程用户可看做是一个“黑匣子”，完全不必关心里面具体的过程。

三、EDI 标准

1. EDI 标准的主要内容

（1）EDI 标准体系

EDI 标准体系见图 3－19 至图 3－24。

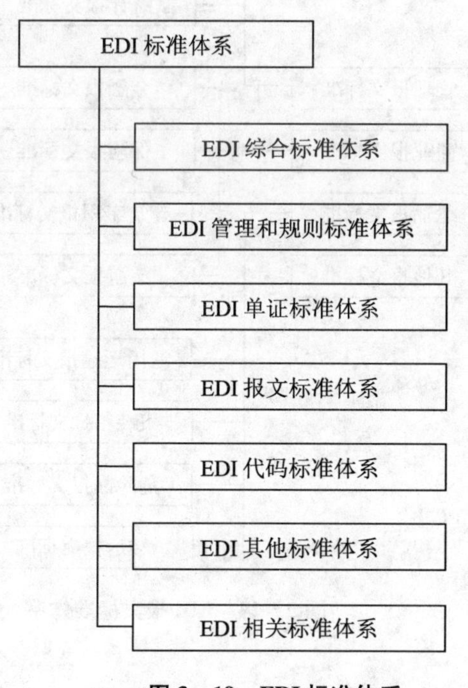

图 3－19 EDI 标准体系

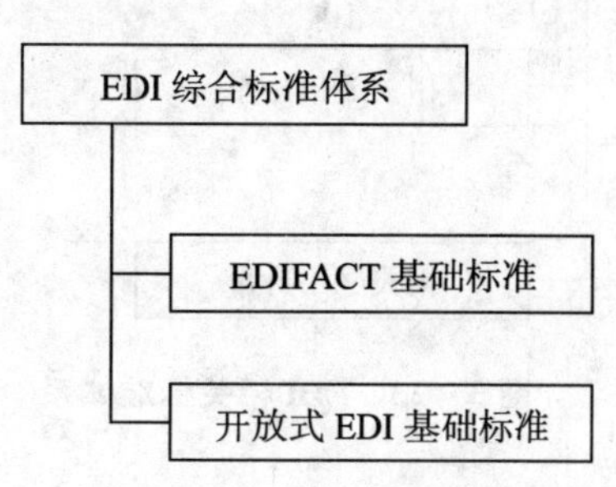

图 3－20 EDI 综合标准体系

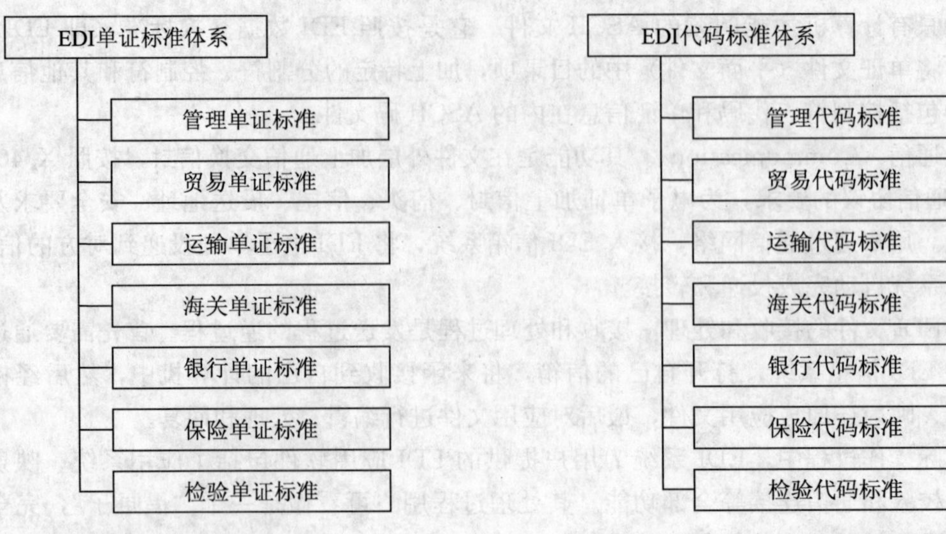

图 3-21 EDI 单证标准体系　　**图 3-22 EDI 代码标准体系**

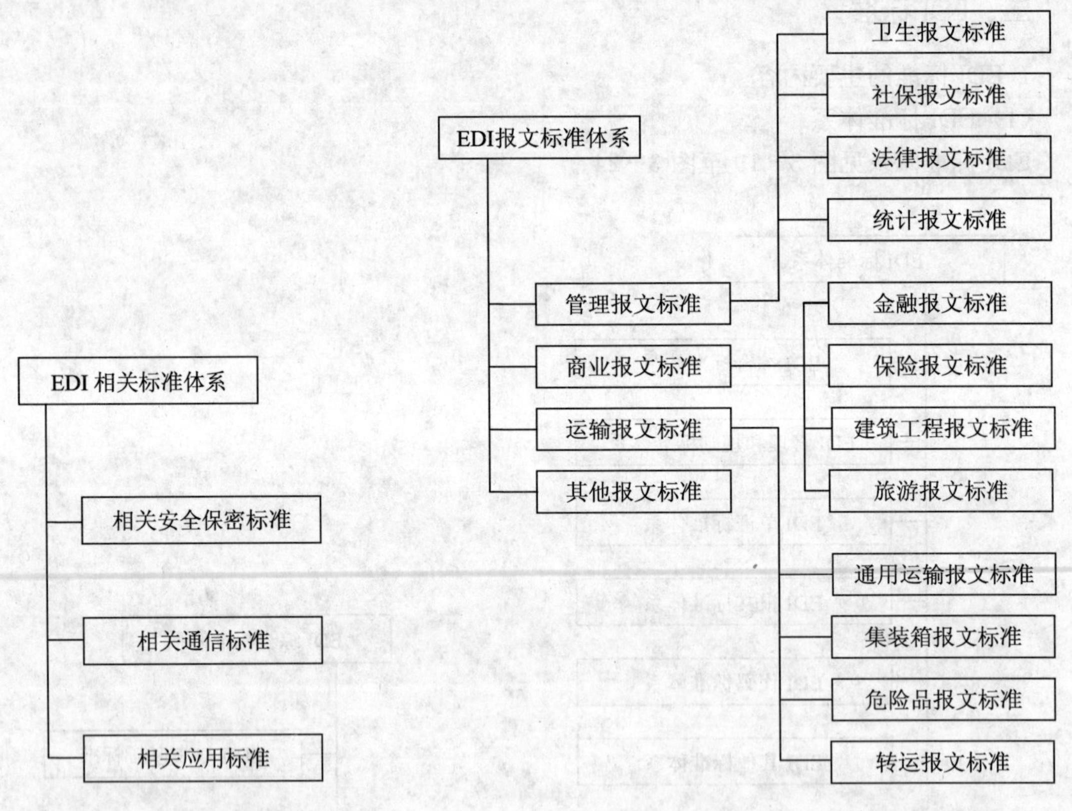

图 3-23 EDI 相关标准体系　　**图 3-24 EDI 报文标准体系**

（2）EDI 基础标准

UN/EDIFACT 由一系列涉及电子数据交换的标准、指南和规则、目录和标准报文组成，主要可分成三类：指南和规则、目录、报文。

①指南和规则。其中包括：

《EDIFACT 应用级语法规则》(ISO 7935)(GB/T 14805—93);

《EDIFACT 语法规则实施指南》;

《EDIFACT 报文设计指南和规则》(GB/T 15947—1995)。

②目录。

UN/EDED (the EDIFACT data element directory),即 UN/EDIFACT 的基本数据元目录,是 ISO 7372 即 UN/TDED 联合国贸易数据元字典的子集。

UN/EDCD (the EDIFACT composite data element directory) 即 UN/EDIFACT 的复合数据元目录。

UN/EDSD (the EDIFACT standard segments directory) 即 UN/EDIFACT 的数据段目录。

UN/EDCL (the EDIFACT code list),即 UN/EDIFACT 的代码目录,ISO 7372 的组成部分。

UN/EDMD (the EDIFACT united nations standard messages directory),即标准报文目录。

③报文。

EDIFACT 标准报文数量约 200 个,涉及海关、金融、保险、建筑工程、贸易、医疗卫生、通用运输、集装箱运输、危险品运输、账户、社会保险、就业申请、统计、生产与后勤、旅游、联运等各个方面。

2. UN/EDIFACT 标准报文

(1) EDIFACT 结构控制

EDI 交换是以报文和服务段的结构化集合形式在贸易伙伴间进行通信的,见图 3-25。

图 3-25　EDIFACT 交换的结构

(2) UN/EDIFACT 与一般语言文字表达方式的比较

形象地说，EDI 报文相当于文章，段如同文章章节，复合数据元像是词组，数据元和代码则如单字，它们通过语法规则、报文设计指南与规则组合在一起，叙述不同目的的业务内容，见图 3-26。

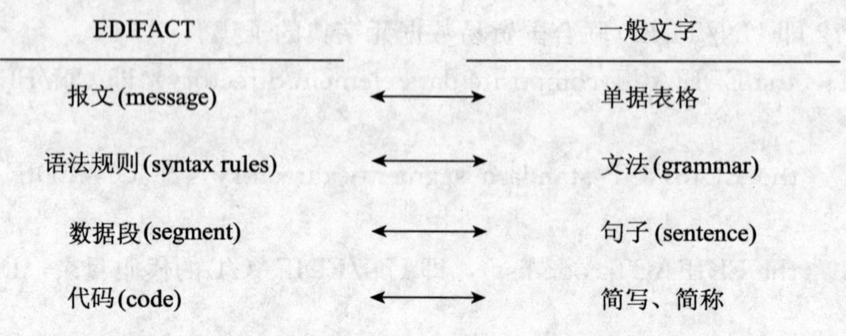

图 3-26　UN/EDIFACT 与一般语言文字表达方式的比较

(3) EDIFACT 报文结构

一次连接包括一次或多次交换，一次交换包括一个功能组或仅是报文，一个功能组包括一个或多个报文。

一个报文由很多按照语法规则构成的数据段组成。数据段是电子单证的中级信息单元。数据段由一组功能上相关的数据元组成，用以完成特定的功能。数据元是电子单证最基本的单位。

3. UN/EDIFACT 的要素

EDIFACT 报文标准的基本组成要素是数据元和数据段。

(1) 数据元 (data element)

①数据元是组成 EDI 报文的最小单元，也是描述所传输信息的标识。制定电子单证首先就要对涉及贸易数据元所对应的名称、使用范围、数据类型和长度作出规定。

数据元是指在确定的上下文中被认为不可再细分的数据单元。在 EDIFACT 中特指规定用做标识、描述和数值表示的数据单元。

EDIFACT 中的数据元一般分为简单数据元、复合数据元、成分数据元三类。

a. 简单数据元：含有单一值的数据元，即用来表示一个无须其他说明就能表明其含义的数据元。

b. 复合数据元：含有两个或多个成分数据元的数据元。有些数据本身不能确定其含义，必须对其加以某些限定才能明确。在 EDIFACT 中，复合数据元具有单一功能，各成分数据元与其功能有直接的联系。

c. 成分数据元：是复合数据元的组成部分，以其在复合数据元中的位置来标识的简单数据元。每个成分数据元依据其位置有明确的含义。每个成分数据元用数据元分隔符如“:”来分开。

②数据元目录。UN/TDED (ISO 7372) 中定义了目前国际上通用的基本贸易数据元。EDIFACT 采用了此标准。在 TDED 中，每一标准数据元用一个四位数来标识。该标识码在

EDIFACT 电子单证中并不出现，但可以作为引用参考号或系统内部使用。在 TDED 中，标准数据元可分为 10 类：

0000～0499：用于 EDI 通信控制，例如：协议版本号。

1000～1499：单证引用与参考号，例如：订单号。

2000～2499：有关的时间信息，例如：单证日期。

3000～3499：参与方、地点信息，例如：进口商、目的地。

4000～4499：条款、条件，例如：付款条件。

5000～5499：金额与费用。

6000～6499：计量的值与量。

7000～7499：货物与物品。

8000～8499：运输工具、方式等。

9000～9499：海关业务与其他。

对于上述 10 类数据，前 500 个编号，即 X000～X499，是国际统一分配的；随后的 300 个编号，即 X500～X799，是供国家内部统一分配的。不同国家相同编号的数据的含义不同，最后的 200 个编号，即 X800～X999 是供行业或公司内使用的，不同行业或公司相同编号的数据元含义不同。在使用数据元时，应尽量采用国际标准数据元。除非特别必要，不要使用自定义数据元，以免影响通用性。

③EDED 是 TFDED 的一个子集，它定义了 UNSM 使用的简单数据元。在 EDED 中，每一数据元的定义包括三项内容：

a. 数据元代码作为每个数据元的标识，给它一个有含义的名字作为数据元意义的简要解释，并指出数据元的版本。

b. 数据元说明。

c. 表示方法，用来规定数据元的类型及长度，a 表示字母，n 表示数字，an 表示字母数字混合，例如：

a3：用三位字母（定长）表示；

n2：用两个数字（定长）表示；

an5：用五个字母与数字（定长）表示；

an…14：用 1～14 个字母数字（不定长）表示。

④EDCD 定义了在 UNSM 中使用的复合数据元。每一个复合数据元都有一个四位编号。以“S”打头的编号表示用于传输控制的复合数据元。以“C”打头的编号为用户数据元，用于传输使用者需要传输的信息。例如：S002 表示交换的发送方。它由三个成分数据元组成：

数据元标记	数据元名称	状态	格式
0004	发送人标识	M	an…35
0007	参与方标识代码限定词	C	an…4
0008	返回路径	C	an…14

C531 表示包装详情，由三项组成：

数据元标记	数据元名称	状态	格式
7075	包装级	C	an…3
7233	包装有关信息	C	an…3
7073	包装条件和条款	C	an…3

⑤EDCL 定义用代码表示的数据元的具体代码。例如：2013 是频率代码。其代码在 EDCL 中定义如下：A 为每年，D 为不连续的，F 表示可变时限，M 表示每月，Q 每季度，S 每半年，T 为四星期工作月，W 每星期，Z 为相互约定。3207 是国家代码，代码在 ISO 3166－1中定义，如 CN 表示中国，UN 表示英国等。

（2）数据段

数据段是 EDI 报文中信息媒体的单元，是一组功能相关的数据元标识的集合。

①数据段结构。

a. 段标识：说明段的含义以及段重复、段嵌套指示。数据段的名字都是由 3 个大写字母组成，一般是一个字头的缩写。

b. 数据元：数据段所表达的内容由一组数据元表达。段中的数据元依照其在段中的位置并根据段的定义确定其含义，因此数据元在数据段中的位置是固定的。

c. 段终止符：段结束标志（ˊ）。

②数据段分类。用于 UNSM 的段均收集在 EDSD 中，在新单证的设计过程中，也可能有新的段加入其中，贸易双方也可根据需要订立双边协定，使用一些双方约定的段，但这样做会导致标准的不统一，因而不值得提倡。

关联密切的数据元经常组合在一起形成复合数据元，再进一步组成数据段。段按其用途可分作两类：一类为用户数据段，另一类是服务数据段。

a. 用户数据段：这是用来运载用户信息的段，它是一个中间信息单元，反映具体的商务信息，如单证中具有一定功能的项，它对应着纸面单证上的一个栏目，如发货方、收货方等。例：

LOC　地点/位置识别
DTM　日期/时间/周期
TDT　运输细节

b. 服务数据段：它在单证的传播控制中起作用，规定格式或通信、交换要求的数据段，有时也称为控制数据段，它是为电子传送提供信息服务的。如报文开始、报文结束等，这样的段在单证语法标准中定义。例：

UNH　报文头
UNT　报文尾

③数据段目录。数据段目录罗列了所有的数据段。段目录中的每个数据段都有一些属性解释这个数据段，例如，一个属性说明它的版本号，另一个属性说明它的主要功能等。段目录还指出每一个数据段是由哪些数据元所组成的以及这个数据元的出现状况。

本 章 小 结

本章介绍了物联网信息采集所涉及的基本技术。分别为条码技术、射频识别技术、GPS技术、GIS技术和EDI技术。

(1) 条码是将宽度不等的多个黑条和空白，按照一定的编码规则排列，用以表达一组信息的图形标识符。常见的条码是由反射率相差很大的黑条（简称条）和白条（简称空）排成的平行线图案。条码可以标出物品的生产国、制造厂家、商品名称、生产日期、图书分类号、邮件起止地点、类别、日期等许多信息，因而在商品流通、图书管理、邮政管理、银行系统等许多领域都得到了广泛的应用。

(2) RFID射频识别是一种非接触式的自动识别技术，它通过射频信号自动识别目标对象并获取相关数据，识别工作无须人工干预，可工作于各种恶劣环境。RFID技术可识别高速运动物体并可同时识别多个标签，操作快捷方便。短距离射频产品不怕油渍、灰尘污染等恶劣的环境，可在这样的环境中替代条码。在物联网的实现过程中RFID将占主导地位。

(3) 全球定位系统是一个中距离圆型轨道卫星定位系统。它可以为地球表面绝大部分地区提供准确的定位和高精度的时间基准。该系统是通过太空中的24颗卫星来完成的。最少只需其中4颗卫星，就能迅速确定某一物体在地球上的位置；接收到的卫星数越多，解码出来的位置就越精确。它可用于物联网中物品的定位。

(4) GIS技术不仅可以有效地管理具有空间属性的各种资源环境信息，对资源环境管理和实践模式进行快速和重复的分析测试，便于制定决策、进行科学和政策的标准评价，而且可以有效地对多时期的资源环境状况及生产活动变化进行动态监测和分析比较，也可将数据收集、空间分析和决策过程综合为一个共同的信息流，明显地提高工作效率和经济效益，为解决资源环境问题及保障可持续发展提供技术支持。

(5) EDI是企业的内部应用系统之间，通过计算机和公共信息网络，以电子化的方式传递商业文件的过程。EDI业务应用于商业贸易领域、运输业领域、通关自动化、税务、银行、保险等贸易链路等多个环节之中，EDI技术同样也有着具有广泛的应用前景。通过EDI和电子商务技术（ECS）可以实现电子报税、电子资金划拨（EFT）等多种应用。

第四章　物联网网络通信技术

教学目标

通过本章的学习，要掌握通信网与支撑技术；了解光纤通信技术的基本原理及其体系结构；了解无线通信网络的定义与特点，掌握各种无线通信网的组成及体系结构。

第一节　通信网与支撑技术概述

一、通信网基本概念

1. 通信的基本含义

人们通过听觉、视觉、嗅觉、触觉等感官，感知现实世界而获取信息，并通过通信来传递信息。因此通信的基本形式是在信源（始端）与信宿（末端）之间建立一个传输（转移）信息的通道（信道）。现代通信意义上所指的信息已不再局限于电话、电报、传真等单一媒体信息，而是将声音、文字、图像、数据等合为一体的多媒体信息。总之，人的各种感官或通过仪器、仪表对现实世界的感觉，以及古往今来的各种书籍、档案、新闻等都含有各种信息，这些信息是通过通信来进行传递的。因此所谓通信系统就是利用电、光等信号形式来传递信息的系统。

2. 通信系统的分类

（1）按照通信业务分类

根据不同的通信业务，通信系统可以分为多种类型。

- 单媒体通信系统：如电话、传真等。
- 多媒体通信系统：如电视、可视电话、会议电话、远程教学等。
- 实时通信系统：如电话、电视等。
- 非实时通信系统：如电报、传真、数据通信等。
- 单向传输系统：如广播、电视等。
- 交互传输系统：如电话、点播电视（VOD）等。
- 窄带通信系统：如电话、电报、低速数据等。
- 宽带通信系统：如点播电视、会议电视、远程教学、远程医疗、高速数据等。

（2）按照传输媒质分类

按照传输媒质分类，通信系统可以分为有线通信系统和无线通信系统。有线通信系统的传输媒质可以是架空明线、电缆和光缆。无线通信系统是借助于电磁波在自由空间的传播来

传输信号，根据电磁波波长的不同又可以分为中长波通信、短波通信和微波通信等类型。

（3）按照调制方式分类

根据是否采用调制，通信系统可以分为基带传输和调制传输两大类。基带传输是将未经调制的信号直接在线路上传输，如音频市内电话和数字信号的基带传输等。调制传输是先对信号进行调制后再进行传输。

（4）按照信道中传输的信号分类

按照信道中传输的信号形式不同分类，通信系统可以分为模拟通信系统和数字通信系统等。数字通信系统抗干扰能力强，有较好的保密性和可靠性，易于集成化，目前已得到了广泛应用。

二、通信网构成要素

通信网的基本构成要素（硬件）是终端设备、传输链路和交换设备。

1. 终端设备

终端设备是用户与通信网之间的接口设备，除了对应模型中的信源和信宿之外，还包括一部分变换和反变换装置。终端设备的功能主要有3项：

（1）将待传送的信息和传输链路上传送的信号进行相互转换，在发送端将信源产生的信息转换成适合于传输链路上传送的信号，在接收端则完成相反的变换。

（2）对信号进行处理，使其与传输链路相匹配，由信号处理设备完成。

（3）完成信令的产生和识别，即产生和识别网内所需的信令，以完成一系列的控制作用。

2. 传输链路

传输链路是网络节点的连接媒体，也是信息和信号的传输通路，除了主要对应通信系统模型中的信道部分之外，还包括一部分变换和反变换装置。传输链路具有波形变换、调制解调、多路复用、发信和收信等功能。传输链路有多种不同的实现方式，最简单的传输链路就是简单的线路，如明线、电缆等，它们一般用于市内电话网用户端链路和局间中继链路。另外，载波传输系统、脉冲编码调制（PCM）传输系统、数字微波传输系统、光纤传输系统和卫星传输系统等都可以作为通信网传输链路的实现方式。

3. 交换设备

交换设备是现代通信网的核心要素，其基本功能是完成接入交换节点链路的汇集、转接接续和分配，实现一个呼叫终端（用户）和它所要求的另一个或多个用户终端之间的路由选择的连接。

三、通信网分层结构

为了客观、全面地描述信息基础设施网络结构，可根据网络的结构特征采用垂直描述和水平描述的方法。

垂直描述是从功能上将网络分为信息应用层、业务网层和接入与传送网层，如图4－1所示，上、下层之间的关系为用户、服务者关系。

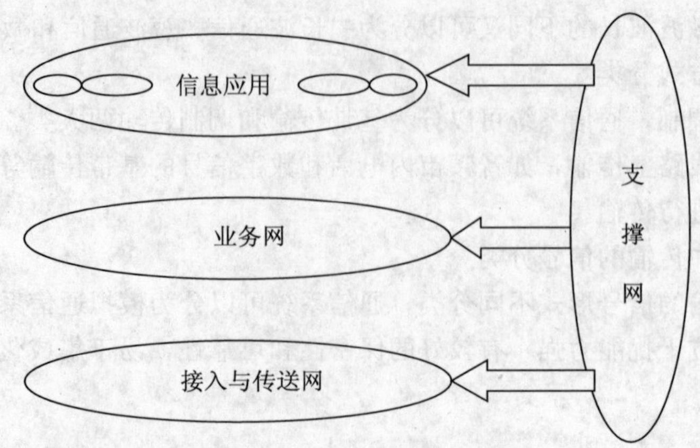

图 4-1　垂直观点的网络结构

从逻辑分析的角度看，在垂直分层网的总体结构中，信息应用层表示各种应用信息和服务种类，它位于分层结构的最高层，主要涉及提供给用户的各类通信业务和通信终端；业务网层表示传送各种信息服务的业务网，主要用于提供基本的语音、数据、多媒体业务，可由采用不同交换技术的节点交换设备来组成不同类型的业务网；接入与传送网层表示支持业务网的传送手段和基础设施，如现有的准同步数字体系（PDH）和 SDH。

水平描述是基于通信网实际的物理连接来划分的，可分为核心网、接入网和用户驻地网或广域网、城域网和局域网等。

四、现代通信网支撑技术

1. 信息应用技术

(1) 通信业务

在现代通信系统中，不管采用什么样的传送网结构以及什么样的业务网承载，最后真正的目的都是要为用户提供他们所需的各类通信业务，满足他们对不同业务服务质量的需求。因此通信业务是最直接面向用户的。

通信业务主要包括模拟与数字视音频业务（如普通电话业务、智能网业务、IP 电话业务、广播电视业务等）、数据通信业务（如网络商务、电子邮件）和多媒体通信业务（如分配型业务和交互型业务）等。

(2) 通信终端

通信终端设备是用户与通信网之间的接口设备，它包括信源、信宿与变换器、反变换器的一部分。

2. 业务网技术

业务网是向用户提供诸如电话、电报、传真、数据、图像等各种电信业务的网络。在传送网的节点上安装不同类型的节点设备，则形成不同类型的业务网。业务节点设备主要包括各种交换机（电路交换、X. 25、以太网、帧中继、ATM 等交换机）、路由器和数字交叉连接设备（DXC）等。DXC 既可作为通信基础网的节点设备，也可以作为 DDN 和各种非拨号专网的业务节点设备。

业务网包括电话网、数据网、智能网、移动网、IP 网等，可分别提供不同的业务。其中交换设备是构成业务网的核心要素，它的基本功能是完成接入交换节点链路的会集、转接接续和分配，实现一个呼叫终端（用户）和它所要求的另一个或多个用户终端之间的路由选择的连接。交换设备的交换方式可以分为两大类：电路交换方式和分组交换方式。

3. 接入与传送网技术

接入与传送网是一个庞大复杂的网络，由许多的单元组成，完成将信息从一个点接入并传递到另一个点或另一些点的功能，如传输电路的调度、故障切换、分离业务等。

从物理实现角度看，接入与传送网技术包括传输媒质、传输系统、传输节点设备以及接入设备技术等。

（1）传输媒质

信息需要在一定的物理媒质中传播，我们将这种物理媒质称为传输媒质。传输媒质是传递信号的通道，提供两地之间的传输通路。传输从大的分类上来区分有两种：一种是电磁信号在某种传输线上传输，这种传输方式叫做有线传输；另一种是电磁信号在自由空间中传播，这种传播方式叫做无线传输。本知识点在第二章已介绍。

（2）传输系统

传输系统包括传输设备和传输复用设备。携带信息的基带信号一般不能直接加到传输媒介上进行传输，需要利用传输设备将它们转换为适合在传输媒介上进行传输的信号，例如光、电等信号。传输设备主要有微波收发信机、卫星地面站收发信机、机站设备和光端机等。为了在一定传输媒介中传输多路信息，需要有传输复用设备将多路信息进行复用与解复用。

传输复用设备目前可分为 3 大类，即频分复用、时分复用和码分复用。

①频分复用技术

多路信号调制在不同载频上进行复用。例如有线电视、无线电广播、光纤的波分复用、频分多址的 TACS 制式模拟移动通信系统等。

②时分复用技术

多路信号占用不同时隙进行复用。例如脉冲编码调制复用（PCM）技术、同步数字体系（SDH）技术等。

③码分复用技术

多路信息调制在不同的码型上进行复用。例如码分多址（CDMA）数字移动通信技术等。

（3）传输节点设备

传输节点设备包括配线架、电分插复用器（ADM）、电交叉连接器（DXC）、光分插复用器（OADM）、光交叉连接器（OXC）等。

（4）接入设备

接入设备主要解决由业务节点到用户驻地网之间的信息传送，根据所采用技术的不同，有多种类型选择，如 ADSL 设备、PON 设备、无线接入设备等。

第二节　光纤通信技术

一、光纤通信概述

1. 光纤通信的概念和特点

光纤通信就是以光波为载频，以光导纤维为传输媒质的一种通信方式。光纤通信与电通信方式的差异主要有两点：一是用光频作为载频传输信号；二是用光导纤维构成的光缆作为传输线路。因此，在光纤通信中起主导作用的是产生光波的激光器和传输光波的光导纤维。

光纤是一种介质波导，具有把光封闭在其中并沿轴向进行传播的导波结构，它由直径约为 0.1mm 的细玻璃丝构成。

光纤通信具有以下几个独特的优点：

(1) 传输的频带宽，信息容量大。由于光波的频率很高，具有很宽的传输带宽，比微波频率高 10^3 倍～10^4 倍，因此，理论上光纤通信的容量与微波通信的容量相比可增加 10^3 倍～10^4 倍。在实际应用中由于受到光电器件特性的限制，传输带宽比理论上要窄得多，但现在已发展到几十 GB/S 的光纤通信系统，它可传输几十万路电话和几千路彩色电视节目，是目前通信容量最大的一种通信方式。

(2) 光纤的传输损耗低，传输距离远。目前，使用的光纤均为石英（SiO_2）系光纤，要减小光纤损耗，主要是靠提高玻璃纤维的纯度。目前，可以制造出纯度极高的玻璃纤维，因此，光纤的损耗可以做得极低，可低至 0.2dB/km，已接近理论极限值。由于光纤的损耗低，因此中继距离长，在通信线路中可以减少中继站的数量，既降低了成本又提高了通信质量。

(3) 抗电磁干扰性能好，通信质量高。光纤由电绝缘的石英材料制成，光纤通信线路不受各种电磁场的干扰和闪电雷击的损坏，特别适合于有强电磁场干扰的高压电力线路周围和油田、煤矿等易燃易爆环境中。

(4) 线径细，质量小，便于铺设。由于光纤的直径很小，只有 0.1mm 左右，因此，制成光缆后直径要比电缆细，质量小，有利于长途和市话干线铺设，而且便于制造多芯光缆。

(5) 保密性好。光在光纤总传播时几乎不向外辐射，因此，在同一光缆中，数根光纤之间不会相互干扰，即不会产生串话，也难以窃听。光纤通信与其他通信方式相比具有更好的保密性，这也是它对军事应用具有吸引力的一个方面。

(6) 资源丰富，节约金属材料，有利于资源合理利用。制造同轴电缆和波道管的铜、铝、铅等金属材料在地球上的存储量是有限的，而制造光纤的主要原料石英则是地球上最丰富的物质之一。随着光纤通信技术的推广应用，将会节约大量的有色金属材料，对合理使用地球资源有一定的战略意义。

(7) 光纤不会锈蚀，寿命长。用石英玻璃制成的光纤不会像金属导线那样有被锈蚀的危险，因此，光纤的使用寿命长，一般认为光缆具有更强的适应环境变化和抗腐蚀的能力，寿命为 20～30 年。

光纤通信除了具有上述优点外，本身也存在以下问题：

(1) 接口昂贵。在实际使用中，需要昂贵的接口器件将光纤接到标准的电子设备上。

(2) 强度差。与同轴电缆相比，光缆的抗拉强度低，可以通过使用标准的光纤包层 PVC 得到改善。

(3) 不能传送电力。有时需要为远处的接口或再生的设备提供电能，光缆显然不能胜任，在光缆系统中还必须额外使用金属电缆。

(4) 需要专用的工具、设备以及培训。需要使用专用工具完成光纤的焊接和维修需要专用测试设备进行常规测量；光缆的维修既复杂又昂贵，从事光缆工作的技术人员需要通过相应的技术培训并掌握一定的专业技能。

2. 光纤通信的工作波长

光波是一种电磁波，其波长在微米级，频率为 1012～1016Hz 数量级。目前，光纤通信使用的波长选择在两个波段的低损耗点，即短波长波段的 0.85μm，长波长波段的 1.31μm 和 1.55μm，这是目前光纤通信所采用的 3 个通信窗口。

3. 光纤通信系统的组成

光纤通信系统由电发射机、光发射机、光纤光缆线路、中继器、光接收机、电接收机等组成，如图 4－2 所示。在发送端，电发射机的作用是对来自信息源的信号进行处理，如A/D变换、多路复用等，它是常规的通信设备，经过处理的信号将被送至光发射机。光发射机内有光源（半导体激光器）、驱动器和调制器，它对光源的光载波进行调制，把电发射机送来的电信号转换成光信号，并耦合到光纤中进行传输。光纤线路的功能是把来自光发送端机的光信号以尽可能小的畸变（失真）和衰减传输到光接收端机，光纤线路一般由光纤、光纤接头和光纤连接器组成。中继器的作用是把经过衰减和畸变的光信号放大、整形，再生成一定强度的光信号，送入光纤继续传输，以保证整个系统的通信质量。光接收机内有光检测器（把光信号变为电信号的器件）、放大器和相关电路，其功能是对经过光纤传来的微弱的光信号进行检测，将光信号转换成电信号，并对电信号进行放大、整形和再生，然后送到电接收机。

图 4－2 为一个单向传输系统，反向传输结构相同。在双向通信系统中，每端都必须有光发射机和光接收机，故统称为光端机。

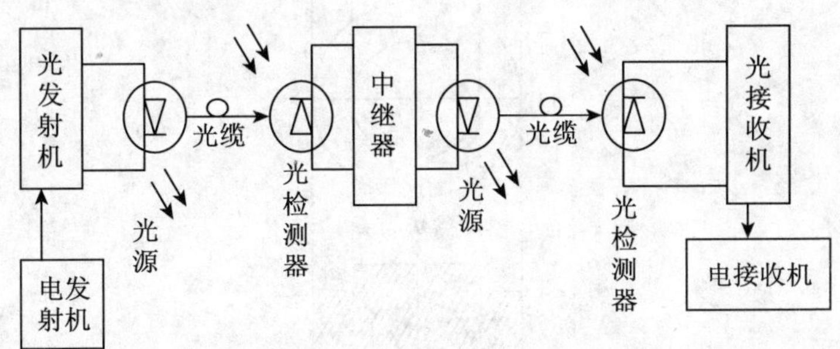

图 4－2　光纤通信系统的组成

二、光纤传输原理与特征

1. 光纤的结构和分类

光纤是圆截面介质波导。图 4－3 是光纤的横截面图。光纤由纤芯、包层和涂覆层构成。

纤芯由高度透明的材料构成；包层的折射率略小于纤芯，从而可以形成光波导效应，使大部分的光被束缚在纤芯中传输；涂覆层的作用是增强光纤的柔韧性。此外为了进一步保护光纤，提高光纤的机械强度，一般在带有涂覆层的光纤外面再套一层热塑性料，涂覆层的光纤外面再套一层热塑性材料，成为套塑层（或二次涂覆层）。在涂覆层和套塑层之间还需填充一些缓冲材料，成为缓冲层（或称垫层）。

目前使用的光纤大多为石英光纤。它以纯净的二氧化硅材料为主，为了改变折射率，中间掺以合适的杂质。掺锗和磷使折射率增加，掺硼和氟使折射率降低。

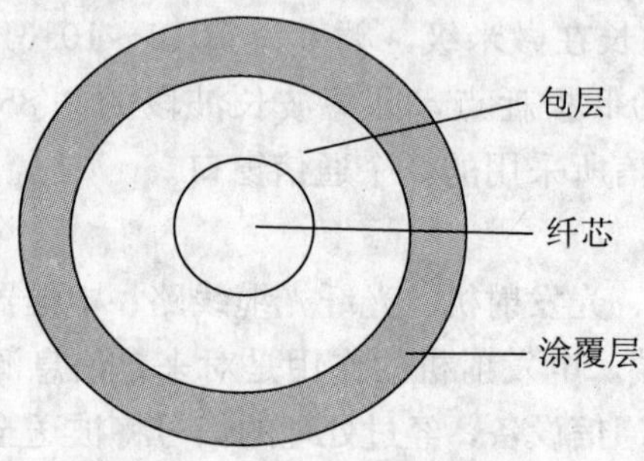

图 4-3　光纤横截面

光纤依据不同的原则可有不同的分类方法。

（1）按光纤横截面的折射率分布分类

根据光纤横截面折射率分布的不同，常用的光纤可以分成阶跃折射率分布光纤（简称阶跃光纤）和渐变折射率分布光纤（简称渐变光纤）两种类型，其折射率分布如图 4-4 所示，其中（a）是光纤的横截面图，其纤芯直径为 $2a$，包层直径为 $2b$。

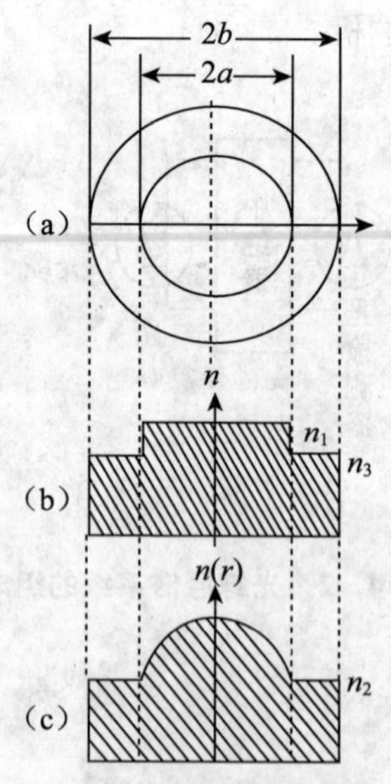

图 4-4　光纤折射率分布

①阶跃光纤

图（b）为阶跃光纤横截面的折射率分布，纤芯折射率为 n_1，包层折射率为 n_3。纤芯和包层的折射率都是均匀分布的，折射率在纤芯和包层的界面上发生突变。

②渐变光纤

图（c）为渐变光纤横截面的折射率分布，包层的折射率为 n_2，是均匀的，而在纤芯中折射率则随着纤芯的半径的加大而减小，是非均匀、且连续变化的。

此外，还有三角型折射率光纤（其纤芯折射率分布曲线为三角型）、双包层光纤、四包层光纤等，如图 4－5 所示。

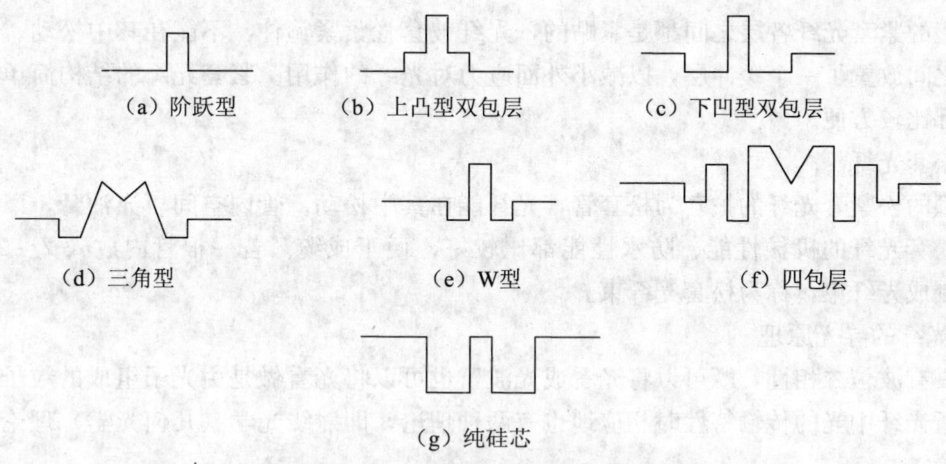

图 4－5　单模光纤的折射率分布形式

（2）按光纤中的传导模式数量分类

光是一种电磁波，它沿光纤传输时可能存在多种不同的电磁场分布形式（即传播模式），能够在光纤中远距离传输的传播模式称为传导模。根据传导模式数量的不同，光纤可以分为单模光纤和多模光纤两类。

①单模光纤

光纤中只传输一种模式，即基模（最低阶模式）。单模光纤的纤芯直径极小，约为 4μm～10μm，包层直径为 125μm。单模光纤适用于长距离、大容量的光纤通信系统。

②多模光纤

光纤中传输的模式不止一个，即在光纤中存在多个传导模式。多模光纤的纤芯直径较大，多模光纤的纤芯一般为 50μm，其横截面的折射率分布为渐变型，包层的外径 125μm。多模光纤适用于中距离、中容量的光纤通信系统。

（3）按光纤构成的原材料分类

①石英系光纤

石英系光纤主要是由高纯度的 SiO_2 并掺有适当的杂质制成，例如，用 $GeO_2 \cdot SiO_2$ 和 $P_2O_5 \cdot SiO_2$ 作芯子，用 $B_2O_3 \cdot SiO_2$ 作包层。目前，这种光纤损耗最低，强度和可靠性最高，应用最广泛。

②多组分玻璃光纤

例如，用钠玻璃掺有适当杂质制成的光纤。这种光纤的损耗较低，但可靠性不高。

③塑料包层光纤

光纤的芯子是用石英制成，包层是硅树脂。

④全塑光纤

光纤的芯子和包层均由塑料制成，其损耗较大，可靠性也不高。

目前，光纤通信中主要使用石英光纤。

(4) 按光纤的套塑层分类

①紧套光纤

典型的紧套光纤各层之间都是紧贴的，光纤被套管紧紧箍住，不能在其中松动。在光纤与套管之间放置了一个缓冲层，以减小外面应力对光纤的作用。紧套光纤的结构简单，使用和测试都比较方便。

②松套光纤

典型的松紧套光纤的护套为松套管，光纤能在其中松动。管内空间填充油膏，以防水分渗入。松套光纤的机械性能、防水性能都比较好，便于成缆。若一根管内放入 2～20 根光纤，可制成光纤束，称为松套光纤束。

2. 光纤的导光原理

光具有波粒二相性，既可以将光看成光波，也可以将光看做是由光子组成的粒子流。因而在分析光纤中光的传输特性时相应地也有两种理论，即射线光学（几何光学）理论和波动光学理论。

射线光学是用光射线代表光能量传输线路来分析问题的方法。这种理论适用于光波长远远小于光波导尺寸的多模光纤，可以得到简单、直观的分析结果。

波动光学是把光纤中的光作为经典电磁场来处理。从波动方程和电磁场的边界条件出发，可以得到全面、正确的解析或数字结果，给出光纤中的场的结构形式（即传输模式），从而给出光纤中完善的场的描述形式。它的特点是：能够精确、全面地描述光纤的传输特性，这种理论适合于单模光纤和多模光纤的分析。

(1) 采用射线光学分析光纤的特性

①多模阶跃折射率光纤的射线光学理论分析

在多模阶跃光纤的纤芯中，光按直线传输，在纤芯和包层的界面上光发生反射。由于光纤中纤芯的折射率 n_1 大于包层的折射率 n_2，所以在芯包界面存在着临界角 φ_c，如图 4－6 所示。图 4－6 为阶跃光纤的子午光线（一般将通过光纤轴线的平面称作子午面，把传输中总是位于子午面内的光线称为子午光线）。当光线在芯包界面上的入射角大于 φ_c 时，将产生全反射。若入射角小于 φ_c，入射光一部分反射，一部分通过界面进入包层，经过多次反射后，光很快衰减掉。所以可以形象地说，阶跃光纤中的传输模式是靠光射线在纤芯和包层的界面上全反射而使能量集中在芯子之中传输。

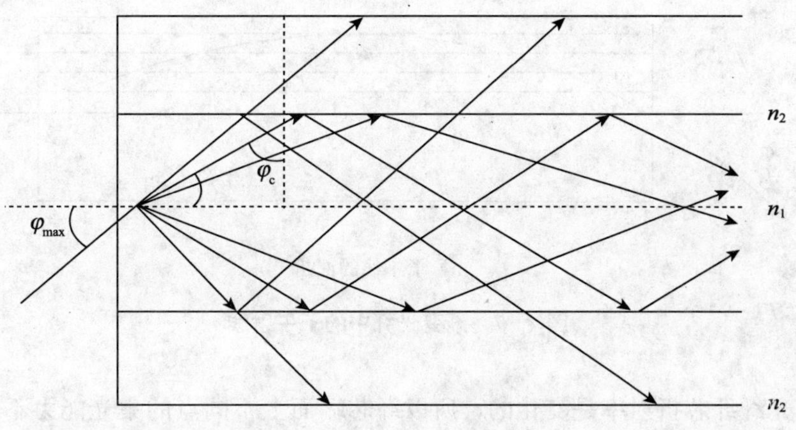

图 4-6　阶跃光纤的子午光线

②多模渐变折射率光纤的射线光学理论分析

多模渐变折射率光纤纤芯中的折射率是连续变化的。它随纤芯半径的增加而按一定规律减小，如图 4-6 所示。采用渐变光纤的目的是减小多模光纤的模式色散。

在多模渐变折射率光纤中，相对折射率差定义为

$$\Delta = [n^2(0) - n_2^2]/2n^2(0) \tag{4-1}$$

其中 n (0)，n_2 分别是 $r=0$ 处和包层的折射率。

在渐变光纤中，由于纤芯的折射率不均匀，光射线的轨迹不再是直线而是曲线。适当选取纤芯的折射率的分布形式，可以使不同入射角的光线有大致相等的光程，从而大大减小多模光纤模式色散的影响。

如图 4-7 所示的渐变光纤中的子午射线，以不同入射角进入纤芯的光射线在光纤中传过同一距离时，靠近光纤轴线的射线所走的路程短，而远离轴线所走的路程长。由于纤芯折射率是渐变的，所以近轴处的光速慢，远轴处的光速快。当折射率分布指数取最佳时，就可以使全部子午射线以同样的轴向速度在光纤中传输。分析指出，如果光纤的折射率分布采取双曲正割函数的分布，所有的子午射线具有完善的自聚焦性质，即从光纤端面入射的子午光线经过适当的距离会重新会聚到一点，这些光线具有相同的时延。

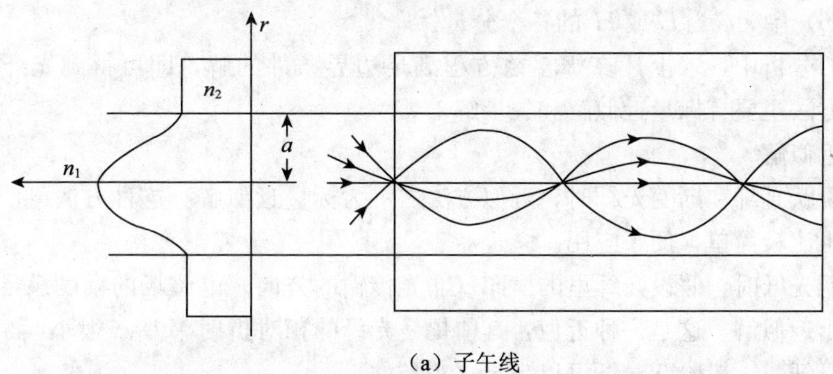

（a）子午线

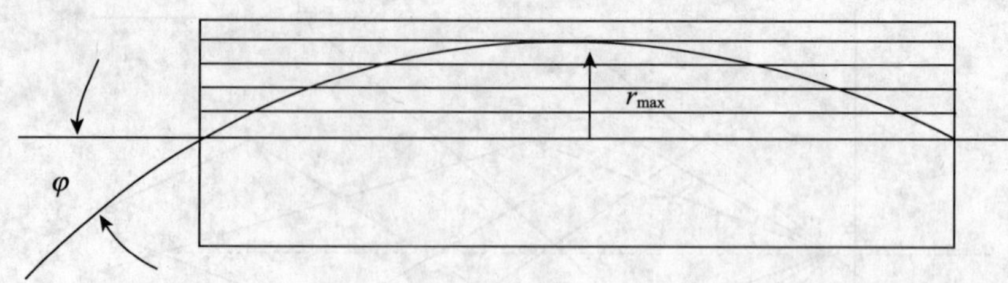

（b）子午线的曲折

图 4-7　渐变光纤中的子午射线

由于渐变光纤纤芯折射率是变化的，所以纤芯端面上不同点的集光能力不同，因此在渐变光纤中引入本地数值孔径的概念，它是指光纤端面上某一点的数值孔径，表征了渐变光纤端面上某一点的集光能力的大小。

（2）采用波动理论分析光纤的特性

光是电磁波，它具有电磁波的通性。因此光波在光纤中传输的一些基本性质都可以从电磁场的基本方程——麦克斯韦方程组推导出来。一般的求解方法是由麦克斯韦方程组推导出光在均匀介质中的波动方程，经过简化后的波动方程为

$$\nabla^2 E = \mu_0 \varepsilon \frac{\partial^2 E}{\partial t^2} \tag{4-2}$$

$$\nabla^2 H = \mu_0 \varepsilon \frac{\partial^2 E}{\partial t^2} \tag{4-3}$$

式（4-2）和（4-3）中，μ_0 为光波导介质（或真空）的导磁率；ε 为光波导介质的介电系数。如果电磁场作简谐振荡，由波动方程可以推出均匀介质中的矢量亥姆霍兹方程

$$\nabla^2 E + k_0^2 n^2 E = 0 \tag{4-4}$$

$$\nabla^2 H + k_0^2 n^2 H = 0 \tag{4-5}$$

式（4-4）和（4-5）中，$k_0 = 2\pi/\lambda$ 为真空中的波数；λ 为真空中的光波波长；n 为介质的折射率。

在直角坐标系中，E，H 的 x，y，z 分量均满足标量的亥姆霍兹方程

$$\nabla^2 \varphi + k_0^2 n^2 \varphi = 0 \tag{4-6}$$

式（4-6）中，φ 为 E 或 H 的各个分量。

在光纤的分析中，求上述亥姆霍兹方程满足边界条件的解，即可得到光纤中的场的解答。求解的方法主要有标量近似解和矢量解。

①标量近似解

在分析阶跃光纤和渐变光纤时，近似方法之一为标量近似解。这种方法可使分析大为简化，其结果也比较简单，便于应用。

分析阶跃光纤时，假设光纤里的横向（非光传输的方向）电磁场的幅度满足标量亥姆霍兹方程，求出近似解。这是一种近似，其前提是光纤的相对折射率差 Δ 很小。Δ 很小的光纤称作弱导波光纤，一般阶跃光纤可以满足这一条件。

分析渐变光纤时，假设纤芯的尺寸无穷，边界不起作用，然后假设横向（非光传输的方

向）电磁场的幅度满足标量亥姆霍兹方程，求出近似解。

采用这一解法可以得到光纤中各个模式的传输系数、模式的截止条件、单模传输条件、多模传输时的模式数量、模式功率分布等的简便计算公式。还可以利用这一方法来分析光纤的色散特性。

采用标量近似解得到的光纤中的模式为标量模。

②矢量解

矢量解是求满足边界条件的矢量亥姆霍兹方程的解答。矢量解中各个分量在直角坐标系中都满足标量的亥姆霍兹方程。

在分析阶跃光纤时，纤芯和包层的折射率都是均匀的，所以矢量解是严格的分析方法，它可以得到精确的模式及分布，但是比较复杂。对于渐变光纤，需要作一些近似假设，分析仍然十分复杂，需进行数值计算。

采用矢量解得到的光纤中的模式为矢量模式。

3. 光纤的传输特性

光纤的传输特性主要包括光纤的损耗特性和色散特性，此外还有光纤的非线性效应。

（1）光纤的损耗特性

光波在光纤中传输时，随着传输距离的增加，光功率会不断下降。光纤对光波产生的衰减作用称为光纤的损耗。

光纤的损耗特性是光纤的一个很重要的传输参数，它对于评价光纤质量和确定光纤通信系统的中继距离有着决定性的作用。目前，光纤在1550nm处的损耗可以做到0.2dB/km左右，接近光纤损耗的理论极限值。

（2）光纤的色散特性

①光纤色散的概念

光纤色散是指由于光纤所传输的信号是由不同频率成分和不同模式成分所携带的，由于不同频率成分和不同模式成分的传输速度不同，从而导致信号畸变的一种物理现象。在数字光纤通信系统中，色散使光脉冲发生展宽。

光纤的色散现象对光纤通信很不利。对于数字光纤通信系统，当色散严重时，会导致光脉冲前后相互重叠，造成码间干扰，增加误码率。所以光纤的色散不仅影响光纤的传输容量，也限制了光纤通信系统的中继距离。

②光纤色散的表示法

光纤的色散可以用不同的方法来表示，常用的有色散系数 $D(\lambda)$、最大时延差 $\Delta\tau$、光纤的带宽等。

光纤的色散系数 $D(\lambda)$ 定义为单位光谱线宽光源在单位长度光纤上所引起的时延差，其公式为

$$D(\lambda)=\frac{\Delta\tau(\lambda)}{\Delta\lambda}\ (\mathrm{ps/km\cdot nm}) \tag{4-7}$$

式（4-7）中，$\Delta\tau(\lambda)$ 为单位长度光纤上的时延差，单位是ps/km；$\Delta\lambda$ 为光源的线宽，单位为nm。

最大时延差 Δr 描述光纤中速度最快和最慢的光波成分的时延之差。时延差越大，色散

就越严重。

光纤带宽是用光纤的频率特性来描述光纤的色散，它是把光纤看做一个具有一定带宽的低通滤波器，光脉冲经过光纤传输后，光波的幅度随着调制的频率增加而减小，直到为零，而脉冲宽度则发生展宽。经理论推导，光纤的带宽和时延差的关系为

$$B=\frac{441}{\Delta\tau}(\mathrm{MHz}\cdot\mathrm{km}) \tag{4-8}$$

式（4－8）中，B 为光功率下降 3dB 时的光纤每公里带宽；$\Delta\tau$ 为光脉冲传输 1km 的时延差，单位是 ns/km。

从上述的定义可以看出，色散系数 D（λ）、最大时延差 $\Delta\tau$、光纤的带宽都是从不同角度反映光纤的同一特性——色散。

③光纤色散的种类

根据色散产生的原因，光纤色散的种类主要可以分为模式色散、材料色散和波导色散 3 种。模式色散是由于信号不是单一模式携带所导致的，又称为模间色散；材料色散和波导色散是由于同一个模式内携带信号的光波频率成分不同所导致的，所以也叫做模内色散。

• 模式色散

在多模光纤中存在许多传输模式，即使在同一波长，不同模式沿光纤轴向的传输速度也不同，到达接收端所用的时间不同，因而产生了模式色散。

• 材料色散

由于光纤材料的折射率是波长 λ 的非线性函数，从而使光的传输速度随波长的变化而变化，由此而引起的色散叫材料色散。

材料色散主要是由光源的光谱宽度所引起的。由于光纤通信中使用的光源不是单色光，具有一定的光谱宽度，这样，不同波长的光波传输速度不同，从而产生时延差，引起脉冲展宽。材料色散引起的脉冲展宽与光源的光谱线宽和材料色散系数成正比，所以在系统使用时尽可能选择光谱线宽窄的光源。石英光纤材料的零色散系数波长在 1270m 附近。

• 波导色散

同一模式的相位常数 β 随波长 λ 而变化，即群速度随波长而变化，从而引起色散，称为波导色散。

波导色散主要是由光源的光谱宽度和光纤的几何结构所引起的。一般波导色散比材料色散小。普通石英光纤在波长 1310nm 附近，波导色散与材料色散可以相互抵消，使二者总的色散为零。因而普通石英光纤在这一波段是一个低色散区。

在多模光纤中以上 3 种色散均存在。对于多模阶跃折射率光纤，模式色散占主要地位，其次是材料色散，波导色散比较小，可以忽略不计。对于多模渐变折射率光纤，模式色散较小，波导色散同样可以忽略不计。

对于单模光纤，上述 3 种色散中只有材料色散和波导色散存在。

此外，在单模光纤中还存在偏振模色散。偏振模色散是由于实际的光纤总是存在一定的不完善性，使得沿着两个不同方向偏振的同一模式的相位常数 β 不同，从而导致这两个模式传输不同步，形成色散。

偏振模色散通常较小，在速率不高的光纤通信系统中可以忽略不计。对于工作在零色散

（材料色散和波导色散之和为零）波长的单模光纤，偏振模色散将成为最后的极限。

（3）光纤的非线性效应

在高强度电磁场中任何电介质对光的响应都会变成非线性，光纤也不例外。

在光纤通信系统中，高输出功率的激光器和低损耗光纤的使用，使得光纤中的非线性效应越来越显著。这是因为光纤中的光场主要束缚于很细的纤芯中，使得场强非常高；低损耗又使得高场强可以维持很长的距离，保证了有效的非线性相互作用所需的相干传输距离。特别是当今的大容量、长距离光纤通信系统中，光纤中传输的光功率大，使得这一问题尤为突出。

光纤中的非线性效应对于光纤通信系统有正反两方面的作用，一方面可引起传输信号的附加损耗、波分复用系统中信道之间的串话、信号载波的移动等；另一方面又可以被利用来开发如放大器、调制器等新型器件。

光纤的非线性可以分为两类，即受激散射效应和折射率扰动。

①受激散射效应

受激散射效应是光通过光纤介质时，有一部分能量偏离预定的传播方向，且光波的频率发生改变，这种现象称为受激散射效应。受激散射效应有两种形式，即受激布里渊散射和受激拉曼散射。这两种散射都可以理解为一个高能量的光子被散射成一个低能量的光子，同时产生一个能量为两个光子能量差的另一个能量子。两种散射的主要区别在于受激拉曼散射的剩余能量转变为光频声子，而受激布里渊散射转变为声频声子；光纤中的受激布里渊散射只发生在后向，受激拉曼散射主要是前向。受激布里渊散射和受激拉曼散射都使得入射光能量降低，在光纤中形成一种损耗机制。在较低光功率下，这些散射可以忽略。当入射光功率超过一定阈值后，受激散射效应随入射光功率成指数增加。

②折射率扰动

在入射光功率较低的情况下，可以认为石英光纤的折射率与光功率无关。但是在较高光功率下，则应考虑光强度引起的光纤折射率的变化，它们的关系为

$$n=n_0+n_2P/A_{eff} \qquad (4-9)$$

式（4－9）中，n_0 为线性折射率；n_2 为非线性折射率系数；P 为入射光功率；A_{eff} 为光纤有效面积。

折射率扰动主要引起 4 种非线性效应：即自相位调制（SPM）、交叉相位调制（XPM）、四波混频（FWM）、光孤子形成。

• 自相位调制是指光在光纤内传输时光信号强度随时间的变化对自身相位的作用。它导致光谱展宽，从而影响系统的性能。

• 交叉相位调制是任一波长信号的相位受其他波长信号强度起伏的调制产生的。交叉相位调制不仅与光波自身强度有关，而且与其他同时传输的光波的强度有关，所以交叉相位调制总伴有自相位调制。交叉相位调制会使信号脉冲谱展宽。

• 四波混频是指由两个或三个不同波长的光波混合后产生新的光波的现象。其产生原因是某一波长的入射光会改变光纤的折射率，从而在不同频率处发生相位调制，产生新的波长。四波混频对于密集波分复用（DWDM）光纤通信系统影响较大，成为限制其性能的重要因素。

• 非线性折射率和色散间的相互作用，可以使光脉冲得以压缩变窄。当光纤中的非线性效应和色散相互平衡时，可以形成光孤子。光孤子脉冲可以在长距离传输过程中，保持形状

和脉宽不变。

4. 单模光纤

单模光纤是指在给定的工作波长上只传输单一基模的光纤。由于单模光纤只传输基模，不存在模式色散，因此它具有相当宽的传输带宽，使其适用于长距离、大容量的光纤通信系统。

(1) 单模光纤的结构特点

为了保证单模传输，光纤的芯径较小，一般其芯径为 4μm～10μm。

单模光纤纤芯的折射率分布一般要求为均匀分布设计，但是由于光纤制造过程中的某些不完善，纤芯折射率分布实际上是非均匀的。此外，为了制造的合理及改善光纤性能，单模光纤的包层折射率常是变化的。例如，为了降低光纤的损耗和色散，常在纤芯外加一层高纯度、低损耗的内包层。内包层之外是外包层，构成所谓的双包层结构。

(2) 单模光纤的特性参数

单模光纤的主要特性参数有折射率分布、衰减系数、色散、截止波长、模场直径等。折射率分布、衰减系数、色散特性前面已经叙述，这里简单谈一下截止波长、模场直径两个参数。

①截止波长

单模光纤的截止波长是指光纤的第一个高阶模截止时的波长。只有当工作波长大于单模光纤的截止波长时，才能保证光纤工作处于单模状态。

②模场直径

单模光纤中的场并不完全集中在纤芯中，而是有相当部分的能量在包层中传输，所以不能用纤芯的几何尺寸作为单模光纤的特性参数，而是用模场直径作为描述单模光纤中光能集中程度的度量。

模场是光纤中基模的电场在空间的强度分布。模场直径则是描述光纤中光功率沿光纤半径的分布状态，即光纤中光能的集中程度。

(3) 单模光纤的偏振

所谓单模光纤，实际上传输两个相互正交的基模。在完善的光纤中，这两个模式有相同的相位常数，是互相兼并的。但实际光纤总带有某种程度的不完善，例如，纤芯的椭圆变形、光纤内部的残余应力等。这些因素使得两正交基模的相位常数不相等。这种现象叫做光纤的双折射。由于双折射，两模式的群速度不同，从而引起偏振色散。

(4) 单模光纤的分类

按照国际电信联盟电信标准化部门 ITU—T 的最新建议，单模光纤可以分为 G. 652、G. 653、G. 654、G. 655 4 种，即非色散位移单模光纤、色散位移单模光纤、截止波长位移单模光纤、非零色散位移单模光纤。

非色散位移单模光纤（亦称为 G. 652 光纤）即常规单模光纤和低水峰单模光纤。常规单模光纤是被最早使用的单模光纤，也是目前使用最广泛的光纤。其性能特点是：在 1310nm 波长处的色散为零；在 1550nm 波长区有最小衰减系数，但具有最大色散系数。

低水峰单模光纤也称为全波光纤，它几乎消除了石英玻璃中 OH^- 离子引起的损耗峰。所以光纤具有长期的衰减稳定性。其特点是：光纤可在 1280nm～1625nm 全波段进行传输；色散比较小。

色散位移单模光纤（亦称为 G.653 光纤）是通过改变光纤的结构参数、折射率分布形状来加大波导色散，将零色散点从 1310nm 位移到 1550nm，实现 1550nm 波长区最低损耗和零色散波长一致。这种光纤适合于长距离高速率的单信道光纤通信系统。

截止波长位移单模光纤（亦称为 G.654 光纤）的零色散波长在 1310nm 附近，其截止波长移到了较长波长。光纤在 1550nm 波长区域损耗极小，最佳工作范围为 1500nm～1600nm，光纤抗弯曲性能好，主要用于无中继的海底光纤通信系统。

非零色散位移单模光纤（亦称为 G.655 光纤）是为适应波分复用（WDM）传输系统设计和制造的新型光纤。这种光纤是在色散位移单模光纤的基础上通过改变折射率分布的方法使得光纤在 1550nm 波长色散不为零，且在 1530nm～1565nm 波长区具有小的色散：1～6ps/（km·nm）。这种光纤又可分为非零色散位移单模光纤、低色散斜率非零色散位移单模光纤、大有效面积非零色散位移单模光纤。

还有一种很有应用前景的单模光纤——色散补偿单模光纤，它是一种在 1550nm 波长区有很大负色散系数的单模光纤。当它与 G.652 光纤连接使用时，可以抵消几十千米光纤的正色散，可以实现长距离、大容量的传输。

三、光纤传输设备

光纤通信系统由传输线路和光纤传输设备组成，光纤传输设备包括终端设备和中继设备，终端设备又包括光发射机和光接收机。

1. 光发射机

在光纤通信系统中，光发射机的作用是将电信号变换成光信号，然后送入光纤线路进行传输。光发射机的组成原理框图如图 4-8 所示，主要包括输入电路（输入盘）和电—光转换电路（发送盘）两大部分。

（1）输入电路

①均衡

对于使用不同速率的光端机，原 CCITT 规定了系列数字接口的码型，以 2.048Mb/s 为基群传输速率的数字系列各比特率所规定的接口码型如表 4-1 所示。

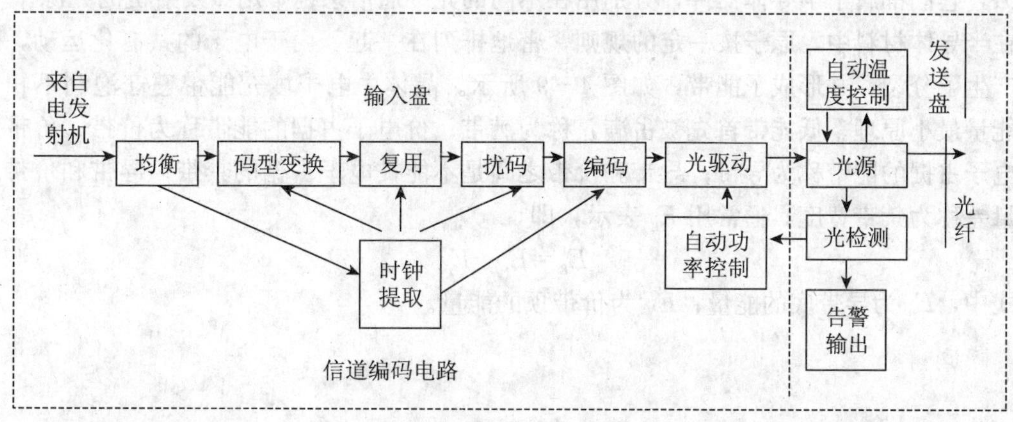

图 4-8　光发射机组成原理

表 4-1　数字复接等级对应的接口码型

群路等级	一次群（基群）	二次群	三次群	四次群
接口传输速率/（Mb/s）	2.048	8.448	34.368	139.264
接口码型	HDB_3	HDB_3	HDB_3	CMI

由 PCM 端机送来的 HDB_3 或 CMI 码流首先要进行均衡，用以补偿由电缆传输所产生的衰减或畸变，以便正确译码。

②码型变换和复用

码型变换的作用是将均衡器输出的 HDB_3 码（三值双极性码）或 CMI 码（RZ 码）变换为二进制单极性码，即 NRZ 码，以方便处理。

③扰码

若信码流中出现长连“0”或长连“1”的情况，将会给时钟信号的提取带来困难。为了避免出现这种情况，需要加一扰码电路，它可以有规律地破坏长连“0”或长连“1”的码流，从而达到“0”、“1”等概率出现。

④编码

编码是对经过扰码后的信码流进行编码，使其变换为适合在线路中传送的线路码型。

⑤时钟提取

由于码型变换和时钟提取过程都需要以时钟信号作为依据，因此在均衡电路之后，由时钟提取电路提取 PCM 中的时钟信号，供码型变换和扰码电路使用。

（2）电—光转换电路

①光源

光源是发射机的关键器件，在很大程度上决定着光发射机的性能，其功能是把电信号转换为光信号。

目前，满足上述要求的光源器件主要有半导体激光器（LD）和半导体发光二极管（LED），它们都属于半导体器件，分别用在不同的光纤通信系统中用做发射机的光源。

在半导体材料中，原子按一定的规则紧密地排列在一起。由于电子的共有化运动，使得能级产生了分裂，并形成了能带，如图 4-9 所示。晶体中电子填充能带遵守泡利不相容原理和能量最小原理。低能带首先被占满，称为满带；价电子占据的能带称为价带；价带上面的由电子占据的能带称为导带；导带和价带之间是不能被电子占据的禁带；导带和价带之间的能量差称为禁带宽度，通常用 E_g 表示，即

$$E_g = E_c - E_V \tag{4-10}$$

式中，E_c 为导带底的能量；E_V 为价带顶的能量。

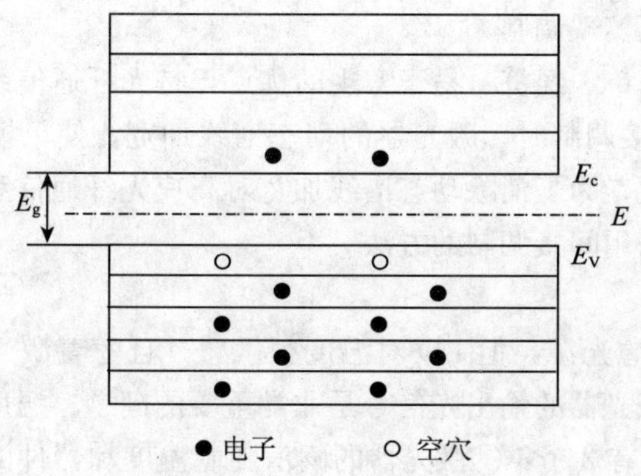

图 4-9　半导体的能带结构

一般来说，处于高能态（导带）的电子是不稳定的，它们会向低能态（价电子）跃迁，而将能量以光子的形式释放出来，这种发光过程可以通过自发辐射和受激辐射两个基本形式进行。但受激辐射的产生还必须有光场的激发，自发辐射则不需要。LED 基本工作原理是自发辐射，自发辐射产生的是非相干光；LD 的基本工作原理是受激辐射，受激辐射产生的是相干光。

LD 要产生稳定的激光振荡必须满足一定电流阈值条件和相位条件。由于激光器有源区内各种损耗机制和谐振腔的存在，激光器的注入电流必须大于一定值时才能产生激光振荡，这一最小注入电流就是激光器的阈值电流。此外，激光振荡还必须满足谐振腔决定的相位条件。

LED 是非阈值器件，其发光功率随工作电流的增大而增大，近似的呈线性。LED 与 LD 在材料、异质结构上没有很大差别，在结构上的主要差别是 LED 没有光学谐振腔，不能形成激光。与 LD 相比，LED 的突出优点是寿命长、可靠性高、调制电路简单、成本低，因此 LED 在一些传输速率不太高、传输距离不太长的系统中得到了广泛应用。

②光源驱动与调制电路

光源驱动与调制电路是电—光转换电路的核心，它用经过编码后的数字信号来调制发光器件的发光强度，完成电—光转换任务。

光调制是用待发送的电信号控制光载波的某一参量（如光强度等），使之携带发送信息的过程，也就是完成电—光转换的过程。根据调制与光源的关系，光调制可分为两大类：直接调制和间接调制。直接调制方法仅适用于 LED 和 LD，这种方法是把要传送的信息转变为电流信号注入 LED 或 LD，从而获得相应的光信号，因此是采用电源调制的方法。直接调制后的光波电场振幅的平方正比于调制信号，是一种光强度调制的方法。根据待发送电信号的不同，直接调制又可分为数字信号调制和模拟信号调制。

间接调制是利用晶体的电光效应、磁光效应、声光效应等性质来实现对激光辐射的调制，该方法既适用于半导体激光器，也适用于其他类型的激光器。间接调制最常用的方法是外调制，即在激光形成以后加载调制信号，具体方法是在激光器的外光路上放置调制器，在调制器上加调制电压，使调制器的某些物理特性发生相应的变化，则激光得到调制。间接调制的方法是用集成光学的方法把激光器和调制器集成在一起，用信号控制元件的物理性质，从而改变激光输出特性以实现调制。

直接调制方法具有简单、经济、易于实现的优点，是光纤通信系统中常用的一种调制方式。但是对LED进行直接调制时，激光器的动态谱线加宽，使单模光纤的色散增加，限制了光纤的传输容量，因此，为了消除动态谱线加宽对高速光纤通信系统的影响，在高速长距离光纤通信系统中一般采用间接调制的方法。

③控制电路

LD是高速传输的理想光源，但LD对温度很敏感，且随着激光器的老化，其输出功率也将减小，因此，稳定激光器的输出光信号是非常重要的问题。温度的变化和器件的老化导致LD不稳定的主要表现有2个：①激光器的阈值随着温度和器件的老化而变化，从而使输出光信号的光功率发生变化；②激光器的发射中心波长随温度的升高向长波长漂移。

控制电路的作用就是消除温度和器件老化的影响，稳定输出光信号，目前主要采用的稳定方法有自动温度控制（ATC）和自动光功率控制（APC）。

④辅助电路

发送盘除了包含上述各部分电路外，还有一些辅助电路。光源过流保护电路；无光告警电路；LD偏流（寿命）告警。

2. 光接收机

光接收机是光纤通信系统中的一个重要组成部分，其作用是接收经光纤传输率衰减后的十分微弱的光信号，从中检测出传送的信息，放大后供终端处理使用。光接收机的组成原理框图如图4-10所示。

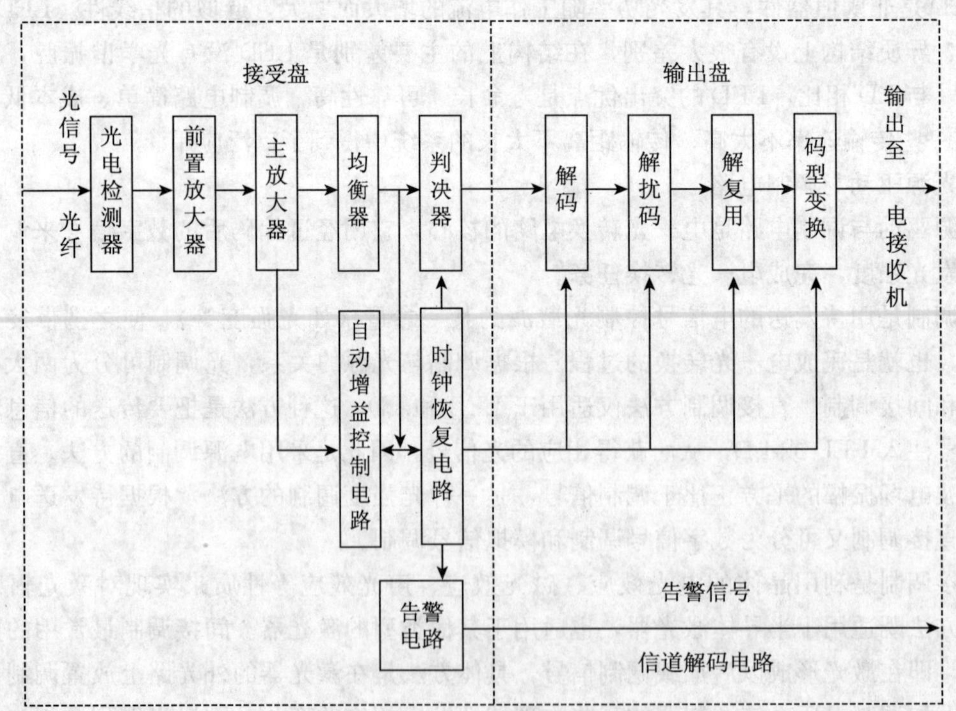

图4-10　光接收机组成原理

（1）光电检测器

光电检测器的作用是利用光电二极管将由光发射机经光纤传输过来的光信号转换为电信号。目前在光纤通信系统中广泛使用的光电检测器是半导体 PIN 光电二极管和雪崩光电二极管（APD）。

（2）前置放大器

在一般的光纤通信系统中，经光电检测器输出的光电流是十分微弱的，为了使光接收机判决电路能正常工作，必须将这种微弱的电信号通过多级放大器进行放大。

放大器在将信号放大的过程中，放大器本身的电阻也将引入热噪声，放大器的晶体管将引入散弹噪声。在一个多级放大器中，后一级放大器在对前一级放大器输出信号放大的同时，也将前一级放大器引入的噪声进行了放大。因此，对多级放大器的前级（即前置放大器）的要求是低噪声和高增益，这样才能得到较大的信噪比。前置放大器的输出一般为毫伏数量级。

（3）主放大器

光接收机中前置放大器的输出信号较弱，不能满足幅度判决的要求，因此还必须加以放大。主放大器一般是多级放大器，其作用有 2 个：①将前置放大器输出的信号电平放大到判决电路所需的信号电平；②主放大器是一个增益可调节的放大器，当光电检测器输出的信号出现起伏时，通过光接收机的自动增益控制电路对主放大器的增益进行调整，以使主放大器的输出信号幅度在一定范围内不受输入信号的影响。一般主放大器的峰值输出是几伏的数量级，实际设备中的主放大器往往由集成电路构成。

（4）均衡器

均衡器的作用是使经过均衡以后的波形成为有利于判决的波形，如成为升余弦频谱脉冲。具体地说就是经过均衡以后的波形具有如下特点：在本码判决时刻波形的瞬时值应为最大值；而这个本码波形的拖尾在邻码判决时刻的瞬时值应为 0。这样，即使经过均衡以后的输出波形仍有拖尾，但该拖尾在邻码判决这个关键时刻恰好为 0，从而使得这种拖尾不干扰邻码的判决。

（5）判决器和时钟恢复电路

判决器由判决电路和码形成电路构成，判决器和时钟恢复电路合起来构成脉冲再生电路。脉冲再生电路的作用是将均衡器输出的信号（如升余弦频谱脉冲）恢复为“0”或“1”的数字信号。

为了能从均衡器的输出信号判决出是“0”码还是“1”码，首先要设法知道应在什么时刻进行判决，即将“混在”信号中的时钟信号（又称定时信号）提取出来，接着再根据给定的判决门限电平，按照时钟信号所“指定”的瞬间来判决由均衡器送来的信号。若信号电平超过判决门限电平则判为“1”码，若信号电平低于判决门限电平则判为“0”码，这样就把从均衡器输出的信号恢复（再生）为“0”、“1”码信号。

（6）自动增益控制电路

光接收机的自动增益控制就是用反馈环路来控制主放大器的增益，在采用雪崩管的接收机中还通过控制雪崩管的高压来控制雪崩管的雪崩增益。当信号强时则通过反馈环路使上述增益降低；当信号弱时则通过反馈环路使上述增益提高，从而达到使送到判决器的信号稳定，以利判决的目的。显然，自动增益控制的作用增加了光接收机的动态范围。

(7) 解码、解扰码、解复用和码型变换

为了使信码流能够高质量地在光纤中传输，光发射机输出的信号是经过码型变换电路、复用、扰码和编码处理的，这种信号经过光纤传到接收机后，还将送入 PCM 系统中，因此还需将上述经过码型变换电路、复用、扰码和编码处理的信号进行一系列的“复原”工作，这些将由解码、解扰码、解复用和码型变换电路来完成。

3. 光中继器

在远距离光纤通信系统中，由于受发送光功率、光接收机灵敏度、光纤损耗和色散的影响，将使光脉冲信号的幅度受到衰落，波形出现失真，从而限制了光脉冲信号在光纤中的长距离传输。为了延长通信距离，需要在光波信号传输一定距离（数十千米至数百千米）后加入一个光中继器，以补偿光能的衰减，恢复信号脉冲的形状。

光中继器主要由光接收设备和光发送设备组成，如图 4-11 所示。目前采用的是传统的间接光中继方式，这种中继不能对光信号直接进行放大，而是采用光—电—光的转换方式，即先将接收光纤的已衰减信号用光电检测器接收，经放大和再生恢复原来的数字电信号，然后再对光源进行驱动，产生光信号送入光纤。此外，为了使光中继器正常工作，便于监控、维护，还应有电源、公务、告警、监控等设备，有的光中继器还有区间通信接口，以提供一定的区间通信能力。

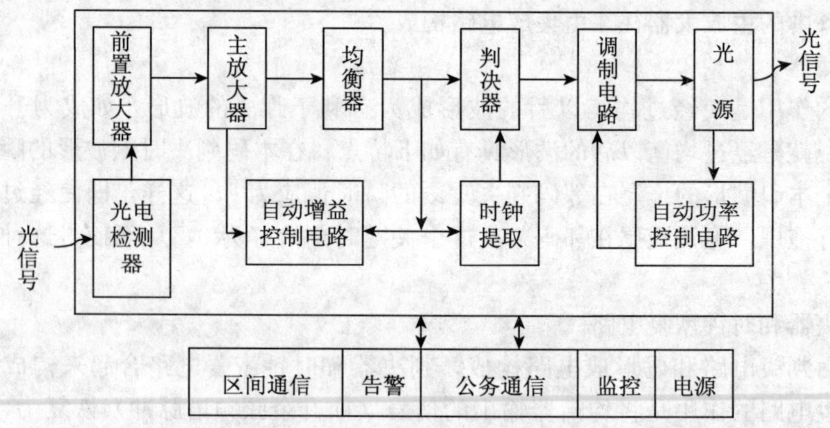

图 4-11 光中继器组成原理

在光纤线路中，光信号的传输是双向的，中继器对每个传输方向都必须中继，因此，在光中继器中有两套收发设备，一套用于发送信号，另一套用于接收信号，而公务部分则是公共的。

四、光纤通信系统

1. 光纤通信系统构成

光纤通信系统主要由光发射机、光接收机、光纤、中继器、光纤连接器或耦合器等组成，如图 4-12 所示。

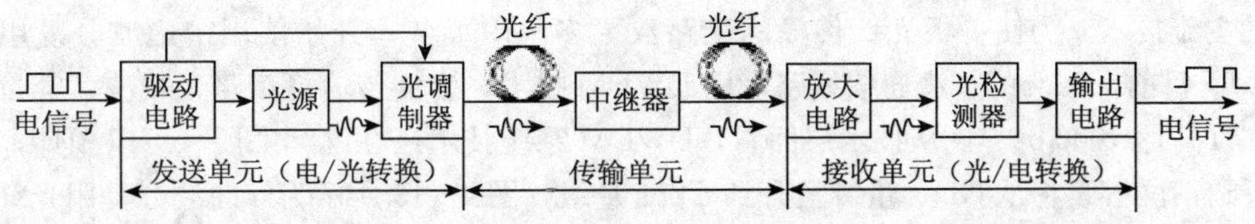

图 4-12　光纤通信系统组成

2. 光纤通信系统设计

进行光纤系统设计首先要明了选择什么样的网络，其现状如何，为何要用光纤；根据实际情况选择合适的光纤网络设备、光纤、跳线等，并依据性能、价格、服务等确定品牌；按客户要求和网络类型确定线路的路由，并绘制布线图；路线较长时需核算衰减余量，特别是考虑光纤传输最大中继距离。光纤传输最大中继距离指光发射机和光接收机之间不设中继器时能传输的最远距离。设计光纤通信系统时，计算最大中继距离尤为重要，主要由 4 方面因素决定：一是发射机输出耦合进光纤的平均光功率，耦合进光纤的功率越大，中继距离越长；二是光纤的色散，光纤的色散大则经过一定距离传输后出现的波形失真就严重，且失真随传输距离累积，数字通信系统中，波形失真将引起码间干扰，使光接收灵敏度降低，影响中继距离；三是光纤的损耗，包括光纤活动连接器损耗和光纤的熔接损耗，损耗越小，光信号传输距离就越远；四是满足一定要求的光接收机，接收机灵敏度越高中继距离越长。

3. 光纤通信关键技术

光纤通信是通信史上一次重要革命，作为宽带传输解决方案的光纤通信自诞生之日起就很受重视，并保持强劲的发展势头。特别是 20 世纪 90 年代，无论技术方面还是产品方面，光纤通信都得到了飞速发展，确立了其在通信领域的核心地位。过去 10 年，光纤传输速率提高了 100 倍，预计未来 10 年还将提高 100 倍左右。特别是“光网络”的兴起和发展，在光域上可进行复用、解复用、选路和交换，更充分利用了光纤的巨大带宽资源增加网络容量，实现各种业务的“透明”传输。下面简要介绍光纤通信中的复用技术、交换技术。

（1）复用技术

①TDMA 技术

目前，电信号的 TDMA 最高速率为 10Gbps，把该速率数字群向光纤上的光载波直接调制，就成为光纤传输最高速率。而光纤本身容量很大，故光纤受到电的最高速率限制。鉴于传输速率由 10Gbps 提高到 20Gbps 时，已接近微电子技术极限，即使开发出高速率 TDMA 器件，成本也昂贵。特别是此时光纤色散和非线性影响严重，传输困难。因此，尽管 TDMA 的实验室速率高达 40Gbps，但远距离传输仍很困难。较为可行的方法是采用 10Gbps 为基础速率的 WDMA 系统，用 4 个波长实现 40Gbps 的高容量。这样，既解决了中长期通信容量的需求，又不存在实质性技术难点。

②WDMA 技术

WDMA 技术本质上是对光的频分复用。如果一根光纤利用 n 路的 WDMA，每路带有 10Gbps 的数字信号，则光纤传输容量为 $n\times10$Gbps，这样就打破了电子瓶颈对传输速率的限制。随着 WDMA 的成熟与应用，光纤的带宽资源得到了充分利用，使光纤通信成为传输网络的主流技术。为使一根光纤传输的光路数更多，1995 年，开始使用密集波分复用技术 DWDM。目前，95%的长途通信线路采用 DWDM 技术，容许传输更多路光载波，容量进一步增加（高达 400Gbps）。从技术层面看，DWDM 系统技术还在继续发展。可以预计，未来的光纤通信网容量将从 Gbps 量级上升到 Tbps 量级。图 4－13 所示为双向波分复用光纤通信系统。图中，WDM/DWDM 是具有波长选路功能的复用/解复用器。光发射机 T_1，发射波长为 λ_1 的光信号，经 WDM/DWDM 送入传输光纤，在接收端，再经波长选择后传输到接收机 R_1 接收。T_2 和 R_2 是另一方向传输的发射和接收端机。

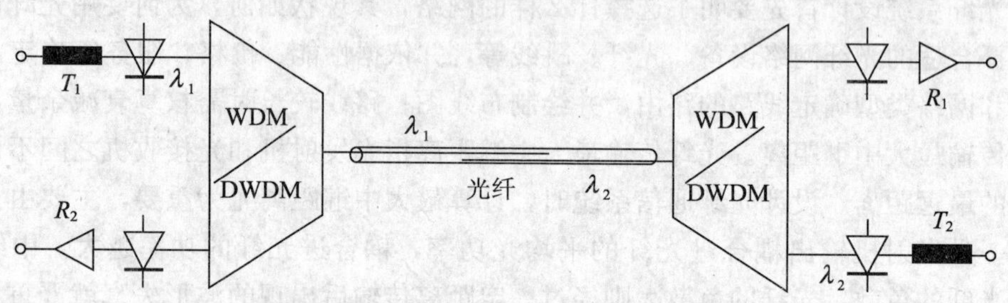

图 4－13　双向波分复用光纤通信系统

③光时分复用技术

光时分复用技术（OTDMA）是在同一光载波波长上，把时间分割成周期性的帧，每帧再分割成若干时隙，然后根据一定的时隙分配原则，使每个光网络单元在每帧内只能在指定的时隙向上行信道发送信号，在满足定时和同步的条件下，光交换网络可以从各个时隙中分别接收到各光网络单元的信号而不混淆。传统的电 TDMA 存在电/光转换的电子瓶颈问题。而 OTDMA系统中，与信号有关的所有电子设备均工作于基带比特速率，故不存在电子瓶颈问题。

• 发送端：各光网络单元从光交换网络到光网络单元的下行信号中提取发送定时，由模式锁定激光器产生一定宽度的连续光脉冲，并提供时分复用所必需的低占空比的脉冲流，通过光调制器对输入数据进行取样编码，形成 n 路载有信息的光脉冲，各路光脉冲分别经可变光延时线调整至合适的位置，即调整到规定的时隙，并在光纤方向耦合器中复用成一路光脉冲信号，经放大送入光纤中传输。

• 接收端：首先实现全光解复用，即利用光纤分路器取出部分光功率，送入定时提取锁相环提取时钟同步信号，并用此信号激励可调谐模式锁定激光器产生光控脉冲，去控制全光解复用器，实现光时分解复用，获得扎路光脉冲信号，然后送入时分光交换网络中进行交换。

OTDMA 有效提高了传输速率、系统容量，但由于超短光脉冲源、超短光脉冲传输、时钟提取、时分解复用等关键技术较为复杂，且实现这些技术的光电子器件特别昂贵，所以该技术的优势还未充分体现。但随着光纤传输系统扩容之需，特别是光电子器件制造水平的提高，OTDMA 将会更好地应用。

④光码分多址技术

作为 3G 和 4G 移动通信的基础，CDMA 在提高系统容量方面优势显著，且很好地解决了移动通信系统抗干扰和抗多径衰落的问题。但由于通信带宽的限制，CDMA 的优点尚未充

分发挥。光纤具有极为丰富的带宽资源，能很好地弥补这个缺陷。20 世纪 80 年代，就有专家对光码分复用技术（OCDMA）进行了研究。近年来，OCDMA 更是备受瞩目的热点技术。

DWDM 虽然为解决光纤容量扩展问题提供了解决方案，但与 OCDMA 相比，DWDM 方案的主要缺陷是增加了网络结构的成本。OCDMA 技术则为网络的发展提供了新的途径，不仅可增加现有光纤设备的利用率，还能显著减少将来敷设的光纤数量。但 OCDMA 技术目前尚不够成熟。影响 OCDMA 实用化的主要障碍在非相干光 CDMA 方面：首先，由于无极性码数量有限，码间干扰也较大，限制了用户数量；其次，光编/解码器较笨重，难以实用。相信随着相关技术的发展，上述问题均可逐步得到解决。

（2）交换技术

①光分组交换技术

光分组交换的概念与电分组交换类似，只不过是在光域内的扩展，即交换粒度是以高速传输的光分组为单位。虽然光分组可长可短，但由于交换设备须具备处理最小分组的能力，因此光分组交换要求节点的处理能力非常高。早先提出的全光交换，要求控制信号在光域处理，但由于光逻辑器件到目前为止依然无法实用化，只能进行实验室演示。目前，通行的方法是通过光电混合实现光分组交换，即数据在光域进行交换，而控制信息在交换节点被转换成电信号后再进行处理。

②光突发交换技术

光突发交换（OBS）概念出现于 20 世纪 80 年代初。但由于当时无论是电话网还是数据网技术上已很成熟，没有必要以突发为单位处理语音或数据，因此 OBS 的概念当时并没有像电路交换、分组交换那样受到重视。实际上，电路交换包含许多个语音突发，为每个突发都进行一次呼叫申请显然太浪费资源；早期数据网一个突发代表一大段数据，为占用较少的网络资源，提高传输成功率，将突发数据拆分成多个分组再传输，没有以突发为单位。但随着技术发展，传输速率的增长速度远超过处理速率的增速，如仍采用分组方法处理，网络设备将长期处于过载状态，不利于网络性能改进和优化。因此，改进并简化网络节点的处理显得尤为必要。OBS 提高了处理粒度就是一种较好的解决方法。通过预先发送控制信息，在每个节点处进行光/电变换、处理、预约资源后，节点再传输突发数据，数据可以始终保持在光域内，同时免去分组交换中逐一处理分组头的麻烦。OBS 包括核心节点与边缘节点两种。核心节点的任务是完成突发数据的转发与交换；边缘节点负责重组数据，如将接入网中的用户分组数据封装为突发数据，或反之。与光分组交换不同的是，只需对光纤中传输控制分组的波长进行光/电变换，传输突发数据的波长无须光/电变换。目前，通信网正朝光因特网的方向发展，在光因特网中采用 OBS 技术应是必然方向。

第三节 无线通信技术

一、无线通信概述

1. 无线电波的传播方式

无线电波是一种电磁波，根据波的特性，无线电波在均匀媒质中以恒定的速度沿直线传播，由于能量的扩散与媒质的吸收，传输距离越远，信号强度越小；当无线电波在非均匀媒质中传播时，速度会发生变化，同时还会产生以下现象：反射、折射、绕射、散射。

无线电波的传播方式是指无线电波从发射点到接收点的传播路径，主要包括地波传播、天波传播、空间波传播、对流层传播、外层空间传播等。

(1) 地波传播

地波传播是指电磁波沿地球表面到达接收点的传播方式，如图 4－14 所示。电波在地球表面上传播，地面上有高低不平的山坡和房屋等障碍物，根据波的衍射特性，只有当波长大于或相当于障碍物的尺寸时，波才能明显地绕到障碍物的后面。地面上的障碍物一般不太大，长波、中波和中短波均能绕过，而短波和微波由于波长过短，在地面上不能绕射，只能按直线传播。

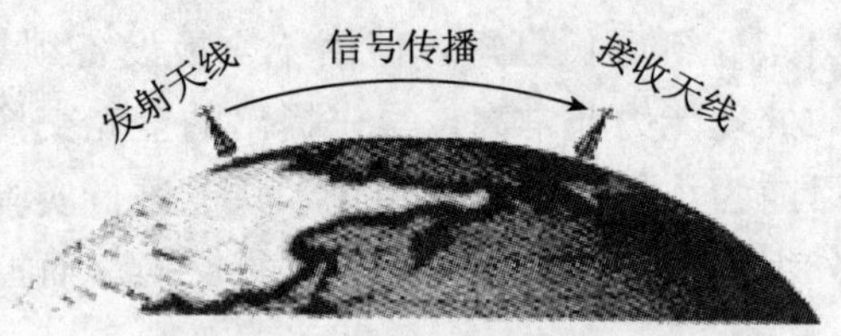

图 4－14　地波传播

地波的传播比较稳定，不受昼夜变化的影响，而且能够沿着弯曲的地球表面到达地平线以外的地方。但地球是个良导体，地球表面会因地波的传播引起感应电流，地波在传播过程中有能量损失，而且频率越高损失的能量就越多，因此中波和中短波的传播距离不大，一般在几百千米范围内，可用于进行无线电广播，收音机在这两个波段一般只能收听到本地或邻近省市的电台。长波沿地面传播的距离要远得多，但发射长波的设备庞大、造价高，因此长波很少用于无线电广播，多用于超远程无线电通信和导航等。

(2) 天波传播

天波传播是指自发射天线发出的电磁波进入高空被电离后，由于密度不均匀而产生反射到达接收点的传播方式，信号经多次反射后到达接收点的传播示意图如图 4－15 所示。

电离层对于不同波长的电磁波表现出不同的特性，实验证明，波长短于 10m 的微波能穿过电离层，波长超过 3000km 的长波几乎会被电离层全部吸收。对于中波、中短波、短波，波长越短，电离层对它吸收越少而反射越多，因此，短波最适宜以天波的形式传播，它可以被电离层反射到几千千米以外。但是，电离层是不稳定的，白天受阳光照射时电离程度高，夜晚电离程度低，因此电离层在夜间对中波和中短波的吸收减弱，这时中波和中短波也能以天波的形式传播，收音机在夜晚能够收听到许多远地的中波或中短波电台就是这个缘故。

(3) 空间波传播

当发射天线和接收天线架得较高时，在视距（LOS）范围内，电磁波既可以直接从发射天线传播到接收天线，也可以经地面反射到达接收天线，因此，接收天线处的场强是直射波和反射波的合成场强，直射波不受地面影响，而反射波则要受到反射点地质、地形的影响。空间波传播的示意图如图 4－16 所示。

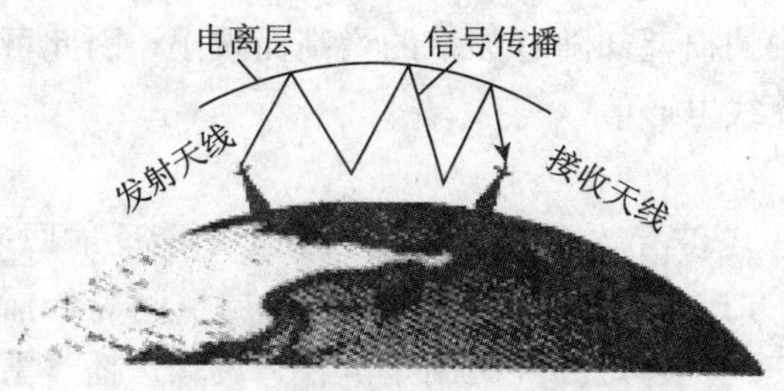

图 4-15 天波传播

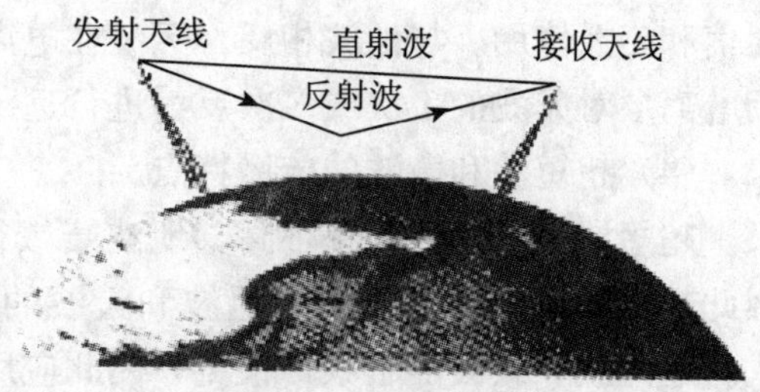

图 4-16 空间波传播

空间波在大气的底层传播，传播的距离受地球曲率的影响，收、发天线之间的最大距离被限制在视距范围内，若将天线架设在高大建筑物或山顶上，则可以有效地延伸空间波的传播距离，同时还可以利用微波中继站来实现更远距离的通信。

空间波在传播过程中除受地形地物影响外，还受到低空大气层（即对流层）的影响。

(4) 对流层传播

距离地面大约 10km 以内的大气层称为对流层。由于对流层中大气温度、压力和湿度的变化使得大气介电系数随高度而改变，当电波通过这些不均匀的大气层时就会经过反射、折射和散射过程到达接收天线，形成通信路径。对流层传播较之电离层传播的应用方式更为广泛，超短波和微波都能利用对流层进行远距离传播。

(5) 外层空间传播

外层空间传播是指电磁波在对流层、电离层以外的外层空间进行传播的一种方式，主要用于卫星或以星际为对象的通信中，以及用于空间飞行器的搜索、定位、跟踪等。由于电磁波传播的距离很远，且主要是在大气以外的宇宙空间内进行，而宇宙空间又近似于真空状态，因此电波在其中传播时，传输性能比较稳定。在外层空间（自由空间）传播的电磁波又称直达波，沿直线传播。

2. 无线电波的传播特点

根据无线电波的波长可将其分为长波（1000m 以上）、中波（100m～1000m）、短波（10m～100m）、超短波和微波（10m 以下）。

(1) 长波的传播特点

由于长波的波长很长，地面的起伏和其他参数的变化对长波传播的影响可以忽略。在通信距离小于 300km 时，到达接收点的电波基本上是地波。长波穿入电离层的深度很浅，受电离层变化的影响很小，电离层对长波的吸收也很小，因此长波的传播比较稳定。虽然长波通信在接收点的场强相当稳定，但却有两个重要的缺点：由于地波衰减慢，因此发射台发出的地波对其他接受台的干扰很强烈；天气干扰对长波的接收影响严重，特别是在雷雨较多的夏季。

(2) 中波的传播特点

中波能以地波或天波的形式传播，这一点与长波相同。但长波穿入电离层极浅，在电离层的下界面即能反射，而中波的频率较长波高，故需要在比较深入的电离层处才能发生反射。

(3) 短波的传播特点

与长、中波一样，短波可以靠地波和天波传播。由于短波频率较高，地面吸收较强，用地面波传播时衰减很快，一般情况下，短波的地波传播距离只有几十千米，不适合做远距离通信和广播使用。与地波相反，天波在电离层中的损耗却随着频率的增高而减小，因此可利用电离层对天波的1次或多次反射进行远距离无线电通信。

（4）超短波和微波的传播特点

超短波和微波的频率很高，地波衰减很大，电波穿入电离层很深，甚至不能反射回来，因此超短波和微波一般不用地波和天波的传播方式，而只能用空间波、外层空间等传播方式。超短波和微波由于频带很宽，因此应用很广泛。超短波广泛用于电视、调频广播、雷达等方面。利用微波通信时，可以同时传送几千路电话或几套电视节目而互不干扰。

二、移动通信技术

1. 移动通信的基本概念和特点

移动通信就是在运动中实现的通信，也就是说，通信双方或至少有一方是在移动中进行信息交换的过程或方式，如移动体（车辆、船舶、飞机、人）与固定点之间，或者移动体之间的通信等，如图4－17所示。移动通信不受时间和空间的限制，可以灵活、快速、可靠地实现信息互通，是目前实现理想通信的重要手段之一，也是信息交换的重要物质基础。

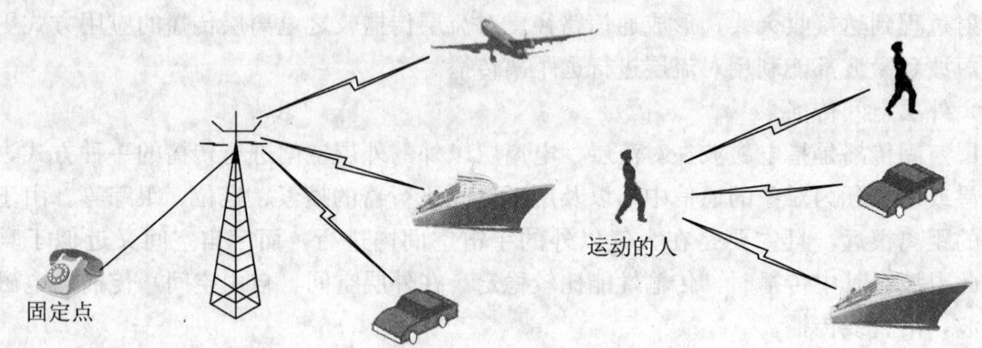

图4－17　移动通信

移动通信具有以下特点：

（1）电波传播条件恶劣

移动台依靠无线电波传播进行通信，移动通信的质量取决于电波传播条件。电波传播损耗除了与收发天线之间的距离有关外，还与传播途径中的地形、地物紧密相关。例如，由于移动体来往于地面建筑群和各种障碍物之中，根据电波传播的特性会发生直射、折射、绕射等各种情况，从而使电波传播的路径不同，而接收端接收到的信号则是这些信号的合成波（即电波的多径传播）。移动体处于不同的位置，不同方向接收到的合成波信号强度就会有起伏。

（2）环境噪声、干扰和多普勒频移影响严重

移动通信，特别是地面移动通信的电波在地面传播时会受到许多噪声的影响和干扰，这些噪声大多是人为因素造成的，比如汽车点火、电机启动、开关闭合和断开产生的电火花、各种发动机的噪声等都能成为无线电通信的干扰源。移动通信本身发射的电磁波也会相互干扰，不同小区内的频率复用会形成同频干扰、邻道干扰、多路干扰和互调干扰等。另外，雷

达等其他能发射高频电磁波的设备、装置都会对移动通信信号造成干扰。

当移动台运动到一定速度（如行驶的汽车）时，设备接收到的载波频率将会随运动速度的变换而产生明显的频移，即多普勒频移。多普勒频移是无线电波在移动接收中必须考虑的特殊问题，移动速度越快，多普勒频移越严重。

（3）频率资源有限

每个移动用户在通信时都要占用一定的频率资源，无线通信中频率的使用必须遵守国际和国内的频率分配规定，而无线电频率资源有限，分配给移动通信的频带比较窄，随着移动通信用户数量和业务量的急剧增加，现有规定的移动通信频段已非常拥挤，如何在有限的频段内满足更多用户的通信需求是移动通信必须解决的一个重要问题。因此，在开发新的频段之外，还应采用必要的技术手段来扩大移动通信的信道容量，提高频率的利用率，如多信道共用、频率复用、小区或微小区制、窄带调制等技术。

（4）组网技术复杂

移动通信的特殊性就在于移动为了实现移动通信，必须解决几个关键问题：由于移动台在整个通信区域内可以自由移动，因此移动交换中心必须随时确定移动台的位置，这样在需要建立呼叫时，才能快速地确定哪些基站可以与之建立联系，并可为其进行信道分配；在小区制组网中，移动台从一个小区移动到附近另一个小区时，要进行越区切换；移动台除了能在本地交换局管辖区内进行通信外，还要能在外地移动交换局管辖区内正常通信，即具有所谓的漫游功能；很多移动通信业务都要进入市话网，如移动终端和固定电话通话，但移动通信进入市话网时并不是从用户终端直接进入的，而是经过移动通信网的专门线路进入市话网，因此，移动通信不仅要在本网内联通，还要和固定通信网联通。上述这些都使得移动通信的组网比固定的有线网通信要复杂得多。

2. 移动通信系统的组成

移动通信系统指的是移动体之间、移动体与固定用户之间用于建立信息传输通道的通信系统，因此移动通信涉及无线传输、有线传输以及信息的采集、处理和存储等内容。移动通信系统一般由移动台、基站子系统和网络子系统组成，并可通过接口与公众通信网实现互连。图 4－18 所示为所有陆地移动通信系统构成示意图（不同的制式会略有不同）。

（1）移动台（MS）

MS 是移动通信系统的用户设备，包括收发信机、天线、电源、频率合成器、数字逻辑单元等，可自动扫描基站载频、响应寻呼、自动更换频率和自动调整发射功率。建立呼叫时，MS 可以与最近的 BS 之间建立一个无线信道，并通过 MSC 的继续与被叫用户通话。MS 可分为车载型、便携型和手持型 3 种。车载型 MS（简称车载台）的主体设备安装在车辆的内部，天线与主体设备分离，安装在车外，用于较大功率的场合。便携型 MS（简称便携台）是用户手提携带的设备，其天线与设备安装在一起。便携台可以支持系统所要求的所有功率，也可以安装在车辆上，且通常都具备车辆安装时所用的接头。手持型 MS（简称手持台或手持机）即现在通用的手机，与车载台和便携台相比，手机的体积更小、质量更小、携带更方便，因而是 MS 的主流发展方向。手机同样可以安装在车辆上，且通常具备安装插头。当手机安装在车辆上时，可使用外部天线。

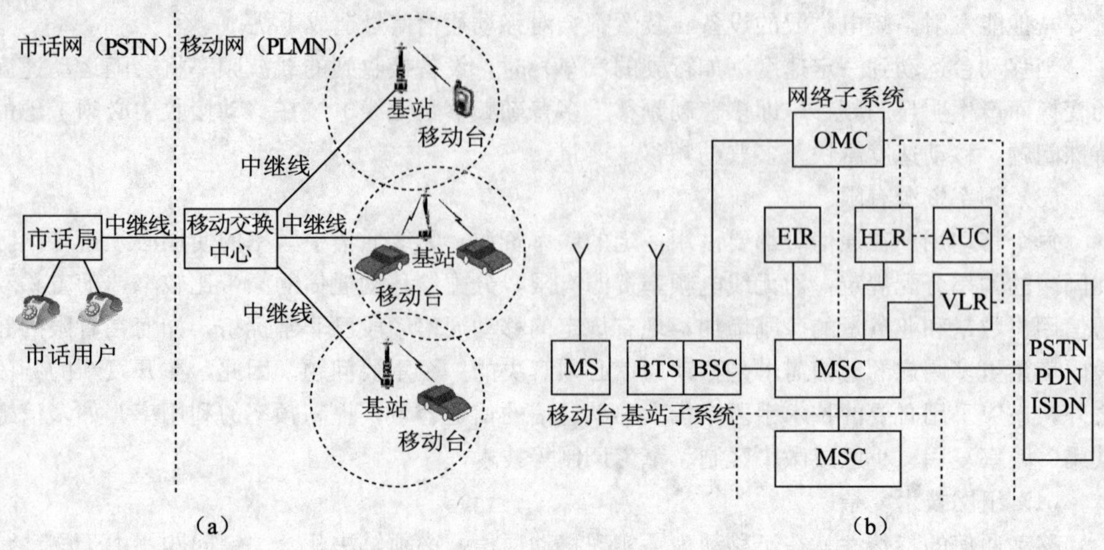

图 4-18　陆地移动通信系统构成

（2）基站子系统（BSS）

BSS 建在覆盖区域的中央或边缘，包括收发信机、天线共用设备、天线、馈线和电源等设备，由基站收发信机（BTS）和对其进行控制管理的基站控制器（BSC）组成。BTS 是 BSS 的无线接入部分，由 BSC 控制，负责某个小区的用户接入到网络的无线收发设备，完成 BSC 和无线信道之间的消息传输，实现 BTS 和 MS 之间通过空中接口的无线传输及相关的控制功能；BSC 是 BSS 的控制部分，用来与 MSC 进行数据交换，与 MS 在无线信道上进行通信。每个 BS 都有一个可靠通信的服务范围，称为无线小区，无线小区的大小主要由 BS 天线的发射功率和天线高度决定。BS 的数量根据业务的需要来设定，主要负责管理无线资源，实现固定网和移动网之间的通信连接，传送系统信令信息和终端用户信息。BS 与 MSC 采用有线信道（光缆）或数字载波中继链路方式实现数据信号的传输，在 BS 与 MS 之间采用无线方式连接，通常 BS 通话频道数量可达几十条，甚至数百条。

（3）网络子系统（NSS）

NSS 包括 MSC、归属位置寄存器（HLR）、被访位置寄存器（VLR）、设备识别寄存器（EIR）、鉴权中心（AUC）和操作管理中心（OMC）等基本部分，是移动通信系统的控制交换中心，同时又是与公众通信的接口。

3. 移动通信组网技术和组网原则

（1）组网技术

由于用户的移动性和无线信道的开放性，在移动通信网中需要完成一些有线网中不需要的功能，如越区切换、漫游等，这些都增加了移动通信网的复杂性。移动通信组网技术主要有以下几方面：

①服务区体制

移动通信网的服务区体制分为两大类：小容量的大区制和大容量的小区制。

大区制指的是用一个基站覆盖整个服务区，由 BS 负责 MS 的控制和联络。在大区制中，

服务区范围的半径通常为 20km～50km。为了覆盖这个服务区，BS 发射机的功率要大（100W～200W），BS 天线要架得很高（几十米以上），以保证大区中的 MS 能正常接收 BS 发出的信号。MS 的发射功率较小，通常在一个大区中需要在不同地点设立若干个接收机，接收附近 MS 发射的信号，通过有线/微波接力将信号传输至基站，如图 4－19 所示。

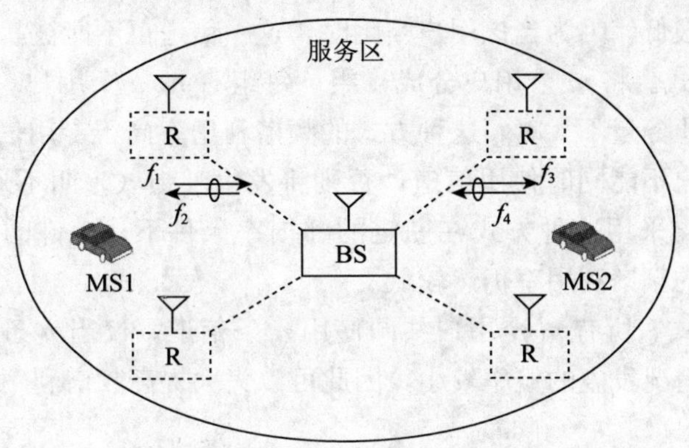

图 4－19　大区制移动通信网

大区制的特点是 BS 只有 1 个天线，且架设高、功率大，覆盖半径也大，一般用于集群通信中。该方式设备较简单、投资少、见效快，但频率利用率低、扩容困难、不能漫游。

小区制就是将整个服务区划分成若干个小区，在每个小区中分别设置 1 个 BS，负责小区中的移动通信的联络控制，如图 4－20 所示。从图中可以看出，各 BS 统一连接到 1 个 MSC，由 MSC 统一控制各 BS 协调工作，并与有线网相连接，使移动用户进入有线网，保证 MS 在整个服务区内，无论在哪个小区都能正常进行通信。

大多数情况下，公共移动通信网的服务区是平面形，称为面状服务区，小区的划分较为复杂，最常用的小区形状是正六边形，这是最经济的一种方案。由于正六边形的网络形同蜂窝，因此也将具有这种小区形状的通信网称为蜂窝网。

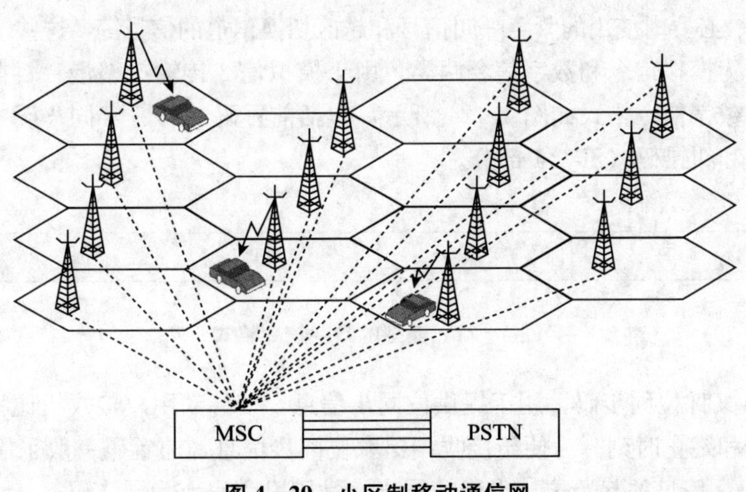

图 4－20　小区制移动通信网

②多信道共用技术

在大区制的大区或小区制中的每一个小区中，假设分配有 n 条信道为众多移动用户提供服务，对 n 条信道的使用方式有以下 3 种：

a. 专用信道方式。将 n 条信道固定分配给 n 个用户单独使用，每个用户占有 1 条信道，该用户任何时候都可以利用该信道进行通信。当用户的通信业务量较大时适于采用此方式，否则频谱的利用率会很低，因为当该用户空闲时，这一信道也不能被其他用户使用。

b. 单信道共用方式。将 m 个用户分成 n 组，每组有 m/n 个用户，1 组用户共用 1 条固定信道。当每个用户业务量不大时，这种方式的频谱利用率高于专用信道方式。但 1 组内的两个或两个以上的用户不能同时使用信道，否则将发生呼损（呼叫不通）。为了保证服务质量，呼损率不能太高。采用这种方式在一定的呼损率条件下，允许的用户数仍然较少，因此，单信道共用方式的频谱利用率仍然较低。

c. 多信道共用方式。所有 m 个用户共同使用 n 条信道，仅当 n 条信道同时被占用时才会发生呼损。但这种情况发生的概率较小，因此可以大大提高频谱利用率。

③频率配置

频谱资源有限，为了有效使用频率资源，对频率的分配和使用必须服从国际和国内的统一管理，否则会造成相互干扰和资源浪费。服务区的信道配置有以下两种常用方法：

a. 分区分组配置法。该方法遵循的原则如下：尽量减小占用的总频段，以提高频段的利用率；同一区内不能使用相同的信道，以避免同频干扰；小区内采用无 3 阶互调的相容信道组，以避免互调干扰。

b. 等频距分配法。在蜂窝移动通信网络中，同信道干扰问题已在分群时考虑，保证有足够的防护比，而邻道干扰的问题则应在信道分配时加以考虑。等频距分配法按频率等间隔分配信道，这样可以有效地避免邻道干扰。BS 中不同信道的信号共用 1 副发射天线时，通常要求不同信道的频率间隔足够大，这样天线共用器才能有满意的隔离度。

④信令

作为一个通信网络，除了要传输话音信号外，还有为建立通话所必需的非话音信号，如拨号音、忙音等。对于移动通信网，除了上述信号外，还需要有对信道进行选择的信号、对进展进行选择的信号、必要时使用的紧急呼叫信号和越区切换信道的信号等，这些信号称为信令。

信令可以分为模拟信令和数字信令两类，由于模拟信令传输速率慢，目前多采用数字信令。一种典型的数字信令格式如图 4-21 所示，包括前置码（P）、字同步码（SW）、地址或数据码（A/D）和纠错码（SP）4 部分。

P	SW	A/D	SP

图 4-21 典型的数字信令格式

a. 前置码。又称位同步码，用于提供位同步信息，使移动用户接收机比特同步，并确定每一码位的起始和终止时刻。为便于接收端提取位同步信息，前置码一般采用 101…间隔码。

b. 字同步码。信息的起始位，也称帧同步，常用巴克码作为同步码。

c. 地址或数据码。要传送的信息内容，通常包括控制、选呼、拨号等信令。

d. 纠错码。在信令码元中加入的监督码元，因此也称为差错控制码。常用的纠错码有奇偶监督码、汉明码等。

（2）组网原则

①一般采用三级结构，即设置一、二级移动业务汇接中心和移动业务交换中心（移动端局），并且在一级移动业务汇接中心之间、省内二级移动业务汇接中心之间形成网状网，实现可靠互通。在同一级汇接区内的各级移动汇接中心按逐级相连方式进行连接，当然也可以按话务流量和经济合理的原则，采用必要的直达电路来满足业务量的要求。

②数字移动通信网的交换网络与固定电话网之间的连接采用同一个本地网内移动业务汇接中心与固定网长途交换中心和市话汇接局相连的方式，实现移动用户与固定用户的通信。

③数字移动通信网是一个整体，必须强调实现全网管理的重要性。

4. 移动通信的功率控制和切换技术

（1）功率控制技术

功率控制是指系统为了平衡所有通信链路的载干比，在各通信链路达到要求的载干比时控制发射端的发射功率，从而减少小区间的干扰，提高系统容量。功率控制可以克服 CDMA 系统中的“边缘问题”和“远近效应”，有助于延长用户的电池寿命，还可以显著减小系统反向信道的信噪比。

功率控制的主要参数有步长、功率控制速率、功率控制门限和发射功率的动态调整范围等。发射功率控制算法指的是使用一些测量信息，在一些参数给定的情况下决定发射功率。

功率控制要遵循功率平衡原则，即接收到的有用信号功率相等。对上行链路而言，要求各个 MS 达到 BS 的信号功率相等，即载干比相等；对下行链路而言，要求各个 MS 接收到 BS 的信号功率相等。功率平衡包括载干比平衡准则和误码率/误帧率（BER/FER）平衡准则，分别要求接收到的载干比和误码率相等。

功率控制分为前向（又称下行）链路和反向（又称上行）链路的功率控制，前向功率控制是一个慢速的基于接收机的 FER 消息，对 BS 的某一个信道的发射功率进行控制的方式。反向功率控制由开环、闭环和外环功率控制共同完成。开环功率控制是根据用户接收功率与发射功率之积为常数的原则，先测量接收功率的大小，再确定发射功率的大小。开环功率控制可以确定用户的初始发射功率和用户接收功率发生突变时的发射功率。由于上、下行信道的非对称性，开环功率控制不够精确。闭环功率控制通过对比接收功率的测量值与载干比门限值来确定功率控制比特信息，并将该信息传送到发射端，据此来调节发射功率的大小。外环功率控制是通过接收 FER 来确定闭环功率控制所需的载干比门限。

功率控制算法有基于距离测量的、基于接收信号强度测量的、基于通信链路传输质量（载干比、BER）测量的、基于随机推论的可用测量信息的，由于基于载干比测量的功率控制算法可以达到比较好的效果，因此被广泛采用。

（2）切换技术

当移动用户处于通话状态时，如果出现用户从一个小区移动到另一个小区的情况，为了保证通话的接续，系统需要将对该移动用户的连接控制也从一个小区转移到另一个小区。这种将正在处于通信状态的移动用户转移到新的业务信道（新的小区）上的过程称为切换。从本质上说，切换的目的是实现蜂窝移动通信的“无缝隙”覆盖，即当MS从一个小区进入另一个小区时，保证通信的连续性。切换的操作不仅包括识别新的小区，而且需要分配给MS在新小区的业务信道和控制信道。按照发起方式的不同，切换可分为两种：软切换和硬切换，如图4-22所示。软切换指的是MS先与新BS建立连接，然后再切断与原BS的连接，MS在同一时刻可以与1个以上的BS通信；软切换在空中接口是先通后断的过程。硬切换指的是MS先切断与原BS的连接，然后再与新BS建立连接，MS在同一时刻只能与1个BS通信；硬切换在空中接口是先断后通的过程。

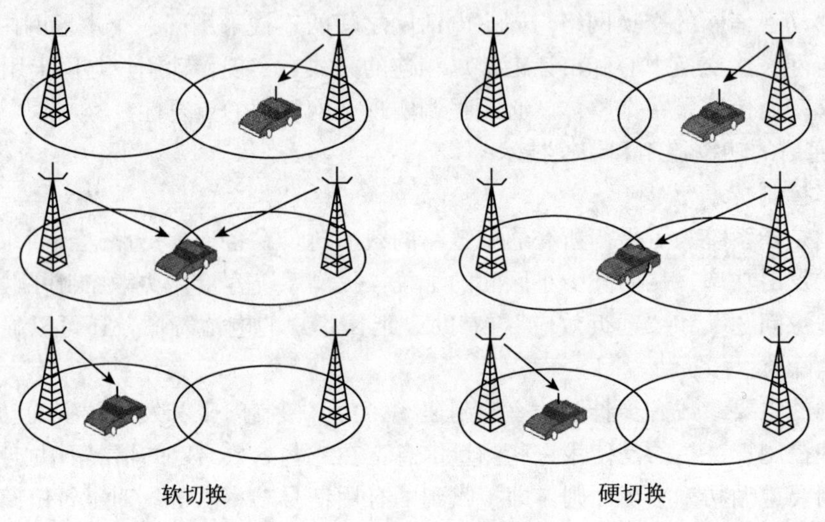

图4-22　软切换和硬切换

三、GSM移动通信

1. GSM的主要特点

GSM移动通信系统的特点主要体现在以下方面：

（1）容量。多种新颖技术手段的综合应用，使GSM系统的容量比TACS高3～5倍。

（2）频谱效率。采用高效调制器、信道编码、交织、均衡和语音编码等技术，有效提高频谱效率。

（3）语音质量。数字技术的特点及GSM规范中有关空中接口和语音编码的定义，使GSM通话质量较好。

（4）开放的接口。GSM提供的开放性标准接口不仅限于空中，且适用网络的设备实体之间，如A接口等。

（5）安全性。通过鉴权、加密和移动台识别号（TMSI）的使用，达到安全目的。鉴权用来验证用户的入网权利；加密用于空中接口；TMSI是由业务网络给用户指定的临时识别号，用于与移动电话间的呼叫路由，以防有人跟踪而泄露其地理位置。

（6）与ISDN、PSTN、Internet等的互联，以及与其他网联的互联通常利用现有的接口。

(7) 实现自动漫游。用户从一个网络自动进入到另一网络称为漫游，这是移动通信的重要特征。在GSM系统中，自动漫游是在用户识别卡（SIM）和国际移动设备识别码（IMEI）的基础上实现的。

2. GSM的系统组成

GSM主要由基站子系统（BSS）、网络子系统（NSS）和移动台子系统（MS）组成，此外还有运行及操作维护子系统、短信息业务中心等。其系统结构如图4-23所示。

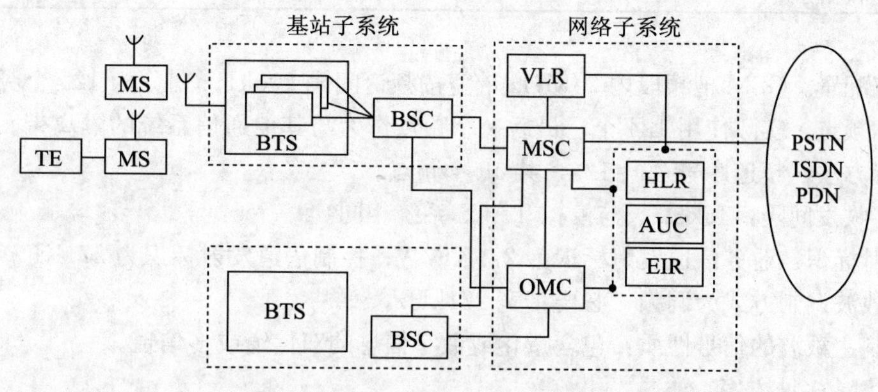

图4-23　GSM的系统结构

(1) 网络子系统

NSS包括移动业务交换中心（MSC）、访问位置寄存器（VLR）、归属位置寄存器（HLR）、鉴权中心（AUC）和移动设备识别寄存器（EIR）等一系列功能实体，完成GSM的主要交换功能，管理GSM用户与其他电信网络如PSTN、ISDN等的通信，并管理用户数据和移动性所需的数据库。

(2) 基站子系统

BSS由MSC控制，与MS进行通信的系统设备，主要负责无线发送、接收和无线资源管理等。一方面，通过无线接口，包括在无线链路上的发送、接收及管理等设备与MS直接连接；另一方面，与网络子系统的交换机连接，并与运行和维护子系统相连。具体包括基站控制器（BSC）和基站收发信台（BTS）。

(3) 移动台子系统

MS是与用户最为接近的子系统，除通过无线接口接入GSM网络外，还提供与用户的接口（如送话器、受话器、显示器和键盘）和与其他终端设备的接口（PC接口、SIM卡接口等）。它包括移动终端MS和SIM卡两部分。

3. GSM的关键技术

(1) GSM的频段分配

①工作频段。GSM系列主要有GSM 900、DCS 1800和PCS 1900，差异是工作频段。我国数字移动通信主要采用GSM 900，随着业务发展，部分城市的GSM 900容量难以满足用户之需，又推出了GSM 1800，在业务密集区插入GSM 1800网。后者的灵敏度高于前者，移动终端优先选择GSM 1800网。两者的频率分配如表4-2所示。

表 4-2　　GSM 900、GSM 1800 频率分配

项目	GSM 900	GSM 1800
上行 MS-BS/MHz	890～915	1710～1785
下行 BS-MS/MHz	935～960	1805～1880
频带带宽/MHz	25	75
相邻频道间隔/kHz	200	200
全双工载频间隔/MHz	45	95
调制方式	GMSK	GMSK

②频道配置。GSM 把频段内 25MHz 带宽按频道间隔 200kHz 划分为 125 个频道。频道中心载频称频点，实际使用 124 个，最后一个频点作为与其他通信系统的隔离带。采用等间隔频道配置方法，频道序号 76～124，共 49 个频点。

③双工收发间隔：45kHz。与模拟 TACS 系统相同。

- 发射标识：业务信道发射标识为 271KF7W；控制信道发射标识为 271KF7W。
- 主载波调制方式为调频，必要带宽 271kHz。
- 调制主载波的信号性质：包含量化或数字信息的双信道或多信道。

(2) GSM 多址方案

多址技术直接影响移动通信系统的频谱利用率、系统容量、小区结构、业务能力、设备复杂度和成本等，特别是与系统容量密切相关。GSM 以 TDMA＋FDMA 方式实现多用户通信，容量较模拟移动通信系统有了很大提高。TDMA 把每个频道分成 8 个时隙，每一时隙为一个信道，GSM 的 FDMA＋TDMA 信道总数为 8×125＝1000 个。实际可用的信道数为 992 个。我国的 GSM 频道配置如图 4-24 所示，图中，时分信道 CH_1～CH_8 分别占用 TS_0～TS_7时隙。

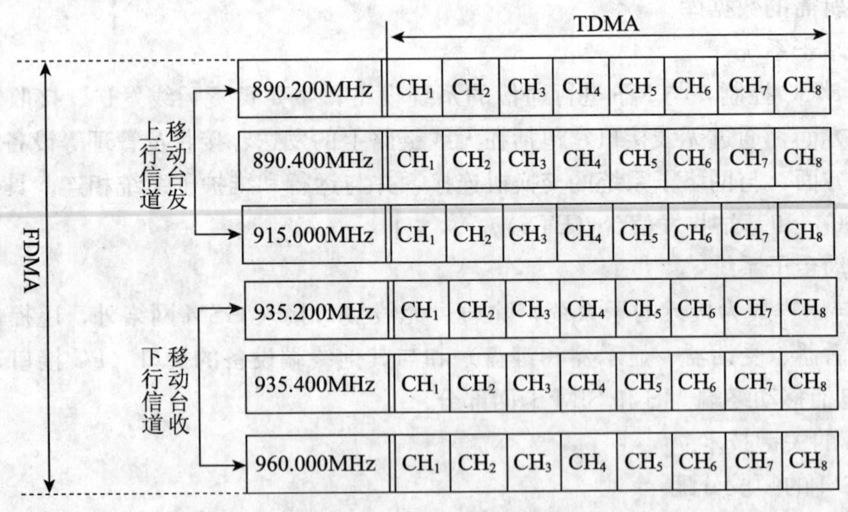

图 4-24　GSM 的频道配置

为扩大 GSM 容量，在 FDMA＋TDMA 复用基础上，还采用频率重复使用的空间复用技术。利用定向天线，合理配置频率（或频点）和控制发信功率使基站每套收、发信机仅在有

限半径蜂窝小区中一定角度的扇区内有效，若超出这个区域的一定范围之外，该套收、发信机的信号很弱，这样不致对附近的基站收、发信机造成不能容忍的干扰。因此，每个频率（或频点）可在一定距离之外重复使用。空间复用的频率配置有多种方式。

（3）GSM 接口管理

GSM 系统中，可用无线信道数远小于潜在用户数，双向通信的信道只能在需要时才分配，这与 PSTN 有很大区别。PSTN 无论有无呼叫，各终端均与交换机相连。GSM 网需根据用户呼叫动态分配、释放无线信道。不论是移动台发出的呼叫，还是发往移动台的呼叫，其建立过程都要用专门方法获得信道，该过程在一条专用移动台—基站信道上实现。这个信道与用于传输寻呼信息的基站—移动台信道一起称为 GSM 的公用信道，因为它同时携带发自/发往移动台的信息。相反地，在一定时间内分配给某单独移动台的信道称作专用信道。通常定义移动台空闲模式和专用模式。前者侦听广播信道，此时不占用任一信道；后者需要分配一条双向信道给移动台，使它可以利用基础设施进行双向点—点通信。接入过程使移动台从空闲模式转到专用模式。

（4）GSM 编解码器

GSM 传输最多的是模拟音频信号。音频编解码就是将模拟音频转换为数字信号，接收端再还原为模拟音频。故音频编解码技术相当关键。GSM 对音频编码的要求：编码速率应低于 16kbps，适合 GSM 信道传输；且算法的复杂度适中，易实现；一定编码速率下音频质量应尽可能高，主观评分 MOS＞3.5 分；编解码时延要短，总时延不超过 65ms；抗误码性能好，保证较好的音频质量。

（5）TDMA 帧结构

GSM 系统在每个小区使用 8 个频点，每个频点分为 8 个时隙，这样每个小区有 64 个信道。GSM 信道分为物理信道和逻辑信道，一个物理信道就为一个时隙（TS），而逻辑信道是根据 BTS 与 MS 间传输信息种类的不同定义的，这些逻辑信道映射到物理信道上传输。逻辑信道又分业务信道（TCH）和控制信道两类。前者是 GSM 业务的承载信道，分为 TCH/F、TCH/H 和 TCH/8，分别对应不同速率业务，用于传输编码后的语音或用户数据，在上行和下行信道上以点—点（BTS 对一个 MS，或反之）方式传播；后者用于传输信令或同步数据，根据完成功能的不同将其定义成广播、公共及专用 3 种控制信道。

（6）GSM 保密

GSM 系统安全性较高，主要是下列方面加强了保护：

①鉴权。接入网络方面采用了对用户鉴权，鉴权的作用是保护网络，防止非法盗用。同时通过拒绝假冒合法用户的“入侵”从而保护 GSM 移动网络的用户。每次登记、呼叫建立尝试、位置更新以及在补充业务的激活、去活、登记或删除之前均需要鉴权。

②加密。无线路径上采用对通信信息加密，GSM 系统中的加密只是指无线路径上的加密，确保 BTS 和 MS 间交换用户信息、用户参数时不被非法个人或团体所得或监听，所有的语音和数据均需加密，并且所有有关用户参数的也均需加密。

③设备识别。IMEI 相当于移动电话的身份证，GSM 网络据此识别手机。它由 15 位（或 18 位）十进制数字组成：前 6 位为原制造厂编码，作用是确保系统中使用的移动台设备是合法的；中间 8 位为“流水号”；最后 1 位为备用码。设备识别是在设备识别寄存器 EIR

中完成的，其过程如图 4－25 所示。EIR 中存有 3 种名单。

- 白名单，包括已分配给可参与运营的 GSM 各国的所有设备识别序列号码。
- 黑名单，包括所有应被禁用的设备识别码。
- 灰名单，包括有故障的及未经型号认证的移动台设备，由网络运营者决定。

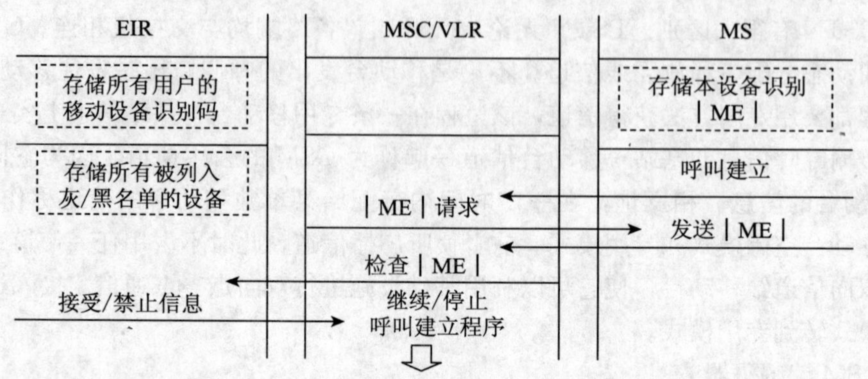

图 4－25　设备识别过程

④临时识别码。TMSI 的设置是为了防止非法个人或团体通过监听无线路径上的信令交换而窃得移动用户真实的用户识别码（IMSI）或跟踪移动用户的位置。TMSI 由 MSC/VLR 分配，并不断更换，更换周期由网络运营者设置，其过程如图 4－26 所示。更换频次越快，保密性越好，但对 SIM 卡寿命有影响。

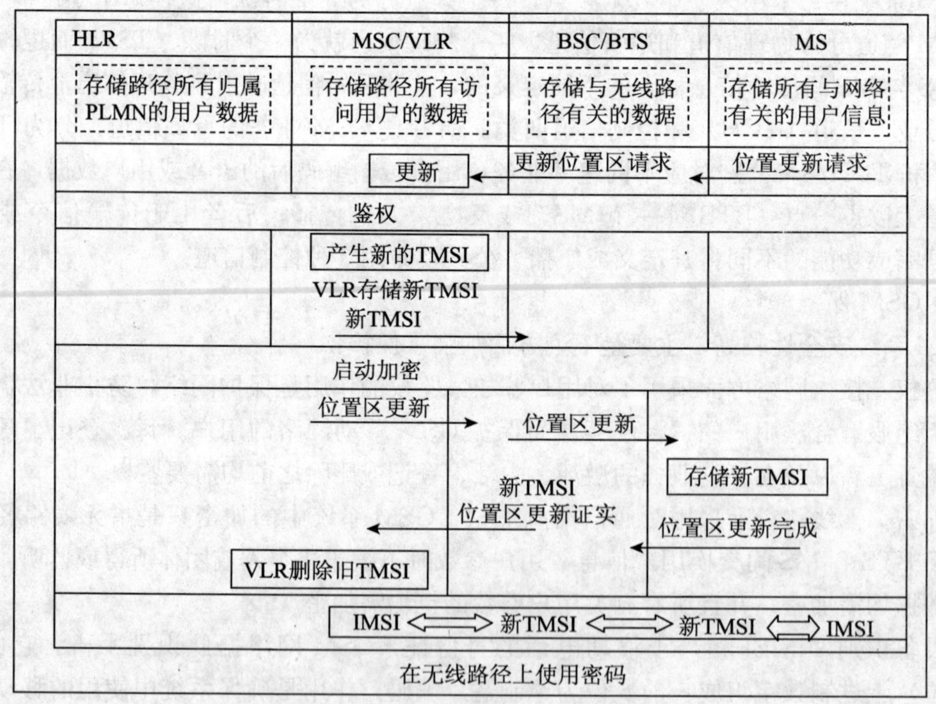

图 4－26　临时识别码产生过程

⑤PIN 码。SIM 卡可根据需要设置 4～8 位个人身份号码（PIN），其位数由用户自己决定。如用户输入了错误的 PIN 码，会提示重新输入；若连续 10 次输入错误，SIM 卡就被闭锁，即使将 SIM 卡拔出或关掉手机也无济于事。闭锁后，还有 8 位的“个人解锁码”，若连续 3 次输入错误，SIM 卡将毁坏。

4. GSM 相关知识

（1）GSM 的业务功能

GSM 能提供多种不同类型的业务，基本上可以分为电话业务和非话业务。前者传输语音信号；后者传输语音以外的信号，如文字、图像，典型应用如短消息业务（SMS）等。

（2）GSM 的编号计划

GSM 网络采用了先进的、复杂的数字技术建立通信链路，故系统内部有许多数据及号码以保证系统通信的安全性、保密性。为了将一个呼叫接至某移动用户，需要调用相应的实体，因此正确寻址及网络参数识别非常重要。主要包含移动用户号、移动国家号、移动网号、位置区码、小区识别、网络色码、基站色码。

（3）GSM 的通信过程

完整的 GSM 通信过程包括开机、待机、呼出、呼入、释放等。

（4）SIM 卡

无线通信系统如不采取特别的保护措施，很容易被窃听或假冒注册，模拟移动通信就曾深受其害。GSM 引入 SIM 卡后，显著提高了安全性。它通过鉴权来防止未授权的接入，保护网络运营者和用户的利益；通过传输加密防止无线信道上被窃听，保护用户隐私；以一个临时代号替代用户标识，使第三方无法在无线信道跟踪 GSM 用户。由于上述保密机制无须用户加入，全部由运营者控制，因此更加安全。

SIM 卡是带有微处理器的智能芯片卡，其构成模块为：CPU、程序存储器（ROM）、工作存储器（RAM）、数据存储器（Flash ROM）、串行通信单元。这 5 个模块必须集成在一块集成电路中，否则其安全性会受到威胁。此外，SIM 卡还存有许多参数，分 GSM 系统参数和电信业务参数两类。前者包括管理类别、业务表、接入控制 BCCH 信息、TMSI、IMSI、Kc 等；后者包括有缩位拨号、短消息、话费数据等。

SIM 卡的主要特点如下：

①可以人机分离。SIM 卡与移动设备间设置了开放式公共接口，这样，用户与设备间无必然关系，用户只要凭 SIM 卡就可使用不同厂家的移动台，既方便了用户，又增强了 GSM 的移动性，还增强了生产厂家设备的共享性。

②通信安全可靠。SIM 卡是既有存储能力又有计算能力的智能卡。开机时应输入正确的 PIN 码，若连续 3 次输错 PIN 码，SIM 卡将被锁，这是防范伪用户盗用通信的方法之一。呼叫建立过程中，网络先对用户身份进行鉴权，利用存储在 SIM 卡中的 A_3、A_8 算法，移动台与网络将计算结果进行比较，相同则鉴权成功，这是防范盗用的第二个方法。鉴权成功后，为保密用户信息，还采用相关算法防止非法用户窃密。另外，鉴权、加/解密过程中的密钥（Kc）和鉴权钥（K_1）参数在空中接口上是不传输的，只有 IMSI 传输一次，以后采用不断变化的 TMSI 代替，故 GSM 比模拟系统安全、可靠。

（5）SMS 短消息

SMS 短消息是 GSM 系统提供的一种数字业务，其业务分为点—点短消息和小区广播短消息两种。前者在用户间传输信息，是目前应用最多的一种；后者定期在一定区域重复广播交通流量、天气状况等信息，应对突发事件较合适。SMS 的传输由处于 GSM 外部的短消息服务中心（SMSC）进行中继，有目的地或起源地，但只与用户和 SMSC 有关，而与其他 GSM 基础设施无关。SMS 仅限于一个消息，即一个消息的传输就构成了一次通信。因此，业务是非对称的。利用 SMS 提供的命令接口，数字终端可方便地完成各种短消息增值业务，且投资、运行费用低廉。其典型应用如下：

①远程读表及远程设备控制。通过 SMS 模块可以完成远程读表及远程设备控制，实现无人值守。如仪表数据可通过标准的串口发送给 SMS 模块，再以 SMS 格式传输到控制中心；控制中心通过 SMS 发送给与设备相连的 SMS 模块，该模块收到控制消息后，通过标准串口发送给被控制设备，指挥其完成相应操作，实现远程读电表、水表、煤气表等，可以节省大量人力。

②出租车调度系统。现有出租车调度系统需敷设专用的无线通信网络，出租车也需安装专用设备终端，费用昂贵。利用 GSM 网络，只要出租车安装了 SMS 模块，调度中心可通过 SMS 传输车辆需求信息，司机通过相应按钮就可发送预设的 SMS 回答调度中心，如“5 分钟赶到”、“无法到达”等，实现出租车低成本调度。

四、CDMA 移动通信

1. CDMA 概述

CDMA 与 GSM 一样，也是移动通信的一种，是根据美国标准（IS—95）设计的 900MHz～1800MHz 范围数字移动通信系统，采用 Spread—Spectrum 数字蜂窝技术。与使用 TDMA 的 GSM 不同，CDMA 并不给每个通话者分配确定的频率，而是让每个频道使用所能提供的全部频谱。CDMA 对每组通话用拟随机数字序列进行编码。

2. CDMA 的技术原理

CDMA 通信将要传输的具有一定带宽的信息数据，用一个带宽远大于信号带宽的高速伪随机码信号去调制，使原信息数据信号的带宽被显著扩展（扩频），再经载波调制后发射出去；接收端使用完全相同的伪随机码，与接收的宽带信号做相关处理，把宽带信号变成原信息数据的窄带信号（解扩），实现数据通信。扩频通信系统的组成如图 4 - 27 所示。高速伪随机编码信号的带宽与要传输的信息数据的信号带宽之比被称为扩频增益，也就是每数据比特的扩频编码长。CDMA 通信多址干扰的大小取决于扩频编码间的互相关值，如果该值非常小乃至于可忽略，则接收解调过后就只有原数据信号和噪声了，故 CDMA 可在同一载波频率上同时传输多个用户的信息数据，实现多址通信。编码间互相关值越小，多址干扰就越小，多址通信用户数就越多。CDMA 与一般的数字通信系统相比较，其差别仅在于发送端多进行一次扩频调制，相应地在接收端多进行一次解扩频处理。

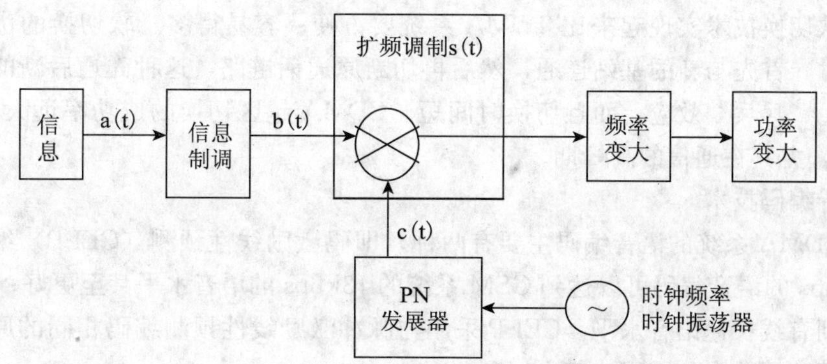

图 4－27　扩频通信系统

3. CDMA 的相关技术

（1）功率控制技术

功率控制技术是 CDMA 系统的核心技术。CDMA 是个自扰系统，所有移动用户都占用相同带宽和频率，“远近效用”问题特别突出。CDMA 功率控制的目的就是克服“远近效用”，使系统既能维护高质量通信，又不对其他用户产生干扰。功率控制分为前向功率控制和反向功率控制，反向功率控制又可分为仅由移动台参与的开环功率控制和移动台、基站同时参与的闭环功率控制。

①反向开环功率控制。移动台根据在小区中接收功率的变化，调节移动台发射功率以达到所有移动台发出的信号在基站时都有相同的功率。它主要是为了补偿阴影、拐弯等效应，所以有一个很大的动态范围，根据 IS—95 标准，至少应该达到±32dB 的动态范围。

②反向闭环功率控制。反向闭环功率控制的设计目标是使基站对移动台的开环功率估计迅速做出纠正，以使移动台保持最理想的发射功率。

③前向功率控制。前向功率控制中，基站根据测量结果调整每个移动台的发射功率，其目的是对路径衰落小的移动台分派较小的前向链路功率，而对那些远离基站的和误码率高的移动台分派较大的前向链路功率。

（2）PN 码技术

PN 码的选择直接影响到 CDMA 系统的容量、抗干扰能力、接入和切换速度等性能。CDMA 信道的区分是靠 PN 码来进行的，因而要求 PN 码自相关性要好，互相关性要弱，实现和编码方案简单等。目前的 CDMA 系统就是采用一种基本的 PN 序列 m 序列作为地址码，利用它的不同相位来区分不同用户。

（3）RAKE 接收技术

移动通信信道是一种多径衰落信道，RAKE 接收技术分别接收每路的信号进行解调，然后叠加输出达到增强接收效果的目的，这里多径信号变成了可供利用的有利因素。

（4）软切换技术

CDMA 系统中，由于所有的小区（或扇区）都使用相同的频率，小区（或扇区）之间是以码型的不同来区分的，当移动用户从一个小区移动到另一个小区时，不需要移动台的收、发频率切换，只需在码序上作相应的调整，称作软切换。CDMA 系统工作在相同的频率和带宽上，因而软切换技术实现起来比 TDMA 系统要方便、容易得多。软切换的优点是：移动台越区切换时，首先与新的基站连通，然后再切断原通话链路，这种先通后断的越区切换方式，不会产生“乒乓”效应，而且切换时间短。CDMA 越区切换的成功率远大于 FDMA 和 TDMA 系统，尤其在通信的高峰期。

（5）语音编码技术

目前，CDMA 系统的语音编码主要有两种，即码激励线性预测（CELP）编码 8kbps 和 13kbps。8kbps 的语音编码可以达到 GSM 系统的 13kbps 的语音水平甚至更好；13kbps 的语音编码已达到有线长途语音水平。CELP 采用与脉冲激励线性预测编码相同的原理，只是将脉冲位置和幅度用一个矢量码代替。

4. CDMA 的主要特点

与 FDMA 和 TDMA 相比，CDMA 具有许多独特的优点，其中一部分是扩频通信系统所固有的，另一部分则是由软切换和功率控制等技术所带来的。CDMA 移动通信网是由扩频、多址接入、蜂窝组网和频率再用等技术结合而成，含有频域、时域和码域三维信号处理的一种协作，故具有抗干扰性好、抗多径衰落、保密安全性高、同频率可在多个小区内重复使用、所要求的载干比（C/I）小于 1、容量和质量间可作权衡取舍等特性。这些特性使CDMA 比其他系统更具优势。试验表明：CDMA 系统的容量比模拟网大 10 倍，比 GSM 大 4～5 倍。

①CDMA 采用宽带传输，其抗多径衰落、抗阴影效应、抗多普勒效应的能力均比其他多址方式强。

②CDMA 在信道中传输的有用信号功率远低于干扰信号，信号仿佛隐蔽在噪声之中。信号频谱扩展得越宽，功率谱密度越低，信号越隐蔽，安全性也越高。

③CDMA 利用地址码相关特性获取信息，故防截获能力和抗干扰能力强。

④CDMA 不存在忙时率问题，容量具有软特点（用户多则通信质量降低，反之通信质量上升）。此外，小区的可用信道数与邻近小区当前业务量有关：若邻近小区未达到满负荷，其对本小区的干扰也相应较低，则本小区的信噪比多于系统要求的标准，因此本小区还可以允许新的呼叫接入，容量可进一步提高。

⑤越区软切换。由于 CDMA 各小区采用同一频率，移动台在小区间漫游时，无须像 FDMA、TDMA 系统那样重新分配频率资源和倒换时隙，也不需额外配置硬件，属软切换。且越区切换时，CDMA 的移动台与基站间“先接后断”，即移动台接入新小区的基站后才与原来小区的基站断开，有效确保通信质量。而 GSM 是“先断后接”，故通话过程中可能出现越区断话现象。

5. 关于宽带 CDMA

目前的宽带 CDMA 是根据美国标准设计的数字移动通信系统，能提供高清晰语音、高速数据、多媒体、漫游等业务，并支持大范围可变速率信息传输，提供更高速的分组数据通信能力。宽带 CDMA 拓展了标准 CDMA 的概念，可进一步减少多径衰减，在多蜂窝环境下能提供更大的容量和更高的语音质量。更宽的带宽还使诸如 ISDN 和按需提供带宽等业务得以实现，宽带 CDMA 是目前唯一有潜力提供具有有线线路功能的“透明”本地环路无线技术。它对每组通话采用随机数字序列进行编码，在一个比其他蜂窝技术相对更宽的频带上扩

展信号，能有效减少因多径和衰减带来的传播问题。由于宽带 CDMA 比传统通信系统提供了容量更大的带宽，因此用户使用该网络系统可摆脱传统通信带宽有限的束缚，实现各种增值服务。例如，通过移动终端举行视频会议，收发 E-mail，网上购物、游戏、查询信息等。而收费以传输的数据量为基础，不以接入的时间计费，有效地促进了移动通信业务的发展，并能与互联网服务商、IT 软硬件制造商以及其他传统行业形成良好互动。

宽带 CDMA 技术可以说是移动通信领域的后起之秀，与基于 TDMA 机制的 GSM 相比具有明显优势。

①向下保持平滑兼容。为保证运营商的投资，为未来通信运营提供良好的技术基础，宽带 CDMA 能实现从现有移动通信系统向下一代的平滑过渡。它支持现存的覆盖结构，信令协议可后向兼容，网络不再需要引入新的呼叫模式。这种分层和模块化的结构也易于综合 ITU 定义的新功能。

②可伸缩性强。主要体现为：支持先进的天线技术；可以通过增加小区覆盖范围来减少基站数目；所有带宽的信道都能支持高速数据业务；可以经济地在各种环境使用，例如，室外大小区（半径＞35km），室外宏小区（半径 1km～35km），室内/室外微小区（最大半径 1km），室内/室外微微蜂窝（半径＜50m）等。

③操作更便利。宽带 CDMA 支持连续导频技术及高速移动终端；支持非平衡频带下采用时分双工的模式，采用单信元频率复用；支持自适应天线阵技术与多用户检测的技术；还支持基站间的异步操作以及支持智能网等。这些功能的应用将会使通信操作变得更加简便。

④支持与传统系统间的切换。宽带 CDMA 技术支持多载波直接扩频系统，可以再利用现有的框架设备、小区规划、操作系统、账单系统等。在所有环境下支持对称或不对称的数据速率。

⑤信号抗衰落能力强。宽带 CDMA 具有很好的抗衰落能力，因此在相同输出功率下能提供范围更广泛的性能。此外，附加的带宽还意味着有能力支持更高带宽业务和提供更灵活的混合业务。

⑥工作频段显著拓宽。目前，移动通信主要工作频段在 CDMAIS—95 版本下的 800MHz 频段，宽带 CDMA 对该频段进行了大幅度提升。宽带版本适用于 3 个频段：DCS 1800（1.71GHz～1.785GHz 及 1.805GHz～1.880GHz）、US-PCS（1.85GHz～1.9GHz 及 1.93GHz～1.99GHz）以及 CEPT（2.0GHz～2.7GHz）。

⑦抗外界干扰能力强。宽带 CDMA 技术在宽广的无线频谱上支持多路同步通话或数据传输。对每路语音、传真、数据或视像传输都分配一个网络的发送端和接收端都能识别的特定代码，以便传输的信息可在接收端重新组合。宽广频谱使它对于市区干扰和多径传播环境具有更高的抗干扰能力，成为多址接入的首选技术。

⑧通信性能大幅提升。根据 GSM 通信系统存在的容量不足、语音失真度大、易掉线或串线等缺点，宽带 CDMA 采用了许多技术克服上述缺点。宽带 CDMA 能提供高清晰语音、高速数据、多媒体、漫游等业务，甚至能支持诸如卫星通信、多方通话、语音信箱等功能。

⑨扩展性灵活。传统的窄带 CDMA 只能在固定的 1.25MHz 带宽范围内通信，很大程度上制约了 CDMA 的扩展和发展。宽带 CDMA 针对这些缺陷进行全面的设计，对每个通信点的带宽都进行了特殊定制，运行通信终端可根据使用要求选择 7MHz、10MHz、10.5MHz、

14MHz 及 15MHz 等带宽。

⑩价格优势。由于宽带 CDMA 频率利用率高，且网络设计施工和扩容较为简便，意味着运营商可显著降低网络建设与运营成本，带来更具吸引力的价格优势。

五、3G 移动通信

1. 3G 概述

3G 解决了 1G、2G 的主要弊端，可实现用户全球范围的任何时间、任何地点，与任何人，用任意方式、高质量完成任何信息的移动通信。它不仅具有 CDMA 的所有优点，且运行带宽要宽得多，抗干扰能力很强，传输信号功能更完善，能实现无线系统大容量和高密度的覆盖漫游，也更容易管理系统。

3G 综合了蜂窝、无绳、寻呼、集群、无线扩频、无线接入、移动数据、移动卫星、个人通信等各类移动通信功能。提供了与固定电信网络兼容的高质量业务，支持低速率语音和数据业务，以及不对称数据传输，可以实现移动性、交互性、分布式三大业务，是通过微微小区，到微小区，到宏小区，直到“随时随地”连接的全球性移动通信网络。其基本特征如下：

①具有全球范围设计的，与固定网络业务及用户互连，无线接口的类型尽可能少和高度兼容性。

②具有与固定通信网络相比拟的高语音质量和高安全性，具备良好的全球漫游能力。

③具有在本地采用 2Mbps 高速率接入和在广域网采用 384kbps 接入速率的数据率分段使用功能。

④具有在 2GHz 左右的高效频谱利用率，且能最大程度地利用有限带宽。

⑤移动终端可连接地面网和卫星网，可移动使用和固定使用，可与卫星业务共存和互连。

⑥能处理包括 Internet、视频会议、高数据率通信、非对称数据传输的分组和电路交换业务。

⑦支持分层小区结构，也支持包括用户向不同地点通信时浏览国际互联网的多种同步连接。

⑧语音只占移动通信业务的一部分，大部分业务是非话数据和视频信息。

⑨一个共享的基础设施，可支持同一地方的多个公共的和专用的运营公司。

⑩具备以数据量、服务质量和使用时间为收费参数，不以距离为收费参数的收费机制。

2. 3G 的系统组成

3G 主要由核心网（CN）、无线接入网（RAN）、移动终端（MT）和用户识别模块（UIM）四个功能子系统构成，且基本对应于 GSM 系统的交换子系统（SSS）、基站子系统（BBS）、移动台（MS）和 SIM 卡四部分。IMT—2000 的功能模型及接口如图 4－28 所示。其中核心网和无线接入网是 3G 的重要内容，也是 3G 通信标准制定中最困难的技术内容。

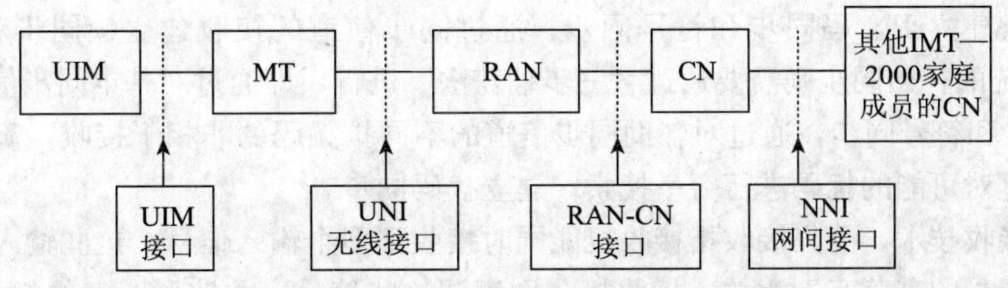

图 4－28　IMT—2000 的功能模型及接口

IMT—2000 由移动台（MS）、一系列基站收发信台（BTS—A、BTS—B 等）、基站控制与移动交换综合仿真设备（MCC—SIM）构成，如图 4－29 所示。移动终端 MS 提供语音业务和外部高速数据接口；基站收发信台（BTS）实现 IMT—2000 的无线接口功能；综合 BSC 和 MSC 功能的仿真设备 MCC—SIM 提供无线链路控制、交换控制、呼叫控制和外部接口等功能，以及 HLR、VLR、AUC 的功能。

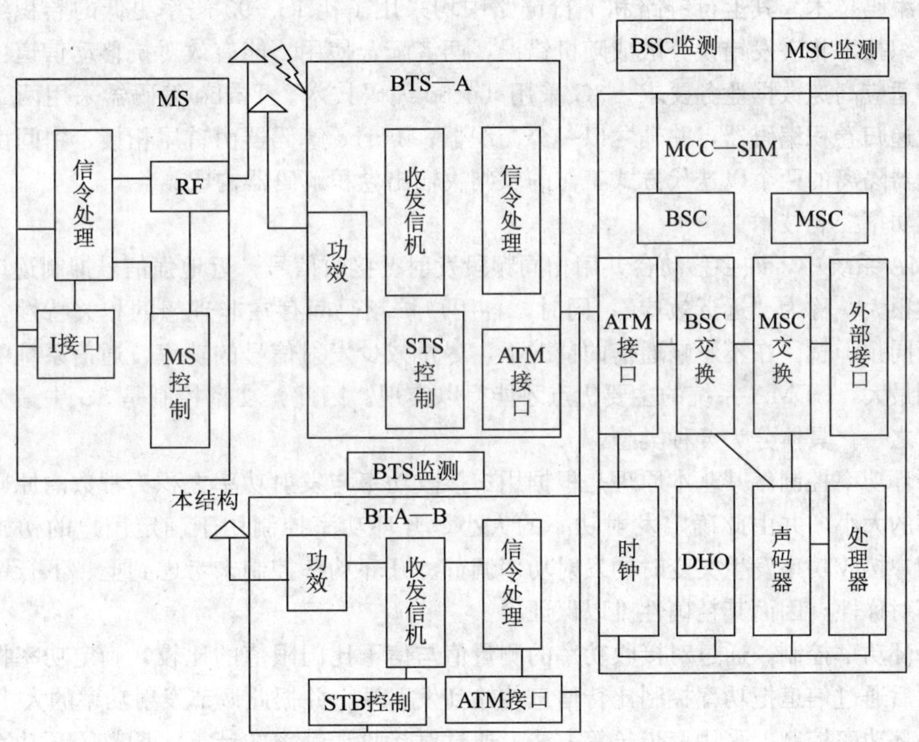

图 4－29　IMT—2000 的基本构成

3. 3G 的关键技术

3G 涉及的技术很多，这里主要介绍 5 个方面的关键技术。

（1）初始同步与 Rake 多径分集接收技术

①初始同步技术。CDMA 通信系统接收机的初始同步包括 PN 码同步、符号同步、帧同步和扰码同步等。CDMA 2000 系统采用与 IS—95 系统相类似的初始同步技术，即通过对导

频信道的捕获建立 PN 码同步和符号同步，通过同步信道的接收建立帧同步和扰码同步。WCDMA 系统的初始同步则需要通过“三步捕获法”进行，即通过对基本同步信道的捕获建立 PN 码同步和符号同步，通过对辅助同步信道的不同扩频码的非相干接收，确定扰码组号等，最后通过对可能的扰码进行穷举搜索，建立扰码同步。

②分集接收技术。分集接收指接收机能同时接收到多个输入信号，这些输入信号荷载相同的信息且遭受的衰落互不相关。接收机分别解调这些信号，并按照一定的规则进行合并，显著减小对信道衰落的影响。

③Rake 多径分集接收技术。移动通信在复杂的电波环境下进行，如何克服电波传播所造成的多径衰落现象是移动通信的基本问题。CDMA 移动通信系统中，由于信号带宽较宽，因而时间上可分辨出较细微的多径信号，对分辨出的多径信号分别进行加权调整，使合成之后的信号得以增强，能有效降低多径衰落造成的影响。该技术称为 Rake 多径分集接收技术。

（2）高效的信道编解码技术

3G 中，由于传输信道的容量远大于单个用户的信息量，所以特别适于采用高冗余度的前向纠错编码技术。其上行链路和下行链路中均采用了比 IS—95 码率更低的卷积编码，同时采用交织技术将突发错误分散成随机错误，两者配合使用，能有效对抗移动信道中的多径衰落。为适应高速数据业务要求，3G 采用 Turbo 编码技术。Turbo 编码器采用两个并行相连的系统递归卷积编码器，并辅之以一个交织器；Turbo 解码器由首尾相接、中间由交织器和解交织器隔离的两个以迭代方式工作的软判决输出卷积解码器构成。

（3）功率控制技术

CDMA 系统中，许多移动台共用相同频段发射、接收信号，近地强信号抑制远地弱信号的可能性很大，称为“远近效应”；同时，各用户扩频码间存在非理想的相关特性，通信容量受限于同频干扰。在不影响通信的情况下，尽量减少发射信号的功率，通信系统的总容量才能达到最大，CDMA 系统的主要优点才能得以实现。因此，功率控制是 3G 中最为重要的关键技术之一，具体分为 3 种类型。

①开环功率控制。其基本原理是根据用户接收功率与发射功率之积为常数的原则，测量接收功率的大小，并由此确定发射功率的大小。开环功率控制用于确定用户的初始发射功率，或用户接收功率发生突变时的发射功率调节。开环功率控制未考虑到上、下行链路电波功率的不对称性，因而其精确性难以保证。

②闭环功率控制。通过对接收功率的测量值与信干比门限值的比较，确定功率控制比特信息，然后通过信道把功率控制比特信息传输到发射端，并据此调节发射功率的大小。

③外环功率控制。采用变步长等方法，通过对接收误帧率的计算，调整闭环功率控制所需的信干比门限。

3G 系统中，上行链路采用开环、闭环和外环功率控制相结合的技术，解决“远近效应”问题，保证所有信号到达基站时具有相同的平均功率；下行链路则采用闭环和外环功率控制相结合的技术，解决同频干扰问题，使处于严重干扰区域的移动台保持较好的通信质量，减小对其他移动台的干扰。

（4）智能天线技术

智能天线定义为波束间无切换的多波束或自适应阵列天线。多波束天线在一个扇区中使

用多个固定波束，而在自适应阵列中，多个天线的接收信号被加权并且合成在一起使信噪比达到最大。与固定波束天线相比，天线阵列的优点是除了提供高的天线增益外，还能提供相应倍数的分集增益。

智能天线具有抑制信号干扰、自动跟踪以及数字波束调节等智能功能，基本工作原理是根据信号来波的方向自适应地调整方向，跟踪强信号，减少或抵消干扰信号。智能天线可以提高信噪比，提升系统通信质量，缓解无线通信日益发展与频谱资源不足的矛盾，降低系统整体造价，因此其势必会成为3G系统的关键技术。智能天线的核心是智能的算法，而算法决定电路实现的复杂程度和瞬时响应速率，因此需要选择较好的算法实现波束的智能控制。TD-SCDMA使用由8根天线组成的环行天线阵列，每根天线间距离为 $l/2$（l 为载波波长）。

由于各天线位置不同，故所接收信号的幅度、相位也有差异，这样同时产生了多个有方向性的波束。对这些波束进行加权处理后分配给不同的用户，保证了每个用户都能得到最大的增益和最小的噪声干扰。

（5）多用户检测技术

传统CDMA接收机中，各用户的接收独立进行。在多径衰落环境下，由于各用户间所用的扩频码通常难以保持正交，故造成多用户间的相互干扰，还限制了系统容量的提高。解决此问题的有效方法是使用多用户检测技术，通过测量各用户扩频码之间的非正交性，用矩阵求逆方法或迭代方法消除多用户之间的相互干扰。理论上，使用多用户检测技术能显著改善系统容量。但困难是对于基站接收端的等效干扰用户等于正在通话的移动用户数乘以基站端可观测到的多径数。这意味着在实际系统中等效干扰用户数将多达数百个，这样即使采用与干扰用户数呈线性关系的多用户抵消算法仍使得其硬件实现显得过于复杂，如何将多用户干扰抵消算法的复杂度降低到可接受的程度是该技术能否实用的关键。

4. 3G技术标准

目前，3G技术标准主要有WCDMA、CDMA 2000、TD－SCDMA，它们的主要技术参数比较如表4－3所示。

表4－3　　WCDMA、CDMA 2000及TD－SCDMA主要技术参数比较

规范参数	WCDMA	CDMA 2000	TD－SCDMA
复用方式	FDD	FDD/TDD	TDD
基本宽带/MHz	5	1.25或3.75	1.6
码片速率/（Mc/s）	3.84	1.228/3.6864	1.28
无线帧长/ms	10	10/5	10
信道编码	卷积编码、Turbo码等	卷积编码、Turbo码等	卷积编码、Turbo码等
数据调制	QPSK（下行链路） HPSK（上行链路）	QPSK（下行链路） BPSK（上行链路）	QPSK和8PSK（高速率）
功率控制	开环＋闭环功率控制，控制步长1kB、2kB或3kB	开环＋闭环功率控制，控制步长1dB，可选0.5dB或0.25dB	开环＋闭环功率控制，控制步长1dB、2dB或3dB

续 表

规范参数	WCDMA	CDMA 2000	TD-SCDMA
扩频方式	QPSK	QPSK	QPSK
功率控制速率/（次/s)	1600	800	200
智能天线			基站端8个天线组成天线阵列
基站间同步关系	同步或非同步	需要GPS同步	同步
多址方式	DS-CDMA	MC-CDMA	TD-SCDMA
支持的核心网	GSM-MAP	ASNI-41	GSM-MAP
上行信道	相干解调	相干解调	相干解调

5.3种技术标准比较

3种技术标准中，WCDMA和CDMA 2000采用频分双工（FDD）方式，需要成对的频率规划。WCDMA的扩频码速率为3.84Mc/s，载波带宽5MHz，而CDMA 2000的扩频码速率为1.2288Mc/s，载波带宽1.25MHz；另外WCDMA的基站间同步是可选的，而CDMA 2000的基站间同步是必须的，因此需GPS。以上两点是WCDMA和CDMA 2000最主要的区别。其他关键技术如功率控制、软切换、扩频码、分集技术等基本相同。TD—SCDMA采用时分双工（TDD）、TDMA/CDMA多址方式工作，扩频码速率为1.28Mc/s，载波带宽1.6MHz，其基站间必须同步；与其他两种技术相比采用了智能天线、联合检测、上行同步及动态信道分配、接力切换等技术，具有频谱使用灵活、频谱利用率高等特点，适合非对称数据业务。下面对WCDMA、CDMA 2000和TD—SCDMA标准进行比较。

(1) 标准稳定性

WCDMA标准由3GPP组织制定，目前已经有4个版本，即R99、R4、R5和R6，其中R99版本正在完善阶段。其主要特点是无线接入网采用WCDMA技术，核心网分为电路域和分组域，分别支持语音业务和数据业务，并提出了开放业务接入（OSA）的概念。R4版本是向全分组化演进的过渡版本，与R99比较其主要变化是在电路域引入了软交换的概念，将控制和承载分离，语音通过分组域传输；另外，R4中也提出了信令的分组化方案，包括基于ATM和IP的两种可选形式。R5和R6是全分组化的网络，在R5中提出了高速下行分组接入（HSDPA）的方案，可以使最高下行速率达到10Mbps，目前标准仍在制定中。

CDMA 2000标准由3GPP2组织制定，版本包括Release0、ReleaseA、EV—DO和EV—DV。Release0的主要特点是沿用基于ANSI—41D的核心网，在无线接入网和核心网增加支持分组业务的网络实体，该版本已稳定；ReleaseA是Release0的加强，单载波最高速率为307.2kbps，并支持语音业务和分组业务的并发；EV—DO采用单独的载波支持数据业务，可以在1.25MHz标准载波中支持平均速率600kbps、峰值速率2.4Mbps的高速数据业务；EV—DV阶段，可在1.25MHz标准载波中同时提供语音和高速分组数据业务，最高速率3.1Mbps。

TD—SCDMA标准也由3GPP组织制定，目前采用的是中国无线通信标准组织制定的

TSM（TD—SCDMA over GSM）标准，基于 TSM 标准的系统其实就是在 GSM 网络支持下的 TD—SCDMA 系统。TSM 系统的核心思想就是在 GSM 的核心网上使用 TD—SCDMA 的基站设备，其 A 接口和 Gb 接口与 GSM 完全相同，只需对 GSM 的基站控制器进行升级。一方面利用 3G 的频谱来解决 GSM 系统容量不足，特别是在高密度用户区容量不足的问题；另一方面可以为用户提供初期最高达 384kbps 的各种速率的数据业务，所以基于 TSM 标准的 TD—SCDMA 系统对已有 GSM 网的运营商是一种很好的选择。以后，TD—SCDMA 将融入 3GPP 的 R4 及后续标准中。

（2）系统性能

系统性能主要表现为系统容量和覆盖范围。对蜂窝系统而言，单纯从理论上计算小区容量没有实际意义，须从蜂窝组网情况来考察。一般系统容量可通过系统仿真和实测来获得。

①系统容量。讨论无线系统的容量时，不能脱离具体的业务和无线环境，因此在采用 CDMA 技术的系统中，空中接口的容量与业务的 E_b/I_o（比特能量与干扰功率密度之比）、增益处理、其他小区的干扰、基站发射功率和信道码的数量均有关系。这里分别说明对于语音业务和高速分组数据业务的容量差别。

• 对语音业务，由于 3 种系统载波带宽不同，一般比较单位带宽内的平均容量。虽然不同公司在进行系统仿真时设定的条件不完全相同，但 WCDMA 和 CDMA 2000 的结果相近，TD—SCDMA 也没有大的差别。

• 对数据业务容量，一般用系统的单位带宽内的数据吞吐量来表示。3G 引入了多种速率的数据业务，即使对同一系统，不同的业务组合也会产生不同的数据吞吐量。对数据吞吐量的比较多针对同一小区内用户均使用相同速率的数据业务。从仿真结果看，对中低速数据，WCDMA 和 CDMA 2000 基本相当，但 WCDMA 在高速数据业务上具有优势。TD—SCDMA 由于其技术特点，理论上具有较高频谱效率，适合提供数据业务。

②覆盖范围。基站覆盖范围主要由上下行链路的最大允许损耗和无线传播环境决定。在相同的频带内，WCDMA 和 CDMA 2000 的覆盖范围基本相同。TD—SCDMA 采用 TDD 方式，在覆盖范围上要逊于采用 FDD 方式的其他两种技术。

总之，WCDMA 和 CDMA 2000 同为 FDD 的 CDMA 技术，技术上没有本质差别，许多仿真和现场试验结果反映系统性能基本相当。TD—SCDMA 与其他两种技术有较大差别，要做更多的仿真和试验验证其性能。

（3）业务提供能力

目前业务的竞争已经成为现有运营商的竞争焦点，对于新的移动运营商也不例外。只有提供全方位的大众业务和特色业务，才能更多地争取用户，提高竞争力。3GPP 和 3GPP2 都对业务分类和业务生成机制进行了规范，两者业务种类基本相同，包括基本语音业务、补充业务及多种数据业务。业务生成机制方面，3GPP 定义了多种业务生成机制，便于运营商方便、快速地提供业务，并本着业务提供和基础网络相分离的原则，使得业务可以由运营商以外的第三方提供。在业务和网络间采用开放的标准接口，业务开发主要由 IT 开发人员完成，运营商负责网络运营和业务提供商的组织、管理。3GPP2 也提出了相应的业务理念，在智能网方面有 WIN 规范，开放业务体系方面目前并无相关规范。所以 3GPP2 在开放业务体系方面起步较晚，不如 3GPP 完善。

(4) 漫游能力

良好的全球漫游能力有利于与其他运营商的合作和吸引高端用户，影响漫游能力的主要因素包括运营商的采用情况、使用频段以及信令的互通性。从运营商的选择看，虽然 CDMA 2000 的商用早于 WCDMA 和 TD—SCDMA，而且应用范围也较广，但是从全球主要运营商的选择来看，80%的运营商选择 WCDMA 技术，这就为 WCDMA 的漫游提供了良好的发展机会。

从使用的频段看：CDMA 2000 多采用带内演进的方式实现，即多数运营商使用 CDMA-One 的 800MHz 频段，WCDMA 多采用 ITU 规定的 2GHz 频段。在我国，信息产业部已经公布了 3G 的频率规划，可以看出，对于 FDD 和 TDD 方式都是首先启用 2GHz 频段。

从信令互通性看：核心网方面，WCDMA 基于 GSM 的移动应用协议，用户识别使用和 GSM 系统相同的 IMSI（国际移动用户识别），实践证明它们具有良好的互通性。CDMA 2000 采用基于 CDMAOne 的 ANSI—41 协议，用户识别使用基于 MIN 的 IMSI，虽然在技术上实现互通不成问题，但要对系统进行升级，实践证明会影响漫游能力。TD—SCDMA 目前刚开始商用网络，其漫游将有赖于多模终端的出现。

(5) 知识产权的影响

知识产权问题十分复杂，既对设备厂商的生产成本有影响，也影响运营商的建网成本。WCDMA 专利技术主要由 Ericsson、Nokia、高通等公司拥有。目前，以 Ericsson、Nokia 等为首的 WCDMA 联盟率先共同提出专利许可计划，该计划把 WCDMA 的累计专利费率控制在 5%以下。

CDMA 2000 的绝大部分核心专利都由高通公司拥有，其他公司也声称拥有基本专利。

TD—SCDMA 技术的基本专利集中于大唐电信和西门子，这些专利多为核心专利，地位和作用都非常重要。与 WCDMA、CDMA 2000 相比，中国企业拥有 TD—SCDMA 知识产权较多，谈判中更有发言权，有利于降低设备成本。

可以看出，3 种技术各有优缺点，没有单一的完美方案。另外，以上分析都基于现阶段的情况，有些因素会随时间推移而改变，尤其是设备的成熟度问题。

(6) 设备成熟度

设备成熟度是运营商建设网络要考虑的重要因素，关系到网络运行的稳定性、可靠性。从目前的情况看，CDMA 2000 最成熟，尤其在终端方面，商用终端种类百余种（使用频段 800MHz～1.9GHz)，用户可以有更多的选择。目前，不论在系统还是终端方面，TD—SCDMA的产品成熟度都落后于 WCDMA 和 CDMA 2000，商用网络刚开通，还缺少网络规划和测试的工具。在终端方面，有推出多模终端的计划，但将先推出 GSM/TD—SCDMA 双模终端，GSM/WCDMA/TD—SCDMA 三模终端的推出时间较晚。

6. 3G 的应用

3G 应用极其广泛，这里主要介绍其在无线视频方面的应用。无线视频的要领是 IMT—2000 计划中的一种应用。例如视频消息、电视新闻等。谈话类的服务有电视会议和可视电话。这类服务对传输时延要求不超过 200ms～300ms。时延直接影响对信干比的要求，较长的时延允许较长的交织及对于错误帧的重传，可要求较小的信干比，并得到较高的容量。对于可接受的视频质量，其信包差错率为 10^{-4}～10^{-3}数量级，而比特差错率为 10^{-7}～10^{-6}数量

级。可视电话要求的比特率依赖于视频图编解码器及对图像质量的要求和帧速率，一般在20kbps～40kbps。如有更宽的可用频带，则可获得更高的质量。视频编解码器的瞬时比特率变化很大，它依赖于视频序列的复杂性，峰值速率与平均速率之比可能很高。缓存器可用来平滑视频图像编解码器输出比特率的变化，视频比特流的变化可以用来使无线资源利用更有效。多余的容量可以用在不需要保证 QoS（Quality of Service）的服务上。

7. 3G 面临的问题

较之 2G 系统，3G 在诸多方面均有相当的改进、提高。但 3G 也面临一些问题，主要有以下几种：

①多径衰落。该问题存在于所有移动通信系统。无线电波传播过程中会发生折射、反射和散射，产生多条传播路径。不同路径的信号到达接收机时，由于天线的位置、方向和极化不同，使接收信号的幅度、相位起伏变化，产生严重的衰落现象。为保证通信质量，不得不增加信号功率，这就直接影响了系统的容量。

②时延扩展。不同路径的信号有不同的传播时延，当时延超过检测脉冲宽度的 10%时，脉冲间的干扰就明显存在，限制了移动通信的数据速率。

③多址干扰。这是 3G 系统特有的一种干扰，由于采用 CDMA 技术实现复用，这就要求各用户的扩频码具有强自相关性和弱互相关性。但实际上各用户间的相互干扰不可能完全消失，所以 3G 是干扰受限系统，就是说来自本小区和邻近小区用户的干扰成了决定 3G 容量和性能的主要因素。

④远近效应。在各移动台均以相同功率发射信号时，基站接收到的近处移动台发射的信号功率将远大于远处移动台发射的信号功率。远近效应就是指近处大功率信号对远处小功率信号产生的很强的干扰。它也是一类多址干扰，不过在 3G 系统中这种多址干扰表现得十分突出。

⑤体制问题。目前，2G 已被广泛应用，从资源利用角度考虑，3G 须兼容 2G，且将来能平滑过渡到 4G，甚至达到个人通信系统的最高目标。但 2G 标准层出不穷，体制多种多样，因此如何使 3G 起到承前启后的作用很关键。

六、集群通信技术

1. 集群通信概述

集群（trunking）是“中继”、“交换”之意，为与有线的“中继”区分，移动通信称“集群”。这一概念应用于无线通信，把信道视为中继，实际上就是“信道共用”。因此，集群就是使用多个无线信道为多个用户服务，把有限的信道动态地、自动地、迅速地和最佳地分配给整个系统的所有用户，最大程度地利用系统的信道资源。可以说，集群通信系统是一种特殊的用户程控交换机，是多信道、多用户共用的调度通信系统。集群通信作为一种共享资源、分担费用、共用信道设备及服务的多用途、高效能的无线调度系统，代表着通信体制之一的专用移动通信网的发展方向。集群通信作为 20 世纪 70 年代发展起来的一种较经济、灵活的移动通信系统，是传统专用无线调度网的高级发展阶段。从应用角度看，移动通信分为公用移动通信网（PLMN）、专用移动通信网（PMRS）和无线寻呼系统（RPS）三大类。专用移动通信网是指某部门如公安、铁路、航运、电力等内部使用的移动通信网。

根据处理信号的不同，集群通信分为模拟集群和数字集群。模拟集群由于频率利用率低、业务种类有限、保密性差、设备体积大、成本高等，难以满足用户需求，正逐渐被淘汰。下面主要介绍数字集群。

2. 集群通信系统的组成

集群通信系统除完成移动用户间的通信外，还能进行市内用户与移动用户间的通话。为此，需将中心基站和用户终端结合在一起，通过有线/无线通道，组成集群通信系统。其系统组成如图 4－30 所示。

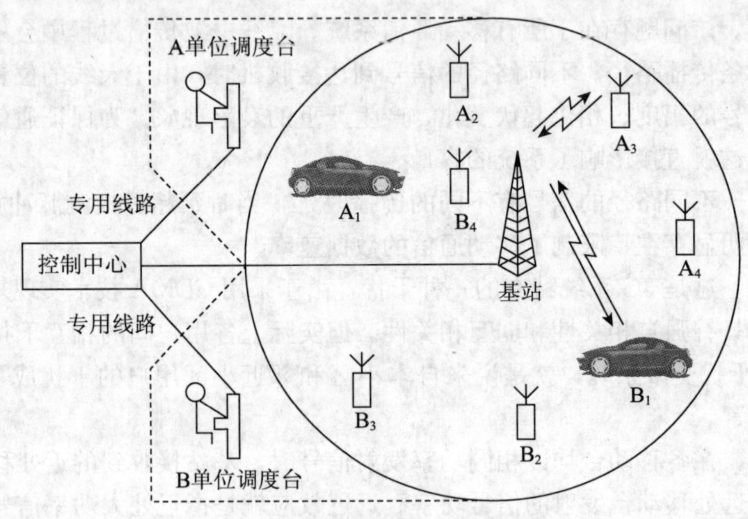

图 4－30　集群通信系统组成

①基站。它由若干基本无线收发信机、天线共用器、天馈线系统和电源等设备组成。天线共用器包括发信合路器和接收多路分路器。天馈线系统包括接收天线、发射天线和馈线。

②移动台。移动台指用于运行中或停留在某未定地点进行通信的用户台，它包括车载台、便携台的手持台，由收发信机、控制单元、天馈线（或双工台）和电源组成。

③调度台。它是对移动台进行指挥、调度和管理的设备，分有线、无线两种。有线调度台只有操作台；无线调度台由收发机、控制单元和操作台等组成。

④控制中心。控制中心包括控制器、管理终端和电源等，主要控制、管理整个系统的运行、交换和接续，由接口电源、交换矩阵、集群控制逻辑电路、有线接口电路、监控系统、电源和微机等组成。其主要功能为：把用户线从市内交换机扩展到移动用户；转接与处理音频信号；把市话用户线集中并分配到有限个无线信道上；控制、管理和检测基站无线设备与移动台状态。

数字集群涉及的关键技术有数字语音编码、数字调制技术、信道编码技术、多址方式、抗衰落技术等。

①数字语音编码。集群通信传输最多的是语音，语音编码技术尤为关键，直接影响数字集群通信质量、系统容量、频谱利用率等。主要有波形编码、声源编码和混合编码 3 类。目前，主流的数字集群体制中，陆地数字集群通信系统（TETRA）采用的语音编码技术是算

术码本激励线性预测编码 ACELP，综合数字增强网络（IDEN）采用的语音编码技术是矢量和激励线性预测编码 VSELP，二者均为混合编码。

②数字调制技术。这是集群通信的重要方面，一般分连续相位调制、线性调制两类。后者对从基频变换到无线载频、从放大到发射电平等都要求高度线性，故设计难度和成本较高。此类调制技术包括 TETRA 体制采用的 4QPSK 调制技术。IDEN 体制采用 16QAM 调制技术等，二者频谱效率更高、传输速率更快。

③信道编码技术。信道编码的目的是纠错。主要有分组码和卷积码两种：前者用一个码字中的本组信息元作监督码元；后者是一种特殊的分组码，监督码元不仅与本组信息码元有关，且与前面若干组信息码元有关。

④多址方式。通信系统采用的多址方式主要有 FDMA、TDMA 和 CDMA。FDMA 多用于模拟集群，频谱利用率低；TDMA 用于数字集群，频谱利用率比 FDMA 高，如 TETRA、IDEN 分别采用 4 个时隙、6 个时隙的 TDMA 方式，但 TDMA 须精确定时、同步；CDMA 的频谱利用率比 FDMA、TDMA 高，技术也更复杂，数字集群中还尚未采用。

⑤抗衰落技术。移动通信的信道具有多径衰落的特征，是由于直射波、反射波、散射波相互干涉及串扰，移动台快速运动产生的多普勒效应等引起的。为消除这些衰落的影响，最有效的方法是采用分集技术，这是数字集群解决多径衰落的重要手段。

3. 数字集群的主要特点

数字集群的特点主要体现在以下几方面：

①频谱利用率高。数字集群采用多种技术提高频谱利用率。例如，采用低速语音编码技术，在信道间隔不变情况下即可增加话路；采用数字调制解调技术，压缩已调信号带宽；采用 TDMA 技术，一个载波传输多路语音；采用蜂窝结构，频率复用距离小等。同频谱条件下，数字集群比模拟集群的系统容量提高约 4 倍。

②抗衰落能力强。对集群系统而言，信道衰落特性是影响无线传输质量的主要原因。模拟集群采用的抗衰落技术是分集接收；数字集群除采用分集接收外，还可采用扩频、跳频、交织编码及各种数字信号处理技术，进一步提高信号抗信道衰落的能力。故数字集群无线传输质量较高，语音质量也好。

③系统保密性好。数字集群采用数字语音编码和数字调制等技术，具有一定保密性；同时，利用目前成熟的数字加密理论及实用技术，如系统鉴权、空中接口加密、端—端加密等，保证信息的安全传输；模拟集群虽可采用倒频技术或模/数/模方式实现保密传输，但成本高、语音质量受影响。

④多种业务服务。数字集群系统除提供数字语音外，还可传输数字、图像等信息。由于网内传输的是统一的数字信号，易实现与互联网的接口，显著提高了服务功能；模拟集群虽可传输数字，但要占用一个模拟话路传输，传输速率仅 1200bps 或 2400bps，难以满足要求。

⑤网络管理灵活。通信网络管理、控制至关重要，直接影响系统功能。模拟集群系统的管理、控制信令是数字方式，用户信息是模拟信号，这种信令方式与信号方式不一致增加了管理、控制难度；数字集群系统的信令和用户信息均为数字信号，这种一致性克服了模拟集群的不足，能实现高质量的网络管理与控制。

4. 常用数字集群标准

20 世纪 90 年代以来，提交给 ITU 的数字集群系统主要有 7 种。其中，只有陆地数字集群通信系统（TETRA）和综合数字增强网络（IDEN）在国际上得到广泛应用，进入我国市场的也是这两个体制。

（1）IDEN 数字集群系统

IDEN 是 Motorola 公司研制的 800MHz 数字集群系统，1994 年在美国洛杉矶问世，已在北美、南美和亚洲部分国家投入商用。我国于 1998 年在福建省建立了实验网。IDEN 采用先进的 M-16QAM、TDMA、VSELP 及越区跟踪等技术，能在 25kHz 信道内容纳 6 个语音信道，并可动态分配带宽，在现有 800MHz 模拟集群信道上增容 6 倍，加之使用频率复用技术和蜂窝组网技术，使得有限频点的集群通信网具有大容量、大覆盖区、高保密和高通话清晰度的特点。该系统具有蜂窝无线电话、调度通信、无线寻呼及无线数传等功能。

（2）TETRA 数字集群系统

TETRA 由欧洲通信标准委员会于 1990 年提出，1995 年正式确定，1997 年开始推广。其设计规范可提供集群、非集群以及具有语音、电路数据、短数据信息、分组数据业务的直接模式（移动台对移动台）的通信，并支持多种特有的附加业务。作为一种非常灵活的数字集群标准，TETRA 的主要优点是兼容性好、开放性好、频谱利用率高、保密功能强，是目前国际上制定得最周密、技术最先进、参与生产厂商最多的数字集群标准。TETRA 标准支持消息集群、传输集群和准传输集群 3 种集群方式。

目前，国内能提供完整的数字集群设备和终端的系统有华为公司开发的基于 GSM 的数字集群通信系统（GT800 系统）和中兴公司开发的基于 CDMA 的数字集群通信系统（GoTa 系统）。基于 TD—SCDMA 的数字集群系统也在方案制订中。与 TETRA、IDEN 相比，这些系统的体系结构采用了更为先进和公开的移动通信技术，引入了自主专利技术，且完全公开并标准化，具有良好的发展前景。

5. 数字移动与数字集群的区别

理论上，数字集群通信系统与数字移动通信系统无本质区别，但前者是专业通信手段，后者是一种面向公众的通信方式，不能相互替代。二者的主要区别如下：

①组网方式。数字移动通信属于公众网，容量大，要求使用的频率多，为提高频谱效率，实现频率复用，需采用小区制的蜂窝结构；数字集群是专业通信网，用户量相对较少，为节省网络成本，多采用大区制。

②使用对象。数字移动通信面对的是个人通信，只能一对一通信；集群通信面对的是集团用户，既有一对一的通信，又有群组通信，甚至全体通信。

③功能方面。数字移动通信仅能满足个人需求，没有调度功能，尚难满足集团用户通信需求；集群通信具有强大的调度功能，适合专业用户使用，但大区覆盖易阻塞，又是单工方式，故不能代替其他通信手段。

④成本价格。数字移动通信面向公众，数量巨大，便于规模化生产、经营，易降低成本；数字集群主要面向集团用户，生产数量有限，加之大功率终端设备，导致成本较高。

⑤组网灵活性。数字移动通信只能在网络中工作，一旦脱离网络或网络发生故障，就无法进行通信；数字集群组网较灵活，既可组小区制的蜂窝网，又可根据实际需要组成中区

制、大区制通信网，且脱离或超出网络覆盖范围仍可以用直通模式通信，这对专业通信尤其重要。

七、数字微波通信技术

1. 概述

所谓微波是指频率为 300 MHz～300 GHz 的电磁波。数字微波是一种工作在微波频段的数字无线传输系统，由于微波传输的特性和地球的曲面特性，一条数字微波线路通常是一段一段构成的，每一段均可以看成是一个点对点的无线通信系统。数字微波通信具有如下特点：

（1）似光性、极化特性

（2）中继通信

由于微波具有同光一样的传播特性，因此微波在自由空间中只能沿直线传播，其绕射能力很弱，且在传播中遇到不均匀的介质时，将产生折射和反射现象。正因为如此，在一定天线高度的情况下，为了克服地球的凸起而实现远距离通信就必须采用中继接力的方式，如图 4－31 所示。否则 A 站发射出的微波射线将远离地面而根本不能被 C 站接收。微波采用中继方式的另一种原因是，电磁波在空间传播过程中，要受到散射、反射、大气吸收等诸多因素的影响，而使能量受到损耗，且频率越高，站距越长，微波能量损耗越大。因此微波每经过一定距离的传播后就要进行能量补充，这样才能将信号传向远方。

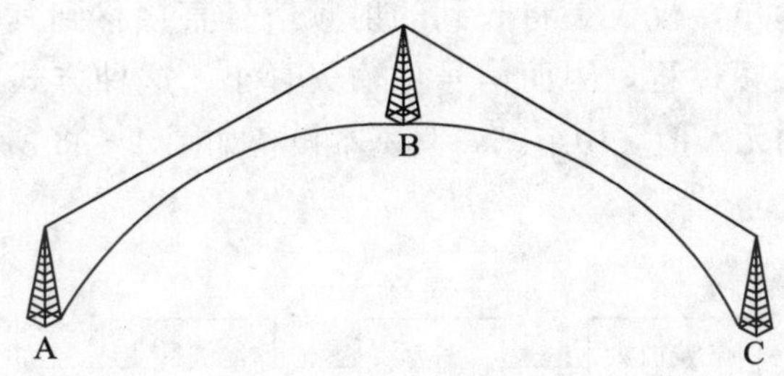

图 4－31　地面微波中继接力方式

2. 数字微波在整个通信网中的位置

数字微波作为通信网的一种传输方式，可以同其他传输方式一起构成整个通信传输网。为了在一条微波线路上同时传输多路信号，必须采用合适的复用技术。模拟微波系统常采用频分复用技术（FDM），但由于模拟信号传输在远距离传输中噪声是累积的，因此信号质量并不好。数字技术的出现，逐渐替代模拟信号作为传输的信号方式。数字微波系统通常采用时分复接（TDM）技术作为复用技术，在数字微波系统中的复接等级按 PDH 定义的等级进行逐级复分接。近年来，由于大容量数字微波系统和 SDH 的发展，出现了基于 SDH 的数字微波系统。

3. 数字微波线路

一条数字微波通信线路由两端的终端站、若干中继站和电波的传播空间构成。其中，中继站根据对信号的处理方式不同又分为中间站和再生中继站。再生中继站又包括上下话路和不上下话路两种结构。此外，在两条及两条以上微波线路交叉点上的微波站又称为枢纽站。图 4－32 示意了一条数字微波中继通信线路的典型组成结构。

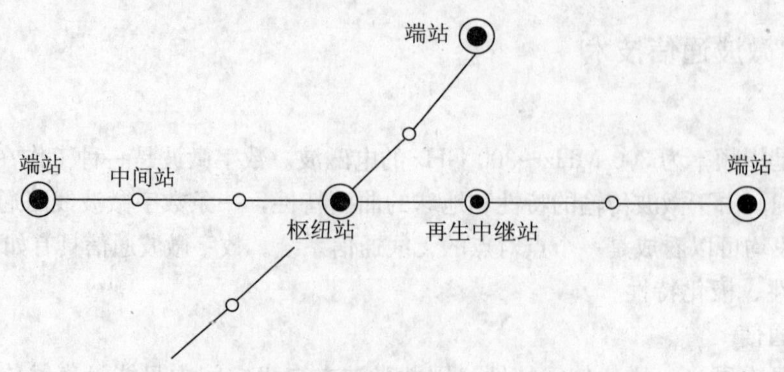

图 4－32 数字微波中继通信线路的组成

(1) 中继方式

微波中继站的中继方式可以分成直接中继（射频转接）、外差中继（中频转接）、基带中继（再生中继）3 种中继方式。不同中继方式的微波系统构成是不一样的。图 4－32 中，中间站的中继方式可以为直接中继和中频转接，枢纽站为再生中继方式且可以上下话路。

①直接中继方式

直接中继方式最为简单，仅仅是将收到的射频信号直接移到其他射频上，无须经过微波—中频—微波的上下变频过程，因而信号传输失真小。这种方式的设备量小、电源功耗低，适于不须上下话路的无人值守中继站，其基本设备如图 4－33 所示。

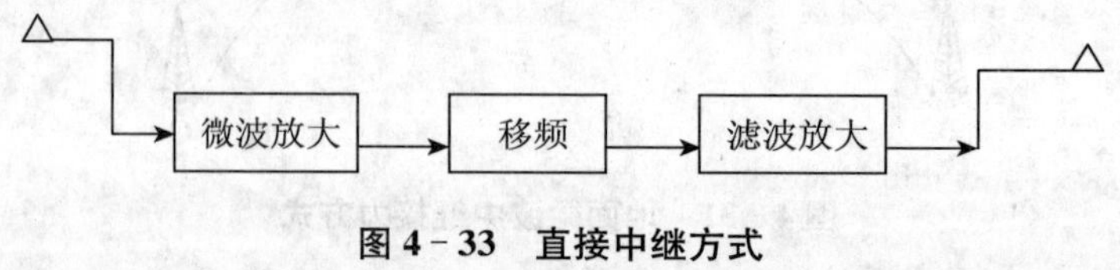

图 4－33 直接中继方式

②外差中继方式

外差中继方式是将射频信号进行中频解调，在中频进行放大，然后经过上变频调制到微波频率，发送到下一站，其基本设备如图 4－34 所示。

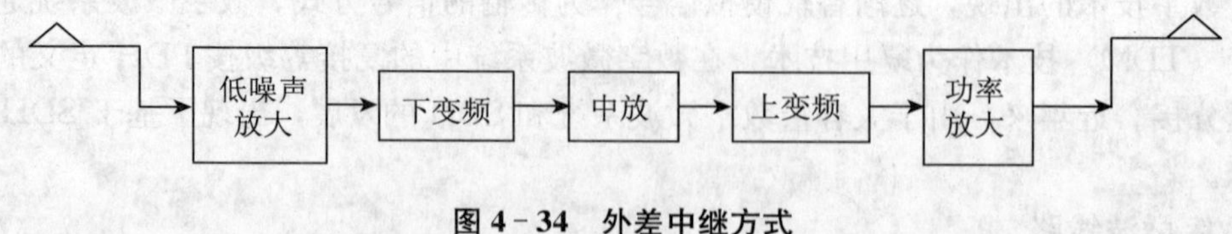

图 4－34 外差中继方式

③基带中继方式

基带中继方式是 3 种中继方式中最复杂的，它不仅需要上下变频，还需要调制解调电

路，因此基带中继可以上下话路，同时由于数字信号的再生消除了积累的噪声，传输质量得到保证。因此基带中继是数字微波中继通信的主要中继方式。一般在一条微波中继线上，可以结合使用 3 种中继方式。如图 4－35 所示。

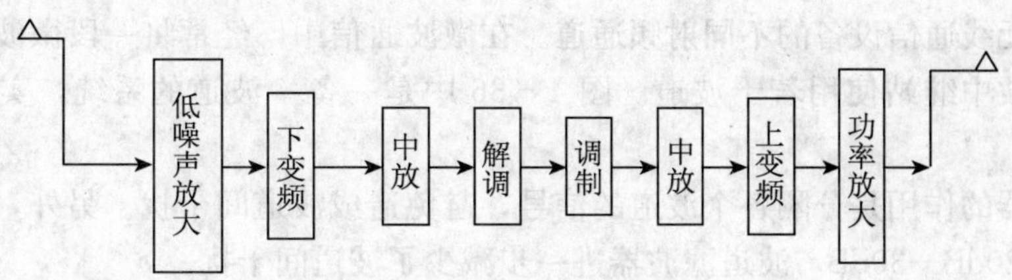

图 4－35　基带中继方式

（2）微波站系统结构

微波站是数字微波线路的组成部分，数字微波线路的端站和枢纽站一般具有中频的数字调制解调设备。典型数字微波端站由微波天线、射频收发模块、基带收发部分、传输接口等部分组成。图 4－36 所示为一个典型的数字微波端站组成框图。

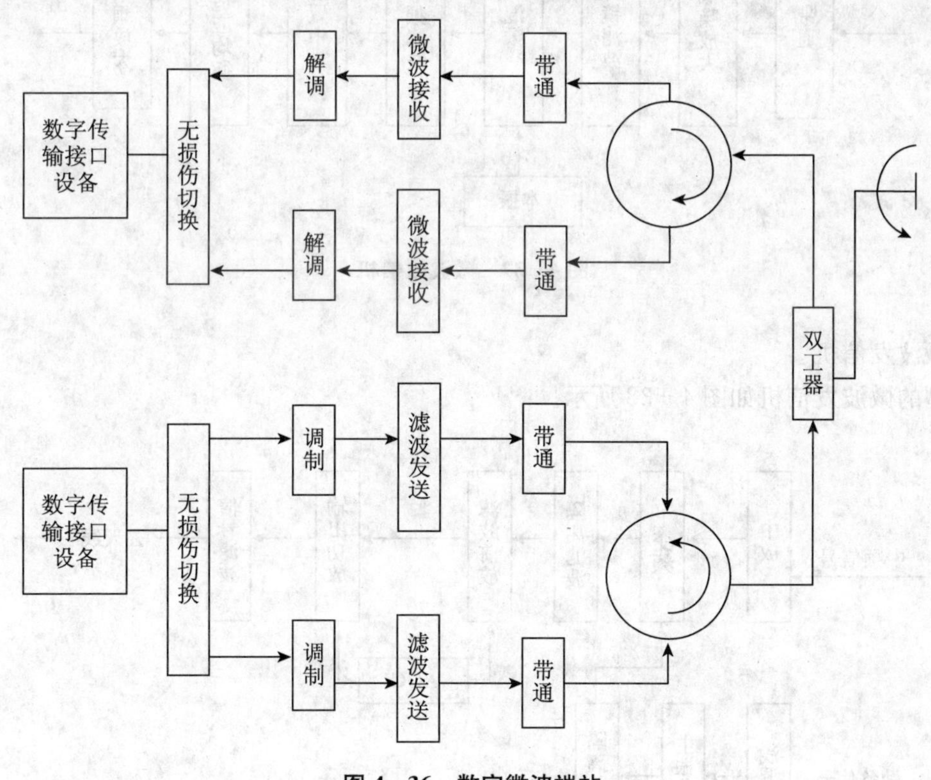

图 4－36　数字微波端站

①双工器

微波通信站都有接收和发射两套系统。为了节省设备，通常收发系统都连到同一个天线上去，这就是公用收发天线系统。在图 4－36 中，双工器的作用是将发送和接收的信号分隔开，即从天线接收到的信号经过双工器后进入接收设备而不通向发送设备，发送信号经过双工器后直接经过天线发射出去而不通向接收设备。

②波道滤波器

波道是指无线通信设备的不同射频通道。在微波通信中，经常将一段微波频段分成若干波道，每个微波中继站使用若干波道。图 4－36 中是一备一波道的系统，实际上占用两个波道。

波道滤波器的作用是分隔各个波道的信号，避免造成波道间干扰。另外，由于环行器的隔离度一般为 20dB—30dB，波道滤波器进一步减少了波道间干扰。

③微波收信机

微波收信机多采用超外差式接收机结构。通过本振与接收的微波信号进行混频，得到固定中频的信号，然后对中频进行放大和滤波，供解调用。由于采用固定中频，设备在中频以下部分是通用的，因此设备可以具有重用性。典型的微波收信机如图 4－37 所示。

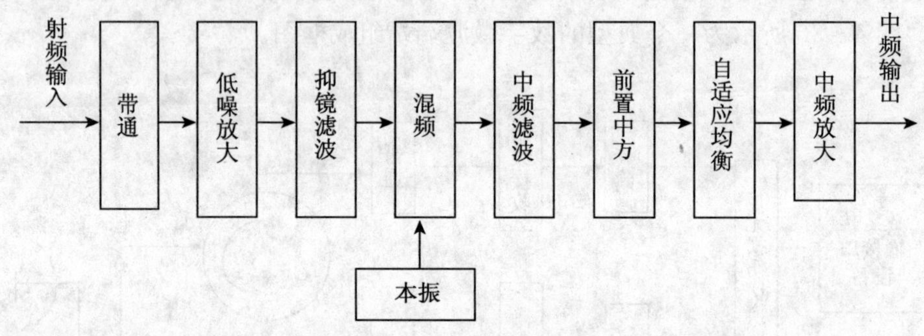

图 4－37　微波收信机

④微波发信机

典型的微波发信机如图 4－38 所示。

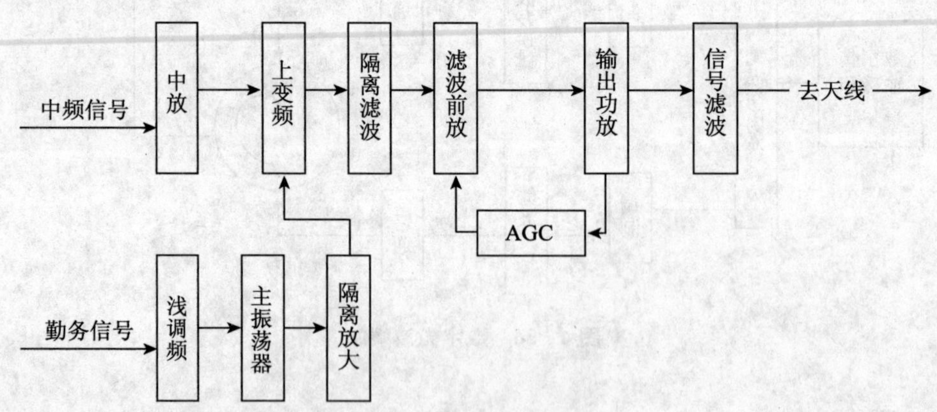

图 4－38　微波发信机

不同的中继站形式有不同的发信设备组成方案，下面以外差式微波发信设备为典型例子进行简单介绍。在发信设备中，信号的调制方式可分为中频调制和微波直接调制，目前的微波中继系统中大多采用中频调制方式，这样可以获得较好的设备兼容性。

中频信号是已经经过调制的信号，上变频器将中频信号搬移到指定的微波波道上，然后经过微波功率放大，经天线发送出去。这里的勤务信号经过浅调频的方式将信号调制在载波上，由于微波频率高，浅调频的方式对载波的影响很小，因此几乎不影响上变频器的工作。上变频后的信号功率很小，通常要把微波信号功率放大到瓦级以上，通过分路滤波器送到天线，发送出去。为了保持末级功放不超出直线工作范围，要用自动增益控制电路把输出维持在合适的电平。

⑤调制与解调设备

调制是将数字基带信号调制到中频信号；解调是将中频信号解调为数字基带信号。在数字微波通信中，为了提高频谱利用率，经常采用高频谱利用率的调制方式。常用的调制方式有 DQPSK，8PSK，16QAM，64QAM，9QPR 等；解调一般采用相干解调方式。

⑥无损伤切换

在数字微波系统中，为了提高系统的可靠性，对抗信道衰落，改善系统误码性能，大多采用波道备份方式。无损伤切换是保证主用设备与备用设备切换的关键。对无损伤切换的两个基本要求是：切换前，主备用波道间的时变时延和残留固定时延能快速均衡，保证主备用码流对齐；即使在快衰落下，全部切换过程必须在门限误码率到来之前完成。

八、卫星通信技术

1. 卫星通信概述

卫星通信是指利用人造地球卫星作中继站转发或反射无线电波，实现两个或多个地球站间的通信。它是在微波通信和航天技术基础上发展起来的，并利用计算机实现其控制的先进通信方式。可以说，卫星通信是微波通信的继承和发展，是微波通信向太空的延伸。

2. 卫星通信的特点

卫星通信的优点主要体现在以下几方面：

①通信距离远，通信成本与距离无关。卫星通信系统的建站成本与通信距离无关，且不受地理条件限制。利用同步卫星最大通信距离达 18000km，建站费用、运行费用不随通信距离改变，这在远距离通信时比光缆、电缆、微波通信优势明显，对边远城市、农村和交通、经济不发达地区非常适合。

②通信覆盖面积大，便于多址连接。相距 18000km 的洲际通信只需卫星一次转接即可，而采用微波中继线路，约需 360 个中继站。一颗同步卫星可覆盖地球表面积的 1/3，这个覆盖范围内的地球站，不论是地面、海上或空间，均可同时共用这颗卫星转发信号，实现多址连接。

③传输容量大。卫星使用微波频段，信道频带宽、通信容量大，适于传输音频、视频、数据等多种业务。一颗卫星的通信容量达数千甚至上万路电话，仅次于光纤通信。尽管卫星通信传播距离远，传播损耗大，但目前采用的技术已能保证信号的高质量传输。

④通信线路稳定可靠，通信质量高。卫星通信的电波主要在大气层以外的宇宙空间传

输，而宇宙空间基本处于理想的真空状态，故电波传输较稳定，受天气、季节或人为干扰的影响小。因此，卫星通信稳定可靠，通信质量高，线路畅通率在99.8%以上。

⑤通信灵活。卫星通信不受地形、地貌等自然条件影响，如沙漠、丛林、高空及海洋等地都能进行卫星通信。

卫星通信存在以下局限性：

①传输延迟大。同步卫星通信系统中，地球站发射的信号经卫星转发到另一地球站时，传播距离长达 80000km。进行双向通信时，如果不在同一卫星范围内通信，往返传播延迟约0.54s。所以通过卫星打电话时，讲完话要等半秒钟才能听到对方的回话，让人很不习惯。

②卫星使用寿命短。通信卫星使用寿命一般仅几年。

③10GHz 以上频带受雨雪的影响。

④天线受太阳噪声的影响。

3. 卫星通信的类型

目前，世界上已建成数以百计的卫星通信系统，主要有以下类型：

①按卫星制式分。卫星通信所使用的卫星须沿一定的轨道绕地球运行，按运行轨道不同可把卫星分为多种类型。例如，按卫星运行轨道平面与赤道平面的夹角不同分为赤道轨道卫星（夹角 0°）、极轨道卫星（夹角 90°）、倾斜轨道卫星（夹角 0°～90°）。卫星轨道示意图如图 4－39 所示。

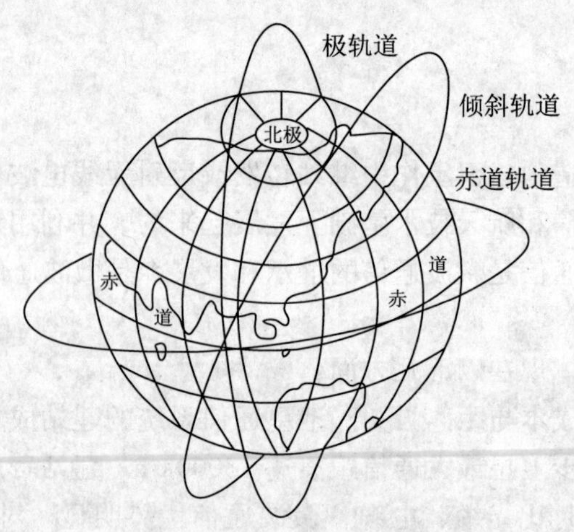

图 4－39　通信卫星轨道

②按通信覆盖区域的范围划分可分为国际卫星通信系统、国内卫星通信系统和区域卫星通信系统。

③按用户性质分可分为公用（商用）卫星通信系统、专用卫星通信系统和军用卫星通信系统。

④按业务范围分可分为固定业务、移动业务、广播业务和科学实验等卫星通信系统。

⑤按运行方式分可分为同步卫星和非同步卫星。同步卫星在地球同步轨道上运行，高度35786.5km，因为与地球的运转同步，从地球上任一点看都是相对静止的，故又称静止卫

星，如图 4－40 所示。同步卫星所运行的轨道称同步轨道，只有一条。这为组织全球卫星通信网带来了很多方便。要保持卫星与地球运行同步，需综合考虑地球自转、地球公转、卫星飞行速度等多种因素，所以同步通信卫星都“定点”于赤道上空，并有一系列标准参数。一颗同步卫星可覆盖地球表面积的 1/3，地面最远跨距 18100km。在赤道上空等距离配置 3 颗同步卫星，即可建立除南北两极盲区以外的全球卫星通信。理论上，3 颗同步卫星即可基本覆盖全球；但每颗卫星的通信能力有限，3 颗卫星远不能满足全球通信之需。由于使用同一频率的通信卫星间须保持相应距离以避免干扰，而赤道上空同步轨道的位置很有限，所以，国际卫星组织对同步轨道上的卫星总量实行必要控制。同步卫星通信容量大、传输距离远、覆盖范围广，特别适合全球通信、电视广播，及地理环境恶劣的地区使用。目前，国际、国内的商用通信卫星多为同步卫星。

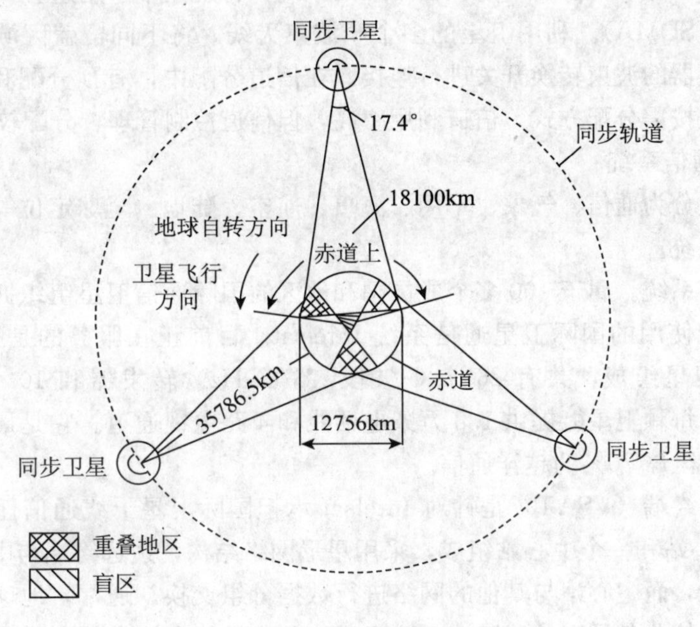

图 4－40　同步卫星

4. 卫星通信频率

最适合卫星通信的频率是 1GHz～10GHz，即微波频段。为满足越来越多的需求，已开始研究应用新的频段，如 12GHz、14GHz、20GHz 及 30GHz。地球站发射、通信卫星接收所使用的频率称上行频率；通信卫星发射、地球站接收所使用的频率称下行频率。

5. 卫星通信的多址方式

一颗卫星的覆盖范围内有若干地球站，从通信卫星到地球站以广播方式传输信号。为区分这些信号并保证双方的通信，须采用 FDMA、TDMA、CDMA 等多址方式。实际应用时常采用从这 3 种基本方式派生出来的多址方式，如 TDMA/FDMA、CDMA/FDMA，以及按需分配多址（DAMA）、极分多址（PDMA）、空分多址（SDMA）等。下面主要介绍常用的几种多址方式：

①频分多址（FDMA）。将系统带宽内不同频带分配给各地球站传输信号。通信卫星的

工作频带约 500MHz，为便于放大、发射及减少变调干扰，一般在卫星上设置若干转发器。每个转发器的工作频带为 36MHz 或 72MHz。目前，卫星通信多采用 FDMA 技术，对点—点大容量通信较适合。

②时分多址（TDMA）。近年来，卫星通信开始采用 TDMA 技术，即各地球站占用同一频带，但占用的时隙不同。与 FDMA 相比，TDMA 方式不会产生互调干扰，不需用上下变频把各地球站信号分开，适合数字通信，可根据业务量的变化按需分配，可采用数字语音插空等新技术，使容量增加 5 倍。

③码分多址（CDMA）。分配给各地球站相互正交的地址码。信息发送时，与本站的地址码编码后再调相发送；接收时，则与本地地址码相关解调。如果是不同地址码，解调结果就为 0。该方式具有良好的保密通信能力，抗干扰能力强，可灵活调度话路，但频谱利用率较低。适于容量小、分布广、有一定保密要求的系统，特别是军事用途。

④空分多址（SDMA）。利用卫星的多个窄波束天线，将不同覆盖区域内的地址站区分开来，并通过转换器的波束转换开关进行连接。在信道分配中，有预分配和按需分配两种方式。比较合理的是按需分配方式，信道利用率高，但信道控制管理、分配较复杂。

6. 现有卫星通信系统

卫星按照用途分为通信、气象、军用、海事、航空、陆地、全球定位等种类。下面简介常用的卫星通信系统。

国际卫星通信系统。属于 100 多个成员国和地区的国际通信卫星组织拥有并运营着一个供世界大多数国家使用的国际卫星通信系统 Intelsat。目前正在服务的是第七代 Intelsat—Ⅶ。系统由 5 颗卫星组成，共有 26 个 C 波段（6/4GHz）转发器和 10 个 Ku 波段（14/11GHz）转发器。每颗卫星能提供 1.8 万条电话线和 4 路电视通道。它是最重要的国际卫星通信系统，承担了全球 70%的越洋通信。

甚小口径卫星终端（VSAT）是针对 Intelsat 承担国际卫星干线通信任务而提出的，网络由大量 VSAT 小站和一个中心站组成，采用星形网络结构，边远终端与中心站间通过卫星进行双向数据传输，而中心站与其他的网络进行数据分组交换。通常，地球站的天线大、成本高，并且设在通信业务稠密的地区。而对于通信业务量较小的边远地区，则需 VSAT 地球站。此类地球站具有天线小（通常 1.2m～2.4m）、低发射频率（1W～3W）、小容量、低成本的特点。这种终端构成的 VSAT 卫星通信系统投资省，组网灵活，建设快，营运费用低，特别是不受地理条件限制，对距离不敏感，适用于边远地区的通信网络。当前 VSAT 多采用网状结构，并支持电路交换，有传输语音、数据功能，对野外救护、应急指挥等有重要意义。VSAT 的网络组成如图 4－41 所示。

国际海事卫星通信系统。它可覆盖太平洋、印度洋和大西洋等全部海域，旨在改善海上救援工作，提高船舶使用效率和管理水平，增强海上的通信业务和无线电定位能力，由国际海事卫星组织管理。提供的业务包括电话、电报、数据传输、传真、电子邮政及遇难呼救等，确保海上安全是该系统最重要的用途。整个系统除包括海洋中的大量船站外，还在各大洋区配置有多个陆地岸站以及控制信道分配的网管站。本系统的特点是船站数量很多，但每个站的通信业务量都很小，为此，采用有呼叫要求时才分配信道的按需分配方式。所使用的频率是：岸站与卫星之间为 C 波段（6/4GHz），而船站与卫星之间是 L 波段（1.6/

1.5GHz)。现有系统已能满足高速数据传输的要求，对远洋运输、海洋考察、紧急救护、远程医疗等均有现实意义。

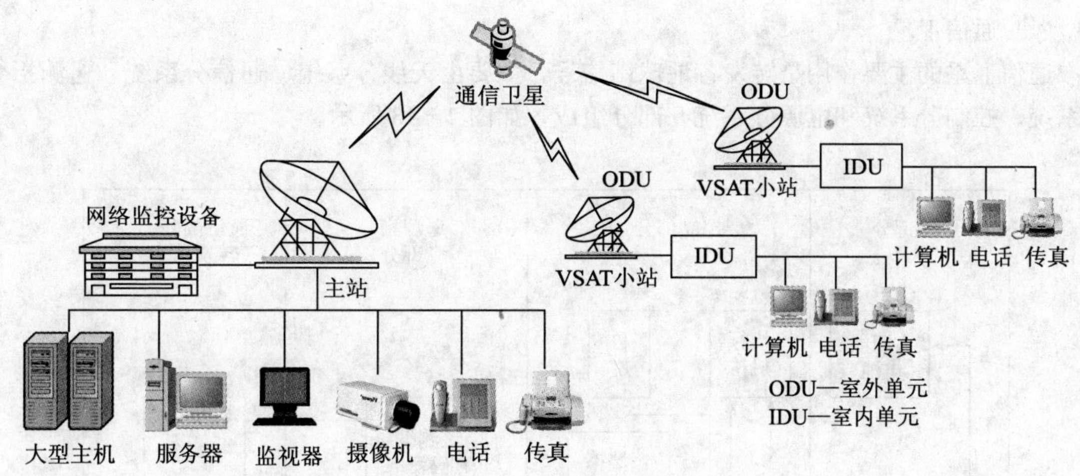

图 4-41　VSAT 网络组成

7. 卫星通信系统

通常，卫星通信系统由发端地球站、上行线路、卫星转发器、下行线路和收端地球站等构成，如图 4-42 所示。

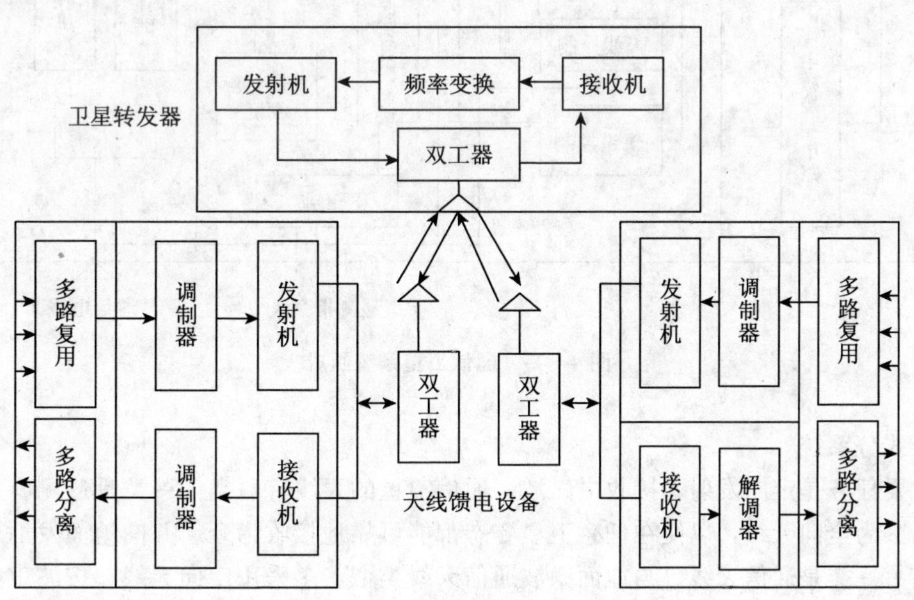

图 4-42　通信卫星系统组成

其中，上行线路和下行线路就是无线电波传播的路径。为进行双向通信，各地球站均应包括发射系统和接收系统。由于收/发系统通常共用一副天线，因此需使用双工器将收/发信号分开。地球站规模大小由通信系统用途而定，多与长途电信局或微波线路连接。转发器的作用是接收地球站发来的信号，经变频、放大后，再转发给其他地球站。卫星转发器由天线、接收设备、变频器、发射设备和双工器等部分组成。

(1) 通信卫星

通信卫星的主要作用是转发各地球站信号，主要由天线分系统、通信分系统、遥测指令分系统、控制分系统和电源分系统 5 部分组成，如图 4 - 43 所示。

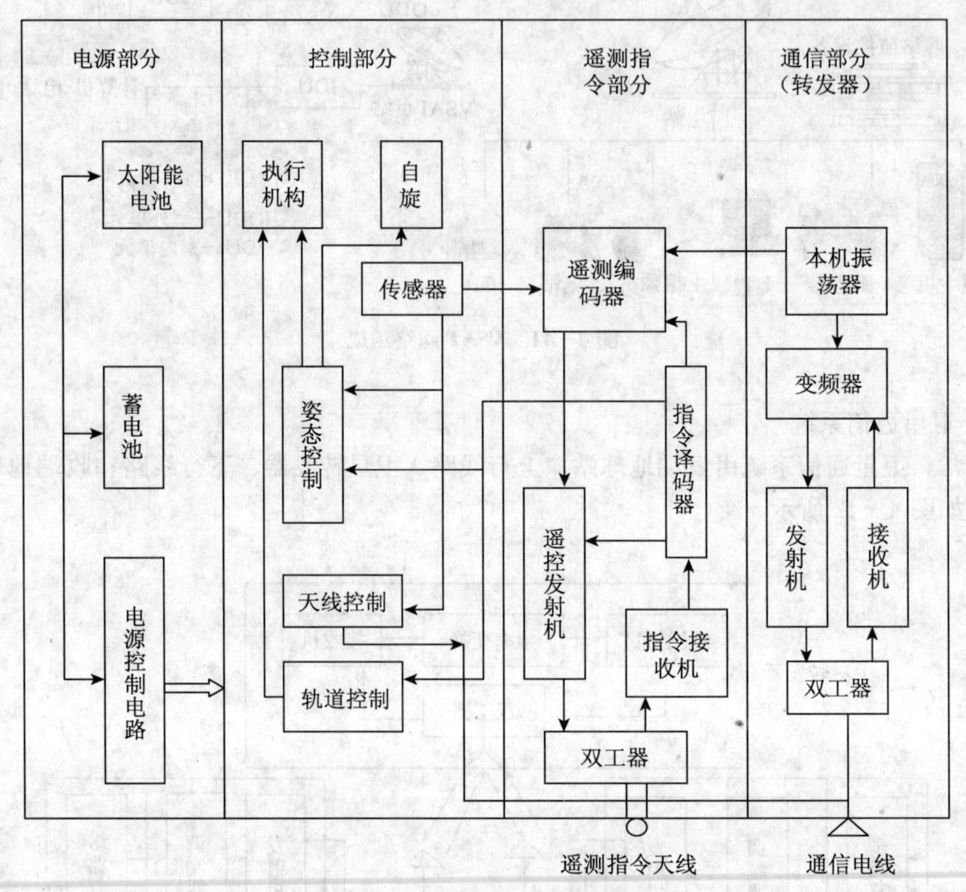

图 4 - 43　通信卫星系统组成

①天线分系统

其主要任务是定向发射、接收电磁波。通信卫星的天线有两类：一类是遥测、指令和信标天线，多为全向天线，以便在任意卫星姿态都能可靠地接收指令，并向地面发射遥测数据及信标；另一类是通信天线，与地面微波通信天线类似，多采用定向天线，按波束覆盖区大小分覆球波束天线、点波束天线、赋形波束天线。

②通信分系统

通信分系统即转发器，起中继站作用，进行卫星信号的接收、处理、发射。卫星上转发器的数量各异，通常把卫星的整个工作频带划分为多个信道，每个信道占用不同的频带，并

有各自的功放。信道数目就是该卫星的转发器数目。例如，IS—IV 卫星把整个通信频带（500MHz）划分为 12 个信道，因此该卫星共有 12 个转发器。对转发器的基本要求是：以最小的附加噪声和失真，以足够的工作频带和输出功率为各地球站有效而可靠地转发无线电信号。转发器通常分透明转发器和处理转发器。前者对接收的信号进行低噪声放大、变频、功率放大后，不做任何加工处理，只是单纯地转发，对工作频带内的任何信号形成“透明”通路；后者除信号转发外，还具有信号处理功能，包括对数字信号的再生消除噪声积累，进行无线波束直接的信号交换或更高级的信号变换、处理。

③遥测指令分系统

此系统主要包括遥测与指令两大部分。

• 遥测设备。用各种传感器和敏感元件等器件不断测得有关卫星姿态及星内各部分工作状态等的数据，经处理后，通过专用的发射机和天线发给地面的跟踪、遥测指令系统。地面的跟踪、遥测指令系统接收并检测出卫星发来的遥测信号，转送给卫星监控中心进行分析和处理，然后再由地面的跟踪、遥测指令系统向卫星发出有关姿态和位置校正、星体内温度调节、主备用部件切换、转发器增益换档等控制指令信号。

• 指令设备。它专门用来接收地面的跟踪、遥测指令系统发给卫星的指令，进行解调与解码后储存起来，并经遥测设备发回地面进行核对。在核实无误后发出“指令执行”信号，指令设备收到后，再将储存的各种指令发送到控制分系统，再由各执行机构正确地完成控制动作。

④控制分系统

控制分系统用来对卫星进行各种控制，包括对卫星的位置控制、姿态控制、温度控制、各种设备的工作状态控制及主备用设备切换等。静止通信卫星上的控制分系统是由一系列机械的或电子的可控调整装置组成，如各种喷气推进器、驱动装置、加热及散热装置、各种转换开关等。它是在跟踪、遥测指令系统的指令控制下完成对卫星的各种控制。

⑤电源分系统

它用来给卫星上的各种电子设备提供电能，要求体积小、重量轻、寿命长。常用的电源有太阳能电池和化学能电池。平时主要使用太阳能电池，当卫星进入地球的阴影区时使用化学能电池。太阳能电池由光电器件组成，其直接供出的电压欠稳定，须经电压调整后才能供给负载。化学能电池可充电、放电，平时由太阳能电池给它充电，必要时由太阳能电池转换为化学能电池供电。

（2）地球站

地球站是卫星通信系统的重要组成部分，基本作用是向卫星发射信号，并接收由其他地球站经卫星转发来的信号。根据卫星通信系统的性质和用途的不同，有多种形式的地球站。例如，按站址特征不同，分为固定站、移动站（如舰载站、机载站和车载站等）、可拆卸站（短时间能拆卸转移地点的站）等。地球站虽种类繁多，采用的通信体制各异，所需设备组成也不一样，但基本组成大同小异。典型的地球站由天线分系统、发射分系统、接收分系统、终端分系统及辅助系统等组成，如图 4－44 所示。

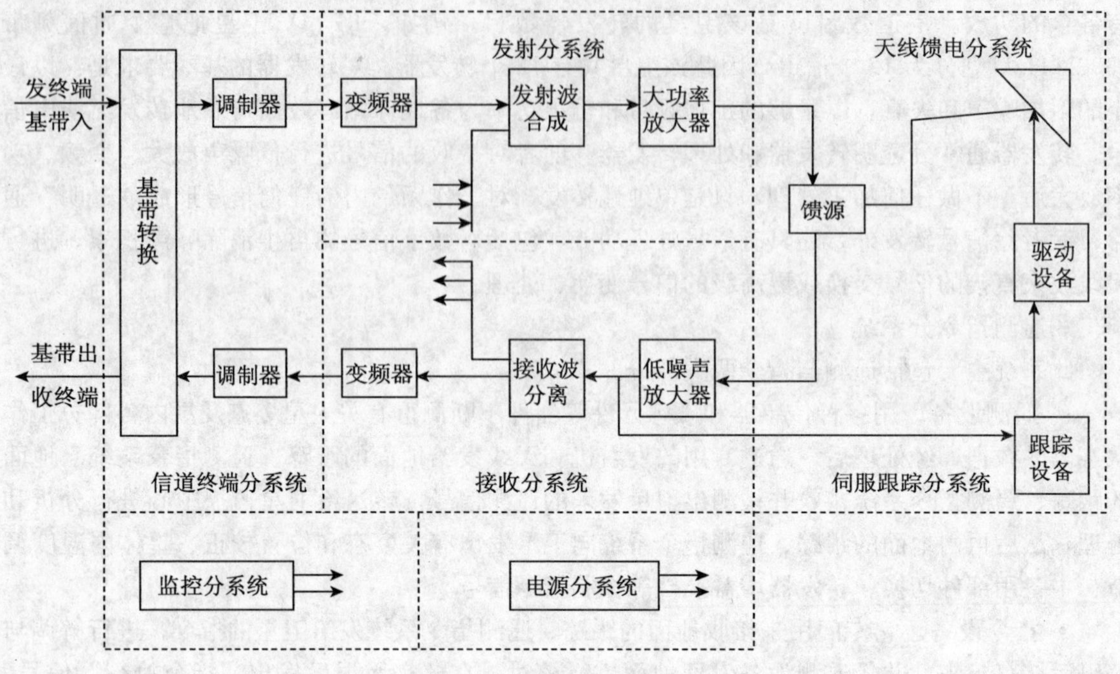

图 4－44　地球站设备组成

①天线分系统

它是地球站的重要设备之一，其性能优劣直接影响到卫星通信质量和系统通信容量，其价格约占地球站通信设备总价格的 1/3。可以看出天线系统在地球站的地位和作用十分重要。其任务主要是发送信号、接收信号和跟踪卫星。由于卫星转发来的微波信号很微弱，故天线较大，直径为 20m～30m，以增强接收微弱信号的能力。通常天线分系统包括天线、馈线设备、跟踪设备 3 部分，如图 4－45 所示。

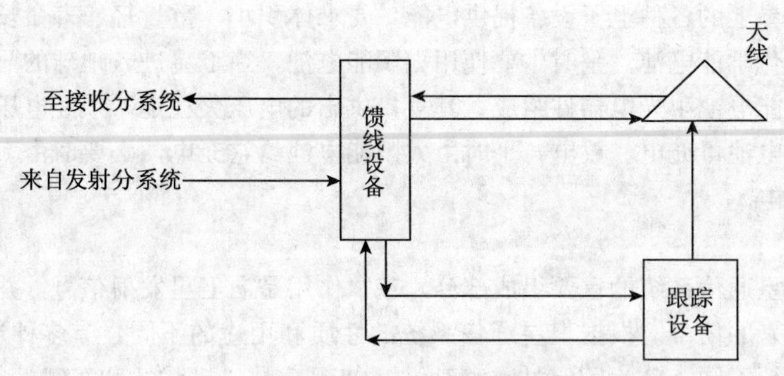

图 4－45　地球站天线分系统

• 卡塞格伦天线。它是根据卡塞格伦望远镜的原理研制的，由馈源、主反射器和副反射器构成，其中主反射面为旋转抛物面，副反射面为旋转双曲面。双曲面的两个焦点，一个与主反射面的焦点重合，馈源是一个喇叭天线，放在双曲面的另一个焦点上。收发信号在双工

器中分开。地球站天线一般都是收发共用的。

卡塞格伦天线发射时，大功率的微波信号能量从馈源辐射出来，首先投射到副反射器上。副反射器把信号的能量反射回来，射向主反射器。主反射器再次对信号的能量进行反射，变成平行波束射向卫星。接收时，由卫星转发来的微波信号投射到主反射器上，主反射器把信号的能量反射回来，射向副反射器。副反射器再次对信号的能量进行反射，变成平行波束射向馈源后由馈线设备送至接收机。由于馈源位于主反射器的顶点附近，使馈线短且能安装得较稳定，因而有助于形成指向准确的高增益窄波束天线，同时地面噪声不易进入馈源而形成干扰。其示意图如图 4－46 所示。

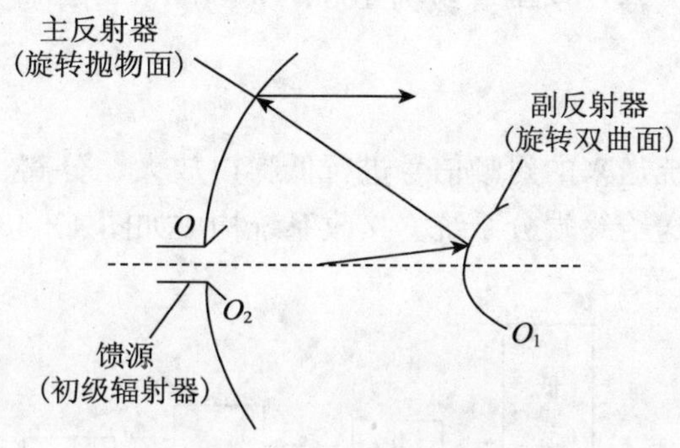

图 4－46　卡塞格伦天线

• 馈线设备。为了把发射机输出的微波信号送到天线或将天线接收到的信号送至接收机，在天线和发射机、接收机之间均有馈线设备。馈线设备主要由双工器、极化变换器、转动关节等波导元件以及一些波导传输线组成。双工器用来解决地球站收/发共用一副天线的问题，保证接收和发射信号很好地分离而不会相互间干扰；极化变换器用来把天线接收的圆极化波变换成线极化波，通过波导传输线送往接收设备，同时把发射机输出的沿波导传输线传输的线极化波转换成圆极化波；天线跟踪卫星时要进行方位和俯仰两方面的转动，利用转动关节来解决天线转动时的馈线设备不影响电磁波的传输。

对馈线系统的主要技术要求有：工作频率范围合乎规定，具有足够的带宽；天线具有较高的增益与合乎要求的辐射波瓣；尽可能低的等效噪声温度和良好的旋转性能以及足够的机械精密度等。

• 跟踪设备。静止通信卫星实际上并非完全静止。虽然卫星上有位置控制设备，但它还会有一定漂移，而地球站天线的波束很窄，卫星漂移可能导致地球站天线瞄准的不是最佳指向，减弱卫星收到的信号能量。为使地球站天线始终对准卫星，需要跟踪设备。地球站天线跟踪卫星的方法有手动跟踪、程序跟踪、自动跟踪 3 种。自动跟踪能使天线连续跟踪卫星且精度较高，大型地球站多采用该方式，手动跟踪和程序跟踪为辅。

②发射分系统

其作用是将终端分系统送来的基带信号调制为中频信号，然后对该中频已调载波进行上变频变换成射频信号，并把这一信号的功率放大到一定值后输送给天线系统向卫星发射。发射系统构成如图 4－47 所示。

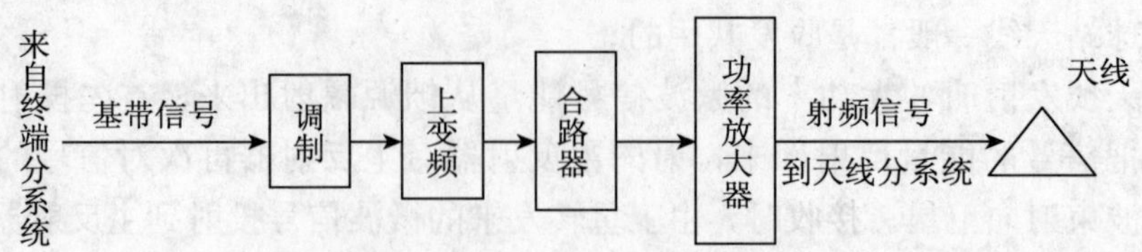

图 4-47 地球站发射系统

对发射系统的要求：发射功率大，频带宽度 500MHz 以上，增益稳定以及功率放大器的线性度高。业务量大的大型地球站常采用速调管功率放大器，输出功率可达 3000W。中型地球站常采用行波管功率放大器，功率等级为 100W～400W。功率放大器可以是单载波工作，也可以是多载波工作。

③接收分系统

其作用是将天线分系统送来的射频信号进行低噪声放大、分离、下变频为中频信号，再解调成基带信号，然后输送给终端分系统。接收系统构成如图 4-48 所示。

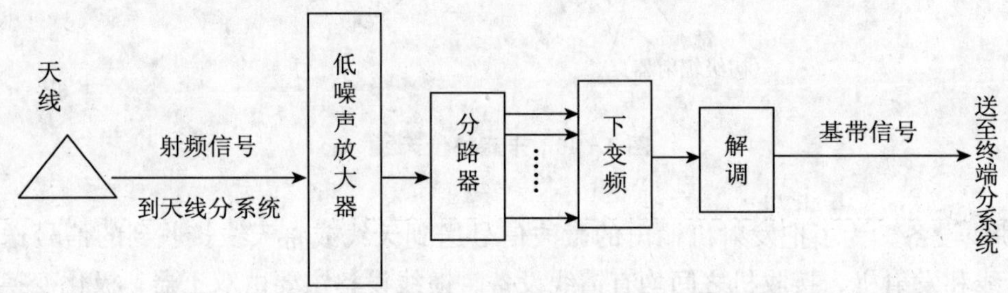

图 4-48 地球站接收系统

对接收系统的要求：接收系统是从噪声中接收来自卫星的信号。由于卫星转发器的发射功率一般只有几瓦到几十瓦，而且卫星天线的增益也小，同时由卫星转发下来的信号，经下行线路约 40000km 的远距离传输后，要衰减 200dB 左右，因此当信号到达地球站时就变得极其微弱。一般只有 10^{-18}W～10^{-17}W 的数量级。所以地球站接收系统的灵敏度必须很高，噪声必须很低，才能正常接收。为满足上述主要要求，地球站除采用高增益天线以外，接收机的前级一般都要采用低噪声放大器。

④终端分系统

其作用是把经由地球站上行或下行的信号如电报、电话、传真、电视、数据等进行加工、处理。例如，对上行信号进行加入报头、扰码、信道纠错编码，对下行的信号进行信道解码、去扰码、去报头，对接收国际电视节目的卫星信号可能还要进行制式转换等。

⑤辅助系统

辅助系统包括地面传输设备、控制分系统和电源分系统。

地球站相当庞大、复杂，为保证各部分正常工作，需进行监视、控制、管理，控制分系统就是用来监视地球站的总体工作状态、通信业务、各种设备的工作情况以及现用与备用设备的情况，对地球站的通信设备进行遥测、遥控以及完成现用、备用设备的自动转换等。

（3）卫星测控系统

卫星测控系统通常由指挥控制中心、测控数据交换中心及各地的测控站组成，其任务是在卫星发射过程中对卫星进行跟踪，并控制卫星准确进入定点轨道。在卫星正常运行时，测控系统对卫星完成轨道校正、位置和姿态保持。

（4）监控管理系统

该系统的任务是对在轨卫星的通信性能及参数进行业务开通前的监测和业务开通后的例行监测、控制和管理，以便保证通信卫星的正常运行和工作，通常是由卫星系统的网控中心站来承担。

九、短距离无线通信技术

短距离无线通信可以采用不同的技术，如红外数据通信（IrDA）技术、蓝牙（Bluetooth）技术、家庭射频（HomeRF）技术、Zigbee技术、超宽带（UWB）技术等，短距离无线通信技术的主要优点是具有更高的数据传输速率、更低的服务成本和更灵活的使用范围。

1. 红外数据通信技术

1993年，英特尔、惠普等20多家厂商联合成立了红外数据协会（IrDA，Infrared Data Association），IrDA制定的一系列红外数据通信标准形成了红外数据通信技术的基础。

IrDA数据通信按发送速率分为三大类：串行红外（SIR）、中速红外（MIR）和高速红外（FIR）。SIR的速率覆盖了RS—232端E1通常支持的速率（9600b/s～115.2kb/s）；MIR可支持0.576Mb/s和1.152Mb/s的速率；FIR通常用于4Mb/s的速率，有时也可用于高于SIR的所有速率。随着红外通信技术的发展，其通信速率也将不断提高，今年IrDA将推出16Mb/s的超高速红外（VFIR）标准。IrDA红外通信的距离也将从1m扩展到几十米。

红外数据通信技术是一种点对点的数据传输协议，取代了传统设备之间的连接线缆。红外数据通信技术的通信距离一般在0m～1m，传输速率最快可达16Mb/s，通信介质是波长为850nm～900nm的近红外线。

（1）IrDA协议栈

通信协议管理整个通信过程，通常被划分成几个层次，各层除拥有自己的一套管理职责外，还与上、下层之间有紧密的联系，可以互相调用，将各协议层组合起来就构成了协议栈。IrDA是红外数据通信的核心，其协议栈结构如图4-49所示。

<table>
<tr><td rowspan="2">信息获取服务
（IAS）</td><td>红外局域网
（IrLAN）</td><td>红外对象交换协议
（IrOBEX）</td><td rowspan="2">红外通信
（IrCOMM）</td></tr>
<tr><td colspan="2">微型传输协议（TTP）</td></tr>
<tr><td colspan="4">铁路管理协议（LMP）</td></tr>
<tr><td colspan="4">铁路建立协议（LAP）</td></tr>
<tr><td colspan="4">物理层（PHY）</td></tr>
</table>

图4-49　IrDA协议栈结构

IrDA 协议有核心协议和可选协议之分。核心协议包括红外物理层（IrPHY. Infrared Physical Layer）、红外链路建立协议（IrLAP，Infrared Link Access Protocol）、红外链路管理协议（IrLMP，Infrared Link Management Protocol）和信息获取服务（IAS，Information Access Service）。

①IrPHY 制定了红外通信硬件设计上的目标和要求，包括红外的光特性、数据编码、各种波特率下帧的格式等。为了达到兼容，硬件平台以及硬件接口设计必须符合红外协议制定的规范。

②IrLAP 在自动协商好的参数基础上提供可靠的、无故障的数据交换，它是在广域网中广泛使用的高级数据链路控制协议（HDIC，High—level Data Link Control）基础上开发的半双工面向连接服务的协议。

③IrLMP 根据 IrLAP 层建立的可靠连接和协商好的参数特性，提供如下功能：多路复用，高级搜索。

④IAS 提供一个设备所拥有的相关信息服务和应用的检索表，定义了命令/响应型的信息检索规程和几种基本的数据表示方法。根据各种特殊应用的需求，可以选配以下的协议：

• 微型传输协议（TTP，Yiny Transport Protocol）：该协议完成两个功能，一个是在每一个 LMP 连接基础上进行数据流控制；另一个是分段与重组，即将数据分段传送，然后在接收端进行重组。TTP 以 LMP 单元为中心进行连接、发送、断开和施加流控制操作。

• 红外对象交换协议（IrOBEX，Infrared Object Exchange）：用于文件和其他数据对象的交换服务。

• 红外通信（IrCOMM，Infrared Communication）：串/并行口仿真，使当前的应用能够在 IrDA 平台上使用串/并行口通信，而不必进行转换。

• 红外局域网（IrLAN，Infrared Local Area Network）：为笔记本电脑和其他设备开启红外局域网通道。

（2）红外数据通信技术的特点

①是目前在世界范围内被广泛使用的一种无线连接技术，现已被众多的硬件和软件平台所支持。

②通过数据电脉冲和红外光脉冲之间的相互转换实现无线的数据收发。

③主要用来代替点对点的线缆连接。

④新的通信标准兼容了早期的通信标准。

⑤红外线发射角度较小（30°锥角以内）、距离短，点对点直线数据传输，保密性强。

⑥传输速率较高，目前 4Mb/s 速率的 FIR 技术已被广泛使用，16Mb/s 速率的 VFIR 技术已经发布。

（3）红外数据通信技术的优缺点

在技术上的优点主要有以下几方面：

①不需要专门申请特定频率的使用许可证，降低了红外通信的成本，这一点在当前频率资源匮乏、频道使用费用增加的背景下是非常重要的。

②具有移动通信设备所必需的体积小、功耗低的特点，惠普公司目前已推出结合模块应用的 2.5mm×8.0mm×2.9mm～5.3mm×13.0mm×3.8mm 的专用器件，与同类技术相比，

耗电量也是最低的。

③传输速率在适合于家庭和办公室使用的微微网（Piconet）中是最高的，由于采用点到点的连接，数据传输所受到的干扰较少，速率可达16Mb/s。

红外数据通信技术也具有一定的局限性，主要有以下几点：

①红外数据通信技术是一种视距传输技术，也就是说如果在两个具有红外数据通信端口的设备之间传输数据，中间不能被其他物体阻隔，这在两个设备之间是比较容易实现的，若想在多个电子设备间进行数据传输，就必须彼此调整位置和角度等。

②红外数据通信设备中的核心部件（红外线LED）不是一种十分耐用的器件，对于不经常使用的扫描仪、数码相机等设备虽然游刃有余，但如果经常用装配红外数据通信端口的手机上网，可能很快就不堪重负了。

2. 蓝牙技术

"蓝牙（Bluetooth）"技术是基于无线个域网（WPAN，Wireless Personal Area Network）的无线网络连接技术。蓝牙技术以低成本的近距离无线连接为基础，将各种移动设备、固定通信设备、计算机及其终端设备、各种数字数据系统（如数字照相机、数字摄像机等），甚至各种家用电器、自动化设备采用无线方式连接起来。

（1）蓝牙协议模型

蓝牙技术规范包括协议和应用规范两部分，协议定义各个功能元素的工作方式，应用规范阐述为实现一个特定的应用模型，各层协议间的运转协同机制。协议栈是蓝牙技术的核心组成部分，能使设备之间互相定位并建立连接，通过这个连接，设备间能通过各种各样的程序进行交互和数据交换。蓝牙协议栈如图4-50所示。

蓝牙协议栈主要由物理层协议基带、链路层协议（LMP，Link Manager Protocol）、位于上层的逻辑链路控制和适应层协议（L2CAP，Logical Link Control and Adaptation Layer Protocol）组成，更上层的协议通过该层和蓝牙协议栈中的低层协议交互。

<table>
<tr><td colspan="6">Application</td></tr>
<tr><td colspan="3">JINI</td><td colspan="3">WAP</td></tr>
<tr><td colspan="2">SDP</td><td colspan="2">TCP/IP</td><td colspan="2">RFCOMM</td></tr>
<tr><td colspan="6">L2CAP</td></tr>
<tr><td colspan="6">Link Manager</td></tr>
<tr><td colspan="3">ACL</td><td colspan="3">SCO</td></tr>
<tr><td colspan="6">Baseband</td></tr>
<tr><td colspan="6">Bluetooth Radio</td></tr>
</table>

图4-50 蓝牙协议栈

（2）蓝牙系统的组成

蓝牙系统一般由天线单元、链路控制（硬件）单元、链路管理（软件）单元和软件（协议）单元4个功能单元组成，如图4-51所示。

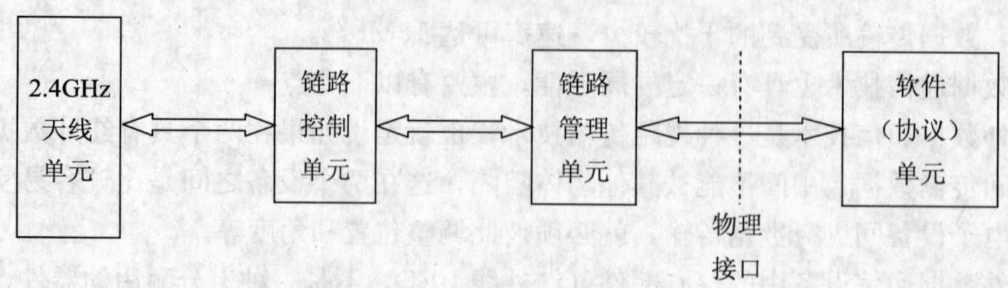

图4-51 蓝牙系统的组成

①天线单元

蓝牙技术的天线部分体积十分小巧、质量小，属于微带天线。蓝牙空中接口建立在0dBm（1mW）的基础上，最大可达20dBm（100mW），遵循FCC有关电平为0dBm的ISM频段的标准。

②链路控制（硬件）单元

目前蓝牙产品的链路控制单元包括3个集成器件，即连接控制器、基带处理器和射频传输/接收器，此外还使用了3～5个单独调谐元件。基带链路控制器负责处理基带协议和其他一些低层常规协议。蓝牙基带协议是电路交换与分组交换的结合，采用时分双工实现全双工传输。

③链路管理（软件）单元

链路管理（LM，Link Manager）软件单元携带了链路的数据设置、鉴权、链路硬件配置和其他一些协议，LM能够发现其他远端LM并通过IMP与之通信。

④软件（协议）单元

蓝牙规范接口可以直接集成到笔记本电脑上，或者通过PC卡或USB接口连接，或者直接集成到蜂窝电话中或通过附加设备连接。蓝牙的软件（协议栈）单元是一个独立的操作系统，符合已经制定好的蓝牙规范，不与任何操作系统捆绑，适用于集中不同商用操作系统（如Windows、IJnix、Pocket PC等）的蓝牙技术规范正在完善中。

（3）蓝牙技术的特点

蓝牙技术利用短距离、低成本的无线连接取代了电缆连接，从而为现存的数据网络和小型的外围设备提供统一的连接。蓝牙技术具有以下特点：

①蓝牙设备工作在全球通用免费的2.4GHz的ISM（即工业、科学、医学）频段。

②距离短。

现有蓝牙标准规定其传输距离为10cm～10m，如果增加传输功率或是加上某些外围设备就可以达到100m的传输距离。

③采用时分双工（TDD，Time Division Duplex）通信方式。

蓝牙规范1.0B支持的数据传输速率为1 Mb/s。采用TDD方式实现全双工传输，即将每个频率分割成时隙，每时隙0.625μs，分配相邻时隙用于发送和接收，主单元在偶数时隙发送数据，从单元在奇数时隙响应。通过改变往返顺序可以使两个不同的传输共享相同的频

率，实现全双工通信。

④使用跳频技术。

跳频是蓝牙使用的关键技术之一。对于单时隙包，蓝牙的跳频速率为1600跳/s；对于多时隙包，跳频速率有所降低，但在建链时则提高为3200跳/s。跳频技术使得蓝牙系统具有足够高的安全性和抗干扰能力，且硬件设备简单、性能优越。

⑤可同时传送话音信号和数据信号。

⑥支持多个蓝牙设备互连。

(4) 蓝牙技术的应用

蓝牙技术主要针对3大类的应用：话音/数据接入、外围设备互连和个人局域网。话音/数据接入是将一台计算机设备通过安全的无线链路连接到一个通话设备，完成与广域通信网络的互连。外围设备互连指的是将各种外围设备通过蓝牙链路连接到主机。个人局域网的主要应用是个人网络和信息的共享与交换。

①通信

第1代采用蓝牙技术的产品主要集中在话音通信方面，如移动电话使用的无线耳机。第2代产品是带有嵌入式蓝牙技术模块的数据通信产品，它们能够在单个设备之间（如膝上计算机和PDA之间）传送数据或文件。

蓝牙技术在通信方面的另一个应用是构成特设网络。蓝牙技术产品应用于移动电话、家庭和办公室电话系统中，可以实现真正意义上的个人通信，即个人局域网。这种个人局域网采用移动电话为信息网关，使各种便携式设备之间可以交换内容。

②计算机

蓝牙技术将广泛应用于计算机。不需要安装费用，也不需要下载软盘驱动器，移动电话就能与计算机进行无线连接，这是计算机时代的梦想。无线操作的便携硬盘就是蓝牙在计算机方面应用的一个很好的例子。目前许多厂商已经开发了数款面向企业和普通消费者的蓝牙技术产品，可利用蓝牙技术无线接收数据并加以存储，总容量可达200MB。有了这种设备后，计算机用户在主机和硬盘间可进行无线操作，当用户离开时，可将硬盘带走，防止他人非法操作，回来后只需重新连上硬盘即可继续工作。

③家庭

在家庭应用方面，可用蓝牙技术实现“三表”自动抄录和远程传输，还可用蓝牙技术改造电话系统，实现真正意义的个人通信。嵌入了蓝牙芯片的数字移动电话具备一机三用和耳机无线连接功能：在办公室里可以将手机当做内部电话，不计话费，在家里是无绳电话，计固定电话费，出门在外时又成了一部移动电话，按移动电话付费。另外，嵌入了蓝牙芯片的“信息家电”也具有了网络信息终端的功能，可以主动地发布、获取和处理相关信息，使得个人家庭与现代信息社会的信息高速公路通信网紧密相连。所有的信息家电将通过一个遥控器来进行控制，既可以控制电视，也可以控制计算机和空调器，同时还可以用做无绳电话或移动电话，甚至可以在这些信息家电之间共享有用信息，在家庭内部形成一个个人智能网络。

④办公商务

在办公自动化和电子商务方面，蓝牙设备将消除桌面上错综复杂的连线，将出现无线鼠标和键盘，通过无线接入局域网，实现文件、调制解调器、打印机和服务器的共享。在开办公会议时，可以用无线的方式访问其他成员，共享文件等信息。在旅途中，嵌入蓝牙芯片的便携式电脑可以就近无线接入互联网，在旅馆的房间或者机场可以方便地访问网络。利用蓝牙技术还可以制造电子钱包和电子锁，在很多消费场合进行电子付账，或在宾馆接待处实现电子登记服务等。

⑤军事应用

蓝牙技术特有的无须架设网络设施、可快速展开、抗毁性强等特点使其典型应用（蓝牙网络）被军事通信专家看好，用来发展相应的通信装备。建立在网络基础上的“蓝牙”单兵数字化设备不需要在任何电子设备间布设专用线缆和连接器，通过“蓝牙”遥控设备就可以形成1点到多点的连接，进行微微网网内设备通信，还可以利用蓝牙组成战术级无线局域网传输战场信息、作战数据，实现快速的战场通信。蓝牙还可以用于军事装备的性能检测、故障诊断，尤其在战场环境中优势明显，可以产生巨大的军事效益。

3. 家庭射频技术

家庭射频（HomeRF，Home Radio Frequency）技术是由家用射频工作小组（HRFWG，HomeRF Working Group）开发的，是无绳电话技术（DECT，Digital Enhanced Cordless Telephone）和无线局域网技术相互融合发展的产物。

（1）家庭射频技术的共享无线接入协议模型

HomeRF 的 SWAP 协议模型如图 4-52 所示，其协议层次与 OSI 网络模型有一定的映射关系。在 SWAP 中，MAC 对应于数据链路层，在其上的协议层则根据开展的业务不同而有所差异，用 TCP/IP 承载数据业务，UDP/IP 承载流业务（如视频数据流等），同时为了提供高质量的话音业务，还集成了 DECT 协议。

<table>
<tr><td colspan="3">上层应用协议</td></tr>
<tr><td>TCP</td><td>UDP</td><td rowspan="2">DECT</td></tr>
<tr><td colspan="2">IP</td></tr>
<tr><td colspan="3">HomeRF MAC 层</td></tr>
<tr><td colspan="3">HomeRF 物理层</td></tr>
</table>

图 4-52　HomeRF 的 SWAF 协议模型

①物理层

HomeRF 采用数字跳频扩频技术，调制方式为恒定包络的 FSK 调制，分为 2FSK 与 4FSK 两种，采用调频调制可以有效地抑制无线环境下的干扰和衰落。在 2FSK 方式下，最大数据传输速率为 1Mb/s；在 4FSK 方式下，最大数据传输速率可达 2Mb/s。在最新版的 HomeRF2. x 中采用了宽带跳频（Wide Band Frequency Hopping，WBFH）技术来增加跳频带宽，从原来的 1MHz 增加到 3MHz、5MHz，其数据峰值高达 10Mb/s，接近 IEEE802. 11b 标准的 11Mb/s，能根据数据传输速率动态调整跳频带宽，满足未来家庭宽带通信。

②MAC 层

SWAP 的 MAC 层相当于 OSI 模型中的数据链路层，因此它的主要功能就是完成数据帧的封装、拆封等。对于数据通信来说，SWAP 采用了 IEEE802.11 中的 CSMA/CA 方式，而对于话音业务来说，则采用基于 DECT 系统的 TDMA 方式。SWAP 定义了两种类型的帧结构：20ms 的超帧和 10ms 的子帧。超帧和子帧分别用于不同的场合：当网络中只有数据业务时，HomeRF 将使用超帧，在 1 个跳频点上的通信时间为 20ms，并且采用异步方式；当网络中有话音业务时，采用 10ms 的子帧，并增加 1 个标志位以同步方式进行通信。

③网络层

SWAP 采用了 Internet 的 TCP/IP 协议，TCP 协议应用于一般的数据通信，而 UDP 协议用于开展流媒体业务。SWAP 组网的形式非常灵活，既可以采用 Ad Hoc 网络，也可以作为控制网络使用。在 Ad Hoc 网络中，所有的接入点之间都是平等的，既可以作为主机，也可以作为路由器，由各点对网络进行分布式控制，但这种网络结构只支持数据通信。而对于时间有要求的业务，则必须采用控制网络，这时必须有一个专门的控制点（CP，Control Point）对整个系统进行管理与协调，通过标准的接口（如 IJSB）与 PC 机相连，这样就可以成为一个接入 PSTN 的网关。

④DECT

为了提供高质量的话音通信，HomeRF 继承了当前无绳电话系统 DECT 的协议与规范。HomeRF2.0 的话音质量可以达到 4.1MOS，而一般的公用电话的质量为 4.3MOS，移动电话的话音质量只有 3.4MOS。由于是以 DECT 为基础，HomeRF 能继续支持各种新业务，如呼叫等待、呼叫转移等，系统中可容纳多达 8 个激活的话音信道。

⑤数据通信与流业务

为了实现对数据包的高效传输，HomeRF 采用了 IEEE802.11 标准中的 CSMA/CA 模式，以竞争的方式来获取对信道的控制权，在 1 个时间点上只能有 1 个接入点在网络中传输数据。有线以太局域网在 MAC 层的标准协议是 CSMA/CD，但由于无线产品的适配器不易检测信道是否存在冲突，因此 IEEE802.11 全新定义了一种新的协议，即载波侦听多点接入/冲突避免（CSMA/CA）。一方面，载波侦听查看介质是否空闲；另一方面，通过随机的时间等待，使信号冲突发生的概率减到最小，当介质被侦听到空闲时，则优先发送。

⑥安全机制

随机的跳频方式和低功率的传输可以有效防止外界对系统的恶意攻击以及对数据的截获。HomeRF 对数据采用了 Blowfish 加密算法，码字个数多达 1 万亿个，进一步加强了数据的安全性。

（2）家庭射频技术的特点

①HomeRF 技术的最大特点是能够同时支持 8 个高质量的话音连接、8 个区分优先级的流媒体连接以及多种 Internet 和网络资源连接，并支持较大规模设施内的漫游，而且费用极低。此外，HomeRF 还支持呼叫等待、呼叫识别、呼叫转移等多种服务功能。HomeRF 的第 3 代产品将使数据率提高到 20Mb/s 以上，在系统连接上还能向后兼容。

②HomeRF 技术提供了对流媒体真正意义上的支持。由于流媒体规定了高级别的优先权并采用了带有优先权的重发机制，这样就确保了实时播放流媒体所需的带宽、低干扰、低误码。

③HomeRF 技术把 SWAP 作为未来家庭连网的技术指标，基于该协议的网络是对等网，因此该协议主要针对家庭无线局域网。其数据通信采用简化的 IEEE802.11 协议标准，沿用类似于以太网技术中的冲突检测的载波监听多址技术（CSMA/CD）CSMA/CA。

话音通信采用 DECT 标准，使用 TDMA 时分多址技术。

④HomeRF 因能同时提供宽带高速 Internet 接入和资源共享、多种媒体流连接以及多种高质量的话音连接而在 WLAN 组网技术中别具一格。

（3）家庭射频技术的应用领域

①话音领域

由于 HomeRF 采用了 SWAP 规范，而 SWAP 规范又合并了 DECT 标准，这在家庭和小型企业中有非常大的市场潜力。使用 HomeRF 技术的无绳手持电话将具备传统电话的所有功能，并且能够提供比传统无绳手持电话更多的便利，如使电话放置的位置更加灵活。现在，电话在家中的位置是由电话插孔的位置决定的，而没有考虑终端用户的喜好。许多住宅中只有两三个电话插孔，这样就强迫电话必须装在某几个房间里。有了 HomeRF 技术，电话的安装就不再受家庭电话插口的限制，只要其中的 1 个电话与电话插孔连接，无绳电话就可以根据用户的需要进行安放了。因此，只需增加电话听筒就可以扩展话音网络而不必购买多部电话，这样不仅节省了开销，而且用户也可以从共享一系列相同而丰富的电话特性中受益。多部电话听筒可以使用户同时使用外线电话和内部对讲机。

另外，HomeRF 技术还提供了更高的话音质量和安全性，它用 2.4GHz 技术避免了来自无绳电话、远程控制设备以及监视器等装置的干扰。使用跳频扩频（FHSS）技术，话音通道每秒改变 5 次，确保对话不被中断。

②家庭网络

当前的家庭网络主要是连接多台 PC 使它们能够共享 Internet 接入和打印机，而未来的家庭网络将使统一标准的话音数据和视频业务得以共享。随着业务和设备的不断发展，HomeRF 网络将支持多种家庭娱乐、家庭自动化控制甚至是远程医疗服务。

4. Zigbee 技术

Zigbee 技术主要用于无线个域网（WPAN），是基于 IEEE802.15.4 无线标准研制开发的。Zigbee 这个名字来源于蜂群的通信方式：蜜蜂之间通过跳 ZigZag 形状的舞蹈来交互信息，以便共享食物源的方向、位置和距离等信息。

（1）Zigbee 协议模型

Zigbee 协议栈自上而下由应用层、应用会聚层、网络层、数据链路层和物理层组成，如图 4－53 所示。

①应用层

应用层定义了各种类型的应用业务，是协议栈的最上层用户。

②应用会聚层

应用会聚层负责把不同的应用映射到 Zigbee 网络上，主要包括安全属性设置、多个业务数据流的会聚、设备发现和业务发现等功能。

③网络层

网络层的功能包括拓扑管理、MAC 管理、路由管理和安全管理。

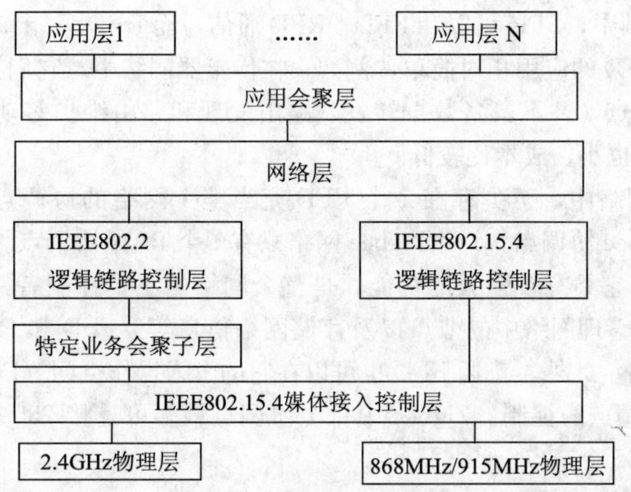

图 4－53　Zigbee 协议栈

④数据链路层

IEEE802 系列标准将数据链路层分成逻辑链路控制（LLC，Logical Link Contol）和媒体接入控制（MAC，Media Access Control）两个子层。IEEE802.15.4 的 LLC 子层和 IEEE802.2 的 LLC 子层相同，其功能包括传输可靠性的保障、数据包的分段与重组、数据包的顺序传输。IEEE802.15.4 的 MAC 子层协议则依赖于各自的物理层，支持多种 LLC 标准，通过特定业务会聚子层（SSCS，Service—Specific Convergence Sublayer）协议支持多种 LLC 标准，其功能包括设备间无线链路的建立、维护和拆除，确认模式的帧传送与接收，信道接入控制、帧校验、预留时隙管理和广播信息管理。

⑤物理层

IEEE802.15.4 定义了 2.4GHz 和 868MHz/915MHz 这两个物理层，它们都是基于直接序列扩频（DS—SS，Direct Sequence Spread Spectrum）数据包格式，两者的主要区别在于工作频率、调制技术、扩频码片长度和传输速率。

Zigbee 的物理层分组（或包）结构如图 4－54 所示，其中：前导码是 4b，主要用于前导同步；分组定界起点是 1b，用来标志分组的开始；物理层头是 1b，表示数据单元的长度；物理层数据单元用来承载传输数据。

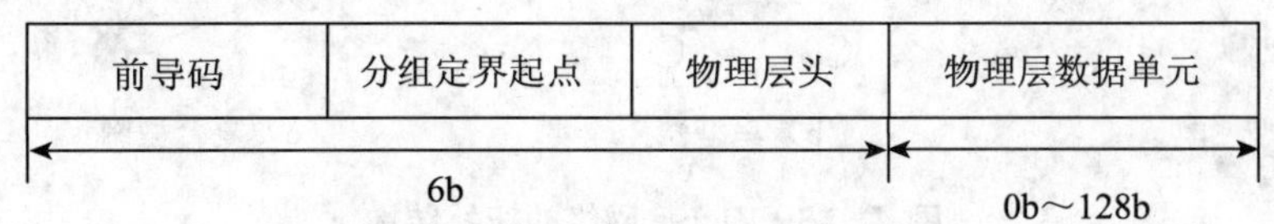

图 4－54　Zigbee 物理层分组结构

（2）Zigbee 网络

①Zigbee 网络配置

低数据速率的无线个域网（WPAN）中包括两种无线设备：全功能设备（FFD）和精简

功能设备（RFD）。其中，FFD 可以和 FFD、RFD 通信，而 RFD 只能和 FFD 通信，RFD 之间是无法通信的。RFD 的应用相对简单，例如，在传感器网络中，它们只负责将采集的数据信息发送给它的协调点，并不具备数据转发、路由发现和路由维护等功能。RFD 占用资源少，需要的存储容量也小，成本比较低。

在 1 个 Zigbee 网络中，至少存在 1 个 FFD 充当整个网络的协调点，即 PAN 协调点，Zigbee 中也称为 Zigbee 协调点。1 个 Zigbee 网络只有 1 个 PAN 协调点。通常，PAN 协调点是一个特殊的 FFD，它具有较强大的功能，是整个网络的主要控制者，它负责建立新的网络、发送网络信标、管理网络中的节点以及存储网络信息等。FFD 和 RFD 都可以作为终端节点加入 Zigbee 网络。此外，普通 FFD 也可以在它的个人操作空间（POS）中充当协调点，但它仍然受 PAN 协调点的控制。Zigbee 中每个协调点最多可连接 255 个节点，1 个 Zigbee 网络最多可容纳 65535 个节点。

②Zigbee 网络结构

Zigbee 网络的拓扑结构主要有 3 种，即网状型（Mesh）网、星型网和复合型网。

网状型网，如图 4－56（a）所示，一般是由若干个 FFD 连接在一起形成的网络，它们之间是完全的对等通信，每个节点都可以与它的无线通信范围内的其他节点进行通信。在 Mesh 网中，一般将发起建立网络的 FFD 节点作为 PAN 协调点。Mesh 网是一种高可靠性网络，具有“自恢复”能力，它可为传输的数据包提供多条路径，一旦一条路径出现故障，则存在另一条或多条路径可供选择。

星型网，如图 4－56（b）所示是由 1 个 PAN 协调点和 1 个或多个终端节点组成的网络，PAN 协调点必须是 FFD，它负责发起建立和管理整个网络，其他的节点（终端节点）一般是 RFD，分布在 PAN 协调点的覆盖范围内，直接与 PAN 协调点进行通信。星型网通常用于节点数量较少的场合。

Mesh 网可以通过 FFD 扩展网络，组成 Mesh 网与星型网的复合型网，如图 4－55（c）所示。在复合型网中，终端节点采集的信息首先传到同一子网内的协调点，然后再通过网关节点上传到上一层网络的：PAN 协调点。复合型网适用于覆盖范围较大的网络。

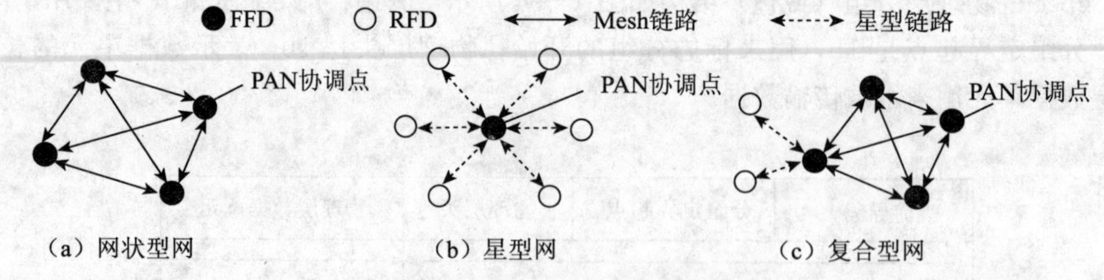

图 4－55　Zigbee 网络的拓扑结构

③Zigbee 组网技术

在 Zigbee 中，只有 PAN 协调点可以建立一个新的 Zigbee 网络。当 Zigbee 的 PAN 协调点想要建立一个新网络时，首先要对信道进行扫描，在网络中寻找一个空闲信道来建立新的网络。若找到了合适的信道，Zigbee 协调点则会为新网络选择一个 PAN 标识符（PAN 标识符是

用来标识整个网络的，因此所选的 PAN 标识符必须在信道中是唯一的)。一旦选定了 PAN 标识符，就说明已经建立了网络，此后，如果有另一个 Zigbee 协调点扫描该信道，那么这个网络的协调点就会响应并声明它的存在。另外，这个 Zigbee 协调点还会为自己选择 1 个 16bit 的网络地址。Zigbee 网络中的所有节点都有 1 个 64bit 的 IEEE 扩展地址和 1 个 16bit 的网络地址，其中 16bit 的网络地址在整个网络中是唯一的，也就是 IEEE802.15.4 中的 MAC 短地址。

Zigbee 协调点选定了网络地址后，就开始接受新的节点加入其网络。当一个节点希望加入该网络时，它首先会通过信道扫描来搜索它周围存在的网络，如果找到了一个网络，它就会通过关联过程加入网络，只有具备路由功能的节点才可以允许其他节点通过它来关联网络。如果网络中的一个节点与网络失去联系后想要重新加入网络，则该节点可以通过孤立通知过程重新加入网络。网络中每个具备路由器功能的节点都维护一个路由表和一个路由发现表，它可以参与数据包的转发、路由发现和路由维护，以及关联其他节点来扩展网络。

Zigbee 网络中传输的数据可分为以下 3 类：①周期性数据，例如传感器网中传输的数据，这一类数据的传输速率是根据不同的应用而确定的；②间歇性数据，例如电灯开关传输的数据，这一类数据的传输速率是根据应用或者外部激励而确定的；③反复性的、反应时间低的数据，例如无线鼠标传输的数据，这一类数据的传输速率是根据时隙分配而确定的。

为了降低 Zigbee 节点的平均功耗，Zigbee 节点有激活和睡眠两种状态，只有当两个节点都处于激活状态才能完成数据的传输。在有信标的网络中，Zigbee 协调点通过定期地广播信标为网络中的节点提供同步；在无信标的网络中，终端节点定期睡眠，定期醒来，除终端节点以外的节点要保证始终处于激活状态，终端节点醒来后会主动询问它的协调点是否有数据要发送给它。在 Zigbee 网络中，协调点负责缓存要发送给正在睡眠的节点的数据包。

(3) Zigbee 技术的特点

①功耗低。Zigbee 网络节点设备工作周期较短，收发信息功率低，并且采用休眠模式(当不传送数据时，节点处于休眠状态；当需要接收数据时，节点被 Zigbee 网络中称为“协调器”的设备唤醒)，所以 Zigbee 技术特别省电，避免了频繁的更换电池或充电，从而减轻了网络维护的负担。

②成本低。由于 Zigbee 协议栈设计简单，因此它的研发和生产成本相对较低，普通网络节点硬件上只需 8 位微处理器（如 80C51）以及少量的软件即可实现，无须主机平台。

③延时短。通信延时和从休眠状态激活的延时都非常短，设备搜索延时为 30ms，休眠激活延时为 15ms，活动设备信道接入延时为 15ms。这样一方面节省了能量消耗；另一方面更适用于对延时敏感的场合，例如，一些应用在工业上的传感器就需要以 ns 的速度获取信息，以及安装在厨房内的烟雾探测器也需要在尽量短的时间内获取信息并传输给网络控制者，从而阻止火灾的发生。

④传输范围小。在不使用功率放大器的前提下，Zigbee 节点的有效传输范围一般在 10m～75m，基本上能够覆盖普通的家庭和办公场所，具体情况则依据实际发射功率的大小和各种不同的应用模式而定。

⑤工作频段灵活，数据传输速率低。Zigbee 使用的频段分别为 2.4GHz、868MHz（欧洲）和 915MHz（美国），这些频段均为免许可证频段。在 2.4GHz 频段提供的数据传输速率是 250kb/s；在 868MHz 频段提供的数据传输速率是 20kb/s；在 915MHz 频段提供的数据

传输速率是 40kb/s。

⑥数据传输的可靠性高。由于 Zigbee 采用了碰撞避免机制，同时为需要固定带宽的通信业务预留了专用时隙，从而避免了发送数据时的竞争和冲突。MAC 层采用完全确认的数据传输机制，每个发送的数据包都必须等待接收方的确认信息，保证了节点之间传输信息的高可靠性。

⑦网络容量大。1 个 Zigbee 网络最多可支持 255 个设备，也就是说，1 个主设备可以与另外 254 个从设备相连接，1 个区域内最多可以同时存在 100 个 Zigbee 网络。

(4) Zigbee 技术的主要应用

Zigbee 技术特别适合于数据吞吐量小、网络建设投资少、网络安全要求较高、不便频繁更换电池或充电的场合，预计将在消费类电子设备、家庭智能化、工控、医用设备控制、农业自动化等领域获得广泛应用。

消费类电子设备和家庭智能化将是 Zigbee 技术最有潜力的市场，家庭可以连网的设备包括电视、录像机、PC 外设、儿童玩具、游戏机、门禁系统、窗户和窗帘、照明设备、空调系统和其他家用电器等。家用设备引入 Zigbee 技术后，将极大改善人们居住的环境和舒适度。

在工业领域，利用传感器和 Zigbee 网络，可使数据的自动采集、分析和处理变得更加容易，可以作为决策辅助系统的重要组成部分，例如危险化学成分的检测、火警的早期检测和预报、高速旋转机器的检测和维护。这些应用不需要很高的数据吞吐量和连续的状态更新，重点在于低功耗，可最大程度地延长电池的寿命，减少 Zigbee 网络的维护成本。

在医学领域，利用传感器和 Zigbee 网络可以准确、实时地监测每个病人的血压、体温和心率等信息，有助于医生快速做出反应，减少医生查房的工作负担，特别适用于对重、危患者的监护和治疗。

在现代化农业中，利用传感器可以将土壤湿度、氮浓度、pH 值、降水量、气温、气压和采集信息的地理位置经由 Zigbee 网络传送到中央控制设备，使农民能够及早而且准确地发现问题，从而有助于保持并提高农作物的产量。

5. 超宽带技术

超宽带（UWB，Ultra wideband）技术是一种使用 1GHz 以上带宽的无线通信技术。

(1) 超宽带通信信号的形式

UWB 的主要信号形式可分为传统的基带窄脉冲形式和调制载波形式，后者是 2002 年 FCC 规定了 UWB 通信的频谱使用范围和功率限制后产生的，也是目前 UWB 高速无线通信较多采用的一种。而采用基带窄脉冲的 UWB 技术则多用于探测、透视、成像以及低速、低功耗、低成本通信等领域。

①基带窄脉冲形式

基带窄脉冲形式是 UWB 通信最早采用的信号形式，它利用宽度在纳秒、亚纳秒级的基带窄脉冲序列进行通信。通常通过脉冲位置调制（PPM）、脉冲极性调制或脉冲幅度调制（PAM）等调制方式携带信息。窄脉冲可以采用多种不同的波形，如高斯波形、升余弦波形等。

在基带窄脉冲 UWB 通信中，由于脉冲的宽度很窄，同时一般情况下占空比比较小，所以有很强的多径信道分辨能力和抗多径性能。又因为不需要调制载波，所以收发信机结构简单，成本较低。简单的结构、较小的占空比又使得系统的功耗很低。

因为基带窄脉冲中包含较多的低频分量，所以在 FCC 关于 UWB 通信功率谱的规定下，频谱利用率不高，可以通过脉冲波形优化设计加以改善，但目前这方面的研究还没有十分理想的可实用的结果。而另一条途径就是采用调制载波的方式，可以灵活、高效地利用频谱资源，提高系统性能。

②调制载波形式

通过调制载波可以将 UWB 信号搬移到合适的频段进行传输，从而可以更加灵活、有效地利用频谱资源。同时，调制载波系统的信号处理方法与一般通信系统采用的方法类似，技术成熟度高，在目前的工艺条件下比基带窄脉冲形式更容易实现高速系统。

在 IEEE802.15.3a 工作组进行的高速无线个域网物理层可选标准的制定工作中，两个候选方案（英特尔、TI 等公司支持的多带一时频交织一频分复用（MB—TFI—OFDM）方案和 Motorola、XtreIneSpectrum 等公司支持的单载波直接序列一码分多址（DS—CDMA）方案）都采用了调制载波的信号形式。

（2）超宽带无线通信系统的基本组成

基于 CDMA 的 UWB 无线通信系统的基本组成如图 4－56 所示。在发送端，时钟发生器产生一定重复周期的脉冲序列，用户要传输的信息和表示该用户地址的伪随机码分离或合成后对上述周期脉冲序列进行一定方式的调制，调制后的脉冲序列驱动脉冲产生电路，形成一定脉冲形状和规律的脉冲序列，然后放大到所需的功率，再耦合到 UWB 天线发射出去。

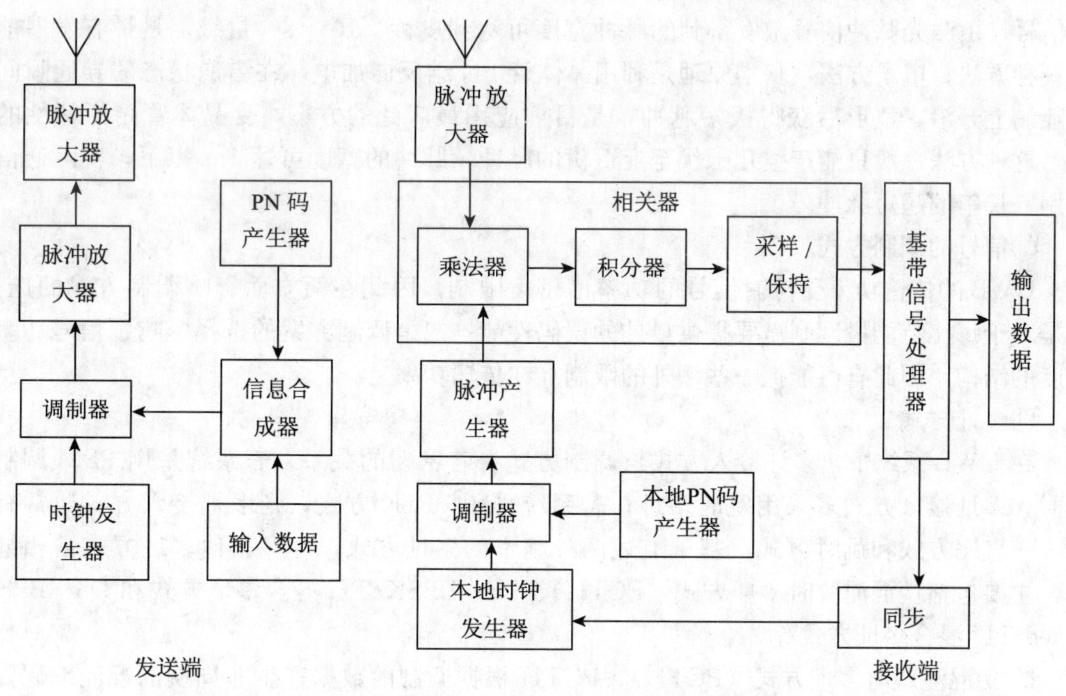

图 4－56　基于 CDMA 的 UWB 无线通信系统的基本组成

在接收端，UWB 天线接收的信号经低噪声放大器放大后送到相关器的一个输入端，相关器的另一个输入端加入一个本地产生的与发送端同步的经用户伪随机码调制的脉冲序列，接收端信号与本地同步的伪随机码调制的脉冲序列一起经过相关器中的相乘、积分和采样/保持运算，产生一个对用户地址信息经过分离的信号，其中仅含用户传输信息和其他干扰。然后对该信号进行解调运算，即根据发送端的调制方式对每个脉冲进行判决，回复出所要传输的信息。同步电路包括捕获和跟踪电路，其作用是准确提取时钟脉冲的位置和重复周期的信息，并将其作用到本地的定时电路，产生接收机所需的各种时钟和定时信号。

UWB的主要技术指标：①频率范围为3.1GHz～10.6GHz；②系统功耗为1mW～4mW；③脉冲宽度为0.2ns～1.5ns，重复周期为25ns～1ms；④发射功率小于－41.3dBm/MHz；⑤数据速率为几十兆比特每秒到几百兆比特每秒；⑥分解多路径延时小于或等于1ns；⑦多径衰落小于或等于5dB；⑧系统容量远远大于3G系统；⑨空间容量为1000kB/m^2。

(3) 超宽带的关键技术

UWB通信技术使用冲激脉冲技术和跳时调制，采用纳秒级的冲激脉冲作为信息载体，因而具有相当宽的带宽，可使用不同的方式来产生和接收这些信号以及对传输信息进行编码，这些脉冲可以单独发射或成组发射，并可根据脉冲幅度、相位和脉冲位置对信息进行编码。UWB的关键技术包括脉冲信号的产生、UWB的调制和多址方式、信号的快速捕获、同步和检测，以及适用于UWB的有效的天线设计方法和收发机设计方法等。

①脉冲信号的产生

从本质上讲，产生纳秒级短脉冲宽度（10^{-9}s）的信号源是UWB技术的前提条件。目前产生脉冲源的方法有两种：光电方法，基本原理是利用光导开关的陡峭上升/下降沿获得脉冲信号，由激光脉冲信号激发得到的脉冲宽度可达到皮秒（10^{-12}s）量级，是最有发展前景的一种方法；电子方法，基本原理是利用晶体管PN结反向加电，在雪崩状态的导通瞬间获得陡峭上升沿，整形后获得极短脉冲，是目前应用最广泛的方案，受晶体管耐压特性的限制，这种方法一般只能产生几十伏至上百伏的脉冲，脉冲的宽度可达1ns以下，实际通信中使用一长串的超短脉冲。

②信号的调制方式

UWB的传输功率受传输信号的功率谱密度限制，因此在两方面影响调制方式的选择：一是对于每比特能量调制需要提供最佳的误码性能；二是调制方案的选择影响了信号功率谱密度的结构，因此有可能把一些额外的限制加在传输功率上。

③多址方式

在UWB系统中，多址接入方式与调制方式有着密切的关系。若系统采用PPM调制方式时，多址接入方式多采用跳时多址；若系统采用BPSK方式，则多址接入方式通常有两种——直序方式和跳时方式。基于上述两种基本的多址方式，许多其他多址方式被相继提出，主要包括伪混沌跳时多址方式（PCTH）、DS—BPSK/TH混合多址方式和DS—BPSK/Fixed TH混合多址方式等。

a. 伪混沌跳时多址方式（PCTH）。PCTH根据调制的数据产生非周期的混沌编码，用它代替TH—PPM中的伪随机序列和调制的数据，控制短脉冲的发送时刻，使信号的频谱发生变化。PCTH调制不仅能减少对现有无线通信系统的影响，而且更不易被检测到。

b. DS—BPSK/TH混合多址方式。DS—BPSK/TH混合多址方式在跳时（TH）的基础上通过直接序列扩频码进一步减少多址干扰，其多址性能优于TH—PPM，与DS—BPSK相

当，但在实现同步和抗远近效应方面具有一定的优势。

c. DS—BPSK/Fixed TH 混合多址方式。DS—BPSK/Fixed TH 混合多址方式的特点是打破 TH—PPM 多址方式中采用随机跳时码的常规思路，利用具有特殊结构的固定跳时码来减少不同用户脉冲信号的碰撞概率。即使有碰撞发生时，利用 DS—SS 的伪随机码的特性也可以进一步削弱多址干扰。

④信号的快速捕获、同步和检测

在信号的快速捕获、同步和检测方面，UWB 通信系统同扩频通信系统一样，也存在接收捕获与同步问题。由于 UWB 系统是传输纳秒或亚纳秒级的窄脉冲，而且数据传输速率可达上百兆比特每秒，因此对 UWB 通信系统的捕获和同步要求非常苛刻。具体而言，UWB 信号的捕获分成频率同步、脉冲同步、码同步、帧同步等不同过程，现有的研究主要通过优化的捕获策略、导频机制和后级信号处理，加速捕获过程，提高捕获精度。

⑤天线的设计

能够有效辐射时域短脉冲的天线是 UWB 研究的另一个重要方面。作为 UWB 天线，应该能够达到以下要求：

a. 天线的输入阻抗具有超宽带特性。

b. 天线的相位中心具有超宽频带不变特性，即要求天线的相位中心在脉冲能量分布的主要频带上保持一致。

⑥收发信机的设计

与传统的无线收发信机结构相比，UWB 收发信机的结构相对简单，但可以得到相同的性能。例如，传统的无线收发信机大多采用超外差式结构如图 4－57（a）所示，而 UWB 收发信机采用零差结构如图 4－57（b）所示就可以得到相同的性能，且易于实现。

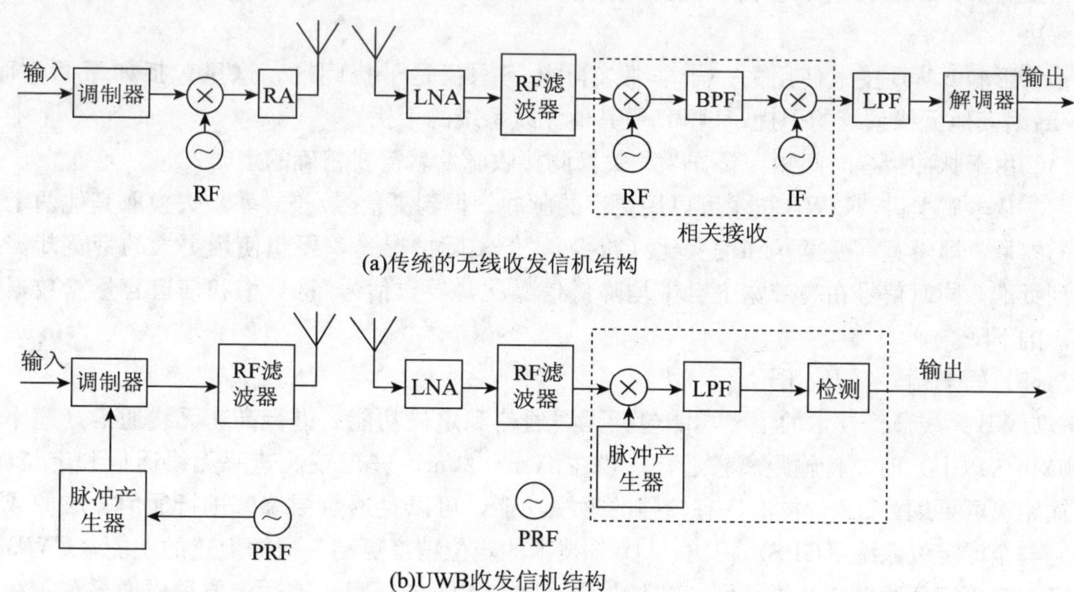

图 4－57 收发信机结构

(4) UWB 技术的优点及其局限性

UWB 技术的优点主要有以下几方面：

①系统结构实现简单，成本低。

②系统容量大。

③传输速率高。UWB 以宽频带来获得高速率，在 5m～10m 范围内能提供 100Mb/s 的数据速率。

④功耗低。在实现同样传输速率时，功率消耗仅为传统技术的 1/10～1/100。

⑤保密性好。由于 UWB 信号采用了跳时扩频，其射频带宽可达到 1GHz 以上，发射功率谱密度很低，信号隐蔽在环境噪声和其他信号之中，用传统的接收机无法接收和识别，必须采用与发送端一致的扩频码脉冲序列才能进行解调，因此增加了系统的安全性。

⑥多径分辨能力强。由于传统无线通信的射频信号大多为连续信号，或射频信号持续时间远大于多径传播时间，因此多径传播效应限制了通信质量和数据传输速率。由于超宽带无线电发射的是持续时间极短的单周期脉冲且占空比极低，多径信号在时间上是可分离的。假如多径脉冲要在时间上发生交叠，其多径传输路径长度应小于脉冲宽度与传播速度的乘积。由于脉冲多径信号在时间上不重叠，很容易分离出多径分量以充分利用发射信号的能量。大量的实验表明，对传统无线电信号多径衰落深达 10dB～30dB 的多径环境对 UWB 信号的衰落最多不到 5dB。

⑦抗干扰能力强。在抗干扰通信领域，UWB 通信系统与扩频通信的抗干扰机理相似，也是利用信号的宽带特性来实现抗干扰的性能要求。但与扩频系统相比，UWB 系统占用更宽的信号带宽，具有更低的平均功率谱和很高的瞬时功率，在扩频处理增益和抗截获/探测概率两项重要性能指标上均远高于目前传统的扩频通信系统。

虽然 UWB 技术有其特有的优点，但其广泛应用仍然面临很多挑战，许多技术问题还亟待解决。

①影响 UWB 技术使用的一个非常实际的问题就是干扰问题，这里包括如下两方面：UWB 对其他无线系统的干扰；UWB 受其他无线系统的干扰。

②由于脉冲持续时间短，要作为相关检测接收脉冲就需要精确的定时。

③从本质上讲，UWB 技术可以用更窄的脉冲（得到高信号/符号率）去换取其他两个可变的参量，即带宽（变宽）和信噪比（减少）。但实际情况是，要想使用更大的带宽却需要得到批准，同时信号在高带宽上会平均降低信噪比，导致信号/符号率和信道容量（数据速率）的下降。

(5) UWB 技术的应用

UWB 无线通信技术的主要功能包括无线通信和定位功能。进行高速无线通信（速率在 100Mb/s 以上）时，传输距离较近，一般在 10m～20m；进行较低速率无线通信和定位时，传输距离可更远。UWB 技术具有较强的透视功能，可以穿透数层墙壁进行通信、成像或定位。与全球定位系统（GPS）相比，UWB 技术的定位精度更高。根据上述的功能，UWB 技术可以应用于无线多媒体局域网/家域网/个域网、无线传感网、雷达定位和成像系统、智能交通系统，以及应用于军事、公安、救援、医疗、测量等多个领域。

①无线多媒体局域网/家域网/个域网。在无线多媒体局域网/家域网/个域网中，各种数

字多媒体设备（如数码摄像机、MP3 播放器、数字电视、计算机、投影仪、各种智能家电等）根据需要在小范围内组成自组织（Ad Hoc）式的网络，相互传送多媒体数据，并可以通过安装在家中的宽带网关接入 Internet，构成一个智能家庭环境。

②无线传感网。无线传感网中，通常要求传感器的功耗非常小，可以连续工作数月，甚至数年之久而无须充电。目前的做法是通过 MAC 层和网络层的协议设计，尽量减少不必要的传输，以此来有效地利用无线信道和能量资源。在此基础上，采用极低功耗 UWB 物理层可以大大简化 MAC 层和网络层的复杂度，使系统的总体功耗进一步降低。

③智能交通系统。UWB 系统同时具有无线通信和定位的功能，可以方便地应用于智能交通系统中，为汽车防撞系统、智能收费系统、测速系统、监视系统等提供高性能、低成本的解决方案。

④军事、救援和安全等领域。UWB 系统，特别是采用基带窄脉冲方式的 UWB 系统，具有较强的穿透障碍物进行通信的功能，在军事、消防、勘探等领域有着广泛的用途。2003 年 2 月，美国，Timedomain 公司推出了穿墙透视仪 Radar Vision。Radar Vision 采用了 UWB 技术，可以透过两三层的一般墙壁，探测 10m 范围内的物体，为警察、特种部队士兵等制伏藏匿于室内的持枪歹徒提供了强有力的先进工具。在消防工作方面，UWB 设备可用于搜救火场内、废墟下的幸存者。在勘探领域，利用 UWB 技术可以探测到地表以下数米深的物质。此外，UWB 技术还适用于安全、监视、成像等系统。

十、自由空间光通信技术

1. 自由空间光通信概述

自由空间光通信（FSO，Free Space Optical Communication）又称无线光通信，是光通信与无线通信的结合，指的是以激光为载体在空间（陆地或外太空）直接进行话音、数据、图像信息双向传送的通信方式。

目前 FSO 的工作波长有两种：0.85μm 或 1.55μm。0.85μm 的设备相对便宜，一般应用于传输距离不太远的场合。1.55μm 波长的设备价格要高一些，但在功率、传输距离和视觉安全方面则有更好的表现。1.55μm 的红外光波大部分都被角膜吸收，照射不到视网膜，因此，相关安全规定允许 1.55μm 波长设备的功率可以比 0.85μm 的设备高两个等级。

FSO 系统包括发射、接收及捕获、跟踪和瞄准（ATP，Acquisition，Tracking，Pointing）3 部分。发射部分主要包括信号输入和处理电路、半导体激光器及其驱动电路、发射光学系统。接收部分主要包括接收光学系统、光电探测器、信号处理和输出电路。ATP 部分包括信号 A/D 转换与处理、计算机接口、控制校正网络、伺服驱动单元、反馈控制机构和伺服电机组等。

2. 自由空间光通信技术特点及应用

(1) FSO 技术优点

①无须频谱许可证。

②安全保密性好。

③频带宽，速率高。FSO 和光纤通信一样，具有频带宽的优势。FSO 支持 155Mb/s～10Gb/s 的传输速率，传输距离在 2km～4km。在点到多点的组网方式中，FSO 同样能支持

155Mb/s～10Gb/s 的传输速率，但传输距离为 1km～2km；若采用格形的组网方式，则可支持 622Mb/s 的传输速率，传输距离为 200m～400m。

④协议透明。

⑤链路部署快捷。FSO 设备可以直接架设在楼顶，甚至可在水域上部署，能完成地对空、空对空等多种光纤通信无法完成的通信任务，其施工周期较短，可以在数小时内建立起通信链路，而建设成本只有地下光纤的 1/5 左右。

⑥扩容性好。FSO 的设备升级容易，其开放的接口支持多种厂商的设备，而且系统在需要增加用户的节点时，原有网络的结构和设备仍可以使用，只要在原来基础上增添新的节点和设备就可以了，系统的扩容性好，起始投资少，缩短了投资回报期。

（2）存在的主要问题

①收发端对准问题。FSO 是一种视距宽带通信技术，发射机与接收机之间需要严格的视距传输条件才能实现通信。当通信设备安装在高楼的顶部时，在风力的作用下设备会发生摆动，这样便会影响激光器的对准精度。楼宇结构中某些部分的热胀或轻微地震等因素，有时也会导致发射机和接收机无法对准。

②恶劣天气的影响。恶劣的天气情况会对 FSO 的传播信号产生衰耗作用，空气中的散射粒子会使光线在空间、时间和角度上产生不同程度的偏差，大气中的粒子还可能吸收激光的能量，使信号的功率衰减。

③传输距离与信号质量的矛盾突出。FSO 传输距离越大，光束就会越宽，接收端收到的光信号质量就越差。目前较远距离的大气激光通信的研究还没有取得突破性进展。

④激光的安全问题。激光束的安全性是 FSO 系统必须考虑的问题。光信号发射功率必须限制在保证人类眼睛安全的功率范围内，这也限制了 FSO 的通信距离。

（3）应用

①有效解决“最后 1km”问题。FSO 具有频带宽、传输速率快等许多优点，加上其适用于近距离传输，因此作为用户到骨干网的“最后 1km”的接入能发挥其优越性。

②局域网互连。FSO 提供了临近局域网之间互连互通的选择方案，不仅可以解决局域网内用户接入的高速传输问题，还可方便地实现局域网之间的连接，形成更大范围的城域网和广域网。

③应急备用方案。FSO 可以作为有线通信线路故障或紧急抢险时的应急备用链路，也可作为大型临时活动的通信解决方案。

④快速组建电信网络。对于新兴的电信网络运营商来说，FSO 可以帮助其快速组建本地网，以较少的资金、人力和时间完成城域网建设；对于传统的电信网络运营商来讲，FSO 系统可以作为其光缆传输系统的补充，用于不便铺设光缆的区域。建设周期短、所需费用少，FSO 系统可以实现先组网再销售的商业模式。

3. 自由空间光通信的关键技术

（1）光源

在 FSO 系统中，大多可采用半导体激光器或半导体泵浦的 YAG 固体激光器作为信号光和信标光源，其工作波长为 0.8μm～1.5μm 近红外波段。信标光源（采用单管或多个管芯阵列组合，以极大输出功率）要求能提供在几瓦量级的连续光或脉冲光，以便在大视场、高背

景光干扰下快速、精确地捕获和跟踪目标。通常信标光的调制频率为几赫至几千赫或几千赫至几十千赫，以克服背景光的干扰。信号光源选择输出功率为几十毫瓦的半导体激光器，具体选择视需要而定。此外，激光器的热稳定性和频率稳定性以及工作寿命等性能都是需要考虑的因素。

（2）高灵敏度和高抗干扰的光信号接收技术

在FSO系统中，接收机接收到的信号十分微弱，加之又有高背景噪声的干扰，会导致接收端信噪比小于1。为了快速、精确地捕获目标和接收信号，通常采取两方面的措施：一是提高接收机的灵敏度，为了达到纳瓦至皮瓦量级，需要选择量子效率高、灵敏度好、响应速度快、噪声小的新型光电探测器；二是对所接收的信号进行处理，为此需采用光窄带滤波器，如吸收滤光片、干涉滤光片和新型原子共振滤光器等，以抑制背景杂散光的干扰，对信号进行整形和去噪声，根据所附加的噪声，应设计最佳的接收机以减小系统的误码率。

（3）精密、可靠的光束控制技术

精密、可靠的光束控制技术即系统中的光学发射和接收天线。在发射端，由于半导体激光器的光束质量一般较差，发散角大，而且水平和垂直两个方向上的发散角不同，因此必须进行准直。在接收端，接收天线的作用是将光束收集并会聚到探测器表面。发射和接收天线的效率以及接收天线的口径都对系统的接收功率有重要影响。

（4）快速、精确的ATP技术

快速、精确的ATP技术是保证实现空间远距离光通信，尤其是星际间光通信的必要核心技术。ATP系统通常由两部分组成：捕获（粗跟踪）系统和跟踪、瞄准（精跟踪）系统。粗跟踪系统在较大视场范围内捕获目标，捕获范围从±1～±20，或更大。通常采用阵列CCD来实现，并与带通光滤波器、信号实时处理的伺服执行机构一起完成目标的捕获。粗跟踪的视场角为几毫弧度，跟踪精度为几十毫弧度，跟踪灵敏度约为10pW。精跟踪的功能是在完成目标捕获后对目标进行瞄准和实时跟踪，通常采用四象限红外探测器（QD）或高灵敏度位置传感器（Q—APD）来实现，并配以相应的电子伺服控制系统。精跟踪要求视场角为几百微弧度，跟踪精度为几微弧度，跟踪灵敏度为几纳瓦。

（5）适当的调制解调和编码方式

选择适当的调制方式、编码方式以及解调方式，否则也会对系统的性能产生很大的影响。目前FSO系统大多采用强度调制—直接检测（IM—DD，Intensity Modulation Direct Detection）方式，采用的编码方式大多为开关键控（OOK，On-Off Keying）编码和曼彻斯特编码方式。在实际应用中，采用曼彻斯特编码方式的系统所接收的误码率通常比采用OOK编码要低。

（6）大气信道的研究

在地对地、地对空的FSO系统的信号传输中，涉及的大气信道是随机的，大气中的气体分子、雨、雾、雪、霾、气溶胶等粒子，其几何尺寸与激光波长相近甚至更小，这就会引起光的吸收、散射，特别是在强湍流的情况下，光信号将受到严重干扰，引起光束漂移、扩展、光强闪烁等，甚至造成脱靶。因此，如何保证在随机信道下系统能正常工作对大气信道的应用研究是十分重要的，自适应光学技术可以较好地解决这一问题，并已逐渐走向实用化。

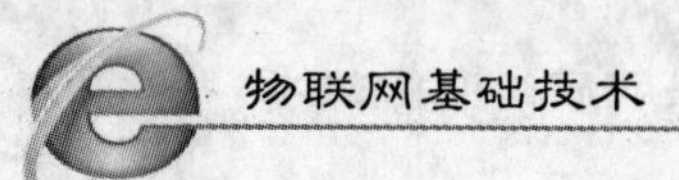

本 章 小 结

在物联网的物与物之间信息的交互，依赖于网络通信技术，为此，本章介绍了物联网网络通信技术：

（1）光纤通信技术。数字光纤通信技术作为信息化时代的主要信息传输技术已广泛的应用于现代通信的各个领域。物联网系统可以说是物品的信息化，它以信息传输和处理为核心，综合应用了先进的信息技术、通信技术、自动控制技术和计算机处理技术，来达到建立起一种实时、准确、高效的综合物与物之间通信的目的。

（2）无线通信技术按照通信的方式可以划分成许多种，本章重点介绍了 GSM 移动通信、CDMA 移动通信、3G 移动通信、自由空间光通信技术。

第五章 物联网物品编码技术

教学目标

通过本章的学习，掌握物联网物品编码技术；了解条码编码的基本概念、原理及其结构；了解产品电子代码（EPC）的定义与特点，掌握产品电子代码的系统结构及编码体系；了解产品电子代码编码的策略；熟练掌握产品电子编码的实现过程；了解UID编码的定义及特点，掌握UID编码的编码体系，了解EPC与UID的区别。

第一节 条码编码技术

一、条码编码基本概念

（1）码制

条码的码制是指条码符号的类型，不同类型条码符号，条、空图案对数据的编码方法各有不同。每种码制都具有固定的编码容量和所规定的条码字符集。

（2）条码编码

条码编码是指按一定规则，用条、空图案对一数字或一字符集合的表示。条码编码方法一般为两种：宽度调节法和模块组配法。

①宽度调节法

宽度调节法是指条码的条（空）宽的宽窄设置不同。用宽单元表示二进制“1”，用窄单元表示二进制“0”，宽窄单元比一般控制在2.00～3.00。39条码、库德巴条码、交插25条码均属按宽度调节法编码的调码符号。

②模块组配法

模块组配法是指条码符号的每个条码字符的条与空分别由若干个模块组配而成，一个模块宽的条表示二进制“1”，一个模块宽的空表示二进制“0”。通用商品条码（EAN码）、UPC码、九三码（code93）、128码等均属按模块组配法编码的条码符号。

（3）条码纠错

①一维条码的纠错

一维码主要采用校验码来保证识读的正确。有些条码标准中含有校验码的计算方法，有些条码在一个条码字符内部就含有校验的机制。

②二维码的编码方法和纠错

二维码在保障识读正确方面采用了更为复杂、技术含量更高的方法。例如PDF417码，在纠错方法上采用索罗门算法。不同二维码可能采用不同的纠错算法。纠错是为了当二维条码存在一定局部破损的情况下还能采用替代运算还原出正确的码词信息。如图 5－1 所示。

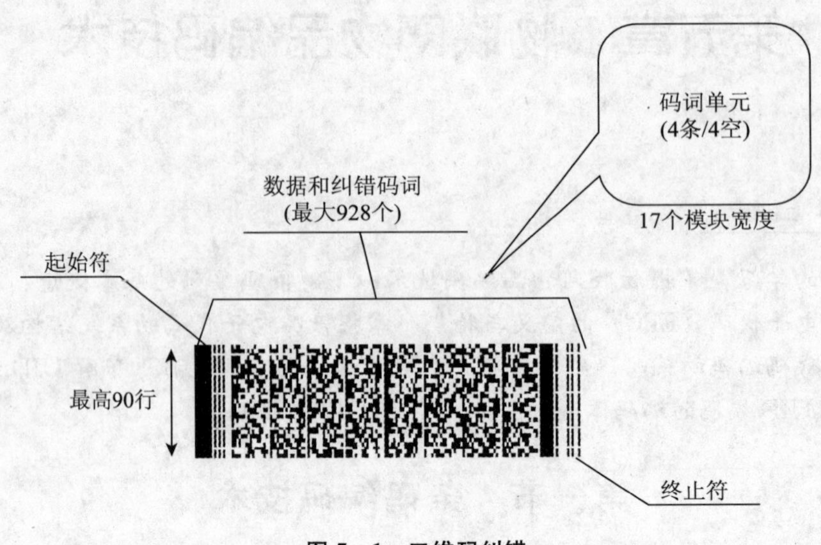

图 5－1　二维码纠错

（4）编码容量

每个码制都有一定的编码容量，这是由其编码方法决定的。编码容量限制了条码字符集中所含字符的数目。对于用宽度调节法编码，仅有两种宽度单元宽度的条码符号，编码容量为：$C(n, k)$，这里 $C(n, k) = n(n-1)(n-2)\cdots(n-k+1)/k!$ 其中 n 是每一条码字符中所包含的单元总数，k 是宽单元或窄单元的数量。

（5）条码字符集

条码字符集是指某种条码所含全部条码字符的集合。条码字符中字符总数不能大于该种码制的编码容量。有些码制仅能表示 10 个数字字符：0—9，如 EAN/UPC 码，25 条码；有些码制除了能表示 10 个数字字符外，还可以表示几个特殊字符，如库德巴条码。39 条码可表示数字字符：0—9，26 个英文字母：A～Z 以及一些特殊符号。

（6）连续性与非连续性

条码符号的连续性是指每个条码字符之间不存在间隔，相反地，非连续性是指每个条码字符之间存在间隔。从某种意义上讲，由于连续性条码不存在条码字符间隔，即密度相对较高，而非连续性条码的密度相对较低。但非连续性条码字符间隔引起误差较大，一般规范不给出具体指标限制。而对连续性条码除了控制调控的尺寸误差外，还需控制相邻条与条、空与空的相同边缘间的尺寸误差及每一条码字符的尺寸误差。

（7）定长条码与非定长条码

定长条码是指仅能表示固定字符个数的条码。非定长条码是指能表示可变字符格式的条码。例如，EAN、UPC 码是定长条码，如 EAN13 仅能表示 13 个字符，39 码为非定长条码。定长条码由于限制了表示字符的个数，即译码的误读率相对较低，因为就一个完整的条码符号而言，任何信息的丢失总会导致译码的失败。非定长条码具有灵活、方便等优点，但

受扫描器及印刷面积的控制，它不能表示任意多个字符，并且在扫描阅读过程中可能产生因信息丢失而导致译码错误。

（8）双向可读性

条码符号的双向可读性，是指从左、右两侧开始扫描都可被识别的特性。绝大多数码制都可双向识读，所以都具有双向可读性。事实上，双向可读性不仅仅是条码符号本身的特性，它还是条码符号和扫描设备的综合特性。对于双向可读的条码，识读过程中译码器需要判别扫描方向。有些类型的条码符号，其扫描方向的判定通过起始符与终止符来完成。例如，39 码、交叉 25 码、库德巴码。有些类型的条码，由于从两个方向扫描起始符和终止符所产生的数字脉冲信号完全相同，所以无法用它们来判别扫描方向。例如，EAN 和 UPC 码。在这种情况下，扫描方向的判别则是通过条码数据符的特定组合来完成的。

（9）自校验特性

条码符号的自校验特性是指条码字符本身具有校验特性。例如，39 条码、库德巴条码、交插 25 条码都具有自校验功能；EAN 和 UPC 条码、93 条码、矩阵 25 条码等都没有自校验功能。自校验功能也能校验出一些印刷缺陷。对于某种码制，是否具有自校验功能是由其编码结构决定的。码制设计者在设计条码符号时，就已经确定了该条码是否有此功能。

（10）条码符号的密度

条码符号的密度是指单位长度上所含有的条码字符的个数。显然，对于任何一种码制来说，各单元的宽度越小，条码符号的密度就越高，也越节约印刷面积。但由于印刷条件及扫描条件的限制，我们很难把条码符号的密度做得太高。39 条码的最高密度为 9.4 个/25.4mm（9.4 个/英寸）；库德巴条码的最高密度为 10.0 个/25.4mm（10.0 个/英寸）；交叉 25 条码的最高密度为 17.7 个/25.4mm（17.7 个/英寸）。对于一种条码符号，密度越高，所需扫描设备的分辨率也就越高，而扫描设备分辨率增加，设备对印刷缺陷的敏感程度就越高。

除此之外，在码制设计及选用码制时还需要考虑如下因素：

- 条码字符宽度。
- 结构的简单性。
- 对扫描速度变化的适应性。
- 所有字符应有相同的条数。
- 允许偏差。

（11）条码符号的结构

一个完整的条码是由两侧空白区、起始字符、数据字符、校验字符（可选）和终止字符以及供人识读字符组成。

二、全球贸易项目代码（GTIN）

全球贸易项目代码（GTIN）是为全球贸易提供唯一标识的一种代码（或称为数据结构），它是 EAN 和 UCC 的统一代码，用于对贸易项目进行编码和符号表示，能够实现产品零售、进货、存货管理、自动补货、销售分析和其他业务运作的自动化。

GTIN 是唯一的、无含义的、多行业的、全球认可的代码。GTIN 有 4 种编码结构：EAN・UCC-13（EAN 13）、EAN・UCC-8（EAN 8）、UCC-12 和 EAN・UCC-14。前

3 种结构通过补零可以表示成 14 位数字的代码结构，如表 5 - 1 所示，用于零售商品；EAN · UCC - 14 用于箱包装商品。

表 5 - 1　　GTIN 的代码结构

代码类型	N_1	N_2	N_3	N_4	N_5	N_6	N_7	N_8	N_9	N_{10}	N_{11}	N_{12}	N_{13}	N_{14}
EAN · UCC - 13	0	N_1	N_2	N_3	N_4	N_5	N_6	N_7	N_8	N_9	N_{10}	N_{11}	N_{12}	N_{13}
EAN · UCC - 8	0	0	0	0	0	0	N_1	N_2	N_3	N_4	N_5	N_6	N_7	N_8
UCC - 12	0	0	N_1	N_2	N_3	N_4	N_5	N_6	N_7	N_8	N_9	N_{10}	N_{11}	N_{12}
EAN · UCC - 14	N_1	N_2	N_3	N_4	N_5	N_6	N_7	N_8	N_9	N_{10}	N_{11}	N_{12}	N_{13}	N_{14}

在 EAN · UCC - 14 中：N_1 为指示符，赋值为 1—9，其中 1—8 用于定量的非零售商品，9 用于变量的非零售商品，最简单的方法是按顺序分配指示符，即将 1，2，…分别分配给非零售商品的不同级别的包装组合；N_2～N_{13} 是箱内含商品的 EAN · UCC 商品码，若内含为 EAN · UCC - 13 码，则去除 EAN · UCC - 13 的检验码；N_{14} 数字为检验码。

三、商品条码在零售商品上的使用

零售商品的标识代码主要采用 EAN · UCC - 13，EAN · UCC - 8 和 UCC - 12。在我国，通常情况下选用 13 位数字代码结构的 EAN · UCC - 13 条码，出口到北美时才申请 UCC - 12 代码（UPC 条码）。

（1）EAN · UCC - 13

EAN · UCC - 13 原印码的结构如表 5 - 2 所示，它由厂商识别代码、商品项目代码和检验码 3 部分组成。

表 5 - 2　　EAN · UCC - 13（标准版原印码）的编码结构

结构种类	厂商识别代码	商品项目代码	检验码
结构 1	$X_1 X_2 X_3 X_4 X_5 X_6 X_7$	$X_8 X_9 X_{10} X_{11} X_{12}$	X_{13}
结构 2	$X_1 X_2 X_3 X_4 X_5 X_6 X_7 X_8$	$X_9 X_{10} X_{11} X_{12}$	X_{13}

厂商识别代码用于对厂商的唯一标识，是 EAN 编码组织在 EAN 分配的前缀码的基础上分配给厂商的代码，前缀码（3 位）由 EAN 组织统一管理和分配。当前缀码为 690、691 时采用结构一；前缀码为 692、693 时采用结构二；左起三位前缀码 690～693 是 EAN 分配给中国物品编码中心的前缀码。厂商识别代码由中国物品编码中心统一向申请厂商分配。

商品项目代码可由厂商自行编码，但必须符合唯一性、永久性和无含义等原则。唯一性是指对同一商品必须编制相同商品项目代码，对不同商品其商品项目代码必须不同，即一个商品项目只有一个代码，一个代码只标识一个商品项目。如果商品的重量、包装、规格、颜

色、形状等不同，则应赋给不同的商品项目代码。永久性是指商品项目代码一经分配，就不再更改，并且是永久的。无含义是指采用无含义的顺序码，以保证代码有足够的容量。

检验码用于检验厂商识别代码、商品项目代码的正确性。

(2) EAN・UCC－8

EAN・UCC－8 的编码结构如表 5－3 所示，它由 8 位组成，左三位是 EAN 分配的前缀码，接着 4 位是分配给厂商的特定商品代码，最后一位是检验位。EAN・UCC－8 又称为缩短版编码。

表 5－3　　EAN・UCC－8 的编码结构

结　构	$X_1X_2X_3$	$X_4X_5X_6X_7$	X_8
含　义	前缀码	商品项目代码	检验码

(3) EAN・UCC－13 和 EAN・UCC－8 的条码图

EAN・UCC－13 和 EAN・UCC－8 的条码图如图 5－2 所示。这些条码用于零售业，是指在零售端采用 POS 扫描结算的商品，如一瓶洗发水、一盒牙膏等。

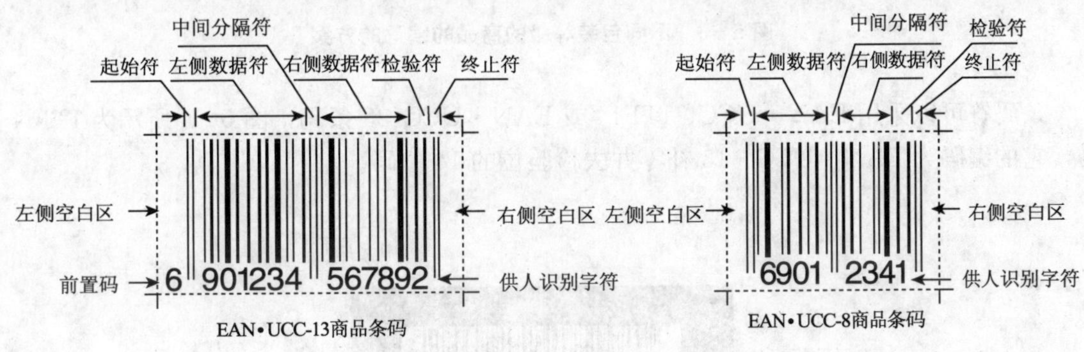

图 5－2　条码图

四、商品条码在非零售商品上的使用

非零售商品是指不通过 POS 扫描结算的用于配送、仓储或批发操作的商品。

单个包装的非零售商品主要是指独立包装但又不适合通过零售端 POS 扫描结算的商品项目，如独立包装的冰箱、洗衣机等。其标识代码可采用 EAN・UCC－13、EAN・UCC－8 或 UCC－12。

对于含有多个包装等级的非零售商品，即要标识的货物内含有多个包装等级，如装有 24 条香烟的一整箱烟或装有 6 箱烟的托盘等，其标识代码可采用 EAN・UCC－14、EAN・UCC－13 或 UCC－12。

图 5－3 所示为一种不同包装等级的商品的编码方案。

EAN•UCC-13：6901234000047

（a）单个物品

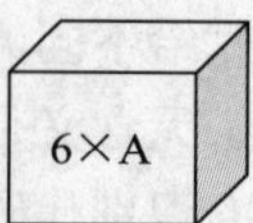

EAN • UCC-13：6901234000054

EAN • UCC-14：16901234000044

（b）6个单品的箱

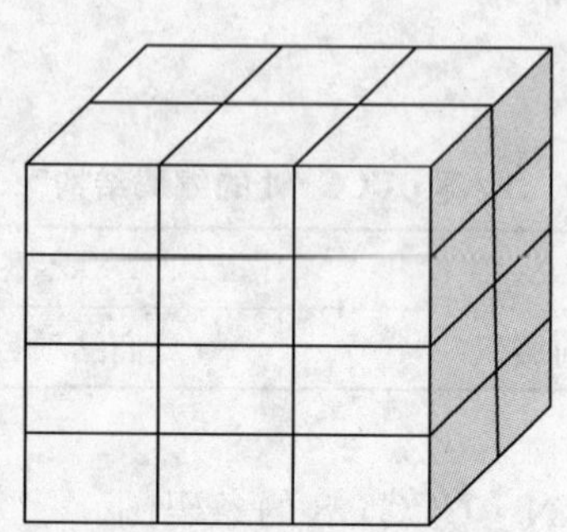

EAN • UCC-13：6901234000041

EAN • UCC-14：16901234000061

（c）24箱的一个托盘

图 5－3　不同包装等级的商品的编码的方案

条码符可以采用 EAN · UCC、ITF14 或 EAN · UCC128 条码，图 5－4 所示为 ITFl4 条码，它的编码为 EAN · UCC－13 补零并去检验位的 14 位码。

图 5－4　ITF14 条码的结构

EAN · UCC128 条码可以标识带有附加属性信息的商品，图 5－5 所示为一个表示非零售商品的标识代码、有效期和批号的 EAN · UCC128 条码。

五、商品条码在物流单元上的使用

物流单元条码是为了便于运输或仓储而建立的临时性组合包装，在供应链中需要对其进行个体的跟踪与管理。通过扫描每个物流单元上的条码标签，实现物流与相关信息流的链接，可分别追踪每个物流单元的实物移动。

图 5－5　EAN·UCC128 条码标识的非零售商品

物流单元的编码采用系列货运包装箱代码（SSCC－18）进行标识。一个含有 40 箱饮料的托盘（每箱 12 盒装）或一箱有不同颜色和尺寸的 12 件裙子和 20 件夹克的组合包装等都可以视为一个物流单元。

（1）SSCC－18 代码

系列货运包装箱代码（SSCC－18）是对每一个物流单元的唯一标识，其代码结构如表 5－4所示。

表 5－4　SSCC－18 的结构

应用标识符	扩展位	厂商识别代码和参考代码	检验位
00	N_1	$N_2 \sim N_{17}$	N_{18}

①应用标识符：为 00 表示后跟系列货运包装箱代码。

②扩展位：表示包装类型，用于增加 SSCC 的容量，由建立 SSCC 的厂商分配，N_1 的取值范围为 0—9。

③厂商识别代码：同零售商品。

④参考代码：厂商分配的一个连续号。

⑤检验位：按一定的计算方法进行检验。

（2）条码的选择

物流单元的条码符号通常采用 EAN·UCC128 条码，图 5－6 所示为表示 SSCC 的 EAN·UCC128 条码示例。

图 5－6　表示 SSCC 的 EAN·UCC128 条码

（3）物流标签的制作

物流标签是物流过程中用于表示物流单元有关信息的条码符号标签，每个物流单元都要有自己唯一的 SSCC。在实际应用中，一般不事先把包括 SSCC 在内的条码符号印在物流单元包装上。比较合理的方法是：在物流单元确定时制作标签并贴在物流单元上面。

第二节 产品电子代码（EPC）编码技术

一、EPC 产生背景与发展

EPCglobal（全球产品电子代码管理中心）是目前全球实力最强的 RFID 标准组织，其前身是北美 UCC（统一编码组织）和欧洲 EAN 产品标准组织，合并后称为 EPCglobal。EPCglobal 是一个产业联盟，以推广 RFID 电子标签的网络化应用为宗旨，不但发布了 EPC 电子标签和读写器方面的技术标准，还推广 RFID 在物流管理领域的网络化管理和应用，此外还负责 EPCglobal 号码注册管理。可以简单地将 EPCglobal 的研究范围归结为：电子标签（含电子标签和读写器的技术特性）、EPC、对象名称解析服务（ONS，类似于互联网的域名服务器系统，使物流环节能够共享 EPC 产品的产地信息等）和描述物品信息的物理标识语言（Physical Markup Language，PML）。EPCglobal 的标准化结构框架如图 5－7 所示。

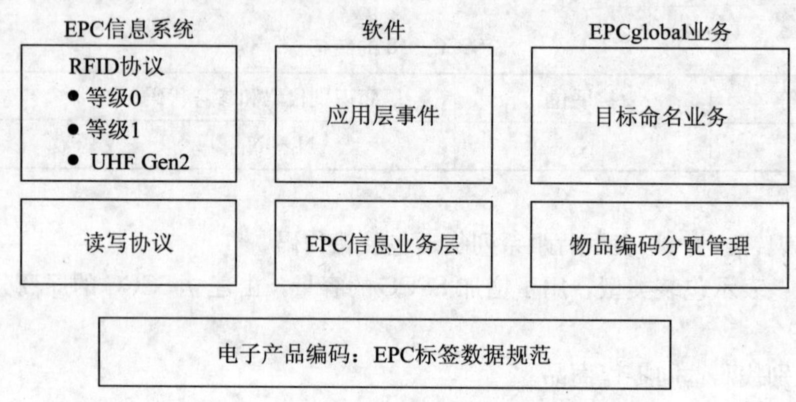

图 5－7 EPCglobal 定义的 RFID 标准总体结构

可以看到，EPCglobal 体系的标准化工作分为 4 个方面：电子标签和读写器承载物品编码信息的技术要求；EPC 电子标签信息规范，即物品编码的规则；EPCglobal 提供业务方面，分为物品编码分配管理和目标命名业务；软件方面的标准，分为应用层事件（与物流管理相关的数据采集和刷新等）和 EPC 信息业务层面（与物品信息对应的信息描述）。与 ISO 相比，EPCglobal 标准在电子标签和读写器的空中接口技术要求上略有差异；在 EPC 电子标签信息规范方面要求只能接受 EPCglobal 承认的代码；在软件标准化方面进展比 ISO 快一些；同时制定了 EPC 物品编码分配管理规则以及采取提供目标命名业务的措施来推广 EPCglobal 业务。

EPCglobal 在全球大部分国家和地区都设有分支或者代理机构，这些组织负责对该国或地区内的市场开发和支持 EPCglobal 的网络系统的引进推广，具体开展以下活动：市场开拓；EPCglobal 的全球市场开发以及信息传输模式的应用和市场推广；通过总部 EPC 数据库确认电子标签的信息；提供引进 EPCglobal 网络系统的技术支持。EPC 具有如下特点：

（1）开放的结构体系。EPC 系统采用全球最大的公用的互联网网络系统。这就避免了系统的复杂性，同时也大大降低了系统的成本，并且还有利于系统的增值。

（2）独立的平台与高度的互动性。EPC 系统识别的对象是一个十分广泛的实体对象，不可能有哪一种技术适用于所有的识别对象。同时，不同地区、不同国家的射频识别技术标准也不相同。因此开放的结构体系必须具有独立的平台和高度的互操作性。EPC 系统网络建立在互联网网络系统上，并且可以与互联网网络所有可能的组成部分协同工作。

（3）灵活的可持续发展体系。EPC 系统是一个灵活的、开放的可持续发展的体系，可在不替换原有体系的情况下完成系统升级。

EPC 系统是一个全球的大系统，供应链的各个环节、各个节点、各个方面都可受益，但对低价值的识别对象，如食品、消费品等来说，它们对 EPC 系统引起的附加开销十分敏感。EPC 系统正在考虑通过本身技术的进步，进一步降低成本，同时通过系统的整体改进使供应链管理得到更好的应用，提高效益，以抵消和降低附加成本。

二、EPC 系统构成

EPC 系统是在计算机因特网（Internet）的基础上，利用 RFID、EPC 编码、数据通信等技术，构造的一个覆盖全球万事万物的实物互联网（Internet of Things）。通过因特网，全球的计算机可以进行互连，实现信息资源共享、协同工作的目标。而在 RFID 和因特网的基础上，实物互联网可以将数量更为庞大的物品建立起信息连接，为商业、物流、仓储、生产等领域提供信息化的先进管理理念和手段。

1. EPC 系统的结构

EPC 系统的目标是为每一个物品建立全球的、开放的标识标准。EPC 系统的组成如图 5－8所示。表 5－5 为 EPC 系统各组成部分的解释说明。

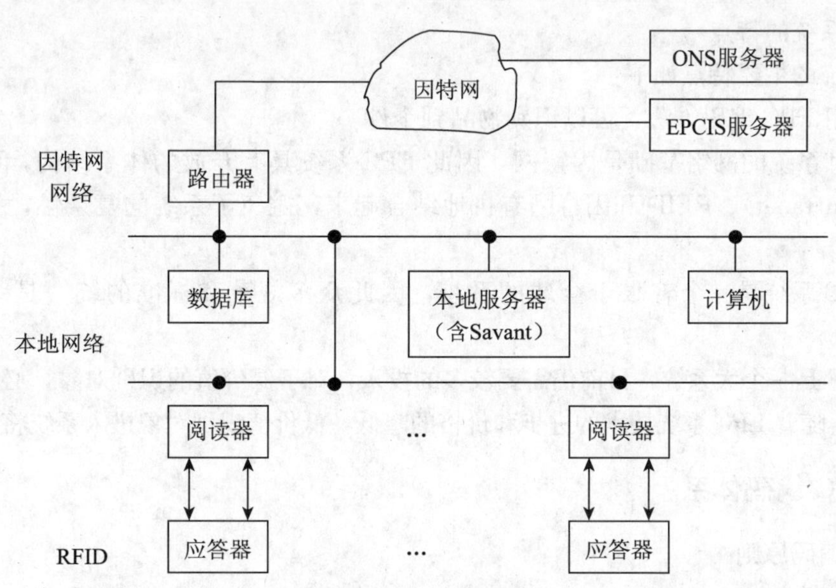

图 5－8　EPC 系统的组成

表 5－5　　EPC 系统的构成

系统构成	名　称	注　释
EPC 的编码体系	EPC 的编码标准	识别目标的特定编码
射频识别系统	EPC 标签	贴在物品之上或者内嵌在物品之中
	识读器	识读 EPC 标签
信息网络系统	EPC 中间件	EPC 系统的软件支持系统
	对象名称解析服务（Object Naming Service，ONS）	进行物品解析
	EPC 信息服务（EPCIS）	提供产品相关信息接口，采用可扩展标记语言（XML）进行信息描述

EPC 系统由应答器、阅读器、Savant（专家软件、中间件）服务器、对象名称解析服务器（ONS）和 EPC 信息服务器（EPCIS）与网络组成。

应答器装载有 EPC 编码，它应附着在物品上，也称为标签。阅读器用于读或读/写 EPC 标签，并能连接到本地网络之中。Savant 是连接阅读器和应用程序的软件，也称为中间件，它是物联网中的核心技术，可认为是该网络的神经系统，故称为 Savant。对象名称解析服务（ONS）的作用类似于因特网中的域名解析服务（DNS），它给 Savant 指明了存储产品有关信息的服务器（EPCIS）。系统中 EPC 信息描述采用实体置标语言（PML），PML 是在可扩展置标语言（XML）的基础上发展而成，用于描述有关物品信息的一种计算机语言。

阅读器从标签中读取 EPC 编码，Savant 处理和管理由阅读器读取的一连串 EPC 编码，将 EPC 编码提供的指针传给 ONS，ONS 告知 Savant 保存该物品匹配信息的 EPCIS 服务器，保存该物品匹配信息的文件可由 Savant 复制，从而获得该物品的匹配信息。

2. EPC 系统的特点

EPC 系统的主要特点如下：

（1）采用 EPC 编码方法，可以识别物品到个件。

（2）信息系统的网络基础是因特网，因此 EPC 系统具有开放的体系结构，可以将企业的内联网（Intranet）、RFID 和因特网有机地结合起来，避免了系统的复杂性，提高了资源的利用率。

（3）EPC 系统是一个着眼于全球的系统，因此众多规范和标准的统一是一项重要的工作。

（4）EPC 是一个大系统，目前仍需要较多的投入，对于低价值的识别对象，必须考虑由此引入的成本。随着 EPC 系统技术的进步和价格的降低，低价值识别对象进入系统将成为现实。

三、EPC 编码体系

1. EPC 编码原则

（1）唯一性

EPC 提供对实体对象的全球唯一标识，一个 EPC 代码只标识一个实体对象。为了确保

实体对象的唯一标识的实现，EPCglobal 采取了以下措施：

①足够的编码容量。EPC 编码冗余度如表 5－6 所示。从世界人口总数（大约 60 亿人）到大米总粒数（粗略估计 1 亿亿粒），EPC 有足够大的地址空间来标识所有这些对象。

表 5－6　EPC 编码冗余表

比特数	唯一编码数	对　象
23	6.0×10^{6}/年	汽车
29	5.6×10^{8} 使用中	计算机
33	6.0×10^{9}	人口
34	2.0×10^{10}/年	剃须刀刀片
54	1.3×10^{16}/年	大米粒数

②组织保证。必须保证 EPC 编码分配的唯一性并寻求解决编码冲突的方法，EPCglobal 通过全球各国编码组织来负责分配各国的 EPC 代码，建立相应的管理制度。

③使用周期。对一般实体对象，使用周期和实体对象的生命周期一致。对特殊的产品，EPC 代码的使用周期是永久的。

（2）简单性

EPC 的编码既简单又能同时提供实体对象的唯一标识。

以往的编码方案，很少能被全球各国各行业广泛采用，原因之一是编码的复杂性导致不适用。

（3）可扩展性

EPC 编码留有备用空间，具有可扩展性。

EPC 地址空间是可发展的，具有足够的冗余，确保了 EPC 系统的升级和可持续发展。

（4）保密性与安全性

EPC 编码与安全和加密技术相结合，具有高度的保密性和安全性。

保密性和安全性是配置高效网络的首要问题之一。安全的传输、存储和实现是 EPC 能否被广泛采用的基础。

2. EPC 编码的类型和方法

目前，EPC 编码有 64 位、96 位和 256 位 3 种。EPC 编码由版本号、域名管理、对象分类和序列号 4 个字段组成。版本号字段标识 EPC 的版本号，它给出 EPC 编码的长度；域名管理字段标识相关的生产厂商信息；对象分类字段编码物品精确类型；序列号用于编码出唯一物品。表 5－7 所示为编码类型及各字段的编码长度。

例如，EPC－961 型的 EPC 码 01 0000A89 00016F 000169DC0（以十六进制表示）：01（H）为版本号（8 位）；0000A89（H）为域名管理（28 位）；00016F（H）为对象分类（24 位），这个字段能容纳足够多的库存单元；000169DC0（H）（36 位）为序列号。

表 5-7　　EPC 编码结构中各字段的长度（位）

编码类型		版本号	域名管理	对象分类	序列号
EPC-64	TYPEⅠ	2	21	17	24
	TYPEⅡ	2	15	13	34
	TYPEⅢ	2	26	13	23
EPC-96	TYPEⅠ	8	28	24	36
EPC-256	TYPEⅠ	8	32	56	160
	TYPEⅡ	8	64	56	128
	TYPEⅢ	8	128	56	64

3. EPC 码制标准

EPC 是新一代的与 EAN/UPC 码兼容的编码标准，在 EPC 系统中 EPC 与现行 GTIN（Global Trde Item Number，全球贸易项目代码）相结合，因而 EPC 并非取代现行的条码标准，而是由现行的条码标准逐渐过渡到 EPC 标准或者是在未来的供应链中 EPC 和 EAN・UCC 系统共存。EPC 码段的分配是由 EAN・UCC 来管理的。EPC 是在作为编码 ID 的条码内容（厂家编码＋商品分类编码）的基础上增加顺序编号形成的码制，可实现对个体商品的管理。

根据关于 EPC 标准化的提案＜EPC Tag Data Standard Version 1.1 Rev. 1.26＞（2004 年 9 月 19 日），EPC 支持各行业的以下码制：

（1）DIG（General Identifier）不限定特定对象的一般 ID 体系。

（2）GTIN（EAN・UCC）使用条码等编码的世界通用商品 ID 体系。

（3）SSCC（Serial Shipping Container Code，货运集装代码）识别集装箱，运货托盘的 ID 体系。

（4）GLN（Global Location Number，全球位置码）识别场所的 ID 体系。

（5）GRAI（Global Returnable Asset Identifier，全球可回收资产标识）标准化的企业内部资产管理 ID 体系。

EPCglobal 提出将以上码制连续化（附加顺序变化，使编码能够对个体物品进行管理）的编码作为 EPC 的标准。EPC 的编码体系基本由以下 4 个部分组成，即编码头（Header）码段；行业管理（Domain Manager）码段；商品分类（Object Class）码段；顺序编号（Serial Number）码段。如图 5-9 所示。

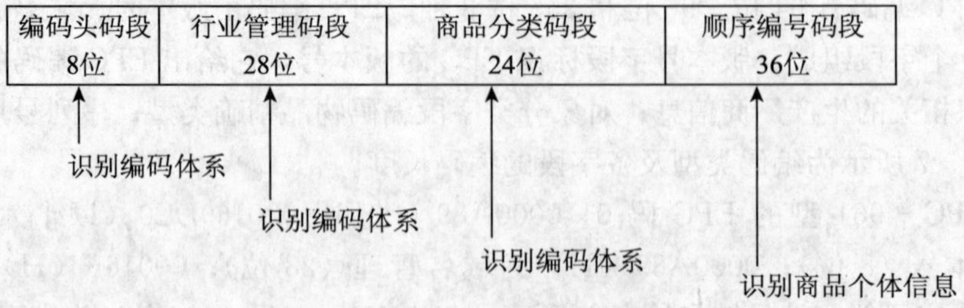

图 5-9　96 位 EPC 的基本构成

其中编码头码段（见表 5－8）用于识别码制，如 GTIN 和 GLN 等；行业管理码段用于识别企业信息；商品分类码段用于识别商品信息；顺序编号码段用于识别个体商品。

表 5－8　　　　EPC 编码头信息

编码头		码　制
二进制	十进制	右边的数字表示编码的位长
10	2	SGTIN－64
00110000	48	SGTIN－96
00001000	8	SSCC－64
00110001	49	SSCC－96
00001001	9	SGLN－64
00110010	50	SGLN－96
00001010	10	GRAI－64
00110011	1	GRAI－96
000011	11	GIAI－64
00110100	52	GIAI－96
00110101	53	GID－96

四、EPC 电子标签

EPC 电子标签是电子产品代码的信息载体，主要由天线和芯片组成。96 位或 64 位 EPC 是存储在电子标签中的唯一信息。EPCglobal 规定 EPC 电子标签分为 6 种类型，按照实现的功能分为只读式、带附加功能的被动式、半主动式、宽带点对点通信主动式以及可以和不同级别电子标签进行通信的无源标签等 6 类，如表 5－9 所示。EPCglobal 主要对其中使用 UHF 频段的 0 类和 1 类电子标签的标准进行研究，并将重点放在相对开放的 UHF 频段 1 类 RFID 电子标签（Gen2）。

2004 年 12 月 16 日，EPCglobal 批准了新标准 EPC Gen2，用于 900MHz 左右的超高频的 RFID 技术规范。全球各大公司也开展了 EPC Gen2 相关产品的研制，而且目前已有符合该标准的产品推出。Gen2 具有如下特点：可实现高速通信，读写器到电子标签传输速率可以达到 40～160kbit/s，电子标签到读写器的传输速率可以达到 5～640kbit/s；可大量同时读取数据，理论上可以每秒读取 1500 个电子标签；可通过利用 kill 命令和密码限制对存储器的存取来实现隐私保护措施。该标准已于 2006 年 7 月作为国际标准 ISO/IEC 18000－6 的 C 类型。

表 5－9　　EPC 电子标签的分类

分类	有源/无源	说　明
0 类	无源电子标签	只读电子标签，制造时将 EPC 写入 EPC 电子标签，在使用时读取，适用于供应链领域；还包括 24 位自毁代码以及 CRC 代码；可以自毁，不能写入
1 类	无源电子标签	具备 0 类标签所有特征，为一次性写入标签，又称身份标签，出厂后可以写入一次 EPC，之后只读；还有可选的访问控制密码保护和可选的用户内存等特性
2 类	无源电子标签	具备 1 类标签所有功能，可以重写，包括扩展的标签识别符号、扩展的用户内存、识读的可选性、身份认证机制及其他附加功能
3 类	半无源电子标签	除具备 2 类标签所有特征之外，附带电池，还具备完整的电源系统和综合的传感功能
4 类	有源电子标签	具备 3 类标签所有特征，还具有标签之间的通信功能、主动式通信功能和组网功能
5 类	有源电子标签＋无源读写器	具备 4 类标签所有特征，具无源读取功能，可以与其他级别的标签及其他设备匹配

五、EPC 中间件

EPC 中间件是一种面向消息的中间件，是 EPCglobal 网络系统的重要组成部分，具备过滤 EPC 读写器所收集的 EPC 信息、把从 EPC 电子标签中读取的信息作为“事件”通知到 EPCIS 及各应用终端及控制：EPC 读写器等功能。EPC 中间件曾被称为“专家（Savant）”

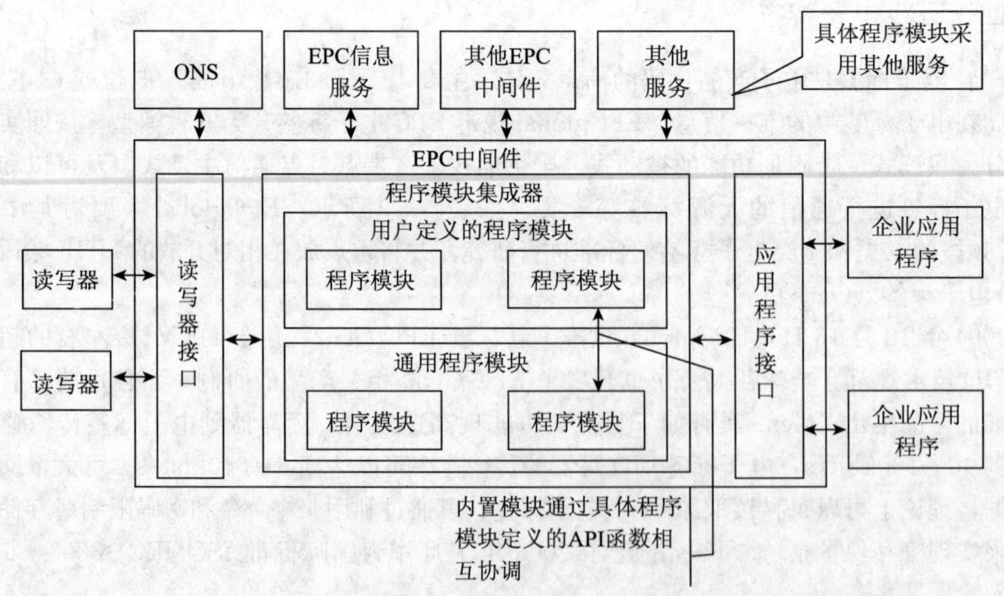

图 5－10　EPC 中间件及其应用程序通信模块

单元，具有一系列特定属性的“程序模块”或“服务”，可被用户集成以满足特定需求。EPC中间件是加工和处理来自读写器的所有信息和事件流的软件，是连接读写器和企业应用程序的纽带，其主要任务是在将数据送往企业应用程序之前进行标签数据校对、读写器协调、数据传送、数据存储和任务管理。EPC中间件屏蔽了RFID设备的多样性和复杂性，能够为后台业务系统提供强大的支撑。EPC中间件及其应用程序通信模块如图5-10所示。

六、EPC编码策略

产品电子代码（EPC™）是通过无线射频识别（RFID）标签和其他方式来普遍识别物理对象的识别方案。而其中的核心——EPC编码将是新一代的与EAN·UCC编码兼容的新的编码标准，在EPC系统中EPC编码与现行GTIN相结合，因而EPC并不是取代现行的条码标准，而是由现行的条码标准逐渐过渡到EPC标准或者是在未来的供应链中与EPC和EAN·UCC系统共存。EPC是存储在射频标签中的主要信息（对于某些EPC标签来说是唯一信息）且得到UCC和国际EAN两个国际标准的主要监督机构的支持。目前，其还与其他国家、国际的贸易组织和标准机构进行合作。

EPC的目标是提供对物理世界对象的唯一标识。它通过计算机网络来标识和访问单个物体，就如同在互联网中使用IP地址来标识、组织和通信一样。下面将具体分析这种物品命名方案的各个方面，并介绍EPC的设计策略。

（1）生产商和产品（Manufactures and Products）

UCC拥有接近100万个会员，这些会员中的大多数是较大的公司，其产品往往需要EAN·UCC编码。当将那些较小的公司、服务机构和私人企业考虑在内时，会有更多的成员。实际上，目前世界上的公司估计超过2500万家。而接下来的10年这个数目有望达到3900万家。显然需要建立一套标准的与这些预见一致的编码系统。

每个公司都有一系列的产品和服务，需要考虑的一个问题是一个公司具体管理着多少不同类型的产品。虽然有些公司——尤其是服装行业的产品种类达10万种之多，但大多数公司产品比较单一。

产品数量的范围变化很大，如表5-10所示。值得注意的一点是任何一个组织的产品类型均不超过10万种（参考EAN成员组织）。此外，还需要考虑很多更小的公司，它们不是任何标准组织的成员，这个数目就更小了。

表5-10　摘自MIT—AUTO-ID Center EPC白皮书

领　域	中　指	范　围
新兴市场经济领域	37	0～8500
新兴工业经济领域	217	1～83400
先进的工业国家	1080	0～100000

（2）集装箱（Containers）

传统上，货品、集装箱和托盘都要按照不同的编码结构进行编码，如SSCC。在EPC结构中，企业可以沿袭原有的SSCC，将其转换为相应格式的EPC编码——SSCC-96。容器内的货品记录和货运数据存储在计算机网络中并自动与容器建立联系。

更进一步，运输集装箱的卡车、货车车厢、船舶或仓库也可使用相应的EPC编码。图5-11是EPC层级图，其描绘了物品货运的情形，这个层级图会随着时间的推移而改变。这样，通过记录EPC结构以及转换次数，就可以记录产品的出货情况。

当一个满载贴有EPC标签的货物的集装箱（集装箱上也有自己的EPC标签）通过装有识读器的门时，识读器会读到大量EPC标签。识读器必须知道这些EPC代码所代表物品的层次才能更有效率地读取。基于以上考虑，EPC编码中设置了分区值这一可选字段，用于标识物品在物流货运上的层次。

这样通过EPC的结构，物品货运的过程随着不同EPC代码的组合就记录了下来。

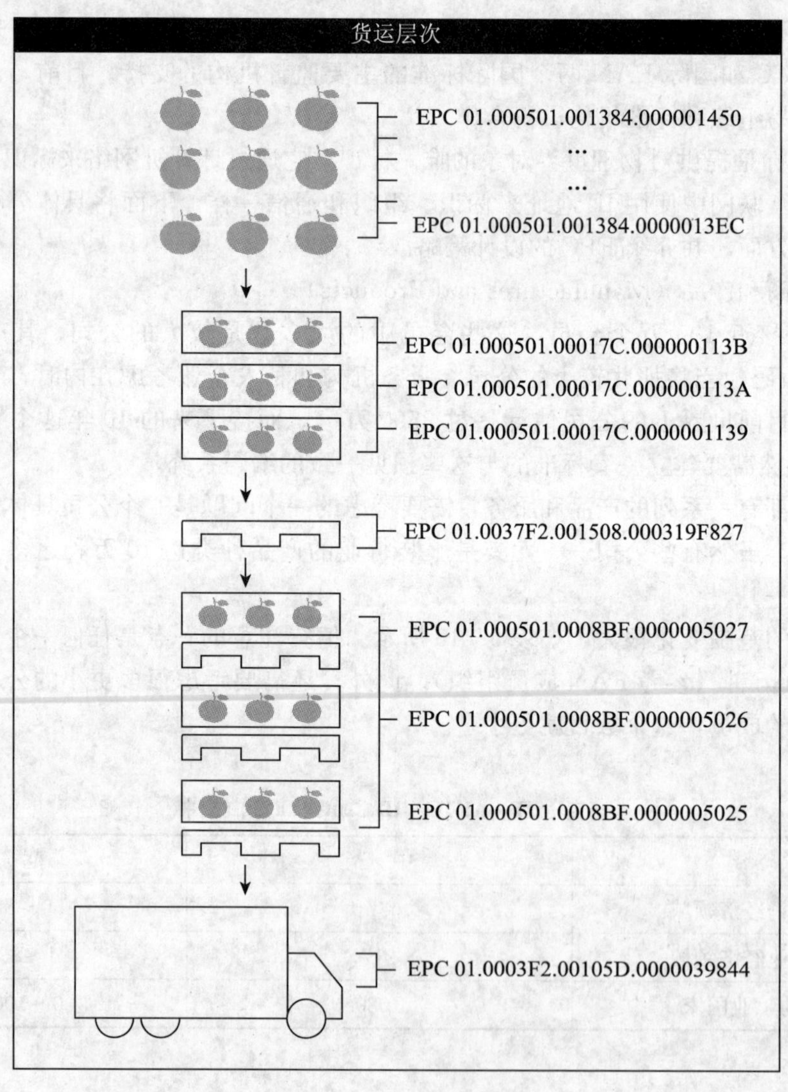

图5-11 EPC层级结构

(3) 组合装置（Assemblies，Aggregates and Collections）

EPC除了标识单个对象，还可以标识组合装置等，AUTO-ID中心建议用EPC标识装配件和组合装置及单个货品。这样，就可以采用描述货运数据的方式来描述组合装置。传统上，组合装置被认为是复杂的，连接着很多元器件。实际上，集装箱和组合装置两者之间没有实质的差别。无论哪种情况，集装箱和组合装置的拓扑结构都有如图5-11所描绘的层级结构。

除了组合装置和集装箱外，对于那些没有物理联系的实体组成的组合体，例如，宴会用的礼品包可以分配一个唯一的EPC代码。也就是说，拥有不同EPC代码的相同物体的集合也要分配一个EPC代码。

由上面讨论可以看出EPC代码的总数量会超出物理实体的数目，这就要求设计一个系统防止冗余码的出现。

(4) 嵌入信息（Embedded Information）

对于是否在EPC中嵌入信息，一直颇有争议。当前的条码标准，如UCC/EAN-128应用标识符（AI）的结构中就包含数据。这些信息可以包括如货品重量、尺寸、有效期、目的地等。

AUTO-ID中心建议消除或最小化EPC编码中嵌入的信息量。其基本思想是利用现有的计算机网络和当前的信息资源来存储数据，这样EPC便成了一个信息引用者，拥有最小的信息量，当然也需要和实际要求相平衡，如易于使用、与系统兼容等。

在已出台的标签规范中，Classl—Class6不仅只含有EPC编码，还允许用户编程进行读写自有信息。

无论EPC中是否存储信息，EPC目标都是用它来标识物理对象。根据这一原则，定义EPC是唯一标识贸易项的编码方案的一部分。因此在设计中，将着重介绍标识物理对象所需的数据。

(5) 分类（Categorization）

将具有相同特征的对象进行分类或分组是智能系统最基本的性能之一，也是减少数据复杂性的主要方法。发展一门有效的分类学是件艰巨的任务，因为它依赖于观察者的观点。

例如，一罐颜料在制造商那里可能被当成库存资产，在运输商那里可能是“可堆叠的容器”，而回收商则可能认为它是有毒废品。在各个领域，分类是具有相同特点物品的集合，而不是物品的固有属性。

因此，产品电子代码中取消或者最小化分类信息。因为分类仍然是重要的行为，主张将这种功能移植到网络上。进一步说，就是采用能够进行基本数据采集和将物品“过滤”为传统产品的高水平软件。

(6) 参考信息（Information Reference）

产品电子代码的首要作用是作为网络信息的参考。换句话说，EPC本质上是在线数据的“指针”。

使用Internet的一个普遍参考就是统一资源标识符（URI），它包括以前的统一资源定位符（URL）和统一资源名称（URN）。这些标识符都被域名服务（DNS）翻译为相关的网络协议（IP）地址，这些地址就是网络信息的地址。

同样，AUJTO—ID中心提供的对象名称解析服务（ONS）直接将EPC代码翻译成IP地址。IP地址标识的后台就储存了相关的产品信息，然后由IP地址标识的主机将发送存储产品的相关信息。ONS本质上相当于EPC编码和网络信息之间的“胶水”。因此编码的结构应能促进主机地址的查找，并且通过对象“黄页”来提高查找效率。

(7) 标头（Header）

通过标头使识读器在第一时间判断出EPC的类型，便于对后续数据的类型和结构进行解码。因为标头并不携带对象标识过程的信息，也没有嵌入物品信息，已经是最小化的了，故该种做法可以标识编码内部结构并且可以满足未来扩展的需要。

本质上标头代表嵌入其结构中的EPC编码的类型，并满足编码的可扩展性的要求。

(8) 人机交互（Human-Computer Interaction）

除了简单性，很多编码系统是专为人机交互而设计的。为了便于记忆，很多编码尤其是车牌号码和电话号码包括很少几个分区（通常7位或更短），每个分区有很少几个号码。这些编码是专为快速识别和简单采集而设计的。其他一些编码，如IP地址是为了分配给机器使用，但其表示法是为了人工识读。虽然不是为了便于记忆，IP地址使用点号隔开比较容易书写及手动输入。

在EPC编码的设计中，直接的人机交互是不重要的。可读性和EAN·UCC编码及IP地址一样是必要的，但不需要人工采集。因此，EPC编码应该有一种简单而一致的表示法，较易转录、口述和手工键入。

(9) 媒介（Media）

EPC要存储到某些类型的物理媒介上，例如条码、电子存储器或打印的字符。数据通过编码的电磁波进行传输。

对所有的媒介来讲，存储和传输成本与数据量成正比。因为EPC将被广泛采用在数万亿的贸易项标签中使用，所以媒介必须尽最大可能地降低成本。为此EPC必须尽可能地减小尺寸以降低成本和复杂性。

(10) 数据传输机制（Data Transmission Mechanisms）

在EAN·UCC编码中，作为编码结构的一部分，设一位校验位以保证数据在标签和扫描器之间传输时正确有效。校验位、起始位、终止位和握手协议是数据通信中保证正确有效的常用方法。这些机制随数据传输方法和可靠性的变化而变化。

与其在EPC中嵌入数据传输机制，不如在通信协议中对编码进行耦合。所有这些技术都是应用于EPC数据的传输过程，而不是它的一部分。依靠这种方法能够将对象标识策略与数据传输方法分离开来。

(11) 批量产品编码（EPC for batch products）

许多工农业产品可以大批量生产，很多时候，我们从经济的角度来看，没必要给批内的每一个产品分配唯一的EPC编码，这时候一批产品分配一个EPC就可以了，那么该批产品的EPC编码对应着该批内的所有对象，也就是说，该批内的所有产品的EPC编码完全一致。

七、EPC编码实现

为了更好地理解EPC标签数据标准的全部框架，首先要充分理解EPC标识符的3个层

次，如图 5-12 所示，即纯标识层、编码层和物理实现层。

纯标识（Pure Identity）层——标识一个特定的物理或逻辑实体而不依赖于任何具体的编码载体，比如射频标签、条码或数据库等。一个给定的纯标识可能包括许多编码，比如条码、各种标签编码和各种 URI 编码。因此，一个纯标识是标识一个实体的一个抽象的名字或号码。一个纯标识只包括特定实体的唯一标识信息，而不包含其他的内容。

编码（Encoding）层——纯标识和附加信息（如滤值）一起组成的特定序列。一个给定的纯标识可能存在许多编码，比如条码编码、各种标签编码和各种 URI 编码。编码结构可能除了统一编码之中的附加数据（如滤值）外，还包含其他信息，那么，该编码方案就要指明其包含的附加数据的内容。

编码的物理实现（Physical Realization）层——具体的编码，可以通过某些机器读出。例如，一个特定的射频标签或特定的数据库字段。一个给定的编码可能有多种物理实现。

例如，EAN · UCC 系统定义的 SSCC 就是一个纯标识的例子。一个 SSCC 编码成 EPC—SSCC96 格式就是一编码例子。而这个 96 位编码写到一个 UHF Classl 射频标签里，则是一个物理实现的例子。

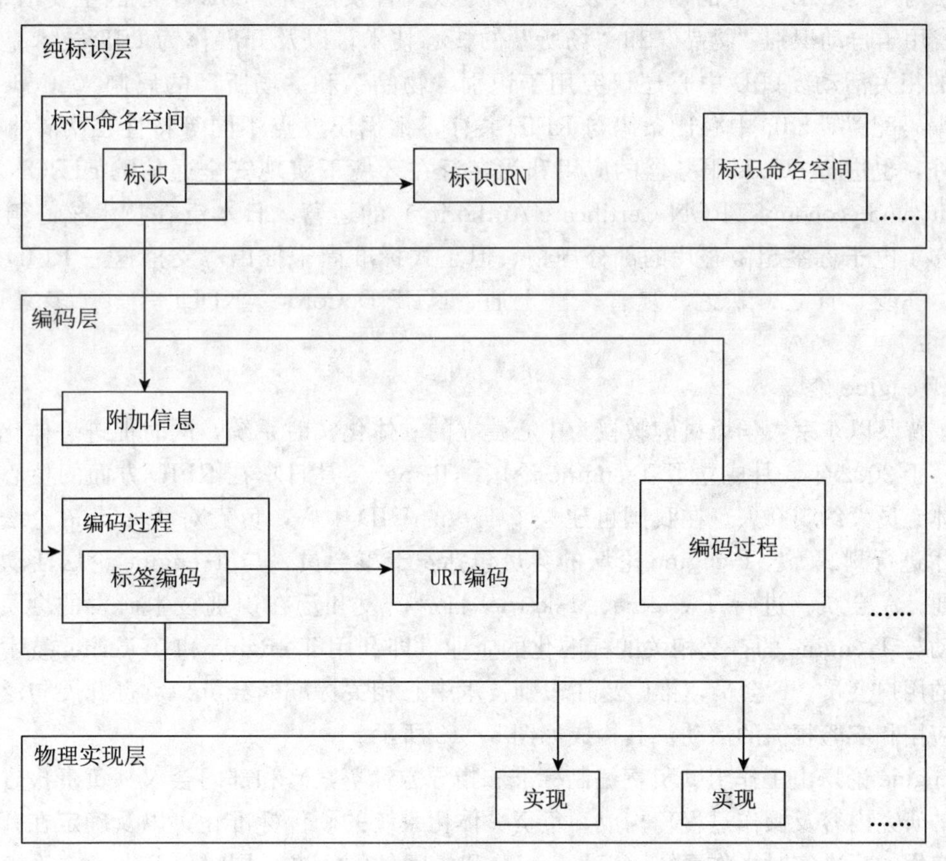

图 5-12　标识命名空间、编码与物理实现

一个特定的编码方案可能对使用该编码方案所标识的范围产生潜在的约束。例如，在 64

位SSCC编码方案中仅可以对16384个厂商来编码。总体来说，每一个编码方案指明了对它所能表示的标识范围有何种约束。

反之，一个特定的编码方案可能包括对于潜在的纯标识类型的无效值，因此需要一个外加的约束条件。例如，EPC—SSCC 96位编码提供了24位二进制编码成7位十进制的厂商识别代码。在一个24位二进制字段中，可能编码成十进制数字10000001（因为 $2^{24}=16777216$），比7位数字长。因此，它不能表示一个有效的SSCC。一般情况下，每一个编码方案指出了对于在任何编码字段中所能出现值的限制。

第三节　泛在识别（UID）编码技术

一、UID概述

1. UID中心简介

泛在ID（Ubiquitous ID，UID）中心成立于2003年3月4日，其主要任务是在T-Engine论坛内开展UID技术的研究开发、标准化以及普及活动。UID中心的主要活动包括：研究开发用于自动识别“物品”和“场所”的核心技术，以及开展作为UID技术基础的系统应用的相关活动。UID中心还研究用于识别“物品”和“场所”的码制（uCode）的标准化和编码配置，UID中心让条码与RFID共存，根据出发点不同等特性在两者中选择使用，此外，也进行uCode服务器的应用和为在泛在环境下实现安全通信的eTRON认证机构（entity and economy TRON Certificate Authority）的运营。日本泛在技术核心组织目前已经公布了电子标签超微芯片的部分规格，但正式标准尚未推出。支持这一RFID标准的有索尼、三菱、日立、东芝、夏普、富士通、NTT DoCoMo、KDDI等300多家日本IT企业。

2. T-engine论坛

为了普及以东京大学坂村健教授为中心建立的一体化实时系统，同时促进一体化中间件的应用，于2002年6月成立了T-engine论坛。T-engine是日本在RFID方面的核心体系结构，全体会员大约500人。在我国也建立了唯一的UID中心，负责对T-engine论坛开发的UID技术进行测试等。T-engine论坛的会员包括：干事会员，与T-engine论坛活动密切相关的企业；A会员，进行T-engine、T-kernel自身研发和泛在识别技术研发的会员；B会员，推动与T-engine的普及相关的标准化的企业，即利用T-engine和T-kernel技术进行产品开发的用户会员；E会员，推广泛在识别技术中心相关标准的会员，负责开展与泛在识别技术的应用和实验相关的活动。其构成如图5-13所示。

T-engine论坛由工作组（负责编制标准和指导方针草案）和部门会议（负责报告和批准工作组的研究内容及操作过程）构成，负责一体化系统的硬件标准化，以及确定在T-engine论坛上应用的标准实时操作系统（T-kernal）和中间件的标准。同时，T-engine论坛作为开放的信息源积极开展相关技术的推广和普及活动。工作组根据自身的工作目标和活动范围独立展开工作。

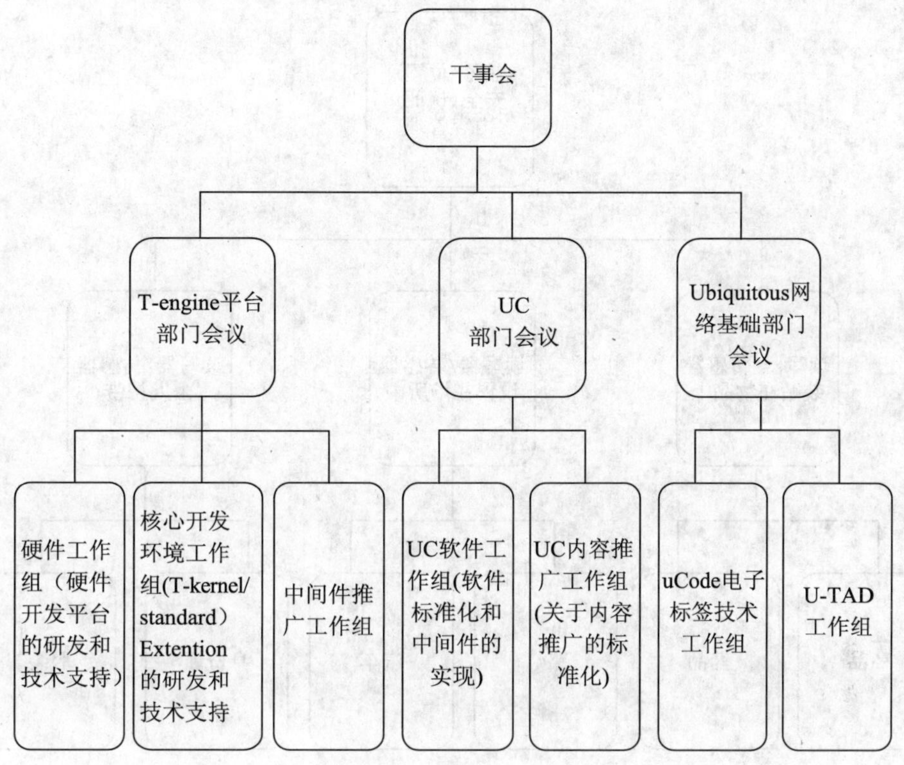

图 5－13　T-engine 构成

二、泛在 ID

随着各种无线技术的融合发展，网络以及应用广泛的“泛在网络”时代正在逐渐实现。在这种信息无处不在的网络中，所有的“物品”和“场所”都会被赋予写有被称为泛在编码（uCode）的电子标签——uCode 电子标签，进而人们也都将持有这种标签。系统可以根据从这些 uCode 电子标签中读取的 uCode，通过网络向人们提供各种服务。泛在 ID（Ubiquitous ID）概要如图 5－14 所示。

在泛在环境中，把电子标签置于人们随身携带的身份证或服装上，就能够掌握人们出入某一场所的情况。把 RFID 电子标签装贴在商品等各类“物品”上，可以实现对“物品”的管理，有效提高检验和批发“物体”的工作效率。把 RFID 电子标签放置在车辆上，可以通过读写器或传感器掌握车辆的运行和保管状况并及时将异常情况通知车主，在加强车辆安全、抑止盗车等犯罪案件等方面发挥重要作用。

在 uCode 电子标签中，仅有识别“物品”和“场所”都设置 RFID 电子标签或传感器为前提的泛在通信器（Ubiquitous Communicator，UC）从 uCode 电子标签中读取 uCode，而“物品”和“场所”的详细信息则存放在网络的信息服务器中，通过 uCode 获取并显示关联信息。uCode 与现存的各类编码（如 EPC、UPC、EAN、JAN、ISBN、IP 地址及电话号码等）具有互换性。uCode 利用 128bit 的码长形成了可包含现有各类编码的码制。

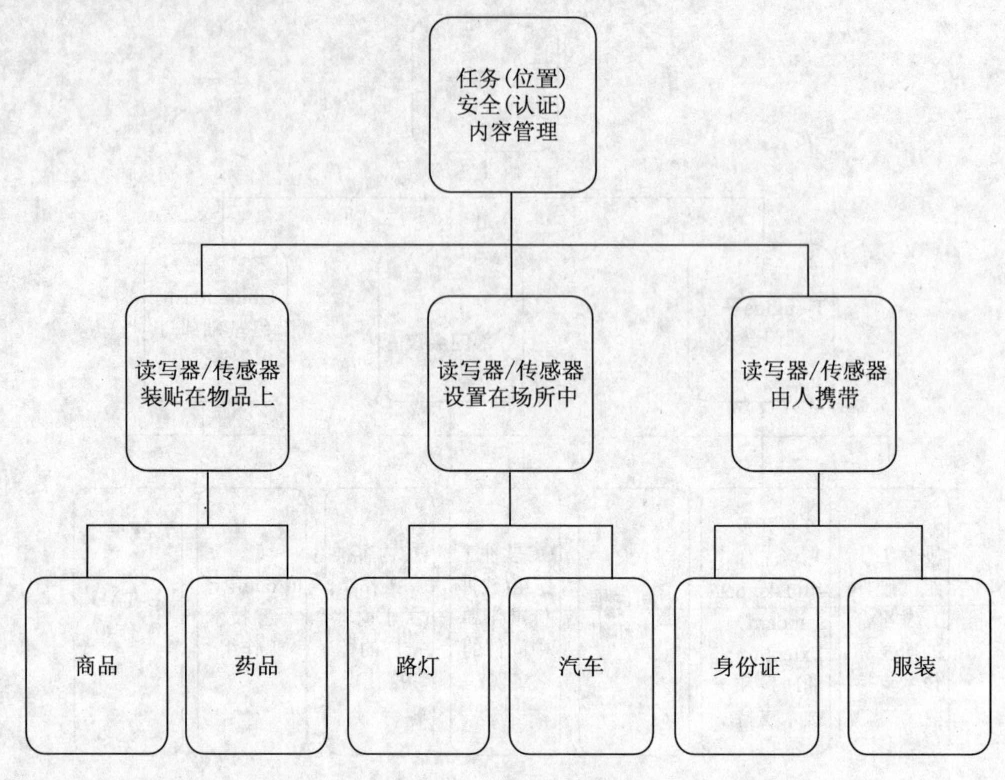

图 5-14　泛在 ID 概要

在泛在处理环境中，由于 uCode 电子标签和信息服务器的数量十分庞大，所以在 uCode 处理服务器的设置上为各种证件、证券、票据等现代社会有价信息流通的载体提供了安全的广域分散系统结构，并确定了 uCode 与信息服务器的对应关系。同时，通过 eTRON 认证机构，实现了更加可靠的安全认证通信。eTRON 的前提是要有具备抗破坏性的硬件（eTRON 节点），并在其中存储需保护的信息。需保护的信息只存储在 eTRON 节点中，可以在 eTRON 节点间进行信息交换。在 eTRON 节点间进行信息交换时，必须要相互确认对方，即只与正确的对方通信，而且其通信内容均被密码化。因此，即使窃取了通信数据，也无法了解其具体含义。通信结束后，如果信息存储在 eTRON 节点中，因为硬件具有抗破坏性，所以不能任意从中窃取信息。UC、产品信息数据库、uCode 解决服务器等必须支持此 eTRON。因此，如有必要，数据库检索等方面的通信可与进行了所有认证的正规用户通过密码通信，以保证个人信息的安全。此外，通过使附在“物品”上的数据承载设备成为安装有 eTRON 的智能芯片，可以保护存储在芯片中的信息。泛在 ID 的整体结构被划分为若干个安全区，其特点在于即使体系中的某一部分遭到破坏，危害也不会波及其他部分，所以这是一种可靠性很高的体系结构。由于泛在处理环境在不断发展的过程中已逐渐成为社会信息化的基础，对其安全和隐私方面的考虑也是必不可少的。用户在外出时能够通过网络摄像机监视自家的状况，能够控制家用电器，而不允许外人做这些事。用户在家里能够上网购买电子票据，但不允许他人复制电子票据或窥视自己购买了哪种票据及购买的过程。在泛在环境中为了保证服务器或其他设备接入权以及电子票据等重要权力信息和经济信息的安全，需要

建立相应的系统结构。

eTRON 是一种能够使这些权力信息和经济信息在开放网络上安全传递的系统结构。eTRON 包括存储经济信息的 eTRON 器件以及传递经济信息的网络设施的各个部分。eTRON 器件具有抗解密性（防止机密数据被非法读取的功能）。eTRON 器件中导出的经济信息有可能传送存储到其他 eTRON 器件，但不会传送存储到非 eTRON 器件中。目前，存在两种 eTRON 器件，即用于具有 ISO/IEC7816 接触式和 ISO/IEC144413 非接触式两种接口的 8bit 卡和 16bit 微控制器的 eTRON/16。eTRON 器件之间的通信通过 VPN（Virtue Private Nerwork，虚拟个人网）连接，采用 PKI（Public Key Infrustructure，公开密钥基础设施）密码认证标准，即 eTRON 专用的通信协议（Entity Transfer-Protocol，ETP），能够防止通信信道中的窃听、复制和篡改等非法活动。为了适应使用公开键密码的 PKI，设置了 eTRON 认证机构（eTRONCA），进行有关证书的发放和管理。

泛在 ID 结构在将 uCode 电子标签中的 uCode 变换为信息服务器中的信息的实现过程中起了桥梁作用，是“泛在网络”的重要基础结构，如图 5－15 所示。

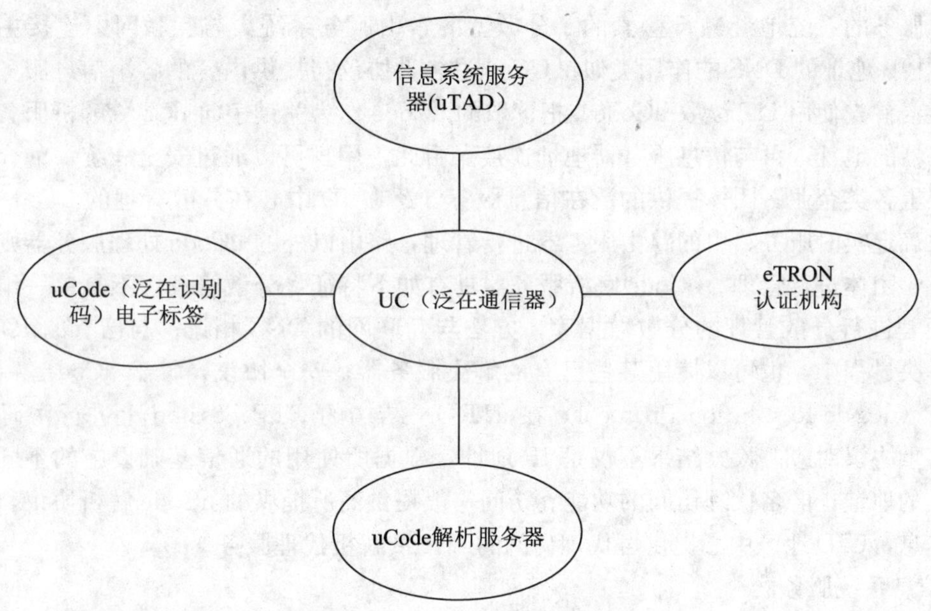

图 5－15　泛在识别技术体系

1. uCode

uCode 是统一识别“物品”和“场所”的 ID，是在大规模泛在网络中识别对象的一种手段。uCode 的基本码长是 128bit，也可根据需要以 128bit 为单位进行扩充。在使用时，将 uCode 赋予各个“物品”或“场所”，计算机通过读取信息对每个“物品”和“场所”进行识别。目前，设置在“物品”上的编码包括条码使用的 JAN，书刊上使用的 ISBN 等，但需要注意的是，这些编码是针对不同类型的物品，并不是识别每个“物品”的通用编码。

uCode 是能够包含各种现存码制的编码体系。现存的编码中包括条码中使用的 JAN、EAN 和 UPC，书刊上使用的 ISBN 和 ISSN，以及互联网的 IP 地址等。条码又分为国际标准化组织管理的EAN编码和由北美及加拿大的编码管理中心管理的UPC。ISBN是用于书籍管理的ID，ISSN则用于期刊管理。上述这些现有的编码都可以包含在128bit码长的uCode中。

2. 泛在通信器

泛在通信器UC由电子标签、读写器和无线网络等部分构成，用于将读取到的uCode码信息传送到uCode解析服务器，并从信息系统服务器获取有关服务。UC使泛在网络能够实现在任何时间、任何地点的通信。UC可以实现两种通信功能：第一种通信功能是与周围的uCode电子标签进行通信的局部功能，UC可以通过这一功能实现uCode的读写；第二种通信功能是UC与通信网之间的广域通信功能，可实现UC与公众电话网、互联网、W-LAN、蓝牙等网络的广域通信。利用自身的多种通信功能，UC能够根据使用环境和使用者的身体特征、个人爱好等来选择合适功能，以达到在"任何时间"、"任何地点"，从"任何网络或终端"获取所需信息的目的。

3. uCode解析服务器

uCode解析服务器在泛在识别技术体系中是以uCode为主要线索、对为该泛在ID提供相关信息服务的系统地址进行检索的、分散型的索引服务系统，与互联网中连接主机名和ICP/IP中IP地址的DNS的作用类似。UC通过各种协议与提供内容的各个信息服务器进行信息连接。首先使用UC读取uCode，把读取的uCode作为关键字向uCode解析服务器询问信息服务器的地址，再与信息服务器地址连接。由此，用户可以通过安全、统一的介入方法享受世界上各类企业、团体提供的泛在信息服务。泛在ID中心在分散管理的uCode处理服务器中对确定实时服务路由的路由服务器进行管理，路由以外的uCode处理服务器则委托一般的企业、团体进行管理。uCode解析服务器具有如下特征：分散管理，不是单一组织进行管理，而是进行分散管理的分散数据库，方法与互联网的DNS相近；与已有的ID服务统一，在解决过程中，也可以使用某些已有的解决服务器；安全协议，关于uCode解析协议，uCodeRP（uCode Resolution Protocol）在eTRON结构的ETP Session上进行密码认证通信；与多重协议对应。检索结果不仅是IP地址，根据所使用的通信基础设施的不同，会有不同种类的地址；匿名代理访问的功能。访问一般提供商所提供的uCode解析协议，则可获取访问信息，UID地区中心提供可代理访问的uCode解析代理服务。

4. 信息系统服务器

信息系统服务器存储并提供与uCode相关的各种信息。用户通过UC读取的uCode作为关键字，向uCode解析服务器查询信息系统服务器的地址，可以连接到各种信息服务器。信息系统服务器具有一定的抗破坏性，使用基于PKI技术的虚拟专用网，具有只允许数据移动而无法复制等特点。通过设备自带的eTRON ID，信息系统服务器能够接入到多种网络建立通信。用户终端在读取表示"场所"的uCode时，连接到提供"场所"信息的服务器；在读取食品上的uCode时，连接到提供食品追溯信息的服务器。但是，在信息系统服务器向网络传送数据时，应使用下文中的数据格式。

在UID结构中，从信息系统服务器获取的内容是以被称为uTAD（ubiquitous TRON Application Databus）的以XML为基础的数据形式来表述的，这一数据形式不受信息系统服务器的数据格式所限。也就是说，在信息系统服务器中存储的数据格式可以是uTAD，也

可以是其他格式，但其他格式的数据在从信息系统服务器向网络传送时，应变换为 uTAD 数据格式。除此之外，还有存储在 RFID 电子标签或非接触型 IC 卡中的二进制压缩码等形式。

三、UID 编码体系

1. UID 编码结构

在泛在 ID 技术中，泛在环境的各种物品都有 uCode，包含 uCode 的设备就是 UID 电子标签。uCode 的基本代码长度为 128 位，根据需要能够扩展为 256 位、384 位或 512 位。UID 编码由三个字段组成：其中编码类别标识用于兼容现有的编码标准，如 EAN、UPC、ISBN 等；某种编码标准的编码内容主要用于识别某类商品；唯一标识则用于标识某类商品的具体个体。若有 128 位的数字，则具有 3.4×1038 个的号码。uCode 的最大特长是其为可吸收已有各种 ID 代码的 meta 代码体系。例如，通过使用 uCode 的 128 位这样一个庞大的号码空间，可将使用条码的 JAN 代码、UPC 代码、EAN 代码、书刊的 ISBN 和 ISSN、在互联网上使用的 IP 地址、分配在电话终端上的电话号码等各种号码或 ID，均包含在其中。UID 编码结构如表 5－11 所示。

表 5－11　UID 编码结构

编码类别标识	编码的内容（长度可变）	物品的唯一标识

下面以 2007 年最新实施的十进制数据 13 位 ISBN 码为例，介绍它如何转换成U-code码。

ISBN 类别标识分配在 0～11 字节；十进制数据 13 位 ISBN 码以每位 4 个字节计算，共需 52 个字节，所以将其分配在 12～63 字节；剩余的 64～127 字节分配给同一种图书的不同个体，其个别 ID 共 64 个字节，可给 18 446 744 073 709 551 616 本图书分配个别 ID，如表 5－12 所示。

表 5－12　13 位 ISBN 码经转换形成的 U-code 码

ISBN 类别标识	ISBN 码	一本图书的唯一标识

2. UID 电子标签分类

用于识别“物品”和“场所”的电子标签分类如表 5－13 所示。

表 5－13　UID 电子标签相关技术等级分类

等级	名　称	内　容
Class0	光学 ID 标签	条码和平面条码等
Class1	低档 RFID 标签	读取专用电子标签，代码已在工厂烧制在商品上，不可改变，如 muChip 和 T-Junction 等
Class2	高档 RFID 标签	能够读、写的电子标签，通过简易认证方式，具有防止识别协议的标签；代码通过认证状态后，可以写入；而且，通过控制命令，保持控制用的状态

续 表

等级	名 称	内 容
Class3	低档智能标签	具有抗破坏性，在内置 CPU 内核和加密处理电路等元件的电子标签中，具备专用密钥加密处理功能的产品，如 eTron/8
Class4	高档智能标签	具有抗破坏性，在内置 CPU 内核和加密处理电路等元件的电子标签中，具备通用密钥加密处理功能的产品，如 eTron/16
Class5	低档主动标签	可通过不可识别的简易认证通信访问，其代码通过了认证的状态，是可写入标签；在内置电池和发电装置能够自行发送信息的电子标签中，没有嵌入 CPU 内核和加密处理电路等元件的产品
Class6	高档主动标签	具有抗破坏性，是与公开键密码认证通信网络对应的、具有端到端的访问保护功能的标签；在内置电池和发电装置能够自行发送信息的电子标签中，嵌入了 CPU 内核和加密处理电路等元件的产品，可编程
Class7	安全盒	能够保存大容量信息的服务器等。具备防篡改功能的架构、有线通信功能和支持 eTRON 规格的安全处理功能等
Class8	安全服务器	除 Class7 中的安全功能外，还具有根据保安手续运行的服务器等

3. UID 编码特点

U-code 标准的主要特点包括确保厂商独立的可用性、确保安全的对策、U-code 标识的可读性和使用频率不做强制性规定。

• 确保厂商独立的可用性：在有多个厂商提供的多个 U-code 标签环境下，使用任意厂商的 U-code 标准进行读/写，都能保证获取正确的信息。

• 确保安全的对策：在泛在计算和泛在网络的应用中，能够提供确保用户安全的技术和对策。

• U-code 标识的可读性：接受过 U-code 标准认定的标签和读写器，都能够通过 U-code 标识来确认。

• 使用频率不做强制性规定：日本的标准为 13.56 MHz、950 MHz、2.45MHz 等多种频率；其他国家，根据该国情况决定频率。

4. EPC 标准和 UID 标准的比较

EPC 标准主要使用于使用替代条码的无源电子标签的流通领域，同时也在研究医疗领域的应用。今后，EPC 标准还将适用于物流领域、海上及航空运输业、汽车行业等领域的需求。另外，EPCglobal 也在考虑国际物流等领域的有源电子标签和装有传感器的 RFID 电子标签实施标准化。相比之下，UID 标准除了无源电子标签之外，也适用于红外线、有源电子标签、蓝牙、W-LAN 及 GPS 等技术。UID 中心能够实现食品和药品的追溯，也在推进自律移动支援项目。UID 中心今后将考虑将其标准适用于物流领域，并进行有关的验证实验。

日本 UID 标准和欧美的 EPC 标准主要涉及产品电子编码、射频识别系统及信息网络部分，其思路在多数层面上都是一致的。但是在使用的无线频段、信息位数及应用领域等方面

有许多不同点：日本的电子标签采用的频段为2.45GHz和13.56MHz，欧美的EPC标准采用UHF频段；日本的电子标签的信息位数为128bit，EPC标准的位数为96bit；日本的UID电子标签标准可用于库存管理、信息发送和接收以及产品和零部件的跟踪管理等，而EPC标准侧重于物流管理、库存管理等；在RFID技术的普及战略方面，EPCglobal将应用范围限定在物流领域，着重于成功的大规模应用；而UID中心则致力于RFID技术在人们生产和生活的各个领域中的应用，通过丰富的应用案例来推进RFID技术的普及。EPCglobal和UID中心编码体系的比较如表5-14所示。

表5-14　　EPCglobal和UID中心编码体系的比较

项　目		EPCglobal	UID中心
编码体系		EPC编码通常为64bit或96bit，也可以扩展到256bit，对不同的应用，规定有不同的编码格式，主要存放企业代码、商品代码和序列号等，最新的Gen2标准的EPC编码可兼容多种编码	uCode编码，码长为128bit，并可以用128bit位单元进一步扩展至256bit、384bit或512bit。uCode的最大优势是能包容现有编码体的元编码体系，可兼容多种编码
技术支撑体系	对象名解析服务	ONS	e编码
	中间件	EPC中间件	泛在通信
	网络信息共享	PML服务器	信息系统服务器
	安全认证	基于互联网的安全认证	提出了可用于多种网络的安全认证体系eTRON

本章小结

在物联网的实现过程中，物品的编码起着至关重要的作用，本章重点介绍了当前比较成熟的3种物品编码技术：

（1）条码功能强大，输入方式具有速度快、准确率高、可靠性强等特点，在商品流通、工业生产、仓储标证管理、信息服务等领域获得了广泛的应用。目前在我国推广应用条码技术已具有一定的物质基础，条码技术的应用对开发我国物品标识系统，使其规范化、标准化，并实现与国际标准兼容，以推进我国物联网的建设，促进国内商品经济的繁荣，增强我国产品在国际市场的竞争力，对推进生产自动化、管理现代化具有深远的意义。

（2）基于互联网和射频技术的EPC系统，是在计算机互联网的基础上，利用RFID、无线数据通信等技术，构造了一个实现全球物品信息实时共享的“Internet of Things”。它将成为继条码技术之后，再次变革商品零售结算、物流配送及产品跟踪管理模式的一项新技术。是条码技术应用的延伸和拓展。EPC编码技术能否全球标准化，是EPC在物联网中能否成功应用的关键。

(3) 日本泛在 ID 中心目前已经公布了射频标签超微芯片部分规格，但正式标准尚未推出；支持这一 RFID 标准的有 300 多家日本电子厂商、IT 企业。日本和欧美的 RFID 标准在使用的无线频段、信息位数和应用领域等方面存在着许多不同点。日本的射频标签采用的频段为 2.45GHz 和 13.56MHz，欧美的 EPC 标准采用 UHF 频段；日本的射频标签的信息位数为 128 位，EPC 标准的位数为 96 位。日本的射频标签标准可用于库存管理、信息发送和接收以及产品和零部件的跟踪管理等；EPC 标准侧重于物流管理和库存管理等。

第六章　物联网数据库技术

教学目标

通过本章的学习，了解数据库系统基础知识；掌握数据模型的概念及各种数据模型的特点及建立方法；掌握数据库设计过程中每个阶段的任务及其实现方法；掌握web数据库设计的理论；掌握物联网数据管理的方法。

第一节　数据库系统的基本知识

近年来，计算机科学技术发展迅速，而数据库技术是计算机科学技术发展最快的领域之一，同时也是应用最广泛的技术之一。第三次信息技术革命让物联网继互联网之后开始逐渐走进人们的生活，通过与互联网的融合，物联网正在不断地改变着我们的生活方式和消费习惯，而数据库技术在物联网的发展过程中起着至关重要的作用。

一、数据

数据（data）是数据库中存储和管理的基本对象，是描述事物属性的一种符号记录。数据可分为两大类：一类是能够参与数值运算的数值型数据，如学生成绩、职工工资等数据；另一类是不能参与数值运算的非数值型数据，如文字、图形、图像、声音等。数据有多种形式，如学生的档案记录、学生的选课情况、学生的照片等，它们都可以经过数字化后存入计算机。

在计算机中，为了存储和处理这些事物，要选择能够描述事物特征的一组数据组成一个记录。

例如：在学生的档案中，如果人们最感兴趣的是学生的姓名、性别、出生年月、籍贯、所在系别、入学时间，那么可以这样描述某个学生的档案记录：

（李明，男，1978－10－25，江苏，计算机系，1996）

该记录表示李明是个大学生，1978年10月25日出生，男，江苏人，1996年考入计算机系。但数据的表现形式并不能完全表达其内容，不了解其语义的人无法理解其含义，必须经过语义解释才能被人理解。语义解释是指对数据含义的说明，数据的含义称为数据的语义。人们通过解释、推论、分析、综合等方法，从数据所获得的有意义的内容称为信息。因此，数据与其语义信息是密不可分的。数据是信息存在的一种形式，只有通过解释或处理才能成为有用的信息。

二、数据库

数据库（database，DB）是长期存储在计算机内部的逻辑上相关、可共享的数据集合。所谓“逻辑上相关”是指数据库中存储的是数据和数据之间的逻辑关系。数据库中的数据通常按一定的数据模型组织、描述和存储，具有较小的冗余度、较高的数据独立性和易扩展性，并可为各种用户共享。

三、数据库管理系统

数据库管理系统（Database Management System，DBMS）是位于用户与操作系统之间的一层数据管理软件，其主要功能包括以下几个方面：

（1）数据定义功能：用数据描述语言定义模式、外模式和内模式。

（2）数据操纵功能：用数据操纵语言实现对数据的操作。包括数据的查询、插入、删除和修改。

（3）数据库的运行管理功能：对数据库的安全性、完整性、故障恢复和并发操作等方面的管理功能。

（4）数据库的建立和维护功能：对数据库数据的初始装载、数据库转储、数据库重组和记录日志文件。

因此，DBMS 是数据库系统的一个重要组成部分。

DBMS 的一般工作原理为：

（1）用户编写的应用程序经过接口软件处理后，抽出其中数据库语言语句，转换成一种最基本的数据库语言，交词法和语法器分析，产生相应的语法树。然后进行授权检查，检查用户是否有权访问语法树中所涉及的数据对象。如果授权检查通过，则继续执行；否则返回适当消息，拒绝执行。

（2）通过授权检查以后，就可对语法树进行语义分析和处理。对数据定义语句、查询语句、数据操纵语句和数据控制语句分别做不同的处理。其中的查询语句是最复杂和最基本的，这部分功能常统称为查询处理。在查询处理时，还存在多种存取路径的选择问题，这就是所谓查询优化。

（3）经过语义分析和查询处理，就形成了语句的执行计划，并用 DBMS 内部定义的存取原语表示。存取原语是一些基本操作命令，例如打开文件、关闭文件、取一记录、建立索引等。存取原语由存取机制执行。在执行过程中，还须有并发控制，以防止多用户并发访问数据库时引起的数据不一致。数据是重要的资源，任何破坏都会导致严重的后果。但是，再好的系统也会发生故障。在发生故障时，恢复机制能够使数据库恢复到最近的一致状态或先前的某个一致状态。

DBMS 是建立在操作系统之上的软件系统，是操作系统的用户。计算机系统的硬件和各种资源由操作系统管理。DBMS 若有分配内存、创建或撤销进程、访问磁盘等要求，必须通过系统调用请求操作系统为其服务。

DBMS 须按查询处理所确定的执行计划对数据进行各种处理，以获得所需的查询结果，并通过接口以一定的格式提供给应用程序或用户。

四、数据库系统

数据库系统（Database System，DBS）是指在计算机系统中引入数据库后的系统构成，一般由数据库、数据库管理系统、应用程序、数据库管理员和用户构成，如图 6-1 所示。

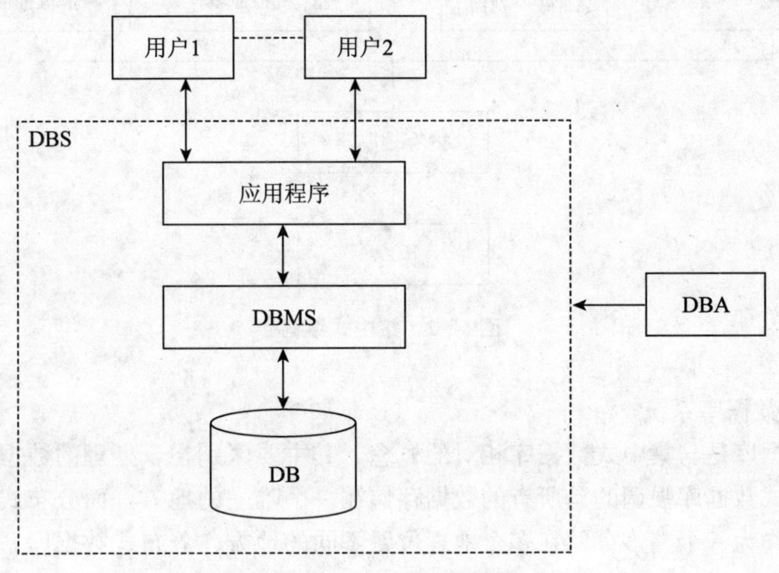

图 6-1　数据库系统的组成

图 6-1 中，用户是指与数据库系统的设计、创建、使用和维护等工作相关的人员；数据库是指应用中实际存储数据的一组关系表；DBMS 是指管理、控制数据库系统和执行数据库操作的系统软件，是 DBS 的重要组成部分；DBA 是指数据库管理员，其职责是负责数据库的规划、设计、协调、维护和管理，保证 DBS 正常运行。

五、数据库应用系统体系结构

依据目前数据库系统的应用与发展，可以将数据库应用系统体系结构分为集中式结构、分布式结构、客户/服务器结构和浏览器/服务器结构 4 种类型。

1. 集中式数据库系统

如果数据库系统（Database System，DBS）运行在单个计算机系统中，并与其他的计算机系统没有联系，这种 DBS 称为“集中式 DBS”。集中式的数据库应用系统体系结构是数据库系统初期最流行的结构。其结构如图 6-2 所示。集中式数据库应用系统体系结构是一种采用大型主机和多个终端相结合的系统。这种系统的计算机只有一台即可，由若干台设备控制器控制着磁盘、打印机和磁带机等设备，计算机和设备控制器能够并发执行。这种结构将操作系统、应用程序及数据库系统等数据和资源都放在作为核心的主机上，而连接在主机上的许多终端，只是作为主机的一种输入输出设备。

在集中式结构中，由于所有的处理均由主机完成，因而对主机的性能要求很高。随着计算机网络的兴起和 PC 性能的大幅度提高，而价格又大幅度减少，这种传统的集中式数据库应用系统结构已经被客户/服务器数据库应用系统结构所代替。

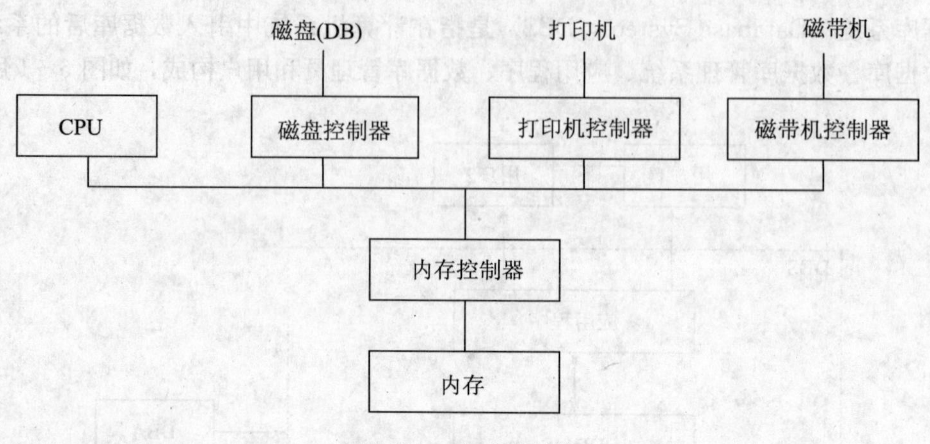

图 6-2　集中式结构

2. 分布式数据库系统

分布式数据库是与集中式数据库相对的概念，其主要区别在于处理的数据处于不同的地理位置。集中式数据库强调的是所有的数据存储在一个唯一的地方，而分布式数据库强调的是所有的数据作为一个整体存储在多个地理位置不同的地方，分布式数据库系统模式结构如图 6-3 所示。在银行业务和航空售票等领域，分布式数据库有着广泛的应用。

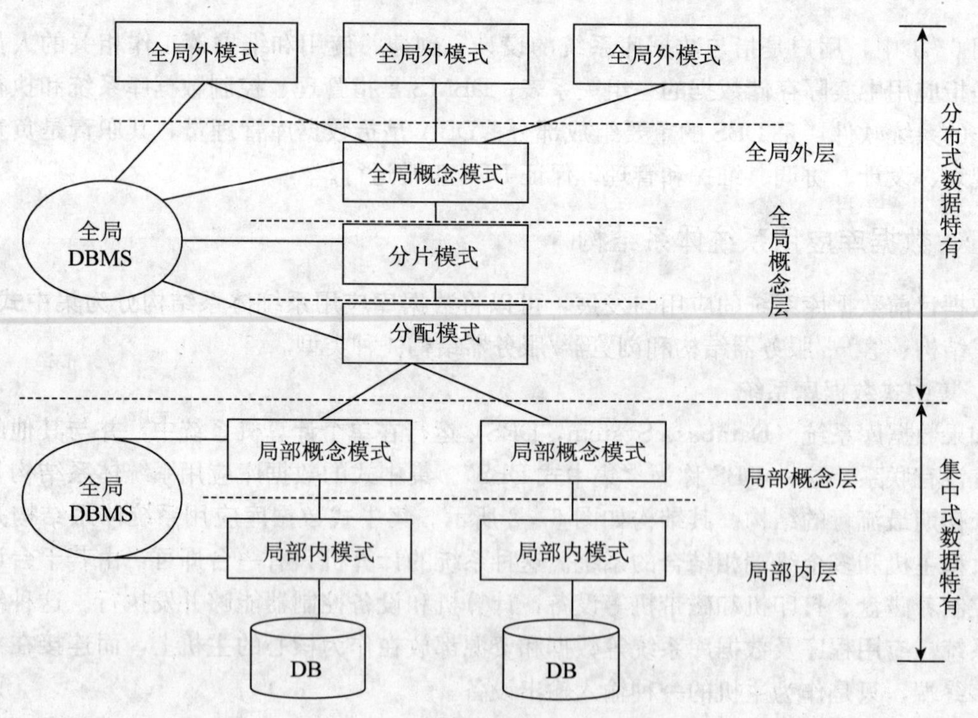

图 6-3　分布式数据库系统模式结构

分布式是数据库管理系统安装在多个所处地理位置不同的服务器上，所有的用户数据也随之存储在不同的服务器中，应用程序也可能存储在不同的服务器上，如图 6－4 所示。

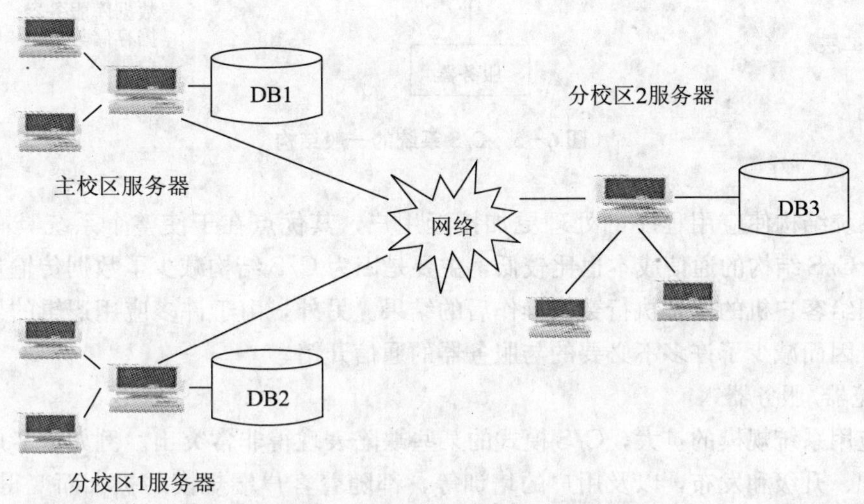

图 6－4　一个分布式数据库系统

分布式数据库具有以下特点：

• 物理分布性。用户数据不是存储在同一个场地上，而是不同的用户数据存储在多个不同的场地上。这些多个不同的场地通过网络连接起来。

• 逻辑整体性。虽然数据物理分布在不同的场地上，但是从逻辑上看，这些数据是一个统一的整体。可以说，逻辑整体性是分布式数据库要达到的目的。

• 场地自治性。场地自治性表示每一个场地的集中式数据库系统都是自己来管理自己的数据。场地自治性应该说是一种有限的自治。

• 数据共享性。数据共享性强调系统具有统一的模式，所有的用户都可以使用分布式数据库中的数据。逻辑整体性注重的是系统的有机统一，数据共享性强调的是用户使用。

• 系统可用性。系统可用性则是分布式数据库优越于集中式数据库的一个特征。系统以正常方式连续运行的时间越长，该系统的可用性就越高。

3. 客户机/服务器

随着网络技术的发展和成熟，数据库应用系统体系结构也随之发生变化。1989 年，Forrestoer Restarch 提出了 C/S（Client/Server）的计算模式，即客户机/服务器模式。C/S 模式定义了客户机如何与服务器进行数据及应用软件共享的技术。在 C/S 结构中，客户机负责管理用户界面、接收用户数据、处理应用逻辑、生成数据库服务请求，并将服务请求发送给数据库服务器，同时接收数据库服务器返回的结果，最后再将返回的结果按照一定的格式或方式显示给用户；数据库服务器接收客户机的请求，对服务请求进行处理，并返回处理结果给客户机。

C/S 结构是当前非常流行的数据库应用系统结构。在 C/S 结构中，数据存储层处于服务器上，业务处理层和界面表示层处于客户机上，如图 6－5 所示。

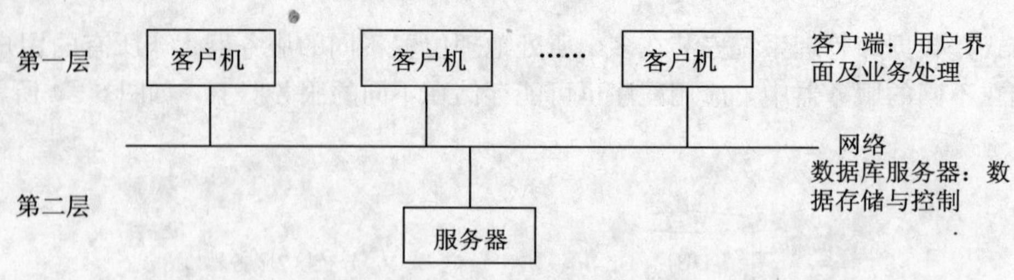

图 6-5　C/S 系统的一般结构

C/S 系统结构使应用程序的处理更加接近用户，其优点在于使整个系统具有较好的性能。此外，C/S 结构的通信成本也比较低，主要是因为 C/S 结构减少了数据传输量，数据库服务器返回给客户机的仅是执行数据操作后的结果。另外，由于许多应用逻辑的处理由客户机来完成，因而减少了许多不必要的与服务器的通信开销。

4. 浏览器/服务器

随着应用系统规模的扩大，C/S 模式的某些缺陷表现得非常突出。例如，客户端软件的安装、维护、升级和发布，以及用户的培训等，都随着客户端规模的扩大而变得相当艰难。Internet 的快速发展，为这些问题的解决提供了有效的途径，这就是浏览器/服务器（Browser/Server，B/S）模式。图 6-6 表示的是多层 B/S 模式结构。

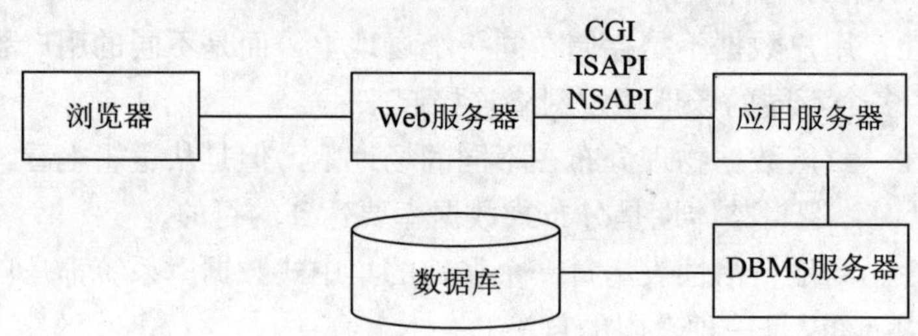

图 6-6　多层 B/S 模式结构

在 B/S 结构中，浏览器（例如，Internet Explorer 或 Netscape）与 Web 服务器之间通过 HTTP 通信；Web 服务器与应用服务器之间的通信则采用 CGI/ISAPI/NSAPI 等接口；应用服务器与 DBMS 服务器之间可以利用 ODBC/JDBC/OLE DB 等接口，完成数据库操作。

由于客户端软件使用浏览器，通过 Web 服务器下载应用服务器上的应用，从而解决了客户端软件安装、维护、升级和发布等方面的难题。

与 C/S 结构相比，B/S 结构具有以下特点：

• 使用简单。用户使用单一的浏览器软件，通过鼠标就可以访问文本、图像、声音和数据库等信息，特别适合非计算机人员使用。

• 易于维护。B/S 结构客户端没有应用程序，当业务逻辑改变时，只需要更新服务器端软件，就可以实现整个系统的升级，减轻了系统维护和升级的成本及工作量。

• 兼容性好。B/S 结构由于采用 TCP/IP、HTTP 等标准协议和语言，可以实现与企业现有网络和其他应用系统的结合。

• 易于扩展。在B/S结构下，增加一个客户端的工作比较简单，连在网络上带有浏览器的计算机都可以通过设定的用户账号访问系统数据。

第二节　数据模型

一、层次数据模型

层次模型是数据库系统中最早出现的数据模型，层次数据库系统采用层次模型作为数据的组织方式。层次数据库系统的典型代表是IBM公司的IMS（Information Management System）数据库管理系统。层次模型用树状结构来表示各类实体以及实体间的联系。

1. 层次数据模型的数据结构

（1）在数据结构中，定义满足下面三个条件的数据结构模型称为层次模型。

• 有且仅有一个结点没有双亲结点，这个结点称为根结点。

• 根以外的其他结点有且只有一个双亲结点。

• 每个结点可以有若干个子结点。

（2）层次模型的数据表示方法

在层次模型中，实体集使用记录表示；记录型包含若干个字段，字段用于描述实体的属性；记录值表示实体；记录之间的联系使用基本层次联系表示。层次模型中的每个记录可以定义一个排序字段，排序字段也称为码字段，其主要作用是确定记录的顺序。如果排序字段的值是唯一的，则它能唯一地标识一个记录值。

在层次模型中，使用结点表示记录。记录之间的联系用结点之间的连线表示，这种联系是父子之间一对多的实体联系。层次模型中的同一双亲的子女结点称为兄弟结点（twin或sibling），没有子女结点的结点称为叶结点。图6-7给出了一个层次模型的例子。图6-7中，“大学”为根结点，“处”和“院系”都是R_1的子女结点，“处”和“院系”为兄弟结点；“教研室”和“班级”是“院系”的子女结点，“教研室”和“班级”也为兄弟结点；“处”、“教研室”和“班级”都为叶结点。

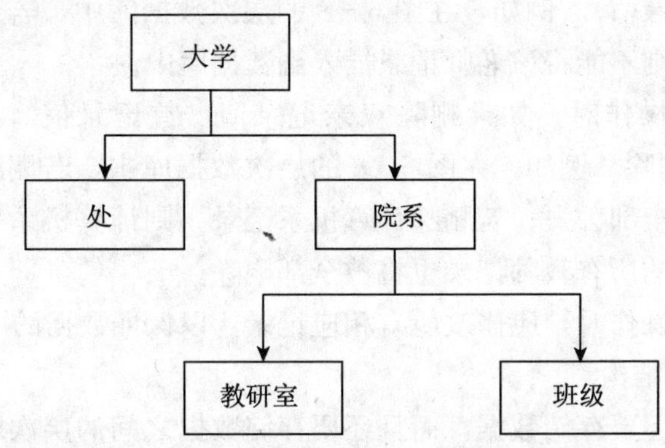

图6-7　大学行政机构层次模型

(3) 层次模型的特点

层次模型像一棵倒立的树，只有一个根结点，有若干个叶结点，结点的双亲是唯一的。

图 6 - 8 给出了学校的院系、教研室、课程及教师的 4 个记录型的层次模型。结构中院系记录是根结点，它有院系编号、院系名称和办公地点 3 个数据项，其两个子女结点是教研室和学生记录；教研室记录是院系的子女结点，它还是教师的双亲结点，教研室记录由教研室编号和教研室名两个数据项组成；学生记录由学号、姓名和年龄 3 个数据项组成；教师记录由职工号、姓名和专业方向 3 个数据项组成。学生与教师是叶结点，它们没有子女结点。在该层次数据结构中，院系与教研室、教研室与教师、院系与学生的联系均是一对多的联系。

层次模型具有一个基本特点：对于任何一个给定的记录值，只有按其路径查看，才能显示出它的全部意义，没有一个子女记录值能够脱离双亲记录值而独立存在。例如，对于图 6 - 8中的教师记录值，如果不指出它的双亲结点，就不知道他是哪个院系的教师。

虽然理论上认为一个层次模型可以包含任意个记录和字段，但任何实际的系统都会因为存储容量或者实现复杂度的原因，对层次模型中包含的记录个数和字段个数进行限制。

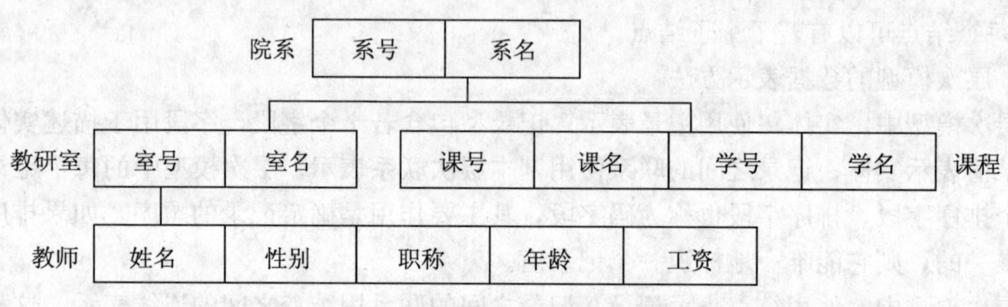

图 6 - 8　系、教研室、课程及教师的层次模型

2. 层次模型的数据操纵和完整性约束

层次模型的数据操作主要是数据的查询、插入、删除和修改。层次模型必须满足的完整性约束条件如下：

(1) 在进行插入记录值操作时，如果没有指明相应的双亲记录值（首记录值），则不能插入子女记录值（属记录值）。例如，在图 6 - 8 的层次数据库中，若新来一个老师，但还没有为该老师指明院系，则不能将该老师记录插入到数据库中。

(2) 进行删除记录操作时，如果删除双亲记录值（首记录值），则相应的子女结点值（属记录值）也同时被删除。例如，在图 6 - 8 的层次数据库中，若删除软件教研室记录，则该教研室的教师数据将全部丢失；若删除计算机系记录，则计算机系所有的学生和教研室记录将全部被删除，相应的所有教师记录也将被全部删除。

(3) 进行修改记录操作时，应修改所有相应记录，以保证数据的一致性。

3. 层次模型的存储结构

在层次数据库中不但要存储数据，而且还要存储数据之间的层次联系。层次模型数据的存储一般使用邻接法和链接法实现。

(1) 邻接存储法：按照层次树前序穿越的顺序，把所有记录值依次邻接存放，即通过物

理空间的位置相邻来安排（或隐含）层次顺序，实现存储。

（2）链接存储法：用指引元来反映数据之间的层次联系，它主要有子女—兄弟链接法和层次序列链接法两种方法。

4. 层次模型的优缺点

层次模型的优点主要如下：

（1）层次数据模型简单，对具有一对多的层次关系的部门描述自然、直观，容易理解。

（2）性能优于关系模型，不低于网状模型。

（3）层次数据模型提供了良好的完整性支持。

层次模型的缺点主要如下：

（1）现实世界中很多联系是非层次性的，如多对多联系，一个节点具有多个双亲等，层次模型表示这类联系的方法很笨拙，只能通过引入冗余数据（易产生不一致性）或创建非自然的数据组织（引入虚拟节点）来解决。

（2）对插入和删除操作的限制比较多。

（3）查询子女节点必须通过双亲节点。

（4）由于结构严密，层次命令趋于程序化。

层次数据库系统的典型代表是IBM公司的IMS数据库管理系统，这是1968年IBM公司推出的第一个大型商用数据库管理系统，曾经得到广泛的使用，目前，仍然有某些特定用户在使用。

二、网状数据模型

在现实世界中事物之间的联系更多的是非层次关系的，用层次模型表示非树状结构是很不直接的，网状模型则可以克服这一毛病。

网状数据模型系统采用网状模型作为数据的组织方式。网状数据模型的典型代表是DBTG系统，也称CODASYL系统。它是20世纪60年代数据系统语言研究会（Conference on Data System Language）下属的数据库任务组（DataBase Task Group，DBTG）提出的一个系统方案。DBTG系统虽然不是实际的软件系统，但是它提出的基本概念、方法和技术具有普遍意义。它对于网状数据库系统的研制和发展起了重大的影响。后来不少的实际系统都采用了DBTG模型或者简化的DBTG模型。例如，Cullinet Software公司的IDMS、Univac公司的DMS1100、Honeywell公司的IDS/2、HP公司的IMAGE等。

1. 网状数据模型的数据结构

网状模型的定义如下：

（1）可以有一个以上的节点没有双亲。

（2）至少有一个节点有一个以上父节点。

满足以上两个限制的基本层次联系的集合为网状模型。

网状模型是一种比层次模型更具有普遍性的结构，它去掉了层次模型的两个限制，允许多个节点没有双亲节点，允许节点有多个双亲节点，此外它还允许两个节点之间有多种联系（称为复合联系）。因此网状模型可以更直接地去描述现实世界。而层次模型实际上是网状模型的一个特例。

与层次模型一样，网状模型中每个节点表示一个记录类型（实体），每个记录类型可包含若干个字段（实体的属性），节点间的连线表示记录类型（实体）之间一对多的父子联系。

从定义可以看出，层次模型中子女节点与双亲节点的联系是唯一的，而在网状模型中这种联系可以不唯一。因此，要为每个联系命名，并指出与该联系有关的双亲记录和子女记录。例如图 6－9（a）中 R_3 有两个双亲记录 R_1 和 R_2，因此把 R_1 与 R_3 之间的联系命名为 L_1，R_2 与 R_3 之间的联系命名为 L_2。图 6－9（a）、图 6－9（b）和图 6－9（c）都是网状模型的例子。

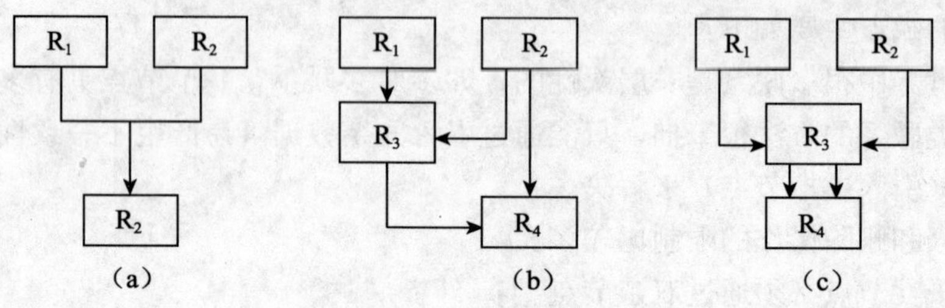

图 6－9　网状模型

实际的商品化网状数据库系统对网状数据结构都有不同的限制，例如 HP 公司 IMAGE3000 数据库管理系统是一个网状数据库系统，但是限制网状结构的层次只有两层，是一个简化了的网状结构，这时就要把现实世界一般的网状结构转换为系统所能处理的结构。

下面以学生选课为例，看看网状数据库模式是怎样来组织数据的。

按照常规，一个学生可以选修若干课程，某一课程可以被多个学生选修，因此，学生与课程之间是多对多联系。这样的实体联系图不能直接用 DBTG 模型来表示。因为 DBTG 模型中不能表示记录之间多对多的联系。为此引进一个学生选课的联结记录，它由三个数据项组成，即学号、课程号和成绩。

这样，学生选课数据库包括三个记录：学生、课程和选课。

每个学生可以选修多门课程，显然对学生记录中的一个值，选课记录中可以有多个值与之联系，而选课记录中的一个值，只能与学生记录中的一个值联系。学生与选课之间的联系是一对多的联系，联系命名为 S-SC。同样，课程与选课之间的联系也是一对多的联系，联系命名为 C-SC。图 6－10 为学生选课数据库的网状数据库模式。

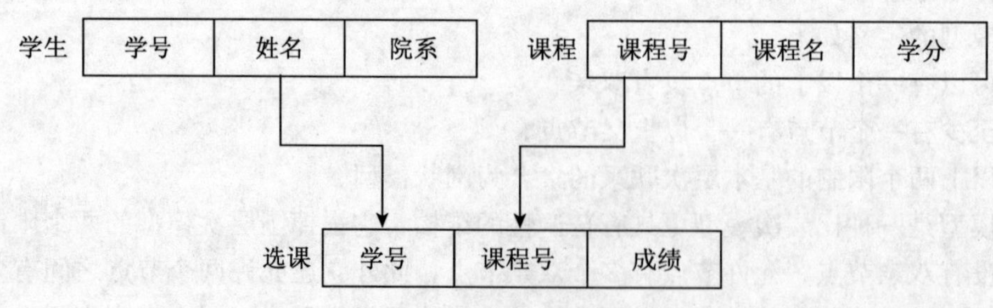

图 6－10　学生、课程及选课的网状模型

2. 网状数据模型的操纵与完整性约束

网状数据模型的操纵有查询、插入、删除和更新。网状数据模型一般来说没有层次模型那样严格的完整性约束条件，但具体的网状数据库系统（如 DBTG）对数据操纵都加了一些限制，提供了一定的完整性约束。定义 DBTG 数据库完整性的若干概念和语句主要如下：

（1）支持记录码的概念，码即唯一标示记录数据项的集合。例如，学生记录（如图 6－10 所示）中的学号是码，因此数据库中不允许学生记录中学号出现重复值。

（2）保证一个联系中双亲记录和子女记录之间是一对多的联系。

（3）可以支持双亲记录和子女记录之间某些约束条件。例如，有些子女记录要求双亲记录存在才能插入，双亲记录删除时也连同删除。

3. 网状数据模型的存储结构

网状数据模型的存储结构中关键的是如何实现记录之间的联系。常用的方法是链接法，包括单向链接、双向链接、环状链接和向首链接等，此外还有其他实现方法，如指引元阵列法、二进制阵列法和索引法等，依具体系统不同而不同。

4. 网状数据模型的优缺点

网状数据模型的优点主要如下：

（1）能够更直接地描述现实世界，如一个节点可以有多个双亲。

（2）具有良好的性能，存取效率较高。

网状数据模型的缺点主要如下：

（1）结构比较复杂，而且随着应用环境的扩大，数据库的结构就变得越来越复杂，不利于最终用户掌握。

（2）它的 DDL、DML 语言复杂，用户不容易使用。

由于记录之间联系是通过存取路径实现的，应用程序在访问数据时必须选择适当的存取路径，因此，用户必须了解系统结构的细节，加重了编写应用程序的负担。

三、关系数据模型

关系模型是目前最常用的一种数据模型。关系数据库系统采用关系模型作为数据的组织方式。

1. 关系数据模型的数据结构

用表格结构表示实体以及实体之间联系的模型称为关系模型。关系模型比较简单，容易被初学者所接受。与以往的模型不同，关系模型是建立在严格的数学概念基础上的一种数据模型。在用户观点下，关系模型中的数据结构是一张二维表，即由行和列组成，这个表就叫做关系。现在以职工情况表（如表 6－1 所示）为例，介绍关系模型中的一些术语。

表 6－1　　职工情况表

编号	姓名	职称	工龄	工资	出生日期
1001	王明	工程师	10	1150.0	01/20/70
1024	田丽	助工	5	980.0	10/09/75
2048	张升	高工	20	1450.0	09/28/62
4006	胡中华	助工	3	870.0	05/28/78

(1) 关系(relation):一个关系对应一张二维表,二维表名就是关系名,如表 6-1 所示。

(2) 元组(tuple):表中的一行即为一个元组,如表 6-1 中的(1001,王明,工程师,10,1150.0,01/20/70)为一个元组。

(3) 属性(attribute):表中的一列即为一个属性,给每一个属性起一个名字即属性名。如表 6-1 中有 6 列,对应 6 个属性,属性名分别为编号、姓名、职称、工龄、工资和出生日期。

(4) 分量(component):元组中的一个属性值。

(5) 主码(key):表中的某个属性组,它可以唯一确定一个元组。如表 6-1 中的编号,可以唯一确定一个职工,也就成为本关系的主码。

(6) 域(domain):属性的取值范围,如工资的域是 500.0~5000.0。

(7) 关系模式(relation schema):对关系的描述称为关系模式,一般表示为关系名(属性 1,属性 2,…,属性 n)。

例如表 6-1 的关系可表示为:

职工情况表(编号,姓名,职称,工龄,工资,出生日期)

关系模型要求关系必须是规范化的,即要求关系必须满足一定的规范条件,这些规范条件中最基本的一条就是:关系的每一个分量必须是一个不可分的数据项,也就是说,不允许表中还有表。

关系模型与层次、网状模型的最大区别是关系模型用表格的数据而不是通过指针链来表示和实现实体间的联系。关系模型中数据结构单一,只有二维表格,通常可把表格看成一个集合,因此集合论、数理逻辑等知识可引入到关系模型中来。一般认为它是一种比较有前途的模型。

2. 关系数据模型操作与完整性约束的存储结构

关系数据模型的操作主要包括查询、插入、删除和修改数据。这些操作必须满足关系的完整性约束条件。关系的完整性约束条件包括实体完整性、参照完整性和用户定义的完整性三大类。其具体的意思将在后面介绍。

关系模型中的数据操作的集合操作,操作对象和操作结果都是关系,即若干元组的集合,而不像非关系模型中那样是单记录的操作方式。另外,关系模型把存取路径向用户隐藏起来,用户只要指出“干什么”或“找什么”,不必详细说明“怎么干”或“怎么找”,从而大大地提高了数据的独立性,提高了用户生产率。

3. 关系数据模型的存储结构

在关系数据模型中,实体及实体间的联系都用表来表示。在数据库的物理组织中,表以文件形式存储,通常一个表对应一种文件结构,有的系统一个表对应一个操作系统文件,有的系统自己设计文件结构。

4. 关系数据模型的优缺点

关系数据模型的优点主要如下:

(1) 关系模型与非关系模型不同,它是数学化的模型。它是建立在严格的数学概念的基础上的,如集合论、数理逻辑、关系方法和规范化理论等,这些理论是关系模型的基础,是指导关系模型数据库的建立和应用的原则。

(2) 关系模型结构简单，概念单一。无论实体还是实体之间的联系都用关系表示。对数据的检索结果也是关系（即表）。所以它的数据结构简单、清晰，用户易懂易用。

(3) 关系模型的存取路径对用户透明，从而具有更高的数据独立性、更好的安全保密性。也简化了程序员的工作和数据库开发建立的工作。

当然，关系数据模型也有缺点：

(1) 由于存取路径对用户透明，查询效率往往不如非关系数据模型。因此为了提高性能，必须对用户的查询请求进行优化，增加了开发数据库管理系统的难度。

(2) 关系模型在处理如计算机辅助设计数据、多媒体数据时就有了局限性，必须要和其他的新技术相结合。

四、面向对象的数据模型

传统的数据库应用大多采用实体—关联图进行数据建模，在此基础上设计关系数据模型再根据此模型建立数据库管理系统。由于关系数据库的操作对象是关系表结构，因此决定了基于关系数据库的应用太都具备以下特征：

(1) 数据及结构的一致性：具有相似的结构化数据和相同的大小。

(2) 面向记录：基本数据由定长的数据组成。

(3) 数据项较小：每条记录不超过几百字节长。

(4) 字段的原子性：记录字段较短，不可再分，满足1NF。

然而，在新型的数据应用中，尤其是需要寻找处理复杂数据类型的应用中，传统的关系模型已无法满足复杂数据处理的需求。例如：

(1) 计算机辅助设计（CAD）中，储存工程设计的数据，包括被设计的构件、构件间的联系、设计的版本等。

(2) 计算机辅助软件工程（CASE）中，存储和管理软件开发人员使用的数据，包括源代码、软件模块间的依赖关系、变量的定义与使用、软件系统的发展历史等。

(3) 多媒体数据库中，多媒体数据包括图像、空间数据、音频数据等，主要应用在地理信息系统（GIS）、语音邮件系统、图形系统、音频点播（Audio—On—Demand，AOD）、视频点播（VOD）等。

(4) 超文本数据库。超文本由文本和指向其他文档的钩链构成。WWW 系统是一个超文本的例子，确切地说，它是一个超媒体的例子，因为 Web 文档可能是多媒体文档。超文本数据库必须支持基于钩链的文档检索和基于结构的文档查询功能。

以上这些应用采用关系数据模型建模就比较烦琐，甚至需要昂贵的开销。而数据模型是对现实世界中实体本身及其约束的抽象描述和实体间相互联系的逻辑刻画，以面向对象方法为指导对数据模型进行定义和解释，就可以构建面向对象数据模型。基于 OODM 描述现实世界中的实体（对象）的逻辑结构和对象之间的联系与限制是构建面向对象数据库的基础。

1. 对象结构

对象（Object）是客观世界中实体的抽象表示，如学生、飞机、报表等。对象概念需要做进一步描述才能使其具体化与技术化，对象结构就是这种具体化与技术化的描述。通常，对象由一组数据结构以及其上的一组方法（代码）封装为一个对外不可见的基本单位，主要包含以下内容：

（1）变量（Variable）集合：存放对象的属性数据。

（2）消息（Message）集合：对象与系统进行交互的接口。

（3）方法（Method）集合：实现消息的代码段，返回值为对消息的响应。

由变量集合、方法集合和消息集合 3 部分加上对象标识构成的对象封装体称为对象结构。下面分别对变量、消息和方法进行详细介绍。

（1）变量

任何一个对象及属性都有一种类型。对象系统的类型由一组系统自身定义的基本类型和类型构造器构造的复杂的结构类型构成。

基本类型包括基础类型和“类”类型。通常意义上的整型、字符串型和布尔型等数据类型都是基础类型，而“类”类型将“类”作为一个整体看成一个基础的型，可以像基础类型一样对待和使用。结构类型可以通过类型构造器对基础类型和“类”类型进行构造。在对象系统中，类型构造器有数组（Array）、链表（List）、集合（Set）、多重集合（Bag）、记录（Record）等。需要指出的是，基础型对象的值是“自我定义”的，而结构型对象的值是由其部件对象的对象标识的相应组合确定的。

（2）消息

对象中的“消息”与计算机网络中传输的消息的概念不同，它是指对象之间的联系信息，是操作请求的传递，并不考虑操作实现细节。消息是实现对象功能的主要手段，通过相互发送消息来激发动作。

对某对象进行一次方法调用，称为向该对象发送一个消息。发送一个消息要考虑 3 方面内容：接收的对象、使用的方法和所需参数（可以有 0 个、1 个或多个）。一个对象可以接受不同形式与内容的多个消息，同时，相同形式的消息也可以发往不同的对象。不同对象对形式相同的消息可以有不同的解释，完成不同的操作。

（3）方法

方法是施加到对象的操作，对象的操作通过调用其自身包含的方法来实现。由于方法与对象和类封装在一起，因而比传统数据模型上的操作语义更强。例如，一个定义“圆形”的类，除了可以对它进行查询和修改外，还可以通过方法实现图形的放大、缩小、移动、拼接等操作。此外，方法与消息还可以表示数据模式约束，称为完整性约束方法与完整性约束消息，通常带有特殊标识。

一个对象的方法可以分为只读与更新，只读方法不影响对象中的变量的值，反之，更新方法则可能改变变量的值。类似地，对象所响应的消息也可以根据实现这些消息的方法分成只读与更新。

2. 对象类

类（Class）是对具有共用属性和方法的相似对象的抽象描述，它相当于关系模型中的关系模式。类中的所有对象共享一个公共的定义，每一个对象称为类的一个实例（Instance），不同对象的变量值可以不同。

类概括了一些对象的共有性质、方法和数据，简化了人们对客观世界中复杂对象的认识，从而避免了对相似对象的重复定义。如果将类本身看做一个对象，则一个类对象包括：

(1) 一个由该类所有实例对象组成的变量集合。

(2) 在类之间进行通信的消息集合。

(3) 实现消息的方法集合。

类除了具有对象的特征外，还有一些附加特性，如生成实例对象的方法 new。在本质上，面向对象方法中研究对象的基本抽象单位是类而非对象。

3. 继承

类与类之间的基本关系有 3 种：继承关系、包含关系和通信关系（消息）。其中，继承关系和包含关系反映了类与类之间的静态联系，是基本的类关系；通信关系反映的是类与类之间的动态联系，通过消息实现。本节就介绍类与类之间的基本层次结构—继承（Inheritance）。

继承是一个类能够自动继承其他类所具有的属性和方法的机制。由现有类导出新的类，这个新的类不但可以继承原类的全部属性和方法，而且还可以定义它自己额外的属性和方法，以及重定义继承的方法。新类称为原类的“子类”（Subclass），是类的特化，原类称为导出类的“超类”（Superclass），是类的泛化。继承实现了实体—关系概念建模中的“IS-A”联系。一个子类可以有一个或多个超类，一个超类也可以有一个或多个子类，具有继承关系的类形成了类与类之间基本的层次结构。

图 6－11 显示了超市例子中人员之间的继承关系。其中，雇员和顾客是人的子类，店长和店员是雇员的子类，相应地，人是雇员和顾客的超类，雇员是店长和店员的超类。

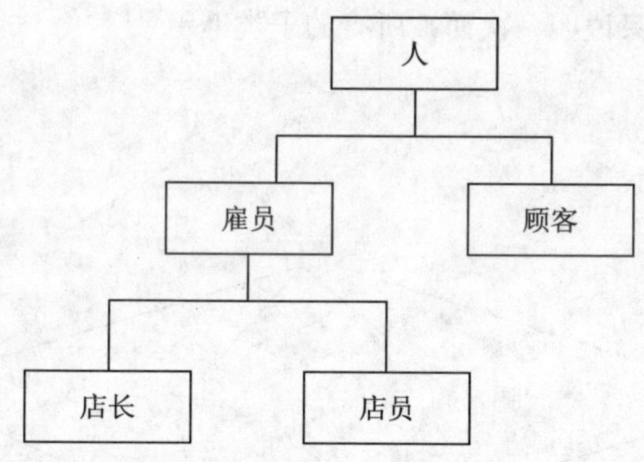

图 6－11　超市例子中人员之间的继承关系

在面向对象系统中，类的继承具有以下几个基本性质：

(1) 传递性（Transitivity）。假设有 A、B、C 三个类，其中 C 继承 B，B 继承 A，那么 C 也继承 A。继承的传递性使得面向对象系统可以反映客观世界中多层次关系，例如在图 6－11中，雇员是店长和店员的直接超类，人又是雇员和顾客的直接超类，这样，无论是雇员还是顾客，是店长还是店员，都继承了人类的特征。

(2) 单向性（Unidirectionality）。假设 B 类继承 A 类，那么 A 类一定不能再继承 B 类。继承的这种性质避免了在面向对象系统中无限递归的情况。单向性与传递性共同决定了继承的单向层次性。

(3) 可置换性（Substitutability）。即一个超类的方法可以被其子类的任何对象调用。根据传递性，子类可以调用继承层次上的所有超类资源。这样可以避免大量的对消息、方法和函数的重写。

(4) 多态性 (Polymorphism)。即超类的属性与方法在子类中允许有不同的实现形式、方法与语义。继承的多态性对类的特征和行为进行了有效的扩充。

类的多态性允许子类提炼 (Refine) 和重载 (Overload) 来自超类的属性与方法。其中，通过对超类继承过来的方法进行修正而得到子类的方法称为提炼，例如圆锥体的体积可通过对圆柱体的体积计算进行提炼（修正）而得到；而在子类中以新的内容重新定义超类中已有的属性和方法称为重载，例如在图形类中定义一个打印方法用于打印图形，对图形类中的不同实例，打印的过程可以不同。

4. 多重继承

当一个类只有一个超类时，称这种继承为单一继承；当一个类有多个超类时，称这种继承为多重继承。多重继承可以通过组合几个类的描述到一个类而提高共享能力，通常用一个有向无环图 (Directed Acyclic Graph，DAG) 来表示。

例如，超市中的雇员既可以是临时的，也可以是固定的。在类的表述上，对临时员工，可以用属性 term-date 来指定雇佣期限的终止；而对于固定员工，可能含有一个用于计算养老金的方法，而这个方法对临时员工是不适用的。这种根据工作时间对雇员的划分方式与根据工作职责进行划分的方式是相互独立的，通过多重继承，可以简单地创建新类，如临时店员和固定店员。图 6-12 显示了多重继承的类层次结构。通过多重继承，临时员工和固定员工的特定属性和方法可以只说明一次而被所有的子类继承。

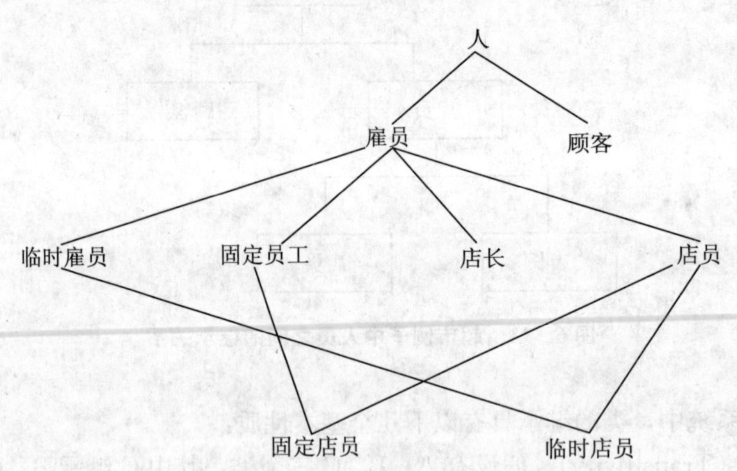

图 6-12 超市例子的 DAG

但是，当同一个变量或方法从多个超类中继承时会有潜在的二义性问题。考虑另外一个例子，一所大学中的助教既可以由教师来担任也可以由学生来担任。在类层次的定义上，助教类继承了教师类和学生类两个类的特征。假设教师类和学生类都定义了属性“部门”，那么助教类中继承的“部门”属性就可能对应两个值，即存在二义性。例如，计算机系的学生同时担任自动化系的助教，那么助教的“部门”属性值就有两种选择。

在不同的系统中，解决由多重继承引发的二义性冲突的方法也有所不同。通常有以下几种解决方式：

（1）重新命名。将部门属性分为两个变量，分别命名为“部门—学生”和“部门—教师”。

（2）系统根据学生类和教师类的创建顺序选择其中一个作为助教的部门属性。

（3）用户根据自身的需要选择助教的部门属性值。

（4）系统作为错误进行处理，这种系统可能不允许多重继承。

当然，并不是所有的多重继承都会导致二义性。在超市例子中，临时员工、固定员工、店长和店员都从雇员中继承属性变量“薪资”，由于所有类都共享一个“薪资”定义，因而临时店员和固定店员中的变量继承就不会出现二义性。

5. 对象标识

在面向对象数据库中，一个对象通常对应着现实世界中的一个实体。一个实体可以有一个或多个有意义的名字，相应地，由实体的应用产生的名字就可以作为对象名字。但是，实体名字可能随着时间的推移发生改变，不同的实体也可能拥有相同的名字，这样就为定位和操作数据库中的对象带来了困扰。因此，面向对象系统使用对象标识符（Object Identifier，OID）来标识对象。例如，对象标识符可以是一长串的数字，由对象在数据库中的存储位置和一些其他的信息构成。

对象标识通常是由系统产生的，而对象名字是由应用产生的。在面向对象系统中，对象名字在整个数据库范围中必须唯一，一个对象可以具有多个名字，但一个名字只能表示一个对象，类似于编程语言中的全局变量。而对象标识符是对象的身份表示，与对象名字相比，对象标识符具有以下特征：

（1）唯一性：OID在对象的整个生命周期内是保持不变的。

（2）不可重用性：一旦某个对象被删除之后，该对象的OID不可重用。

（3）独立于对象状态：不随对象变量状态的变化而变化。

（4）独立于对象的物理存储位置：当对象的存储位置发生变化时，OID应保持不变。

相对于程序设计语言或非面向对象数据模型中通常使用的标识来说，对象标识符是一种更强的标识概念。例如，在文件系统中，用名称作为标识文件的手段，在关系数据库系统中，用值作为标识数据的手段，即关键字。表6－2列出了关系数据库系统中关键字与面向对象系统中对象标识符之间的对照关系。

表6－2　　关键字与对象标识的对照

比较	关系数据的关键字	面向对象数据库的对象标识
功能	唯一确定关系的一行	唯一确定一个对象
可变性	主关键字是可变的	标识符是保持不变的
可重用性	主关键字可重复利用	标识符是不可重用的
概念	主关键字是一个纯逻辑的概念	标识符通过物理机制来实现
生成	主关键字由应用产生	标识符由系统自动生成

6. 对象包含

对象包含是对象之间静态联系的一种关系，通过对象之间的引用可以对现实世界中不同的概念进行建模。例如，一台标准的家用个人计算机包括主机、显示器、音箱和输入设备等构件，输入设备包括鼠标和键盘，主机又包括主板、CPU、显卡和内存。这其中的每一个构件既可以单独出售，也可以组装在一起出售，可以将每个构件建模为一个对象，那么构件间的包含就可以建模为对象间的包含。

图 6-13 中的类层次结构显示了对象间的包含关系，其中，包含其他对象的对象称为复杂对象（Complex Object）或复合对象（Composite Object），对象之间可以存在多层次的包含。

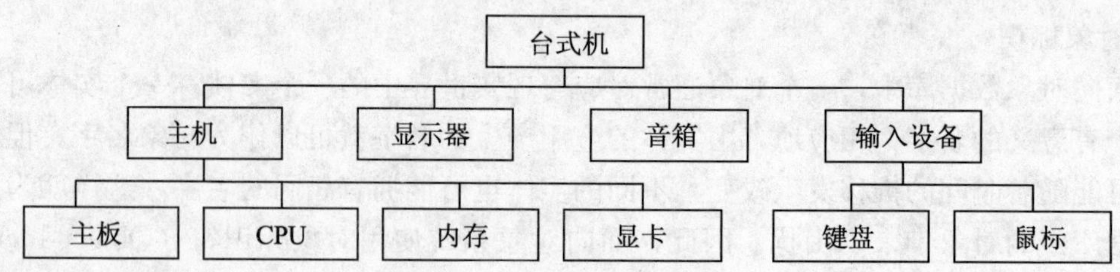

图 6-13　台式机的包含层次

类之间的包含关系实现了概念建模中的“IS—PART—OF”联系，它允许不同的用户用不同的粒度来观察数据。例如，芯片制造商可以专注于 CPU 的研发和销售，而不必过多考虑（或无须考虑）键盘、鼠标等输入设备；而对于台式机销售人员来说，为了给整台电脑定价，可以使用包含层次来寻找包含在台式机对象中所有对象的价格。

当然，一个对象也可能包含在多个对象中，这种包含关系不能用层次来表示。与多重继承类似，可以用一个 DAG 来表示被多个对象包含的对象。

五、UML

统一建模语言（Unified Modeling Language，UML）是面向对象技术领域内占主导地位的标准建模语言，它在软件设计中产生的所有结构都以图表方式绘制出来。相比 E-R 模型来说，UML 模型包含了更广泛的软件设计过程：

- 业务建模：描述软件系统要处理的业务过程。
- 需求建模：对业务模型的理解有利于确定软件系统的需求，包括数据库需求。
- 数据库概念建模：对数据库进行概念建模，UML 提供与 E-R 模型结构相对应的内容。
- 数据库物理建模：UML 也为数据库的物理建模提供了图形化的表示，例如，生成表空间和索引等。
- 软件系统硬件配置建模：UML 图表可以用于描述软件系统所使用的硬件配置。

1. UML 基本元素

UML 的基本元素是图表符号，主要由下列 5 类，共 9 种图形来定义：

第一类是用例图，用于描述响应用户请求的系统行为，以及在该行为中涉及的人，即从用户角度描述系统功能，并指出各功能的操作者。用例图描述的是期望系统所支持的外部功能。

第二类是静态图，包括类图（对象图）和包图两种。其中类图描述系统中类的静态结构。不仅定义系统中的类，表示类之间的联系如关联、依赖、聚合等，也包括类的内部结构（类的属性和操作）。类图描述的是一种静态关系，在系统的整个生命周期都是有效的。对象图是类图的实例，几乎使用与类图完全相同的标识。两者的不同点在于对象图显示类的多个对象实例，而不是实际的类。一个对象图是类图的一个实例。由于对象存在生命周期，因此对象图只能在系统某一时间段存在。包由包或类组成，表示包与包之间的关系。包图用于描述系统的分层结构。

第三类是行为图，包括状态图和活动图两种，用来描述系统的动态模型和组成对象间的交互关系。其中状态图描述类的对象所有可能的状态以及事件发生时状态的转移条件。通常，状态图是对类图的补充。在实用上并不需要为所有的类画状态图，仅为那些有多个状态其行为受外界环境的影响并且发生改变的类画状态图。而活动图描述满足用例图要求所要进行的活动以及活动间的约束关系，有利于识别并行活动。

第四类是交互图（Interactive Diagram），包括顺序图和合作图两种，它们描述对象间的交互关系。其中顺序图显示对象之间的动态合作关系，强调对象之间消息发送的顺序，同时，显示对象之间的交互；协作图描述对象间的协作关系，协作图跟顺序图相似，显示对象间的动态合作关系。除显示信息交换外，合作图还显示对象以及它们之间的关系。如果强调时间和顺序，则使用顺序图；如果强调上下级关系，则选择协作图。

第五类是实现图（Implementation Diagram），包括构件图和配置图两种。其中构件图描述代码部件的物理结构及各部件之间的依赖关系。一个部件可能是一个资源代码部件、一个二进制部件或一个可执行部件。它包含逻辑类或实现类的有关信息。部件图有助于分析和理解部件之间的相互影响程度。配置图定义系统中软硬件的物理体系结构。它可以显示实际的计算机和设备（用节点表示）以及它们之间的连接关系，也可显示连接的类型及部件之间的依赖性。在节点内部，放置可执行部件和对象以显示节点跟可执行软件单元的对应关系。

从应用的角度看，当采用 UML 进行系统设计时，首先描述需求；其次根据需求建立系统的静态模型，以构造系统的结构；第三步描述系统的行为。其中在第一步与第二步中所建立的模型都是静态的，包括用例图、类图（包含包）、对象图、组件图和配置图等 5 个图形，是标准建模语言 UML 的静态建模机制。第三步中所建立的模型或者可以执行，或者表示执行时的时序状态或交互关系。它包括状态图、活动图、顺序图和合作图等 4 个图表，是标准建模语言 UML 的动态建模机制。因此，标准建模语言 UML 的主要内容也可以归纳为静态建模机制和动态建模机制两大类。

2. UML 和 E－R 模型的关系

在 UML 的各种图表中，类图类似于 E－R 图，但是类图更一般化些，它是用来为应用实体与实体之间的逻辑关系以及数据实体与数据实体之间的关系建立模型的。

实体集和关联集，以及主码约束、依赖关系、一般化/特殊化、聚合等都可以在 UML 中表示为一个类。

注意，关联在 UML 中的含义与在 E－R 模型中的含义略有不同：在 UML 中的关联是二元的，而在 E－R 图中有三元及三元以上的关联集。当然，3 个及 3 个以上实体集之间的关联在 UML 中也可直接表示。

在 UML 中，实体集和关联集等都表示成类，这样，无论几元关联，在 UML 中都转换成关联类和实体类之间的二元关联。带有外码约束的关联通常会在 UML 中被忽略，这种关联可直接由相关联的实体类之间的连接来表示。

通过将每个类都用一个表来表示，并将每个关联（特别是 1—M 和 M—N 的关联）用表来表示，就可以将一个 UML 类图转换成一个关系模型。

3. UML 设计实例

仍然以连锁超市经营管理为例来说明使用 UML 进行数据概念设计的过程。这里，只介绍如何生成类图，其他图的生成请参考 UML 有关教程。

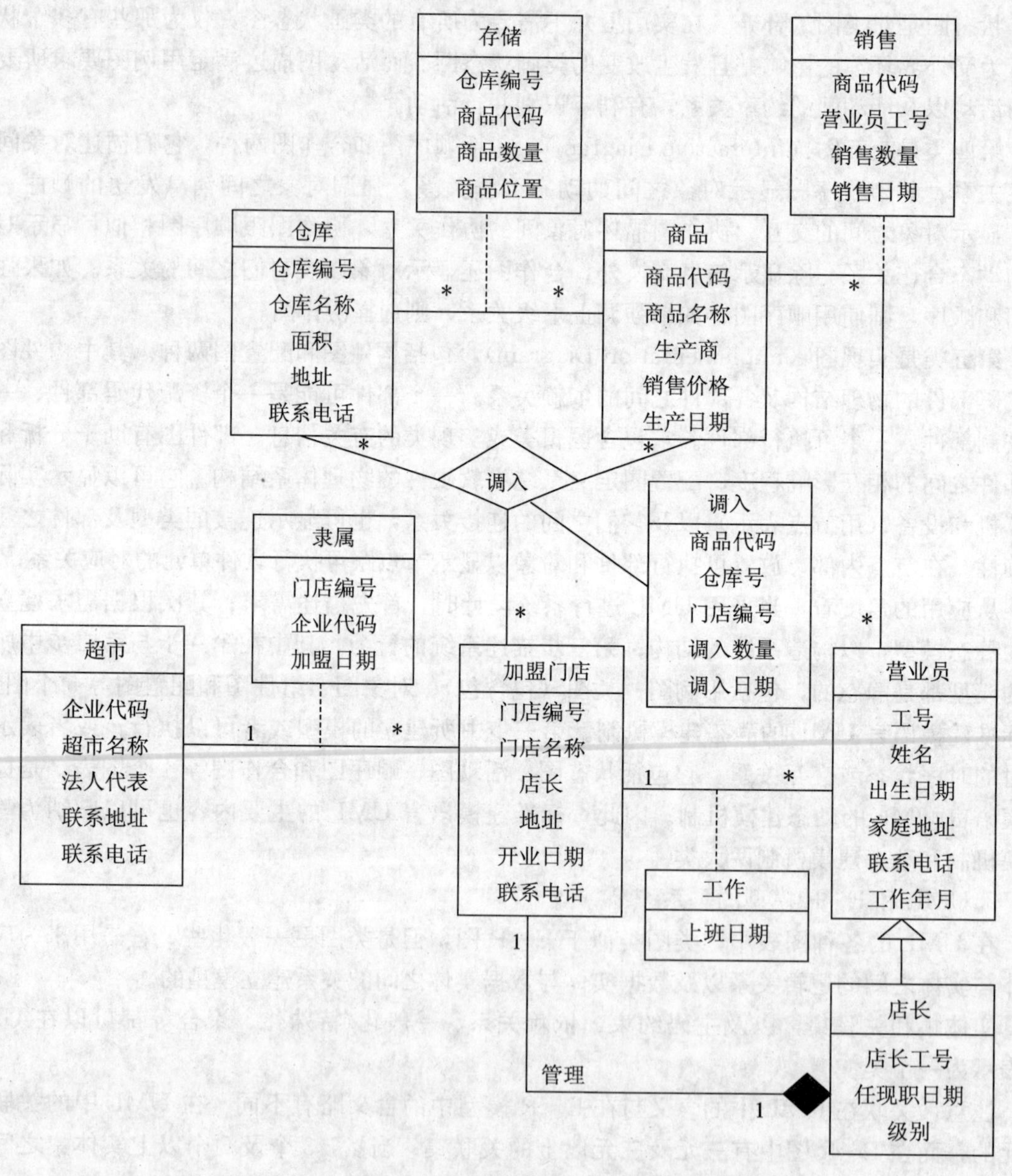

图 6-14　用 UML 类图表达的实体集及实体集之间的关联

图 6－14 所示是用 UML 类图表达的实体集及实体集之间的关联。从图中不难看出，每个实体集和关联集均表示成一个类，类用一个两段（其实为三段，另外一段表示类的方法，是面向对象设计中的概念，这里将其忽略）矩形表示：第一段是类名，第二段是类属性。关联的表达有多种方法：对于普通关联，用线连接，并在线两端标识关联类型，一对一的关联在线两端标上 1（例如，加盟门店与店长之间的关联）、一对多的关联在线的一端标上 1 在多端标上 *（例如，超市与加盟门店、加盟门店与营业员之间的关联）、多对多的关联在线的两端都标上 *（例如，商品与仓库、商品与营业员之间的关联）；对于三元实体集之间的关联用一个空心菱形表示（例如，仓库、商品、加盟门店之间的关联）。而类之间的继承关系用空心三角形和实线来表示（例如，店长类继承于营业员类）。类之间的聚合关系通过实心菱形表达（例如，加盟门店与店长之间的关系）。

六、XML

XML（eXtensible Markup Language）即可扩展标记语言，与 HTML 一样，也是 SGML（Standard Generalized Markup Language，标准通用标记语言）。XML 是一种简单的数据存储语言，使用一系列简单的标记描述数据，而这些标记可以用方便的方式建立，虽然 XML 比二进制数据要占用更多的空间，但 XML 极其简单易于掌握和使用。另外，XML 还具有跨平台、自描述、依赖于内容的半结构化结构等特征，这使得 XML 成为当前处理 Internet 上文档信息的有力工具。

XML 的简单使其易于在任何应用程序中读写数据，这使得 XML 成为数据交换中最重要的公共语言。由于 XML 的跨平台性，从而使得其与 Windows、Mac OS、Linux 以及其他平台下产生的信息可方便的结合，并可以很容易地将 XML 数据加载到程序中进行处理，而且处理结果以 XML 格式输出。

相对其他数据库而言，XML 最初是采用类似树的结构展示数据，而不具备数据库提供的强有力的数据存储和分析能力，例如，数据索引、排序、查询、相关一致性等，因此极其简单。近几年，业界在 XML 的存储、索引、排序、查询及数据约束等方面已展开了深入研究，并取得了重要成果。

XML 以树形结构来描述数据，文档信息从树的根部开始，扩展到树的叶子。下面是一个描述商品信息的 XML 文档，以图 6－15 所示的食品类商品 XML 文档（文件名为 food. xml）为例来说明 XML 的数据结构。

经过分析发现，一个 XML 有一个节点，其他所有节点都在起始标记和终止标记之间。例如，在图 6－15 的 XML 中，所有商品信息都包含在〈食品类商品〉和〈/食品类商品〉之间，〈食品类商品〉这个节点，就是该 XML 树的根节点。其他结点都属于中间节点，某个中间节点的后代节点就是包含在该节点起始标记和终止标记之间的节点，例如，开始节点〈大米类〉和终止节点〈/大米类〉之间的所有节点，包括商品名称、价格、生产商、生产日期和保质期都是其后代节点。而各个节点的具体值构成了树的叶子节点，如商品名称“中粮大米”，“中国中粮集团”……“五年”，等等。

〈? xml version="1.0"encoding="GB2312"?〉
〈? xml-stylesheet type="text/xsl"href="foodl. xsl"?〉
〈食品类商品〉
〈大米类〉
〈商品名称 ID='10001'〉 中粮大米 〈/商品名称〉
〈价格单位='元/公斤'〉 2.50 〈/价格〉
〈生产商〉 中国中粮集团 〈/生产商〉
〈生产日期〉 2009－01－21 〈/生产日期〉
〈保质期　单位='月'〉 12 〈/保质期〉
〈/大米类〉
〈饮料类〉
〈商品名称 ID='20001'〉 五粮液 〈/商品名称〉
〈价格单位='元/500 毫升'〉 550.00 〈/价格〉
〈生产商〉 宜宾五粮液股份有限公司 〈/生产商〉
〈生产日期〉 2009－01－20 〈/生产日期〉
〈保质期单位='年'〉 五年 〈/保质期〉
〈/饮料类〉
〈/食品类商品〉

图 6－15　食品类商品 XML 文档实例

图 6－16 所示是图 6－15 所示的 XML 文档对应的 XML 树。

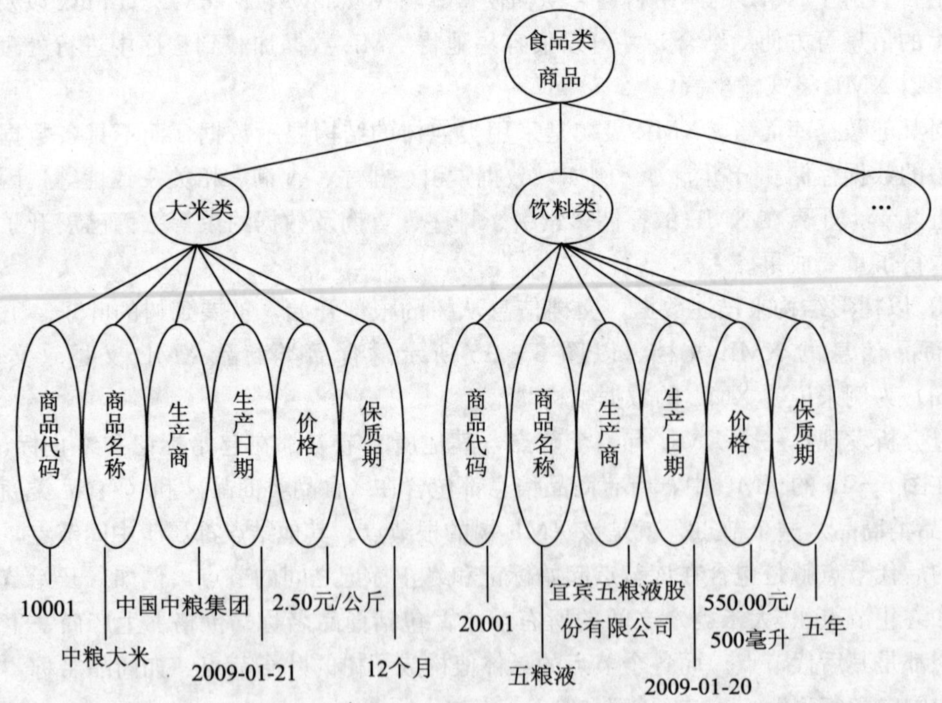

图 6－16　食品类商品 XML 树结构

第三节　数据库设计

一、数据库设计概述

数据库是信息系统的基础，一个信息系统能否为用户提供满意的服务在很大程度上取决于数据库设计的合理性。通常情况下，数据库设计的主要任务是根据用户的信息需求、处理需求以及数据库运行环境（包括 DBMS、操作系统及硬件）的特性，设计出合理的数据模式。

实际上，这里的信息需求是指用户单位的基本数据集。这个数据集反映了用户单位的组成结构、基本活动、功能及状态，用户所需要的信息都是在此基础上产生的，因而是设计数据库的基本素材。处理需求表示了用户为了得到所要的信息必须对数据进行的加工处理，其处理方式及处理的效率与数据库的结构密切相关，是设计数据库的重要依据。DBMS、操作系统和硬件是数据库赖以建立与运行的基本环境，在数据库设计过程中必须考虑环境所提供的技术条件，如 DBMS 所支持的数据模型、操作系统及硬件的特性等。数据库设计的主要成果是数据模型（模式），有时也需要编制一些典型的应用程序来验证数据模式的合理性。

以数据库为核心的应用系统人们通常称其为管理信息系统（Management Information System，MIS）。它一般具有对信息的存储、检索和加工等功能。随着数据库技术的发展和广泛普及，各行各业都有大量的信息需要进行管理，要求建立信息管理系统。如何建立一个高效实用的数据库应用系统，是数据库应用领域研究的一个主要课题。在数据库应用初期，数据库设计往往是凭借设计者的经验、知识和水平，因此设计出的应用系统性能好坏差别很大，通常很难满足应用要求。数据库工作者经过大量探索和研究，提出了不少数据库设计方法，如新奥尔良（New Orleans）方法，规范化方法，基于 E－R 模型的数据库设计方法等。

实践表明，数据库设计是一项软件工程，应该把软件工程的原理和方法应用到数据库设计中。与一般软件工程相比，数据库设计与应用环境联系紧密，应用系统的信息结构复杂，加之数据库系统本身的复杂性，因此，数据库设计具有自身的特点，逐渐形成了数据库设计方法学。

二、需求分析

需求分析是整个数据库设计过程中的第一步，也是最重要一步。它需要数据库设计者和用户双方共同收集数据库所需要的信息内容和用户对处理的需求，深入分析，最终按一定规范要求以文档形式写出数据的需求说明书。需求分析是下一步设计概念结构的基础，其结果是否准确地反映了用户的实际要求将直接影响到后面各个阶段的设计。

需求分析的任务是通过对现实世界要处理的对象，包括组织、部门、企业等进行详细调查，在充分了解现行系统的工作概况、明确用户的各种需求的基础上，分析支持系统目标的基础数据及其处理方法，以确定新系统的功能。新系统必须充分考虑今后可能的扩充和改变，而不能仅仅按当前应用需求来设计数据库。需求分析阶段的工作主要由以下 5 步组成。

1. 需求信息的收集

在需求分析的调查阶段，重点是收集“数据”和“处理”的需求，包括：

(1) 信息需求：指用户需要从数据库中获得的信息内容与性质。通过信息要求可以导出数据要求，即在数据库中需要存储哪些数据，数据间有哪些联系，以及描述信息的内容和结构与信息之间的联系等。

(2) 处理需求：指用户需要的数据处理功能，包括数据操作的优先次序，各个操作的响应时间、执行频率和场合，操作与数据之间的联系以及处理方式是批处理还是联机处理等问题。

(3) 安全性与完整性要求：指用户对数据的操作应满足的约束条件，完整性保证用户对数据库进行修改时不会破坏数据的一致性，即防止对数据的意外破坏；而安全性则防止保存在数据库中的数据未经授权的访问和恶意的破坏与修改。

(4) 环境特征：指企业用户的数据库的规模与系统结构，部门的地理分布，主管部门对机构的规定与要求，对系统的费用、赢利等的要求。

2. 确定系统范围

需求分析的过程是对所收集到的数据进行抽象的过程。在此之前，首先要对需求信息进行初步分析、确定系统范围，其内容主要包括以下 3 个方面：

(1) 数据边界的确定，需求分析首先要在之前收集的需求资料的基础上进行初步分析，确定由计算机完成或将来准备让计算机完成的数据边界，以及不属于系统考虑的数据范围(这些活动将由人工完成)。数据边界确立了整个系统所注释的目标与对象，建立了整个数据领域所涉及的范围。

(2) 数据环境的确定，需求分析要以数据边界为基础，确定系统周边的环境，包括上/下、左/右、入/出和内/外间的数据及其关系，进而建立起系统数据的整体联系。

(3) 确定系统范围还要综合考虑数据库的地理分布，对不同场地的数据边界、数据环境进行确定。

3. 分析数据流程，设计数据流图

在需求分析阶段，一般采用结构化分析方法（Structured Analysis，SA)，即从最上层的系统组织机构入手，采用自顶向下、逐层分解的方式分析系统。任何一个系统都可以抽象为如图 6-17 所示的形式。

图 6-17 描述的是最高层次抽象的系统概貌，要反映更详细的内容，可将处理功能分解为若干子功能，每个子功能还可以继续分解，直到把系统工作过程表示清楚为止。在处理功能逐步分解的同时，它们所用的数据也逐级分解，形成若干层次的数据流图（Data Flow Diagram，DFD)。

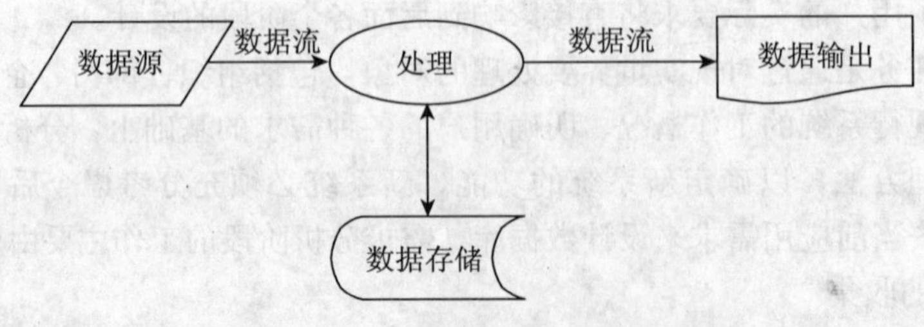

图 6-17　系统高层抽象图

数据流图描述了系统的数据流向和对数据的处理功能，表达了数据和处理过程的关系。在 SA 方法中，处理过程的处理逻辑常常借助判定表或判定树来描述。系统中的数据则借助数据字典（Data Dictionary，DD）来描述。

4. 分析系统数据，生成数据字典

在 DFD 基础上，要从原始的数据资料中分析整理出下述数据信息：数据元素的名称、同义词、性质、取值范围、提供者、使用者、控制权限、保密要求、使用频率；数据量、数据之间联系的语义说明；各个部门对数据的要求及数据处理要求等。这些数据描述信息要在数据字典中集中管理，以方便对各种数据描述进行存储和检索。

数据字典是进行详细的数据收集和数据分析所获得的主要成果。

5. 生成需求分析说明书，作为阶段成果

需求分析阶段的成果要形成文档资料，依据一定的规范要求编写需求分析说明书。一般来说，数据需求分析说明书大致包括以下内容：

（1）需求调查原始资料。

（2）数据边界、环境以及数据内部关系（包括数据流动规律、流向、流量、频率、形式、存储量和存储周期）。

（3）数据数量分析。

（4）各项业务的数据流图（DFD）及有关说明。

（5）对各类数据描述的集合，即数据字典。

根据不同规范，数据需求分析说明书在细节上可以有所不同，但总体上都要求涵盖以上 5 点。

对用户需求进行分析与表达后，必须将 DFD 图集和 DD 等内容提交给用户，并且同用户取得共同语言，帮助不熟悉计算机的用户建立数据库环境下的共同概念，充分交流，以征得用户的认可。

三、概念模型设计

在需求分析阶段，数据库设计人员在充分调查的基础上描述了用户的需求，但这些需求是现实世界的具体需求。在进行数据库设计中，设计人员面临的任务是将现实世界的具体事物转换成计算机能够处理的数据。这就涉及现实世界与计算机的数据世界的转换。人们总是首先将现实世界进行第一层抽象形成所谓的信息世界。在这里人们将现实世界的事物及其联系抽象成信息世界的实体及实体之间的联系，这就是所谓的实体—联系方法。

概念结构设计阶段就是将用户需求抽象为信息结构即概念模型的过程。实体—联系模型为该阶段的设计提供了强有力的工具。信息世界为现实世界与数据世界架起了桥梁，便于设计人员与用户的互动，同时把现实世界转换成信息世界，使我们朝数据世界又大大前进了一步。

1. 概念设计的必要性

在概念设计阶段中，设计人员从用户的角度看待数据及处理要求和约束，产生一个反映用户观点的概念模式（也称为“组织模式”），然后再把概念模式转换成逻辑模式。将概念设计从设计过程中独立开来，至少有以下几个好处：

(1) 各阶段的任务相对单一化，设计复杂程度大大降低，便于组织管理。

(2) 不受特定的DBMS的限制，也独立于存储安排和效率方面的考虑，因而比逻辑模式更为稳定。

(3) 概念模式不含具体的DBMS所附加的技术细节，更容易为用户所理解，因而才有可能准确地反映用户的信息需求。

设计概念模式的过程称为概念设计。概念模式在数据库的各级模式中的位置如图6-18所示。

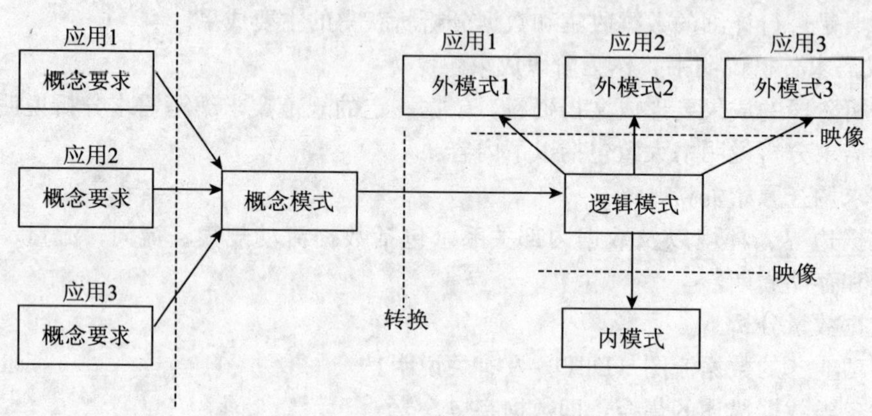

图6-18 数据库的各级模式

2. 概念设计的方法和步骤

概念结构设计是设计人员以用户的观点，对用户信息的抽象和描述。从认识论的角度来讲，是从现实世界到信息世界的第一次抽象，并不考虑具体的数据库管理系统。

现实世界的事物纷繁复杂，即使是对某一具体的应用，由于存在大量不同的信息和对信息的各种处理，也必须加以分类整理，理清各类信息之间的关系，描述信息处理的流程，这一过程就是概念结构设计。

概念结构设计的方法通常有以下4种：

(1) 自顶向下。即首先定义全局概念结构的框架，然后逐步细化。

(2) 自底向上。即首先定义各局部应用的概念结构，然后将它们集成起来，得到全局概念结构。

(3) 逐步扩张。即首先确定核心业务的概念结构，然后以此为中心向外扩张，最终实现全局概念结构。

(4) 混合策略。即将自顶向下和自底向上两种策略结合使用，首先确定全局框架，划分为若干个局部概念模型，再采取自底向上的策略实现各局部概念模型，加以合并实现全局概念模型。

虽然实际应用中对这些策略并没有严格的限定，可以根据具体业务的特点选择，如对于组织机构管理，因其固有的层次结构，可采用自顶向下的策略；对于已实现计算机管理的业务，通常可以以此为核心，采取逐步扩张的策略。但其中最经常采用的策略是自底向上方

法。即自顶向下地进行需求分析，得到每一具体的应用需求，然后反过来根据每个子需求，采用自底向上法分步设计产生每一局部的E－R模型，综合各局部E－R模型，逐层向上回到顶部，最终产生全局E－R模型。

这里只介绍自底向上的设计方法。它通常分为三步来完成：进行数据抽象，设计局部概念模式；将局部概念模式综合成全局概念模式；评审。

(1) 进行数据抽象，设计局部概念模式

局部用户的信息需求是构造全局概念模式的基础。因此，需要先从个别用户的需求出发，为每个用户建立一个相应的局部概念结构。在建立局部概念结构时，常常要对需求分析的结果进行细化、补充和修改，如有的数据项要分为若干子项，有的数据的定义要重新核实等。

设计概念结构时，常用的数据抽象方法是“聚集”和“概括”。聚集是将若干对象和它们之间的联系组合成一个新的对象。概括是将一组具有某些共同特性的对象合并成更高一层意义上的对象。

(2) 将局部概念模式综合成全局概念模式

综合各局部概念结构就可得到反映所有用户需求的全局概念结构。在综合过程中，主要处理各局部模式对各种对象定义的不一致问题，包括同名异义、异名同义和同一事物在不同模式中被抽象为不同类型的对象（例如，有的作为实体，有的又作为属性）等问题。把各个局部结构合并，还会产生冗余问题，或导致对信息需求的再调整与分析，以确定确切的含义。

(3) 评审

消除了所有冲突后，就可把全局结构提交评审。评审分为用户评审与DBA及应用开发人员评审两部分。用户评审的重点放在确认全局概念模式是否准确完整地反映了用户的信息需求和现实世界事物的属性间的固有联系；DBA和应用开发人员评审则侧重于确认全局结构是否完整，各种成分划分是否合理，是否存在不一致性，以及各种文档是否齐全等。文档应包括局部概念结构描述、全局概念结构描述、修改后的数据清单和业务活动清单等。

3. 数据抽象

概念结构设计最著名最常用的方法是P. P. S Chen于1976年提出的实体—联系方法(Entity-Relationship Approach，E－R方法)。它采用E－R模型将现实世界的信息结构统一由实体、属性以及实体之间的联系来描述。

使用E－R方法，无论是哪种策略，都要对现实事物加以抽象认识，以E－R图的形式描述出来。这里所谓的抽象是对实际的人、物、事和概念进行人为处理，抽取所关心的共同特性，忽略非本质的细节，并把这些特性用各种概念精确地加以描述，这些概念组成了某种模型。一般对现实事物抽象认识的三种方法分别是分类、聚集和概括。

(1) 分类（Classification）

对现实世界的事物按照其具有的共同特征和行为来定义一种类型，这在现实生活中很常见，如学校中的学生和教师就属于不同的类型。在某一类型中，个体是类型的一个成员或实例，即is member of，如图6－19所示，在学生类型中，王五是学生中的一个成员，具有学生们共同的特性和行为：在某个班学习某种专业，选修某些课程。

(2) 聚集（Aggregation）

定义某一类型所具有的属性。如学生类型具有学号、姓名和性别等共同属性，每一个学生都是这一类型中的个体，通过在这些属性上的不同取值来区分。各个属性是所属类型的一个成分，即 is part of，如姓名是学生类型的一个成分，如图 6－20 所示。

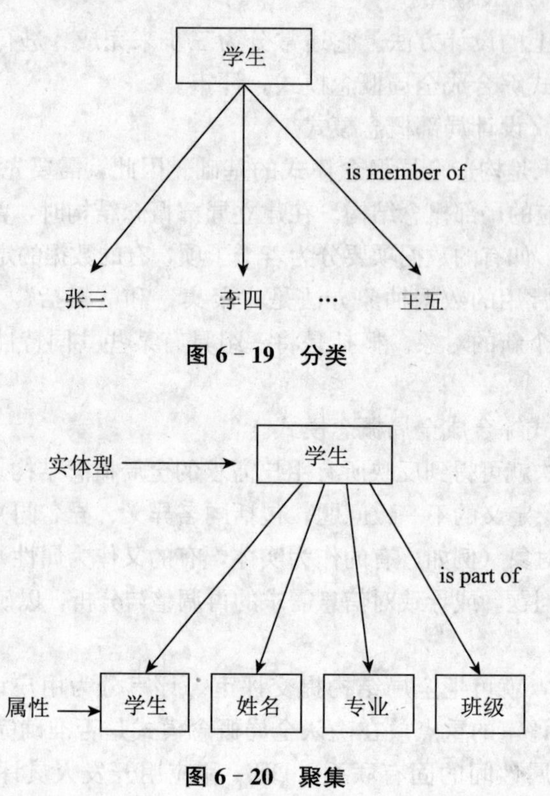

图 6－19　分类

图 6－20　聚集

(3) 概括（Generalization）

由一种已知类型定义新的类型。如由学生类型定义研究生类型，在学生类型的属性上增加导师等其他属性就构成了研究生类型。通常把已知类型称为超类（Superclass），新定义的类型称为子类（subclass）。子类是超类的一个子集，即 is subset of，例如学生是一个实体型，本科生、研究生也是实体型。本科生、研究生均是学生的一个子集。把学生称为超类，本科生、研究生称为学生的子类，如图 6－21 所示。

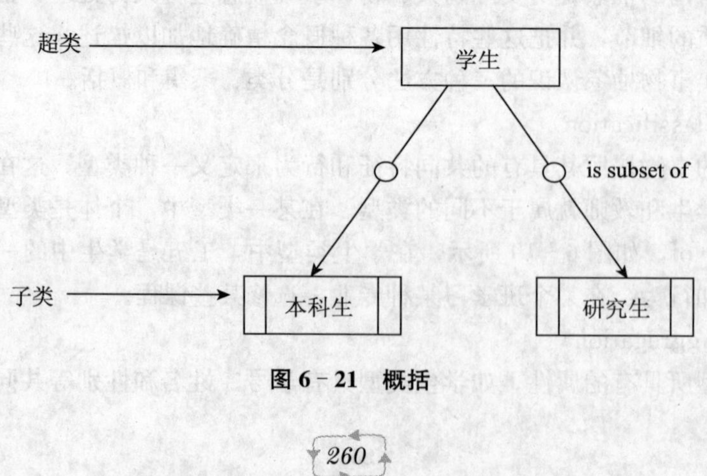

图 6－21　概括

原E－R模型不具有概括，本书对E－R模型作了扩充，允许定义超类实体型和子类实体型。并用双竖边的矩形框表示子类，用直线加小圆圈表示超类—子类的联系，如图6－21所示。

概括有一个很重要的性质：继承性。子类继承超类上定义的所有抽象。这样，本科生、研究生继承了学生类型的属性。当然，子类可以增加自己的某些特殊属性。

(4) 数据抽象层次

一个聚集对象可能是某类对象的概括，此时它也是一个概括对象。一个概括对象也可能是对象联系的聚集，此时，它也可以是聚集对象。一般说来，每个对象既可以是聚集对象，又可以是概括对象。当反复利用概括和聚集进行数据抽象时，就可以形成对象的层次关系。

例如，图6－22描述了对各种交通工具的概括层次。在层次结构中，某些对象可能共享一类对象。图6－23表达了一个聚集层次，每个对象和它的成分之间是1：N联系。

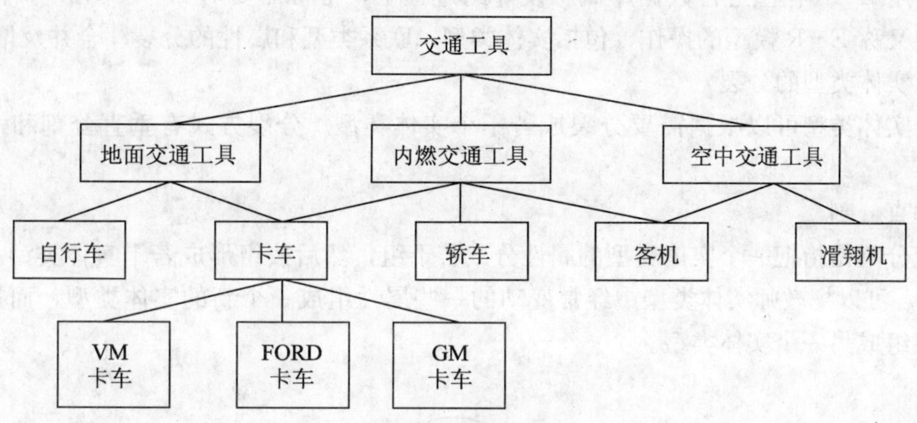

图6－22　概括层次

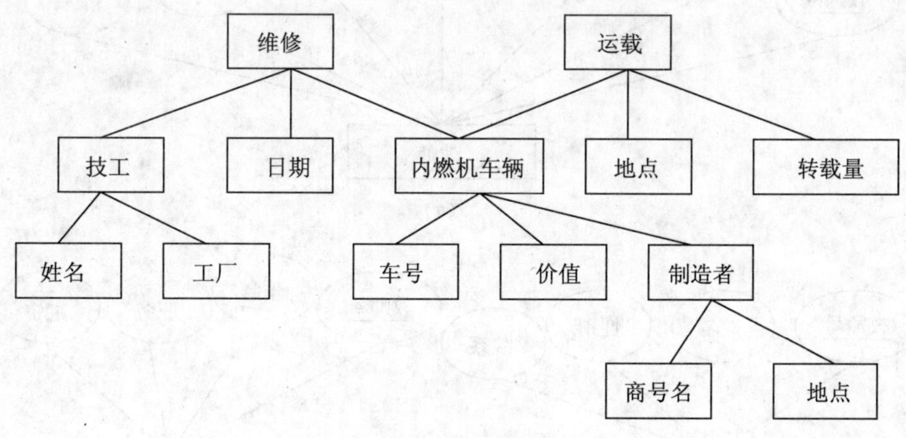

图6－23　聚集层次

这两种层次结构可以分开定义。图6－24所示是一个三维图，将聚集和概括合在一起了。

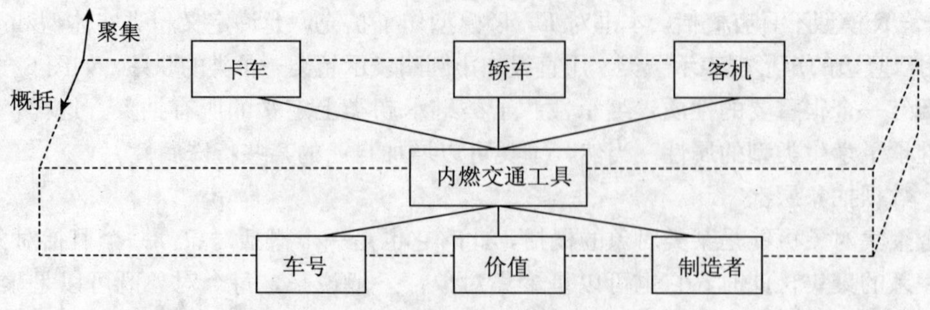

图 6-24 聚集层次和概括层次的合并

4. E-R 模型的操作

在利用 E-R 模型进行数据库概念设计的过程中，常常需要对 E-R 图进行种种变换。这些变换又称 E-R 模型的操作，包括实体类型、联系类型和属性的分裂、合并及增删等。

(1) 实体类型的分裂

一个实体类型可以根据需要分裂成若干个实体类型。分裂方式有垂直分割和水平分割两种。

①垂直分割

垂直分割是指把一个实体类型的属性分成若干组，然后按组形成若干实体类型。例如图 6-25 中，可以把教师实体类型中经常变动的一些属性组成一个新的实体类型，而把固定不变的属性组成另一个实体类型。

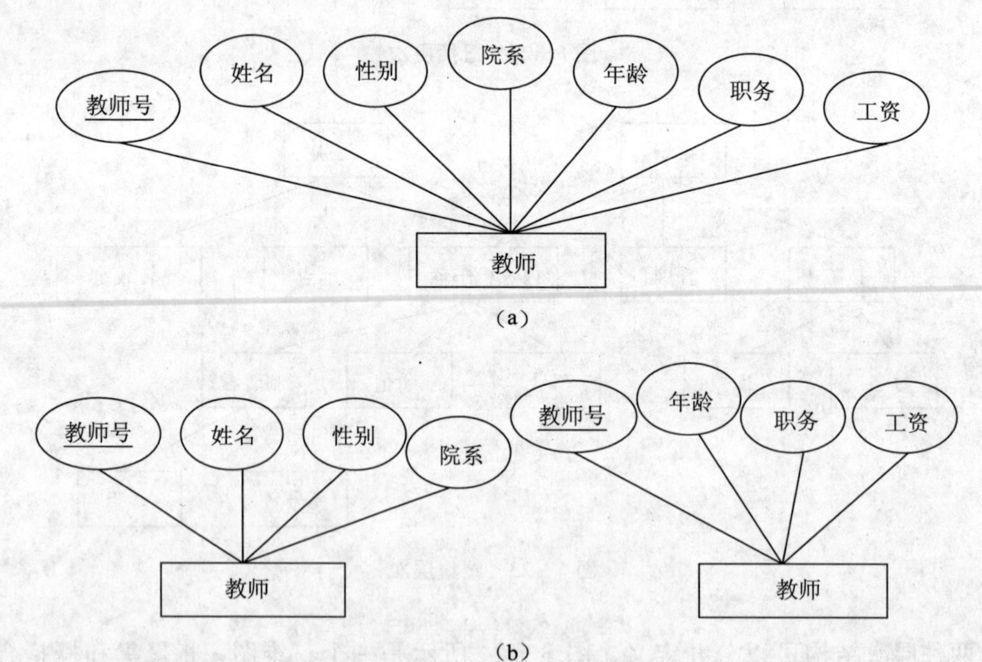

图 6-25 实体模型的垂直分割

②水平分割

水平分割是指把一个实体类型分裂为互不相识的子类（即得到原实体类型的一个分割）。如对于有些数据库，不同的应用关心不同的内容，则可以将记录型水平分割成两个记录型。这样可以减少应用存取的逻辑记录数。例如可把教师实体类型水平分割为男教师与女教师两个实体类型，如图 6－26 所示。

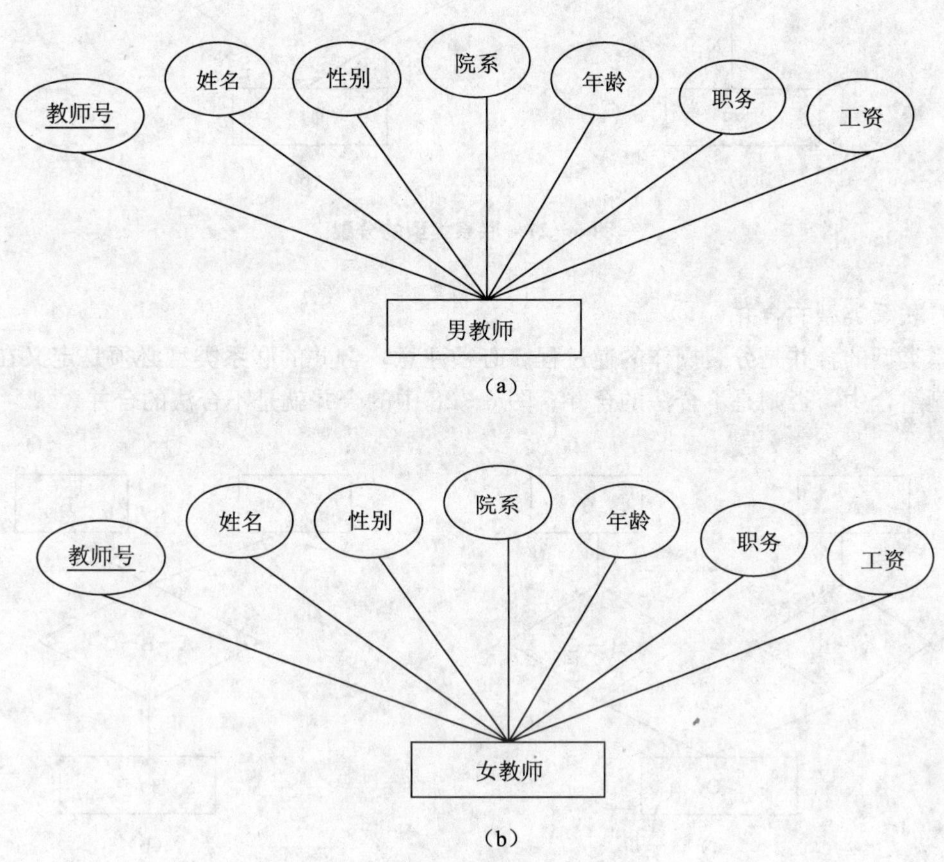

图 6－26　实体模型的水平分割

(2) 实体类型的合并

实体类型合并是实体类型分裂的逆过程，相应地，也有水平合并和垂直合并两种（一般要求被合并者应具有相同的键）。

在实体类型水平分裂时，原有的联系类型也要相应分裂；反之，在水平合并时，联系类型是否改变或分裂要视分裂实际情况而定。

相应地，垂直合并时，也可能导致新联系类型的产生。

(3) 联系类型的分裂

一个联系类型可分裂成几个新联系类型。新联系类型可能和原联系类型不同。例如，图 6－27 (a) 是教师担任某门课程的教学任务的 E－R 图，而“担任”联系类型可以分裂为“主讲”和“辅导”两个新的联系类型，如图 6－27 (b) 所示。

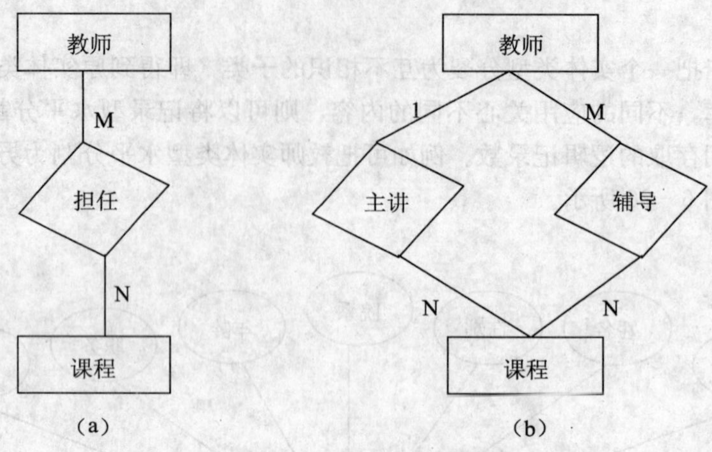

图 6-27　联系类型的分裂

(4) 联系类型的合并

联系类型的合并是分裂操作的逆过程。必须注意，合并的联系类型必须是定义在相同的实体类型组合中，否则是不合法的合并。图 6-28 中的合并就是不合法的合并。

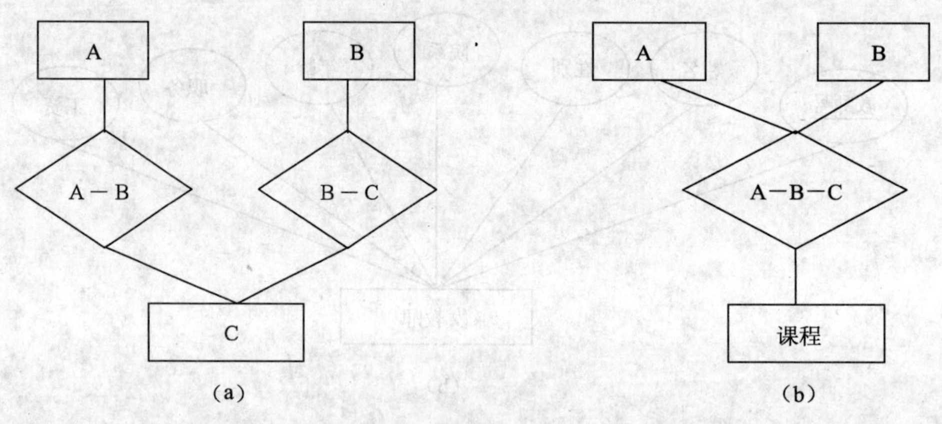

图 6-28　不合法的合并

5. 采用 E-R 方法的数据库概念设计

利用 E-R 方法进行数据库的概念设计，可以分成三步进行：首先设计局部 E-R 模式，然后把各局部 E-R 模式综合成一个全局 E-R 模式，最后对全局 E-R 模式进行优化，得到最终的 E-R 模式，即概念模式。

(1) 设计局部 E-R 模式

通常，一个数据库系统都是为多个不同用户服务的。各个用户对数据的观点可能不一样，信息处理需求也可能不同。在设计数据库概念结构时，为了更好地模拟现实世界，一个有效的策略是“分而治之”，即先分别考虑各个用户的信息需求，形成局部概念结构，然后再综合成全局结构。在 E-R 方法中，局部概念结构又称为局部 E-R 模式，其图形表示为 E-R图。局部 E-R 模式的设计过程如图 6-29 所示。

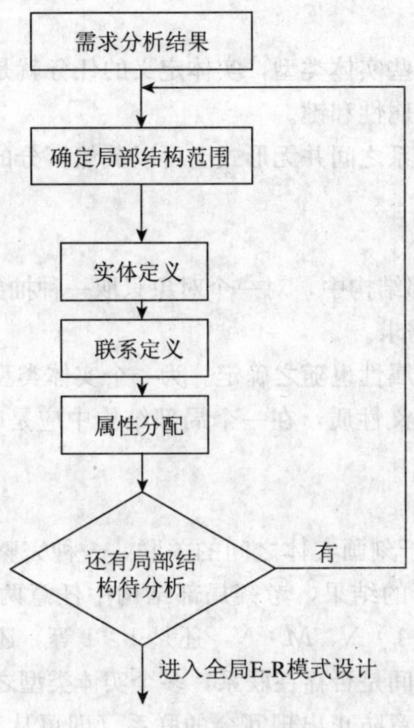

图 6-29　局部 E-R 模式设计

①确定局部结构范围

设计各个局部 E-R 模式的第一步，是确定局部结构的范围划分，划分的方式一般有两种。一种是依据系统的当前用户进行自然划分。例如，对一个企业的综合数据库，用户有企业决策集团、销售部门、生产部门、技术部门和供应部门等，各部门对信息内容和处理的要求明显不同，因此，应为它们分别设计各自的局部 E-R 模式。另一种是按图 6-29 局部 E-R 模式设计，将用户要求数据库提供的服务归纳成几类，使每一类应用访问的数据显著地不同于其他类，然后为每类应用设计一个局部 E-R 模式。例如，学校的教师数据库可以按提供的服务分为以下几类。

- 教师档案信息（如姓名、年龄、性别和民族等）的查询。
- 对教师的专业结构（如毕业专业、现在从事的专业及科研方向等）进行分析。
- 对教师的职称、工资变化的历史分析。
- 对教师的学术成果（如著译、发表论文和科研项目获奖情况）查询分析。

这样做的目的是为了更准确地模仿现实世界，以减少统一考虑一个大系统所带来的复杂性。

局部结构范围的确定要考虑下述因素。

- 范围的划分要自然，易于管理。
- 范围之间的界面要清晰，相互影响要小。
- 范围的大小要适度。太小了，会造成局部结构过多，设计过程烦琐，综合困难；太大了，则容易造成内部结构复杂，不便分析。

②实体定义

每一个局部结构都包括一些实体类型，实体定义的任务就是从信息需求和局部范围定义出发，确定每一个实体类型的属性和键。

事实上，实体、属性和联系之间并无形式上可以截然区分的界限，划分的依据通常有如下 3 条：

- 采用人们习惯的划分。
- 避免冗余，在一个局部结构中，对一个对象只取一种抽象形式，不要重复。
- 依据用户的信息处理需求。

实体类型确定之后，它的属性也随之确定。为一个实体类型命名并确定其键也是很重要的工作。命名应反映实体的语义性质，在一个局部结构中应是唯一的。键可以是单个属性，也可以是属性的组合。

③联系定义

E-R 模型的“联系”用于刻画实体之间的关联。一种完整的方式是对局部结构中任意两个实体类型，依据需求分析的结果，考察局部结构中任意两个实体类型之间是否存在联系。若有联系，进一步确定是 1∶N，M∶N，还是 1∶1 等。还要考察一个实体类型内部是否存在联系，两个实体类型之间是否存在联系，多个实体类型之间是否存在联系等。

在确定联系类型时，应注意防止出现冗余的联系（即可从其他联系导出的联系），如果存在，要尽可能地识别并消除这些冗余联系，以免将这些问题遗留给综合全局的 E-R 模式阶段，如图 6-30 所示的“教师与学生之间的授课联系”就是一个冗余联系的例子。

联系类型确定后，也需要命名和确定键。命名应反映联系的语义性质，通常采用某个动词命名，如“选修”、“讲授”和“辅导”等。联系类型的键通常是它涉及的各实体类型的键的并集或某个子集。

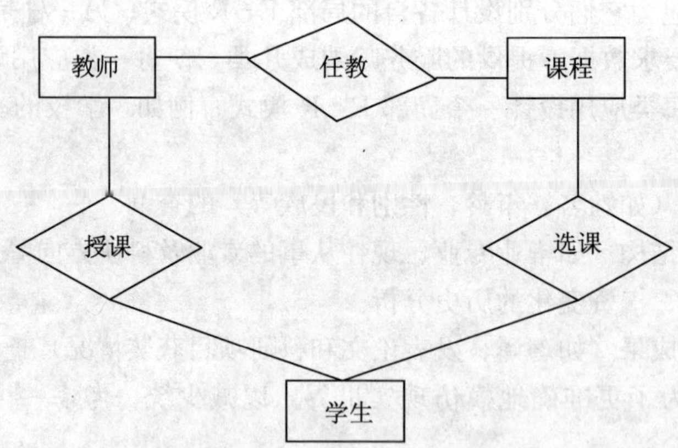

图 6-30 冗余联系的例子

④属性分配

实体与联系都确定下来后，局部结构中的其他语义信息大部分可用属性描述。这一步的工作有两类：一是确定属性；二是把属性分配到有关实体和联系中去。

确定属性的原则是：属性应该是不可再分解的语义单位；实体与属性之间的关系只能是 1∶N 的；不同实体类型的属性之间应无直接关联关系。

属性不可分解的要求是为了使模型结构简单化，不出现嵌套结构。例如，在教师管理系统中，教师工资和职务作为表示当前工资和职务的属性，都是不可分解的，符合我们的要求。但若用户关心的是教师工资和职务变动的历史，则不能再把它们处理为属性，而可能抽象为实体了。

当多个实体类型用到同一属性时，将导致数据冗余，从而可能影响存储效率和完整性约束，因而需要确定把它分配给哪个实体类型。一般把属性分配给那些使用频率最高的实体类型，或分配给实体值少的实体类型。

有些属性不宜归属于任一实体类型，只说明实体之间联系的特性。例如，某个学生选修某门课的成绩，既不能归为学生实体类型的属性，也不能归为课程实体类型的属性，应作为"选修"联系类型的属性。

（2）设计全局 E－R 模式所有局部

E－R 模式都设计好后，接下来就是把它们综合成单一的全局概念结构。全局概念结构不仅要支持所有局部 E－R 模式，而且必须合理地表示一个完整、一致的数据库概念结构（有的书上称此步工作为"视图集成"，这里的"视图"特指本书所说的局部概念结构）。

全局 E－R 模式的设计过程如图 6－31 所示。

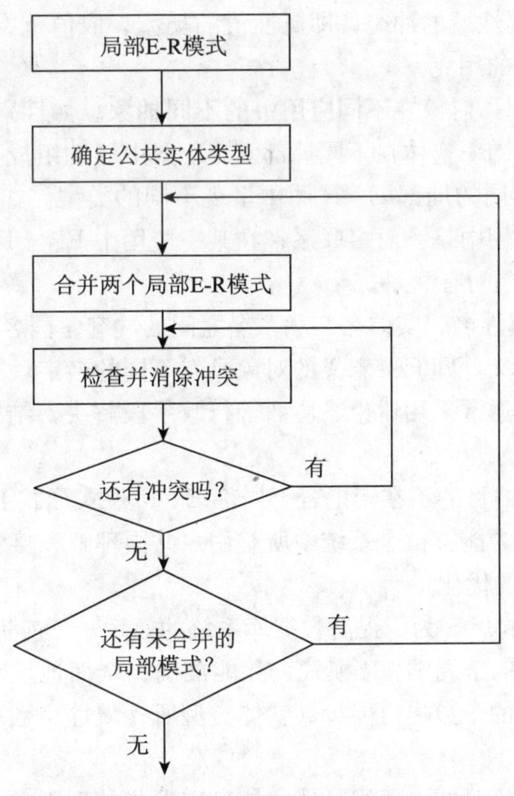

图 6－31　全局 E－R 模式设计

①确定公共实体类型

为了给多个局部 E-R 模式的合并提供开始合并的基础，首先要确定各局部结构中的公共实体类型。

公共实体类型的确定并非一目了然。特别是当系统较大时，可能有很多局部模式，这些局部 E-R 模式是由不同的设计人员确定的，因而对同一现实世界的对象可能给予不同的描述。有的作为实体类型，有的又作为联系类型或属性。即使都表示成实体类型，实体类型名和键也可能不同。在这一步中，我们仅根据实体类型名和键来认定公共实体类型。一般把同名实体类型作为公共实体类型的一类候选，把具有相同键的实体类型作为公共实体类型的另一类候选。

②局部 E-R 模式的合并

合并的顺序有时影响处理效率和结果。我们建议的合并原则是：先进行两两合并；先合并那些现实世界中有联系的局部结构；合并从公共实体类型开始，最后再加入独立的局部结构。

进行二元合并是为了减少合并工作的复杂性。后两项原则是为了使合并结果的规模尽可能小。

③消除冲突

由于各类应用不同，不同的应用通常又由不同的设计人员设计成局部 E-R 模式，因此局部 E-R 模式之间不可避免地会有不一致的地方，称之为“冲突”。通常，把冲突分为如下 3 种类型：

• 属性冲突：包括属性域的冲突，即属性值的类型、取值范围或取值集合不同。例如，重量单位有的用公斤，有的用克。

• 结构冲突：包括同一对象在不同应用中的不同抽象。如性别，在某个应用中为实体，而在另一应用中为属性。同一实体在不同局部 E-R 图中属性组成不同，包括属性个数、次序。实体之间的联系在不同的局部 E-R 图中呈现不同的类型。如 E1，E2 在某一应用中是多对多联系，而在另一应用中是一对多联系；在某一应用中 E1 与 E2 发生联系，而在另一应用中，E1、E2、E3 三者之间有联系。

• 命名冲突：包括属性名、实体名、联系名之间的冲突。同名异义，即不同意义的对象具有相同的名字；异名同义，即同一意义的对象具有不同的名字。

属性冲突和命名冲突通常采用讨论、协商等行政手段解决，结构冲突则要认真分析后才能解决。

设计全局 E-R 模式的目的不在于把若干局部 E-R 模式形式上合并为一个 E-R 模式，而在于消除冲突，使之成为能够被全系统中所有用户共同理解和接受的统一的概念模型。

(3) 全局 E-R 模式的优化

在得到全局 E-R 模式后，为了提高数据库系统的效率，还应进一步依据处理需求对 E-R 模式进行优化。一个好的全局 E-R 模式，除能准确、全面地反映用户功能需求外，还应满足下列条件：实体类型的个数尽可能少；实体类型所含属性个数尽可能少；实体类型间联系无冗余。

但是，这些条件不是绝对的，要视具体的信息需求与处理需求而定。下面给出几个全局 E-R 模式的优化原则。

①实体类型的合并

这里的合并不是前面的“公共实体类型”的合并，而是相关实体类型的合并。在公共模型中，实体类型最终转换成关系模式，涉及多个实体类型的信息要通过连接操作获得。因而减少实体类型个数，可减少连接的开销，提高处理效率。

一般可以把 1∶1 联系的两个实体类型合并。

具有相同键的实体类型常常是从不同角度刻画现实世界，如果经常需要同时处理这些实体类型，那么也有必要合并成一个实体类型。但这时可能产生大量空值，因此，要对存储代价、查询效率进行权衡。

②冗余属性的消除

通常在各个局部结构中是不允许冗余属性存在的。但在综合成全局 E－R 模式后，可能产生全局范围内的冗余属性。例如，在教育统计数据库的设计中，一个局部结构含有高校毕业生数、招生数、在校学生数和预计毕业生数；另一局部结构中含有高校毕业生数、招生数、分年级在校学生数和预计毕业生数。各局部结构自身都无冗余，但综合成一个全局 E－R 模式时，在校学生数即成为冗余属性，应予消除。

一般同一非键的属性出现在几个实体类型中，或者一个属性值可从其他属性的值导出，此时，应把冗余的属性从全局模式中去掉。

冗余属性消除与否，也取决于它对存储空间、访问效率和维护代价的影响。有时为了兼顾访问效率，有意保留冗余属性。这当然会造成存储空间的浪费和维护代价的提高。

③冗余联系的消除

在全局模式中可能存在有冗余的联系，通常利用规范化理论中函数依赖的概念消除冗余联系。

四、逻辑设计

数据库逻辑设计的任务是将概念结构转换成特定 DBMS 所支持的数据库的逻辑结构（数据库的模式和外模式），这些模式在功能、性能、完整性和一致性约束及数据库可扩充性等方面均应满足用户提出的要求。设计逻辑结构应该选择最适于描述与表达相应概念结构的数据模型，然后选择最合适的 DBMS。DBMS 的选择需要考虑到具体 DBMS 的性能以及具体的数据模型特点等方面问题，但一般数据库开发人员都是在指定的 DBMS 上进行逻辑结构的设计，没有挑选的余地。逻辑设计过程可分为 5 个主要步骤。

1. 将概念模型转换成逻辑模型

根据选择的 DBMS 不同，概念模型结构可以转换为一般的关系、网状、层次、对象等模型。如果概念模型采用 E－R 模型，逻辑模型采用关系模型，那么这一步就是将 E－R 模型转换为关系模型，导出初始关系模式。这个转换是有规则可循的，可以利用计算机辅助工具实现。

2. 数据模型的优化

数据库模式设计的结果不是唯一的。对数据模型的优化是指适当地修改、调整数据模型的结构，以提高数据库应用系统的性能。优化的过程中，规范化理论为数据库设计人员判断关系模式优劣提供了理论标准，可用来预测模式可能出现的问题，使数据库设计工作有了严格的理论基础。

3. 设计外模式

在将概念模型转换为逻辑模型，即生成了整个应用系统的模式后，还应该根据局部应用需求，结合具体DBMS的特点，设计用户的外模式。外模式是逻辑模型的子集，也是应用程序和数据库系统的接口，它允许应用程序有效地访问数据库中的数据，而不破坏数据库的安全性。目前关系数据库管理系统一般都提供了视图概念，支持用户的虚拟视图。可以利用这一功能设计更符合局部用户需要的用户外模式。

定义数据库模式主要是从系统的时间效率、空间效率、易维护等角度出发的。由于用户外模式与模式是独立的，因此在定义用户外模式时应该更注重考虑用户的习惯与方便。

（1）使用更符合用户习惯的别名

在合并各分E－R图时，曾做了消除命名冲突的工作，以使数据库系统中同一关系和属性具有唯一的名字。这在设计数据库整体结构时是非常必要的。但是如果属性名不符合用户习惯，使用时可能感到不方便。用视图机制可以在设计用户视图时重新定义某些属性名，使其与用户习惯一致，以方便使用。

（2）针对不同级别的用户定义不同的外模式，以满足系统对安全性的要求

假设关系模式商品中包括商品代码、商品名、销售价格、单价、生产商、质量等级等属性。在商品关系上可以建立两个视图，为一般顾客建立视图1：商品1（商品代码，商品名，销售价格）；为商品销售部门建立视图2：商品2（商品代码，商品名，销售价格，单价，生产商，质量等级）。

顾客视图中只包含允许顾客查询的属性；销售部门视图中只包含允许销售部门查询的属性。生产领导部门则可以查询全部商品数据。这样就可以防止用户非法访问本来不允许他们查询的数据，保证了系统的安全性。

（3）简化用户对系统的使用

如果某些局部应用中经常要使用某些很复杂的查询，为了方便用户，可以将这些复杂查询定义为视图，用户每次只需要对定义好的视图进行查询。

4. 设计应用程序与数据库的接口

在设计完整的应用程序之前，对应用程序应设计出数据存取功能的梗概，提供应用程序与数据库之间通信的逻辑接口。

5. 模式评价与修正

模式评价主要包括功能和性能两个方面。通过定量分析和性能测量等方法可以对数据库的总字节数、逻辑记录数、数据访问频率等参数进行评价，进而确定是否需要对模型进一步修正。

经过反复多次的模式评价和修正之后，最终的数据库模式得以确定。逻辑设计阶段的结果是全局逻辑数据库结构。对于关系数据库系统来说，就是一组符合一定规范的关系模式组成的关系数据库模型。

五、物理设计

数据库的物理设计是对于给定的逻辑数据模型选取一个最适合应用环境的物理结构。数据库的物理结构指的是数据库在物理设备上的存储结构与存取方法，它依赖于给定的计算机

系统。

数据库的物理设计可以分为如下两步进行：

（1）确定数据的物理结构，即确定数据库的存取方法和存储结构。

（2）对物理结构进行评价。

对物理结构评价的重点是时间和效率。如果评价结果满足原设计要求，则可以进行物理实施；否则应该重新设计或修改物理结构，有时甚至要返回逻辑设计阶段修改数据模型。

1. 数据库物理设计的内容和方法

由于不同的数据库产品所提供的物理环境、存取方法和存储结构各不相同，供设计人员使用的设计变量、参数范围也各不相同，所以数据库的物理设计没有通用的设计方法可以遵循，仅有一般的设计内容和设计原则供数据库设计者参考。

数据库设计人员都希望自己设计的物理数据库结构能满足事务在数据库上运行时响应时间少、存储空间利用率高和事务吞吐率大的要求。为此，设计人员应该对要运行的事务进行详细的分析，获得选择物理数据库设计所需要的参数，并且应当全面了解给定的 DBMS 的功能、DBMS 提供的物理环境和工具，尤其是存储结构和存取方法。

数据库设计者在确定数据存取方法时，必须清楚如下 3 种相关信息：

（1）数据库查询事务的信息。包括查询所需要的关系、查询条件所涉及的属性、连接条件所涉及的属性以及查询的投影属性等信息。

（2）数据库更新事务的信息。包括更新操作所需要的关系、每个关系上的更新操作所涉及的属性、修改操作要改变的属性值等信息。

（3）每个事务在各关系上运行的频率和性能要求。例如，某个事务必须在 5s 内结束，这对于存取方法的选择有直接影响。这些事务信息会不断地发生变化，故数据库的物理结构要能够作适当的调整，以满足事务变化的需要。

关系数据库物理设计的内容主要指选择存取方法和存储结构，包括确定关系、索引、聚簇、日志和备份等的存储安排和存储结构，确定系统配置等。

2. 关系模式存取方法的选择

由于数据库是为多用户共享的系统，它需要提供多条存取路径才能满足多用户共享数据的要求。数据库物理设计的任务之一就是确定建立哪些存取路径和选择哪些数据存取方法。关系数据库常用的存取方法有索引方法、聚簇方法和 HASH 方法等。

（1）索引存取方法的选择

索引存取方法实际上就是根据应用要求确定对关系的哪些属性列建立索引，哪些属性列建立组合索引，哪些索引建立唯一索引等。选择索引方法的基本原则如下：

①如果一个属性经常在查询条件中出现，则考虑在这个属性上建立索引；属性经常在查询条件中出现，则考虑在这组属性上建立组合索引。

②如果一个属性经常作为最大值和最小值等聚集函数的参数，则考虑在这个属性上建立索引。

③如果一个属性经常在连接操作的连接条件中出现，则考虑在这个属性上建立索引；同理，如果一组属性经常在连接操作的连接条件中出现，则考虑在这组属性上建立索引。

④关系上定义的索引数要适当，并不是越多越好，因为系统为维护索引要付出代价，查

找索引也要付出代价。例如，更新频率很高的关系上定义的索引，数量就不能太多。因为更新一个关系时，必须对这个关系上有关的索引做相应的修改。

(2) 聚簇存取方法的选择

为了提高某个属性或属性组的查询速度，把这个属性或属性组上具有相同值的元组集中存放在连续的物理块上的处理称为聚簇，这个属性或属性组称为聚簇码。

①建立聚簇的必要性

聚簇功能可以大大提高按聚簇码进行查询的效率。例如要查询计算机系的所有学生名单，假设计算机系有 200 名学生，在极端情况下，这 200 名学生所对应的数据元组分布在 200 个不同的物理块上。尽管对学生关系已按所在系建有索引，由索引会很快找到计算机系学生的元组标识，避免了全表扫描。然而再由元组标识去访问数据块时就要存取 200 个物理块，执行 200 次 I/O 操作。如果将同一系的学生元组集中存放，则每读一个物理块就可得到多个满足查询条件的元组，从而可以显著地减少访问磁盘的次数。聚簇功能不但适用于单个关系，而且适用于经常进行连接操作的多个关系。即把多个连接关系的元组按连接属性值聚集存放，聚集中的连接属性称为聚簇码。这就相当于把多个关系按"预连接"的形式存放，从而大大提高连接操作的效率。

②建立聚簇的基本原则

一个数据库可以建立多个聚簇，但一个关系只能加入一个聚簇。选择聚簇存取方法就是确定需要建立多少个聚簇，确定每个聚簇中包括哪些关系。聚簇设计时可分两步进行：先根据规则确定候选聚簇，再从候选聚簇中去除不必要的关系。

设计候选聚簇的原则如下：

- 对经常在一起进行连接操作的关系可以建立聚簇。
- 如果一个关系的一组属性经常出现在相等、比较条件中，则该单个关系可建立聚簇。
- 如果一个关系的一个（或一组）属性上的值重复率很高，则此单个关系可建立聚簇。也就是说对应每个聚簇码值的平均元组不能太少，太少了，聚簇的效果不明显。
- 如果关系的主要应用是通过聚簇码进行访问或连接，而其他属性访问关系的操作很少时，可以使用聚簇。尤其当 SQL 语句中包含有与聚簇有关的 ORDER BY、GROUP BY、UNION、DISTINCT 等子句或短语时，使用聚簇特别有利，可以省去对结果集的排序操作。反之，当关系较少利用聚簇码操作时，最好不要使用聚簇。

检查候选聚簇，取消其中不必要关系的方法如下：

- 从聚簇中删除经常进行全表扫描的关系。
- 从聚簇中删除更新操作远多于连接操作的关系。
- 不同的聚簇中可能包含相同的关系，一个关系可以在某一个聚簇中，但不能同时加入多个聚簇。要从这多个聚簇方案（包括不建立聚簇）中选择一个较优的，其标准是在这个聚簇上运行各种事物的总代价最小。

③建立聚簇应注意的问题

建立聚簇时，应注意如下三个问题：

- 聚簇虽然提高了某些应用的性能，但是建立与维护聚簇的开销是相当大的。
- 对已有的关系建立聚簇，将导致关系中的元组移动其物理存储位置，这样会使关系上

原有的索引无效，要想使用原索引就必须重建原有索引。

• 当一个元组的聚簇码值改变时，该元组的存储位置也要做相应移动，所以聚簇码值应当相对稳定，以减少修改聚簇码值所引起的维护开销。

3. 确定数据库的存储结构

确定数据库的存放位置和存储结构要综合考虑存取时间、存储空间利用率和维护代价 3 方面的因素。这 3 个方面常常相互矛盾，需要进行权衡，选择一个折中方案。

（1）确定数据的存放位置

为了提高系统性能，应该根据应用情况将数据的易变部分与稳定部分、经常存取部分和存取频率较低部分分开存放。对于有多个磁盘的计算机，可以采用下面几种存取位置的分配方案。

①将表和索引放在不同的磁盘上，这样在查询时，由于两个磁盘驱动器并行工作，可以提高物理 I/O 读写的效率。

②将比较大的表分别放在两个磁盘上，以加快存取速度，这在多用户环境下特别有效。

③将日志文件、备份文件与数据库对象（如表、索引等）放在不同的磁盘上，以改进系统的性能。

④对于经常存取或存取时间要求高的对象（如表、索引等）应放在高速存储器（如硬盘）上，对于存取频率小或存取时间要求低的对象（如数据库的数据备份和日志文件备份等只在故障恢复时才使用），如果数据量很大，可以存放在低速存储设备上。

由于各个系统所能提供的对数据进行物理安排的手段、方法差异很大，因此设计人员应仔细了解给定的 DMBS 提供的方法和参数，针对具体应用环境的要求，对数据进行适当的物理安排。

（2）确定系统配置

DBMS 产品一般都提供了一些系统配置变量和存储分配参数供设计人员与 DBA 对数据库进行物理优化。在初始情况下，系统都为这些变量赋予了合理的默认值。但是这些默认值不一定适合每一种应用环境。在进行数据库的物理设计时，还需要重新对这些变量赋值，以改善系统的性能。

系统配置变量很多。例如，同时使用数据库的用户数、同时打开的数据库对象数、内存分配参数、缓冲区分配参数（使用的缓冲区长度、个数）、存储分配参数、物理块的大小、物理块装填因子、时间片大小、数据库的大小和锁的数目等，这些参数值影响存取时间和存储空间的分配。物理设计时需要根据应用环境确定这些参数值，以使系统性能最佳。

物理设计时对系统配置变量的调整只是初步的，在系统运行时还要根据实际运行情况做进一步的参数调整，以改进系统性能。

（3）评价物理结构

物理设计过程中需要对时间效率、空间效率、维护代价和各种用户要求进行权衡，其结果可能会产生多种设计方案。数据库设计人员必须对这些方案进行详细地评价，从中选择一个较优的方案作为数据库的物理结构。评价物理数据库的方法完全依赖于所选用的 DBMS，主要是从定量估算各种方案的存储空间、存取时间和维护代价入手，对估算结果进行权衡和比较，选择出一个较优的、合理的物理结构。如果该结构不符合用户需求，则需要修改设计。

六、数据库实施

数据库实施是指根据逻辑设计和物理设计的结果，在计算机上建立起实际数据库结构、装载数据、进行测试和试运行的过程。

1. 定义数据库结构

确定了数据库的逻辑结构与物理结构后，可以用所选用的 DBMS 提供的数据定义语言（DDL）来严格描述数据库结构。

2. 数据装载

数据库结构建立好后，就可以向数据库中装载数据了。组织数据入库是数据库实施阶段最主要的工作。对于数据量不是很大的小型系统，可以用人工方式完成数据的入库，其步骤如下：

（1）筛选数据：需要装入数据库中的数据通常都分散在各个部门的数据文件或原始凭证中，所以首先必须把需要入库的数据筛选出来。

（2）转换数据格式：筛选出来的需要入库的数据，其格式往往不符合数据库要求，还需要进行转换。这种转换有时可能很复杂。

（3）输入数据：将转换好的数据输入计算机中。

（4）校验数据：检查输入的数据是否有误。

对于中大型系统，由于数据量极大，用人工方式组织数据入库将会耗费大量的人力、物力，而且很难保证数据的正确性。因此加载一般是通过系统提供的实用程序或自编的专门录入程序进行的。在真正加载数据之前，有大量的数据整理工作要做。应当建立严格的数据录入和检验规范。设计完善的数据检验与校正程序，才能确实保证数据的质量。

3. 编制与调试应用程序

数据库应用程序的设计应该与数据设计并行进行。在数据库实施阶段，当数据库结构建立好后，就可以开始编制与调试数据库的应用程序，也就是说，编制与调试应用程序是与组织数据入库同步进行的。调试应用程序时由于数据入库尚未完成，可先使用模拟数据。

4. 数据库试运行

应用程序调试完成，并且已有一小部分数据入库后，就可以开始数据库的试运行。数据库试运行也称为联合调试，其主要工作包括：

（1）功能测试：实际运行应用程序，执行对数据库的各种操作，测试应用程序的各种功能。

（2）性能测试：测量系统的性能指标，分析是否符合设计目标。

尽管在对数据库进行物理设计时已初步确定了系统的物理参数值，但一般情况下，在评价数据库结构，估算时间、空间指标时做了很多简化和假设，和实际系统运行总有一定的差距，因此必须在试运行阶段实际测量和评价系统性能指标。如果测试的结果与设计目标不符，则要返回物理设计阶段，重新调整物理结构，修改系统参数。某些情况下甚至要返回逻辑设计阶段，修改逻辑结构。

在数据库试运行阶段，由于系统还不稳定，硬、软件故障随时都可能发生，而且系统的操作人员对新系统还不熟悉，误操作也不可避免，因此应做好数据库的转储和恢复工作，尽

量减少对数据库的破坏。

七、数据库运行与维护

数据库试运行结果符合设计目标后，数据库就可以真正投入运行了。数据库投入运行标志着开发任务的基本完成和维护工作的开始，并不意味着设计过程的终结。由于应用环境在不断变化，数据库运行过程中物理存储也会不断变化，对数据库设计进行评价、调整、修改等维护工作是一个长期的任务，也是设计工作的继续和提高。

在数据库运行阶段，对数据库经常性的维护工作主要是由 DBA 完成的，主要包括 4 方面的工作。

1. 数据库的转储和恢复

定期对数据库和日志文件进行备份，以保证一旦发生故障，能利用数据库备份及日志文件备份，尽快将数据库恢复到某种一致性状态，并尽可能减少对数据库的破坏。

2. 数据库的安全性、完整性控制

DBA 必须对数据库安全性和完整性控制负起责任。根据用户的实际需要授予不同的操作权限。另外，由于应用环境的变化，数据库的完整性约束条件也会变化，也需要：DBA 不断修正，以满足用户要求。

3. 数据库性能的监督、分析和改进

目前许多 DBMS 产品都提供了监测系统性能参数的工具，DBA 可以利用这些工具方便地得到系统运行过程中一系列性能参数的值。DBA 应该仔细分析这些数据，通过调整某些参数来进一步改进数据库性能。

4. 数据库的重组织和重构造

数据库运行一段时间后，由于记录的不断增、删、改，会使数据库的物理存储变坏，从而降低数据库存储空间的利用率和数据的存取效率，使数据库的性能下降。这时 DBA 就要对数据库进行重组织，或部分重组织（只对频繁增、删的表进行重组织）。

只要数据库系统在运行，就需要不断地对其进行修改、调整和维护。一旦应用变化太大，数据库重新组织也无济于事，这就表明数据库应用系统的生命周期结束，应该建立新系统，重新设计数据库。从头开始数据库的设计工作，标志着一个新的数据库应用系统生命周期的开始。

第四节　Web 数据库设计

一、WWW 服务器特点

Web 服务器即 WWW（World Wide Web）服务器，是用来提供网上信息浏览服务的软件系统。WWW 是 Internet 的多媒体信息查询工具，是 Internet 上近十几年才发展起来的服务，也是发展最快和目前用得最广泛的服务。正是因为有了 WWW，才使得近年来 Internet 迅速发展，且用户数量飞速增长。

WWW 采用的是客户/服务器结构，其作用是整理和储存各种 WWW 资源，并响应客户端软件的请求，把客户所需的资源传送到客户平台（Windows、Linux 等）上。Web 服务器可以解析 HTTP 协议。当 Web 服务器接收到一个 HTTP 请求（Request）时，会返回一个 HTTP 响应（Response），例如送回一个 HTML 页面。为了处理一个请求，Web 服务器可以响应一个静态页面或图片，进行页面跳转（Redirect），或者把动态响应（Dynamic Response）的产生委托（Delegate）给一些其他的程序，例如 CGI 脚本、JSP（Java Server Pages）脚本、Servlets、ASP（Active Server Pages）脚本或者其他一些服务器端程序来完成。

Web 服务器的代理模型（Delegate Model）非常简单。当一个请求被送到 Web 服务器时，它只单纯地把请求传递给处理请求的服务器脚本。Web 服务器仅仅提供一个可以执行服务器端程序和返回响应的环境。服务器端程序通常具有事务处理、数据库连接和消息发送等功能。虽然 Web 服务器不支持事务处理或数据库连接池，但它可以配置各种策略来实现容错性和可扩展性，例如负载平衡、缓冲。使用最多的 Web 服务器软件有微软的信息服务器（IIS）和 Apache Tomcat。下面以 Apache Fomcat 来说明 Web 服务器的配置和运行过程。

1. Web 服务器的配置与运行

Tomcat 是 Apache 的一个子项目，也是一个开源项目，主要是用于 J2EE Web 容器。由于是一个开源项目，在学习与开发测试中经常被用到。考虑到各位学习者的机器配置与学习成本问题，这里选择 Tomcat 来说明 Web 服务器的配置与运行。

2. 映射与多 Web 支持

重要的 Web 服务应用在正常工作的同时，必然需要建立一套对应的机制来确保系统的安全性和服务的不间断性，这就是多 Web 支持。多 Web 支持可以使系统在遭受各类故障、特别是介质故障造成的 Web 系统故障，以及各种形式的黑客攻击导致的数据丢失或页面信息的篡改等突发情况时恢复到正常状态。

多 Web 映射机制，可以根据 Web 系统的要求，自动把整个 Web 系统，包括数据库映射到另一机器或磁盘上（或称备份系统）。每当系统更新时，系统自动把更新后的文件和数据复制到备份机上，以此保证备份系统与主机系统的一致性。这样，一旦主机系统出现故障或突发情况时，可由备份系统替代主机系统，保持 Web 应用的不间断性。在没有出现故障或突发情况时，备份系统可进行 Web 服务，实现主机系统的负载均衡，即可以将部分对主机系统的访问划分给备份系统，不至于主机系统负荷太重，降低服务效率。

3. 自动目录索引

目录索引将其所有的索引信息存储在目录中，目录中包含了索引信息和文件系统目录的存储属性。目前，对 Web 的目录索引已经可以自动进行建立，例如，Windows 2000 及其以后的版本中安装了索引服务后，将自动构造系统编录和 Web 编录，前者列出了所有永久连接磁盘驱动器的内容，后者则包含 IIS 相关的目录内容。

4. Web 的安全性

Web 的服务器端和客户端是分别针对网络服务器和网络工作站（客户机）设计的，同时也承担着对当前服务器/工作站上病毒的实时监控、检测和清除，自动向系统中心报告病毒监测情况，以及自动进行升级的任务。

在构建 Web 服务器时，首先要从实际情况出发，根据安全策略决定具体的需求，广泛地收集、分析有关安全信息和相关知识，借鉴优秀方案的精华，以便更好地满足本单位的

Web安全需求。

二、数据库的Web接口

1. Java Servlet（或Servlet）

(1) Servlet简介

Servlet是在Web服务器上或应用服务器上运行并扩展了该服务器能力的Java程序，它使用Java Servlet应用程序设计接口及相关的类和方法。Servlet与Web服务器之间的关系就如同Java Applet与Web浏览器之间的关系。Applet装入Web浏览器并在Web浏览器内执行，而SetMet则装入Web服务器并在Web服务器内执行。Java Servlet API定义了Servlet和服务器之间的一个标准接口，使得Servlet具有跨服务器平台的特性。

Servlet通过创建一个框架扩展服务器的能力，采用请求—响应模式提供Web服务。当客户机向服务器发送请求时，服务器将请求信息发送给Servlet，Servlet生成响应内容并将其传给服务器，然后再由服务器将响应返回给客户端。

(2) Servlet的功能

Servlet的功能涉及范围很广。例如，Servlet可完成如下功能：

①可根据用户请求，通过ODBC访问数据库，创建并返回一个包含基于用户请求性质的动态内容的完整的HTML页面。

②创建可嵌入到现有HTML页面中的一部分HTML页面（HTML片段）。与其他服务器资源（文件、数据库、Applet、Java应用程序等）进行通信。

③用多个客户机处理连接，接受多个客户机的输入，并将结果广播到多个客户机上。例如，Servlet可以是多参与者的游戏服务器。在单连接方式传送数据的情况下，在浏览器上打开服务器至Applet的新连接，并保持该连接处于打开状态。在客户机和服务器进行简单、高效会话的情况下，Applet也可以启动客户浏览器和服务器之间的连接。可以通过定制协议或标准协议（如IIOP）进行通信。

④对特殊的处理采用MIME类型过滤数据，例如图像转换和服务器端（包括SSI）。

2. JSP技术

JSP是由Sun微系统公司提出、有多家公司参与建立的一种动态网页技术标准。JSP技术是在传统的网页HTML文件（＊.htm，＊.html）中插入Java程序段（Scriptlet）和JSP标记（tag），从而形成JSP文件（＊.jsp）。

用JSP开发的Web应用是跨平台的，既能在Linux下运行，也能在其他操作系统上运行。JSP技术使用Java编程语言编写类XML的tags和Scriptlets，来封装产生动态网页的处理逻辑。网页还能通过tags和Scriptlets访问存储于服务器端的资源的应用逻辑。JSP将网页逻辑与网页设计和显示分离，支持可重用的基于组件的设计，使基于Web的应用程序的开发变得迅速和容易。

Web服务器在遇到访问JSP网页的请求时，首先执行其中的程序段，然后将执行结果连同JSP文件中的HTML代码一起返回给用户。插入的Java程序段可以操作数据库、重新定向网页等，以实现建立动态网页所需要的功能。

JSP与Java Servlet一样，是在服务器端执行的，通常返回该客户端的就是一个HTML

文本，因此客户端只要有浏览器就能浏览。

JSP 页面由 HTML 代码和嵌入其中的 Java 代码所组成。服务器在页面被客户端请求以后对这些 Java 代码进行处理，然后将生成的 HTML 页面返回给客户端的浏览器。Java Servlets 是 JSP 的技术基础，而且大型的 Web 应用程序的开发需要 Java Servlet 和 JSP 配合才能完成。JSP 具备 Java 技术的简单易用，完全面向对象，平台无关性且安全可靠，主要面向 Internet 的所有特点。自 JSP 推出后，众多大公司都支持 JSP 技术的服务器，如 IBM、Oracle、Bea 公司等，所以 JSP 迅速成为商业应用的服务器端语言。

三、Web 环境下基于 XML 的关系数据发布

当前 XML 已经成为 Internet 上的数据表示和交换的标准。国内外的电信、金融、医疗、电子商务、新闻出版等重要应用领域已经制定了各自的基于 XML 的数据发布规范，因此越来越多的 Web 环境下的应用系统将采用 XML 作为标准格式来发布和交换数据。

根据 IBM Almaden 研究中心的分析，未来大多数商业数据仍将存储在关系数据库管理系统中。因此研究关系数据和 XML 数据之间的转换方法，实现各类异构关系数据源基于 XML 的发布已成为当前国际数据管理领域重要的研究方向。近年来在数据管理领域顶级的学术会议上（如 ACM SIGMOD，VLDB，ICDE 等），发表了一系列以 XML 数据发布为核心的重要学术文献。国际著名的软件企业如 IBM、Microsoft、Lucent Bell 等都已经开始研制基于 XML 的数据发布系统。

简单地讲，基于 XML 的关系数据发布是将 Internet 环境下异构的关系数据库中的数据按照标准模式（DTD 或 XML Schema）发布为统一的 XML 文档，实现各类应用系统之间数据的有效交换和共享。

基于 XML 的关系数据库数据发布的流程可以表示成图 6－32 的形式。

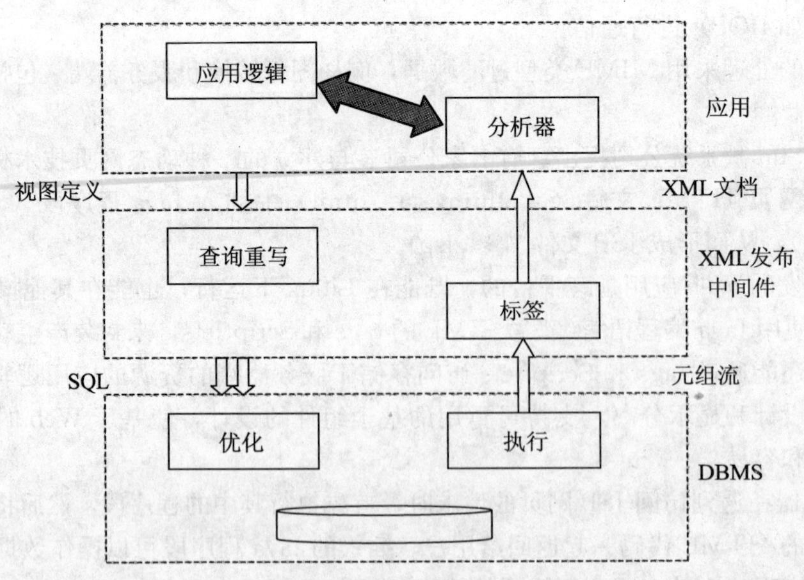

图 6－32　XML 数据发布流程

根据上面的讨论，一个基于 XML 的关系数据发布系统应该能够完成如下 5 个主要功能。

• 提供一个接口，使得用户可以根据预定义的 DTD 或者 XML Schema 定义一个 XML 视图。

• 用户可以通过接口向系统发出查询请求。

• 系统将查询请求与 XML 视图进行组装，通过查询重写转换成若干 SQL 语句，发送到关系数据库。

• 关系数据库进行优化并执行查询，生成元组流。

• 系统将元组流连接，并构造 XML 数据返回给用户。

1. 基于 XML 的数据发布系统的体系结构

下面以具有代表性的由 IBM Almaden 研究中心和 Cornell 大学联合研制的 XTABLES 系统为例，详细分析基于 XML 的关系数据发布系统的体系结构。

XTABLES 系统的目标是建立关系数据库系统和 XML 文档之间的桥梁，实现关系数据的 XML 发布。图 6－33 表示了 XTABLES 系统的高层体系结构，系统向用户提供了创建关系数据的 XML 视图、查询 XML 视图、使用关系数据库系统存储和查询 XML 文档的功能。XTABLES 结构体现的新的特征如下：

• 提供给用户一种单一的查询语言创建和查询关系数据的 XML 视图。

• 通过下推大部分的计算到关系数据库引擎，有效地执行查询。

• 允许用户在关系数据和元数据之间无缝地进行查询。

• 允许用户跨越 XML 文档和关系数据的 XML 视图书写查询。

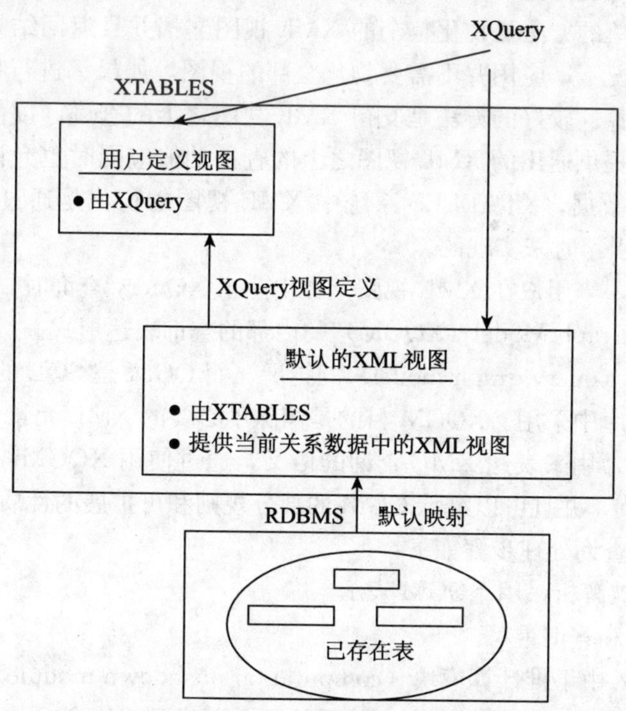

图 6－33　XTABLES 高层体系结构

（1）建立关系数据的XMI视图

XTABLES所提供的关键特征之一是可以创建已存在关系数据的XML视图，系统是通过自动的将底层关系数据库系统的模式、数据映射到一种low-level的默认（default）的XML视图，即从关系数据库系统到默认的XML视图通过自动映射的方式实现创建XML视图的功能，于是，用户可以使用XQuery在默认XML视图之上建立基于应用的XML视图。XTABLES仅物化XML视图中需要的部分数据，并将大多数的计算下推给关系数据库引擎去完成。无论是创建XML视图或查询这些视图，用户仅需要一种语言（XQuery），并且可以表达复杂的查询。

（2）查询关系数据的XML视图

XTABLES提供了查询关系数据XML视图的功能，这是非常重要的，因为用户经常仅需要视图数据的一个子集，并且，用户经常需要从多个视图综合和提取数据。要实现关系数据的XML视图的查询，需要解决两个方面的问题，首先，语言表达能力，支持处理任意复杂的。XQuery查询，包括具有嵌套表达式和嵌套order特征的查询；其次即性能问题，由此提供的技术应能够有效计算关系数据XML视图之上的XQuery查询。

其中的关键技术之一即XML视图组装，可以免去创建在最后的查询结果中不再出现的XML中间结果片断的工作；另一项技术是称为“计算下推”（computation push-down），将主要的XQuery计算过程下推到关系数据库引擎，因此，系统利用关系引擎强大的查询处理功能有效地计算XML查询，仅有一小部分连接SQL结果生成XML文件的功能在关系引擎外部实现。

（3）XML视图的物化

一旦在关系数据之上建立了XML视图，随之出现的下一个问题就是XML应用如何使用这些视图。一种简单的方法是物化整个的XML视图文档并且返回结果，但是这种方法的主要问题在于很多情况下，应用并不需要物化全部的视图，如果都进行物化开销会很大，因为进行了不必要的计算。较好的方法是支持XML视图之上的查询，以使得用户可以按照需要进行存取，另外，提供通用的XML视图之上的查询功能应同时也允许应用开发者从不同的XML视图中综合数据。XTABLES系统中XML视图的物化是通过下推一个“outer union”的查询到关系引擎时来实现的。

如图6-34所示，当用户在XML视图上提出一个XQuery查询时，XQuery被解析成一种称为XML Query Graph Model（XQGM）的内部的查询表达形式。

XQGM是QGM（query graph model）的扩展，而QGM是SQL的一种内部查询表达，已经在商业关系数据库中采用。XQGM目的是消除不必要的XML元素和属性的创建，它包括一系列操作和函数，用来表达XML查询的语义，通过使用XQGM，能够方便地将XML查询转换成SQL查询，并且可以继承QGM的部分规则和可扩展的性质。

基于XQuery的查询处理步骤如下：

①XQuery首先被解析，用XQGM表示。

②进行视图组装和查询重写。

③更新的XQGM由下推计算模块（computation pushdown module）处理，并将XQGM分成两部分：其中一部分捕获关于内存和数据处理并下推到RDBMS执行查询；另一部分由标签生成模块（tagger runtime module）将查询结果进行组装，结果返回给用户。

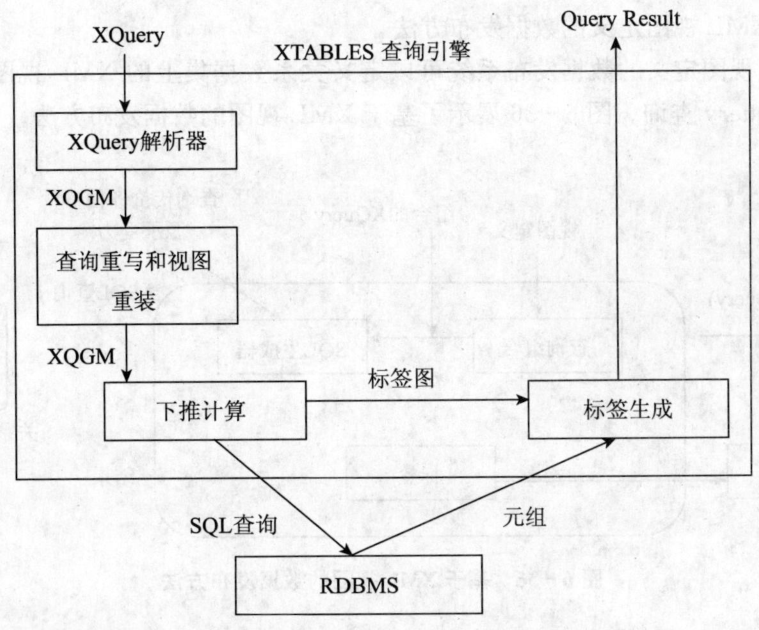

图 6－34　XTABLES 查询处理方法

2．基于 XML 的关系数据发布方法

（1）自由格式的数据发布方法

数据发布系统成功进行数据的转换与关系模式到目标 XML 模式之间的映射关系密切相关。然而，现有的许多系统如 IBM 公司的 XML Extender，XML-DBMS，DB2XML，XPERANTO，SilkRoute 等，从关系模式到 XML 模式之间的映射是专家指定的。在没有发布规范限制的情况下，根据关系数据模式，自动生成 XML 的发布模式，即自由格式的 XML 发布。

设计一个体现关系数据库中已有数据的结构和约束的、合适的 XML 模式不是一项简单的工作。Dongwon Lee、Murali Mani 和 Frank Chiu 等人对此做了比较深入的研究，提出了一种利用语义约束将关系模式转化为 XML 模式的方法，图 6－35 描述了利用算法 NeT 和 CoT 将关系模式转换成 XML 模式的过程。根据关系数据的不同，两个算法可以单独使用，也可以结合起来使用，即：

$$R \rightarrow NeT \rightarrow X;\quad R \rightarrow CoT \rightarrow X;\quad R \rightarrow NeT \rightarrow CoT \rightarrow X$$

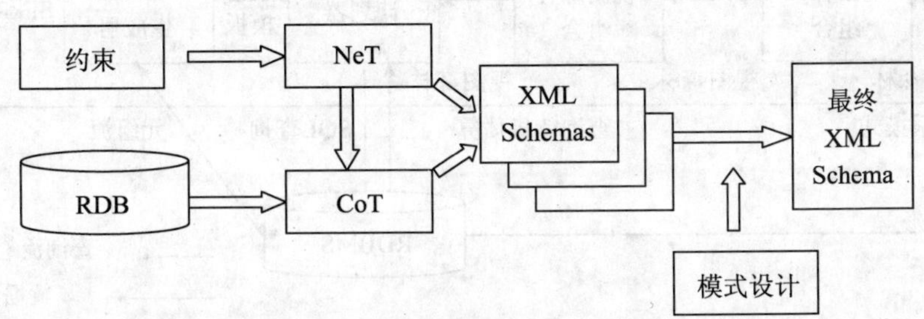

图 6－35　自由格式的 XML 发布过程

（2）基于 XML 视图定义的数据发布方法

基于 XML 视图定义的数据发布系统可以定义关系数据集上的 XML 视图，用户在此视图之上提出 XQuery 查询。图 6－36 展示了基于 XML 视图的数据发布方法。

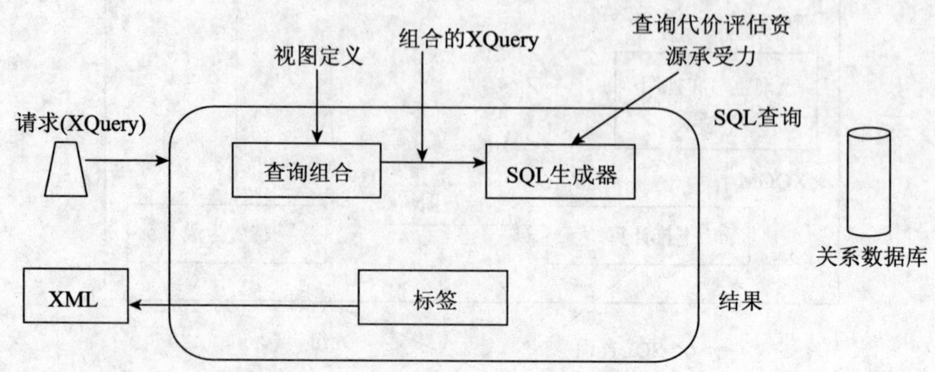

图 6－36　基于 XML 视图的数据发布方法

前面介绍的 XTABLES 系统就是采用的基于 XML 视图的数据发布机制。下面以另外两个著名的发布系统 SilkRoute 和 Rolex 为例分析基于 XML 视图的数据发布方法。

SilkRoute 系统从关系数据导出 XML 格式的数据的过程分为 3 步。

①将关系表转换成固定格式（canonical）的 XML 视图，这一步仅需要输入关系模式，可以完全自动完成。

②在 XML 视图上使用查询语言 XQuery 定义一个公共的、虚的 XML 视图。

③可以在公共视图上用 XQuery 提出查询，提取应用需要的 XML 数据并且组成应用所需要的格式。因此，应用发出的查询仅是访问公共的 XML 视图，而不是直接访问关系数据库。

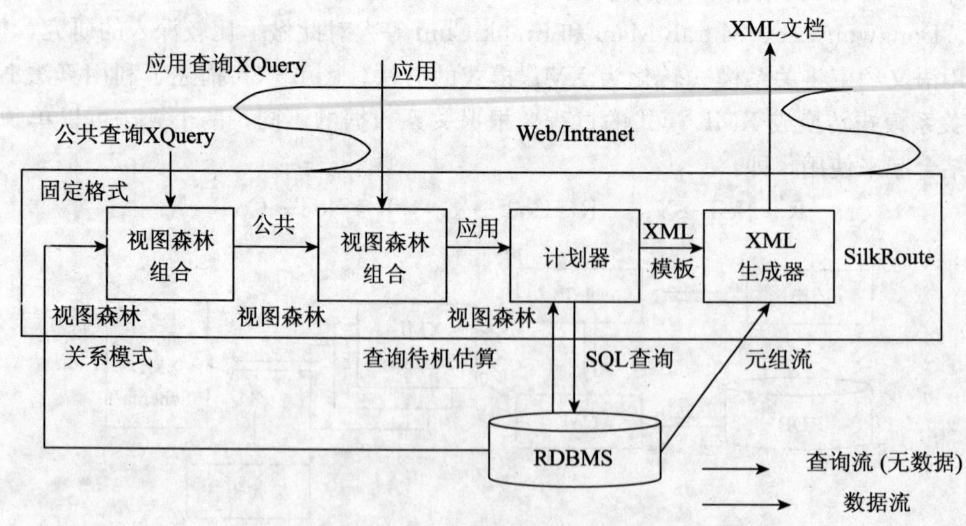

图 6－37　SilkRoute 中基于视图的数据发布方法

图 6－37 展示了 SilkRoute 中基于视图的数据发布方法。如果需要访问数据，用户在 XML 视图上提出应用的查询，该查询与公共的视图定义进行组装，生成一个新的查询。这个组装的查询提交给查询 planner，然后被转换成一个或多个 SQL 查询由关系数据库引擎执行，生成元组流。XML generator 将这些元组流连接成一个 XML 文档返回给应用。

SilkRoute 的操作仅是连接有序的元组流，任何复杂的数据处理都由关系引擎完成。SilkRoute 的实现基于 Galax，是一种基于 XQuery 语义的 XQuery 引擎。

Rolex（relational on-line exchange with XML）系统提供给应用的视图查询结果是虚的 DOM 树，而不是文本，避免了生成文本和后期进行解析的代价。系统向应用提供虚的 DOM 接口，其输入不是单个的 XML 查询，而是一系列 DOM 树之上的 navigation 运算，需要在底层的关系数据上进行计算，图 6－38 展示了 Rolex 中基于视图的数据发布方法。

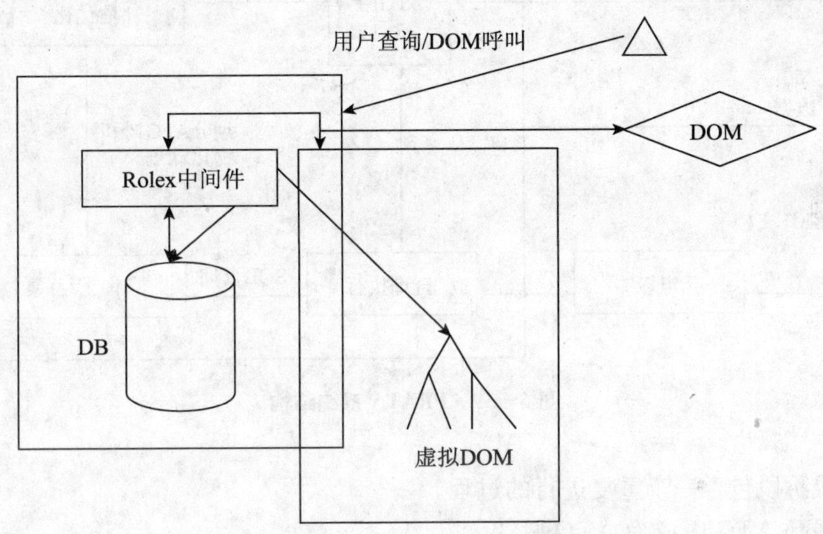

图 6－38　Rolex 中基于视图的数据发布方法

（3）基于模式制导的数据发布方法

基于 XML 视图的数据发布方法，提供了用户对 XML 视图的查询接口，可以方便地查询各类异构关系数据库数据。但是 XML 视图的定义是否满足预定义的 XML 模式（DTD 或者 XML Schema），在理论上还缺少有效的验证机制。鉴于这种情况，自 2002 年开始，BELL 实验室的 Michael Benedikt 和 Wenwei Fan 等人开始研究基于预定义模式制导的数据发布方法，提出了采用属性转换文法 ATGs（Attribute Transformation Grammars）进行基于预定义模式制导的数据发布方法。一个 ATG 是 DTD 的扩展，在元素类型上增加关联属性和语义规则（SQL 查询）。给定关系模式 R 和 DTD D，可以定义一个 ATG，使得任何一个 R 的实例，首先使用规则从关系数据库中提取数据生成 XML 数据，然后根据 D 中的元素类型定义，标记（tagging）这些数据创建 XML 元素。如果计算 ATG 的过程成功的结束，就会生成一棵满足 DTD 的 XML 文档树。并且，系统还提供了有效的计算 ATG 的算法，通过动态规划将查询划分和中间结果的物化处理相结合生成基于查询代价估算和数据容量的查询执行计划。

ATG 是一种功能完善的发布系统的视图定义语言，等同于 SilkRoute 中的 RXL 和 XPERANTO 的视图定义语言。即对于任何 RXL 和 XPERANTO 中定义的视图也可以用 ATG 表达。并且，ATG 可以具备 RXL 和 XPERANTO 中没有的功能，例如可以定义递归。

图 6－39 是基于 ATGs 的 PRATA 中间件系统的结构。系统将一个 ATG 图 G（对于 δ：R→D）和数据库 R 的实例 I 作为输入，产生一个遵循 DTD D 的 XML 文档，其中在元组生成阶段产生关系形式的输出，然后元组标记阶段从输出的关系数据中产生 XML 文档。

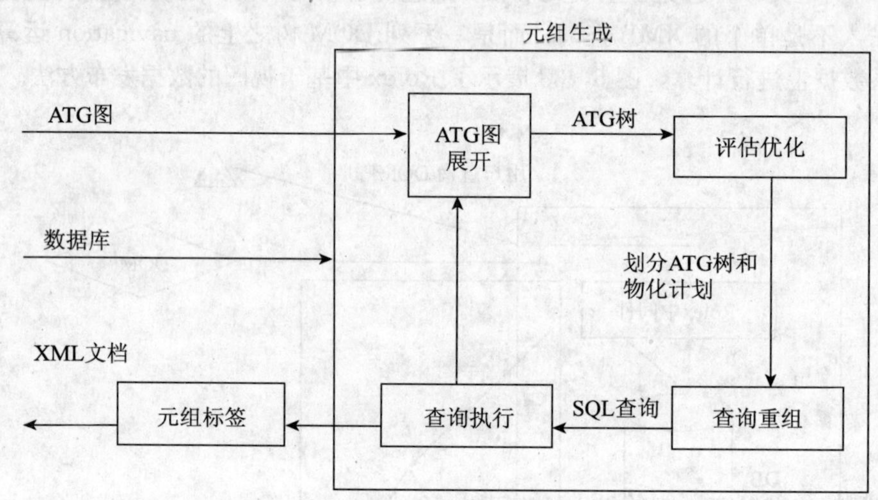

图 6－39 PRATA 系统结构

元组生成阶段包含一个重复进行的过程。

①局部展开 ATG 图成为 ATG 树 T。

②确定 T 的一个划分和一组需要物化的中间查询。

③将 T 的划分和物化计划作为输入，产生一组 SQL 查询计算 T。

④执行生成的计划，产生物化的结果和关系形式的输出。系统重复执行，直至结束条件满足。最后，元组标记阶段使用关系形式的输出、复合键的映射表和 DTD 生成 XML 文档。

（4）基于逻辑关系映射的数据发布方法

前面分析的基于视图的数据发布方法和基于预定义模式制导的数据发布方法，还缺少对关系数据库完整性约束的处理，关系数据库中的键约束、函数依赖、包含依赖等完整性约束无法转换到 XML 数据中，使得数据集成与交换过程丢失了原有数据及其联系所具有的制约和依存规则。

Toronto 大学的 Renee J. Miller 和 IBM Almaden 研究中心的 Lucian Popa 等人提出了基于“元素级”模式映射的数据发布方法，并在原型系统 Clio 中实现了一种保持完整性约束的关系数据发布机制。

基于“元素级”模式映射的数据发布方法可以概括为：给定两个模式 S1 和 S2，采用约束驱动（constraint-driven）的机制将 S1 实例转换成 S2 实例。

①建立两个模式 S1 和 S2 之间的元素级的映射关系。

②分析 S1 和 S2 的引用完整性约束（referential integrity constraints）和结构约束（foreign keys）。

③通过对完整性约束和结构约束的推理，导出从 S1 到 S2 的逻辑关系（logical relation）。

④通过逻辑关系，导出从 S1 实例转换到 S2 实例的映射查询。

从模式信息中推导映射关系，当源和目标模式彼此比较相似时这种方法实现效果好，但是当模式差异很大时，这种方法就不能完全支持。Clio 系统从模式之间（inter-schema）的约束导出模式和数据映射，可以用作 XML 数据发布，但是不能支持目标模式为递归的情况，并且是半自动的（semi-automated）。

第五节　物联网数据管理

一、以数据为中心的路由策略、数据存储和索引技术

数据的存储组织和路由机制决定了传感器能量的消耗和查询的效率，因而很多研究人员都从这些角度着手，寻求合适的方法。

1. 以数据为中心的路由策略

无线传感器网络与 Ad hoc、无线局域网等传统无线网络的设计目标不同，它考虑的重点不是提高服务质量和公平高效的利用网络带宽，而是能量消耗问题。对传感器路由协议的分类可以从不同的角度分成不同的类别，本节着重介绍的是以数据管理为中心的路由协议。无线传感器网络中的大量节点是随机部署的，节点一般不会有全局的唯一标识，并且用户关注的是所检测区域的感知数据，而不是由哪个具体节点获取信息。无线传感器网络需要将感知数据会聚到接收发送器端，形成以数据为中心的消息的转发路径。以数据为中心的路由利用元数据对传感器网络中的数据进行描述，数据传送基于查询请求，可以根据网络的感知数据动态决定数据的传送路径，减少了网络中大量传送的冗余数据，降低了不必要的开销，从而延长网络生命周期。

以数据为中心的路由分为平层网络结构路由和多层网络结构路由。基本的平层网络结构路由协议主要有：协商路由协议、定向扩散路由协议、传言路由（rumor routing）协议等。本节重点介绍定向扩散路由协议。

定向扩散路由是以数据为中心的路由协议发展的里程碑，其主要思想是对网络中的数据建模，用一组属性（对象的名称，数据发送间隔时间，持续时间，位置区域）表示查询信息。当 Sink 节点对某事件发出查询命令时，就开始一个新的定向扩散过程。

定向扩散过程包括三个阶段，如图 6－40 所示。第一阶段为兴趣传播阶段。兴趣消息（interest）用来表示查询的任务，表达网络用户对监测区域内感兴趣的信息，例如检测区域内的温度、温度和光照等环境信息。Sink 节点通过兴趣消息发出查询任务，采用泛洪方式传播兴趣消息到整个区域或部分区域内的所有传感器节点。第二阶段为梯度（gradient）建立阶段。在兴趣消息传播的过程中，兴趣消息通过广播逐级扩散，收到兴趣消息的节点缓存信息，并进行局部数据聚集，最终兴趣消息遍历全网，找到所有匹配的目标数据。当节点从邻

接点接收到兴趣消息时，若当前查询缓存没有相同查询记录，则加入新记录，记录中包含了邻接点指定的数据发送率也就是“梯度”。协议逐跳地在每个传感器节点上建立反向的从数据源到 Sink 节点的数据传输梯度，传感器节点将采集到的数据沿着梯度方向传送到 Sink 节点。实际上第二阶段初始梯度的建立和兴趣消息的扩散是同时进行的。第三阶段为加强路径阶段。加强路径是指建立优化路径，并根据网络拓扑的变化修改数据转发的梯度关系。会聚节点在收到源节点发来的数据后，启动建立到源节点的加强路径，后续数据将沿着加强路径比较高的数据速率进行传输。

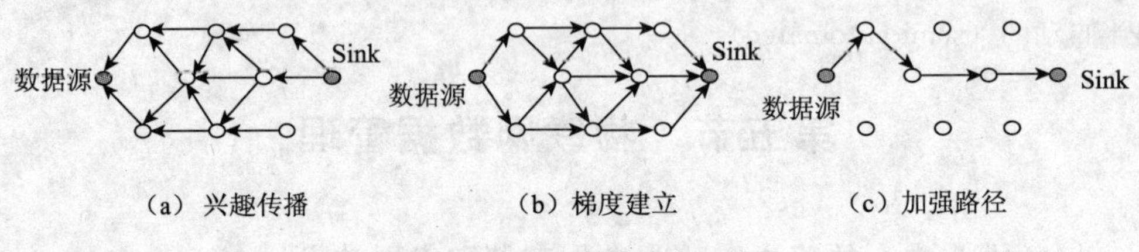

图 6－40　定向扩散路由机制

多层网络结构路由策略的基本思想是通过聚类将传感器节点分簇，传感器节点分为簇头节点和簇内节点，位于不同簇内部的节点之间的通信由簇头节点来完成。当簇内节点把数据传送给簇头节点之后，簇内节点就关闭自己的通信模块，进入睡眠状态，从而很大程度地节省了节点的能量。簇头节点完成数据的聚集和合成，最后簇头节点把处理过的数据传送给 Sink 节点。由于簇头节点需要协调簇内节点的工作，负责数据的接收、融合和转发，其能量消耗相当大，所以分簇算法一般采用周期性地选择簇头节点的方法，使得每个节点都有做簇头的可能，从而均衡网络中节点能量的消耗。这种路由策略能够满足传感器网络的可扩展性，有效地维持传感器节点的能量消耗，从而延长网络生命周期。MIT 的 Chandrakasan 等人为无线传感器网络设计的低功耗自适应聚类路由算法 LEAH，就是一种典型的多层网络结构路由协议。类似的算法还有 TEEN、HEED、EECS 等。

2. 以数据为中心的存储方法

无线传感器网络的数据存储主要有三种方式：外部存储、本地存储和以数据为中心的存储（DCS）。如何存储感知数据直接影响查询的处理方式。如果感知数据采取外部存储，即存储在传感器网络以外的计算机节点上，则由外部用户发出的查询就可以直接获得数据；如果感知数据在本地存储，则查询必须对所有的节点进行泛洪式的查询（如果用户知道数据产生的位置，则可以不对所有的节点进行泛洪式查询）；如果感知数据采用以数据为中心的存储，即按照数据名存储在某个或某些传感器节点上，则查询可以按照数据的名字发送给相应的传感器网络节点，进行正常查询。

以数据为中心的数据存储方法最基本的方法是地理哈希表法。它是基于两种技术提出的：①地理路由协议 GPSR 是无线网络中基于地理位置信息的一种典型的路由协议，它仅仅根据节点的地理位置信息就可以把数据包路由到相应的存储节点。②新一代有效的分布式哈希表（DHT）方法，如 Chord、CAN、Pastry、Tapestry 等。把地理路由协议 GPSR 作为底层的路由策略，然后基于 GPSR 建立一个分布式哈希表，即地理哈希表（GHT）。地理哈希

表方法的核心思想是利用哈希函数将感知数据映射到地理位置坐标，这种映射可以是多对一的，最后利用GPSR路由协议把感知数据存储在距离其关键字哈希位置最近的传感器节点上。使用地理哈希表法，存储系统可以支持不同的查询类型，如枚举查询、聚集查询等。其中枚举查询最简单，它要求返回所有与关键字匹配的感知数据。

如何存储感知数据直接影响查询的处理方式。如果采取外部存储方式，则由外部用户发出的查询就可以直接获得数据；如果采取本地存储方式，则查询必须对所有的节点进行泛洪式的查询（如果用户知道数据产生的位置，则可以不对所有的节点进行泛洪式查询）；如果采取以数据为中心的存储方式，则查询可以按照数据的名字发送给相应的传感器网络节点，进行正常查询。

3. 索引技术

在许多传感器网络中，感知数据和事件一般由属性来命名，并且每个属性都有一定的取值范围。人们很自然就会有一些这样的查询，如“列出区域A中，温度在50℃～60℃且亮度在10～20的所有感知数据”，这种基于多个属性的查询成为多维范围查询。针对不同的范围查询，研究人员提出了不同的处理方法。DIFS系统使用了一维索引技术，主要是通过使用感知数据的键属性（由数据名和数据值范围构成），采用地理哈希表法中的哈希函数和空间分解技术构造多棵层次结构树，即一维索引；对于多维范围查询，提出了支持多维查询处理的分布式索引结构DIM。DIM的基本思想是使用保持局部性的地理哈希函数来实现数据存储的局部性，树将多维空间保持局部性地映射到二维地理空间。

二、数据模型与查询语言

目前人们对传感器网络的数据模型也进行了许多研究，比较成熟的无线传感器（网络）数据库系统有美国加州大学伯克利分校的TinyDB系统和康奈尔大学的COUGAR系统。现有的研究主要是基于传统的关系模型、对象关系模型和时间序列模型进行的改进。有的研究将感知数据视为分布在多个传感器节点上的关系，并将传感器网络看做一个分布式数据库；有的研究将整个网络视为由多个分布式数据流组成的分布式数据库系统。

在无线传感器网络中，传感器节点产生的感知数据可以表示为$\langle id, a, d, t\rangle$，其中$id$表示传感器编号，$a$表示属性向量$\langle a_1, \cdots, a_n\rangle$，$d$表示$a$对应的数据值向量$\langle d_1, \cdots, d_n\rangle$，$t$表示传感器节点获得数据的时间。其语义可表示为在$t$时刻$id$号传感器采集的$a_i$属性的数据值为$d_i$。

在TinyDB系统中，TinyDB数据模型是把传感器网络数据定义为一个虚拟关系。把一个感知数据元组看做关系的一个记录，每个感知数据的属性作为关系的属性，比如温度、湿度、光、压强等属性。还有一些描述感知数据的属性，如节点编号、感知时间等。当某些传感器节点缺少某些属性时，关系允许在此属性分量上插入一个NULL。由于无线传感器网络的数据的产生是源源不断的，相当于无限数据流，所以关系是动态的，不断进行更新。关系中的记录被实例化仅仅是为了满足某个查询，所以关系中数据的存储一般都很短暂，它们很快就会被传送到网外。在无限虚拟关系上的操作和传统的关系上的操作基本一样，它们都支持选择、连接、投影等操作。

在COUGAR系统的数据模型定义中，把传感器网络数据库中的数据分为两种：存储数据和实时感知数据。存储数据又称静态数据，体现传感器本身的特性，如传感器节点的位置信息，用传统关系来表示；实时感知数据又称动态数据，是传感器从检测区域感知的数据，如温度值、湿度值等，通常用时间序列来表示。同时查询也支持这两种数据类型，把查询定义为关系和序列操作符的一个无环图。关系操作的输入是一个基关系或者是另一个关系操作的输出；时间序列操作的输入是基序列或者是另一个时间序列操作的输出。但有 3 种情况不遵循上述规则：①关系投影操作：输入一个时间序列，输出为一个关系；②积操作：输入是一个关系和一个时间序列，输出是一个新的时间序列；③聚集操作：输入是时间序列，输出是一个关系。

在数据模型上的查询一般是连续查询，每一个查询都会给出一个时间区间 [O，O+T]，其中 O 是查询提交的时间，T 是该查询要持续的时间。并且在 COUGAR 系统的连续查询过程中，被查询的关系和时间序列可以被更新。对一个关系的更新是向该关系插入、删除或修改元组，对时间序列的更新是插入一个新时间序列元素。

针对无线传感器网络中的数据已提出了许多查询模式，包括快照查询、连续查询、基于时间的查询、基于生命周期的查询以及基于准确率的查询等。所以要设计出适合于各种查询类型的查询语言非常重要，研究人员也在这方面做了深入的研究。主要有两种典型的查询语言：感知查询语言和类 SQL 查询语言，都是由 SELECT-FROM-WHERE 语句构成，也支持选择、连接、投影和聚集等基本操作。感知查询语言可以通过实例化来显式地实现抽样查询、窗口查询和子查询，同时支持基于事件的查询和基于生命周期的查询，用户还可以设定采样频率、设定存储点以及自定义聚集函数，例如 Tiny SQL。类 SQL 查询语言支持连续周期性查询，因为在很多传感器网络应用中，需要对环境进行连续周期性地监测，通过回答连续查询来获知环境状况特别重要。并且该查询语言也都被扩展支持嵌套查询，如 COUGAR 系统就支持嵌套查询。

三、无线传感器网络的查询处理

由于无线传感器网络的一个重要特点就是电源能量有限，因此能量的有效利用成为传感器网络查询处理中的一个核心问题，传感器网络的查询处理也因此与传统数据库的查询处理有着很大的差异。在已有的传感器网络数据管理系统中，比较典型的查询处理包括网内聚集、网内连接、近似查询处理等与查询处理相关的一些优化技术。

1. 基于网内聚集的查询处理

传感器网络中进行聚集计算，最简单的一种方法就是泛洪式，即节点将自己感知的数据以广播的方式发送给邻居节点，邻居节点接收数据以后，与本地数据进行局部聚集计算后，再将这些结果以广播的方式发送给它的邻居节点，这样，在整个网络内采用这种泛洪式的方式可以计算出最后的聚集结果。很显然，泛洪式处理方法的能量代价是非常大的，它会增加某些节点不必要的计算，为了克服这个缺点，有人提出各种各样以节省能量为前提的网内聚集方法，现有的能量有效性网内聚集方法主要可以分成基于树的方法、基于多路径的方法、基于概率路径的方法，以及上述方法的有效结合。

(1) 基于树的方法：为了回答查询在网络中建立一棵以 Sink 节点为根的生成树。在生成树建立的过程中每一个节点都计算它本身的所在层（在其父亲节点层数的基础上加 1）。第

i 层的数据在监听，同时第 $i+1$ 层的数据在发送。分配给这两层用来传输数据的时间段被称作 epoch，这些 epoch 应该足以让一对节点成功完成数据的传输而不会在传输过程中因 epoch 时段结束而中止传输。但是，如果每个 epoch 的长度都很大的话，对于树根要得到结果的时间就会很长，查询结果的延时也会相当长。一个查询的查询结果的延时是由 epoch 的长度和生成树的层数决定的，如图 6－41 所示。

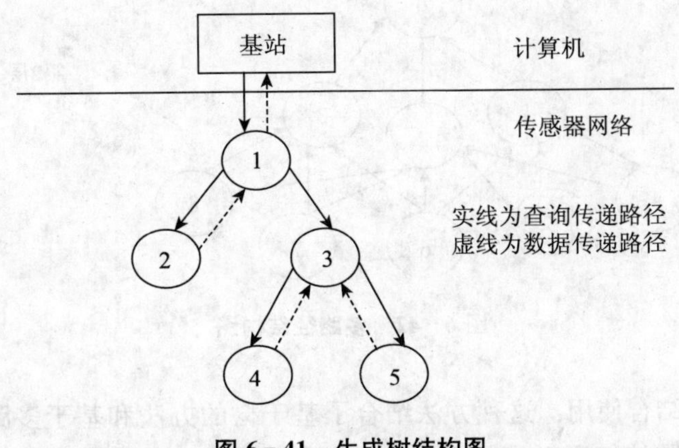

图 6－41　生成树结构图

为了使生成树能够适应网络的情况，节点与其邻居之间需要互相控制链路质量。为了节省能量，这个调控的行为发生的频率要小于聚集的频率。当一个链路发生问题的时候，节点就会选择一条好的指向父亲节点的链路，这样可以使生成树的健壮性更好。

基于树的拓扑结构最大的优点是聚集操作是由叶子节点向着根节点进行的，不会出现绕弯路或者沿着背向根节点的方向进行的情况，在没有通信错误的情况下，这种基于树的方法的查询结果的准确度是 100%。但是无线传感器网络的链路有很高的通信错误率（包丢失率通常会达到 30%），丢失数据包是很普遍的事情。高层节点丢失数据包对结果造成的影响可能不会很大，但底层节点数据包的丢失会造成以该节点为根的整个子树的所有数据的丢失，这种情况下，聚集结果的精度是非常低的。

另外，还有很多基于树的聚集方式，例如通过求最大值、最小值来构建树的方法。这种方法的执行过程是：先发出查询，求网络中节点剩余能量的最大值，每个节点向邻居节点广播自己所知道的最大能量，通过这种广播的方式，节点可以知道邻居节点中的能量最大值和最大值所在的节点，节点会将自己作为这个最大值所在节点的子节点。通过在全网范围内采用这种方式求最大值，可以基于剩余能量建立一棵生成树。这棵树的根部是剩余能量比较多的节点，而靠近叶子的节点的剩余能量就比较少。这样，网络就可以根据当前节点的剩余能量动态地调整根节点的位置和树的形状，增大网络的寿命。

（2）基于多路径的方法：这种基于多路径的方法克服了在包丢失率较高的情况下，基于树的方法的查询精度极低的缺点，它允许采用除了树之外的任何聚集拓扑结构。多路径聚集通常不需要很长的时间，这种方法被较多地应用到环的拓扑结构中，因为这种环的结构提供了很好的能量有效性。与树的方法不同，这种方法中第 $i+1$ 层的节点广播信息后，所有第 i

层能够接收到信息的节点都要接收信息。这显然可以增加健壮性，因为除非每条通往根节点的链路全部坏掉，否则至少可以找到一条链路可以使节点信息成功传送到根节点。由于一个节点将数据传给上层的多个节点，因此需要采取重复不敏感的概要方法来获得聚集结果，这种计算方法的近似性决定了聚集结果的近似率为12%，如图6－42所示。

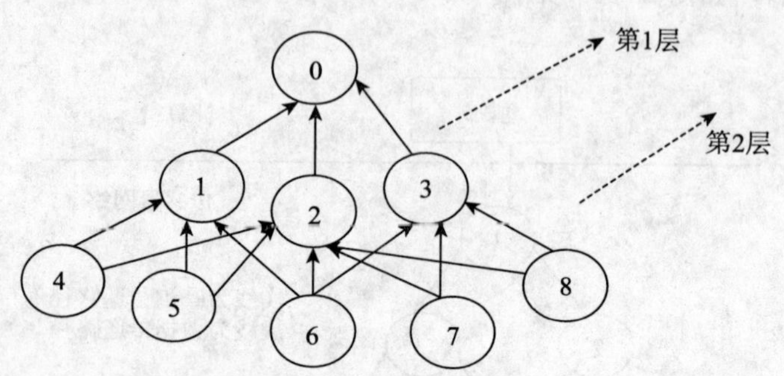

图6－42　多路径结构图

（3）树与多路径结合使用：这种方法结合了基于树的方法和基于多路径的方法的优点，能够根据当前网络的通信情况动态地调整聚集机制。由于基于树的方法具有近似错误率低（之所以说近似错误率是因为基于树的方法不存在近似，相对于多路径方法而言数据都是准确的）以及包的数据量小的优点，在数据包丢失率低的时候可以采用基于树的方法。而由于基于多路径的方法对网络的适应性好，某个链路数据包的丢失不会对结果造成任何影响，因此在数据包丢失率高的情况下可以采用基于多路径的方法。另外，从网络拓扑的角度来看，可以在远离根节点的区域采用基于树的方法，而在靠近根节点的区域采用基于多路径的方法。因此根据节点所在位置的不同采用不同的传输结构可以非常有效地提高结果的准确性，如图6－43所示。

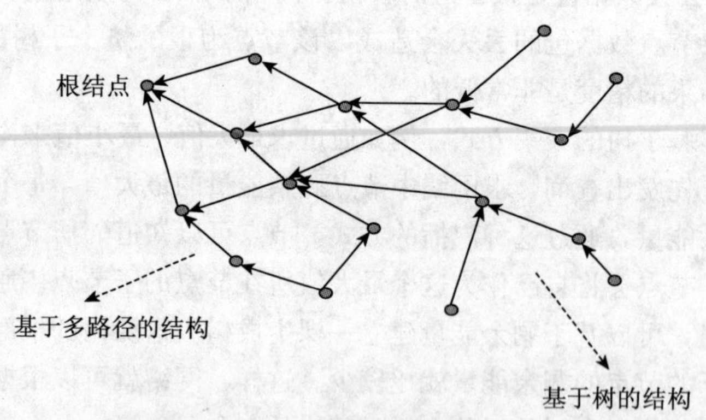

图6－43　树与多路径结合的结构图

（4）基于概率路径的方法：大量的实验证明，采用基于生成树的方法时，在靠近sink节点的区域内的节点的寿命非常短，这意味着在网络运行一段时间后，靠近sink节点区域内的

节点会因传输数据量大而迅速耗尽能量。对于一个节点而言，它到达根节点的路径不是唯一的，每次传送数据都采用一条路径会让这条路径上的节点过早失效，因此可以将节点的这些路径设置一定的权值（概率值），节点以一定的概率值沿着具有不同权值的路径传递数据。这样，就不会发生某条关键路径破坏而造成网络瘫痪的情况。

（5）基于树的方法与基于概率路径的方法的结合：基于树的方法的优点是在通信状况好的情况下聚集结果是非常准确的，而基于概率路径的方法的优点是可以避免关键路径上节点的过早失效。对于一个传感器网络而言，在进行聚集操作时，如果某个区域传输的信息量过大，必然使这个区域中的节点的能量过早耗尽，而这个区域中的节点对于聚集操作的影响是非常重大的，过早耗尽能量也就意味着网络的瘫痪。考虑到这个问题，可以将网络划分成一个个小区域，在这些小区域内采用基于树的方法，而在区域之间（数据传送量大）采用基于概率路径的方法进行数据的传递。这样既可以利用基于生成树方法的准确性，又可以受益于基于概率路径方法来延长网络寿命。

2. 基于网内连接的查询处理

基于网内连接的查询处理，主要的研究出发点有查询谓词下移技术，以及选择最优连接场地技术两种。

（1）查询谓词下移技术

传感器网络可被用来监控异常情况，在这种应用中，通常可将异常事件定义为一组查询谓词，比如当温度超出正常界限时产生事件。原始的方法是：将传感器感知的数据沿着传播路径（树）全部传到服务器，在服务器端判断这些数据是否为异常数据。由于是异常事件，这类查询的选择度非常低，而将大量数据传到服务器以后再进行查询处理，会损失大量能量，降低网络寿命。

REED方法为解决这个问题将所有查询谓词存入查询谓词列表，该表随着查询下推到网络中的各节点，使节点感知的数据在本地与谓词表进行连接，查询结果不为空说明有异常事件发生，再将异常数据传回服务器，这样可以节约能量，减轻网络负担。如果没有异常事件发生而是因为节点失效，或因某些原因节点产生错误数据，相应的处理方法是：根据历史数据建立一个记载节点产生数据的列表，周期性地更新这个列表，删除那些不经常出现的区间。

由于传感器节点的内存是很有限的，当静态表中数据项过多时会导致节点内存不足的问题。REED采用3种策略来解决内存不足问题：①静态表中数据项很少时，可以将查询谓词列表全部放入节点；②静态表中数据项比较多时，可以存入相邻的一组节点中；③静态表中数据项太多，无法存储，采用缓存扩散的方法。

（2）选择最优连接场地技术

传感器网络中连接操作的通信代价往往会因为要传输大量数据而非常巨大，如何权衡数据源的数据传输到执行场地所消耗的能量和执行结果传输到查询发出场地所消耗的能量成为问题的关键。这种方法就是针对这个问题而提出的。假设有两个数据场地 R 和 T，查询发出场地为 S，这种方法可以在 R、T 和 S 组成的三角形中选择一个最优场地 E，在这个场地上进行连接处理，可以尽量减少通信代价，使得从 R 到 E 的能量消耗和 T 到 E 的能量消耗以及 E 到 S 的能量消耗的总和达到最小。执行场地可以通过查询优化计算选出，先将一个选定的数据源的数据分布到查询处理场地，然后再将另外一个数据源的数据以广播的形式发给查询处理场地的每一个节点，与已经在那里分布的数据进行连接操作，连接后，将结果沿着选定路径返回给查询发出场地。

3. 近似查询处理

传感器网络的一个很显著的特点就是能量受限问题，因此在进行查询处理的时候要尽可能地避免能量的消耗。在很多情况下，人们只是想要了解大概状况，并不需要知道节点感知的精确数据。因此不必传递大量相同数据而仅传递数据的改变量就可以推测出大致情况，或者通过临近节点或者节点的历史数据来近似估计实际情况，或者通过压缩技术来尽量缩减传递数据包的大小。下面介绍近似查询处理的几种典型方式：

（1）基于感知数据的近似空间关联模型

传感器节点感知的数据只是表示在采样点上的一些离散信息。由于是近似结果，那么接收所有对结果没有多大贡献的数据会浪费很多时间和能量，因此可采用一种基于模型的方法。

模型可以用来对传感器读数进行更好的分析，例如，它们可以帮助解决采样值在空间上的不均衡问题，可以帮助确认提供错误信息的节点，并且可以推断再坏死节点或即将坏死节点的采样数据。另外，模型提供了一个框架，可以优化传感器的数据接收——只有当前模型不能够推断出一个符合精度的数据时，才允许传感器采集数据。

模型认为所有传感器节点感知的不同类型的数据之间都存在一定的关系。给定一个模型，某个节点产生的某种类型的数据可以用来估计出其他节点产生的其他类型的数据，例如一个节点的温度采样很有可能会提高附近基于模型的节点的估计可信度。另外，从通信代价的角度来讲，接收近距离节点的数据要比接收远距离节点的数据节省能量。

查询处理引擎使用概率模型来回答关于传感器网络当前状态的查询。使用一个概率密度函数 P（X_1，X_2，X_3，…，X_n）来表示这个模型，X_i 是一个某个特定传感器上的某个属性（例如，5号节点上的温度)。通常每个传感器的某种类型只能对应一个这样的属性。模型还可以处理隐含变量（利用近似的空间关联性导出的变量)。

用户提出查询请求后，这些查询会被翻译成基于模型的概率运算。错误容忍度和目标置信度表明了用户对于近似性的要求。如果用模型估计出的概率满足或超出用户定义的可信度，模型可以直接给出估计出的数值。如果模型的可信度比较低，模型就需要在回答查询之前从传感器网络中得到可以帮助提高精度的采样值。选择哪些节点的采样值是一个优化问题，通过优化可以选择最好的一组属性来观察，尽量在满足用户提出的可信度的同时将这个过程耗费的能量减小到最少。

（2）线性模型

传感器网络所在的环境可能非常恶劣，或者用于监控敌方信息而不允许人为参与。那么传感器网络就需要能够针对网络的情况动态地进行调整，并且应该尽量延长网络寿命。于是有人提出了基于线性模型的“区域快照查询”，这种查询不同于提到过的对网络中当前数据的快照查询，这种查询处理方法以尽量缩小查询访问节点个数为目的。

区域快照是由一组代表节点和一个阈值 T 构成的。通过这些代表节点的地理位置以及节点采样值可以得到网络中数值分布的梗概。这种查询适合于类似聚集查询等需要一组节点发布其观测数值的查询。

一个被选举出来的代表节点可以在附近节点失效或出现临时状况时代替这些问题节点来回答查询，因此这些代表节点的选举是遵循一定规则的（基于阈值 T）。而网络中包括代表节点在内的节点随时都有可能出现问题，这就需要网络在发生节点失效或其他灾难性事件时能够自适应地做出良性的反应，在某种数据驱动的模式下，重新选择代表节点。

采用线性模型方法，可以不对感知数据的数据分布做任何假设，唯一需要的假设就是节点与邻居节点间具有一定程度的相关性，如线性相关性。线性模型需要不断地学习来提高准确度，学习的过程是：在节点的缓存中不断读取新的有价值的数据。新数据的加入遵循不同的策略，通过计算不同策略的收益值可以判断采用哪种策略比较好。为了确保节点始终能被另一个节点准确地代表，节点需要周期性的检测代表节点是否称职，如果发现代表节点能量不足或者坏死，节点会发出邀请，重新选择代表节点。

值得注意的是：线性模型假设地理位置相邻的节点产生的数据满足线性关系，如室内声音监控应用。但在很多应用中，空间上相邻的节点产生的数据通常并不十分满足线性关系，而很可能是随机数据或者是满足一定概率相关性的数据。

(3) 概要技术

概要（sketch）技术的核心思想是利用哈希函数把数据从一个范围映射到另一个范围中去，生成概要数据结构，即仅使用一小块远小于数据集数据范围的内存空间表示数据集。概要技术可以解决数据库和数据流上的很多问题。

采用基于多路径的网内聚集方法时，节点会将数据发给上层的多个节点。处理简单的MIN，MAX 聚集操作时，不仅没有误差，而且在链路质量不好时，也可以给出很好的结果。但是对有些重复敏感的聚集运算，如 AVG，COUNT，在采用多路径方法时如果不采用概要技术，结果会有很大误差的。Flajolet 和 Martin 提出了支持计数查询的概要技术，用来快速地求解数据集中不同元素的个数，简称为 FM 概要技术。FM 概要技术提出以后受到很多研究者的重视，并被广泛地研究和推广。

概要技术的简单描述如下：给定 $M=\{x_1, x_2, x_3, \cdots\}$，消重计数就是指 n=| distinct(M) |。而 M 的 FM sketch，记作 S（M），是一个长度为 K 的位图。S（M）的入口点，记作 S（M）[0，…，$k-1$]，被初始化为 O，然后被一个作用到这个元素的随机哈希函数 h 赋值为 1。对于 $x \in M$ 及一个整数 i，那么 $h(x,i)=1$ 和 $h(x,i)=0$ 都有 0.5 的概率。通常 S（M）[i] ≡ 1 当且仅当 $x \in M$ 满足 $\min\{j \mid h(x,j)=1\}=i$。这样给出了一种方法可以连续快速执行并且只需对每个元素执行两次 h 操作。现在已经证明一个元素被插入到 FM 概要中只需要 O (1)的时间。

使用 FM 概要技术进行网内聚集对于无线传感器网络具有很强的适应性。传感器网络的无线传播特性使一个节点同时向很多邻居节点进行广播成为可能。其次，对复制不敏感的概要允许一个传感器节点把所有传给它的网络数据合并到一个将要发送的数据包中。选择合适的同步策略，就可以非常方便地聚集数据，而每个节点只需进行一次广播。

(4) 数据卸载

数据卸载技术在无线传感器网络的数据管理中被广泛使用，本节主要介绍数据卸载在近似连接查询中的应用。在无线传感器网络中执行多连接查询时，需要耗费巨大能量在节点之间进行大量的数据传输。在一个小型的由电池驱动的无线传感器网络中，每个节点都受能量和存储容量的限制，而在网络之外存在一个连接节点，它的能量、内存和 CPU 都不受限制。网络的任务是监测环境数据，并利用感知到的数据进行连接。为了计算一个给定时间段内的感知数据的连接结果，连接节点需要向网络中的节点发出查询，接着，数据节点将自己的数据发送到连接节点进行连接。由于无线传感器网络中传输数据的代价非常大，因此，网络的任务就是让每个数据节点传送尽量少的数据到连接节点以延长网络的生命周期。因此，在每次真正传送数据之前，数据节点都先将本地的数据的统计信息传送给连接节点，如感知数据的直方图等。连接节点利用这些统计信息来决定从不同的节点索取哪些实际的数据。因为连接节点只会向每个节点索取它所感知的数据中的一部分，因此，产生的连接结果必定是传送全部数据时的连接结果集的子集。将这一问题称为传感网络中的近似连接问题。在进行近似连接时，希望连接节点向不同的数据节点索取的数据能够满足 MAX-subset 要求，即被传送的数据产生的连接结果集最大。

针对两个关系进行连接时的近似连接问题有一个最优解和两个近似解：当两个以上关系进行连接时，获得最优解是 NP-难问题。根据数据节点的能量限制，可以给出一个近似解，当需要从关系 R_i 上删除掉 k_i 个元组时，该近似解独立地从每个关系 R_i（$1 \leqslant i \leqslant m$）上删除 k_i 个产生连接结果个数最少的元组。由于该近似算法体现出“独立性”，它被称为“独立卸载策略”，“独立卸载策略”是一个 m 近似算法，其中 m 为参与连接的关系个数。

针对无线传感器网络中多连接的数据卸载问题，提出了简单关联卸载策略、最大损失优先的关联卸载策略和多轮关联卸载策略。简单关联卸载策略为参与多连接的关系设置卸载顺序，使得关系之间的卸载过程得以交互，从而能保证更大的卸载后连接结果集。最大损失优先的关联卸载算法改进了简单关联卸载策略，其主要思想是对比不同关系上进行卸载所丢失的连接结果个数，丢失多的关系被排列在卸载顺序中靠前的位置，首先进行数据卸载计算。最大损失优先的关联卸载策略可以快速定位一个卸载顺序，减少遍历顺序空间的代价。多轮关联卸载通过将卸载分摊在几轮进行，进一步增进了关系之间的卸载交互，增加了连接的结果个数。

4. 复杂查询处理

无线传感器网络的应用中不断出现更为复杂的查询，往往要求系统能够提供对于一些特殊查询的方法和策略，比如 Top-k 查询和范围查询等都是研究的热点和难点问题。

(1) Top-k 查询处理

面向无线传感器网络的 Top-k 查询是指在某个传感器节点中寻找 k 个对象，它们携带的值是数据集中的前 k 个最大（小）值，k 一般是一个由用户指定的来自应用的参数。在无线传感器网络中进行 Top-k 查询具有非常重要的现实应用意义，例如野外生物监测，火灾预警与防控等。通常情况下，无线传感器网络会产生大量的实时数据。同时，由于节点采用电池供电，能量非常有限，而节点之间以无线方式进行通信，更为耗能。这些就决定了应该使用尽可能少的通信代价来完成无线传感器网络中的 Top-k 查询，从而最大程度地节约节点能量，延长网络寿命。

从查询结果的准确度来看，无线传感器网络中的 Top-k 查询分为精确查询和近似查询两种。在精确 Top-k 查询方面，最基本的是集中式算法，将所有的数据都收集一点，然后计算出 Top-k 结果。集中式算法实现起来最为简单，但没有节约任何通信代价，在实际应用中不可取。Naive-k 算法可以看做是对集中式算法的改进，它把整个传感器网络看做树形结构，

中间节点收集其全部子节点的值，并合并自己获取的值，计算前 k 个向上传递，不足 k 个则全部向上传递。Naive-k 算法是在数据传递过程中，抛弃了一些不能进入最终结果的值，因此节约了部分传输代价。无论是集中式算法还是 Naive-k 算法，每个节点都要至少发送数据一次，因此它们都不是节约节点能量的有效算法。Wu 等学者提出的 FILA 算法能够避免节点发送无用数据。它的基本思想是为每一个节点设置一个过滤器，它实际是所属节点的取值区间。在查询请求端，所有节点根据其过滤器区间大小进行排序。当节点收到 Top-k 查询请求时，首先采集一个新的数据，然后根据过滤规则判断是否向上提交。如果新值属于过滤器区间，则无须提交。否则，说明本次数据异常，需要向查询端发回新数据。查询端收到所有异常数据后，重新对节点进行排序，然后从高向低开始选取 k 个节点即为最后的 Top-k 查询结果。FILA 算法从传感器节点端避免了无用传输，因此可以非常有效地节省节点能耗。

近似 Top-k 查询是以有限地牺牲查询结果的准确性，来达到降低查询代价，节省能耗的目的。它的基本思想是根据一定量的样本数据建立预测模型，然后根据预测模型定点访问线传感器网络节点，从而避免无用数据的发送和传输。Deshpande 等首先提出了基于概率模型的数据获取方法，但即便是样本数据服从最为简单的概率分布，如独立高斯分布，其预测模型的计算量也是非常巨大和难以接受的。Adam Silberatein 等提出的 PROSPECTOR 系列算法对此进行了改进，它利用求解线性规划问题的方法，动态调整和平衡节点访问模型、能量约束和网络拓扑的关系，实现了给定约束下较好的效率和较高的准确性。值得一提的是，PROSPECTORPROOF 算法通过携带一定的证据数据，也能够完成精确 Top-k 查询。

（2）范围查询处理

无线传感器网络一般覆盖的感知区域比较广阔，但是查询用户有时并不想知道整个感知区域的数据，他们感兴趣是感知区域内某一具体地理范围内的数据情况，例如有这样的查询“区域 A 内的平均温度是多少?”、“区域 B 内的最高温度是多少?”、“区域 C 中总的降雨量是多少?”等，类似于这样的查询称之为“窗口查询”。窗口查询就是在指定地理区域（如一个二维或三维的矩形窗口区域）内获取传感器节点的感知数据。从上面的例子可以看出，窗口查询通常与聚集函数相结合来分析物理现象，如 MAX、MIN、AVG、SUM 等。不过有时用户可能想了解在一段时间之内某区域内的物理情况，如“每 10 秒检测一次区域 X 内的平均空气浓度是多少，持续 7200 秒”、“每分钟检测一次区域 A 内的最高温度是多少，持续 180 分钟”等，类似于这样的查询我们称之为“连续的窗口查询”。

现有的对窗口查询的研究分为两种，基于传感器网络基本结构和不基于传感器网络基本结构的查询处理技术。基于传感器网络基本结构的查询处理一般把查询分为两个阶段来完成，查询传播和数据收集。在查询传播阶段，根据已构建好的网络结构一层一层地传播查询，直到把查询传播给所有的节点；在数据收集阶段，感知数据根据接收到查询的逆路径一层一层地向上传送，最后返回给查询发出者。图 6－44（a）、图 6－44（b）显示了基于传感器网络基本结构的窗口查询。网络生成结构如图 6－44（a）所示，是根据整个传感器网络的生成结构处理窗口查询；窗口生成结构如图 6－44（b）所示，只在要查询的窗口区域内生成查询结构，不过它们对窗口查询的处理都是分为三个步骤：第一步，找到一条从查询发出者到查询窗口的路径，把查询传送到查询窗口；第二步，窗口内查询处理，先根据窗口内的网络结构把查询传播到每一个传感器节点，然后窗口内收到查询的节点把数据按照相反的方向向上传送，直到传到窗口内的根节点；第三步，窗口内的根节点把查询结果返回查询发出者。对于网络生成结构，由于它是在网络布置时构建，所以在处理窗口查询时，会使得一些与查询无关的节点参与查询处理，并且每次查询的初始化都是在根节点（如树根和簇头）进行，导致了不必要的能量消耗。STWin是窗口生成结构策略的代表。首先利用地理路由协议（GPSR）选择一条从查询发出者到窗口的路径，把查询传送到指定的查询区域，然后利用并行泛洪式或深度优先的方式进行窗口内的查询传播和数据收集。解决了高动态网络中的窗口查询处理，提出了一些处理方法。虽然减少了一些不必要的节点参与查询处理，但是窗口内网络结构的创建和维护也需要很大的能量消耗，并且两阶段的查询处理会造成很长的时间延迟。

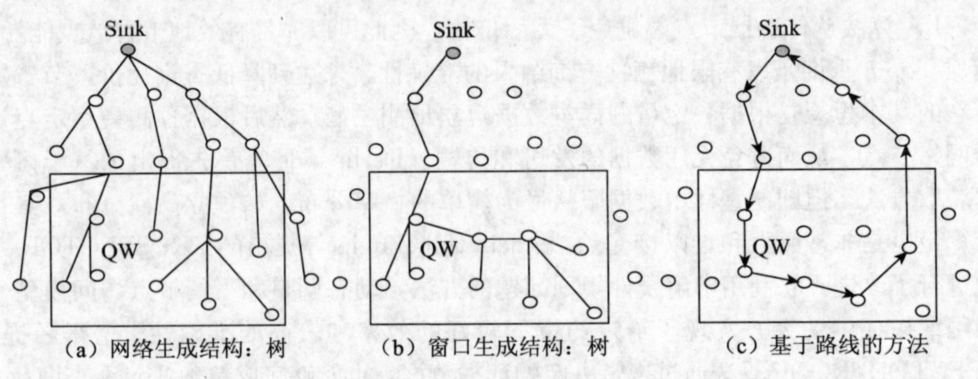

（a）网络生成结构：树　（b）窗口生成结构：树　（c）基于路线的方法

图6-44　窗口查询处理结构

以上方法很容易受网络拓扑结构的影响，传感器网络的拓扑结构会由于传感器节点状态的变化而改变，如节点因能量耗尽而失效、节点由苏醒状态进入睡眠状态、或者节点移动，都会导致传感器网络的拓扑结构变化。在动态的传感器网络维护一个稳定的网络结构会增加很多额外的资源消耗。

图6-44（c）表示了基于路线的窗口查询处理方法的基本结构。在查询窗口内，传感器节点分为查询节点和数据节点，查询节点负责查询的传播和数据的收集，数据节点只需要把感知数据传给相应的查询节点。一旦一个查询节点收到查询，它就广播查询，收到查询的数据节点把数据传送给此查询节点，查询节点对收到的所有数据进行聚集处理，然后连同查询一起传给下一个查询节点，这样层层传递直到遍历整个查询窗口，最后一个查询节点把查询结果返回给查询发出者。这种窗口查询处理的方法不基于传感器网络基本结构，它把查询传播和数据收集合为一个过程，从而减少构建网络结构的能量消耗和时间延迟。

四、无线传感器网络的数据清洗技术

无线传感器网络是用于了解物理世界的接收设备，在环境监控等应用中，无线传感器网络提供的数据流可以让查询者随时了解监控区域的实际情况。而现有物理接收系统的可靠性较低，主要表现为脏数据被接收设备接收而影响查询者对实际情况的了解。脏数据可分成2种。

(1) 丢失的数据：接收器通常是低能耗并使用无线通信的，这导致了数据包频繁地丢失。例如，在伯克利（Berkeley）大学英特尔研究实验室中布置了54个传感器，在一个月的

时间内只有 42%的数据被成功传回给查询者。

(2) 不可靠的数据：通常情况下，单个传感器的读数可能是不精确或不可靠的，出现问题的传感器很可能一直感知错误数据并且公布错误数据。

为了尽量避免错误数据影响查询结果，数据必须在被任何应用使用之前进行清洗，标识出脏数据的类型，并能够使用简单的方法除去脏数据。在进行数据清洗时可以采用集中处理的方式，即将产生的数据存储起来，对其进行分析，确定脏数据并对其进行清理。但在很多应用中，数据是以数据流的形式存在的，用户对于数据流实时性的要求非常高，在这种情况下，集中式的清洗方法无疑会加重网络负担，降低网络的寿命。

Berkeley 的 Shawn R. Jeffery 等人提出了一种管道式的在线流数据清洗方法。这种方法在数据流动的过程中对其进行清理，既能满足实时性的要求，又可以及时地反映出脏数据类型，并对其进行清理。

管道式在线数据清洗是基于一定规律的。环境中的物理参数之间可能存在着各种各样的关联，包括空间关联和时间关联。当节点间的距离在某个范围之内时，这两个节点之间就会存在某种关联，称为空间关联；而对于同一个节点而言，当前一个采样值与后一个采样值在时间间隔小于某个值的时候也会存在着某种关联，称为时间关联。在这个前提下，管道式流数据处理方法可以分成下列 5 步：

(1) 节点本地处理：在节点本地进行元组级的校验，转换和过滤。用一些很简单的过滤器对传感器感知的数据进行初步处理，去除很显然的错误数据。

(2) 平滑：利用在同一个时间粒度内数据的相关性在节点本地对数据进行比较，检查出错误数据和丢失数据，用准确数据来替代或补充丢弃数据。

(3) 合并：利用同一空间粒度内数据的相关性对数据进行比较，查出失效节点，插入丢失数据，删除错误数据，纠错更正处理。

(4) 评判：对传感器的读数进行冲突校验，对重复数据进行消重处理。

(5) 综合化：综合不同类型的传感器读数，进行应用级的数据清洗。

基于管道式的数据清洗方法可以使用简单的代码，实现快速地在线数据流清洗，使传感器感知的数据更加真实可靠。

本 章 小 结

本章总体介绍了现代一些先进的数据库技术。

(1) 讨论数据库设计的全过程。包括需求分析、概念结构设计、逻辑结构设计、物理结构设计、数据库的实施、数据的使用与维护 6 个阶段。

(2) Web 数据库是以后台数据库为基础的，加上一定的前后程序，通过浏览器完成数据存储、查询、更新和删除等操作的数据库系统。在物联网的实现过程中，可以借助于 Web 数据库技术存储物品信息，从而与计算相结合，提高数据处理速度。

(3) 无线传感器网络的数据管理不同于传统的分布式数据管理，它有着独特的路由策略，独立的查询语言和数据存储，以及独具特色的网内查询处理机制，可以说随着无线传感器网络的进一步发展与应用，无线传感器网络数据管理的研究会具有更大的科研价值和实用。

第七章　物联网网络安全技术

教学目标

通过本章的学习，掌握物联网网络安全基础知识；了解网络安全的体系结构；掌握物联网网络安全策略：物理安全策略和访问控制策略（密码技术、防火墙技术、入侵检测技术、网络病毒及反病毒技术）。

第一节　网络安全概述

一、网络安全的定义

物联网网络安全技术是一个相对复杂的课题，它是一门涉及计算机技术、网络技术、通信技术、密码技术、应用数学、数论和信息论等多种技术的边缘性综合性学科。物联网网络安全的保证是以计算机网络的安全为基础。

从狭义的角度来看，计算机网络安全是指计算机及其网络系统资源和信息资源不受自然和人为有害因素的威胁和侵害，即网络系统的硬件、软件及其系统中的数据受到保护，不受偶然的或者恶意的原因而遭到破坏、更改、泄露，系统连续、可靠、正常地运行，网络服务不中断。

从广义的角度来看，凡是涉及计算机网络上信息的保密性、完整性、可用性、可控性以及可审查性的相关技术和理论都是计算机网络安全的研究领域。

（1）保密性。是指信息不被泄露给非授权的个人、实体和过程，或供其使用的特性。

（2）完整性。是指信息未经授权不能被修改、不被破坏、不被插入、不延迟、不乱序和不丢失的特性。对网络信息安全进行攻击，其最终目的就是破坏信息的完整性。

（3）可用性。是指合法用户访问并能按要求顺序使用信息的特性，即保证合法用户在需要时可以访问到信息及相关资源。

（4）可控性。是指授权机构对信息的内容及传播具有控制能力的特性，可以控制授权范围内的信息流向及方式。

（5）可审查性。在信息交流过程结束后，通信双方不能抵赖曾经作出的行为，也不能否认曾经接收到对方的信息。

二、网络安全体系结构

计算机网络安全体系结构是网络安全最高层的抽象描述，全面了解网络安全体系结构，

对于网络安全的理解、设计、实现与管理具有重要的意义。

计算机网络安全可以看成一个由多个安全单元组成的集合。其中每个安全单元都是一个整体，包括很多特性。可以从安全特性的安全问题、系统单元的安全问题以及ISO/OSI参考模型结构层次的安全问题三个主要特性来理解一个安全单元。安全单元可以用一个三维模型来描述，如图7-1所示。它反映了信息系统安全需求和体系结构的共性。

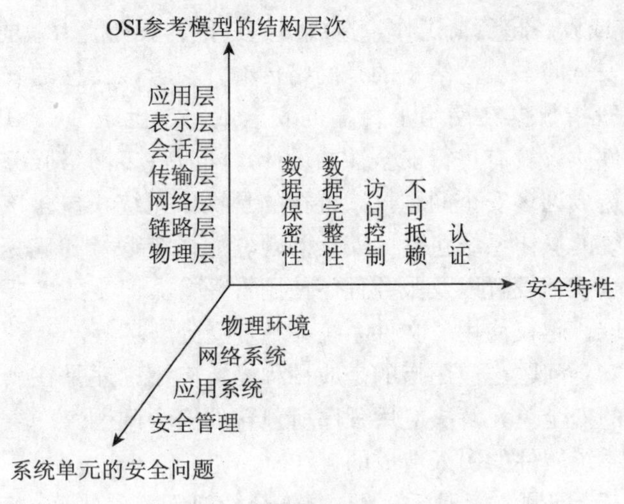

图7-1　网络安全体系结构

1. 安全特性的共性问题

安全特性基于ISO 7499－2规定了5个方面的服务，即认证、数据保密性、数据完整性、访问控制以及不可抵赖。它指的是该单元解决什么样的安全威胁。

(1) 认证。这种安全服务提供某个实体的身份保证。该服务有两种类型：对等实体认证和数据源认证。

(2) 数据保密性。这种安全服务能够提供保护，使得信息不泄露、不暴露给那些未被授权就想掌握该信息的实体。

(3) 数据完整性。这种安全服务保护数据在存储和传输中的完整性。

(4) 访问控制。这种安全服务提供的保护，就是限制某一些确知身份的用户对某些资源的访问。

(5) 不可抵赖。该服务主要保护通信系统不会遭到来自系统中其他合法用户的威胁，而不是来自未知攻击者的威胁。

2. 系统单元的安全问题

系统单元的安全问题包括以下内容：

(1) 物理环境的安全问题。物理是指物理环境如硬件设备、网络设备等。包含该特性的安全单元解决物理环境的安全问题。主要包含因为主机、网络设备硬件、线路和信息存储设备等物理介质造成的信息泄露、丢失和服务中断。产生的主要原因有电磁辐射与搭线窃听、盗用、偷窃、硬件故障、超负荷以及火灾与自然灾害等。

• 电磁辐射与搭线窃听：入侵者利用高灵敏度的接收仪器，从远距离获取网络设备和线路的信息泄露，或使用各种高性能的协议分析仪器和信道检测仪器对网络进行搭线窃听，并对信息流进行分析和还原，可以很容易地得到口令或其他重要信息。

• 盗用：入侵者通过把笔记本式计算机接入到内部网络上，非法访问网络资源。

• 偷窃：盗走硬盘、光盘、磁带和软盘等存储介质，或者复制硬盘数据等。

• 硬件故障：硬盘、光盘等存储介质毁坏或网络设备毁坏造成数据丢失。

• 超负荷：系统或设备超负荷工作，造成负担过重、服务能力减弱、数据丢失。

(2) 网络系统的安全问题。网络指的是网络传输。包含该特性的安全单元解决网络协议造成的安全问题。一般指数据在网络上传输的安全威胁。由于 TCP/IP 协议本身的安全缺陷，大部分因特网软件协议没有进行安全性的设计；同时许多网络服务器程序需要用超级用户特权来执行，这又造成许多安全问题。系统指的是操作系统，包含该特性的安全单元解决终端系统或者中间系统的操作系统包含的安全问题。如系统账号和口令设置、文件和目录存取权限设置、系统安全管理设置以及服务程序使用管理等。产生的主要原因有系统本身的漏洞太多、未授权的存取、越权使用、文件系统完整性受到破坏等。

(3) 应用系统的安全问题。应用指的是应用程序。应用程序是在操作系统上安装和运行的程序，包含该特性的安全单元解决应用程序所包含的安全问题。产生的主要原因是有漏洞或被病毒感染的应用系统软件的引入造成的。

(4) 网络管理的安全问题。管理指的是网络安全管理环境。对于一个网络，无论设计的多么完善，总要有人运行、操作，如果系统管理员不能严格执行规定的网络安全策略及人员管理策略，整个系统就相当于没有安全保护。安全管理是网络管理系统的一个重要组成部分。

三、网络安全策略

1. 物理安全策略

物理安全策略的目的是保护计算机系统、网络服务器、打印机等硬件实体和通信链路免受自然灾害、人为破坏和搭线攻击；验证用户的身份和使用权限、防止用户越权操作；确保计算机系统有一个良好的电磁兼容工作环境；建立完备的安全管理制度，防止非法进入计算机控制室和各种偷窃、破坏活动的发生。

抑制和防止电磁泄漏（即 TEMPEST 技术）是物理安全策略的一个主要问题。目前主要防护措施有两类：一类是对传导发射的防护，主要采取对电源线和信号线加装性能良好的滤波器，减小传输阻抗和导线间的交叉耦合。另一类是对辐射的防护，这类防护措施又可分为以下两种：一是采用各种电磁屏蔽措施，如对设备的金属屏蔽和各种接插件的屏蔽，同时对机房的下水管、暖气管和金属门窗进行屏蔽和隔离；二是干扰的防护措施，即在计算机系统工作的同时，利用干扰装置产生一种与计算机系统辐射相关的伪噪声向空间辐射来掩盖计算机系统的工作频率和信息特征。

2. 访问控制策略

访问控制是网络安全防范和保护的主要策略，它的主要任务是保证网络资源不被非法使用和非法访问。它也是维护网络系统安全、保护网络资源的重要手段。各种安全策略必须相互配合才能真正起到保护作用，但访问控制可以说是保证网络安全最重要的核心策略之一。

下面我们分述各种访问控制策略。

（1）入网访问控制

入网访问控制为网络访问提供了第一层访问控制。它控制哪些用户能够登录到服务器并获取网络资源，控制准许用户入网的时间和准许他们在哪台工作站入网。

用户的入网访问控制可分为三个步骤：用户名的识别与验证、用户口令的识别与验证、用户账号的缺省限制检查。三道关卡中只要任何一关未过，该用户便不能进入该网络。

对网络用户的用户名和口令进行验证是防止非法访问的第一道防线。用户注册时首先输入用户名和口令，服务器将验证所输入的用户名是否合法。如果验证合法，才继续验证用户输入的口令，否则，用户将被拒之网络之外。用户的口令是用户入网的关键所在。为保证口令的安全性，用户口令不能显示在显示屏上，口令长度应不少于 6 个字符，口令字符最好是数字、字母和其他字符的混合，用户口令必须经过加密，加密的方法很多，其中最常见的方法有：基于单向函数的口令加密，基于测试模式的口令加密，基于公钥加密方案的口令加密，基于平方剩余的口令加密，基于多项式共享的口令加密，基于数字签名方案的口令加密等。经过上述方法加密的口令，即使是系统管理员也难以得到它。用户还可采用一次性用户口令，也可用便携式验证器（如智能卡）来验证用户的身份。

系统管理员应该可以控制和限制普通用户的账号使用，访问网络的时间、方式。用户名或用户账号是所有计算机系统中最基本的安全形式。用户账号应只有系统管理员才能建立，用户口令是每个用户访问网络所必须提交的“证件”。用户可以修改自己的口令，但系统管理员可以在以下几个方面对口令进行限制：最小口令长度、强制修改口令的时间间隔、口令的唯一性、口令过期失效后允许入网的宽限次数。

用户名和口令验证有效之后，再进一步履行用户账号的缺省限制检查。网络应能控制用户登录入网的站点、限制用户入网的时间、限制用户入网的工作站数量。当用户对交费网络的访问“资费”用尽时，网络还应能对用户的账号加以限制，用户此时应无法进入网络访问网络资源。网络应对所有用户的访问进行审计。如果多次输入口令不正确，则认为是非法用户的入侵，应给出报警信息。

（2）网络的权限控制

网络的权限控制是针对网络非法操作所提出的一种安全保护措施。用户和用户组被赋予一定的权限。网络控制用户和用户组可以访问哪些目录、子目录、文件和其他资源。可以指定用户对这些文件、目录、设备能够执行哪些操作。受托者指派和继承权限屏蔽（IRM）可作为其两种实现方式。受托者指派控制用户和用户组如何使用网络服务器的目录、文件和设备。继承权限屏蔽相当于一个过滤器，可以限制子目录从目录那里继承哪些权限。我们可以根据访问权限将用户分为以下几类：特殊用户（即系统管理员）；一般用户，系统管理员根据他们的实际需要为他们分配操作权限；审计用户，负责网络的安全控制与资源使用情况的审计。用户对网络资源的访问权限可以用一个访问控制表来描述。

（3）目录级安全控制

网络应允许控制用户对目录、文件、设备的访问。用户在目录一级指定的权限对所有文件和子目录有效，用户还可进一步指定对目录下的子目录和文件的权限。对目录和文件的访问权限一般有八种：系统管理员权限（Supervisor）、读权限（Read）、写权限（Write）、创建权限（Create）、删除权限（Erase）、修改权限（Modify）、文件查找权限（File Scan）、存取控制权限（Access Control）。用户对文件或目标的有效权限取决于以下两个因素：用户的受托者指派以及用户所在组的受托者指派、继承权限屏蔽取消的用户权限。一个网络系统管理员应当为用户指定适当的访问权限，这些访问权限控制着用户对服务器的访问。八种访问权限的有效组合可以让用户有效地完成工作，同时又能有效地控制用户对服务器资源的访问，从而加强了网络和服务器的安全性。

（4）属性安全控制

当用文件、目录和网络设备时，网络系统管理员应给文件、目录等指定访问属性。属性安全控制可以将给定的属性与网络服务器的文件、目录和网络设备联系起来。属性安全在权限安全的基础上提供更进一步的安全性。网络上的资源都应预先标出一组安全属性。用户对网络资源的访问权限对应一张访问控制表，用以表明用户对网络资源的访问能力。属性设置可以覆盖已经指定的任何受托者指派和有效权限。属性往往能控制以下几个方面的权限：向某个文件写数据、拷贝一个文件、删除目录或文件、查看目录和文件、执行文件、隐含文件、共享、系统属性等。网络的属性可以保护重要的目录和文件，防止用户对目录和文件的误删除、执行修改、显示等。

第二节　密码技术

一、分组密码

现代密码学中所出现的密码体制可分为两大类：对称加密体制和非对称加密体制。对称加密体制中相应采用的就是对称算法。在大多数对称算法中，加密密钥和解密密钥是相同的。从基本工作原理来看，古典加密算法最基本的替代和换位工作原理，仍是现代对称加密算法最重要的核心技术。对称算法可分为两类：序列密码（Stream Cipher）和分组密码（block cipher），其中绝大多数基于网络的对称密码应用，使用的是分组密码。

与序列密码每次加密处理数据流的一位或一个字节不同，分组密码处理的单位是一组明文，即将明文消息编码后的数字序列划分成长为 L 位的组 m，各个长为 L 的分组分别在密钥 k（密钥长为 t）的控制下变换成与明文组等长的一组密文输出文字序列 c。

分组密码算法实际上就是在密钥的控制下，通过某个置换来实现对明文分组的加密变换。为了保证密码算法的安全强度，对密码算法的要求如下：

- 分组长度足够长。
- 密钥量足够多。
- 密码变换足够复杂。

1. DES

美国国家标准局（NBS）于 1973 年向社会公开征集一种用于政府机构和商业部门的加密算法，经过评测和一段时间的试用，美国政府于 1977 年颁布了数据加密标准（Data Encryption Standard，DES）。DES 是分组密码的典型代表，也是第一个被公布出来的标准算法，曾被美国国家标准局（现为国家标准与技术研究所 NIST）确定为联邦信息处理标准

(FIPS PUB 46)，使用广泛，特别是在金融领域，曾是对称密码体制事实上的世界标准。

DES是一种分组密码，明文、密文和密钥的分组长度都是64位，并且是面向二进制的密码算法。DES处理的明文分组长度为64位，密文分组长度也是64位，使用的密钥长度为56位（实际上函数要求一个64位的密钥作为输入，但其中用到的只有56位，另外8位可以用作奇偶校验位或者完全随意设置）。DES是对合运算，它的解密过程和加密相似，解密时使用与加密同样的算法，不过子密钥的使用次序则要与加密相反。DES的整个体制是公开的，系统的安全性完全靠密钥保密。

DES的整体结构如图7-2所示。

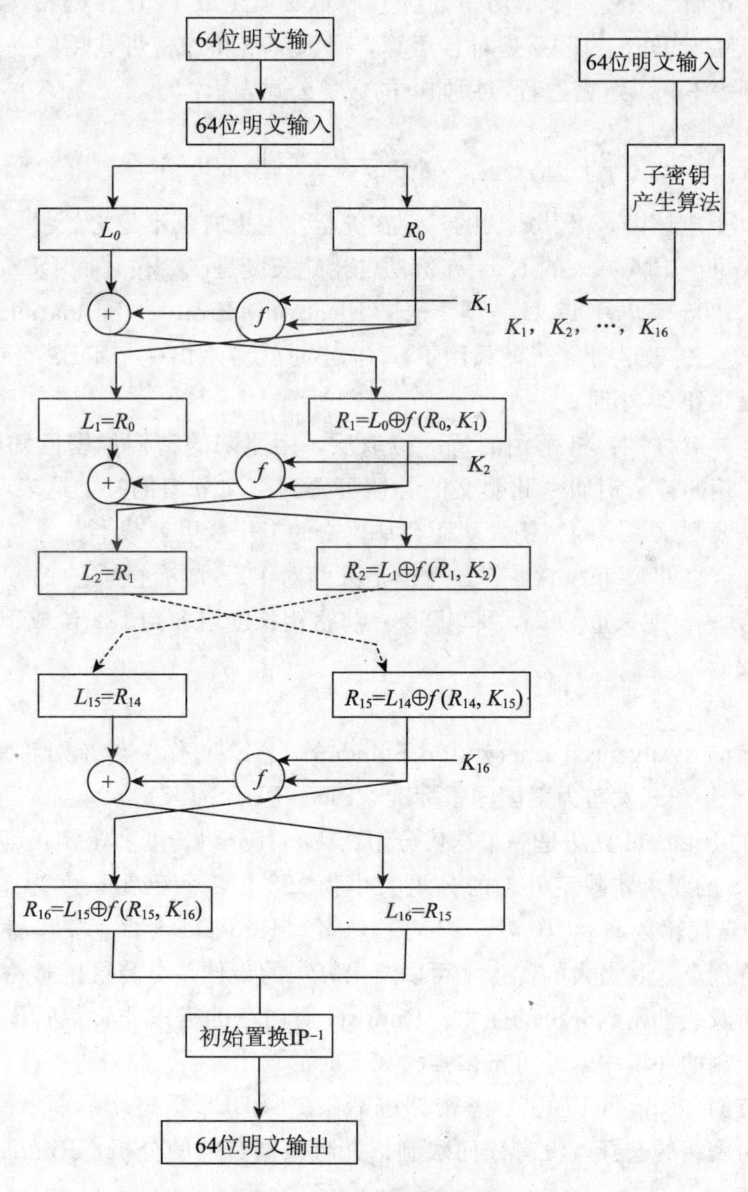

图7-2　DES的整体结构

DES 算法的加密过程经过了三个阶段：

首先，64 位的明文在一个初始置换 IP 后，比特重排产生了经过置换的输入，明文组被分成右半部分和左半部分，每部分 32 位，以 L_0 和 R_0 表示。

第二阶段是对同一个函数进行 16 轮迭代，称为乘积变换或函数 f。这个函数将数据和密钥结合起来，本身既包含换位又包含替代函数，输出为 64 位，其左边和右边两个部分经过交换后得到预输出。

$$\begin{cases} L_i = R_{i-1} \\ R_i = L_{i-1} \oplus f\ (R_{i-1},\ K_i) \end{cases} \quad i=1,\ 2,\ \cdots,\ 16 \tag{7-1}$$

最后阶段，预输出通过一个逆初始置换 IP^{-1} 算法就生成了 64 位的密文结果。相对应的 DES 的解密过程由于 DES 的运算是对合运算，所以解密和加密可共用同一个运算，只是子密钥的使用的顺序不同。解密过程可用如下的数学公式表示：

$$\begin{cases} R_{i-1} = L_i \\ L_{i-1} = R_i \oplus f\ (L_i,\ K_i) \end{cases} \quad i=1,\ 2,\ \cdots,\ 16 \tag{7-2}$$

DES 在总体上应该说是极其成功的，但在安全性上也有其不足之处。

(1) 密钥太短：IBM 原来的 Lucifer 算法的密钥长度是 128 位，而 DES 采用的是 56 位，这显然太短了。1998 年 7 月 17 日美国 EFF（Electronic Frontier Founation）宣布，他们用一台价值 25 万美元的改装计算机，只用了 56 个小时就穷举出一个 DES 密钥。1999 年 EFF 将该穷举速度提高到 24 小时。

(2) 存在互补对称性：将密钥的每一位取反，用原来的密钥加密已知明文得到密文分组，那么用此密钥的补密钥加密此明文的补便可得到密文分组的补。这表明，对 DES 的选择明文攻击仅需要测试一半的密钥，从而穷举攻击的工作量也就减半。

除了上述两点之外，DES 的半公开性也是人们对 DES 颇有微词的地方。后来虽然推出了 DES 的改进算法，如三重 DES，即 3DES，将密钥长度增加到 112 位或 168 位，增强了安全性，但效率较低。

2. AES

高级加密标准（Advanced Encryption Standard，AES）作为传统对称加密标准 DES 的替代者，于 2001 年正式发布为美国国家标准（FIST PUBS 197）。

AES 采用的 Rijndael 算法是一个迭代分组密码，其分组长度和密钥长度都是可变的，只是为了满足 AES 的要求才限定处理的分组大小为 128 位，而密钥长度为 128 位、192 位或 256 位，相应的迭代轮数 N 为 10 轮、12 轮、14 轮。Rijndael 会聚了安全性能、效率、可实现性和灵活性等优点，其最大的优点是可以给出算法的最佳差分特征的概率，并分析算法抵抗差分密码分析及线性密码分析的能力。Rijndael 对内存的需求非常低且操作简单，也使它很适合用于受限制的环境中，并可抵御强大和实时的攻击。

在安全性方面，Rijndael 加密、解密算法不存在像 DES 里出现的弱密钥，因此在加密、解密过程中，对密钥的选择就没有任何限制；并且根据目前的分析，Rijndael 算法能有效抵抗现有已知的攻击。

除了前面介绍的分组密码外，还有其他很多的分组密码，比如 RC 系列分组密码（包括

RC2、RC5、RC6 等）、CLIPPER 密码、SKIPJACK 算法、IDEA 密码等。目前国际上公开的分组密码不下 100 种，在此不一一介绍。

二、公钥密码体制

公钥密码学与其之前的密码学完全不同。首先，公钥密码算法基于数学函数而不是之前的替代和置换。其次，公钥密码学是非对称的，它使用两个独立的密钥。公钥密码学在消息的保密性、密钥分配和认证领域都有着极其重要的意义。

公开密钥密码的基本思想是将传统密码的密钥 K 一分为二，分为加密钥 K_e 和解密钥 K_d，用加密钥 K_e 控制加密，用解密钥 K_d 控制解密，而且在计算上确保由加密钥 K_e 不能推出解密钥 K_d。这样，即使是将 K_e 公开也不会暴露 K_d，从而不会损害密码的安全。于是可对 K_d 保密，而对 K_e 进行公开，从而在根本上解决了传统密码在密钥分配上所遇到的问题。为了区分常规加密和公开密钥加密两个体制，一般将常规加密中使用的密钥称为秘密密钥（Secret Key），用 K_s 表示。公开密钥加密中使用的能够公开的加密密钥 K_e 称为公开密钥（Public Key），用 KU 表示，加密中使用的保密的解密密钥 K_d 称为私有密钥（Private Key），用 KR 表示。

根据公开密钥密码的基本思想，可知一个公开密钥密码应当满足以下三个条件：

（1）解密算法 D 与加密算法 E 互逆，即对所有明文 M 都有 D_{KR}（E_{KU}（M））＝M；

（2）在计算上不能由 KU 推出 KR；

（3）算法 E 和 D 都是高效的。

满足了以上三个条件，便可构成一个公开密钥密码，这个密码可以确保数据的秘密性。进而，如果还要求确保数据的真实性，则还应满足第四个条件。即：

对于所有明文 M 都有 E_{KU}（D_{KR}（M））＝M。

如果同时满足以上四个条件，则公开密钥密码可以同时确保数据的秘密性和真实性。此时，对于所有的明文 M 都有 D_{KR}（E_{KU}（M））＝E_{KU}（D_{KR}（M））＝M。

公开密钥密码从根本上克服了传统密码在密钥分配上的困难，利用公开密钥密码进行保密通信需要成立一个密钥管理机构（KMC），每个用户都将自己的姓名、地址和公开的加密密钥等信息在 KMC 登记注册，将公钥记入共享的公开密钥数据库 PKDB 中。KMC 负责密钥的管理，并且得到用户的信赖。这样，用户利用公开密钥密码进行保密通信就像查电话号码簿打电话一样方便，无须按约定持有相同的密钥，因此特别适合计算机网络应用。

1. RSA

RSA 公钥算法是由美国麻省理工学院（MIT）的 Rivest、Shamir 和 Adleman 在 1978 年提出的，其算法的数学基础是初等数论的 Euler 定理，其安全性建立在大整数因子分解的困难性之上。

RSA 密码体制中，明文空间 M＝密文空间 C＝Z_n（整数），其算法描述如下：

（1）密钥的生成：首先，选择两个互异的大素数 p 和 q（保密），计算 n＝pq（公开），φ（n)＝（p－1）（q－1）（保密），选择一个随机整数 e（0＜e＜φ（n)，满足 gcd（e，φ（n））＝1（公开）。计算 $d=e^{-1}$ modφ（n）（保密）。确定公钥 K_e＝｛e，n｝，私钥 K_d＝｛d，p，q｝，即｛d，n｝。

（2）加密：C＝M^emod（n）。

(3) 解密：$M=C^d \bmod (n)$。

【例】 p=17，q=11，e=7，M=88，使用 RSA 算法计算密文 C=?

(1) 选择素数 p=17，q=11；

(2) 计算 n=pq=17×11=187；

(3) 计算 $\varphi(n)=(p-1)(q-1)=16\times 10=160$；

(4) 选择 e=7，满足 0<e<160，且 gcd (7，160) =1；

(5) 计算 d，因为 $d=e^{-1} \bmod \varphi(n)$，即 $ed\equiv 1 \bmod \varphi(n)$，选择 d=23。因为 23×7=1×160+1；

(6) 公钥 $K_e=\{e, n\}=\{7, 187\}$，私钥 $K_d=\{d, n\}=\{23, 187\}$；

(7) 计算密义 $C=M^e \bmod (n)=88^7 \bmod (187)=11$。(解密 $M=11^{23} \bmod (187)=88$)。

由于 RSA 密码安全、易懂，既可用于加密，又可用于数字签名，因此 RSA 方案是唯一被广泛接受并实现的通用公开密钥密码算法，许多国家标准化组织，如 ISO，ITU 和 SWIFT 等都已接受 RSA 作为标准。Internet 网的 E-mail 保密系统 PGP（Pretty Good Privacy）以及国际 VISA 和 MASTER 组织的电子商务协议（Secure Electronic Transaction，SET 协议）中都将 RSA 密码作为传送会话密钥和数字签名的标准。

2. EIGamal 和 ECC

EIGamal 密码是除了 RSA 密码之外最有代表性的公开密钥密码。EIGamal 密码建立在离散对数的困难性之上。由于离散对数问题具有较好的单向性，所以离散对数问题在公钥密码学中得到广泛应用。除了 EIGamal 密码外，Diffie-Hellman 密钥分配协议和美国数字签名标准算法 DSA 等也都是建立在离散对数问题之上的。EIGamal 密码改进了 Diffie 和 Hellman 的基于离散对数的密钥分配协议，提出了基于离散对数的公开密钥密码和数字签名体制。由于 EIGamal 密码的安全性建立在 GF（p）离散对数的困难性之上，而目前尚无求解 GF（p）离散对数的有效算法，所以 p 足够大时 EIGamal 密码是很安全的。

椭圆曲线密码体制（Elliptic Curve Cryptography，ECC）通过由“元素”和“组合规则”来组成群的构造方式，使得群上的离散对数密码较 RSA 密码体制而言能更好地对抗密钥长度的攻击，使用椭圆曲线公钥密码的身份加密系统能够较好地抵御攻击，是基于身份加密的公钥密码学在理论上较为成熟的体现。

3. 公钥密码体制应用

大体上说，可以将公开密钥密码系统的应用分为如下三类。

(1) 机密性的实现

发送方用接收方的公开密钥加密报文，接收方用自己相应的私钥来解密，如图 7-3 所示。

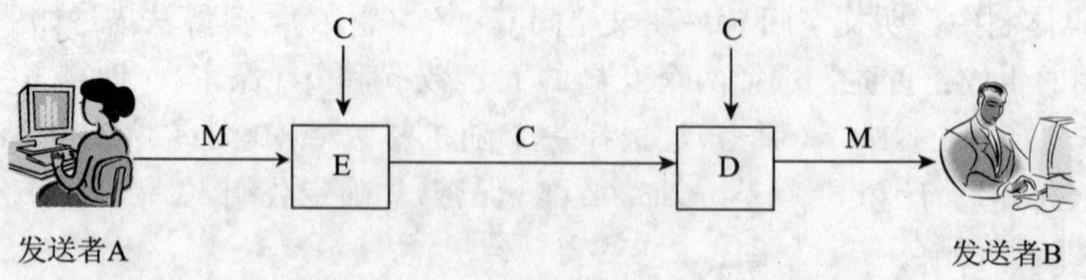

图 7-3　公开密钥算法加密过程

发送者 A 发送的信息用接收者 B 的公钥 KU_B 进行加密，只有拥有与公钥匹配的私钥 KR_B 的接收者 B 才能对加密的信息进行解密，而其他攻击者由于并不知道 KR_B，因此不能对加密信息进行有效解密。此加密过程保证了信息传输的机密性。

（2）数字签名

数字签名是证明发送者身份的信息安全技术。在公开密钥加密算法中，发送方用自己的私钥“签署”报文（即用自己的私钥加密），接收方用发送方配对的公开密钥来解密以实现认证。如图 7-4 所示。

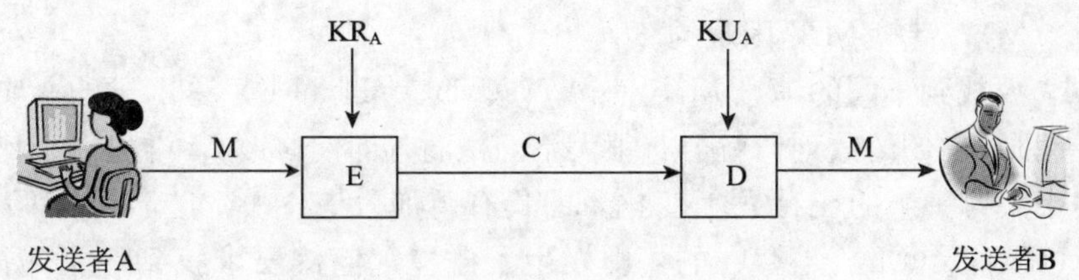

图 7-4　公开密钥算法数字签名过程

发送者 A 用自己的私钥 KR_A 对信息进行加密（即签名），接收者用与 KR_A 匹配的公钥 KU_A 进行解密（即验证）。因为只有 KU_A 才能对 KR_A 进行解密，而发送者 A 是 KR_A 的唯一拥有者，因此可以断定 A 是信息的唯一发送者。此过程保证了信息的不可否认性。

（3）密钥交换

密钥交换即发送方和接收方基于公钥密码系统交换会话密钥。这种应用也称为混合密码系统，可以通过用常规密码体制加密需要保密传输的消息本身，然后用公钥密码体制加密常规密码体制中使用的会话密钥，充分利用对称密码体制在处理速度上的优势和非对称密码体制在密钥分发和管理方面的优势，从而使效率大大提高，如图 7-5 所示。

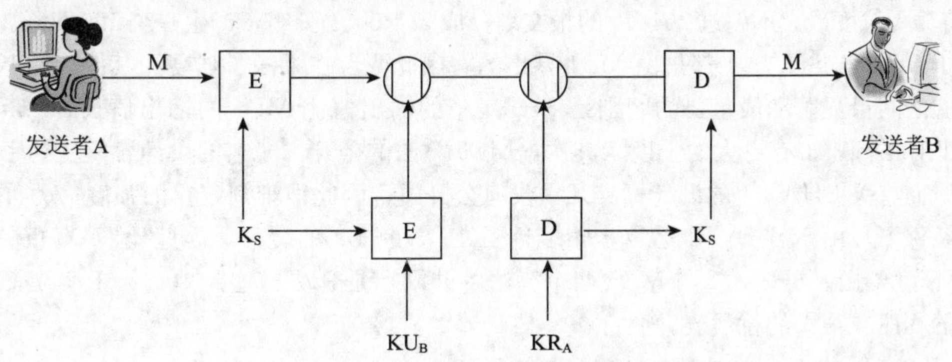

图 7-5　公开密钥算法交换会话密钥过程

发送者 A 发送明文用常规加密算法进行加密，然后把会话密钥 K_s 用接收者的公钥 KU_B 加密并与密文一起发送出去。接收者收到信息后先对信息进行分离，将加密密钥用自己的私钥 KR_B 进行解密得到会话密钥 K_s，然后再用 K_s 对密文进行解密恢复出明文。

三、报文认证与数字签名

1. Hash 函数

(1) Hash 函数的特性

Hash 函数也被称为哈希函数或者散列函数。它是一种单项密码体制，即它是一个从明文到密文的不可逆映射，能够将任意长度的消息 M 转换成固定长度的输出 H (M)。

Hash 函数除了上述的特点之外，还必须满足以下三个性质：

①给定 M，计算 H (M) 是容易的。

②给定 H (M)，计算 M 是困难的。

③给定 M，要找到不同的消息 M′，使得 H (M) =H (M′) 是困难的。实际上，只要 M 和 M′略有差别，它们的散列值就会有很大不同，而且即使修改 M 中的一个比特，也会使输出的比特串中大约一半的比特发生变化，即具有雪崩效应。(注：不同的两个消息 M 和 M′使得 H (M) =H (M′) 是存在的，即发生了碰撞，但按要求找到一个碰撞是困难的，因此，Hash 函数仍可以较放心地使用。

(2) Hash 函数的算法

单项散列函数的算法有很多种，如 Snefru 算法、N-Hash 算法、MD2 算法、MD4 算法、MD5 算法、SHA-1 算法等，常用的有 MD5 算法和 SHA-1 算法。

①MD5 算法：MD 表示信息摘要 (Message Digest)。MD4 是 Ron Rivest 设计的单向散列算法，其公布后由于有人分析出算法的前两轮存在差分密码攻击的可能，因而 Rivest 对其进行了修改，产生了 MD5 算法。MD5 算法将输入文本划分成 512 bit 的分组，每一个分组又划分为 16 个 32 bit 的子分组，输出由 4 个 32 bit 的分组级联成一个 128 bit 的散列值。

②安全散列算法 (SHA)：由美国国家标准和技术协会 (NIST) 提出，在 1993 年公布并作为联邦信息处理标准 (FIPS PUB 180)，之后在 1995 年发布了修订版 FIPS PUB 180，通常称之为 SHA-1。SHA 是基于 MD4 算法的，在设计上很大程度是模仿 MD4 的。SHA-1 算法将输入长度最大不超过 264 bit 的报文划分成 512 bit 的分组，产生一个 160 bit 的输出。

由于 MD5 与 SHA-1 都是由 MD4 导出的，因此两者在算法、强度和其他特性上都很相似。它们之间最显著和最重要的区别是 SHA-1 的输出值比 MD5 的输出值长 32 bit，因此 SHA-1 对强行攻击有更大的强度。其次，MD5 算法的公开，使它的设计容易受到密码分析的攻击，而有关 SHA-1 的设计标准几乎没有公开过，因此很难判定它的强度。另外，在相同硬件条件下，由于 SHA-1 运算步骤多且要处理 160 bit 的缓存，因此比 MD5 仅处理 128 bit 缓存速度要慢。SHA-1 与 MD5 两个算法的共同点是算法描述简单、易于实现，并且无须冗长的程序或很大的替代表。

2. 报文认证

报文认证是证实收到的报文来自于可信的源点并未被篡改的过程。常用的报文认证函数包括报文加密、散列函数和报文认证码 MAC 三种类型。

(1) 报文加密

报文加密是用整个报文的密文作为报文的认证符。发送者 A 唯一拥有密钥 K，如果密文被正确恢复，则 B 可以知道收到的内容没有经过任何改动，因为不知道 K 的第三方想要根据

他所期望的明文来造出能够被 B 恢复的密文是非常困难的。因此，对报文进行加密既能保证报文的机密性，又能认证报文的完整性。报文加密认证过程如图 7－6 所示。

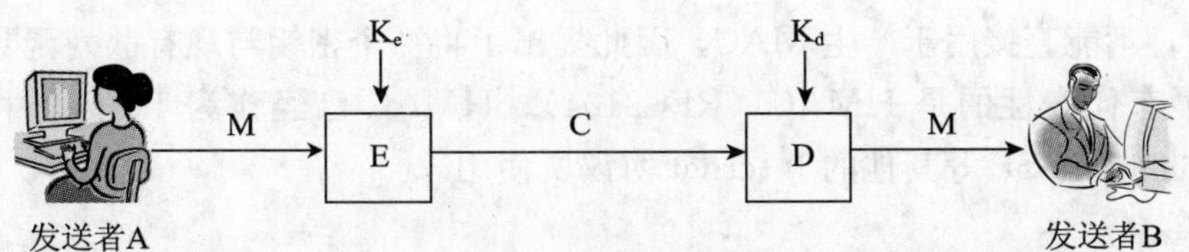

图 7－6　报文加密认证过程

（2）散列函数

散列函数是一个将任意长度的报文映射为定长的散列值的公共函数，并以散列值作为认证码。发送者首先计算要发送的报文 M 的散列函数值 H（M），然后将其与报文一起发给 B，接收者对收到的报文 M′计算新的散列函数值 H（M′）并与收到的 H（M）值进行比较，如果两者相同则证明信息在传送过程中没有遭到篡改。用散列函数进行认证的过程如图 7－7 所示。

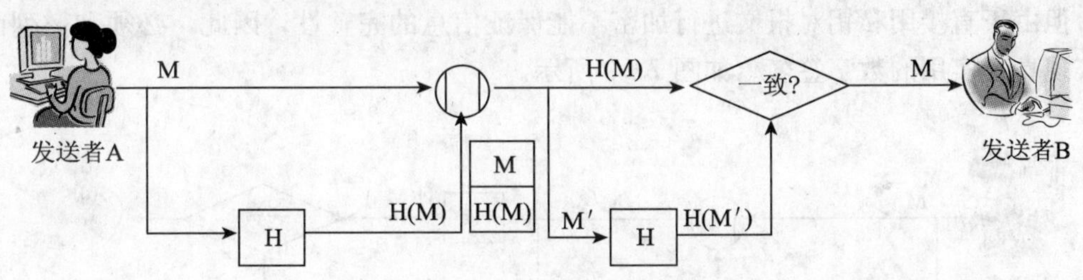

图 7－7　散列函数认证过程

（3）报文认证码（Message Authentication Code，MAC）

报文认证码（MAC）是以一个报文的公共函数和用作产生一个定长值的密钥的认证符。它使用一个密钥产生一个短小的定长数据分组，即报文认证码 MAC，并把它附加在报文中。发送者 A 用明文 M 和密钥 K 计算要发送的报文的函数值 C_K（M），即 MAC 值并将其与报文一起发给 B，接收者用收到的报文 M 和与 A 共有的密钥 K 计算新的 MAC 值并与收到的 MAC 值进行比较。如果两者相同则证明信息在传送过程中没有遭到篡改。用 MAC 进行认证得过程如图 7－8 所示。

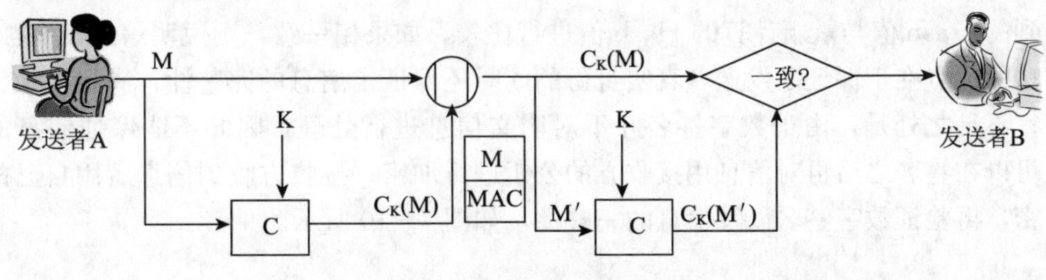

图 7－8　MAC 认证过程

基于对称分组密码（如 DES）是构建 MAC 最常用的方法，但由于散列函数（如 MD5 和 SHA－1）的软件执行速度比分组密码快、库函数容易获得以及受美国等国家的出口限制等原因，MAC 的构建逐步转向由散列函数导出。由于散列函数（如 MD5）并不是专门为 MAC 设计的，不能直接用于产生 MAC，因此提出了将一个密钥与现有散列函数结合起来的算法，其中最有代表性的是 HMAC（RFC2104）。HMAC 已经作为 IP 安全中强制执行的 MAC，并且也被如 SSL 等其他的 Internet 协议所使用。

3. 数字签名

数字签名与手写签名一样，不仅要能证明消息发送者的身份，还要能与发送的信息相关。它必须能证实作者身份和签名的日期和时间，必须能对报文内容进行认证，并且还必须能被第三方证实以便解决争端。其实质就是签名者用自己独有的密码信息对报文进行处理，接收方能够认定发送者唯一的身份，如果双方对身份认证有争议则可由第三方（仲裁机构）根据报文的签名来裁决报文是否确实由发送方发出，以保证信息的不可抵赖性，而对报文的内容以及签名的时间和日期进行认证是防止数字签名被伪造和重用。

常用的数字签名采用公开密钥加密算法来实现，如采用 RSA、EIGamal 签名来实现。在图 7－9 中演示了发送者用自己的私钥对报文进行签名，接收者用发送者的公钥进行认证的过程。但由于直接用私钥对报文进行加密不能保证信息的完整性，因此，必须和散列函数结合来实现真正实用的数字签名。如图 7－9 所示。

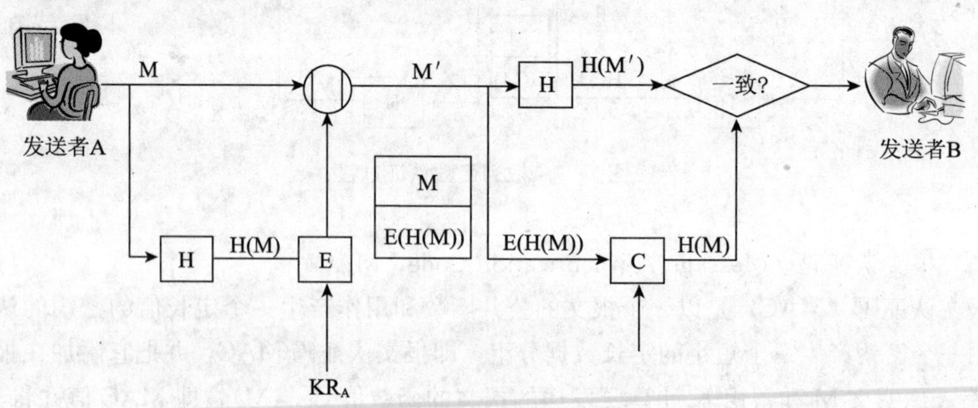

图 7－9　公开密钥算法数字签名

发送者用自己的私钥对信息的 Hash 值进行加密，然后与明文进行拼接发送出去。接收者一方面对收到的明文信息重新计算出 Hash 值，一方面对签名信息用发送方的公钥进行验证，得到的 Hash 值与重新计算的 Hash 值进行比较，如果相一致，则说明信息没有被篡改。这种方法的优点在于保证了发送者真实身份的同时还保证了信息的完整性，满足了数字签名的要求；不足之处是，由于数字签名并不对明文信息进行处理，因此不能保证信息的机密性，但可以在签名之后再对信息用接收方的公钥进行加密，接收方收到信息后用自己的私钥进行解密，再验证数字签名以及信息的完整性，如图 7－10 所示。

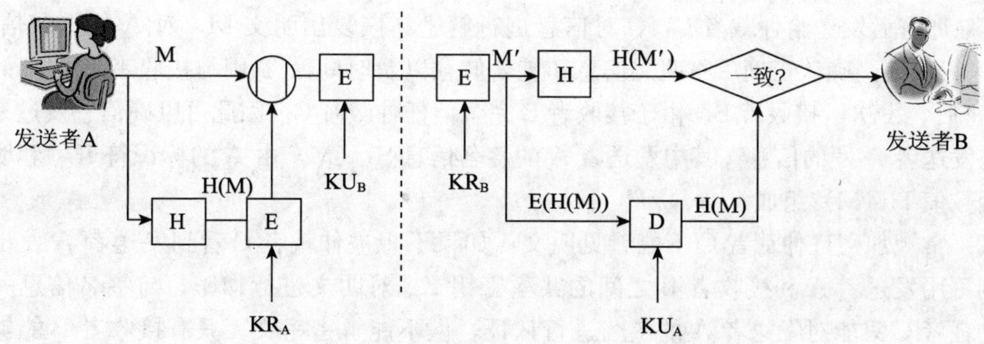

图 7-10　带数字签名信息的秘密通信

数字签名的另一种算法是使用仲裁机构进行签名。如采用常规加密算法与仲裁机构相结合实现数字签名。假设发送者 A 与接收者 B 用密钥 K_{AB} 进行通信，仲裁者为 C，发送者 A 与仲裁者 C 之间共享密钥 K_{AC}，接收者 B 与仲裁者 C 之间共享密钥 K_{BC}，签名过程如图 7-11 所示。

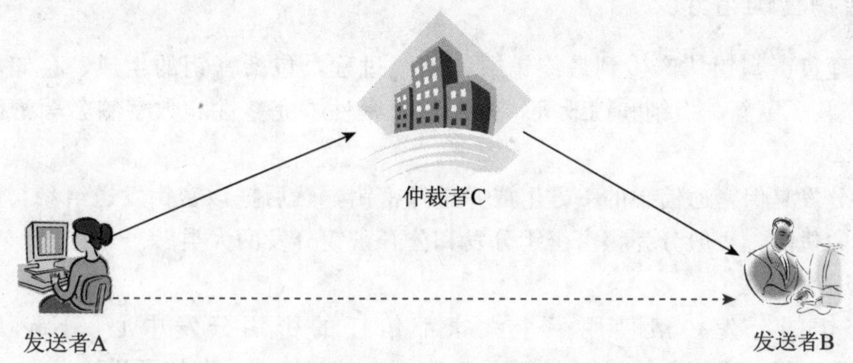

图 7-11　常规加密算法与仲裁机构相结合的数字签名

采用第三方仲裁结构进行数字签名的方法归纳如下表所示。

采用仲裁者数字签名过程归纳

项目	发送者 A→仲裁者 C	仲裁者 C→接收者 B	数字签名 S_A（M）说明
常规加密 仲裁 C 能看见明文	$M \| E_{K_{AC}}(S_A(M))$	$E_{K_{BC}}(ID_A \| M \| E_{K_{AC}}(S_A(M) \| T))$	$S_A(M) = ID_A \| H(M)$
常规加密 仲裁 C 不能看见明文	$ID_A \| E_{K_{AB}}(M) \| E_{K_{AC}}(S_A(M))$	$E_{K_{BC}}(ID_A \| E_{K_{AB}}(M) \| E_{K_{AC}}(S_A(M)) \| T)$	$S_A(M) = ID_A \| H(E_{K_{AB}}(M))$
公开密钥加密 仲裁 C 不能看见明文	$ID_A \| E_{KR_A}(ID_A \| E_{KU_B}(S_A(M)))$	$ID_A \| E_{KR_C}(ID_A \| E_{KU_B}(S_A(M)) \| T)$	$S_A(M) = E_{KR_A}(M)$

（1）常规加密且仲裁者 C 能看见明文：发送者 A 将发送的明文和签名信息 S_A（M）用

密钥 K_{AC}加密后发送给仲裁者 C，C 对信息进行解密，恢复出明文 M，对 A 的签名信息 S_A（M）进行认证，确认正确后将明文信息和签名信息以及时间戳 T 用与接收者 B 共享的密钥 K_{BC}加密后，发送给接收者 B。由于接收者 B 完全信任仲裁者 C，因此可以确信它发过来的信息就是发送者 A 发的信息。其中发送者 A 的签名信息 S_A（M）由 A 的标识符 ID_A 和明文的散列函数值 H（M）组成。

（2）常规加密且仲裁者 C 不能看见明文：如果不想被仲裁者 C 看到发送者 A 发出的明文，则可用发送者 A 和接收者 B 之间的共享密钥 K_{AB}对明文进行加密，与签名信息一起发出。仲裁者 C 只能对发送者 A 的签名进行认证，但不能解密密文。只有接收者 B 能够对仲裁者 C 转发的信息进行两次解密，得到明文。

（3）公开密钥加密且仲裁者 C 不能看见明文：发送者 A 用自己的私钥 KR_A对信息进行签名，然后用接收者 B 的公钥 KU_B。进行加密，再用私钥 KR_A 对所有信息进行签名。仲裁者 C 收到信息后用发送者 A 的公钥 KU_A 进行认证，然后用自己的私钥 KR_C 对信息进行签名并转发给接收者 B。接收者 B 收到信息后通过仲裁者 C 的公钥 KU_C。进行签名认证，确认发送者 A 的密钥是有效的，再用 A 的公钥 KU_A 对信息进行解密恢复出明文。

四、密钥管理与分发

密钥管理负责密钥从产生到最终销毁的整个过程，包括密钥的生成、存储、分配、使用、备份/恢复、更新、撤销和销毁等，是提供机密性、完整性和数字签名等密码安全技术的基础。

密钥的分发是保密通信中的一方生成并选择密钥，然后把该密钥发送给参与通信的其他一方或多方的机制，一般分为秘密密钥分发和公开密钥分发两大类。

1. 秘密密钥分发

秘密密钥的分发一般使用一个大家都信任的密钥分发中心（Key Distribution Center. KDC)，每一通信方与 KDC 共享一个密钥。其交换方式有如下两种。

（1）秘密密钥交换方式一，如图 7－12 所示。

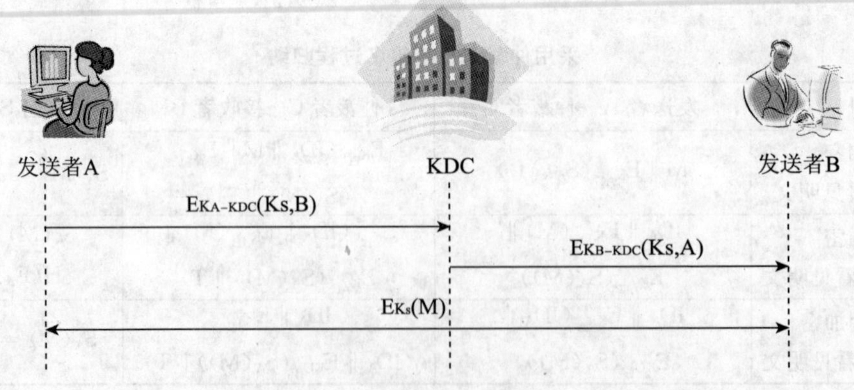

图 7－12　私密密钥交换方式一

①发送者 A 随机生成会话密钥 Ks，然后将 K_S 和要通信的对象信息 B 用 A 与 KDC 之间的共享密钥 $K_{A\text{-}KDC}$ 加密后发送给 KDC。

②KDC 将收到的信息解密后得到会话密钥 K_S，将此密钥和信息发送者 A 的身份信息用 B 和 KDC 之间共享的密钥 $K_{B\text{-}KDC}$ 加密后发送给接收者 B。

③B 收到加密信息后进行解密，得到用 Ks 与 A 通信的信息。

④发送者 A 与接收者 B 之间用会话密钥 K_S 进行信息的秘密传输。

（2）秘密密钥交换方式二，如图 7－13 所示。

①发送者 A 将要与 B 通信的请求发送给 KDC。

②KDC 随机生成会话密钥 K_{AB}，并将 B 的身份信息用 A 与 KDC 之间的共享密钥 $K_{A\text{-}KDC}$ 加密后一起发送给 A；同时将会话密钥 K_{AB} 与 B 的身份信息用 B 与 KDC 之间的共享密钥 $K_{B\text{-}KDC}$ 加密后发送给 B。

③发送者 A 与接收者 B 分别对收到的 KDC 加密信息进行解密，得到通信另一方的信息和会话密钥 K_{AB}。

④发送者 A 与接收者 B 用会话密钥 Ks 进行信息的加密传输。

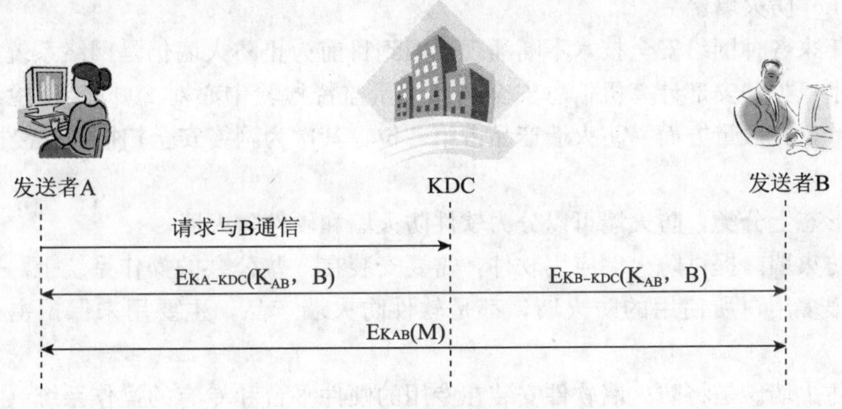

图 7－13　私密密钥交换方式二

2. 公开密钥分发

公开密钥分发方法有四种：

（1）通过直接将密钥发送给通信的另一方或者通过广播的方式将公钥发送给通信的其他方。

（2）建立一个可动态访问的公钥目录（存放公钥信息的数据库服务器），使通信的各方可以基于公开渠道访问公钥目录来获取密钥。

（3）带认证功能的在线服务器式公钥分发。例如，发送者 A 向管理员请求接收者 B 的公钥，管理员将接收者 B 的公钥用自己的私钥进行签名，使发送者 A 能够通过管理员的公钥进行认证，从而确认接收者 B 的公钥是可用的。

（4）使用数字证书进行公钥分发。在这个方案中，一般有一个可信的第三方结构——认证中心又称为证书授权（Certificate Autnority，CA），通信各方均向 CA 申请证书并信任

CA颁发的证书。证书的内容一般包括证书的ID、证书的发放者、证书的有效期、用户的名称、用户的公钥以及证书发放者对证书内容的签名信息。用户能够根据CA的签名信息来认证证书的有效性和合法性，并利用证书中的用户公钥对信息进行加密通信。CA负责数字证书的颁发和管理。

第三节　防火墙技术

一、防火墙概述

1. 定义

防火墙系统是一种网络安全部件，它可以是硬件，也可以是软件，也可能是硬件和软件的结合，这种安全部件处于被保护网络和其他网络的边界，接收进出被保护网络的数据流，并根据防火墙所配置的访问控制策略进行过滤或作出其他操作。防火墙系统不仅能够保护网络资源不受外部的侵入，而且还能够拦截从被保护网络向外传送有价值的信息。防火墙系统可以用于内部网络与Internet之间的隔离，也可用于内部网络不同网段之间的隔离，后者通常称为Intranet防火墙。

尽管近年来各种网络安全技术不断涌现，但到目前为止防火墙仍是网络系统安全保护中最常用的技术。据公安部计算机信息安全产品质量监督检验中心对2000年所检测的网络安全产品的统计，在数量方面，防火墙产品占第一位，其次为网络安全扫描和入侵检测产品。

2. 分类

(1) 从形态上分类，防火墙可以分为软件防火墙和硬件防火墙。

①软件防火墙。提供防火墙应用软件，需要安装在一些公共的操作系统上。最早的防火墙以及现在很多用户所使用的防火墙，都是软件防火墙产品，主要用来保护主机和系统的安全。

②硬件防火墙。是将防火墙软件安装在专用的硬件平台和专有的操作系统（有些硬件防火墙甚至没有操作系统）之上，以硬件形式出现，有的还使用一些专有的ASIC硬件芯片负责数据包的过滤。硬件防火墙主要工作在网络边缘和通信链路上，用来保护整个网络安全。

(2) 从实现技术方式上分类，防火墙可以分为包过滤防火墙、代理防火墙和状态检测防火墙。

①包过滤防火墙。作用在网络层和传输层，它根据分组包头源地址、目的地址和端口号、协议类型等标志确定是否允许数据包通过。只有满足过滤逻辑的数据包才被转发到相应的目的地出口端，其余数据包则被从数据流中丢弃。包过滤软件通常集成到路由器上，允许用户根据某种安全策略进行设置，允许特定的包穿越防火墙。由于包过滤防火墙是由用户来设置安全策略的，因此根据系统对用户设置的理解，目前的产品又为“不允许的就是禁止”和“不禁止的就是允许”两类。基于分组过滤的防火墙的安全性依赖于用户制定的安全策略。

②代理防火墙。代理技术与包过滤技术完全不同，包过滤技术是在网络层拦截所有的信息流，而代理技术作用在应用层，其特点是完全“阻隔”了网络通信流，通过对每种应用服

务编制专门的代理程序，实现监视和控制应用层通信流的作用。代理服务通常是一个软件模块，运行在一台主机上，实现内部和外部网络交互时的信息流导向，将所有的相关应用服务请求传递给代理服务器。其实质是中介作用，它不允许内部网和外部网之间进行直接的通信。目前，很多内部网络都同时使用包过滤防火墙和代理防火墙来保证内部网络的安全性，并且取得了较好的效果。

③状态检测防火墙。状态检测防火墙在运行过程中一直维护着一张状态表，这张表记录了从受保护网络发出的数据包的状态信息，然后防火墙根据该表内容对返回受保护网络的数据包进行分析判断，这样，只有响应受保护网络请求的数据包才被放行。

每一类型的防火墙都有它的优点和缺点。包过滤防火墙屏蔽的速度快，允许拒绝通常的错误，黑客攻击以及网络连接中出现的陌生用户问题。代理防火墙提供在源节点和目的节点之间的应用控制和会话控制以及地址转换功能。状态防火墙阻止网络入侵并提供高级的过滤技术。

网络在变化，应用在变化，攻击手段也在不断变化，防火墙技术需要不断地创新。防火墙技术的发展趋势如下：

（1）不断提升性能。未来高速防火墙的架构将是 ASIC 和 NP（网络处理器）架构，特别是 NP 架构的防火墙更具有发展潜力。

（2）更加智能化。智能型防火墙能自动识别并防御各种黑客攻击手法及其相应的变种攻击手法，能在网络出口发生异常时自动调整与外部网络的连接端口，能根据信息流量自动分配、调整网络信息流量及协同多台网络设备工作，能自动检测防火墙本身的故障并能自动修复，智能化的防火墙还应具备自主学习并制定识别与防御方法的特点。

（3）在功能上进行扩展。防火墙将与其他安全技术，如入侵检测、防病毒和防御拒绝服务攻击等整合，实现对网络的立体防护。

二、防火墙体系结构

通常，防火墙是路由器、计算机和配有适当软件的网络设备的多种组合。由于网络结构多种多样，各站点的安全要求不尽相同，故目前还没有一种统一的防火墙设计标准。防火墙的体系结构也有很多种，防火墙具体采用何种结构取决于防火墙设计的思想和网络的实际情况，不同结构的防火墙带给网络的安全保障和影响是不同的。根据结构的不同，防火墙系统可分为传统防火墙系统、分布式防火墙系统和混合型防火墙系统三种。

1. 传统防火墙系统

传统的防火墙设置在网络边界，在内部企业网和外部互联网之间构成一个屏障，进行网络存取控制，我们可称之为边界防火墙（Perimeter Firewall）。边界防火墙基本体系结构有四种类型：包过滤防火墙、双宿主主机体系结构防火墙、屏蔽主机体系结构防火墙和屏蔽子网体系结构防火墙。

（1）包过滤防火墙

包过滤防火墙是通过在路由器根据某些规则对数据包进行过滤来实现对网络的安全保护，其体系结构如图 7－14 所示。

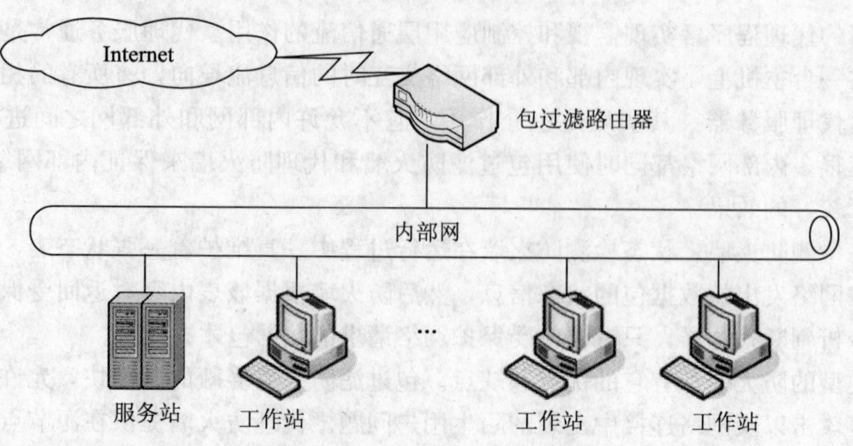

图 7－14　包过滤防火墙体系结构

包过滤路由器首先以其收到的数据包头信息为基础建立一定数量的信息过滤表。数据包头信息含有数据包源 IP 地址、目的 IP 地址、传输协议类型（TCP，UDP，ICMP 等）、协议源端口号、协议目的端口号、连接请求方向、ICMP 报文类型等。当一个数据包满足过滤表中的规则时允许数据包通过，否则禁止通过。包过滤防火墙可以用于禁止外部不合法用户对内部的访问，也可以用来禁止访问某些服务类型，且对用户透明。但包过滤技术不能识别危险的信息包，无法实施对应用级协议的处理，如无法区分同一个 IP 的不同用户，也无法处理 UDP、RPC 或动态的协议。

（2）双宿主主机体系结构

双宿主主机（Dual-Homed Host）位于内部网和因特网之间，实际上是一台拥有两个 IP 地址的 PC 机或服务器，它同时属于内、外两个网段所共有，起到了隔离内、外网段的作用。一般来说，这台机器上需要安装两块网卡，分别对应属于内外不同网段的两个 IP 地址。双宿主主机体系结构如图 7－15 所示。

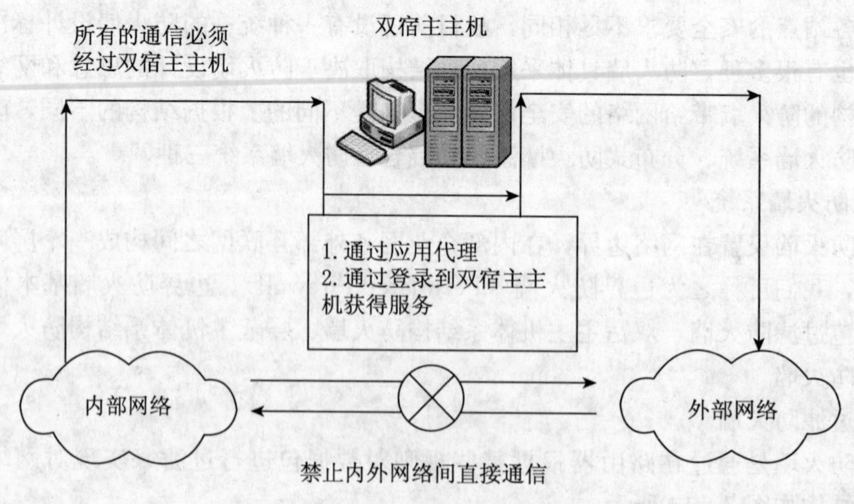

图 7－15　双宿主主机体系结构

防火墙内部的系统能与双宿主主机通信，防火墙外部的系统也能与双宿主主机通信，但是内部与外部系统之间不能直接相互通信。这种体系结构非常简单，一般通过安装能够转发服务请求的代理程序来实现，或者通过用户直接登录到该主机来提供服务，能提供级别很高的控制。安装了代理程序的主机又被称为堡垒主机（Bastion Host）。双宿主主机体系结构也存在一些缺点，即用户账号本身会带来很多的安全问题，而登录过程也会让用户感到麻烦。

（3）屏蔽主机体系结构

屏蔽主机体系结构由一台包过滤路由器和一台堡垒主机组成，其中堡垒主机被安排在内部局域网中，同时在内部网和外部网之间配备了屏蔽路由器。在这种体系结构中，外部网络必须通过堡垒主机才能访问内部网络中的资源，而内部网络中的计算机则可以通过屏蔽路由器访问外部网络中的资源。屏蔽主机体系结构如图 7－16 所示。

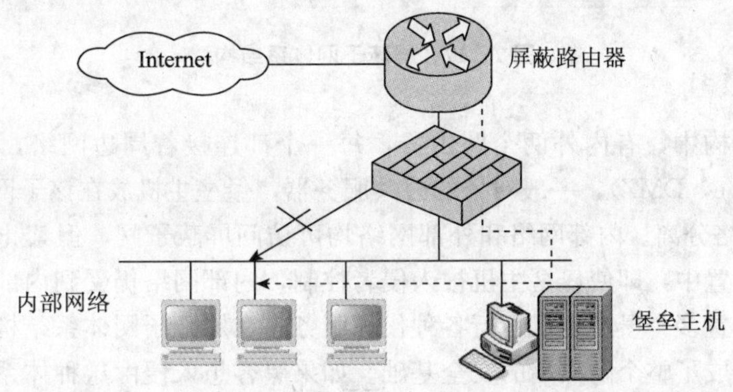

图 7－16　屏蔽主机体系结构

在这种方式的防火墙中，堡垒主机安装在内部网络上，通常在路由器上设立过滤规则，并使这个堡垒主机成为从外部网络唯一可直接到达的主机，这确保了内部网络不受未被授权的外部用户的攻击。堡垒主机与其他主机在同一个子网中，一旦堡垒主机被攻破或被越过，整个内部网络和堡垒主机之间就再也没有任何阻挡了，它完全暴露在 Internet 之上。因此堡垒主机必须是高度安全的计算机系统。

屏蔽主机防火墙实现了网络层和应用层的安全，因而比单纯的包过滤或应用网关代理更安全。在这一方式下，过滤路由器是否配置正确是这种防火墙安全与否的关键，如果路由器遭到破坏，堡垒主机就可能被越过，使内部网完全暴露。

在屏蔽路由器和防火墙上应设置数据包过滤功能，过滤原则可为下列之一：

允许除堡垒主机外的其他主机与外部网络连接，这些连接只是相对于某些服务的，并在路由器中设置了过滤；不允许来自内部主机的所有连接，即其他主机只能通过堡垒主机使用代理服务。

（4）屏蔽子网体系结构

与屏蔽主机体系结构相比，屏蔽子网体系结构添加了周边网络，在外部网络与内部网络之间加上了额外的安全层。屏蔽子网体系结构如图 7-17 所示。

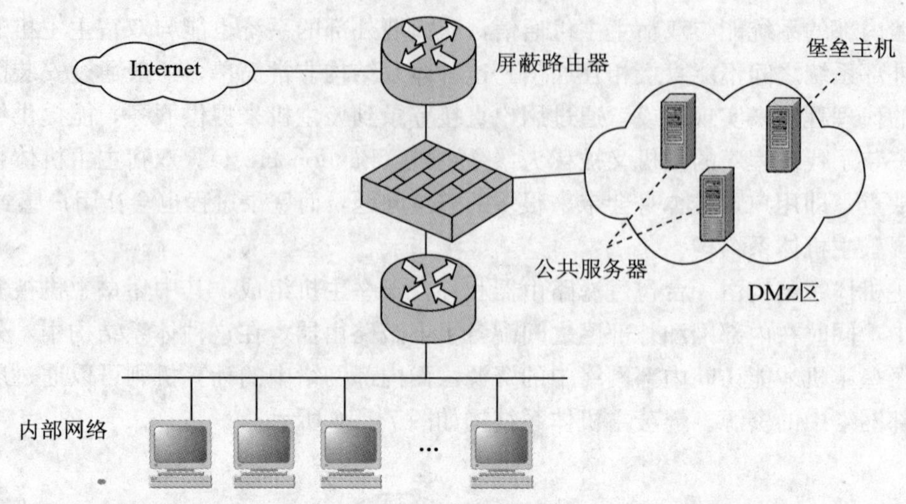

图 7－17　屏蔽子网体系结构

在这种体系结构中，有内外两个路由器，每一个都连接着周边网络，称为非军事化区(DeMilitarized Zone，DMZ)，一般对外的公共服务器、堡垒主机放在该子网中，并使子网与Internet及内部网络分离。内部网络和外部网络均可访问屏蔽子网，但禁止它们穿过屏蔽子网通信。在这一配置中，即使堡垒主机被入侵者控制，内部网络仍受到内部包过滤路由器的保护，而且可以设置多个堡垒主机运行各种代理服务。在屏蔽子网体系结构中，堡垒主机和屏蔽路由器共同构成了整个防火墙的安全基础。如果黑客想入侵由这种体系结构构筑的内部网络，则必须通过两个路由器，这就增加了入侵难度。

建造防火墙时，一般很少采用单一的技术，通常是解决不同问题的多种技术的组合。其他结构的防火墙系统都是上述几种结构的变形，目的都是通过设定过滤和代理的层次使得检测层次增多，从而增加安全性。这种组合主要取决于网管中心向用户提供什么样的服务，以及网管中心能接受什么等级的风险。采用哪种技术主要取决于经费、投资的大小或技术人员的技术、时间等因素。

2. 分布式防火墙系统

边界防火墙部署在内网与外网的边界上，通过一个或一组设备即可保护网络内部安全。但随着网络规模的不断扩大，边界防火墙已不能满足越来越复杂的网络结构的需求，出现了不能抵御来自内部网络的攻击、在网络边界造成访问瓶颈、效率不高、故障点多等问题。

针对边界防火墙存在的缺陷，专家提出了分布式防火墙方案，其最大的特点是将内网中的各子网看成和外网一样的不安全，从而保护各内网安全，堵住内网攻击漏洞。分布式防火墙一般包括网络防火墙、主机防火墙和中心管理三部分。网络防火墙部署于内部网与外部网之间以及内网的子网之间，支持内部网可能有的IP和非IP协议，不仅保护内网不受外网的安全威胁，而且也能保护内网各子网之间的访问安全。主机防火墙对网络中的服务器和桌面系统进行防护。中心管理是一个防火墙管理软件，能够对网络中的所有防火墙进行统一管理，安全策略的分发及日志的汇总都是中心管理具备的功能。

分布式防火墙采用了软件形式（有的采用了软件＋硬件形式），所以功能配置更加灵活，

具备充分的智能管理能力，其优点是：

(1) 增强了系统安全性：增加了针对主机的入侵的检测和防护功能，加强了对来自内部攻击的防范，可以实施全方位的安全策略。

(2) 提高了系统性能：消除了结构性瓶颈问题，提高了系统性能。

(3) 系统的扩展性：随系统扩充提供了安全防护无限扩充的能力。

(4) 实施主机策略：对网络中的各节点可以起到更安全的防护。

(5) 应用更为广泛，支持 VPN 通信。

分布式防火墙系统的不足之处在于：

(1) 分布式防火墙系统的实现还存在着较大的问题，如果采用软件防火墙则与其要保护的操作系统之间存在着“功能悖论”；而采用硬件防火墙的成本极其可观，且必将对现有的生产技术和运行标准产生极大的冲击。

(2) 安全数据的处理是一个难题。系统将安全策略的执行权交给了各个防火墙，而对各点的安全数据如何存储以及何时、以何种方式进行收集则很难进行处理，从而很难及时掌握网络整体的运行情况。

(3) 网络安全中心负责向所有的主机发送安全策略并处理它们返回的信息。这对于安全中心服务器来说是极为繁重的工作。尤其是主机很多、安全事件频发的时候，会极大地影响网络的运行效率。

依据 2001 年美国国防部国防高级研究计划局资助的网络安全研究计划报告，美国当时的分布式防火墙系统通过新的网络管理技术的应用，最多可以支持近 1500 台接入网络的主机。而时隔多年后，虽然支持的主机数目多了一些，但并没有质的飞越。而且对于以上问题的解决还处在研究阶段，没有什么重大的突破。可以说，分布式防火墙系统的思想是好的，但受制于现阶段的计算机技术，还很难承担与其过于理想化的设想相当的重任。

3. 混合型防火墙系统

混合型防火墙力图结合传统防火墙和分布式防火墙的特点，利用分布式防火墙的一些技术对传统的防火墙技术加以改造，依赖于地址策略将安全策略分发给各个站点，由各个站点实施这些规则。

混合型防火墙的代表是 Check Point 公司的 firewall-1 防火墙。它通过装载到网络操作中心上的多域服务器来控制多个防火墙用户模块。多域服务器有多个用户管理加载模块，每个模块都有一个虚拟 IP 地址，对应着若干防火墙用户模块。安全策略通过多域服务器上的用户管理加载模块下发到各个防火墙用户模块。防火墙用户模块执行安全规则，并将数据存放到对应的用户管理加载模块的目录下。多域服务器可以共享这些数据，使得防火墙多点接入成为可能。

混合型防火墙系统融合了传统和分布式防火墙系统的特点，将网络流量分配给多个接入点，降低了单点工作强度，安全性、管理性更强，因此比传统防火墙和分布式防火墙系统效能都高。但其网络操作中心是一个明显的系统瓶颈，一旦它发生了故障，整个防火墙也将停止运作，因此同传统防火墙系统一样存在着单失效点的问题。

三、防火墙技术

按传统理论，防火墙可分为包过滤（Packet Filtering）和应用代理（Application Proxy）两种类型。前者工作在网络层和传输层，一般直接转发报文，网络效率及对用户的透明性较好，但安全性相对较低。后者则属于应用层的范畴，通过特定的代理程序对高层协议进行识别，并采取预先编制的相应控制策略。后者的安全性提高了，但网络的速度则明显下降。为了提高效率，实际中的应用网关通常由专用工作站来实现。

作为一套安全防护系统，在防火墙中应用到的技术主要有以下几种：

1. 包过滤

包过滤又称报文过滤，它是防火墙传统的、最基本的过滤技术。防火墙的包过滤技术就是通过对各种网络应用、通信类型和端口的使用来规定安全规则。根据数据包中包头部分所包含的源 IP 地址、目的 IP 地址、协议类型（TCP 包、UDP 包、ICMP 包）源端口、目的端口及数据包传递方向等信息，对通信过程中的数据进行过滤，允许符合事先规定的安全规则（或称安全策略）的数据包通过，而将那些不符合安全规则的数据包丢弃。

防火墙的网络拓扑结构可简化为如图 7－18 所示。在网络结构中防火墙位于内、外部网络的边界，防火墙作为内、外部网络的唯一通道，所有进、出的数据都必须通过防火墙来传输，从而有效地保证了外部网络的所有通信请求都能在防火墙中进行过滤。

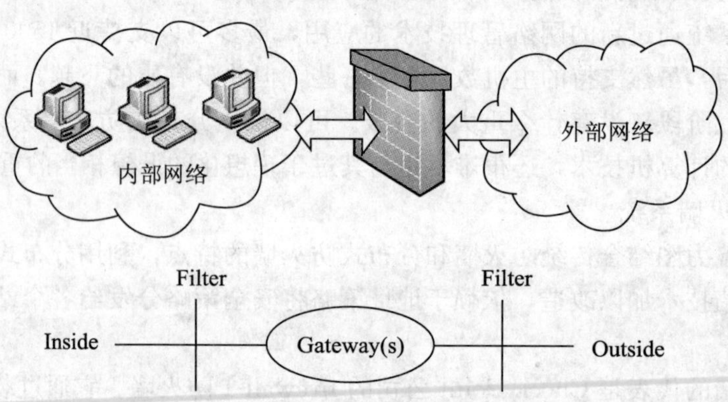

图 7－18　防火墙方案部署的网络拓扑结构

包过滤技术最先是在路由器上进行的，它也是最原始的防火墙方案。包过滤技术的实现相对较简单，只需对每个数据包与相应的安全规则进行比较即可得出是否通过的结论，所以防火墙主机 CPU 用来处理包过滤的时间非常短，执行效率也非常高。这种过滤机制对用户来说完全是透明的，根本不用用户先与防火墙取得任何合法身份，符合规则的通信，用户根本感觉不到防火墙的存在，使用起来很方便，因此包过滤技术的应用非常广泛。

在包过滤技术的发展中，出现过两种不同的技术，即静态包过滤和动态包过滤。

传统的静态包过滤防火墙是根据流经该设备的数据包地址信息，来决定是否允许该数据包通过。这种方案配置比较复杂，对网络管理员的要求比较高。这种传统的包过滤技术只能针对数据包的 IP 地址信息进行过滤，而不能在用户级别上进行过滤，即不能识别不同用户

身份的合法性和防止 IP 地址的盗用。如果攻击者把自己主机的 IP 地址设置成一个合法主机的 IP 地址，就可以很容易地通过包过滤器，这种初级的防火墙方案还是很不安全的。因此，这种传统的包过滤技术很快就被更先进的动态包过滤技术所取代。

动态包过滤（Dynamic Packet Filter）技术属于第四代防火墙技术，后来演变为目前的状态监视（Stateful Inspection）技术。1994 年，以色列的 CheckPoint 公司开发出了第一个基于这种技术的商业化产品。这种技术可动态根据实际应用请求，自动生成或删除相应包过滤规则，而无须管理员人工干预，解决了静态包过滤技术使用和管理难度大的问题。同时，动态包过滤技术还可分析高层协议，可以更有效、全面地对进出内部网络的通信进行监测，进一步确保内部网络的安全。但动态包过滤技术仍只能对数据的 IP 地址信息进行过滤，不能对用户身份的合法性进行鉴定，同时通常也没有日志记录可查，这为日常的网络安全管理带来了困难。正因如此，它很快被新一代自适应代理防火墙所替代。

今天的黑客技术可以容易地攻陷一个单纯的包过滤式防火墙。黑客对包过滤式防火墙发出一系列信息包，这些包中的 IP 地址已经被替换为一串顺序的 IP 地址（Fake IP）。一旦有一个包通过了防火墙，黑客便可以用这个 IP 地址来伪装他们发出的信息。另外，黑客还可以使用一种他们自己编制的路由器攻击程序，这种程序使用路由器协议来发送伪造的路由信息，这样所有的包都会被重新发送到一个入侵者所指定的特别地址。

对付包过滤式防火墙的另一种方法是通常所说的“拒绝服务攻击”(DOS 攻击)。攻击者向被攻击的计算机发出许许多多个虚假的“同步请求”信号包，当服务器响应了这种信号包后，会等待请求发出者的回答，而攻击者不做任何的响应。当服务器在处理成千上万个虚假请求时，它便没有时间来处理正常的用户请求。

包过滤式防火墙的缺点是很明显的，通常它没有用户的使用记录，这样就不能从访问记录中发现黑客的攻击记录。此外，配置烦琐也是包过滤防火墙的一个缺点。它阻挡别人进入内部网络，但不报告何人进入系统，或者何人从内部进入互联网。它可以阻止外部对私有网络的访问，却不能记录内部的访问。包过滤另一个关键的弱点就是不能在用户级别上进行过滤，即不能鉴别不同的用户和防止 IP 地址盗用。

2. 堡垒主机

堡垒主机通常是一台使用两块网卡分别连接内、外部网络的计算机。它是防火墙的最初设计，随着防火墙技术的发展得到了继续发展。堡垒主机的作用就是对进出的数据包进行审核，为进入内部网络设的一个检查点，以达到把整个内部网络的安全问题集中在某个主机上解决的目的。从堡垒主机的定义可以看到，堡垒主机是网络中最容易受到侵害的主机，所以堡垒主机必须是自身保护最完善的主机。多数情况下，在堡垒主机上配置网关服务。

3. 网络地址转换

在防火墙上配置网络地址转换（Network Address Translate，NAT）技术，需要在防火墙上配置一个合法的 IP 地址集，当内部网络用户要访问 Internet 时，防火墙动态地从地址集中选一个未分配的地址分配给该用户，该用户即可使用这个合法地址进行通信。对于内部的某些服务器如 Web 服务器，网络地址转换器允许为其分配一个固定的合法地址，内部网络用户就可以通过防火墙来访问外部网络。

在防火墙上部署 NAT 的方式可以有 1∶1（简单的一对一地址转换）、M∶1（多个内部网地址转换到 1 个 IP 地址）和 M∶N（多个内部网地址转换到 N 个 IP 地址池）几种。通过地址转换后，既缓解了少量的 Internet IP 地址和大量主机之间的矛盾，又对外隐藏了内部主机的 IP 地址，提高了安全性。防火墙上使用 NAT 技术时，所有的内部地址将会被转换成防火墙 WAN 端口上合法的 Internet IP 地址，达到了隐藏内部网络用户身份的目的。

4. 应用级网关

应用级网关（代理服务器）工作在 OSI 七层参考模型的应用层，实现对用户身份的验证，接收被保护网络和外部之间的数据流并对之进行检查。在防火墙技术中，应用层网关通常由代理服务器来实现。通过代理服务器访问 Internet 服务的内部网络用户时，在访问 Internet 之前首先应登录到代理服务器，代理服务器对该用户进行身份验证检查，决定是否允许其访问 Internet，如果验证通过，用户就可以登录到 Internet 上的远程服务器。同样，从 Internet 到内部网络的数据流也由代理服务器代为接收，在检查之后再发送到相应的用户。由于代理服务器工作于 Internet 应用层，因此对不同的 Internet 服务应有相应的代理服务器，常见的代理服务器有 Web、FTP、Telnet 代理等。除代理服务器外，Socks 服务器也是一种应用层网关，通过定制客户端软件的方法来提供代理服务。

代理服务是在 Internet 防火墙网关上，通过对每种应用服务编制专门的代理程序，来实现对应用层通信数据流监控、过滤、记录和报告等功能。代理一般可应用于特定的互联网服务，如超文本传输（Hyper Text Transfer Protocol，HTTP）、远程文件传输（File Transfer Protocol，FTP）等。代理服务器通常拥有高速缓存，缓存中存有用户经常访问站点的内容，在下一个用户要访问同样的站点时，服务器就用不着重复地去下载同样的内容，既节约了时间也节约了网络资源。包过滤防火墙可以按照 IP 地址来禁止未授权者的访问。但是它不适合单位用来控制内部人员访问外界的网络。

应用级网关技术可对网络上任一层的数据包进行检查及身份认证，符合安全策略规则的通过，否则将被丢弃。允许通过的数据包由网关复制并传递，防止在受信任服务器和客户机与不受信任的主机之间直接建立联系。应用级网关能够理解应用层上的协议，能够做复杂一些的访问控制，如限制用户访问的主机、访问时间及访问的方式等。通常需要在防火墙主机上安装相应的服务器软件来实现以上功能。应用级网关的工作原理如图 7－19 所示。

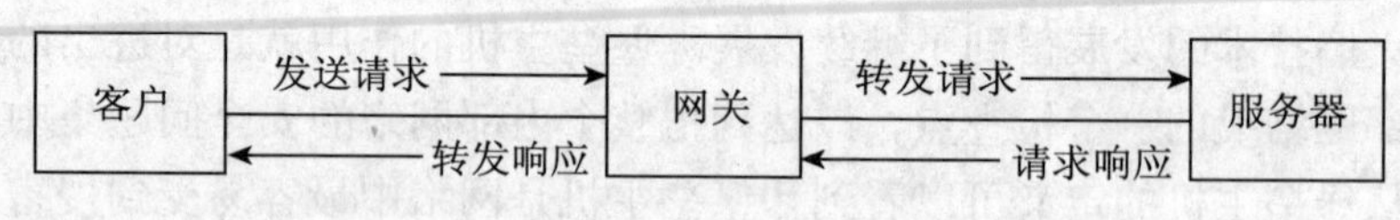

图 7－19　应用级网关的工作

应用级网关技术也可以使用 NAT 技术隐藏内部网络用户的 IP 地址，同时还可以给单个用户授权，即使攻击者盗用了一个合法的 IP 地址，也通不过严格的身份认证。因此，应用网关比包过滤具有更高的安全性。但是这种认证使得应用网关不透明，用户每次连接都要经过认证，这给用户带来许多不便。这种代理技术需要为每个应用编写专门的程序。

应用级网关技术的主要优点是，可以提供用户级的身份认证、日志记录和账号管理。其缺点是，对每一类应用都需要一个专门的代理，要想提供全面的安全保证，就要对每一项服

务都建立对应的应用层网关，灵活性不够，严重制约了新应用的采纳。

实现应用程序网关的防火墙产品既有商业版的防火墙产品和商业版的代理（Cache）服务器，也有开放源码软件，如 TIS FWTK（Firewall Toolkit）Apache 和 Squid 等。

5. 电路级网关

电路级网关防火墙属于第三代防火墙技术，它通过监控受信任的客户或服务器与不受信任的主机间的 TCP 握手信息来决定该会话是否合法。电路级网关是在 OSI 网络参考模型的会话层过滤数据包，比包过滤防火墙要高两层。电路级网关还提供一个重要的安全功能，即可使用网络地址转换（NAT）功能将所有内部网络 IP 地址映射到一个“安全”的公网 IP 地址，这个地址是由防火墙使用的。

电路级网关的应用原理与应用级网关相同，网关的作用就是接收客户端连接请求，根据客户的地址及所请求的端口，将该连接重定向到指定的服务器地址及端口上，代理客户端完成网络连接，然后在客户和服务器之间中转数据。它的优点就是通用性强、对客户端应用完全透明，但在转发前需同客户端交换连接信息，需对客户端应用做适当修改。

6. 非军事化区

非军事化区（De-Militarized Zone，DMZ）是位于企业内部网络和外部网络之间的小网络区域，它是为内部网络放置一些必须公开的服务器设施而划分的，如企业 Web 服务器、FTP 服务器和论坛等。DMZ 区域对攻击者来说又多了一道关卡，更加有效地保护了内部网络。

7. 透明模式/透明代理

透明模式首要的特点是需要对用户透明，即用户意识不到防火墙的存在。要实现透明模式，防火墙必须在没有 IP 地址的情况下工作，不需要对其设置 IP 地址，用户也不知道防火墙的 IP 地址。

采用透明模式的防火墙采用无 IP 方式运行，防火墙可以直接安装和放置到网络中使用，用户不必重新设定和修改路由，像交换机一样不需要设置 IP 地址。

透明模式的防火墙就好像是一台网桥（非透明的防火墙好像一台路由器），网络设备（包括主机、路由器、工作站等）和所有计算机的设置（包括 IP 地址和网关）无须改变，同时解析所有通过它的数据包，既增加了网络的安全性，又降低了用户管理的复杂程度。

与透明模式在称呼上相似的透明代理，和传统代理一样，可以比包过滤更深层次地检查数据信息。同时它也是一个非常快的代理，从物理上分离了连接，可以提供更复杂的协议需要，或者一个带有不同命令端口和数据端口的连接。这样的通信是包过滤所无法完成的。

防火墙使用透明代理技术后，这些代理服务对用户也是透明的，用户意识不到防火墙的存在，便可完成内外网络的通信。当内部网络用户需要使用透明代理访问外部资源时，用户不用进行设置，代理服务器会建立透明的通道，让用户直接与外界通信，这样极大地方便了用户的使用。

一般使用代理服务器时，每个用户都需要在客户端程序中指明要使用代理，并自行设置 Proxy 参数，如在浏览器中有专门的设置来指明 HTTP 或 FTP 协议所使用的 IP 地址和端口等。而透明代理服务，用户不需要任何设置就可以使用代理服务器，简化了网络的设置过程。

防火墙使用透明代理技术，还可以使防火墙的服务端口无法探测到，也就无法对防火墙进行攻击，大大提高了防火墙的安全性与抗攻击性。透明代理避免了设置或使用中可能出现的错误，降低了防火墙使用时固有的安全风险和出错概率，方便用户使用。

8. 屏蔽路由器

屏蔽路由器可以由厂家专门生产的路由器来实现，也可以用主机来实现。屏蔽路由器作为内外连接的唯一通道，要求所有的报文都必须在此通过检查。路由器上可以安装基于 IP 层的报文过滤软件，实现报文过滤功能。许多路由器本身带有报文过滤配置选项，但一般比较简单。单纯由屏蔽路由器构成的防火墙的危险包括路由器本身及路由器允许访问的主机。屏蔽路由器的缺点是一旦被攻克后很难发现，而且不能识别不同的用户。

9. 阻塞路由器

阻塞路由器也称为内部路由器，它保护内部网络使之免受外部网络的侵犯。内部路由器为用户的防火墙做大部分的数据包过滤工作。这些服务是用户的站点能使用数据包过滤，而不是代理服务安全支持和安全提供的服务。内部路由器所允许的在堡垒主机和内部网之间的服务可以不同于内部路由器所允许的在外部和内部网之间的服务。

10. 隔离域名服务器

隔离域名服务器技术是通过防火墙将受保护网络的域名服务器与外部网的域名服务器隔离，使外部网的域名服务器只能看到防火墙的 IP 地址，无法了解受保护网络的具体情况，这样可以保证受保护网络的 IP 地址不被外部网络知道。

11. 邮件转发技术

当防火墙采用上面所提到的几种技术，使得外部网络只知道防火墙的 IP 地址和域名时，从外部网络发来的邮件，就只能送到防火墙上。这时防火墙对邮件进行检查，只有当发送邮件的源主机是被允许通过的，防火墙才对邮件的目的地址进行转换，送到内部的邮件服务器，由其进行转发。

12. 状态监视器

状态监视器作为一种最新的防火墙技术，采用了一个在网关上执行网络安全策略的软件引擎，称为检测模块。检测模块在不影响网络正常工作的前提下，采用抽取相关数据的方法对网络通信的各层实施监测，抽取部分数据，即状态信息，并动态地保存起来作为以后制定安全决策的参考。检测模块支持多种协议和应用程序，并可以很容易地实现应用和服务的扩充。与其他安全方案不同，当用户访问到达网关的操作系统前，状态监视器要抽取有关数进行分析，结合网络配置和安全规定作出接纳、拒绝、鉴定或给该通信加密等决定。一旦某个访问违反安全规定，安全报警器就会拒绝该访问，并做下记录及向系统管理器报告网络状态。状态监视器的另一个优点就是可以监测 Remote Procedure Call 和 UDP 类的端口信息。其缺点是配置非常复杂，而且会降低网络的速度。

防火墙通过上述方法，来实现内部网络的访问控制及其他安全策略，从而降低内部网络的安全风险，保护内部网络的安全。但防火墙无法避免某些安全风险，例如，网络内部的攻击，内部网络与 Internet 的直接连接等。由于防火墙处于被保护网络和外部的交界，网络内部的攻击并不通过防火墙，因而防火墙对这种攻击无能为力；而网络内部和外部的直接连接，如内部用户直接拨号连接到外部网络，也能越过防火墙而使防火墙失效。

第四节　入侵检测技术

一、入侵检测技术概述

关于入侵检测技术的几个基本概念如下：

• 入侵（Intrusion）：是指试图破坏计算机上任何资源完整性、保密性或可用性行为的一系列行为。

• 入侵检测（Intrusion Detection，ID）：包括对外部入侵（非授权使用）行为的检测和内部用户（合法用户）滥用自身权限的检测两个方面，即“识别出那些未经授权而使用计算机系统以及那些具有合法访问权限，但是滥用这种权限的人”，或者“识别出未经授权而使用计算机系统的企图或滥用已有权限的企图”。

• 入侵检测系统（Intrusion Detection System，IDS）：指能完成入侵检测任务的计算机系统，通常由软、硬件结合组成。

1. 入侵检测系统功能

入侵检测系统的目的是检测网络上所有成功和未成功的攻击行为，其主要功能有：

（1）监测并分析用户和系统的活动。

（2）核查系统配置和漏洞。

（3）评估系统关键资源和数据文件的完整性。

（4）识别已知的攻击行为。

（5）统计分析异常行为。

（6）操作系统日志管理，并识别违反安全策略的用户行为。

2. 入侵检测系统原理

入侵检测系统实时监控当前系统/用户行为，提取出特征数据，与系统的模式库进行特征匹配，判断此行为是否属于入侵行为。如果是，则记录相关证据，并启动相应处理方案（如通知防火墙断开连接或发出警告等）。如果不是，入侵行为则继续对行为数据提取分析。IDS实现原理如图7-20所示。

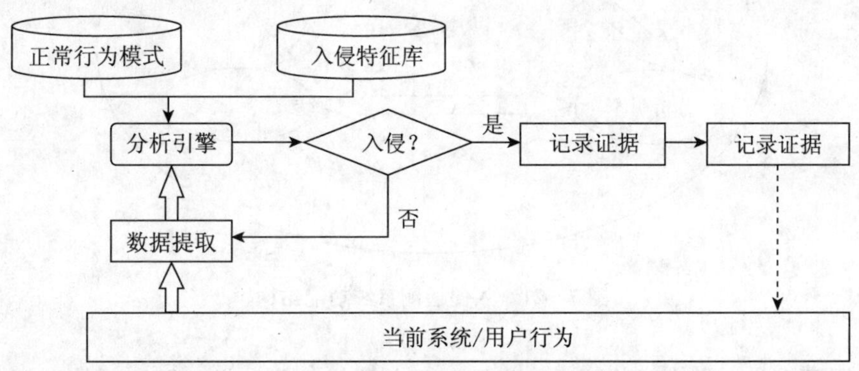

图7-20　入侵检测原理

3. 入侵检测系统模型

入侵检测所采用的数学模型是入侵检测策略选取和应用的根据与基础。常用的入侵检测系统模型有以下几种：

（1）入侵检测专家系统（Intrusion Detection Expert System，IDES）：是一个通用抽象模型，把入侵检测作为全新的安全措施加入到计算机系统安全保障体系中，采用了基于统计分析的异常检测和基于规则的误用检测技术。

（2）入侵检测模型（Intrusion Detection Model，IDM）：是一个层次化的入侵检测模型，给出了在推断网络中的计算机受攻击时数据的抽象过程，弥补了 IDES 模型依靠分析主机的审计记录的局限性。

（3）公共入侵检测框架（Common Intrusion Detection Framework，CIDF）：CIDF 是定义了 IDS 表达检测信息的标准语言以及 IDS 组件之间的通信协议的一套规范，符合 CIDF 规范的 IDS 可以共享检测信息、相互通信、协同工作，还可以与其他系统配合实施统一的配置响应和恢复策略。CIDF 在系统扩展性和规范性上具有显著优势，最早体现了分布式入侵检测的思路。

（4）基于 Agent 的入侵检测：Agent 是一种在特定软、硬件环境下封装的计算单元，可以自动运行在主机上，对网络中的数据进行收集。基于 Agent 的入侵检测是一个在主机上执行某项特定安全监控功能的软件，通过对 Agent 提供的数据进行分析来判断是否有入侵行为发生。基于 Agent 的入侵检测系统不仅能够实现分布式入侵检测，同时还具有智能化的特点，适用于检测不断出现的新的入侵方式。

4. 入侵检测系统功能结构

应用于不同的网络环境和不同的系统安全策略，入侵检测系统在具体实现上也有所不同。从功能结构上看，入侵检测系统主要有数据源、分析引擎和响应三个功能模块，三者相辅相成，如图 7-21 所示。

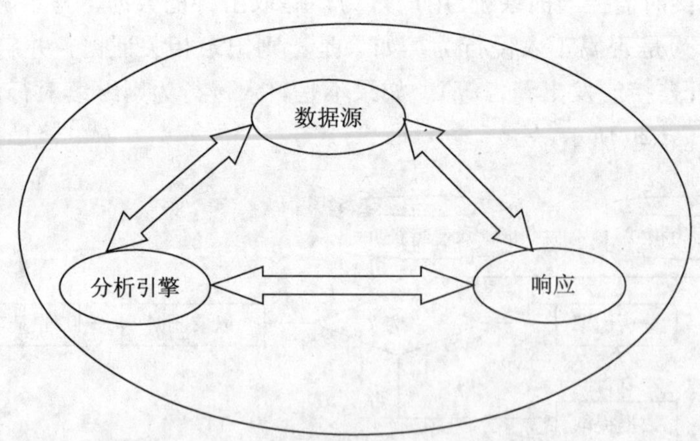

图 7-21　入侵检测系统功能结构

（1）数据源模块，在入侵检测系统中居于基础地位，负责提取用于系统监视的审计记录

流，并完成数据的过滤及预处理工作，为分析引擎模块提供原始的安全审计数据，是入侵检测系统的数据采集器。对于数据源模块来说，最关键的是要保证高速和低丢包率，这不仅仅取决于硬件的处理能力，还同软件的效率有关。

（2）分析引擎模块，是入侵检测系统的核心，负责分析监测数据并生成报警信息，包括对原始数据的同步、整理、组织、分类、特征提取以及各种类型的细致分析，提取其中所包含的系统活动特征或模式，用于正常和异常行为的判断。这种行为的鉴别可以实时进行，也可以事后分析。显然，准确性和快速性是衡量检测引擎性能的重要指标。

（3）响应模块，其目的在于当发现了入侵行为或入侵结果后，需要系统做出及时的反应，并根据预定的策略，采取有效措施阻止入侵的延续，从而尽最大可能消除或减小潜在的损失。从策略的角度来看，响应方式可分为主动响应和被动响应。一般情况下，主动响应的代价比被动响应的代价要高。

二、入侵检测技术分类

从不同的角度，入侵检测系统可以分为不同的种类。本文主要从数据源、检测方法两个方面来描述入侵检测系统的类型。

1. 基于数据源分类

入侵检测系统首先需要解决的问题是数据源，或者说是审计事件发生器。按照数据源所处的位置，入侵检测系统可分为主机入侵检测系统、网络入侵检测系统和混合入侵检测系统。

（1）主机入侵检测系统（Host-baed IDS，HIDS）。系统通常部署在权限被授予和跟踪的主机上，依据一定的算法对主机的网络实时连接及日志文件中的审计数据（包括可查事件和可查信息，如多次登录失败的记录等）进行分析，得出非法用户的登录企图、冒充合法用户等入侵行为，从而采取相应措施保护主机安全。

（2）网络入侵检测系统（Network-based IDS，NIDS）。网络入侵检测系统的实现方式是将某台主机的网卡设置成混杂模式（Promisc Mode），通过监听本网段内的所有数据包并进行判断或直接在路由设备上放置入侵检测模块。这种机制为进行网络数据流的监视和入侵检测提供了必要的数据来源。该系统目前应用比较广泛，如ISS公司的RealSecure等。

（3）混合入侵检测系统（Hybrid IDS）。混合入侵检测系统结合了HIDS和NIDS，两种技术优势互补，这样既可发现网络中的攻击信息，也可从系统日志中发现异常情况。但这种方案覆盖面较大，需要考虑到由此引起的巨大数据量和费用。

2. 基于检测方法分类

从具体的检测方法上，可以将入侵检测系统分为异常检测和误用检测两种类型。

（1）异常检测系统（Anomaly Detection System）。异常检测是根据使用者的行为或资源使用状况的正常程度来判断是否有入侵发生。异常检测的关键问题在于正常模式的建立，以及如何利用该模式对当前的系统/用户行为进行比较，从而判断出与正常模式的偏离程度。模式（Profiles）通常使用一组系统的度量（Metrics）来定义。每个度量都对应于一个门限值（Threshold）或相关的变动范围。

异常检测与系统相对无关，通用性较强，甚至能检测出未知的攻击方法。其主要缺陷在于误检率较高；另外，入侵者的恶意训练是目前异常检测所面临的一大困难。同时，门限值如果选择得不恰当，就会导致系统出现大量的错误报警，包括漏报（False Negatives）和误报（False Positives）。

(2) 误用检测系统（Misuse Detection System）。误用检测有时也被称为特征分析或基于知识的检测。根据已定义好的入侵模式，通过判断在实际的安全审计数据中是否出现这些入侵模式来完成检测功能。这种检测准确度较高，检测结果有明确的参照，为响应提供了方便。主要缺陷在于无法检测未知的攻击类型，漏报率较高。

误用检测和异常检测各有优劣。在很多实际的检测系统中，考虑到两者的互补性，往往结合使用，即同时包含了误用检测和异常检测两种部件，将误用检测用于网络数据包的监测，将异常检测用于系统日志的分析。

三、入侵检测产品和选购

选购入侵检测产品必须根据网络的实际需求以及产品的性能进行综合考虑。

1. 入侵检测系统产品

常用的入侵检测系统除了国外的 Cisco、ISS、Axent、CA、NFR 等公司外，国内也有如中联绿盟、中科网威、启明星辰等数家公司推出了自己相应的产品。

(1) Cisco 公司的 NetRanger。NetRanger 产品分为监测网络包和告警传感器以及接收并分析告警和启动对策的控制器两部分，另外，至少还需要一台运行 Sun 的 Solaris 传感器程序的 PC 以及一台运行控制器程序的配备了 OpenView 或 NetView 网管系统的 Sun SparcStation。NetRanger 的优点是性能高，易于裁剪，能够监测多个数据包上下文的联系，适合用于大型网络监控。NetRanger 的缺点是由于被设计集成在 OpenView 或 NetView 下，在网络运行中心（NOC）使用，其配置需要对 Unix 有详细的了解，对硬件软件均要求高且价格昂贵，因此不适合一般的局域网。

(2) Internet Security System 公司的 RealSecure。RealSecure 的结构也分成引擎和控制台两部分，其中引擎部分负责监测信息包并生成告警，控制台接收报警并作为配置及产生数据库报告的中心点，两部分都可以在 NT、Solaris、SunOS 和 Linux 上运行，并可以在混合的操作系统或匹配的操作系统环境下使用，也可以将引擎和控制台放在同一台机器上运行。RealSecure 的优势在于其简洁性和低价格，可以对 CheckPoint Software 的 FireWall-1 重新进行配置，适用于中小型网络。

(3) Axent Technologies 公司的 OmniGuard/Intruder Alert。OmniGuard/Intruder Alert (ITA) 在结构上分为审计器、控制台、代理三部分，代理用来浏览系统的日志并将统计结果送往审计器。系统安全员用控制台的 GUI 界面来接收告警、查看历史记录以及系统的实时行为。ITA 能在 Windows、Netware 和多种 Unix 下运行，因此提供了更广泛的平台支持。ITA 最大的特点是可以对来自主流的操作系统、防火墙厂商、Web 服务器厂商、数据库应用以及路由器制造商的一些解决方案进行剪裁以适合多种网络的入侵检测的需求。

(4) NFR 公司的 Intrusion Detection Appliance 4.0。NFR 是提出开放源代码概念的唯一 IDS 厂商，通过 NFR“研究版”免费发布了它早期版本的源代码，提供了一个完整的 IDS 方案。在 IDA 4.0 中，程序采用了一个基于 Windows 32 的 GUI 管理工具来配置和监视部署

的 NFR 传感器，操作较以往简单。另外，除了入侵检测外，NFR 还允许用户收集通过网络的 Telnet、FTP 和 Web 数据，对于那些想拥有这类集中化信息（尤其是当跨越多个平台时）的用户来讲是非常有用的，因此 NFR 是一个非常有用的网络监视和报告工具。

(5) Computer Associates 公司的 SessionWall－3/eTrust Intrusion Detection。SessionWall－3/eTrust Intrusion Detection 运行在 Windows 系统主机上，不需要对网络和地址做任何的变动，也不会给独立于平台的网络带来任何传输延迟，可以完全自动地识别网络使用模式与特殊网络应用，并能够识别基于网络的各种入侵、攻击和滥用活动。另外，SessionWall－3/eTrust Intrusion Detection 还可以将网络上发生的各种有关生产应用、网络安全和公司策略方面的众多疑点提取出来，用会话视窗对网络入侵进行监视和审计，并可以为电子通信的滥用现象提供充分的证据。SessionWall－3/eTrust Intrusion Detection 代表了最新一代 Internet 和 Intranet 网络保护产品，它具备前所未有的访问控制水平、用户的透明度，性能的灵活性、适应性和易用性，可以满足各种网络保护需求，它的主要应用对象包括审计人员、安全咨询人员、执法监督机构、金融机构、中小型商务机构、大型企业、ISP、教育机构和政府机构等。

(6) 中科网威的“天眼”入侵检测系统。中科网威信息技术有限公司的“天眼”入侵检测系统、“火眼”网络安全漏洞检测系统是国内少有的几个入侵检测系统之一。它根据系统的安全策略作出反应，实现了对非法入侵的定时报警、事件记录，方便取证以及自动阻断通信连接，重置路由器、防火墙，及时发现问题并提出解决方案等功能。它可列出可参考的全热链接网络和系统中易被黑客利用的薄弱环节，防范黑客攻击。

(7) 启明星辰的 SkyBell（天阗）。启明星辰公司的黑客入侵检测与预警系统主要由探测器和控制器两部分组成，探测器能够监视网络上流过的所有数据包，根据用户定义的条件进行检测，识别出网络中正在进行的攻击。实时检测到入侵信息并向控制器管理控制台发出告警，由控制台给出定位显示，从而将入侵者从网络中清除出去。探测器能够监测所有类型的 TCP/IP 网络，集成了网络监听监控、实时协议分析、入侵行为分析及详细日志审计跟踪等功能，对黑客入侵能进行全方位的检测，准确地判断黑客攻击方式，及时地进行报警或阻断等其他措施。SkyBell（天阗）可以在 Internet 和 Intranet 两种环境中运行，强大的检测功能，为用户提供了最为全面、有效的入侵检测能力，从而保护了整个网络的安全。

2. 入侵检测产品选择要点

当选择入侵检测系统时，需要考虑以下 9 个要点。

(1) 系统的价格。从价格上考虑，IDS 有免费的与付费的两种。至于选用什么样的产品，需要综合考虑安全风险、安全投资、网络体系现状和用户特点。

免费的 IDS 主要是由一些著名的黑客组织、大学和部分安全公司的人员编写的，其特点往往是针对个人用户的 HIDS，所编写的软件短小精悍、容易下载。这些 IDS 主要来自于国外。其中，Snort 在免费 IDS 中最具代表性。免费的 IDS 适合一些个人、有研究兴趣的单位（如学校）或者计算机技术能力较强的小型企业。这样不需要花费任何投资，只要有能力和时间来进行很好的配置，便可让它发挥检测和分析作用。免费 IDS 的主要缺点是功能单一，对用户友好性差，需要使用者拥有较好的计算机和安全技术基础。不像商业产品那样具有支持、服务和后续升级能力，其不明背景很难保证其可用性和自身安全性，不适于大中型企业或关键行业部门的应用。但建议一些大型企业的安全建设和管理人员在小范围内使用免费IDS，以积累入侵检测技术分析的经验，增强认识，有助于选取或应用商业产品。

与免费的IDS相比，IDS商业产品具有明显的优势。首先，知名的IDS商业产品提供商都是具有丰富安全技术背景的安全公司，具有强大的开发团队，并具有对黑客技术的安全研究能力，保证了对IDS技术的跟踪和发展。其次，由于是商业化产品，因此在产品的需求设计、新技术应用、产品功能和性能以及用户友好性上非常关注，产品易用性、功能性等表现出色。最后，商业化的产品会给用户提供成熟的技术支持、有保障的安全服务和可保护投资的产品升级换代技术。鉴于这些特点，用户在IDS的选型中应当优先考虑商业化产品，特别是资质比较好的产品。

(2) 特征库升级与维护的费用。像反病毒软件一样，入侵检测的特征库需要不断更新才能检测出新出现的攻击方法。

(3) 对于网络入侵检测系统，最大可处理流量（包/秒，PPS）是多少。

首先，要分析网络入侵检测系统所部署的网络环境，如果在512kB或2MB专线上部署网络入侵检测系统，则不需要高速的入侵检测引擎，而在负荷较高的环境中，性能是一个非常重要的指标。

(4) 该产品容易被躲避吗？利用常用的躲开入侵检测的方法，如分片、TTL欺骗、异常TCP分段、慢扫描、协同攻击等，可测试出该产品的灵敏度如何。

(5) 产品的可伸缩性。要考虑系统支持的探测器数目、最大数据库大小、探测器与控制台之间的通信带宽和对审计日志溢出的处理。

(6) 运行与维护系统的开销。要考虑产品报表结构、处理误报的方便程度、事件与日志查询的方便程度以及使用该系统所需的技术人员数量。

(7) 产品支持的入侵特征数。不同厂商对检测特征库大小的计算方法都不一样，不能偏听一面之词。

(8) 产品有哪些响应方法。要从本地、远程等多个角度考察。例如，自动更改防火墙配置是一个极为危险的举动。

(9) 是否通过了国家权威机构的评测。主要的权威测评机构有国家信息安全测评认证中心、公安部计算机信息系统安全产品质量监督检验中心。

第五节　网络病毒及反病毒技术

一、网络病毒及反病毒技术概述

1. 定义

我国于1994年颁布的《中华人民共和国计算机信息系统安全保护条例》中明确指出："计算机病毒，是指编制或者在计算机程序中插入的破坏计算机功能或者毁坏数据，影响计算机使用，并能自我复制的一组计算机指令或者程序代码。"

与生物学上的病毒类似，计算机病毒也具备寄生性、传染性和破坏性等主要特征，只不过不同的是，计算机病毒是一些别有用心的人利用计算机软、硬件所固有的安全上的缺陷有

目的地编制而成。计算机病毒会伺机发作，并大量地复制病毒体，感染本机的其他文件和网络中的其他计算机而带来巨大的损失。

总的来说，计算机病毒的危害主要表现在三大方面：一是破坏文件或数据，造成用户数据丢失或毁损；二是抢占系统网络资源，造成网络阻塞或系统瘫痪；三是破坏操作系统等软件或计算机主板等硬件，造成计算机无法启动。计算机病毒具有以下几个特点：

（1）寄生性：计算机病毒不能独立存在，只能附着在其他程序之中，不易被人发觉，只有当执行这个程序时，病毒才起到破坏作用。被嵌入的程序叫做宿主程序。

（2）传染性：传染性是病毒的基本特征。正常的计算机程序一般是不会将自身的代码强行连接到其他程序之上的，而计算机病毒却可以通过各种渠道，如可移动磁盘、计算机网络等，从已被感染的计算机扩散到未被感染的计算机，使被感染的计算机工作失常甚至瘫痪。

（3）潜伏性：计算机病毒程序进入系统之后一般不会马上发作，而是对其他系统文件进行传染，一旦满足其触发条件，则对系统进行破坏。如在屏幕上显示指定信息，或执行格式化磁盘、删除磁盘文件、对数据文件做加密、封锁键盘以及使系统死锁等破坏系统的操作。

（4）隐蔽性：隐蔽性是计算机病毒最基本的特征。通过此特性，病毒可以在用户没有察觉的情况下扩散到大量的计算机中，并且使对病毒的查杀工作变得非常困难。

（5）破坏性：破坏性是计算机病毒造成的最严重的后果。无论是病毒激活后占用大量系统资源，还是破坏文件，甚至毁坏计算机硬件，都会给用户正常使用计算机带来很大的影响。一般将没有恶意破坏性的程序称为良性病毒，此类病毒有可能会占用大量系统资源，但不会对系统造成巨大的破坏。除了部分良性病毒以外，剩下的绝大多数都是造成严重后果的恶性病毒，如破坏系统分区，删除文件等。

（6）可触发性：因某个事件或数值的出现，诱使病毒实施感染或进行攻击的特性称为可触发性。设计者在病毒程序中预定一个或几个触发条件，如某个特定的时间、特定的文件或病毒内置的计数器达到一定次数等，触发机制会在病毒运行的时候检查触发条件是否满足，如果满足，启动感染或破坏动作使病毒进行感染或攻击；如果不满足，使病毒继续潜伏。

（7）变异性（衍生性）：掌握病毒原理的人可以对病毒进行任意改动，从而可以衍生出多种不同于原版本的新的病毒，而有些计算机病毒在发展、演化过程中自身也可以产生变种，这就是计算机病毒的变异性，也称为衍生性。

（8）不可预见性：虽然不同病毒有些操作是共有的，如驻留内存、更改中断等，但由于病毒的代码千差万别，并且随着更多的计算机病毒新技术的出现，对未知病毒检测的难度逐步增大，这些都决定了病毒的不可预见性。

2. 分类

从发现第一个病毒以来，世界上究竟有多少种病毒，说法不一。据国外统计，计算机病毒以 10 种/周的速度递增，另据我国公安部统计，国内以 4～6 种/月的速度递增。按照科学的、系统的、严密的方法给病毒分类是为了更好地了解它们。按照计算机病毒的特点及特性，有许多种分类方法，而同一种病毒可能就有多种不同的分法。

（1）按照攻击系统类型分类

计算机病毒按照攻击操作系统类型可分为以下几类：

①攻击 DOS 系统的病毒：此类病毒出现最早，种类及其变种也最多，2000 年前我国出

现的计算机病毒基本上都是这类病毒，占病毒总数的99%。尽管DOS技术在1995年以后基本上处于停滞状态，但攻击DOS的病毒的数量及传播仍在发展，只是比较缓慢而已。

②攻击Windows系统的病毒：从1995年以后，由于Windows的图形用户界面（GUI）和多任务操作系统深受用户的欢迎，因此逐渐取代DOS，成为微型计算机的主要操作系统，从而也成为了病毒攻击的主要对象。目前发现的首例破坏计算机硬件的CIH病毒就是一个Windows 9x病毒。

③攻击Unix系统的病毒：随着病毒技术的发展，当初认为安全的Unix和Linux系统也成为了病毒攻击的目标，如1997年出现的首例攻击Linux系统的病毒——Bliss（上天的赐福）病毒，以及2001年出现的首例能够在Windows和Linux下传播的Win32. Winux病毒。由于目前Unix和Linux系统应用都非常广泛并且应用在许多大型服务器上，所以Unix病毒的出现对信息安全带来了严重的威胁。

④攻击OS/2系统的病毒：1996年发现的AEP病毒是第一个真正针对OS/2操作系统的病毒，它能够将自身依附在OS/2的可执行文件后面进行感染，改变了以往的恶意程序不具备病毒感染性这一基本特征的状况。虽然AEP病毒比较简单，但也预示着OS/2系统现在已经成为病毒攻击的目标。

⑤攻击Macintosh系统的病毒：针对Mac系统进行攻击的病毒有Mac. Simpsons，它是使用AppleScript编写的病毒程序，主要通过Mac OS的Outlook Express或Entourage邮件程序向通讯录中的用户地址自动发送大量垃圾邮件，邮件主题为“Secret Simpsons episodes!”，并携带名为“Simpsons Episodes”的附件。使用者一旦执行该附件，病毒就会继续发送垃圾信息。此外，Simpsons病毒还会启动IE浏览器，连接到http：//www. snpp. com/episodes. html网站。

⑥其他操作系统上的病毒：如手机病毒、PDA病毒等。2000年6月在西班牙发现的VBS. Timofonica病毒是第一例手机病毒，它通过运营商Telefonica的移动系统向该系统内的任意用户发送骂人的短消息。随着智能终端的普及，针对这类应用系统的病毒也会越来越多。

（2）按照寄生和传染途径分类

计算机病毒按其寄生方式可分为引导型病毒和文件型病毒，以及集引导型和文件型病毒特性于一体的混合型病毒，还有宏病毒。

①引导型病毒：引导型病毒通过感染软盘或硬盘的引导扇区，在系统启动时运行病毒代码。

②文件型病毒：文件型病毒主要以感染文件扩展名为 . com、. exe和 . Ovl等可执行程序为主。

③混合型病毒：混合型病毒综合了引导型和文件型病毒的特性，使其传染性以及存活率都有所增强。不管以哪种方式传染，只要中毒就会经开机或执行程序而感染其他的磁盘或文件，此种病毒也是最难杀灭的。

④宏病毒：宏病毒是一种寄存于微软公司Word和Excel等文档或模板的宏中的计算机病毒，编写容易，破坏性强。一旦打开这样的文档，宏病毒就会被激活，转移到计算机上，并驻留在Normal模板上，以后所有自动保存的文档都会“感染”上这种宏病毒，宏病毒发

作时，轻则影响正常工作，重则破坏硬盘信息，设置格式化硬盘，危害极大。

(3) 按照攻击方式分类

由于计算机病毒本身必须有一个攻击对象以实现对计算机系统的攻击，计算机病毒所攻击的对象是计算机系统可执行的部分。

①源码型病毒：该病毒攻击高级语言编写的程序，在源程序编译之前就插入其中，经编译成为合法程序的一部分。

②嵌入型病毒：嵌入在程序的中间，它只能针对某个具体程序进行感染，如 dBASE 病毒。

③外壳型病毒：是目前最常见的文件型病毒，它寄生在宿主程序的前面或后面，并修改程序的第一个执行指令，使病毒先于宿主程序执行，这样随着宿主程序的使用而传染扩散。这种病毒的检测最为简单，一般测试文件的大小即可知。

④操作系统型病毒：这种病毒用它自己的程序意图加入或取代部分操作系统进行工作，具有很强的破坏力，可以导致整个系统的瘫痪。如圆点病毒和大麻病毒在运行时，用自己的逻辑部分取代操作系统的合法程序模块，根据病毒自身的特点和被替代的操作系统中合法程序模块在操作系统中运行的地位与作用以及病毒取代操作系统的取代方式等，对操作系统进行破坏。

(4) 按照传播途径分类

计算机病毒的传播主要是通过拷贝文件、传送文件和运行程序等方式进行的，主要有以下几种传播途径：

①存储介质：病毒可通过感染常用的存储介质，如软盘、光盘、U 盘、存储卡、硬盘等，感染系统及已安装的软件或程序，然后再通过被传染的存储介质去传染其他系统。通过存储介质感染的病毒也称为单机病毒。

②网络病毒：网络病毒是通过网络数据通道来进行传播的，如通过邮件、浏览网页、局域网共享文件、网络下载，以及通过 ICQ 等即时通信软件进行传播。网络病毒的传染能力更强，破坏力也更大。

二、网络病毒的特点

(1) 变种病毒数量翻番，防不胜防。由于很多病毒源代码被病毒作者公开提供下载，甚至有些代码还包含完整的说明文档、相应的工具和示例，使得一般人仅仅通过修改配置文件和部分源代码就可以编译成一个新的病毒变种程序。

(2) 漏洞病毒出现的时间间隔越来越短。软件漏洞的技术细节一旦被公布，就可能被病毒利用并进行大规模的传播。2004 年 4 月 14 日 LSASS 溢出漏洞（MS04－011）被公布，到 5 月 1 日利用此漏洞进行破坏传播的震荡波病毒（Worm. Sasser）出现，仅仅用了 17 天。

(3) 病毒携带形式多样化。在网络环境下，可执行程序、脚本文件、Web 页面、电子邮件、网上贺卡和图片等都有可能携带计算机病毒。

(4) 传播途径与攻击对象多元化，传播速度更快，覆盖面更广。病毒的传播不仅可通过磁介质，更多的是通过网络迅速传播。攻击对象由单一的个人计算机变为所有连接网络的工作站、服务器等。

（5）破坏性更强。多样化的传播途径和应用环境使得病毒的发生频率高、潜伏性强、覆盖面广，从而造成的破坏也更大。病毒可以造成网络拥塞，甚至瘫痪，重要数据丢失，机密信息失窃，甚至通过病毒完全控制计算机信息系统和网络，难以控制和根治。在网络中，只要有一台计算机感染病毒，就可通过内部机制很快使整个网络受到影响，甚至瘫痪和拥塞。

（6）攻击目的明确化。一些病毒出于某种政治或经济上的目的，被研制出来扰乱或破坏社会信息、政治、经济秩序，甚至是被作为一种信息战略武器使用。“快乐耳朵”木马病毒及其变种就是针对国内某银行业务的病毒，用户一旦感染上该病毒，用户的账号、密码和数字证书就有可能会被窃取并发送到病毒编制者的信箱。

三、病毒的防御及反病毒技术

1. 病毒的防御

病毒的防御措施应该包含两重含义，一是建立法律制度，提高教育素质，从管理方法上防范；二是加大技术投入与研究力度，开发和研制出更新的防治病毒的软件、硬件产品，从技术方法上防范。只有将这两种方法结合起来考虑，才能有效地防止计算机病毒的传播。

（1）企业防治计算机病毒的管理措施和策略

企业防治病毒的时候需要考虑对病毒的查杀能力，病毒的监控能力，新病毒的反应能力。而企业防毒的一个重要方面是管理和策略。除了国家建立、健全各种法律制度，保障计算机系统的安全性外，企业本身也要加强教育和宣传工作，使广大的计算机用户都认识到编制计算机病毒软件是不道德的犯罪行为，从伦理和社会舆论上控制并阻止病毒的产生。

推荐的企业防范病毒的策略如下：

①加强网络管理员的安全管理水平，提高安全意识。完善的管理制度，可以人为地根除或减少病毒的制造源和传染源。

由于蠕虫病毒是利用系统漏洞进行攻击的，所以需要在第一时间内保持系统和应用软件的安全性，保持各种操作系统和应用软件的更新。由于各种漏洞的出现，使得安全不再是一项一劳永逸的事，而作为企业用户而言，遭受攻击的危险越来越大，要求企业的管理水平和安全意识也越来越高。

②建立病毒检测系统，能够在第一时间内检测到网络异常和病毒攻击。

③建立应急响应系统，将风险减到最小。由于蠕虫病毒爆发的突然性，可能在病毒发现的时候已经蔓延到了整个网络，所以在突发情况下，建立一个紧急响应系统是很有必要的，在病毒爆发的第一时间就能提供解决方案。

④建立灾难备份系统。对于数据库和数据系统，必须采用定期备份、多机备份措施，防止意外灾难下的数据丢失。

对于局域网来说，可以采用以下一些主要手段进行防御：

①在 Internet 接入口处安装防火墙式防杀计算机病毒产品，将病毒隔离在局域网之外。

②对邮件服务器进行监控，防止带毒邮件进行传播。

③对局域网用户进行安全培训。

④建立局域网内部的升级系统，包括各种操作系统的补丁升级，各种常用的应用软件升级，各种杀毒软件病毒库的升级等。

（2）个人防治计算机病毒的策略

蠕虫病毒对个人用户的攻击主要还是通过社会工程学，而不是利用系统漏洞。所以防范此类病毒需要注意以下几点：

①不要使用任何解密版的盗版软件，要尊重知识产权，使用正版软件。

②购买合适的杀毒软件。网络蠕虫病毒的发展已经使传统的杀毒软件的“文件级实时监控系统”落伍，杀毒软件必须向内存实时监控和邮件实时监控发展。面对防不胜防的网页病毒，也使得用户对杀毒软件的要求越来越高。在杀毒软件市场上，赛门铁克公司的norton系列杀毒软件在全球具有很大的比例。经过多项测试，norton杀毒系列软件脚本和蠕虫阻技术能阻挡大部分电子邮件病毒，而且对网页病毒也有相当强的防范能力。目前国内的杀毒软件也具有相当高的水平。像瑞星、kv系列等杀毒软件，在杀毒的同时整合了防火墙功能，从而对蠕虫兼木马程序有很大的克制作用。

③经常升级病毒库。杀毒软件对病毒的查杀是以病毒的特征码为依据的，而病毒每天都层出不穷，尤其是在网络时代，蠕虫病毒的传播速度快、变种多，所以必须随时更新病毒库，以便能查杀最新的病毒。

④提高防杀毒意识。不要轻易去点击陌生的站点，有可能里面就含有恶意代码。

因为这一类网页主要是含有恶意代码的ActiveX、Applet或JavaScript的网页文件，所以在IE设置中将ActiveX插件和控件、Java脚本等全部禁止就可以大大减少被网页恶意代码感染的概率。具体方案是：在IE窗口中单击“工具”→“Internet选项”，在弹出的对话框中选择“安全”标签，再单击“自定义级别”按钮，就会弹出“安全设置”对话框，把其中所有ActiveX插件和控件以及与Java相关的全部选项都选为“禁用”。但是这样做，在以后的网页浏览过程中有可能会使一些正常应用ActiveX的网站无法浏览。

⑤不要使用来历不明的软盘或移动存储器。避免打开不明来历的陌生邮件，尤其是带附件的邮件，有的病毒邮件能够利用IE和Outlook的漏洞自动执行，所以用户需要升级IE和Outlook程序及常用的其他应用程序。

2. 反病毒技术

经历过计算机病毒多次侵害的人们，想必已经对病毒非常熟悉了。人们也使用了许多种反病毒软件，但仍经常受到病毒的攻击，大家都没弄太清楚，到底怎么做才能保证计算机每分每秒的安全。经历过CIH和“美丽杀”病毒的洗礼，人们已知道了“查杀病毒不可能一劳永逸”的道理，已经明白维护计算机的安全是一个长期的过程。

（1）反病毒技术

现在世界上成熟的反病毒技术已经完全可以做到对所有的已知病毒彻底预防、彻底杀除，主要涉及实时监视技术、自动解压缩技术和全平台反病毒技术这三大技术。

①实时监视技术。这个技术为计算机构筑起一道动态、实时的反病毒防线，通过修改操作系统，使操作系统本身具备反病毒功能，拒病毒于计算机系统之外。时刻监视系统中的病毒活动，时刻监视系统状况，时刻监视软盘、光盘、因特网、电子邮件上的病毒传染，将病毒阻止在操作系统外部。优秀的反病毒软件由于采用了与操作系统的底层无缝连接技术，实时监视器占用的系统资源极小，用户一方面完全感觉不到对机器性能的影响，另一方面根本不用考虑病毒的问题。

只要反病毒软件实时地在系统中工作，病毒就无法侵入到计算机系统。可以保证反病毒软件只需一次安装，今后计算机运行的每一秒钟都会执行严格的反病毒检查，使通过因特网、光盘、软盘等途径进入计算机的每一个文件都安全无毒，如有毒则自动杀除。

②自动解压缩技术。目前在因特网、光盘以及 Windows 中接触到的大多数文件都是以压缩状态存放的，以便节省传输时间或节约存放空间，这就使得各类压缩文件已成为了计算机病毒传播的“温床”。如 1998 年 10 月，中国计算机报的光盘 InfoCD 十月号染上 CIH 病毒事件，就是 3 个压缩文件中含有病毒。

如果用户从网上下载了一个带病毒的压缩文件包，或从光盘里运行一个压缩过的带毒文件，用户能直接使用这个压缩文件包，但自己的系统就会不知不觉地被压缩文件包中的病毒感染。现在流行的压缩标准有很多种，相互之间有些并不兼容，全面覆盖各种各样的压缩格式，就要求了解各种压缩格式的算法和数据模型，这就必须和压缩软件的生产厂商有很密切的技术合作关系，否则，解压缩就会出问题。

③全平台反病毒技术。目前病毒活跃的平台有：DOS、Windows、NetWare、Notes、Exchange 等，为了反病毒软件做到与系统的底层无缝连接，可靠地实时检查和杀除病毒，必须在不同的平台上使用相应的反病毒软件。如果用的是 Windows 平台，则必须用 Windows 版本的反病毒软件。如果是企业网络，什么版本的平台都有，那么就要在网络的每一个 Server、Client 端上安装 DOS、Windows 等平台的反病毒软件，每一个点上都安装相应的反病毒模块，每一个点上就都能实时地抵御病毒的攻击。只有这样，才能做到网络的真正安全和可靠。

(2) 反病毒软件

真正的反病毒软件应包括病毒扫描程序、内存扫描程序、完整性检查器和行为监视器四大部分。

①病毒扫描程序。病毒扫描程序使用串扫描算法、入口点扫描算法和类属解密法进行病毒扫描。

②内存扫描程序。内存扫描程序采用与病毒扫描程序同样的基本原理进行工作。它的工作是扫描内存以搜索内存驻留文件和引导记录病毒。

尽管病毒可以毫无察觉地把自己隐藏在程序和文件中，但病毒不能在内存中隐藏自己。因此，内存扫描程序可以直接搜索内存，查找病毒代码。如果一个反病毒产品不使用内存扫描，其病毒检测技术就是很不完善的，很可能漏查、漏杀某些病毒。

③完整性检查器。完整性检查器的工作原理基于如下的假设：在正常的计算机操作期间，大多数程序文件和引导记录不会改变。这样，计算机在未感染状态下，取得每个可执行文件和引导记录的信息指纹，并将这一信息存放在硬盘的数据库中。

完整性检查器是一种强有力的防病毒保护方式。因为几乎所有的病毒都要修改可执行文件和引导记录，包括新的未发现的病毒，所以它的检测率几乎百分之百。引起完整性检查器失效的因素有：有些程序执行时必须修改它自己；对已经被病毒感染的系统再使用这种方法时，可能遭到病毒的蒙骗等。

④行为监视器。行为监视器又叫行为监视程序，它是内存驻留程序，这种程序静静地在后台工作，等待病毒或其他有恶意的损害活动。如果行为监视程序检测到这类活动，它就会

通知用户，并且让用户决定这一类活动是否继续。

本章小结

物联网作为一个由物组成的网络，在信息传递的过程中，依赖于互联网。信息安全网络环境下的信息安全体系是保证信息安全的关键，包括计算机安全操作系统、各种安全协议、安全机制（数字签名、信息认证、数据加密等），直至安全系统，其中任何一个安全漏洞便可以威胁全局安全。信息安全服务至少应该包括支持信息网络安全服务的基本理论，以及基于新一代信息网络体系结构的网络安全服务体系结构。

（1）信息网络安全研究历经了通信保密、数据保护两个阶段，正在进入网络信息安全研究阶段，现已开发研制出防火墙、安全路由器、安全网关、黑客入侵检测、系统脆弱性扫描软件等。但因信息网络安全领域是一个综合、交叉的学科领域，它综合了利用数学、物理、生化信息技术和计算机技术的诸多学科的长期积累和最新发展成果，提出系统的、完整的和协同的解决信息网络安全的方案，目前应从安全体系结构、安全协议、现代密码理论、信息分析和监控以及信息安全系统五个方面开展研究，各部分相互协同形成有机整体。

（2）防火墙最基本的功能是确保网络流量的合法性，并在此前提下将网络的流量快速的从一条链路转发到另外的链路上去。防火墙将网络上的流量通过相应的网络接口接收上来，按照 OSI 协议栈的七层结构顺序上传，在适当的协议层进行访问规则和安全审查，然后将符合通过条件的报文从相应的网络接口送出，而对于那些不符合通过条件的报文则予以阻断。因此，从这个角度上来说，防火墙是一个类似于路由器的、多端口的（网络接口≥2）转发设备，它跨接于多个分离的物理网段之间，并在报文转发过程之中完成对报文的审查工作。

（3）入侵检测技术可以被定义为对计算机和网络资源的恶意使用行为进行识别和相应处理的系统。包括系统外部的入侵和内部用户的非授权行为，是为保证计算机系统的安全而设计与配置的一种能够及时发现并报告系统中未授权或异常现象的技术，是一种用于检测计算机网络中违反安全策略行为的技术。

（4）网络反病毒技术包括预防病毒、检测病毒和杀毒 3 种技术。预防病毒技术通过自身常驻系统内存，优先获得系统的控制权，监视和判断系统中是否有病毒存在，进而阻止计算机病毒进入计算机系统和对系统进行破坏。检测病毒技术是通过对计算机病毒的特征来进行判断的技术，如自身校验、关键字、文件长度的变化等。杀毒技术通过对计算机病毒的分析，开发出具有删除病毒程序并恢复原文件的软件。

第八章　物联网管理系统开发

教学目标

通过本章的学习，了解物联网管理系统的体系结构及开发设计原则；了解管理系统开发方法。掌握物联网管理系统的开发过程。

第一节　物联网管理系统体系结构

一、物联网管理系统应用结构

物联网作为一个跨组织、跨行业、全球化的物的联通，决定了管理系统对安全性的要求极高；同时，为能够支撑全球供应链网络的电子数据，需要系统有很好的伸缩性，满足在多层面，多节点上实施灵活的伸缩能力；更要提供足够的可用性，使得这一系统能够全面商用；另外，提到维护和管理如此庞大的跨全球的物联网，如何简化系统管理也是系统建设者

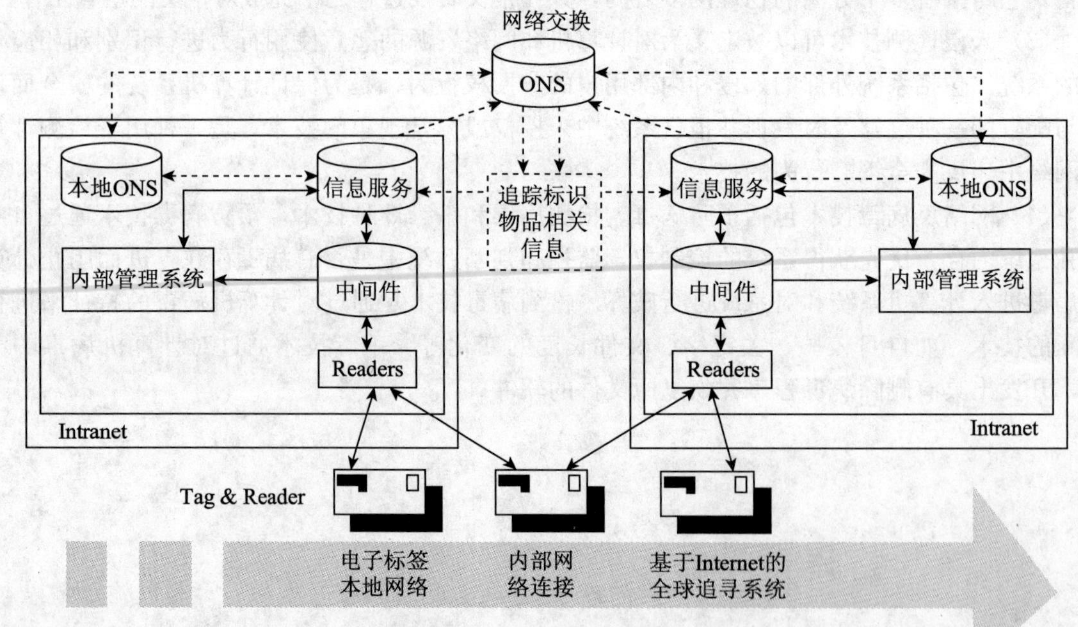

图 8-1　物联网的应用结构

们所需要面对的问题；分布环境下的信息交互和同步需要可靠的消息传递功能；如何更有效地使用这些电子数据，发挥数据的最大业务价值，则需要与企业内部业务系统整合，实现支持供应链合作的信息平台，如图 8－1 所示。

二、物联网管理系统体系结构

在进行物联网管理系统的设计时，首先需要解决的是选择何种软件体系结构和信息系统的体系结构。

软件体系结构的提出是随着软件规模越来越大，也越来越复杂而产生的。面对如此复杂庞大的软件，必须对整个物联网进行结构和规格的说明。

我们可以将物联网管理系统软件比做一幢楼房，从整体上讲，楼房有地基、地面结构（分得更细有砖、瓦、灰等）和室内装饰。那么物联网管理系统软件就有建立在操作系统之上的基础设施软件，实现逻辑处理的应用软件以及客户所面对的客户界面程序。当然从细节上看，每一个程序都是有结构的，只是我们常常忽略其存在。如何确定物联网管理系统的软件结构，则需要具体问题具体分析。

(1) 软件体系结构的定义

虽然软件体系结构已经在软件工程领域中有着广泛的应用，但迄今还没有一个被大家所公认的定义。许多专家学者从不同角度和不同侧面对软件体系结构进行了刻画，较为典型的定义有：

①Dewayne Perry 和 Alex wolf 曾这样定义：软件体系结构是具有一定形式的结构化元素，即构件的集合，包括处理构件、数据构件和连接构件。处理构件负责对数据进行加工，数据构件是被加工的信息，连接构件把体系结构的不同部分连接起来。这一定义注重区分处理构件、数据构件和连接构件，这一方法在其他的定义和方法中基本上得到了保持。

②Mary Shaw 和 David Garlan 认为软件体系结构是软件设计过程中的一个层次，这一层次超越了计算过程中的算法设计和数据结构设计。体系结构问题包括：总体组织和全局控制、通信协议、同步、数据存取，给设计元素分配特定功能，设计元素的组织、规模和性能，在各设计方案间进行选择等。软件体系结构处理算法与数据结构之上关于整体系统结构设计和描述方面的一些问题，如全局组织和全局控制结构、关于通信、同步与数据存取的协议，设计构件功能定义，物理分布与合成，设计方案的选择、评估与实现等。

③Kruchten 指出，软件体系结构有 4 个角度，它们从不同方面对系统进行描述：概念角度描述系统的主要构件及它们之间的关系；模块角度包含功能分解与层次结构；运行角度描述了一个系统的动态结构；代码角度描述了各种代码和库函数在开发环境中的组织。

④David Garlan 和 Dewne Perry 于 1995 年在 IEEE 软件工程学报上又采用了如下的定义：软件体系结构是一个程序/系统中各构件的结构、它们之间的相互关系以及进行设计的原则和随时间进化的指导方针。

根据上述定义，软件体系结构可以归纳为是具有一定形式的结构化元素，即构件的集合，包括处理构件、数据构件和连接构件。处理构件负责对数据进行加工，数据构件是被加工的信息，连接构件把体系结构的不同部分组合连接起来。

(2) 软件体系结构类型

软件体系结构是系统中各个构件的组织结构以及这些构件之间的关联关系，一般情况下，一个物联网管理系统的软件体系结构描述了该系统中所有构件，构件之间的交互，构件之间的连接件以及如何把这些构件连接起来的约束。物联网管理系统规模日益庞大，结构日益复杂，那么系统设计的目标是保证物联网管理系统高效运作的前提下，提高物联网管理系统的开放性和集成性。信息系统的开放性包括数据的开放性、应用的开放性和系统的可扩展性。

为了实现系统的开放性，50 多年来出现了多种软件体系结构的类型，主要有：第一，以数据为中心的系统体系结构模型；第二，以应用功能为中心的系统体系结构模型；第三，面向对象的系统体系结构模型；第四，基于中间件的体系结构模型，如图 8－2 所示。

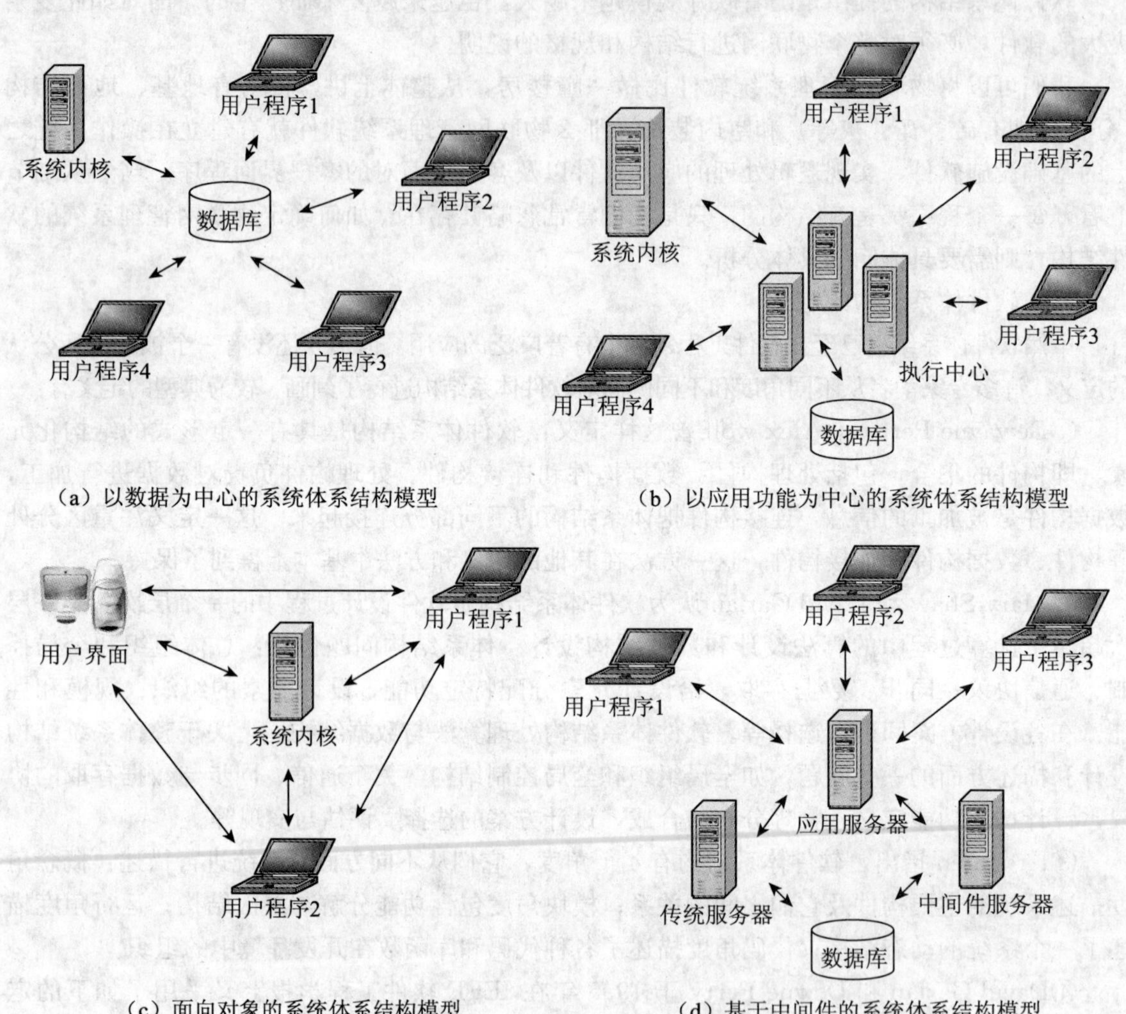

（a）以数据为中心的系统体系结构模型　（b）以应用功能为中心的系统体系结构模型

（c）面向对象的系统体系结构模型　（d）基于中间件的系统体系结构模型

图 8－2　软件体系结构模型

以数据为中心的系统体系结构模型使得各个功能部件采用统一的数据描述，各个子系统完全独立，子系统之间有统一的数据交换接口。但是这种模型结构松散，集成性差，往往只能做到数据复用，不能做到功能复用，仅仅具有数据的开放性。以应用功能为中心的系统体系结构模型能够实现功能复用，避免代码冗余，有利于数据的严格管理，保证数据的一致

性。但是该模型使得执行中心负担过重，容易造成数据拥挤堵塞。面向对象的系统体系结构模型使得数据和功能的合理封装降低了由于数据和功能的集中管理而带来的系统开销，有利于功能复用和数据复用。但是由于对象之间是直接的点对点通信，往往造成很大的通信量。基于中间件的体系结构模型基本实现了功能复用、数据复用，具有良好的开放性，但是系统开发的各个层面的协调复杂。

(3) 物联网管理系统的体系结构

物联网管理系统的体系结构是指系统各个组成部分之间的相互关系，它是硬件、软件、算法和语言的综合性概念。随着网络的发展，当前物联网管理系统主要采用的体系结构有三种：

①C/S 物联网管理系统体系结构

C/S 软件体系结构，是基于资源不对等，且为实现共享而提出来的，是 20 世纪 90 年代成熟起来的技术。C/S 结构将应用一分为二，服务器（后台）负责数据管理，客户机（前台）完成与用户的交互任务。

C/S 体系结构具有强大的数据操作和事务处理能力，模型思想简单，易于人们理解和接受。但随着企业规模的日益扩大，软件的复杂程度不断提高，传统的二层 C/S 结构存在以下几个局限：

第一，二层 C/S 结构是单一服务器且以局域网为中心的，所以难以扩展至大型企业广域网或 Internet。

第二，软、硬件的组合及集成能力有限。

第三，客户机的负荷太重，难以管理大量的客户机，系统的性能容易变坏。

第四，数据安全性不好。因为客户端程序可以直接访问数据库服务器，那么，在客户端计算机上的其他程序也可想办法访问数据库服务器，从而使数据库的安全性受到威胁。

正是因为二层 C/S 有这么多缺点，因此，三层 C/S 结构应运而生。三层 C/S 结构是将应用功能分成表示层、功能层和数据层三个部分，如图 8-3 所示。

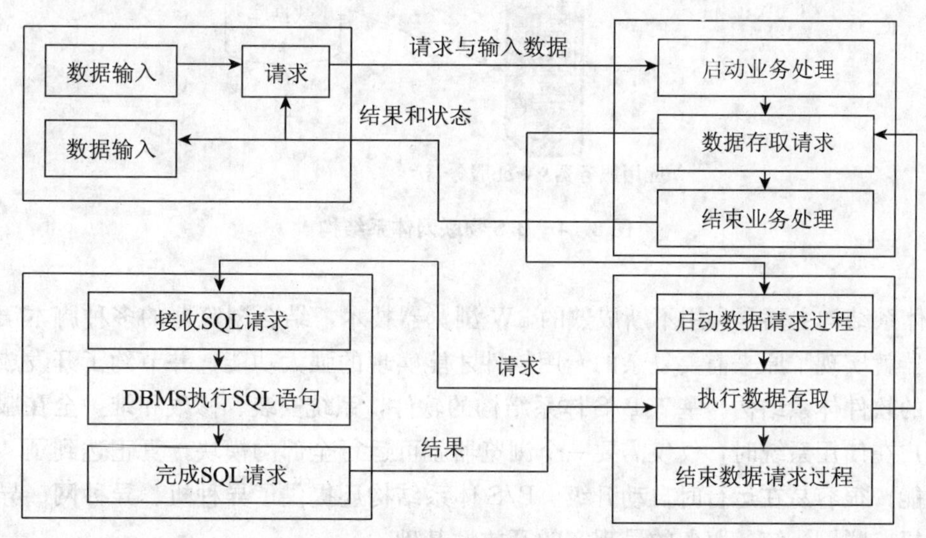

图 8-3　三层 C/S 结构

表示层是应用的用户接口部分，它担负着用户与应用间的对话功能。它用于检查用户从键盘等输入的数据，显示应用输出的数据。为使用户能直观地进行操作，一般要使用图形用户接口操作简单、易学易用。在变更用户接口时，只需改写显示控制和数据检查程序，而不影响其他两层。检查的内容也只限于数据的形式和取值的范围，不包括有关业务本身的处理逻辑。

功能层相当于应用的本体，它是将具体的业务处理逻辑编入程序中。在制作统计时要计算各类数据，这里可以按照定好的格式配置数据、打印统计结果，而处理所需的数据则要从表示层或数据层取得。表示层和功能层之间的数据交往要尽可能简洁。用户检索数据时，要设法将有关检索要求的信息一次性地传送给功能层，而由功能层处理过的检索结果数据也一次性地传送表示层。

数据层就是数据库管理系统，负责管理对数据库数据的读写。数据库管理系统必须能迅速执行大量数据的更新和检索。因此，一般从功能层传送到数据层的要求大都使用 SQL 语言。

②B/S 物联网管理系统体系结构

B/S 软件体系结构，是随着 Internet 技术的兴起，对 C/S 体系结构的一种变化或者改进的结构，如图 8－4 所示。在 B/S 体系结构下，用户界面完全通过 3W 浏览器实现，一部分事务逻辑在前端实现，但是主要事务逻辑在服务器端实现。

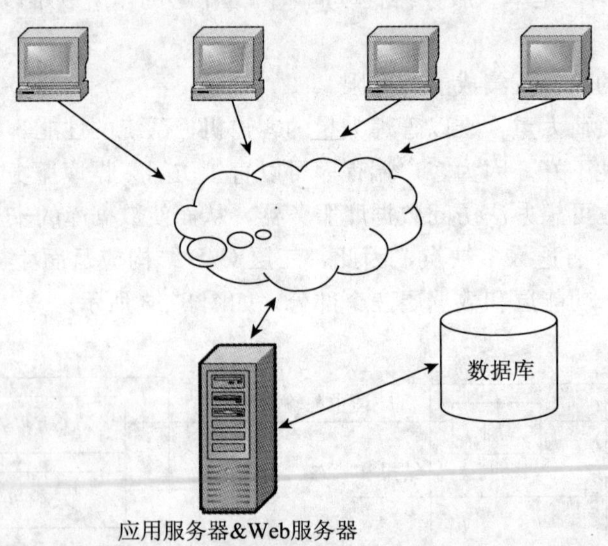

图 8－4　B/S 物联网体系结构

B/S 体系结构主要是利用不断成熟的 3W 浏览器技术，结合浏览器的多种脚本语言，用通用浏览器就实现了原来需要复杂的专用软件才能实现的强大功能，并节约了开发成本，是一种全新的软件体系结构。基于 B/S 体系结构的软件，系统安装、修改和维护全在服务器端解决。用户在使用系统时，仅仅需要一个浏览器就可运行全部的模块，真正达到了“零客户端”的功能，很容易在运行时自动升级。B/S 体系结构还提供了异种机、异种网、异种应用服务的联机、联网、统一服务的最现实的开放性基础。

但是，与 C/S 体系结构相比，B/S 体系结构也有许多不足之处。

第一，B/S体系结构缺乏对动态页面的支持能力，没有集成有效的数据库处理功能。

第二，B/S体系结构的系统扩展能力差，安全性难以控制。

第三，采用B/S体系结构的应用系统，在数据查询等响应速度上，要远远地低于C/S体系结构。

第四，B/S体系结构的数据提交一般以页面为单位，数据的动态交互性不强，不利于在线事务处理（OLTP）应用。

③B/S和C/S的混合结构

从上面的对比分析中可以看出，传统的C/S体系结构并非一无是处，而新兴的B/S体系结构也并非十全十美。由于C/S体系结构根深蒂固、技术成熟，原来的很多软件系统都是建立在C/S体系结构基础上的，因此，B/S体系结构要想在软件开发中起主导作用，要走的路还很长。C/S体系结构与B/S体系结构还将长期共存。

B/S与C/S混合软件体系结构是一种典型的异构体系结构，如图8－5所示。

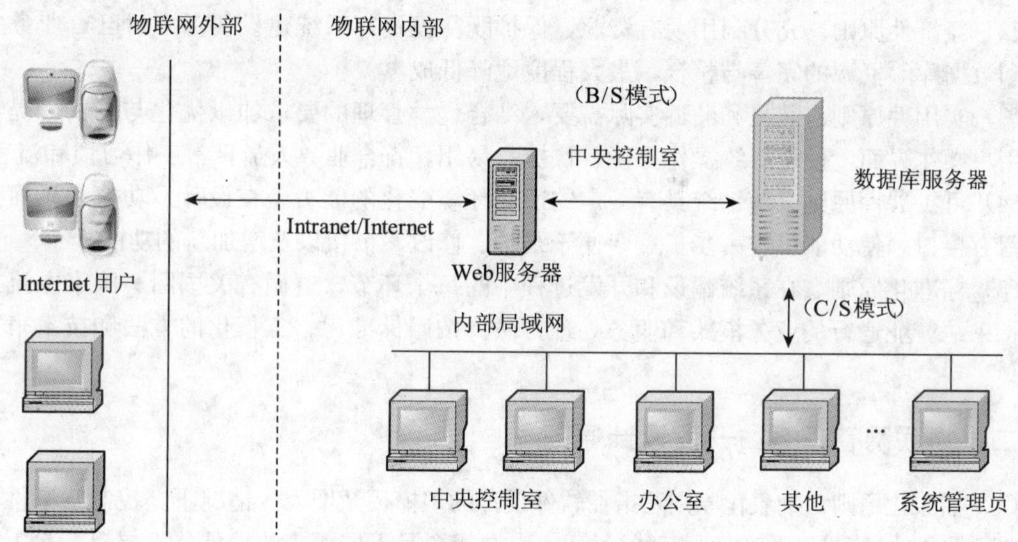

图8－5　C/S与B/S混合软件体系结构

数据库服务器、外部用户通过Internet访问Web服务器，再通过Web服务器访问数据库服务器。该解决方案把B/S和C/S这两种软件体系结构进行了有机的结合，扬长避短，有效地发挥了各自的优势。同时，因外部用户只需一台接入Internet的计算机，就可以通过Internet查询运行生产管理情况，无须做太大的投入和复杂的设置。C/S与B/S混合软件体系结构的优点是外部用户不直接访问数据库服务器，能保证企业数据库的相对安全。企业内部用户的交互性较强，数据查询和修改的响应速度较快。C/S与B/S混合软件体系结构的缺点是企业外部用户修改和维护数据时，速度较慢，较烦琐，数据的动态交互性不强。

针对物联网管理系统，由于该系统往往是面向许多外部用户的，同时物联网内部又有很多的内部操作，也就是说包含了系统内外的两大信息系统，而且两者缺一不可，所以针对物联网管理系统来讲，一般要求采用的是B/S和C/S混合结构的软件体系。

第二节　物联网管理系统开发设计原则

一、物联网管理系统建设原则

物联网管理系统的开发是一个较为复杂的系统工程，它涉及计算机技术、系统理论、组织理论、管理知识、认识规律以及工程化方法等方面的问题。在物联网管理系统的开发和设计中常常存在着一个误区，认为物联网管理系统的开发过程是一个纯粹的技术过程，没有正确认识到用户和开发人员之间的关系，也没有认识到研究科学的开发方法和工程化的开发步骤，这对确保物联网管理系统开发工作能够顺利进行有着重要的影响。为了确保物联网管理系统达到预期的目的，我们应该坚持科学的系统建设原则。

（1）先进性原则。物联网管理系统设计的技术水平应达到国内外同期同类系统的整体水平，并保证系统在今后一段时间不落后。

（2）经济性原则。充分利用现有资源，保护既往投资，系统建设要考虑对已有业务应用系统和数据库等资源的完善与整合，最大程度地降低成本。

（3）实用性原则。满足和贴近实际需要，结合科学管理的要求加以优化与创新。提供友好的用户操作界面，使得系统操作方便、快捷、易用，符合业务人员日常工作习惯和流程。

（4）可扩展性原则。使系统具有一定的适应环境变化的能力。在设计、功能和界面上尽可能留有接口，使功能可进一步扩展，便于维护、修改、衔接以及增加新的功能。

（5）标准化原则。在系统建设和开发过程中的每个环节，遵循有关国际、国家主流技术标准；采纳行业通行的业务模式和业务处理方法。按照标准化、工程化的方法和技术来开发系统。

二、物联网管理系统开发设计原则

（1）抽象化原则。抽象化原则是指在软件设计的规模逐渐增大的情况下，控制复杂性的基本策略。抽象的过程是从特殊到一般的过程，上层概念是下层概念的抽象，下层概念是上层概念的精化和细化。软件开发过程的每一步都是对较高一级抽象的解进行一次具体化的描述。

软件设计中主要的抽象手段有过程抽象和数据抽象。过程抽象（也称功能抽象）是指任何一个完成明确定义功能的操作都可被使用者当做单个实体看待，尽管这个操作实际上是由一系列更低级的操作来完成的。数据抽象是指定义数据类型和施加于类型对象的操作，并限定了对象的取值范围，只能通过这些操作修改和观察数据。

（2）逐步求精原则。逐步求精原则是指把问题的求解过程分解成若干步骤或阶段，每步都比上步更精化，更接近问题的解法。抽象使得设计者能够描述过程和数据而忽略低层的细节，而求精有助于设计者在设计过程中揭示低层的细节。

（3）模块化原则。模块化原则是指把软件按照规定原则，划分成一个个较小的、相互独立的但又相互关联的部件，实际上是系统分解和抽象的过程。模块是数据说明、可执行语句等程序对象的集合，它是单独命名的，并且可以通过名字来访问。

（4）信息隐藏原则。每个模块的实现细节对于其他模块来说应该是隐蔽的。模块中所包

含的信息（包括数据和过程）不允许其他不需要这些信息的模块使用。通过信息隐蔽，则可定义和实施对模块的过程细节和局部数据结构的存取限制。

（5）模块独立原则。模块独立原则是指模块完成独立的功能并且与其他模块的接口简单，符合信息隐蔽和信息局部化原则，模块间关联和依赖程度尽可能小。

模块独立使得功能被划分，并且接口被简化，所以具有有效模块化的软件更易于开发。由于因设计和编码修改引起的副作用受到局限，错误传播被减少，并且模块复用成为可能，所以独立的模块更易于维护和测试。

第三节　物联网管理系统开发方法

一、结构化方法

结构化方法（Structured Method）是20世纪80年代使用最广泛的软件开发方法，它是以数据流为中心构建软件的分析和设计模型的。它用结构化分析（Structured Analysis，SA）方法对软件进行需求分析，用结构化设计（Structured Design，SD）方法进行总体设计，用结构化编程（Structured Programming，SP）方法来实现。结构化方法是一种自上向下、逐步求精的软件开发方法，也是软件系统开发过程中使用最广泛、最成熟的一种技术方法。

结构化方法首先将整个开发过程划分出若干个相对独立的阶段；然后在系统分析和设计阶段，自顶向下地对系统进行结构化划分，将系统划分成若干大的模块，再对各模块进行逐步深入细分，直到不能再分的具体功能为止；在系统实施阶段，则自底向上地逐步实施，先完成具体功能的编码与测试，再按照系统设计的结构对功能组成的模块进行调试，然后对由模块组成的整个系统进行整体调试，最终完成整体系统的开发。

1. 结构化分析（SA）方法

系统分析是保证物联网管理系统质量的第一步，它的任务是艰巨的、复杂的。如何分析用户需求，用什么形式表示系统分析说明书等，都需要有相应的方法、模型、语言和工具来配合。结构化分析（SA）方法由美国Yourdon公司在20世纪70年代提出，它是一种简单实用、使用很广的方法。该方法通常与后面要介绍的系统设计阶段的结构化设计（SD）方法衔接起来使用，适用于分析大型的数据处理系统，特别是管理信息系统的开发。

（1）结构化分析方法的基本思想。结构化分析方法的基本思想是：用系统工程的思想和工程化的方法对系统进行分析与设计，即抽象与自顶向下的逐层分解的方法。抽象是指在每个抽象层次上忽略问题的内部复杂性，只关注整个问题与外界的联系；分解则是指将问题不断分解为较小的问题，直到每个最底层的问题都足够简单为止。

结构化分析方法的过程是：首先，对现实情况进行深入的分析和理解，从中提取与未来的目标系统相关联的关键信息和主要业务流程，从而整理出系统的具体模型（也称为系统的物理模型），它是简化了的现实环境。其次，对系统的物理模型再进行进一步抽象，自顶向下逐层分解，从而形成系统的逻辑模型。最后，将系统的逻辑模型与理想中的目标系统进行分析和对比，找出其中的不足与差别，修改系统的逻辑模型，最终形成了目标系统的逻辑模型。

（2）结构化分析模型。结构化分析模型主要由数据流图、数据字典、实体关系图和状态转换图构成。数据流图用于对系统的功能建模，用来描述数据处理过程；数据字典是结构化分析模型的核心，它包含了软件系统使用和产生的所有数据的描述；实体关系图用于数据建模，描述数据字典中数据之间的关系；状态转换图用于行为建模，描述系统接收哪些外部事件，以及在外部事件作用下的状态迁移情况。

①数据流图。数据流图（Data Flow Diagram，DFD）是结构化分析模型中结构分析的基础，主要采用数据流分析技术（Data Flow Analysis，DFA）获得。DFA 来源于 Yourdon 公司的结构化分析（SA）方法，将软件系统抽象为一系列的逻辑加工单元，各单元之间以数据流发生关联。按照数据流分析的观点，系统模型的功能是数据变换，逻辑加工单元接受输入数据流，使之变换成输出数据流。DFA 是一种软件需求分析方法，特别适合于信息控制和数据处理系统。这种方法常与软件设计阶段的 SD 方法衔接使用。通过 DFA 可以得到数据流图和数据字典描述的需求规格说明书。

数据流图用于功能建模，描述系统的输入数据流如何经过一系列的加工（变换）逐步变换成系统的输出数据流。数据流图是用来描述数据处理过程的一种图形方法，包括数据流、加工（即数据处理）、数据存储、数据源点或数据终点四种基本元素包。图 8－6 给出了这四种元素的图例。

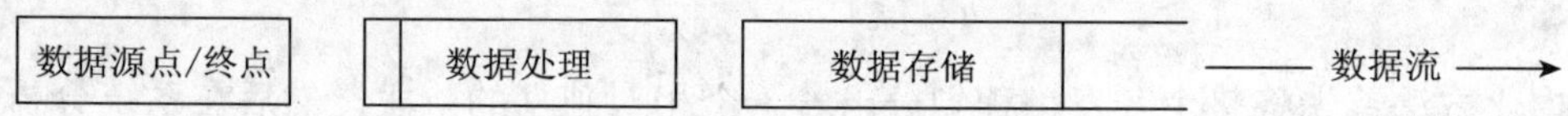

图 8－6　数据流图中四种元素的图例

源或宿（Source or Sink）：也称为数据源点或数据终点，表示数据流图中数据的始发点或终止点，表示软件系统输入数据的来源和输出数据的去向，代表的可能是操作人员或计算机外部设备，也可能是存在于软件系统之外的人员或组织。源或宿由一组固定成分的数据组成，用长方形表示。当数据流从长方形符号流出时表示是源，当数据流流向长方形符号时表示是宿，当长方形符号是既有流入又有流出的数据流时，则表示既是源又是宿。

加工（Process）：是指对输入数据进行处理，描述了输入数据流到输出数据的变换，即将输入数据流加工成输出数据流：加工代表将输入数据进行处理，以获得预期的输出数据全部操作。每个加工用一个定义明确的名字标识，并且至少有一个输入数据流和一个输出数据流，也可以有多个输入数据流和多个输出数据流。

文件（File）：也称为数据存储，是保存数据信息的外部单元，在数据流图中起保存数据的作用，在具体实现时可以用文件系统实现也可以用数据库系统等实现。每个文件用一个定义明确的名字标识，文件由加工进行读写。

数据流（Data Flow）：由一组固定成分的数据组成，并拥有一个定义明确的名字来标识。数据流表示数据在加工与加工，或加工与数据源点/终点之间的传输，数据流以命名的箭头表示，箭头代表数据的流动方向。在数据流图中，数据流共有以下几种流向：从一个加工流向另一个加工；从加工流向文件（写文件）；从文件流向加工（读文件）；从源流向加工；从加工流向宿。

例如，在某物联网仓储管理系统中，业务受理员管理模块中表示发货业务的数据流图如图 8－7 所示。

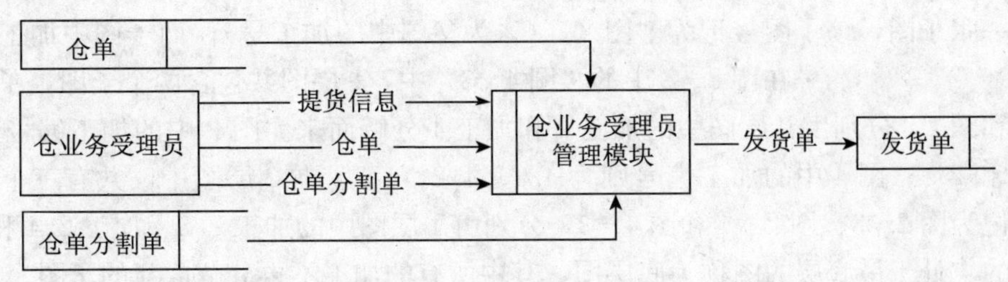

图 8－7　数据流图示例

在实际应用数据流图进行系统分析时，根据自顶向下逐层分解的思想将数据流图画成层次结构，每个层次画在独立的数据流图中，加工个数一般控制在 5～9 的范围内，如图 8－8 所示。

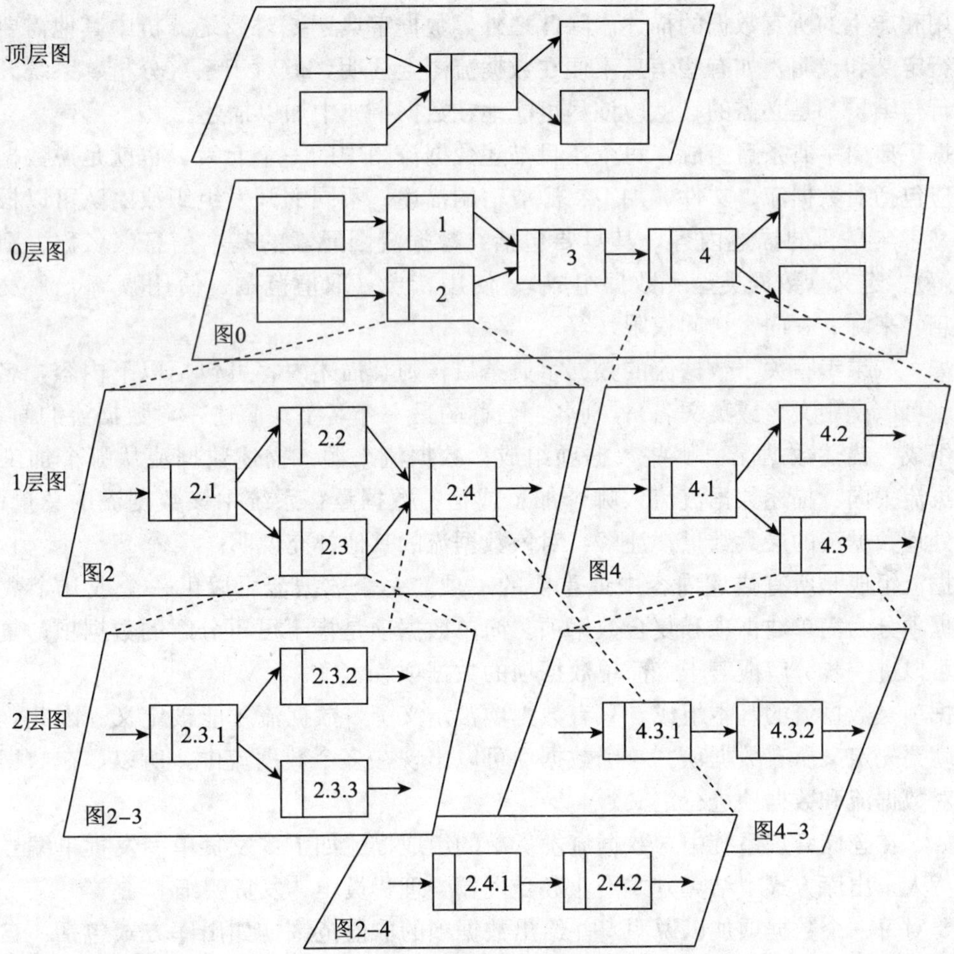

图 8－8　数据流图的逐层分解

数据流图的顶层图只有代表整个软件系统的1个加工，该加工不必编号，描述了软件系统与外界（源或宿之间）的数据流。顶层图中的加工经分解后的图只有一张，称为0层图，图中的加工编号分别为1、2、3、…中间层图中至少有一个加工（也可以有多个）在下层图中分解成一张子图，该子图号记为“图×”（×为父图中的加工号），而子图中加工的编号则为×.1、×.2、×.3、…在图8-8中的“图4-3”中，1层图共包含两个子图，子图号分别记为图2和图4，分别由0层图中的加工2和加工4分解而来。图2中的加工编号则为2.1、2.2、2.3和2.4；图4中的加工编号则为4.1、4.2、4.3。在2层图中，共有三个子图，子图号分别记为图2-3、图2-4和图4-3，分别由1层图中的加工2.3、加工2.4和加工4.3分解而来的。处于最底层的图称为底层图，其中所有的加工不再分解成新的子图。

②数据字典。数据字典（Data Dictionary）是结构化分析模型的核心，它的作用是给数据流图上每个成分以定义和说明，也就是说，数据流图上所有成分的定义和解释的文字集合就是数据字典。数据流图与数据字典是密不可分的，两者结合起来构成软件系统的逻辑模型（分析模型）。数据流图只能给出系统逻辑功能的一个总框架而缺乏详细、具体的内容；数据字典对数据流图的各种成分起注解、说明作用，给这些成分赋以实际的内容，它包含了软件系统使用和产生的所有数据的描述。除此之外，数据字典还要对系统分析中其他需要说明的问题进行定义和说明，如有些信息不便在数据流图上注明，但对于系统分析、系统开发以及系统运行与维护都是必需的，就应该尽可能地在数据字典中加以描述。

数据字典由字典条目组成，每个条目描述数据流图中的一个元素，也就是说数据字典条目描述应包括对数据流、文件、加工、源或宿的描述。不同的开发组织或团队可以根据项目需要定义字典条目的描述内容，其只要包括：数据流图元素的基本信息（名称、别名、简述、注解）；定义（数据类型、数据组成）；使用特点（取值范围、使用频率、激发条件）；控制信息（来源、去向、访问权限）等。

例如，如果编写关于数据流的数据字典条目，则其描述内容可包括以下内容，名称：数据流名（可以是中文名或英文名）；别名：名称的另一个名字；简述：对数据流的简单说明；数据流组成：描述数据流由哪些数据项组成；数据流来源：描述数据流从哪个加工或源流出；数据流去向：描述数据流流入哪个加工或宿；数据量：系统中该数据流的总量；峰值：某时段处理数据流的最大数量；注解：对该数据流的其他补充说明。

数据流组成是所有描述内容中最重要的一项。一个数据流可以由一个或几个数据项组成。数据项分为简单数据项和复合数据项。简单数据项是指不可再分解的数据项；复合数据项是指可以进一步分解成若干个简单数据项的数据项。

数据项是数据流的基本组成，只有数据项被定义了，数据流才能被定义。因此，要定义数据流就要先定义所有数据项。一个数据项可以出现在多个数据流中。所以，在数据字典中应分别对数据流和数据项进行定义。

例如，在仓储管理系统中，数据流发货单的组成描述如下：发货单＝发货单编号＋存货人＋提货人＋出库方式＋结算方式＋业务受理员＋理货员＋［发货明细］*。

需要对每一个数据项加以说明，并给出数据项的取值范围，如出库方式包括：自提、专线、零担、水运、航空、集装箱、邮局、送货及其他。

对每一个复合数据项都需要作进一步的组合说明，直到数据项不能再分解为止。如发货

单中发货明细就是复合数据项，复合数据项在发货单的组成描述中用中括号表示出来，它的组成描述如下：发货明细＝提货单号＋货物品名＋规格型号/批号＋等级/材质＋产地＋验收码单号＋码单序号＋存放货位＋计量方式＋计量单位＋件数＋提货数量＋实发数量＋备注。

数据存储的组成与数据流类似，即由若干数据项组成。在数据字典中数据存储定义部分分为两个层次，分别定义数据存储和数据项。如果组成数据存储的数据项已在数据流部分定义，则在数据存储定义时直接引用、指明其编号即可，不需要重复定义。对于未定义的数据项，应作出定义，并且要与在数据流定义部分定义的数据项统一编号，以便检索。

在对加工的描述中，应精确地描述用户要求一个加工“做什么”，包括加工的激发条件、加工逻辑、优先级、执行频率和出错处理等。最基本的部分是加工逻辑。所谓加工逻辑，是指加工“做什么”，说明加工对输入数据流作出怎样的变换使之成为输出数据流的，即该加工的输出数据流与输入数据流之间的逻辑关系。加工逻辑不是对加工的设计，不涉及数据结构、算法实现、编程语言等与设计实现有关的细节。

对加工逻辑的分析应当是客观的、严格的、准确的，加工逻辑的表达应当是严谨的。加工逻辑的描述方法包括结构化语言（Structured Language）、判定表（Decision Table）和判定树（Decision Tree）。

结构化语言是一种介于自然语言和程序设计语言之间的一种半形式语言。程序设计语言的优点是严格精确，但不易被用户接受，自然语言的优点是容易理解，但不够精确，易于产生二义性。采用结构化语言既避免了程序语言无法被普通用户理解的问题，又避免了自然语言不严格及具有二义性等缺点，较严谨，不死板，易于使用、理解和交流。

结构化语言使用的词汇包括三类：陈述句中的动词，在数据字典中已定义的名词（如数据流名、文件名等），一些运算符、关系符等保留字。

结构化语言使用的语句通常也包括三类：简单的陈述句、判断语句和循环语句。在使用结构化语言描述复杂的加工逻辑时，可以复合使用这三种语句，即不同的语句之间可以嵌套使用。

结构化语言有三种结构，即顺序结构、选择结构和循环结构。顺序结构是由一组有序的陈述句组成的。一个陈述句说明要做什么事情，它至少要包含一个动词来说明要执行的功能。还应该包含至少一个名词，用以指明动作的对象。选择结构与程序设计语言类似，包括IF-ENDIF、IF-ELSE-ENDIF、DOCASE-ENDCASE等选择结构。循环结构是在一定条件下重复执行某动作的结构。通常采用DO WHILE语句。

如果某个动作的执行不是只依赖于一个而是多个条件的话，那么用结构式语言表示动作则需要多层的判断嵌套结构，从而使得这个逻辑表示不清晰，此时宜采用判定表或判定树。

判定表适用于加工逻辑包含多个条件而不同的条件组合需做不同的动作的加工描述。在加工中，如果判断的条件较多，各条件又相互组合，相应的决策方案较多，此时采用判断表，则为描述这类加工逻辑提供了表达清晰、简洁的手段。

例如，在仓储管理系统中，业务受理员在接到提货人的提货凭证后，需要开出发货单，如果该存货人的货物数量不足，则不予受理；如果存货人的货物数量充足但被冻结，则同样不予受理。编制判定表可以按照以下步骤进行：

a. 提取条件。通过分析可知，是否开出发货单与货物数量和货物冻结状态两个条件有关。

b. 确定条件取值和条件状态的组合。货物数量的条件取值为充足和不足；货物冻结的条件取值为冻结和未冻结。

相应的条件组合为货物数量充足且货物未冻结、货物数量充足且货物冻结、货物数量不足且货物未冻结、货物数量不足且货物冻结四种。

c. 提取判定结果。判定的结果有两个：一是开出发货单，允许提货；另一个则是拒绝受理提货。

d. 填写判定表。判定表分为左右两部分。左边上半部罗列所有的条件，左边下半部罗列所有的判定结果；右边表头部分为条件的各种组合，右边下半部分为各条件组合下与判定结果对应的规则。

e. 判定表的优化。应对判定表进行检查，避免出现矛盾的条件组合，以及合并重复的条件组合。如货物数量不足且货物未冻结和货物数量不足且货物冻结两种组合可以合并为货物数量不充足一种条件即可。

通过以上步骤，得出相应的判定表，如表 8-1 所示。

表 8-1　　判定表的示例

项目		条件组合		
		1	2	3
条件	货物数量	Y	Y	N
	货物冻结	N	Y	
判定结果	开出发货单	OK		
	拒绝受理提货		OK	OK

判定树是判定表的变种，它在本质上与判定表是相同的，只是表示形式不同。判定树是用一种树型图形方式来表示多个条件、多个取值所应采取的动作。在判断树的左边是树根，它是判定序列的起点；右边是各个分支，即每一个条件的取值状态；最右侧（树梢的右侧）为应该采取的策略。从树根开始，自左至右沿着某一个分支，能够作出一系列的决策，如图 8-9 所示。

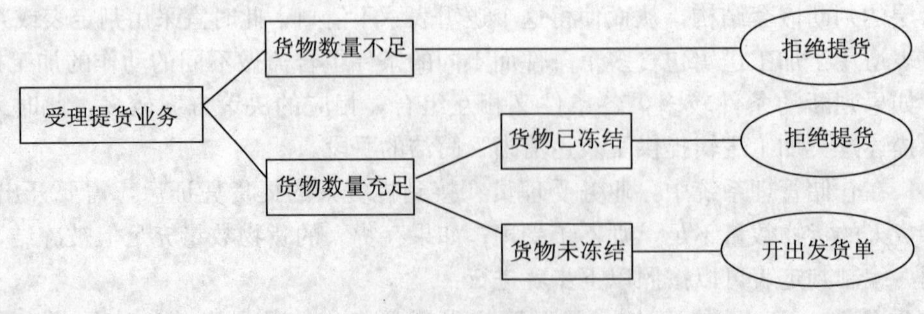

图 8-9　判定树示例

③实体关系图。实体关系图（Entity Relationship Diagram，ERD），简称E－R图，用于数据建模，描述数据字典中数据之间的关系。

E－R图由实体、属性和关系三个要素组成，其中实体是指客观存在并可区分的事物；属性是实体所具有的某种特性，一个实体可以有多个属性；关系是实体之间的对应关系，可分为一对一关系、一对多关系和多对多关系。

例如，在仓储管理系统中，发货单可以看成一个复合实体，一个发货单可以进一步细分为发货单主表、发货明细两个实体，其中各实体的属性如下。

发货单主表的属性包括发货单编号、存货人、提货人、出库方式、结算方式、业务受理员和理货员等。

发货明细的属性包括提货单号、货物名称、规格型号、材质、存放货位、计量方式、计量单位和发货数量等。

发货单主表和发货明细之间是一对多的关系，即一个发货单主表内容对应多个发货明细内容，因此，在前面的发货单的数据项描述中，发货明细不仅用中括号标注，还用“＊”代表多次重复的意思。

同样，验收码单也是复合实体，分别由验收码单主表和验收码单堆码记录两个实体组成，这两个实体之间为一对多关系。发货清单由发货清单主表和发货清单列表两个实体组成，这两个实体之间同样为一对多关系。这些实体之间存在着如图8－10所示的关系，其中发货明细与验收码单堆码记录之间是多对多关系。

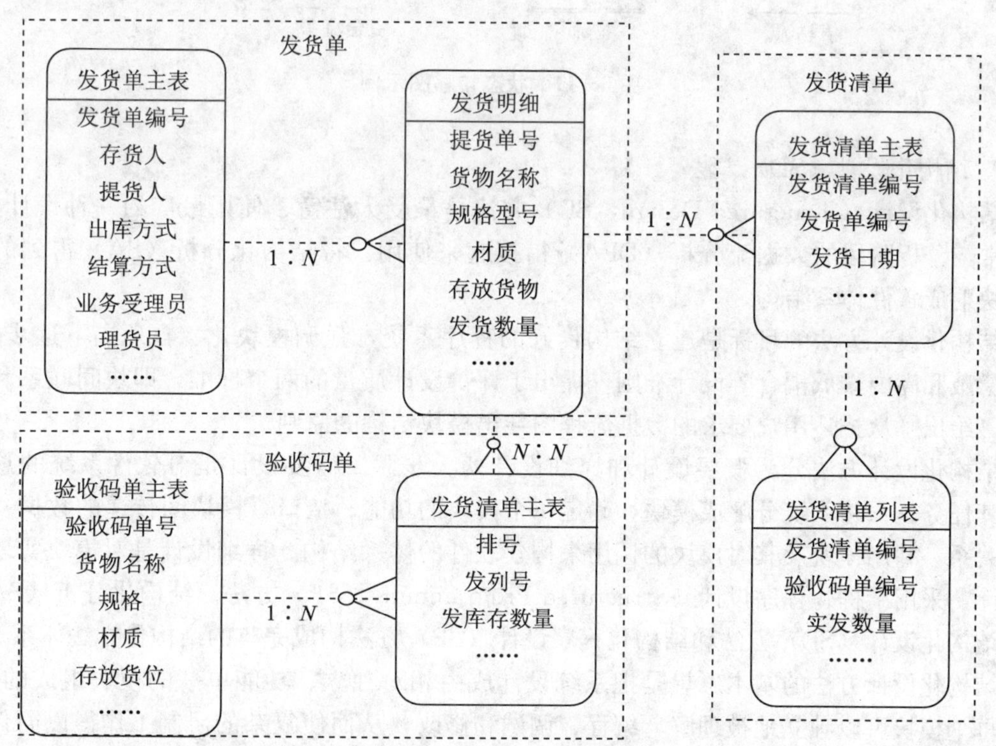

图8－10 实体关系图示例

④状态转换图。状态转换图（State Transition Diagram）用于行为建模，描述系统接收哪些外部事件，以及在外部事件的作用下的状态迁移情况。再利用企业信息系统（MIS 或 ERP）平台实现供应链管理系统的过程中，以客户订单信息流为中心，将销售管理、订单管理、仓储管理、配送管理、财务管理和客户关系管理各系统联为一体，使信息在各部门共享。通过加强供应链管理，可以使各职能部门得到明确细致的分工，统筹规划各种计划任务，从而降低成本，获得强大的竞争力。图 8－11 给出的就是在不同部门的操作下信息的流转。

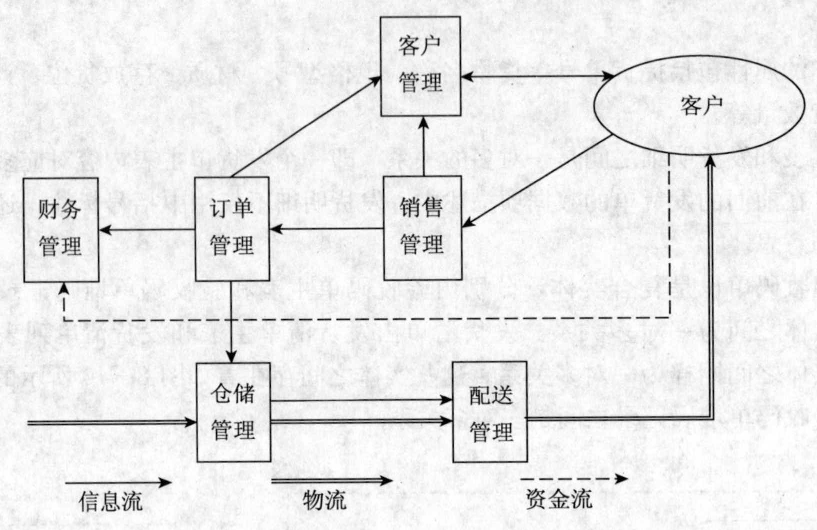

图 8－11　状态转移图示例

2. 结构化设计（SD）方法

结构化设计（Structured Design，SD）方法是最受人注意、使用最广的一种设计方法。它通常与分析阶段的数据流分析（DFA）衔接起来使用，将结构化分析（SA）得到的数据流图映射成软件体系结构。

结构化设计方法的目标是建立结构良好的程序系统，强调模块化、自顶向下逐步求精、信息隐蔽和高内聚低耦合等设计准则，提出了评价设计质量的两个标准，即块间联系和块内联系，给出了从描述用户要求的数据流程图导出模块结构的原则。

结构化设计方法分为概要设计和详细设计两大步骤。概要设计是对软件系统的总体设计，其任务是：将系统分解成模块，确定每个模块的功能、接口（模块间传递的数据）及其调用关系，并用模块及其对模块的调用来构建软件的体系结构。详细设计是对模块实现细节的设计，采用结构化程序设计（Structured Programming，SP）方法。结构化分析（SA）方法、结构化设计（SD）方法和结构化程序设计（SP）方法构成完整的结构化方法体系。

结构化设计方法的基本思想是把系统设计成由相对独立、功能单一的模块组成的结构，这样每个模块可以独立地被理解、编程、调试和修改，从而使复杂的研制工作得以简化，使产生的错误控制在单个模块内而不影响其他模块，以保证系统质量，减轻了系统研制的负担。

(1) 结构图。结构化设计方法用结构图（Structure Chart）来描述软件系统的体系结构，描述一个软件系统由哪些模块组成，以及模块之间的调用关系。结构图也称为模块结构图（Modular Structured Chart），经过"自顶向下"的逐层分解，把一个复杂系统分解成几个大模块（或子系统），每个大模块又分解为多个更小的模块。这样就得到具有层次结构的模块结构，反映了系统的组成及相互关系。结构图的基本成分有：模块、调用和数据。

①模块。模块（Module）是指具有一定功能的可以用模块名调用的一组程序语句，如函数、子程序等，它们是组成程序的基本单元。一个模块具有其外部特征和内部特征，外部特征包括：模块的接口（模块名、输入/输出参数、返回值等）和模块的功能；内部特征包括模块的内部数据和完成其功能的程序代码。在结构化设计阶段，只关注模块的外部特征而忽略其内部特征。

将整个软件看做一个大的功能模块，通过功能分解不断将其分解成若干个较小的功能模块，直至得到一组不必再分解的模块，这时就得到结构图中的底层模块。

②调用和数据。调用（Call）是用从一个模块指向另一个模块的箭头来表示，其含义是前者调用了后者。有的为了方便，常用直线替代箭头，此时，表示位于上方的模块调用位于下方的模块。数据（Data）是指模块调用时需传递的参数，可通过在调用箭头旁附加一个小箭头和数据名来表示。

(2) 结构化设计的步骤。结构化设计就是将结构化分析的结果（数据流图）映射成软件的体系结构（结构图）。

数据流图映射到结构图的步骤包括：复审和精化数据流图、确定数据流图的类型（变换型、事务型）、采用变换分析或事务分析技术将数据流图映射成初始结构图，并改进初始结构图。

①建立初始结构图。初始结构图可由数据流图导出。根据数据流图中数据流的特征，将数据流图分为变换型数据流图和事务型数据流图，对应的映射分别称为变换分析和事务分析。

变换型数据流图可明显地分成输入、变换中心和输出三部分。变换型数据流图中的数据是沿着输入路径进入系统，并将输入数据的外部形式经过编辑、格式转换、合法性检查和预处理等辅助性加工后变成内部形式，内部形式的数据再由变换中心进行处理，并沿着数据输出路径经过格式转换、缓冲处理等辅助性加工后变成输出数据，最后送到系统外。

把变换型数据流图转换为结构图的步骤是：找出逻辑输入、逻辑输出，确定输入、变换中心和输出三大部分；设计顶层模块，把输入、变换中心和输出连到顶层模块下作为第二级模块；其他加工在将数据流连线直接转换成调用连线后作为该调用的下级模块；标注模块名、数据流名、控制流名和调用关系等。

事务型数据流图的特征是数据流沿着输入路径到达一个事务中心，事务中心根据输入数据的类型在若干条路径中选择一条来执行。事务中心的任务是接收输入数据（即事务）；分析每个事务的类型；根据事务类型选择执行一条动作路径。

事务型数据流图转换为结构图的步骤是：找出前事务中心和后事务中心；设计顶层模块，建立一个事务类型获取模块，把事务类型获取模块和事务中心调度模块连接到顶层模块作为第二级模块；其他加工以数据流连线直接转换成调用连线后作为该调用的下级模块，如果有后事务中心，将其作为二级模块；标注模块名、数据流名、控制流名和调用关系等。

②对结构图进行改进。根据模块化设计准则和启发式设计策略对初始结构图进行改进。模块化设计准则具有减少块间联系、增加块内联系和消除重复的功能。

根据模块内的成分之间的关系将模块分为偶然性模块、逻辑性模块、时间模块、数据模块和功能模块。

偶然性模块指模块内的成分之间没有任何联系，其块内联系最差。

逻辑性模块是指把若干相似的加工放在同一模块中，其块内联系也很小。

时间模块是指把几乎需同时处理的成分或有逻辑顺序的成分放在同一模块中，其块内联系稍强。

数据模块是指几个使用共同数据的成分放在同一模块中，其块内联系较强。

功能模块是指一个模块仅包括一个独立加工处理所必需的所有成分，其块内联系最强。

按照模块化设计准则，相应的启发式设计策略如下：

a. 改造结构图，降低耦合度，提高内聚度。改造结构图时，要注意使模块之间的耦合（即块间联系）尽可能少而简单，使每个模块内的各部分联系（即块内联系）尽可能紧密，即降低耦合度，提高内聚度；如果在几个模块中发现了共有的子功能，一般应该将该子功能独立出来作为一个模块，以提高模块的独立性；合并那些具有较多的控制信息传递的模块以降低模块之间的耦合度。

b. 减少高扇出，追求高扇入，避免高扇出，并随着深度的增加，力求高扇入。扇出是指一个模块直接调用的其他模块的数目；高扇出意味着需要控制和协调许多下属模块。扇入是指调用一个给定模块的其他模块数目。深度是指软件结构的层次数，结构的深度在一定意义上反映了软件结构的规模和复杂程度。一个好的软件结构通常顶层扇出较高，中间层扇出较低，底层又高扇入到公共模块中去。

c. 模块的影响范围应限制在该模块的控制范围内，使任一模块的作用域在其控制域内。作用域是指受模块内部判定影响的所有模块。控制域是指其所有的下属模块。

d. 其他策略。其他策略包括降低模块接口的复杂程度和冗余程度，模块接口上应尽可能传递简单数据，而且传递的数据应保持与模块的功能相一致，即不传递与模块功能无关的数据，提高一致性。

模块的功能应是可预测的，避免对模块施加过多限制。模块的功能可预测是指输入恒定，则输出恒定，即模块对相同的输入能产生相同的输出。一个模块只处理单一的功能，那么，这个模块就能体现出高内聚度。

尽可能设计单入口和单出口的模块，能有效地避免内容耦合。

对结构图进行改进，就是判断这种改进是否符合模块化设计准则和启发式设计策略。一般来说，可采用减少共用信息量方式来减小块间联系，如由模块 A 调用模块 B，比采取模块 A 利用变量名直接存取模块 B 的数据的块间联系要小，模块 A 只利用模块 B 变量，比去修改模块 B 的变量值的块间联系要小；调用模块时传递的参数个数越少，块间联系也越小。改进往往伴随着折中，例如提取多个模块中的相同功能可以提高模块的独立性和复用程度，但会增加块间联系。改进不是一次能够完成的，需要进行多次的反复，有时还需要在多个改进方案中选择。

③编写设计文档。完成结构图改进工作后，就要进行软件设计说明书的编写。在软件设计说明书中，要为每个模块编写模块的功能、接口、约束和限制等。最后，要对软件设计说明书进行设计评审。

3. 结构化程序设计（SP）方法

结构化程序设计（Structured Programming，SP）方法是指，为使程序具有一个合理结构以保证程序正确性而规定的一套如何进行程序设计的准则。结构化程序设计方法的目的是以程序静态结构的良好性保证程序动态运行的正确性，即通过设计结构良好的程序，使其易理解、易调试和易维护，以提高软件开发的效率、减少出错率、保证正确性。

结构化程序的基本结构由顺序、选择、重复这三种基本控制结构组成。三种结构的共同特点是只有一个入口和一个出口。其中顺序结构依次按任务的顺序执行；选择结构按条件选多个分支之一执行；循环结构在逻辑条件基础上对某一任务反复执行。以三种基本控制结构为主流的程序控制结构，能改善程序清晰度，提高程序的可读性。同时这三种结构也可组合起来表示其他结构。

结构化程序设计方法的要点是自顶向下、逐步求精和模块化原则。这个设计方法的基本思想是先全局后局部、先整体后细节和先抽象后具体的方式。从总体出发，原则抽象逐层细化，按功能划分模块。采用层次结构的模块组织，这种方法符合人们解决复杂问题的普遍规律，设计出的程序具有清晰的层次结构，可提高设计效率和结构清晰性，便于验证程序的正确性，并且易于维护。

4. 系统开发过程及开发文档规范

结构化系统开发方法把软件系统开发过程分为软件规划、需求分析、设计、编码、测试和维护六个阶段。这六个阶段有着严格的界定，完成一个阶段后，方可进入下一个阶段，使整个开发过程就像瀑布一样，故也称其为瀑布式生命周期模型。结构化系统开发方法提供一套完整的开发文档规范。

（1）软件规划阶段。软件规划阶段通过对整个开发任务进行全面的调查和可行性研究，制定出系统的总体逻辑结构、开发策略，确定工作范围、经费投入概算和开发时间等。

系统规划的主要内容包括：企业目标的确定、解决目标的方式的确定、信息系统目标的确定、信息系统主要结构的确定、工程项目的确定和可行性研究等。

（2）需求分析阶段。需求分析阶段也称为系统分析阶段，通过详细的调查以及与用户的反复沟通，确定被开发软件的运行环境、功能和性能要求。系统分析的主要内容包括：数据的收集、数据的分析、系统数据流程图的确定和系统方案的确定等。通过对软件系统进行功能需求、性能需求、环境要求与限制等方面的分析，对业务流程和业务数据流程进行分析与梳理，最后形成软件需求规格说明。

软件需求规格说明书（Software Requirements Specification）必须清楚、准确地描述软件的每一个基本需求（功能、性能、设计约束和属性）和外部界面，使得每一个需求能够通过预先定义的方法（例如检查、分析、演示或测试等）进行验证与确认。要确保软件需求的可追踪性、正确性、无二义性以及完备性，同时要做到需求的可测试性和需求之间的一致性。

需求阶段还需要提供的文档有软件测试计划确认和软件用户手册的概要。

(3) 系统设计阶段。根据系统规模的大小，设计阶段进一步分成概要设计和详细设计。概要设计根据软件需求规格说明书，建立软件的总体结构，模块划分、模块的功能说明，以及模块之间的调用关系，定义各功能模块的接口和控制接口，设计全局数据库和数据结构；详细设计则对概要设计中产生的功能模块进行方法和过程描述与设计，设计功能模块的内部细节，为编写代码提供必要的说明，包括模块内部的实现算法、输入/输出设计和数据库设计，最后形成软件设计说明书。

软件设计说明书（Software Design Description）应该包括软件概要设计说明和软件详细设计说明两部分。软件概要设计说明必须描述所设计软件的总体结构、外部接口、各个主要部件的功能与数据结构以及各主要部件之间的接口；必要时还必须对主要部件的每一个子部件进行描述。软件详细设计说明必须给出每一个基本部件的功能、算法和过程描述。

设计阶段还需要提供的文档有软件组装测试计划。

(4) 编码阶段。编码阶段也称软件实现阶段，是指由程序员根据软件设计说明书的要求，采用程序设计语言和相应的软件开发工具，编写出程序代码的过程。编码阶段的主要工作内容包括对各程序模块进行编码、调试、静态分析和单元测试，验证程序模块与设计说明书的一致性，并将经过测试的模块集成为一个完整的软件系统。编码阶段还需要进一步完善软件用户手册。

在进行单元测试时应满足 GB/T 15532—1995《计算机软件单元测试》中的要求。

编码阶段需要提交的文档有模块开发卷宗和单元测试分析报告。

(5) 测试阶段。测试阶段的主要任务是发现并排除在软件需求分析、设计和编码阶段产生的各种错误，以保证交付软件的质量。软件测试的目的是在一定时间和经费的的前提下，通过执行有限个测试过程。尽可能多地发现软件中的错误，而不能证实软件中不再包含错误。

测试阶段可进一步细分成组装测试。确认测试和系统联试。组装测试按照概要设计建立的结构，根据软件组装测试计划，将程序单元逐步组装成软件部件乃至整个软件系统。确认测试是根据软件需求规格说明书中定义的全部功能和性能要求及确认测试计划测试整个软件是否达到规定的要求。系统联试的任务就是在真实的系统工作环境下检验软件与系统环境的协调性，并进一步确认软件是否达到软件需求规格说明书中的要求。

测试计划文档对测试用例的设计不仅要确定输入数据，还要确定预期的输出结果。不仅要考虑合理的输入数据，还要考虑不合理的输入数据，如异常的、临界的和可能引起异常的输入数据。测试计划还应包括检查程序是否做了该做的事情和是否做了不该做的事情。

测试阶段需要提交的文档有软件组装测试分析报告、软件确认测试分析报告、系统联试报告、软件问题报告单和软件问题修改单。

(6) 维护阶段。维护阶段对已投入运行的系统进行完善性、正确性和适应性维护，是对软件系统的使用提供持续性保障。软件维护主要以修改软件的方式加以实现，包括系统功能的局部修改与功能的扩充、故障的排除与潜在缺陷的消除、性能的提高与适应软件运行环境的变化等。

系统运行与维护的主要内容包括：系统投入运行后的管理及维护，系统建成前后的评价，发现问题并提出系统更新的请求，按软件更改申请的要求更改软件及相关文档，进行充

分的回归测试、进行软件更改的评审。

测试阶段需要提交的文档有软件问题修改单和修改后的相关文档。

5. 结构化开发方法的特点

总体上讲，结构化开发方法的特点主要表现在如下几个方面：

（1）自顶向下整体性的分析与设计和自底向上逐步实施的系统开发过程。

（2）用户至上。用户对系统开发的成败是至关重要的，故在系统开发过程中要面向用户，充分了解用户的需求和愿望。

（3）需要深入调查研究。

（4）严格区分工作阶段。

（5）充分预料可能发生的变化。

（6）开发过程工程化。要求开发过程的每一步都按工程标准规范化，文档资料也要标准化。

二、原型开发法

原型开发法是一种通过快速建立原型，与用户进行反复交流、细化需求，最终确认需求软件开发方法。在软件开发过程中，关键的环节是需求的定义，即明确软件要实现的功能什么。绝大多数用户很难在系统开发初期就提出具体而清晰的需求，而是在系统开发的过程中逐渐明确自己的需求的。原型开发法就是通过一组基本的需求，建立一个具有基本功能的模型，来直观地表现用户需求，并通过系统分析人员与用户进行交流和沟通，逐步完善该模型。通过给用户提供这个具体的实物模型，不断地启发用户以尽可能缩短明确需求的时间。原型化方法的模型主要是目标系统的用户界面，这样就比结构化方法中用文字和图形与用户进行讨论、确定及修改需求说明更有效，更有利于用户提出正确的需求和修正不完全的需求，从而使得出的需求分析结果会更好，更符合用户的实际需求。

1. 原型开发法的分类

（1）抛弃原型法（Throw-away Prototyping）。其目标只是为了明确需求，使用最简单的开发方法，以最低的成本实现一个可工作的系统，该系统只关注功能，不考虑开发工具、性能、容错性和未来实际运行环境等。通过反复与客户交流和修改原型，使原型的功能能够充分体现客户需求。建立这种原型系统的目的是评价目标系统的某个（或某些）特性，以便更准确地确定需求，或者更严格地验证设计方案。在明确了需求之后，原型就会被抛弃。以后软件的开发将根据明确了的需求按照传统的工程化方法来开发，建立原型只不过是一种辅助性的步骤。

（2）演化原型法（Evolutionary Prototyping）。其目标就是与客户一起工作，从一个原始需求的轮廓开始，逐步改进，最终发展成为符合实际需要的系统。演化原型法认为信息系统本质上就是不断演化的，最初的需求经过一段时间后自然就变得无效了。这种途径的目标是，使得信息系统能够适应不可避免的变化。

演化原型法的基本做法是，经过初步调研和分析获知用户的需求后，利用适当的软件工具快速地实现一个原型系统，作为沟通各方的基础和用户实践的场所，开发人员根据用户试用后的意见，对原型进行修改和扩充，然后再次交付给用户试用，并根据试用后提出的意见，再次对原型进行修改和扩充，这样，经过多次迭代直到用户满意为止。

2. 原型开发法的步骤

(1) 识别基本需求。首先进行详细的需求调查，识别出用户的基本需求。例如，系统功能，系统的输入与输出，数据元素的名称、含义和格式，系统的用户权限要求等。

在本阶段，原型开发法所识别的需求不必是完备的，而只是一种对未来系统的设想，故称之为基本需求。基本需求的识别关系到采用原型开发法的软件系统的成败。原型开发法从一开始就需要用户的积极参与。一般地说，由基本需求导出的初始原型，其在需求方面的准确性至少应达到60%，否则会打击用户对原型开发法的积极性，使用户失望。因此，必须仔细对用户现行系统进行调查分析，与用户进行细致的交流、做业务性研究等工作，真正获取到用户的基本需求，为下一步建立系统的初始原型提供依据。

(2) 开发系统原型。根据基本需求建立系统的初始原型。初始原型应包括系统基本功能、用户操作界面等。初始原型最好是能够让用户在计算机上模拟实际的操作过程，使用户能够感受到未来系统的情况，从而判断该初始原型所包含的基本需求是否为用户真实的需求。

在本阶段，建立的初始原型应是未来系统的雏形，功能并不完备，但一定是最终系统的核心部分，通过若干次的迭代、修改加以完善。初始原型既不能过于简单也不能一味地追求大而全。开发一个初始原型所需的时间与系统规模和复杂性有关。一般认为，开发初始原型的时间最长不要超过两个月，这样不仅有利于用户保持对原型法和最终系统的兴趣，也为正式的系统开发留出了更多的时间。

(3) 验证系统原型。在本阶段，通过用户模拟实际需求来使用系统原型，找出初始原型与实际需求不一致的些方，发现初始原型的错误和不足，提出对功能和用户界面的修改与完善的建议，补充遗漏的需求，最终验证初始原型与基本需求的符合程度。原型开发法的初衷就是希望在系统开发的初期，更多、更准确地得到用户对心目中系统的描述，所以，用户对原型提出的问题越多，就为今后的开发工作扫除了越多的潜在障碍，因此。开发人员应耐心地倾听用户的意见，甚至是抱怨，同时应充分向用户解释而不是辩解初始原型的合理性，通过几轮交流和修改（即原型的迭代过程），最终与用户在初始原型上达成共识。

(4) 修正和改进原型系统。在本阶段，根据发现的问题、用户提出的修改意见或新的需求，对初始原型进行修改和完善。很多时候，用户在需求方面会出现摇摆不定的情况，例如用户会认为刚修改后的初始原型还不如原先的版本，甚至反复多次。因此，在进行原型迭代的过程中，最好能保留改进前的原型版本，以便在必要时放弃本次修改，退回到原来的版本。

(5) 确定系统原型。经过修改和完善得到新的原型，再由用户进行新一轮的模拟操作，继续验证和评价改进后的原型是否已充分表达了用户的需求。如果是，则进入下一步骤；如果否，则进一步提出修改意见，再对原型进行修正和完善，并再模拟使用与验证，如此重复，直到用户满意为止。

(6) 整理系统原型文档。确定系统原型后，需要进一步整理原型的技术文档，为下一步正式开发系统提供依据。相关的文档包括用户需求说明书、系统的逻辑方案、系统设计说明书、数据字典和系统使用说明书等。

3. 原型开发法的使用

(1) 原型开发法的限制因素。采用原型开发法通过动态演示，能使以用户为中心的需求得到检验和认可，能使最终系统的需求定义合理化。但是，并不是所有的软件系统的需求定义都适合采用原型开发法。原型开发法适用于联机事务处理、管理信息系统等系统，不适合批处理和基于大量算法的系统。原型开发法适宜那些能够积极参与系统开发工作但又难于确定需求的用户，如果得不到用户的积极参与，原型开发法是绝对不适合采用的。

(2) 原型修改次数的控制。原型开发法是一个不断地对系统原型进行使用、评价、修改的迭代过程，迭代次数越多，原型的质量就越高。但由于人力、物力和时间的限制，可以通过限制修改次数或根据设置用户接受程度这两种方法，对原型修改次数进行控制和限制。

限制修改次数的方法是指根据原型或原型中各模块的重要性、复杂程度以及经费、时间限制情况等因素，分别设定相应的最多修改次数。如果修改次数达到设定值时就停止修改。该方法的缺点是当到达设定值时，原型有可能达不到用户要求的接受程度。

根据设置用户接受程度的方法是设定一个用户接受原型的百分数标准，当用户接受程度达到该值时就可以停止原型修改。该方法的缺点是如果用户对原型某些方面的想法经常在变，则很难在有限的时间内提高用户接受原型的百分比。

(3) 原型构造的修改控制。由于原型不同于最终系统，它既要快速建立，又要能够快速地修改以体现用户的最新意图，为最终系统提供明确的需求定义。所以，原型系统应重点展现系统的人机界面形式、功能结构的整体性方面，而对一些细节应该舍弃，如报表格式、人/机错误处理等。

(4) 原型开发法的人员组织和开发环境。原型开发法适用于具有较丰富系统开发经验的人员采用。

4. 原型开发法的特点及其优点

原型开发法从原理到流程都是十分简单的，有着传统方法无法比拟的优越性，它有如下特点：

(1) 原型开发法符合人们认识事物的规律。从认识论的角度来看，原型开发法更多地遵循了人们认识事物的规律，因而更容易为人们所接受。人们认识事物不可能一次就完全了解；认识和学习的过程是循序渐进的；人们对事物的描述都是受环境的启发而不断完善的；人们改进一些事物比起创造来要容易得多。

(2) 原型开发法有利于项目的开发者和用户之间的交流。原型开发法将模拟的手段引入系统分析的初期阶段，通过具体的、看得见、摸得着的模型，启发人们的思维，其直观性使之能准确描述需求，减少误解和不确定性。原型开发法缩短了用户和系统分析人员之间的距离，缩小了用户和开发者对问题的理解与认识的差距，解决了结构化方法中最难解决的一环，能够及早暴露系统存在的问题。

(3) 实际的原型为准确认识问题创造了条件。原型的直观性、感性特征易使用户理解系统的全部含义；讨论的原型是开发者与用户共同确认的；讨论问题的标准是统一的；信息的反馈是及时的。

(4) 能充分利用最新的系统开发环境。原型开发法利用最新的软件工具，建立系统的开发、生成环境，大大减少了系统开发的时间、费用，加快了系统开发的速度，提高了效率。

原型开发法必须要有一个强有力的软件支持环境作为背景，提供原型的可视化，能够强化沟通、降低风险、节省后期变更成本，以及提高项目成功率。

(5) 原型开发法提高了用户参与系统开发的积极性。原型开发法将系统的调查、分析和设计融为一体，用户从一开始就能看到系统实现以后的具体情况，消除了心理负担，打消了对系统是否可实现、是否适用等疑虑；为用户参与开发过程创造了一个良好的条件；提高了用户参与系统开发的积极性。

原型开发法通过对原型的反复使用、评价和修改，给用户和开发人员双方提供了一个学习和实践的机会，从而产生对系统需求新的认识，提出新的需求。该过程与人们的认识论一致，这正是原型开发法能够克服严格定义方法难以克服的困难的根本原因。

原型开发法最大的不足在于缺乏规范性，失去了软件工程应该具有的规范化、标准化和工程化等特点，使开发的过程很模糊，不易控制。原型开发法强调用户的参与，但是让用户控制过多，会使开发者不能控制自己的开发进度，从而无法保证工期。当用户参与热情并不高时，原型开发法起不到应有的作用，因而它的成功程度在很大程度上取决于开发者和用户是否都愿意在很长一段时间内对信息交流和修改系统采取开放的态度。

三、面向对象的开发方法

1. 面向对象的开发方法概述

面向对象技术是软件技术的一次革命，在软件开发史上具有里程碑的意义。随着 OOP（面向对象编程）向 OOD（面向对象设计）和 OOA（面向对象分析）的发展，最终形成面向对象的软件开发方法 OMT（Objeet Modeling Technique）。这是一种自底向上和自顶向下相结合的方法，而且它以对象建模为基础，从而不仅考虑了输入、输出数据结构，实际上也包含了所有对象的数据结构。OO 技术在需求分析、可维护性和可靠性这三个软件开发的关键环节和质量指标上有了实质性的突破，彻底地解决了在这些方面存在的严重问题。

面向对象的开发方法直接描述客观世界的对象及其相互关系，如仓库经理、仓库保管员、配送人员、分拣人员、计算机、物流设备等直接作为对象出现在程序中。他们相互通信，完成诸如存入库、分拣、配送等业务。结构化开发方法或其他类似的开发方法修改比较困难，如果增加某项业务，如越库直运，则程序几乎要重编。而现在只要把增加的业务加到配送人员、分拣人员、计算机、物流设备，这些对象上就可以了。因此，面向对象的方法比以前的开发方法更容易理解、效率更高，它的要素包括：

(1) 抽象。抽象是指强调实体的本质、内在的属性，而忽略一些无关紧要的属性。在系统开发中，抽象指的是在决定如何实现对象之前，确定对象的意义和行为。使用抽象可以尽可能避免过早考虑一些细节。大多数语言都提供数据抽象机制，而运用继承性和多态性强化了这种能力。分析阶段使用抽象仅仅涉及应用域的概念，在理解问题域之前不考虑设计与实现。合理应用抽象可以在分析、设计、程序结构、数据库结构及文档化等过程中使用统一的模型。

面向对象比其他方法技术有更高的抽象性。对象具有极强的抽象表达能力，可表示一切事物，还可表达结构化和非结构化的数据，如堆高机、集装箱起重机、设备调度规则等。而类实现了对象的数据和行为的抽象，是对象共性的抽象。

(2) 封装性。封装是保证软件部件具有优良的模块性的基础。封装性是指所有软件部件

都有明确的内部范围以及清楚的外部边界。每个软件部件都有友好的界面接口，软件部件的内部实现与外部访问相分离。

面向对象的类是封装良好的模块。类定义将其说明（用户可见的外部接口）与实现（用户不可见的内部实现）显式地分开，其内部实现按其具体定义的作用域提供保护。

对象是封装的最基本单位。在用面向对象的方法解决实际问题时，要创建类的实例，即建立对象。这时除了应具有的共性外，还应定义仅由该对象所私有的特性。因此，对象封装比类的封装更具体、更细致，是面向对象封装的最基本单位。

封装防止了程序的相互依赖性带来的变动影响，面向对象的封装比传统语言的封装更加清晰、更加有力。

（3）共享性。面向对象技术在不同级别上促进了共享。共享有以下几种：

①同一个类中对象的共享。同一个类中的对象有着相同的数据结构，这是由数据成员的类型、定义顺序及继承关系等决定的；也有着相同的行为特征，这是由方法、接口和实现决定的。从这个意义上讲，这些对象之间是结构、行为特征的共享关系。进一步地讲，在某些实际应用中还会出现要求这些对象之间有状态（即数据成员值）的共享关系。例如，所有叉车的类，各个具体叉车的平均移动速度是相同的，即共处于同一状态。

②在同一个应用中的共享。在同一应用的类层次结构中，存在继承关系的各相似子类中，存在数据结构和行为的继承，使各相似子类共享相同的结构和行为。使用继承来实现代码的共享，这也是面向对象的主要优点之一。

③在不同应用中的共享。面向对象不仅允许在同一应用中共享信息，而且为未来目标的可重用设计准备了条件。通过类库这种机制和结构可实现不同应用中的信息共享。

面向对象技术强调要明确对象是什么，而不强调对象是如何被使用的。对象的使用依赖于应用的细节，并且在开发中不断变化。当需求变化时，对象的性质比对象的使用方式更为稳定。因此，从长远看，在对象结构上建立的物联网管理系统将更为稳定。面向对象技术特别强调数据结构，而对程序结构的强调比传统的功能分解方法要少得多。从这种意义上讲，面向对象的开发与数据库设计中的信息建模技术相似，只不过面向对象开发增加了类依赖行为的概念。

2. 面向对象的开发方法的特征

面向对象有一些基本特征。虽然这些特征并不是仅为面向对象系统所独有，但这些特征很适合于用来支持面向对象的物联网管理系统开发。

（1）对象唯一性。每个对象都有自身唯一的标识。通过这种标识，可找到相应的对象。在对象的整个生命期中，它的标识都不改变，不同的对象不能有相同的标识。在对象建立时，由系统授予新对象唯一的对象标识符。它在历史版本管理中有巨大作用。

（2）分类性。分类性是指将具有一致的数据结构（属性）和行为（操作）的对象抽象成类。一个类就是这样一种抽象，它反映了与应用有关的重要性质，而忽略其他一些无关内容。任何类的划分都是主观的，但必须与具体的应用有关，每个类可能是无限个体对象的集合，而每个对象是相关类的实例。

（3）继承性。继承性是父类和子类之间共享数据结构和方法的机制，这是类之间的一种关系。在定义和实现一个类的时候，可以在一个已经存在的类的基础之上来进行，即把这个已经存在的类所定义的内容作为自己的内容，并加入若干新的内容。

继承性是面向对象程序设计语言不同于其他语言的最主要的特点，是其他语言所没有的。在类层次中，子类只继承一个父类的数据结构和方法，则称为单重继承；如果子类继承了多个父类的数据结构和方法，则称为多重继承。

在物联网管理系统开发中，类的继承性使所建立的软件具有开放性，可进行扩充，是信息组织与分类的行之有效的方法。它简化了对象、类的创建工作量，增加了代码的可重用性。

采用继承性，提供了类的规范的等级结构。对单重继承，可用树型结构来描述；对多重继承，可用网型结构来描述。通过类的继承关系，使公共的特性能够共享，提高了软件的重用性。首先进行共同特性的设计和验证，然后自顶向下来开发，逐步加入的内容，符合逐步细化的原则，通过继承，便于实现多态性。

（4）多态性。多态性是指相同的操作或函数、过程作用于多种类型的对象上，并获得不同结果。不同的对象，收到同一消息产生完全不同的结果，这种现象称为多态性。如 MOVE 操作，可以是入库的操作，也可以是分拣的操作。

多态性允许每个对象以适合自身的方式去响应共同的消息，这样就增强了操作的透明性、可理解性和可维护性。用户不必为相同的功能操作作用于不同类型的对象而费心去识别。

多态性增强了软件的灵活性和重用性，允许用更为明确、易懂的方式去建立通用软件。多态性与继承性相结合使软件具有更广泛的重用性和可扩充性。

四、敏捷开发方法

敏捷开发方法不是一个具体的过程，而是一个涵盖性术语，用于概括具有类似基础的方式和方法。这些方法，其中包括极限编程（Extreme Programming）、动态系统开发方法（Dynamic System Development Method）、SCRUM、Crystal 和 Lean 等，都着眼于快速交付高质量的工作软件，并做到客户满意。这些新的方法尝试着在毫无过程和太多过程之间找到一个有效的平衡点，只提供必要的过程以得到一个合理的结果。

1. 敏捷开发方法的特征

敏捷开发方法有两个重要的特征：强调人的因素和增量式开发。组建一支高水平的开发队伍，充分发挥每个开发人员的主观能动性，强调人的因素是敏捷开发方法成功的基础。增量式开发则保证了在需求快速变化情况下物联网管理系统开发工作的顺利进行。

（1）强调人的因素。敏捷开发方法强调“人的因素”在成功敏捷开发中的重要性。正如 Cockburn 和 Highsmith 所说：“敏捷开发关注个人的才智和技巧，根据特定人员和团队来塑造开发过程。”这一描述的关键在于“构造可以满足人员及团队需求的开发过程和模型”，让开发过程和模型适用于人，而不是人去适应开发过程和模型。为了实现这样的目的，该团队成员及团队本身必须具备以下一些特点：

①基本能力。同传统的物联网管理系统开发方法一样，在敏捷开发中，能力一词包含了个人内在才能、特定的物联网管理系统开发相关技能以及对所选过程的全局知识。关于过程技能和知识可以而且应该教给敏捷团队的每一位成员。

②共同目标。虽然敏捷团队成员能为项目执行不同的任务，拥有不同的技能，但是，所有人必须瞄准同一个目标，即在承诺的时间内向客户提交可运行的软件增量。为了实现这一目标，项目组还应当做出或大或小的连续适应性变化，以使过程更适合团队使用。

③精诚合作。抛开过程而言，物联网管理系统开发方法就是在项目组沟通中评估、分析和使用信息；产生能够帮助客户和其他人了解项目组工作的信息；构建对客户具有业务价值的软件和相关数据库等信息。为了实现这些任务，项目组成员之间、项目组与客户以及项目组与业务经理之间必须精诚合作。

④决策能力。包括敏捷团队在内，任何一个好的软件项目组必须有能够掌握自身命运的自由，这预示着应当赋予项目组在技术和项目问题上的自主决策权。

⑤模糊问题解决能力。项目经理应当认识到，敏捷项目组被迫不断面对不确定的事情，被迫不断和变化作斗争。有时，项目组不得不接受今天正在解决的问题明天变得根本不需解决这样的现实，然而，今后的项目将会从任何解决问题的活动（包括解决错误问题的活动）中获益。

⑥相互信任和尊重。敏捷团队必须成为具有凝聚力的团队，这样的团队展现出的相互信任和尊重使其形成一个强有力的组织，确保整体的实力大于各部分实力之和。

⑦自我组织。自我组织在敏捷开发中具有三重含义：一是敏捷团队组织自身可以完成工作；二是团队组织最能适应当前环境的过程；三是团队组织能以最好的进度完成软件增量交付。自我组织具有一些技术上的好处，但是更为重要的是它能促进合作，鼓舞士气。实际上，这也就是项目组的自我管理。

(2) 增量式开发。在敏捷开发方法中，采用的是增量式开发方法，也就是说一点一点地完善需求。这种做法在那些需求变化快的项目中尤其适用。在增量式开发的流程中，会面临着如何对待上一次开发的中间产物的问题，如果每一次增量式开发都需要修改已存在的中间产物，那么这种维护的成本未免过大。因此，敏捷开发方法的基本做法是，扔掉那些已经没有用处的中间产物。此外，敏捷方法在增量式开发中遵循如下原则：

①封装原则。接口的实现细节应该封装在类的内部。对于类的用户来说，他仅需要知道类发布出的方法，而不需要知道实现细节。这样，就可以根据类的共有方法编写相应的测试代码，只要满足这些测试代码，类的设计就是成功的。

②最小职责原则。一个类（接口）要实现多少功能一直是一个不断争论的问题。一个类实现的功能应该尽可能的紧凑。一个类中只处理紧密相关的一些功能，一个方法更应该只做一件事情。这样的话，类的测试代码相应也会比较集中，保证了类的可测试性。

③最小接口原则。对于发布给用户使用的方法，需要慎之再慎。一般来说，发布的方法应该尽可能少。一方面，由于公布的方法可能被客户频繁使用，如果设计上存在问题，或是需要对设计进行改进，都会对现有的方法造成影响，因此需要将这些影响减到最小；另一方面，一些比较轻型的共有方法应该组合为单个的方法，这样可以降低用户和系统的耦合程度。具体的做法可以通过外观模式，也可以使用业务委托模式。

④最小耦合原则。最小耦合原则是指设计的类和其他类的交互应该尽可能少。如果发现一个类和大量的类存在耦合关系，可以引入新的类来削弱这种耦合度。在设计模式中，中介模式和外观模式都是此类的应用。对于测试，尤其是单元测试来说，最理想的情况是测试的

类是一个单纯的类，和其他的类没有任何关系。但是现实中这种类是极少的，因此设计人员能够做的是尽可能地降低测试类和其他的类的耦合度。这样，测试代码相对比较简单，类在修改的时候，对测试代码的影响也比较小。

⑤分层原则。分层原则是封装原则的提升。一个物联网管理系统，往往有各种各样的职责，例如有负责和数据库打交道的代码，也有和用户打交道的代码。把这些代码根据功能划分为不同的层次，就可以对软件架构的不同部分实现大的封装。而要将类的可测试性的保证发展为对架构的可测试性的保证，就需要对系统使用分层原则，并在层的级别上编写测试代码。迭代的本质其实是短周期的计划，这也是迭代周期越短对项目实施越有好处的一大原因。因为时间缩短了，计划的可预测性就增强了。由于计划的制订是依赖于以往的经验，如果原先项目组没有制订计划或细节计划的经验，那么生成的计划就一定是非常粗糙，最后的误差也一定很大。但是这没有关系，每一次的计划都会对下一次的计划产生正面的影响，等到经验足够的时候，计划将会非常的精确，最后的误差也会很小。

2. 敏捷开发模型

(1) 极限编程。极限编程（Extreme Programming，XP）是目前讨论最多、实践最多、争议也最多的一种敏捷开发方法。XP 的思想源自 20 世纪 80 年代 Kent Beck 和 Ward Cunningham 在软件项目中的合作经历。Kent Beck 在 1996 年为克莱斯勒公司开发的软件项目中正式应用了这些新概念，XP 从此诞生。

XP 是一套能快速开发高质量物联网管理系统所需的价值观、原则和活动的集合，使其能以尽可能快的速度开发出来并向客户提供最高效益。XP 的极限就在于它将 12 个众所周知的敏捷开发原则都发挥到极限。

①XP 的应用和限制。很难统计到底有多少机构在使用 XP 方法或部分 XP 实践，但可以肯定地说，XP 在世界各地大大小小的信息系统开发机构都有应用。通过相关文献可知在某些项目中，并非所有实践都是必要和可行的，需要进行简化，在另外一些项目中，这些实践又还不够，需要进行扩充。例如异地 XP 开发、大型复杂系统、人机界面开发、需求关键的项目等。Rumpe Bernhard 和 Schroder Astrid 通过全球范围内的问卷调查，得出了对 XP12 项实践应用的反馈，如图 8-12 所示。

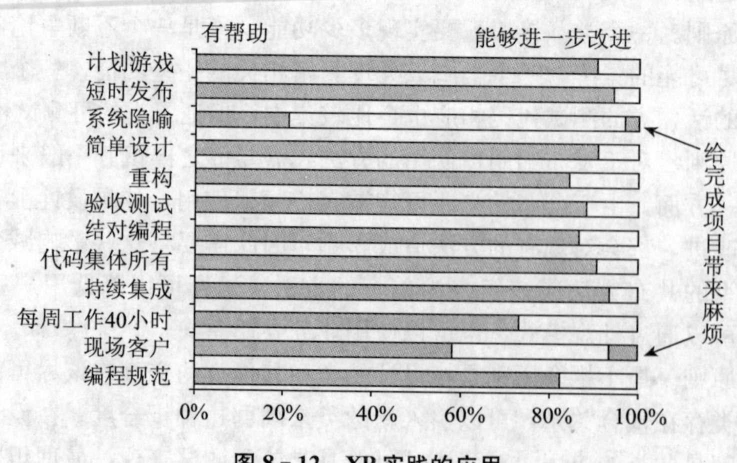

图 8-12　XP 实践的应用

一般来说，XP 适用于多变环境下的中小型物联网管理系统项目。通常开发团队位于同一个物理场所，人数小于等于 10 人。XP 一般面向采用 OO 语言、模式或关系数据库的项目，以减弱变更带来的开销。XP 一般不适用于构造十分重要的系统。此外，从企业文化方面看，那些排斥新思维的公司也不适合采用 XP。

②SCRUM。SCRUM 是一种迭代的增量化过程，可以集合各种开发实践的经验化过程框架。SCRUM 中发布物联网管理系统的重要性高于一切。

SCRUM 最早由 Ken Schwaber 在 OOPSLA'95 讨论会上提出。SCRUM 不是一个缩写词，它源自橄榄球运动中从死球处继续比赛的机制。对应到软件开发中，SCRUM 是及时解决软件开发中各种问题的机制。SCRUM 最初想解决的问题是在需求等因素经常发生改变的条件下，如何有效地进行项目管理。从概念上看，对于无法被精确定义、存在不可预知变数的环境来说，经验模型比“妥善定义”的过程模型更为有效。

SCRUM 有两个重要特征：

a. 团队授权。明确管理层和开发团队的关系：开发团队负责解决如何完成产品，而管理层只负责解决开发团队遇到的困难。通过“角色倒置”，因管理层过多干涉开发团队而降低效率的问题得以缓解。

b. 自适应。SCRUM 采用“间歇式平衡”来处理开发中产生的变化。一个周期在 30 天以内。

SCRUM 有三项常用开发工具：

a. 任务单（backlog）。所有可预见的、被妥善定义而又需要细化的、必须完成的工作。

b. 短距（sprint）。一段小于等于 30 天的时间，其间要通过一系列工作来构造可发布产品。

c. SCRUM 会议。每天举行的短会，用于评估进度和遇到的阻力。

SCRUM 的开发过程如图 8 - 13 所示。

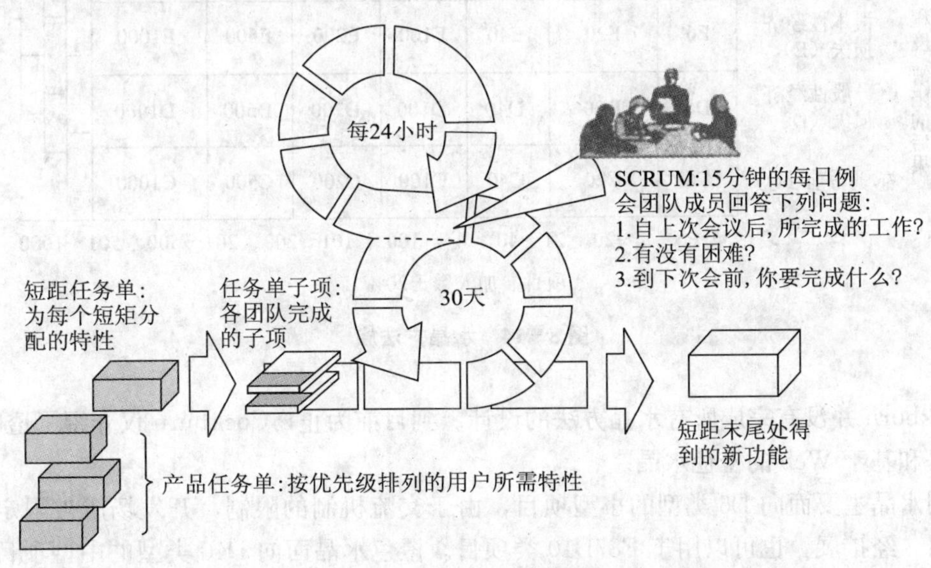

图 8 - 13　SCRUM 开发过程

五、水晶方法族

水晶方法族由一系列以人为本、自适应、超轻型、可伸缩的物联网管理系统开发方法构成。水晶方法族由 Alistair Cockburn 于 20 世纪 90 年代末期提出。Alistair Cockburn 的这种思想来自他在 IBM 任职期间的调研以及此后几年内的咨询工作。1991—1999 年对世界各地的软件开发机构的开发实践进行调研的结果一致表明：如果面对面交流可以解决的问题，就不必生成文档这种中间产品；越能够频繁发布系统的子部件，越不必依赖于书面承诺，也越可能发布整个物联网管理系统。

Alistair Cockburn 从三个方面对水晶方法进行分类：

①项目参加人数。

②软件产品失效带来的潜在危害程度。

③项目优先级。

图 8－14 显示了在这种分类标准下生成的水晶方法族。例如，C6 表示了项目参加人数不多（1～6 人），产品失效仅有心理影响，以提早上市时间为主要目标的软件项目所采用的方法。在一个二维平面内的格子中，按照参加人数分列，第一列被称为透明水晶系列方法，第二列是黄水晶系列方法，后面的各列依次被称为橙色水晶、红水晶、紫红水晶和蓝水晶。不同的颜色反映出项目内部交流的难易程度；同一列内不同行的方法反映出过程的严格性差异。水晶方法对采用的具体工具、实践和工作产品没有限制，也允许引入 XP 和 SCRUM。

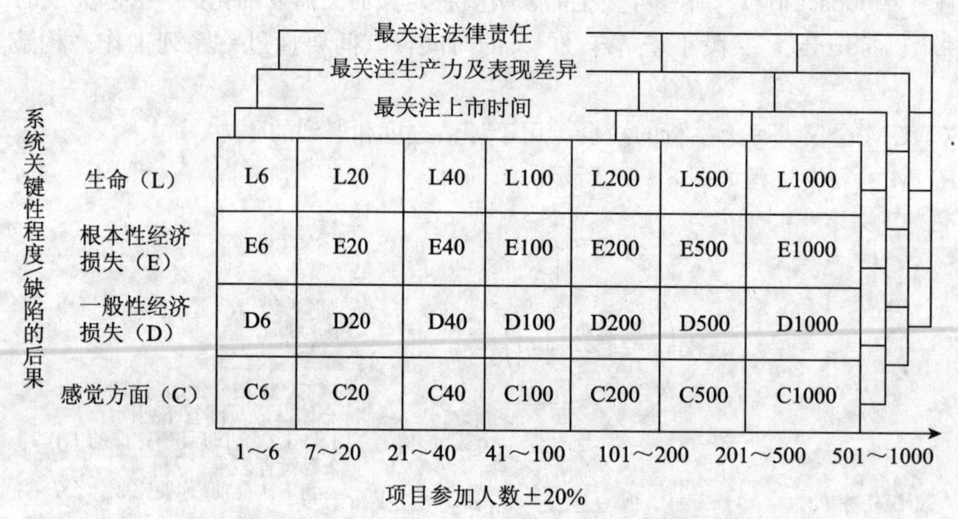

图 8－14　水晶方法族

Cockburn 并没有完成所有水晶方法的设计。到目前为止，Cockburn 仅介绍了透明水晶、橙色水晶和基于 Web 的橙色水晶。

透明水晶主要面向 D6 类型的小型项目，由于交流机制的限制，开发场所被限定为同一物理地点。经扩展，也可以用于 E8/D10 类项目。橙色水晶面向 D40 类型的中型项目，周期为 1～2 年。项目分为多个团队。不支持异地开发。

由于这些差异，透明水晶和橙色水晶在交流方式、工作产品、人员构成方面均有较大的差异，例如，透明水晶不需要需求文档，用例图就够用；橙色水晶要有需求文档；透明水晶不需要详细日程；橙色水晶则需要。图 8－15 显示了橙色水晶中的一次增量过程。

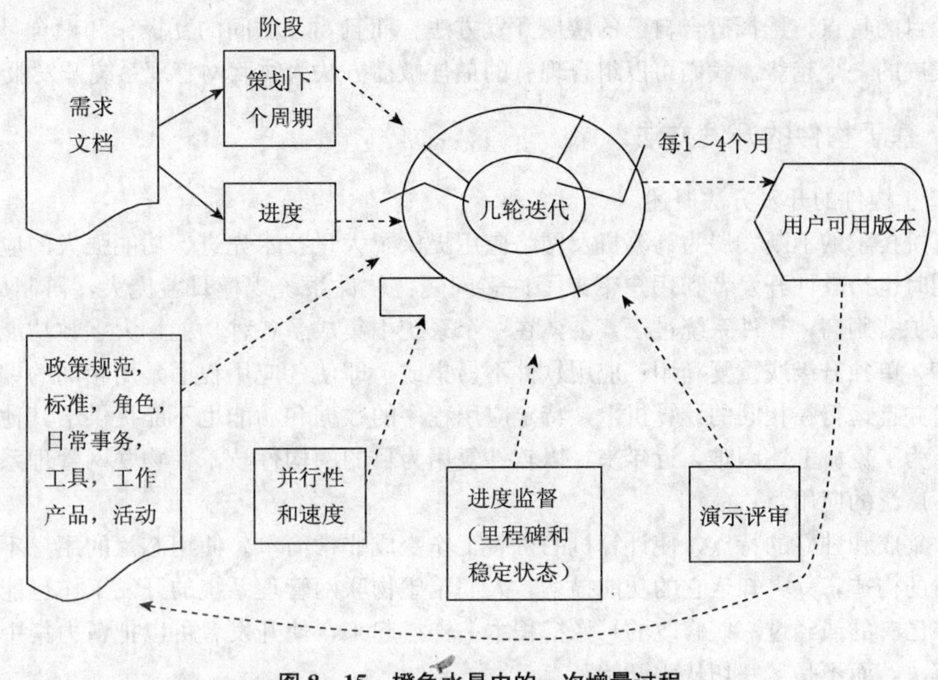

图 8－15　橙色水晶中的一次增量过程

水晶方法中的人员角色：

- 项目承担人，完成项目的任务说明（Mission Statement）。
- 协调人，负责定义、维护版本发布次序、制定和查看日程、风险清单、项目状态。
- 高级设计员，负责定义、制定团队构成、方法学、系统设计。
- 业务专家，负责完成角色—目标对（需求之一）、用例图（需求之一）、需求文档。
- 用户，协助完成用例和窗口定义草案。
- 设计人员，负责完成窗口定义草案、设计框架及注解、基本对象模型、源程序、系统打包、代码迁移、测试用例。
- 测试人员，负责完成测试结果和错误报告。
- 技术作者，完成用户手册。

所有这些水晶方法都有一些共同实践，或者遵循一组政策，内容包括：

- 使用最大时间不超过 4 个月的增量式开发。
- 通过物联网管理系统里程碑而不是文档来跟踪项目进度。
- 以人为本，强调交流和沟通。
- 自动实施功能的回归测试。
- 每个版本包括两次用户评审。
- 以减少中间产品为潜在目标。

- 每次增量的开始和中间都开会调整产品设计和开发方法。

通过前面的介绍，可知所有敏捷方法都具有一些共性，包括：迭代式增量开发、强调人与人的协作、方法直接而简单，可以容纳需求、技术等方面的变化等。但是敏捷方法之间也存在一些区别，不同方法有不同的侧重，关键技术也不尽相同。因此完全有必要根据自己的需要、项目的特点，选择适合自己的敏捷开发方法。而且，方法间的互操作和融合是目前敏捷方法发展的一个趋势。我们可以组合现有的最佳敏捷方法为物联网管理系统开发服务。

六、基于构件的开发方法

1. 基于构件的开发方法概述

计算机技术的不断发展为计算机及网络应用提供了大量技术先进、功能强大的应用软件系统，同时也给软件开发者和用户带来了许多问题：软件系统规模日益庞大，研制周期长，开发和维护费用高；软件系统过于复杂，在一个系统中集成了各种功能，大多数功能不能灵活地装卸、单独升级或重复利用；应用软件不易集成，即使各应用程序是用相同的编程语言编写的，并且运行在相同的计算机上，特定应用程序的数据和功能也不能提供给其他应用程序使用。为了克服上述困难，近年来，以软件复用为目的的构件技术在物联网管理系统开发中得到了广泛的应用。

硬件集成和独立的特点，使计算机的拼装工作变成非常简单。使用芯片的用户不必了解芯片本身的构造，只需知道它的功能描述。人们希望物联网管理系统的开发工作也能把相关的构件（已有的或经过一些修改的）像搭积木一样搭起来，使开发者可以把精力集中在当前问题的解决，而不是“一切从头开始”。

伴随构件技术应运而生的基于构件的软件开发（CBSD）彻底改变了软件的生产方式，从而在根本上提高物联网管理系统生产的效率和质量，提高开发大型物联网管理系统的成功率。由于构件库中的构件都是用一定的模式进行分类的，在 CBSD 开发中，用户可首先通过相应的查询工具，在构件库中按照匹配原理查找满足自己需求的构件（当然这是以使用者对被复用对象的理解为基础的）；如果找到，则将其复合组装到新的应用程序中。

2. 构件的特征

基于构件的开发方法最终目的是快速复用，也就是说是为了以后的快速复用而开发构件。为使构件具有较高的可复用性，构件应具有的特征包括：

（1）通用性。构件的可复用性体现在能否在开发其他软件时得到使用。使用率越高说明可复用度越高，而构件必须具有相当的一般化，才能为大多数软件开发过程所接受。因此建造构件时，应尽量使构件泛化，提高构件的通用性。

（2）可变性。尽管构件通常具有较高的通用性，但使用时，构件是运用在一个具体的开发环境中的，构件的某些部分可能要修改，使原本泛化的构件特优。因此在建造构件时，应该提供构件的特化和调整机制。例如，可以在构件复用时可能发生变化的相应位置上标识变化点（Variation Point），同时为变化点附加对应的变体（Variant）。每个变化点与变体可以与相应的文档关联，文档解释如何使用它，以及如何选择变体。当该构件被复用时，可根据不同的应用指定不同的变体，使抽象变得具体，以适应特定应用的需要。

（3）易组装性。构件通常存放在构件库中。在开发一个物联网管理系统时，首先从构件

库中检索到若干合适的构件，再进行组装。组装包括同构件的组装（即具有相同软、硬件运行平台的构件之间的组装）和异构件的组装（即具有不同软硬件运行平台的构件之间的组装）。为了使构件易于组装，构件应具有良好的封装性和良好定义的接口，构件间应具有松散的耦合度，同时还应提供便于组装的机制。图 8－16 显示的 REBOOT（Reuse Based On Objected-Oriented Technology），构件模型，对可复用构件的一般特征做了较全面的描述。

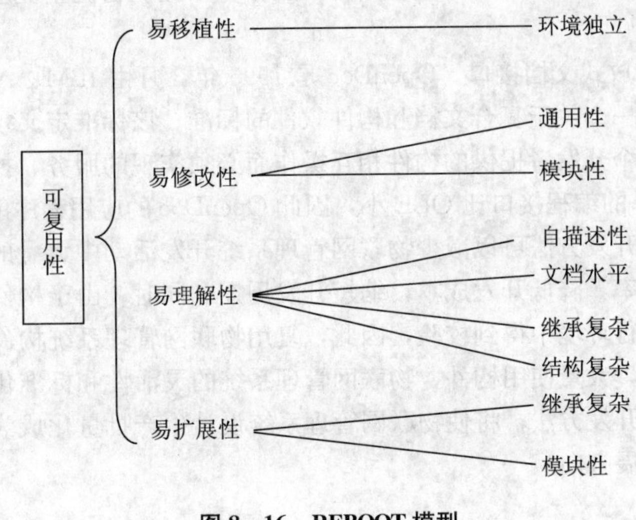

图 8－16 REBOOT 模型

3. 几种流行的构件技术

为了便利构件相互之间的集成和装配，必须有一个统一的标准。经过几年的发展，已经提出了多种构件的模型及规范，形成了一些较有影响的构件技术。其中有：微软公司的 COM/OLE，对象管理组织（OMG）的跨平台的开放标准 CORBA，以及 OpenDoc 等。这些技术的流行为构件提供了实现标准，也为构件的集成和组装提供了很好的技术支持。

（1）组件对象模型（Component Object Model，COM）技术。COM 是微软开发的一种构件对象模型。它提供了对在单个应用中使用不同厂商生产的对象的规约。OLE 是 COM 的一部分，由于 OLE 已成为微软操作系统的一部分，因此目前应用最为广泛。最早的组件连接技术 OLEl. 0（Object Linking and Embedding，对象链接与嵌入）是微软公司于 1990 年 9 月在 COMDEX 展览会上推出的。它给出了软件构件的接口标准，任何人都可以按此标准独立地开发组件和增值组件（指在组件上添加一些功能构成的新组件），或由若干组件组建集成软件。在这种软件开发方法中，应用系统的开发人员可在组件市场上购买所需的大部分组件，因而可以把主要精力放在应用系统本身的研究上。

（2）公共对象请求代理体系结构（Common Object Request Broker Architecture，CORBA）。CORBA 是由对象管理组织（OMG）于 1991 年发布的一种基于分布对象技术的公共对象请求代理体系结构。其目的是在分布式环境下，建立一个基于对象技术的体系结构和一组规范，实现应用的集成，使基于对象的软件组件在分布异构环境中可以复用、移植和互操作。

CORBA是一种集成技术，而不是编程技术。它提供了对各种功能模块进行构件化处理，并将它们捆绑在一起的黏合剂。一个对象请求代理提供一系列服务，它们使可复用构件能够和其他构件通信，而不管它们在系统中的位置。当用CORBA标准建立构件时，这些构件在某一系统内的集成就可以得到保证。加上基于CORBA规范的应用屏蔽了平台语言和厂商的信息，使得对象在异构环境中也能透明地通信。对于CORBA定义的通用对象服务和公共设施，用户还可以结合其特殊需求来构造应用对象服务，以提供物流企业应用级的中间件服务系统。

(3) OpenDoc开放式文档接口。OpenDoc是1995年3月由IBM、Apple和Novell等公司组成的联盟推出的一个关于复合文档和构件软件的标准。该标准定义了为使得某开发者提供的构件能够和另一个开发者提供的构件相互操作而必须实现的服务、控制基础设施和体系结构。由于OpenDoc的编程接口比OLE小，因此OpenDoc的应用程序能与OLE兼容。

使用基于构件的开发方法可以减少物联网管理系统开发活动中大量的重复性工作，提高物联网管理系统生产率，降低开发成本，缩短开发周期。同时，由于构件大都经过严格的质量认证，并在实际运行环境中得到校验，因此，复用物联网管理系统构件有助于改善物联网管理系统质量。此外，大量使用构件，物联网管理系统的灵活性和标准化程度也可以得到提高。采用基于构件的开发方法，将使物联网管理系统设计生产批量化成为可能，是未来物联网管理系统开发的发展方向。

第四节　物联网管理系统的系统设计

一、物联网管理系统的系统设计概述

系统设计是物联网管理信息开发过程中另一个重要阶段。系统设计的目的是赋予物联网管理系统在系统分析阶段所确定的新的信息系统的功能一种具体的实现方法和技术，是为下一阶段的系统实现（如编程、调试、试运行等）制定蓝图。在这一阶段中，要根据前一阶段系统分析的结果，在各种技术和实施方法中权衡利弊，精心设计，合理地使用各种资源，最终制定新系统的详细设计方案，确定新系统应当具有的功能和性能要求。

系统设计的内容如图8-17所示。

物联网管理系统设计过程中应当遵循以下基本原则：第一，严格遵循物联网管理系统的系统分析所提供的各种资料，不能随意地改变系统的功能和性能的要求。第二，保证系统的效益和质量，主要体现在系统的处理能力、速度和响应时间等方面，同时要保证物联网管理系统中信息的完整性、准确性，并能提供高质量的信息表现形式。第三，物联网管理系统应当具有可扩展性和环境的适应性。可扩展性主要是为了保障物联网管理系统进一步深化，毕竟物联网管理系统的开发过程是循序渐进的过程，而不是一步到位的。第四，保证物联网管理系统的安全性。第五，充分利用当前最新信息技术，同时考虑到引进新技术存在的风险。第六，系统设计应当形成系统设计文档。

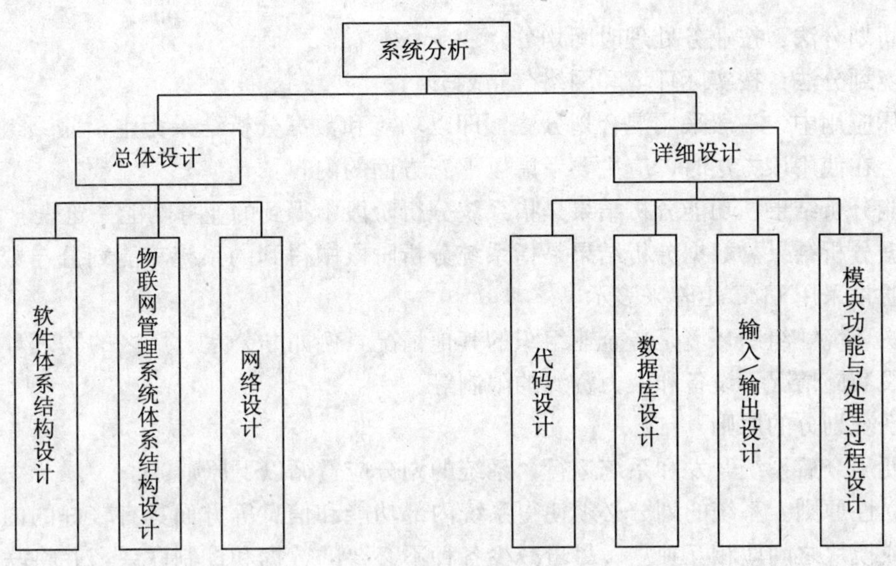

图 8-17　系统设计内容

到目前为止，系统设计所使用的主要方法还是以自顶向下结构化的设计方法，但是在局部环节上（或是针对某些规模较小的系统）使用原型方法、面向对象的方法，这是目前比较流行的发展趋势。

二、物联网管理系统总体结构设计

系统总体设计是根据系统分析和企业的实际情况，对新系统的总体结构形式和可以利用的资源进行宏观上、总体上的大致设计。系统总体设计的主要内容有系统划分、网络设计、系统平台、新系统的计算机处理流程。

1. 系统划分

系统总体设计的一个主要任务是划分管理信息系统的子系统。系统划分就是将实际对象按其管理要求、环境条件和开发工作等方面划分为若干相互独立的子系统，子系统又划分为若干模块，大模块划分为小模块。它是一种宏观的、总体上的设计和规划。

（1）系统划分的方法

常用的系统划分是一种以功能数据分析结构为主，面向数据流的设计方法，这种方法首先要复查和确认系统分析阶段所确认的数据流程图，而后对其进行精化，最终把数据流程图转换成模块层次结构。在系统分析阶段已用几个逻辑结构概括抽象地描述整个系统的逻辑功能。这里采用自顶向下的方法将其逐步扩展，使其具体化。扩展出的数据流程图，能使系统设计员在看到数据流程图中每一个处理逻辑后，会在头脑中形成一个简单明确的印象和概念。

系统划分方法有以下六种：

①功能划分法：按业务处理功能划分，特点是紧凑性非常好。

②顺序划分法：按业务先后顺序划分，特点也是紧凑性非常好。

③数据拟合法：按数据拟合的程度来划分。

④过程划分法：按业务处理过程划分。

⑤时间划分法：按业务处理时间划分。

⑥环境划分法：按实际环境和网络分布划分。

在实际应用中，一般采用混合划分法，即以功能和数据分析结果为主，兼顾组织环境的实际情况。在使用该方法时，应主要考虑以下三方面的内容：

①功能分析结果。功能分析结果是指系统分析阶段中得到的业务功能一览表。

②数据分析结果。数据分析结果是指系统分析阶段中得到的系统功能划分与数据资源分布情况，通常采用U/C矩阵来表示。

③组织环境。组织环境是指企业组织的其他情况，例如办公室、厂区的物理环境、开发工作的分段实施情况、设备和人力资源的限制等。

（2）系统划分的原则

为了便于今后系统开发和系统运行，系统的划分应遵循以下原则：

①独立性原则。系统的划分必须使得系统内部功能和信息等方面具有较好的内聚性，每个子系统或模块之间应相互独立。尽量减少各种不必要的数据和控制联系，并将联系比较密切、功能近似的模块相对集中，便于以后的搜索、查询、调试、调用。

②数据依赖尽可能小原则。子系统之间的联系应尽量少，接口简单明确。一个内部联系强的子系统对外部的联系必然很少，所以划分时，应将联系较多者列入子系统内部。相对集中的部分均已划入各子系统的内部，剩余的一些分散、跨度比较大的联系，就成为这些子系统之间的联系和接口。

③数据冗余最小原则。数据冗余就是在不同模块中重复定义某一部分数据，这使得经常大量调用原始数据，重复计算、传递、保存中间结果，从而导致程序结构紊乱、效率降低、软件编制工作困难。因此，系统划分时应尽可能地减少系统之间的数据冗余。

④前瞻性原则。系统的划分不能完全取决于系统分析阶段的结果，因为现存系统由于这样或那样的原因，很有可能没有考虑到一些高层次管理决策的要求，而这些要求可能会在今后提出，因此，系统的划分应充分考虑今后管理信息同发展的需要。

⑤阶段性实现原则。信息系统的开发是一项较大的工程，它的实现一般要分期分步进行，所以系统的划分应能适应这种分期分步的实施。

⑥资源充分利用原则。系统的划分应考虑到对各类资源的充分利用。合理的系统划分应该既要考虑到各种设备资源在开发过程中的配合使用，又要考虑到各类信息资源的合理分布和充分使用，以减少系统对某些特定资源的过分依赖。

2. 网络设计

如何将初步规划中的各个子系统从内部用局域网连接起来，以及系统如何与外部系统相连接的问题，就是网络设计问题。

随着社会网络化进程的加快，企业组建自己的网络，实现企业资源共享、业务网上运作，已成为企业在竞争中占得先机的重要条件。

物联网管理系统工程的目的之一就是实现国内各业务点的信息共享，为数据处理提供网络环境。

（1）网络设计的步骤

网络设计通常包括以下几个步骤：

①选择网络结构。根据用户的要求和实际业务的需要来选择网络结构。所谓网络结构是指网络的物理连接方式，主要有总线型（bus）、环形（loop）、星形（star）、树形（branch）等。目前市面上常见的微机局域网一般都采用总线型结构，其他的中/小型机网络则主要是总线型和环形。

②选择和配置网络设备。根据选定的网络结构，安排网络和设备的分布，配置和选用网络产品。内容包括配置网络设备的地点、采用何种路由方式、选用什么型号的网络交换产品等。

③线路布局。根据企业工作地点的物理环境，选择适当的布线路径，进行网络线路布局。

④节点设置。根据实际业务的要求，设置网络各节点的级别、管理方式、数据读写的权限，并选择相应的软件系统。

⑤确定与外部的联系。确定与外部网络和系统的联系，主要包括确定如何同广域网或者因特网进行连接，如何同上级单位或同级其他单位的网络进行联系，如何支持管理人员从外面通过广域网用户或者因特网来随时了解企业内部的情况，如何利用电子数据交换（EDI）方式进行全球电子商务交易等。

（2）网络设计的原则

基于网络的管理信息系统在系统总体设计阶段应该遵循以下一些基本原则：

①安全性原则。由于系统是对外开放的，系统与外界的数据交流日益频繁，网络信息安全已经成为一个严重问题，应该采取适当的安全保护措施以保护系统数据，例如采用适当的防火墙技术、服务器密码设置和权限分配等。

②集成化原则。现代管理信息系统应该具有系统内部的人事、财务、物流管理等功能，以实现系统的集成化。

③实时性原则。管理信息系统应该具有实时数据采集和信息反馈能力，无论是采用传统的数据输入方式还是传感采样方式，都必须能接收各种实时数据，并利用网络优势，实现快速及时的信息反馈。

④可靠性原则。可靠性是指系统在正常运行时抵御各种外界干扰的能力。若对外界干扰因素考虑不周全，就会发生意外情况，造成严重后果。网络设计时应该从网络的硬件、软件和运行环境这三个方面来提高系统的可靠性。

⑤扩展性原则。系统的运行环境和应用背景是不断变化和发展的，所以，在网络设计时应充分考虑系统的可扩充性、兼容性和版本升级等方面，使系统具备与异构数据源的连接能力，以适应今后可能出现的新问题和新情况。

⑥异地远程工作能力。管理信息系统应该充分利用 Internet 和 WWW 技术，具备远程、异地、协同的工作能力，以支持企业面对全球性的市场竞争。

⑦群体决策支持能力。应充分发挥系统的决策支持作用，特别是发挥以网络为基础的群体决策支持工具的作用，使管理信息系统能够进行宏观的分析和决策，以更高层次为企业管理服务。

（3）常用的网络设计方案

①与 Internet 连接的网络设计方案。目前，Intranet 技术正带领信息科技进入新的信息

时代，各大航运物流企业单位也纷纷建立与 Internet 相连的 Intranet，大大增强了公司的运作效率。企业的 Intranet 通过 Internet 可以自由方便地、不受地域限制地与各大小客户交换信息，建立基于 Internet 的企业商务网络能为企业带来巨大的好处与发展机会。与 Internet 连接的网络设计方案如图 8－18 所示。

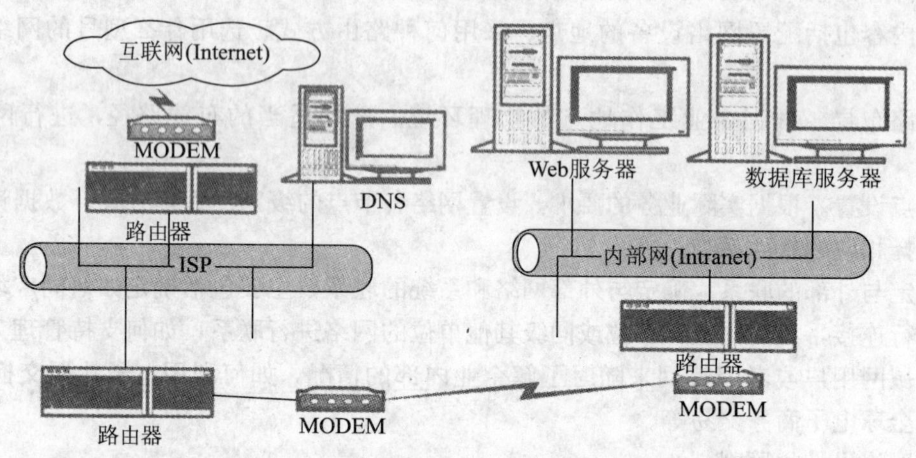

图 8－18　与 Internet 连接的网络设计方案

②基于安全考虑的网络拓扑结构。就安全性方面的考虑，鉴于目前网络安全越来越重要，用于安全方面的费用可能是企业网络接入 Internet 除线路开销外的最大部分，既要保证安全性，又要用户舒畅地访问企业内部网络，如图 8－19 所示的网络拓扑结构为现时很多企业所采用。

如图 8－19 所示，安全性被分为两级，内部的 Server 受到防火墙的保护，只有得到充分授权的用户才能访问到其上的数据；外部的 Server 没有防火墙的保护，可以让尽可能多的用户方便地访问，即使受到攻击也不致损失太大。这样的两级保护可能造成双倍的服务器投资，双倍的软件投资，网络软件与管理的工作量增加。

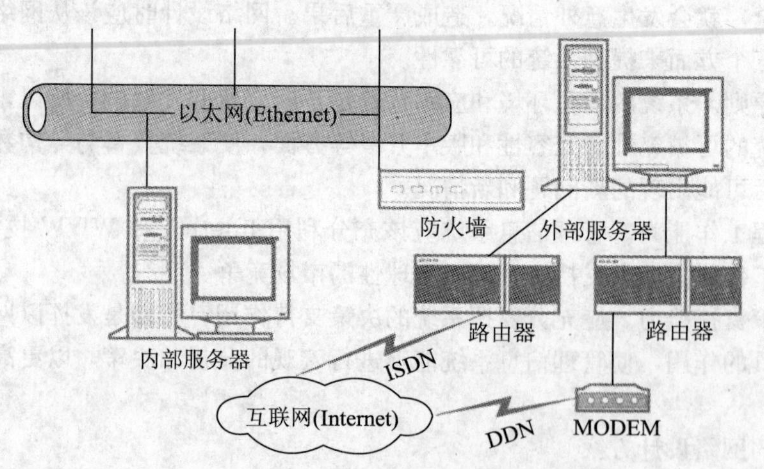

图 8－19　基于安全考虑的网络拓扑结构

③异地网络连接方式。对于分布于各个不同地方的子公司而言，它们与总部的连接可以采用拨通本地互联网，访问公司总部 Web 站点方式，通过用户登录，与中心进行数据交换，如图 8－20 所示。

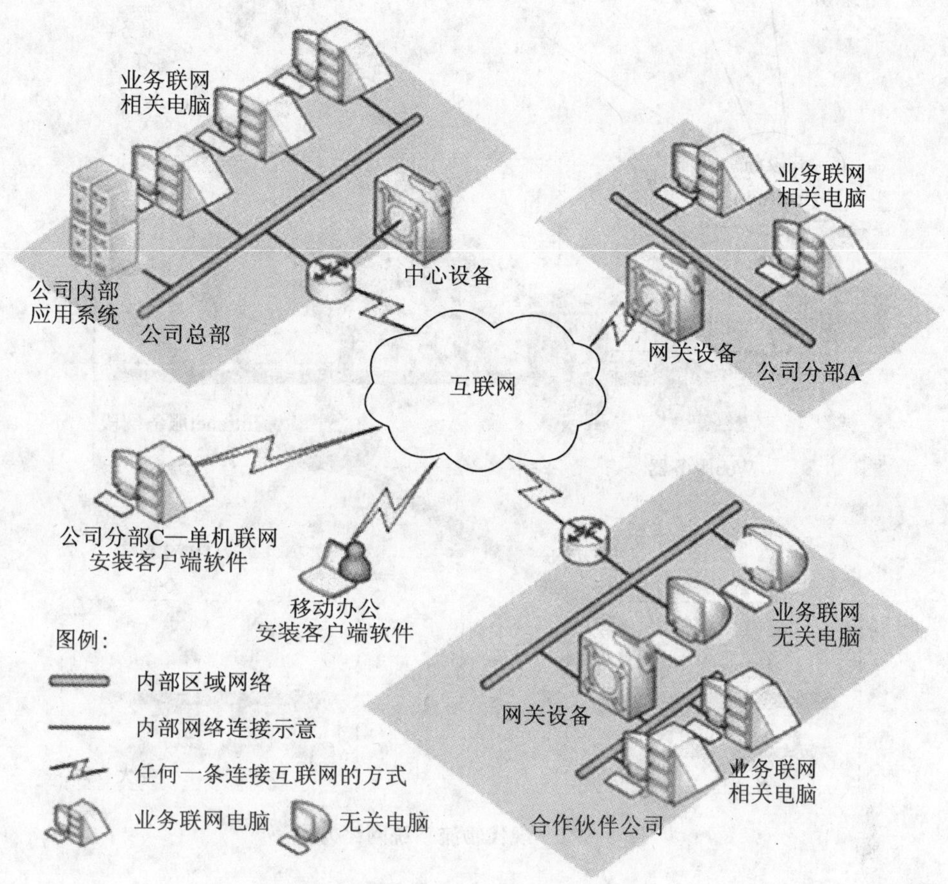

图 8－20　异地网络连接方式

④中心局域网结构。作为中心内部网络，可使用 FastEthernet（快速以太网），同时，在有条件的情况下可使用性价比较高的具有三层交换能力的交换机，保证数据中心各服务器的高速连接，制止网络风暴的形成，如图 8－21 所示。

3. 系统平台设计

在进行了系统划分和网络设计之后，就可以考虑系统平台设计问题，即系统软、硬件配置问题。随着信息技术的发展，各种计算机软、硬件产品层出不穷，因此，必须根据系统的环境情况、功能需求以及市场制约条件等方面从众多产品中选择适合自身企业发展需要的产品。

（1）系统平台设计的依据

在系统平台设计时，应以系统的吞吐量、系统响应时间、系统的可靠性、地域范围、数据管理方式以及系统的处理方式为依据。

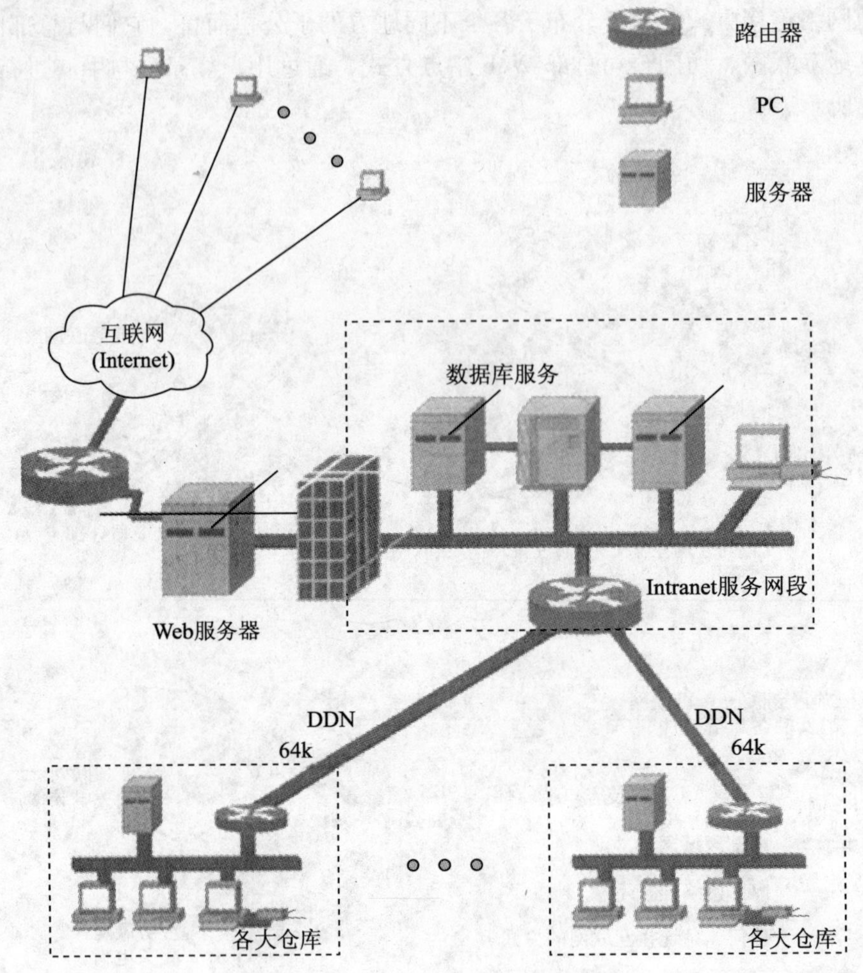

图 8－21　现代物流系统网络方案

(2) 确定系统平台设备的原则和要求

确定系统平台设备的基本原则有两点：一是根据系统调查和系统分析的结果来考虑硬件配置和系统结构；二是要考虑实现上的可能性和技术上的可靠性。

确定系统平台设备的要求有如下几点：根据实际业务管理岗位选择配备计算机设备；根据物理位置分布和数据通信的要求确定联网需求以及联网方式；根据估算的数据容量确定网络服务器类型及存储容量；根据实际业务要求确定计算机及外部设备的性能指标。

(3) 硬件选择指标

硬件选择指标主要从以下几个方面考虑：

①计算机主体。计算机主体主要包括构成计算机的 CPU、内存、硬盘、显卡等设备。随着信息社会的迅速发展，海量的数据需在管理信息系统中处理，作为处理大量数据的服务器在配置上必须能够满足实际要求。

②网络配件指标。网络配件指标主要包括交换机、中继器、网桥、网关、路由器等。

③传输介质指标。主要传输介质有同轴电缆、光纤和双绞线。

④存储设备。存储设备主要指磁盘阵列、移动硬盘等存储设备。

（4）软件选择指标

根据实际业务要求和用户对软件工具的掌握程度确定新系统拟采用的软件工具。软件指标主要从如下四个方面考虑：

①操作系统。例如 UNIX 系列、Windows 系列、Linux 系列。

②数据库系统。目前市场上主要是关系数据库系统，主要有 Oracle、SQL Sever、Sybase 等。

③程序设计语言、开发工具和开发环境。目前比较流行的程序设计语言有 C＋＋、Java 等，开发工具有 Visual C＋＋、C Builder、Java Builder 等。

④各种应用软件，如图形软件、统计分析软件、多元分析软件、数据规划软件、运筹学软件、预测分析软件等。

4. 系统处理流程设计

（1）系统处理流程设计

系统处理流程设计主要是通过系统处理流程图来描述数据在计算机存储介质之间的流动、转换和存储情况，以便为模块设计提供输入/输出依据。

系统处理流程图关于新系统处理过程的基本描述是非常直观和有效的。但它既不是对具体处理或管理分析模型细节的描述，也不是对模块调用关系或具体功能的描述，只是关于信息在计算机内部的大致处理过程，可以随着后续设计过程而改变。

系统处理流程图是用一系列类似计算机内部物理部件的图形符号来表示信息在计算机内部的处理流程。常见的计算机处理流程符号如图 8－22 所示。

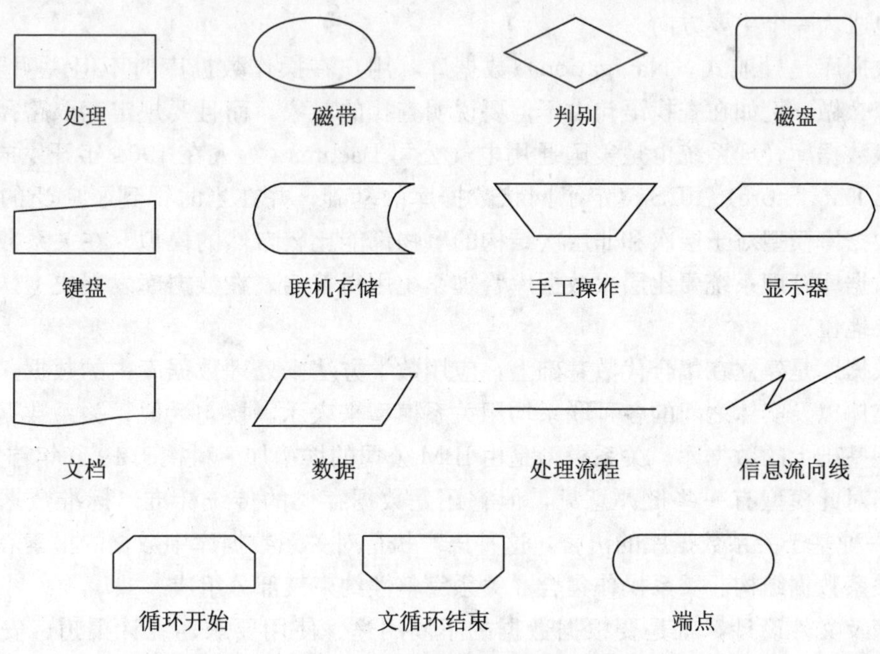

图 8－22　计算机处理流程图符号

（2）模块设计说明书

模块设计说明书是对模块处理进行注解的书面文件，以帮助程序设计人员了解模块的功能和设计要求，为功能模块及其处理过程的设计提供依据。

模块设计说明书的主要内容有：模块名称；模块所属的系统和子系统名称；编写程序所用的语言；输入和输出数据的方式和格式；模块处理过程声明；程序运行环境的说明。

三、物联网管理系统数据库设计

信息系统的主要任务是通过大量的数据获得管理所需要的信息，这就必须存储和管理大量的数据。因此建立一个良好的数据库，使整个系统都可以迅速、方便、准确地调用和管理所需的数据，是衡量信息系统开发工作好坏的主要指标之一。

数据库是指长期储存在计算机内的、有组织的、可共享的数据集合。数据库中的数据按一定的数据模型组织、描述和储存，具有较小的冗余度、较高的数据独立性和易扩展性，并可为各种用户共享。数据库是依照某种数据模型组织起来并存放二级存储器中的数据集合。这种数据集合具有如下特点：尽可能不重复，以最优方式为某个特定组织的多种应用服务，其数据结构独立于使用它的应用程序，对数据的增、删、改和检索由统一软件进行管理和控制。从发展的历史看，数据库是数据管理的高级阶段，它是由文件管理系统发展起来的。对于数据阶段建立的标志是：第一，1968 年美国 IBM 公司推出的层次模型的 IMS 数据库管理系统；第二，1969 年美国数据系统语言研究会下属数据库任务组公布了关于网状模型的 DBTG 报告；第三，1970 年 IBM 公司研究员 E. F. Codd 发表论文提出了关系模型。

数据库存在多种模型，而应用于大型数据储存的数据库一般为网状数据库（Network Database）以及关系数据库（Relational Database）。当前数据库的一个发展方向即面向对象型数据库也成为一个主要方向。

网状数据库是导航式（Navigation）数据库，用户在操作数据库时不但说明要做什么，还要说明怎么做。例如在查找语句中不但要说明查找的对象，而且要规定存取路径。世界上第一个网状数据库管理系统也是美国通用电气公司 Bachman 等人在 1964 年开发成功的 IDS（Integrated Data Store）。IDS 奠定了网状数据库的基础，并在当时得到了广泛的发行和应用。网状数据库模型对于层次和非层次结构的事物都能比较自然的模拟，在关系数据库出现之前网状数据库管理系统要比层次数据库管理系统用得普遍。在数据库发展史上，网状数据库占有重要地位。

关系数据库是建立在集合代数基础上，应用数学方法来处理数据库中的数据。现实世界中的各种实体以及实体之间的各种联系均用关系模型来表示。换句话说，关系数据库是建立在关系模型基础上的数据库。关系模型是由 IBM 公司的埃德加·科德于 1970 年首先提出的。现如今虽然对此模型有一些批评意见，但它还是数据存储的传统标准。标准数据查询语言 SQL 就是一种基于关系数据库的语言，这种语言执行对关系数据库中数据的检索和操作。关系模型由关系数据结构、关系操作集合、关系完整性约束三部分组成。

数据库及文件设计，就是要根据数据的不同用途、使用要求、统计渠道、安全保密性等，来决定数据的整体组织形式、表或文件的形式，以及决定数据的结构、类别、载体、组织方式、保密等级等一系列的问题。

一个好数据库应该充分反映物流发展变化的状况，充分满足组织的各级管理要求。同时还应该使得后继系统开发工作方便、快捷，系统开销（如占用空间、网络传输频度、磁盘或光盘读写次数等）小，易于管理和维护。

我们在物联网管理系统的系统分析阶段已经根据调查所得的信息资料进行了数据建模，建立了满足第三范式的数据模型。通过局部到整体的整合建立了整个物联网管理系统的数据模型，同时明确了数据模型到关系数据库的关系转化方法。那数据库和物流信息之间的联系到底是什么呢？

• 数据库是物联网管理系统的核心和基础，把物联网管理系统中大量的数据按一定的模型组织起来，提供存储、维护、检索数据的功能，使物联网管理系统可以方便、及时、准确地从数据库中获得所需的信息。

• 数据库是物联网管理系统的各个部分能否紧密地结合在一起以及如何结合的关键所在。

• 数据库设计是物联网管理系统开发和建设的重要组成部分。

首先将 E－R 图转换成具体的数据库产品支持的数据模型，如关系模型，形成数据库逻辑模式；然后根据用户处理的要求、安全性的考虑，在基本表的基础上再建立必要的视图，形成数据的外模式。

在系统分析阶段我们完成了整个物流系统的 E－R 模型的制作，现在需要把 E－R 图转换成关系模式集。由于 E－R 模型仅仅是用图示的方式表示了实体及其联系，如果要在关系数据库中将这些实体及其联系表示出来，应当把 E－R 模型转变成关系模式，也就是把这些 E－R 模型表示成各种表。那么如何把这些实体和联系变成可以在关系数据库中表示的表呢？主要方法是：将每个实体类型转换成一个关系模式，实体的属性即为关系模式的属性，实体标识符即为关系模式的键。

（1）二元联系类型的转换：

①若实体间联系是 1∶1，可以在两个实体类型转换成的两个关系模式中任意一个关系模式的属性中加入另一个关系模式的键和联系类型的属性。

②若实体间联系是 1∶n，则在 n 端实体类型转换成的关系模式中加入一端实体类型的键和联系类型的属性。

③若实体间联系是 m∶n，则将联系类型也转换成关系模式，其属性为两端实体类型的键加上联系类型的属性，而键为两端实体键的组合。

（2）一元联系类型的转换同二元联系。

（3）三元联系类型的转换：

将三元联系类型转换成关系模式，其属性为三端实体类型的键加上联系类型的属性，而键为三端实体键的组合。

在编制 E－R 图的同时要考虑数据库的构建，并且同时编写数据字典，在数据字典中记录数据库中每张表的主键、有哪些属性、属性的中文名称、英文名称、类型、长度、精度、是否可以为空、备注。

四、物联网管理系统代码设计

代码设计是一个科学管理的问题，设计出一个好的代码方案对于系统的开发工作是一件非常有利的事情，也是系统设计的重要内容。它可以使很多机器处理如某些统计、查询和报表等变得十分方便，还可以把一些现阶段计算机很难处理的工作变成简单的处理。

代码是一组或者一个有序的易于计算机和人识别与处理的符号，它以简短的符号形式代替具体的文字说明。代码设计是指将系统中具有某些共同属性或者特征的信息归并在一起，并利用一些便于计算机或者人进行识别的符号来表示各种信息，其目的是要设计出一套为系统所公用的、优化的代码系统。

1. 代码设计的原则

进行代码设计时应该遵循以下基本原则：

(1) 唯一性。为了避免二义性，必须唯一地标识每一个对象。一个对象可能有不同的名称，可以按不同方式进行描述，但是在一个编码体系中，一个对象只能对应一个唯一的代码，一个代码只唯一表示一个编码对象。

(2) 标准化。在代码设计时应该采用标准通用代码，如国际、国家、行业或部门及企业规定的标准代码。这些标准是代码设计的重要依据，必须严格遵循。在一个代码体系中，所有的代码结构、类型、编写格式必须保持一致，以便于信息交换和共享，并有利于系统的纠错、更新和维护工作。

(3) 合理性。代码结构必须与编码对象的分类体系相对应。

(4) 简单性。代码的长度影响其所占的存储空间、输入、输出及处理速度以及输入时的出错概率，因此，代码结构要简单，尽可能地短。

(5) 适用性。代码要尽可能地反映对象的特点，这有助于识别和记忆，便于填写。

(6) 可扩充性。编码时要留有足够的备用容量，以满足今后扩充的需要。

2. 代码分类

(1) 分类原则

代码分类的原则是既要保证处理问题的需要，又要保证科学管理的需要，必须遵循如下四点：

①必须保证有足够的容量，要足以包括规定范围内的所有对象。如果容量不够，不便于今后变化和扩充，随着环境的变化，这种分类很快就失去了生命力。

②分类必须遵循一定的规律。具体做法是根据实际情况并结合具体管理的要求来分类，分类应按照处理对象的各种具体属性进行。

③分类要有一定的柔性。柔性是指在增加或变更处理对象时，不至于破坏代码的分类结构。一般情况下，柔性好的系统增加分类不会破坏其结构，但是柔性往往会带来其他的问题，如冗余等，这是设计分类时应注意的问题。

④注意本分类系统与外部分类系统和已有分类系统的协调，以便于系统的联系、移植、协作以及新老系统的平稳过渡。

(2) 分类方法

目前最常用的分类方法有两种：线分类方法和面分类方法。在实际应用中根据具体情况

各有其不同的用途。

①线分类方法。线分类方法是目前用得最多的方法。线分类方法也称为层级分类法，它是将初始的分类对象按所选定的若干属性或特征逐次地分成相应的若干层级的类目，并排成一个有层次的、逐级展开的分类体系。采用线分类方法时要特别注意唯一性和不交叉性。如图 8－23 所示。

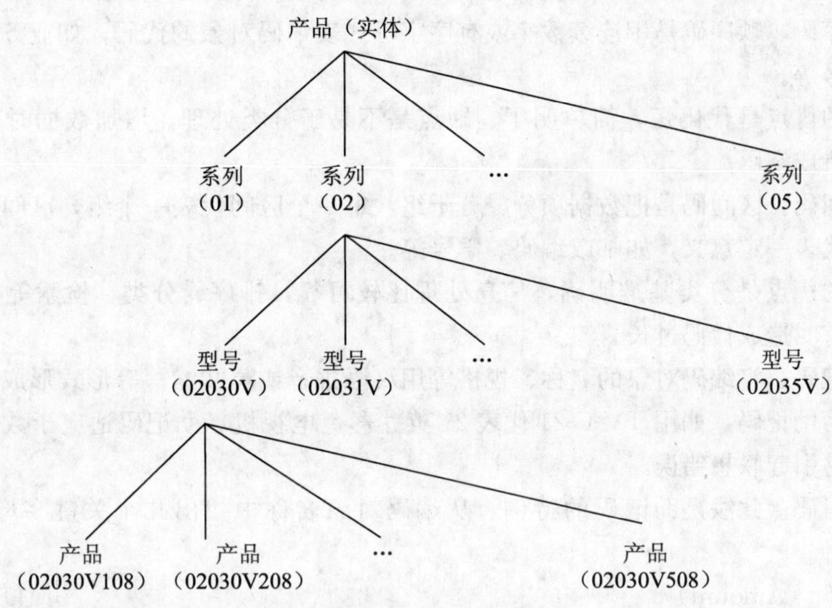

图 8－23　线分类法

线分类方法的特点是：

a. 结构清晰，容易识别和记忆，容易进行有规律的查找；

b. 使用方便，既符合手工处理信息的传统习惯，又便于计算机处理信息；

c. 主要缺点是结构不灵活，柔性较差，效率低。

②面分类方法。面分类方法是将所选定的分类对象的若干属性或特征视为若干个“面”，每个“面”中又可分成彼此独立的若干个类目，再按一定的顺序将各个面平行排列。如表 8－2所示。

表 8－2　　面分类法

材　料	螺钉直径（mm）	螺钉头形状	表面处理
1－不锈钢	1－Φ0.5	1－圆头	1－未处理
2－黄钢	2－Φ1.0	2－平头	2－镀铬
3－钢	3－Φ1.5	3－六角形状	3－镀锌
		4－方头形	4－上漆

例如：代码 3212 表示材料为钢的 Φ1.0mm 圆头的镀铬螺钉。面分类法的特点是：

a. 柔性好，“面”的增、删、修改都很容易。

b. 可实现任意组配面的信息检索，对机器处理有良好的适应性。

c. 缺点是不能充分利用容量，难于手工处理信息。

3. 编码类型

编码是指分类问题的一种形式化描述，目前常用的编码种类有如下五种：

（1）顺序码。顺序码是用连续数字或有序字母代表编码对象的代码，如业务流水号、各种票据的编号等。

顺序码的优点是代码短，简单明了；缺点是不易于分类处理，增加数据时只能排在最后，删除则造成空码。

（2）区间码。区间码是把数据项分成若干组，每一个区间代表一个组，区间码中数字的值和位置都代表一定意义，如邮政编码、学号等。

区间码的优点是分类基准明确，信息处理比较可靠，排序、分类、检索等操作易于进行；缺点是有时造成代码过长。

（3）助记码。将编码对象的名称、规格等用汉语拼音或英文缩写等形式形成编码，帮助记忆，故称为助记码，如用 TV-C-21 代表 21 英寸彩色电视机。助记码适应于数据较少的情况，否则容易引起联想错误。

（4）缩写码。此法是助记码的特例，从编码对象名称中找出几个关键字母作为代码。例如：

Amt 总额（Amount）

Cont 合同（Contract）

Inv. No 发票号（Invoice number）

（5）校验码。校验码又称编码结构中的校验位。为了保证正确的输入，有意识地在编码设计结构中原代码的基础上，通过事先规定的数学方法计算出校验码，附加在原代码的后面，使它成为代码的一个组成部分。使用时与原代码一起输入，此时计算机会用同样的数学运算方法按输入的代码数字计算出校验位，并将它与输入校验位进行比较，以便检验输入是否有错。

4. 代码设计的步骤

代码对象主要指数据字典中的各种数据元素。代码设计的结果形成代码本或代码表，作为其他设计和编程的依据。代码设计可按下列步骤进行：

（1）明确代码目的。

（2）确定代码对象。

（3）确定代码使用范围和期限。

（4）分析代码对象特征，包括代码使用频率、追加及删除情况等。

（5）决定采用何种代码，确定代码结构及内容。

（6）编制代码表或代码本。

五、输入输出设计

系统输入输出（I/O）设计是一个在系统设计中很容易被忽视的环节，又是一个重要的环节，它对于用户和今后系统使用的方便和安全可靠性来说都是十分重要的。一个好的输入系统设计可以为用户和系统双方带来良好的工作环境，一个好的输出设计可以为管理者提供简捷、明了、有效、实用的管理和控制信息。下面我们分别来讨论这两方面的问题。

1. 输入设计

在物联网管理系统中，好的输入设计能为今后系统运行带来很多方便。

（1）输入方式设计

输入方式的设计主要是根据总体设计和数据库设计的要求来确定数据输入的具体形式。常用的输入方式有：键盘输入，模/数、数/模输入，网络数据传送，磁/光盘读入等几种形式。通常在设计新系统的输入方式时，应尽量利用已有的设备和资源，避免大批量的数据重复多次地通过键盘输入。因为键盘输入不但工作量大、速度慢，而且出错率较高。

①键盘输入。键盘输入方式（Key-in）包括联机键盘输入和脱机键盘输入（一种通过键到盘、键到带等设备，将数据输入到磁盘/带文件中然后再读入系统的设备）两种方式。它们主要适用于常规、少量的数据和控制信息的输入以及原始数据的录入。这种方式不大适合大批中间处理性质的数据的输入。

②数模/模数转换方式。数模/模数转换方式（A/D，D/A）的输入是目前比较流行的基础数据输入方式。这是一种直接通过光电设备对实际数据进行采集并将其转换成数字信息的方法，是一种既省事，又安全可靠的数据输入方式。这种方法最常见的有如下几种：

a. 条码输入，即利用标准的商品分类和统一规范化的条码（或印）于商品的包装上，然后通过光学符号阅读器（Optical Character Reader，OCR）（亦称扫描仪）来采集和统计商品的流通信息。这种数据采集和输入方式现已普遍地被用于商业企业、工商、质检、海关等的信息系统中。

b. 用扫描仪输入。这种方式实际上与条码输入是同一类型的。它大量地被使用在图形/图像的输入，文件、报纸的输入，标准考试试卷的自动阅降。

③网络传送数据。这既是一种输出信息的方式，又是一种输入信息的方式。对下级子系统它是输出，对上级主系统它是输入。使用网络传送数据既可安全、可靠、快捷地传输数据，又可避免下级忙于设计输入界面，上级忙于设计输入界面的盲目重复开发工作。

④磁盘传送数据，即数据输出和接收双方事先约定好待传送数据文件的标准格式，然后再通过软盘/光盘传送数据文件。这种方式不需要增加任何设备和投入，是一种非常方便的输入数据方式，它常被用在主—子系统之间的数据连接上。

（2）校对方式设计

在输入时校对方式的设计是非常重要的。特别是针对数字、金额数等字段，没有适当的校对措施做保证是很危险的。因为从理论上来说，操作员输入数据时所发生的随机错误在各个数位上都是等概率的。如果错误出现在财会记录的低位则尚可容忍，但如出现在高位，则势必酿成大事故。所以对一些重要的报表，输入设计一定要考虑适当的校对措施，以减少出错的可能性。但应指出的是，绝对保证不出错的校对方式是没有的。

常用校对方式有：

①人工校对，即输入数据后再显示或打印出来，由人来进行校对。这种方法对于少量的数据或控制字符输入还可以，但对于大批量的数据输入就显得太麻烦，效率太低。这种方式在实际系统中很少有人使用。

②二次键入校对。二次键入是指一种同一批数据两次键入系统的方法。输入后系统内部再比较这两批数据，如果完全一致则可认为输入正确；反之，则将不同部分显示出来有针对性地由人来进行校对。它是目前数据录入中心、信息中心录入数据时常用的方法。该方法最大的好处是方便、快捷，而且可以用于任何类型的数据符号。尽管该方法中二次键入在同一个地方出错，并且错误一致的可能性是存在的，但是这种可能性出现的概率极小。

③数据平衡校对。这种校对方法常用在对财务报表和统计报表等这类完全数字型报表的输入校对中。具体做法是在原始报表每行每列中增加一位数字小计字段（在这类报表中一般本来就有），然后在设计新系统的输入时再另设一个累加值，先让计算机将输入的数据累加起来，再将累加的结果与原始报表中的小计自动比较。如果一致，则可认为输入正确；反之，则拒绝接受该数据记录，这是一种非常有效的方法。但该方法也不是十全十美的，当同一记录中几个数同时输错，而累加后结果仍正确时，就无法检测出错误之处，这种情况在实际中出现的可能性也是很小的。

2. 输出设计

相对输入方式，输出方式的设计要简单得多。但从系统的角度来说输入和输出都是相对的，各级子系统的输出就是上级主系统输入。从这个意义上来说，前面所介绍的几种数据传输方式，如网络传递、软磁盘传递、通过电话线传递等，对于数据传出方来说也就是输出方式设计的内容。为了区别，将输出分为中间输出和最终输出两类。中间输出是指子系统对主系统或另一个子系统之间的数据传送，而最终输出则是指通过终端设备（如显示器屏幕、打印机等）向管理者输出的一类信息。

最终输出方式常用的只有两种：一种是报表输出，另一种是图形输出。究竟采用哪种输出形式为宜，应根据系统分析和管理业务的要求而定。一般来说，对于基层或具体事物的管理者，应用报表方式给出详细的记录数据为宜，而对于高层领导或宏观、综合管理部门，则应该使用图形方式给出比例或综合发展趋势的信息。

六、物联网管理系统功能模型设计

模块功能与处理过程设计是系统设计的最后一步，也是最详细地涉及具体业务处理过程的一步。它是下一步编程实现系统的基础。

1. 功能模块设计概述

（1）功能模块设计的目的

功能模块设计的目的是建立一套完整的功能模块处理体系，作为系统实施阶段的依据。功能模块设计是以系统分析阶段和系统总体设计阶段的有关结果为依据，制定出详细的、具体的系统实施方案。

(2) 功能模块设计的内容

功能模块设计的内容可以分两个部分：

①总控系统部分。总控系统部分的设计内容主要包括系统主控程序的处理方式，确定各子系统的接口、人机接口以及各种校验、保护、后备手段的接口。根据总体结构和子系统划分以及功能模块的设置情况，进行总体界面设计。

②子系统部分。子系统部分的设计主要是对子系统的主控程序和交互界面、各功能模块和子模块的处理过程的设计。主要有数据的输入、运算、处理和输出，其中对数据的处理部分应给出相应的符号和公式。

(3) 功能模块设计的原则

为了确保设计工作的顺利进行，功能模块设计一般应遵循如下原则：

①模块的内聚性要强，模块具有相对的独立性，减少模块间的联系。

②模块之间的耦合只能存在上下级之间的调用关系，不能有同级之间的横向关联。

③连接调用关系应只有上下级之间的调用，不能采用网状关系或交叉调用。

④整个系统呈树状结构，不允许有网状结构或交叉调用关系出现。

⑤所有模块都必须严格地分类编码并建立归档文件，建立模块档案进行编码，以利于系统模块的实现。

⑥适当采用通用模块将有助于减少设计工作量。

⑦模块的层次不能过多，一般最多使用6～7层。

(4) 模块的连接方式

模块的连接方式有5种：模块连接、特征连接、控制连接、公共连接和内容连接。其中模块连接按功能和数据流程连接，是目前常用的一种方法。

2. 功能模块设计工具

(1) 结构图

系统功能设计的主要任务是采用“自顶向下”的原则将系统分解为若干个功能模块，运用一组设计原则和策略对这些功能模块进行优化，使其成为良好的机内结构。表达这种结构的工具是结构图。

结构图是指描述系统功能层次和功能模块关系的图，通常为树形结构。结构图可以用来表示系统设计的结果，但没有给出如何得到这个成果的方法，也就是说，结构图主要关心的是模块的外部属性，即上下级模块、同级模块之间的数据传递和调用关系，而不关心模块的内部。

数据流程图转换成结构图有两种方法：事务分析和变换分析。

①事务分析。根据事务处理的分类，将数据流程图分解为模块结构图。它用于将高层数据流程图转换成结构图，其优点是把一个大的、复杂的系统分解成较小的、简单的系统。如图8－24所示是由事务分析产生的结构图。

②变换分析。按照模块设计的原则，以功能聚合作为模块划分的最高标准得出事务处理的模块结构。通常用于将低层数据流程图转换成结构图，它将数据流程图中的处理功能分解成具有输入、中心变换、输出功能的简单模块。当然在对低层的数据流程图进行转换过程中也可以采用事务分析。如图8－25所示是利用变换分析转换为结构图。

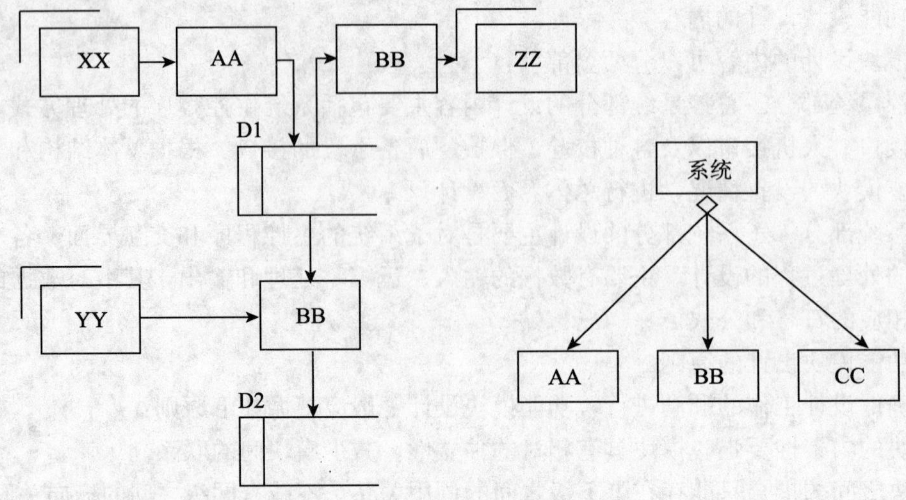

图 8-24　由事务分析产生的结构图

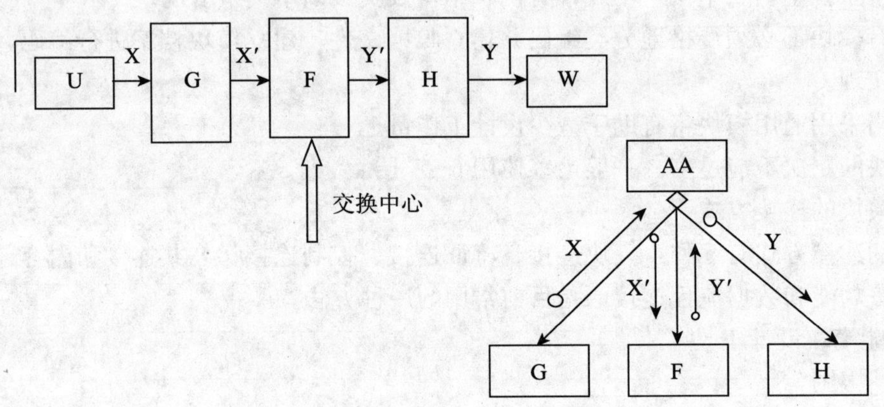

图 8-25　利用变换分析转换为结构图

(2) 层次输入—处理—输出图

层次输入—处理—输出图（Hierarchy Plus Input Process Output，HIPO）是在结构图的基础上推出的一种描述系统结构和模块内部处理功能的工具。

任何模块都是由输入、处理和输出三个基本部分组成的。HIPO 图方法的模块层次功能分解，就是以模块的这一特性和模块分解的层次性为基础，将一个大的功能模块逐层分解，得到系统的模块层次结构，而后再进一步把每个模块分解为输入、处理和输出的具体执行模块。如图 8-26 所示为 HIPO 图的基本结构。

(3) 输入—处理—输出图

输入—处理—输出（Input Process Output，IPO）图描述了某个特定模块内部的处理过程和输入/输出关系。IPO 图必须包含输入、处理、输出以及与之相应的数据库和数据文件在总体结构中的位置信息等。HIPO 图由结构图和 IPO 图两部分构成。

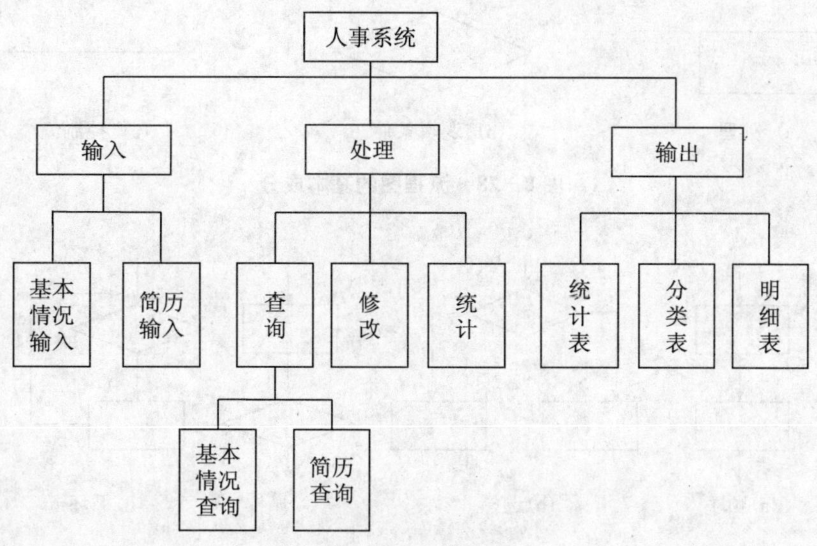

图 8－26 HIPO 图的基本结构

IPO 图对于输入（I）和输出（O）的描述比较容易，但对于处理过程（P）的描述部分较为困难。如图 8－27 所示为 IPO 图的基本结构。

系统名称：人事系统		设计者
模块名称：查询		日期：2004.2.12
上层调用模块：处理模块		可调用下层模块：基本情况查询、简历查询
输入部分（I）	处理描述（P）	输出部分（O）
基本情况	……	基本情况表
简历情况		简历情况表

图 8－27 查询模块 IPO 图

（4）模块处理流程设计

模块处理流程设计是指用统一的标准符号来描述模块内部具体运行步骤，设计出一个个模块和它们之间的连接方式以及每个模块内部的功能与处理过程。模块处理流程的设计是在系统处理流程图的基础上，借助于 HIPO 图来实现的。通过对输入/输出数据的详细分析，将处理模块在系统中的具体运行步骤标识出来，形成模块处理流程图，作为程序设计的基本依据。

通常采用结构化程序设计方法来描述模块的处理过程，主要应用以下 5 种处理结构：顺序处理结构；选择处理结构；先判断后执行的循环结构；先执行后判断的循环结构；多种选择处理结构。

流程图的基本成分和基本结构如图 8－28 和图 8－29 所示。

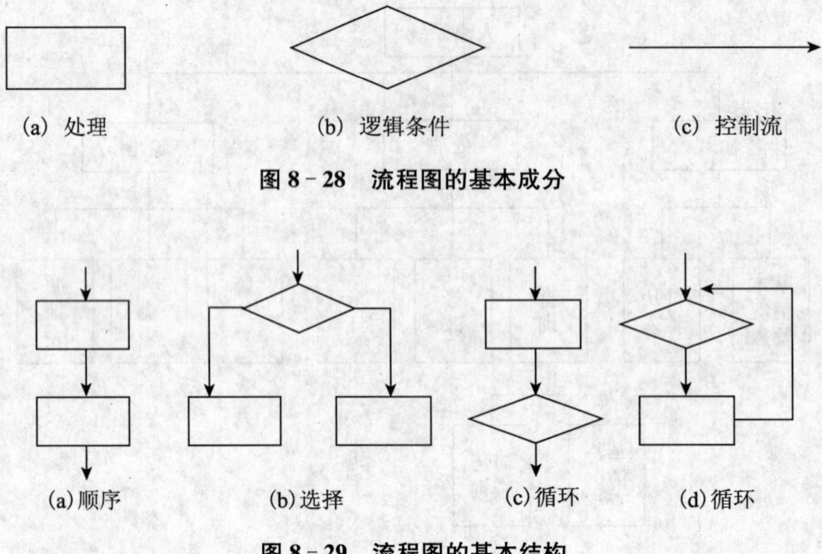

图 8-28 流程图的基本成分

图 8-29 流程图的基本结构

七、物联网管理系统设计报告

系统设计阶段的成果是系统设计报告，其主要是各种设计方案和设计图表，它是下一步系统实现的基础。

1. 系统设计的成果

系统设计阶段的成果归纳起来一般有：

(1) 系统总体结构图（包括总体结构图、子系统结构图、计算机流程图等）。

(2) 系统设备配置图（包括计算机系统图，设备在各生产岗位的分布图，主机、网络、终端联系图等）。

(3) 系统分布编码方案（分类方案、编码系统）。

(4) 数据库结构图（表与表之间的结构，表内部结构）。

(5) HIPO 图（层次化模块控制图、IPO 图等）。

(6) 系统详细设计方案说明书。

2. 系统设计说明书的组成

(1) 引言

①摘要：系统的目标名称和功能等的说明。

②背景：

- 项目开发者；
- 用户；
- 本项目和其他系统或机构的关系和联系。

③系统环境与限制：

- 硬件、软件和运行环境方面的限制；
- 保密和安全的限制；

• 有关系统软件文本；

• 有关网络协议标准文本。

④参考资料和专门术语说明。

（2）系统设计方案

①模块设计：

• 系统的模块结构图；

• 各个模块的 IPO 图（包括各模块的名称、功能、调用关系、局部数据项和详细的算法说明等）。

②代码设计：各类代码的类型、名称、功能、使用范围和使用要求等的设计说明书。

③输入设计：

• 输入项目；

• 输入人员（指出所要求的输入操作人员的水平与技术专长，说明与输入数据有关的接口软件及其来源）；

• 主要功能要求（从满足正确、迅速、简单、经济、方便使用者等方面达到要求的说明）；

• 输入校验（关于各类输入数据的校验方法的说明）。

④输出设计：

• 输出项目；

• 输出接受者；

• 输出要求（所用设备介质、输出格式、数值范围和精度要求等）。

⑤文件（数据库）设计说明：

• 概述（目标、主要功能）；

• 需求规定（精度、有效性、时间要求及其他专门要求）；

• 运行环境要求（设备支撑软件，安全保密等要求）；

• 逻辑结构设计（有关文件及其记录、数据项的标识、定义、长度和它们之间的关系）；

• 物理结构设计（有关文件的存储要求、访问方法、存储单位、设计考虑和保密处理等）。

⑥模型库和方法库设计（本系统所选用的数学模型和方法以及简要说明）。

⑦安全保密设计。

⑧物理系统配置方案报告：

• 硬件配置设计；

• 通信与网络配置设计；

• 软件配置设计；

• 机房配置设计。

⑨系统实施方案及说明：

• 实施方案；

• 实施计划（包括工作任务的分解、进度安排和经费预算）；

• 实施方案的审批（说明经过审批的实施方案概况和审批人员的姓名）。

本 章 小 结

物联网管理系统的开发过程是指，系统从规划、开发到上线运行、维护的过程，一般包括系统规划、系统需求分析和定义、软件需求分析、概要设计、详细设计、软件实践、组装测试、确认测试、系统联试、验收与交付及软件维护等阶段。不同的软件开发方法对开发过程有着不同的划分方法。

结构化方法是一种自上向下、逐步求精的软件开发方法，也是软件系统开发过程中使用最广泛、最成熟的一种技术方法。原型开发法是一种通过快速建立原型与用户反复交流、细化需求，最终确认需求的软件开发方法。面向对象的开发方法是一种自底向上和自顶向下相结合的软件工程新方法，以对象建模为基础，能够有效地提高软件系统的稳定性、可修改性和可重用性。计算机辅助开发方法是运用计算机软件工具来辅助系统开发的方法，以代替人在系统处理领域中的重复性劳动。这四种方法不是独立的，在物联网管理系统开发过程的不同阶段，会不同程度地用到这四种方法。